통계로 본
한국지방자치단체
60년 변천사

양영철 지음

본서는 한국연구재단에 의하여 저술되었음. 과제 번호 B 00108.

머리말

1. 시작과 끝

　사회과학을 하는 사람들은 가족만큼이나 늘 곁에 있는 것이 통계다. 굳이 행태주의를 거론하지 않아도 통계는 사회과학자에게 자연과학자의 분자나 원자처럼 시작이고 끝이다. 이러한 통계는 행정에서는 양날의 칼처럼 쓰여진다. 행정통계의 쓰임 방향이 작게는 우리 마을과 지역에, 크게는 국가의 발전과 장래에 큰 영향을 미치기 때문이다. 좋은 방향은 정책결정을 과학화하여 라스웰이 바라는 바대로 정책과정의 합리화를 통한 인간존엄성과 가치를 향상시키는 일이다. 그러나 나쁜 방향도 있다. 통계를 악용하여 나쁜 정책도 정당화시키고, 나쁜 정부와 지도자를 합리화시키는 경우도 일상처럼 흔하다. 그래서 일찍이 미국 작가 마크 트웨인(Mark Twain)은 '세상에는 거짓말이 세 가지가 있다. 보통 거짓말, 새빨간 거짓말, 그리고 통계(There are lies, damned lies and statistics)'라고 하였다. 대문호다운 경고다.

　그러나 위의 상황은 그래도 통계가 어느 정도 정리되고 분석되어 질 때의 이야기다. 최근의 통계자료조차 정리되어 있지 않고, 같은 기관의 통계까지도 일치하지 않은 우리나라 지역통계 현실과는 아주 동떨어진 이야기다. 정부는 big data를 외치지만 그 기본인 지역통계는 아직도 생성되지 못하고 있거나 먼지로 덮인 고문서로 남아 있다. 아직도 약 100년 전의 일제 강점기 통계가 현재의 통계보다 훨씬 정확하고 체계적이다라는 반갑지 않은 목소리가 힘을 얻고 있을 정도다. 그런가 하면 여전히 광역자치단체조차도 과 규모의 통계전담 조직 하나 없고, 통계 전담 공무원은 고작 1-2명 정도인 작금의 현실에서 지방행정 및 지역통계의 선진화, 과학화, 세계화에 대한 논의는 사치스럽다고 해도 과언이 아니다.

　지역의 통계가 이렇게 허술함에도 불구하고 이에 대한 보강이나 개선보다 통계청은 현행 우리나라 통계제도인 분산형을 집중형 체제로 전환시키기 위하여 진력을 다하고 있는 게 현실이다. 반면에 지방자치단체는 골치 아프다는 핑계로 통계청의 뒤만 열심히 따라가고 있다. 시간이 지나가면서 현재는 중앙통계만 있고 지역통계는 중앙통계를 위한 하나의 과정과 자료에 불과하다. 지방자치단체는 자체통계를 만드는 일보다 통계청을 비롯한 중앙부처가 요구하는 양식에 따라 통계자료를 수집하고 보내는 지극히 사무적 보고통계가 주 통계사무다. 과거 전라남도에서의 소금 생산통계, 강원도에서의 화전면적 통계, 제주도의 해녀 통계 등 지역 특성을 반영해 주는 살아 있는 풀뿌리 통계(grass-roots statistics)들은 보이지 않은 지 오래다. 이러한 중앙 의존적 지역통계는 정작 지방자치단체가 정책결정에 필요한 자료가 되지 못하여 통계로서의 의미가 죽어 있고, 주민에게는 한갓 수치에 불과할 뿐이다.

이런 사실은 나만 알고 있는 것이 아니다. 우리 사회과학, 특히 행정 학자나 지방자치를 연구하는 학자와 이를 활용하는 사람은 우리나라 지역통계의 누락, 부실, 미활용, 관심부족에 대해서 너무나 잘 알고 있다. 그러나 쉽게 이를 개선하기 위하여 다가서지 못하는 것은 어디서부터 시작할지 감이 막막하기 때문이다. 설령 감이 오더라도 이를 혼자 또는 몇 사람이 하기에는 너무나 감당할 수 없는 큰일임을 알기 때문에 손대지 못하고 있다. 정작 필요한 지방자치단체는 통계청과 중앙 부처들이 작성해 주는 통계에 익숙해 자신의 통계를 만드는 일을 외면하고 있다.

능력 있는 후배교수들은 교내외로부터 닦달하는 평가 때문에 논문쓰기 바쁘지 언제 끝도 보이지 않는 자치단체의 통계를 찾아다닐 여유가 없다. 이에 비해 나는 평가에 그렇게 연연하지 않을 소위 말년 교수다. 또한 교수 생활 근 30년이 다가오지만 남의 글과 논문을 인용만 하였지 내가 학계에 기여한 것은 하나도 없다. 더군다나 서울행정학회장, 한국지방자치학회장, 두 차례 대통령위원회 위원 등 능력 밖 자리에 있으면서 시간만 바빴을 뿐이다. 그것을 속죄하는 일은 더 늦기 전에 지역통계를 정리하는 일이 아닌가 생각하게 되었다. 그래서 2011년 한국연구재단에 '통계 지표로 본 한국지방자치단체의 성장과 발전'이라는 제목으로 저서출판지원 사업에 응모를 하여 다행히 선정되었다.

연구기간 3년 중 1년 반은 말 그대로 헤매었다. 우선 지표선정하기가 쉽지 않았다. 기준이 서지 않은 것이다. 어디서 자료를 찾을지도 막막하였다. 1945년도에서부터 1980년대까지의 통계자료는 한마디로 엉망진창이었다. 각 자치단체마다 조사하다가 멈추는 경우가 숱하였고, 심지어 단위도 년마다 다르고, 지방자치단체마다 일치하지 않았다. 보조해 주는 대학원생들도 힘겹다고 떨어져 나갔다. 매년 중간보고서 낼 때마다 포기하고 싶은 심정이었다. 그러나 2013년에 교내 총장선거에 낙선하면서 운명인지 나에게 천재일우라고 할 기회가 주어졌다. 패배와 절망감이 더 큰 동기로 가는 모순의 맛을 느끼며 다시 집필에 몰두할 수 있었다.

우선 통계청에서 만든 e-지방지표를 기준으로 삼았다. 나 자신이 또 다른 지표를 만들어서 지역통계계를 혼란스럽지 않게 하기 위함이다. 지표가 설정되니 자료를 수집하러 전국을 다닐 수 있었다. 시간나면 국립중앙도서관, 국회도서관, 어느 지방자치단체의 자료실 등에서 자료찾는 일에 몰입하였다. 몰입하면 몰입할수록 자료가 쏟아져 나왔다. 끝이 없을 것 같았다. 전산통계학과 학생을 전담으로 채용하여 내가 찾아오는 복사자료를 표로 정리하도록 하였다. 나중에는 일손이 부족하여 한 학생을 더 채용하였다. 당초 계획은 해방 후부터 2013년까지로 자료수집 범위를 정했었다. 그러나 자료의 부정확성이 너무나 심하여 해방 후부터라는 시점은 포기해야만 했다. 대신 신뢰할 수 있는 자료가 있는 해부터 시작하기로 하였다.

예를 들면, 자동차는 1902년부터, 인구는 1925년에서 시작하였고, 인터넷 사용률 등은 2003년에서 시작한 것이다. 자료의 신뢰성을 해치지 않은 것을 우선으로 하며, 부족한 자료는 다음 기회에 내가 보충하든지, 후학들이 보완할 수 있도록 하는 여유가 필요하다고 생각했다. 이렇게 정리하니 감이 오기 시작하고 모양이 만들어졌다. 통계청, 자치단체의 자료는 물론 학회 논문, 석·박사 논문을 비롯한 심지어 학과단위 논문까지 뒤졌다. 한국은행으로부터 시작하여 공공기관의 연구원, 중앙부처 및 자치단체의 자료실 등도 본서의 자료를 보완하는 데 큰 도움이 되었다. 최종적으로 찾지 못한 자료는 각 시·도 자치단체의 통계담당 공무원들에게 표를 보내어 보충 해주도록 부탁도 하면서 보완해 나갔다. 4년이 주마등처럼 지나갔다. 처음의 글에서 마지막 글까지 한 글자도 남김없이 내가 작성하였기에 이 책의 잘못과 오류는 나의 전적인 책임임을 밝혀 둔다.

2. 감사의 글

원고를 출판사에 넘겨 놓고 인사말을 쓰려고 원고를 처음부터 다시 보니 나름대로 보람 있는 일을 하였구나라는 생각이 든다. 이 원고를 보면서 심지어 나 혼자 정말 했느냐고 의심(?)하는 장난기 있는 사람들도 많은 것을 보면 30년 동안 시간만 축냈던 교수 생활의 속죄용은 되겠구나 하는 감을 잡는다. 그러나 나 혼자 힘으로 이 책이 완성되어 질 수 없음은 당연하다. 질러 놓고 본다는 심정에서 한국연구재단에 신청한 저서지원이 채택되어 기쁨도 순간일 뿐 막상 책을 쓰려니 아무것도 보이지 않았다. 시작의 힘을 준 한국연구재단에게 우선 감사드린다. 인하대 법전원 이기우 교수의 격려가 없었다면 아마도 포기하였을 것이다. 많은 토론과 함께 제목까지 작명해 준 이기우 교수에게 진심으로 감사를 드린다. 책의 부피가 너무 크고 컬러가 들어가 있는 그래프가 너무 많아서 경제성이 없다고 출판에 난색을 표하는 출판사가 많을 때 박영사에 내 책의 의미를 잘 전달해서 수락하게 해준 서울대 행정대학원 이승종 교수에게 고마움을 전하고 싶다. 더불어서 출판시장의 어려움에도 불구하고 이 책의 발간을 받아 주신 박영사 회장님과 조성호 이사님, 그리고 출판의 기획에서부터 전반을 책임지고 세련된 책을 만들어 주신 배근하 선생에게도 감사의 말씀을 잊을 수 없다. 공무원 30여 년 동안 오직 제주지역통계업무를 진두지휘하다가 작년 말에 퇴임한 제주도통계담당관 장행부님도 구하기 힘든 자료제공과 조언으로 본서를 저술하는 데 많은 도움을 주신 점에 대해서 큰 감사를 드린다. 또한 박사논문에 영일이 없는데도 불구하고 통계에 대한 자문과 토론을 해준 백상규 원생과 교정과 자료정리 일을 도와준 강경민 박사에게도 감사의 뜻을 전한다. 진심으로 감사하다고 수십 번을 말해도 부족할 사람은 1년여 동안 그 많은 자료들을 성실하게 표를 작성해 준 제주대학교 전산통계학과 박형신 학생이다. 나의 제자 대학원생들도 포기할 정도로 복잡하고, 산적한 자료들을 늘 웃으면서 단 한 번의 시간도 어김없이 깔끔하게 정리해 준 박형신 학생이 없었으면 이 책의 출판은 불가능하였을 것이다. 나중에 참석하여 박형신 학생을 도와 준 부혜라 학생에게도 고맙다는 말을 전하고 싶다.

앞에서 언급하였지만 찾다가 못 찾은 통계자료를 마지막으로 부탁한 분들이 전국 17개 광역자치단체 통계담당 공무원들이었다. 나의 부탁에 대하여 자신의 일처럼 도와준 점에 대하여 너무나 감사하다는 말씀을 드린다. 또한 이 과정에서도 통계담당 공무원들과 연계하여 많은 자문과 도움을 주신 전국시·도지사협의회 김성호 실장님, 영남대 이성근 교수님, 한국지방행정연구원 하혜수 원장님, 충북대 최영출 교수님, 전남대 오재일 교수님, 부산대 강재호 교수님, 경상대 명성준 교수님, 강원도청 김성호 기획관리실장님에게도 깊은 감사의 말씀을 전한다. 대통령 소속 지방자치발전위원회 심대평 위원장님과 권경석 부위원장님은 저술하는 과정에서 틈틈이 우리나라 지방자치단체의 발전과정에 대한 많은 조언을 해 주셔서 이 책을 저술하는 데 방향을 잃지 않게 해 준 점에 대해서 깊은 존경과 감사를 드린다. 우리나라 행정기관이 그동안 많은 개혁을 했다고 하지만 가장 큰 체험은 국립중앙도서관이라고 서슴없이 말하고 싶다. 친절한 직원뿐만 아니라 신청한 논문과 책을 어떠한 경우라도 20분 안에 내 앞에 가져다준 그들은 우리 학계의 영원한 보배라고 생각하며 감사드린다.

지금은 은퇴하셨지만 학과 선배이면서 은사님인 한창영 교수님, 조문부 교수님, 부만근 교수님, 고충석 교수님은 아직도 부족한 점이 많은 나를 영원한 제자와 동료로 생각하여 힘들 때는 늘 위로를, 이 책을 저술할 때는 뜨거운 격려를 하여주셨다. 깊은 감사를 드린다. 이 책이 나오는 데 힘이 되어 주신 학과 교수들에게도 이 자리를 빌려 고마운 인사를 드린다. 그리고 총장 선거 후유증으로 모든 것이 낙심 그 자체였을 때 끝까지 격려해 주신 여러 교수님과 직원 선생님 덕분에 이 책이 출판될 수 있었음에 감사를 드린다. 총장선거에 같이 출마했던 후보자들과 당선된 제주대학교 허향진 총장님을 비롯한 대학 식구들에게도 늘 좋은 일만 있기를 이 자리를 빌어서 모교의 영원한 발전과 함께 기원한다.

늘 장남만 잘되면 다른 자식들도 다 잘 될 것이라는 믿음으로 정성을 다하여 키워 주신 팔순을 맞이한 어머님에게 처음으로 지면을 통하여 감사의 말씀을 드리고 싶다. 그리고 치밀하지 못하고 손해 보는 것을 좋아하는 남편을 만나서 몸과 마음고생 다 하는 아내 고영숙 루시아의 끊임없는 헌신과 사랑에 이 책의 모든 결실을 전하고 싶다. 타국에서 학자의 길에 혼신을 다하는 사위 배성철 교수, 아빠의 존재 이유를 언제나 크게 느끼게 하는 사랑스럽고 영민한 딸 혜미, 두 사람이 맺은 가정에 주님의 은총이 늘 함께 하기를 기원한다. 태어날 때부터 항상 우리 집의 희망인 아들 양정우에게도 늘 함께 하고 있다는 아비의 속마음을 이 기회에 전한다. 이 책 출판을 고대하는 양진건 교수를 비롯한 여러 교수들과 친구인 현성욱 원장, 8인회 친구, 사랑하는 동생들에게도 역시 감사를 드린다.

2015년 4월 어느 날
철쭉이 너무 예쁜 마당이 있는 국립중앙도서관 5층에서

3. 일러두기

1) 본 저서의 지표는 통계청 e-지방 지표(16개 분야 98개 지표)를 기준으로 삼았다.

2) 본 저서의 자료 조사는 e-지방지표의 자료를 비롯한 통계청 자료를 많이 원용하였지만, 통계청이 지방에 대한 자료가 2000년대 이후부터 자료가 잘 정리되었기 때문에 이전의 자료는 다음과 같은 자료 원을 인용하였다.
   - 각 자치단체가 정기적으로 발간하는 통계연보는 1961년도부터 2014년도까지 자료를 원용하였다. 또한 각 자치단체가 발간하는 역사(000시사, 000사) 자료를 인용하였다.
   - 각 자치단체들이 특별한 연도나 시점에서 발간하는 역사서, 예를 들면 통계로 본 강원도 50년사, 충청남도 개도 100년사, 서울시 600년사 등의 자료도

많이 활용하였다.

3) 통계치가 상충이 되는 경우가 많았다. 이 경우에는 순서를 정하여 인용하였다. 자료가 충돌이 될 때는 우선순위는 통계청 – 중앙정부기관 및 산하 연구기관 – 지방자치단체 – 공공기관 – 민간연구기관 순으로 정하였다.

4) 자료의 보완은 다양한 방법으로 하였다. 이에 대한 내용은 본서 제1부 연구방법에 상세하게 제시하고 있다.

5) 참고문헌기록은 독자들이 읽기 편하게 표 하단에 하고 그렇지 않은 것은 각주로 처리하였다. 표 참고문헌은 [표 2-2-6](p. 95)처럼 규정대로 표시하기에는 지면의 한계가 있어서 그 표에 결정적인 역할을 하는 자료를 중심으로 작성하였다.

6) 현재의 광역자치단체인 17개 시·도가 광역시 승격 이전의 자료도 수집하여 정리하여 지역성장의 맥을 이해하도록 하였다. 광역시 승격 이전의 자료는 ( )로 표시했다.

7) 표 중에 빈 칸으로 되어 있는 것은 저자가 아무리 찾아도 찾을 수 없었고, 또한 이를 해당 자치단체 통계담당관에게 의뢰를 하였지만 역시 찾지 못한 자료이다. 향후 본서를 전자책으로 제작하여 계속해서 채워 나갈 예정이다.

8) "통계로 본 한국지방자치단체 60년 변천사" 제목에서 60년이라고 붙인 이유는 처음에는 이 책의 범위를 해방 후 현재까지로 하였으나 1940년대와 50년대의 통계자료 부실로 1960년 이후로 조사를 하였지만 조사 일부 중에는 1960년 훨씬 이전 자료도 많기 때문에 60년사로 하여 1960년 이전 자료도 있음을 전달하고자 하였다.

9) 출처가 없는 점유율과 그래프는 저자가 작성하였기 때문에 생략했다.

10) 간혹 장이나 절 서문에 해설적 내용은 통계청 용어설명, 한국은행 경제설명자료, 네이버 등 자료이다. 사전적 설명이기 때문에 출처를 생략하였다.

차 례

제12장 공공안전

제13장 가족과 청소년

제14장 **교육여건**

통계로 본
한국지방자치단체
60년 변천사

제 **1** 부

서 론

제 **1** 부　　서　론

01

연구의 의의와 목적

1. 연구의 의의

우리나라의 국가운영 축은 중앙과 지방행정체제로 구분할 수 있다. 아직까지는 중앙집권체제의 국가운영이 이루어지고 있다. 그러나 지방행정이 차지하는 비중도 이제 국가운영의 성패를 결정하는 수준까지 와 있다. 그럼에도 불구하고 지금까지의 지방행정은 중앙행정에 비해 비체계적·비과학적인 행정을 하고 있다는 평가를 받고 있다. 다시 말하면 중앙행정체제는 다른 선진국이 벤치마킹하여 수입할 정도의 행정체제를 갖춘 수준까지 와 있다.[1] 이에 비해 지방행정체제는 오랜 중앙집권에 의한 타성과 과학적 운영에 대한 인식 부족, 우수인력의 부족 등의 요인으로 인하여 중앙행정에 비해 훨씬 낙후된 운영수준을 유지하고 있다.[2] 물론 중앙행정도 선진국에 비해 비체계적이고 비과학적인 행정이 심하다는 평가를 받고 있는 것도 사실이지만 지방행정에 비해 덜 하다는 의미이다.

본 저서는 이러한 인식, 즉 그러면 지방행정을 체계화·과학화하는 단초가 무엇인가에서 출발하고자 한다. 정권이 교체될 때마다 직전 정권의 지방정책에 대한 평가는 극과 극에 가까운데 그 근거는 무엇인가. 지방자치단체장이 바뀌면 前자치단체장의 정책은 평가 절하됨은 물론이고 과학적인 평가 없이 정책이 폐지되는 경우가 다반사이다. 반면에 새로 당선된 자치단체장은 검증되지 않은 자신의 선거공약을 무조건 정책화하여 실패사례를 양산하는 일이 비일비재하다. 이로 인하여 낭비되는 행·재정 자원은 천문학적임을 인정한지 오래이다.[3]

본 저서는 객관적 사실(facts)에 기반을 둔 평가가 선행되어야 이러한 지방자치단체의 비과학적 운영을 개선할 수 있다는 전제 하에 연구를 시작하였다. 여기서 말하는 객관적 사실은 충실한 지역통계(자치행정통계)[4]를 말한다. 충실한 지역통계는 부풀리

---

1 http://www3.seoul.co.kr/news/newsView.php?id=20090320024010&spage=1조달청의 전자조달시스템 '나라장터'가 코스타리카에 진출한다. 조달청은 19일 코스타리카 산호세에서 권태균 청장과 로베라토 가야르도 코스타리카 기획경제정책부장관이 전자조달시스템 구축을 위한 협정을 체결했다고 밝혔다. 이외에 전자정부시스템 수출, 행안부 차관 출신인 김남석씨가 차관급인 우즈베키스탄 정보통신기술(ICT)위원회 부위원장으로 취임 등 우리나라 행정수출이 본격화되고 있다.

2 김지영, 신현길, 지역통계현황 및 개선방안 연구, 한국지역경제학회보, 제27집, 2014, pp.150-158.

3 양영철, 지방자치실시 전제의 오류, 사회과학연구, 제4권 제2호, 제주대학교 사회과학연구소, 2013, pp.268-270.

4 여기서 말하는 지역통계는 통계청의 분류 용어다. 통계청은 국가공인통계로서 국가통계포털을 운영하고 있는데 이 속에는 국내통계, 지역통계, 국제·북한통계, 맞춤통계로 분류하고 있

거나 평가절하된 왜곡된 통계, 연속성이 없는 부실한 통계, 타 자치단체 및 이전 자치단체와 비교하지 않는 "나만의 통계"와 반대되는 개념을 말한다. 정책형성과 평가 등 정책과정은 견실한 통계가 근간임에도 불구하고 지금까지는 부실한 통계에 의하여 지방행정이 운영되어 왔다고 해도 과언이 아니다. 그렇기 때문에 우리나라 지방행정은 늘 주먹구구식이라는 비판을 받고 있다.

이제 우리나라의 지방행정도 국력이나 전통, 그리고 지역주민의 자치의식 수준에 비추어 볼 때 지방행정을 지배해 왔던 직관과 경험, 그리고 선례답습적인 관행에서 벗어나[5] 지방행정의 과학화, 객관화의 토대를 만들기 위한 노력에 진력하여야 할 때다. 또한 그 가능성이 충분하다고 확신한다. 이를 위해서는 지역행정통계가 단순 기술(descriptive statics)에 치우치거나 어느 한 시점에서의 변화만을 설명하고 예측했던 단선적인 행정관행에서 벗어나야 한다. 따라서 본 저서는 이러한 단선적 통계에서 벗어나 종적·횡적측면의 연구를 동시에 진행함으로서 지역행정통계가 동태적이며 복합적인 정책과정에 보다 적실성 있는 자료를 제공하려는 점에 연구의의를 두고자 한다.

2. 지역통계의 한계

기존의 지역통계에 대한 저서 및 연구결과물은 이미 홍수를 이루고 있다. 국가가 인정하는 통계작성기관도 2015년 현재 387개에 이를 정도로 지역통계에 대한 인식이 상당히 개선되었다. 최근에는 행정기관의 통계자료가 어느 연구기관의 통계 못지 않게 분석적이고 신뢰성을 가질 수 있는 수준까지 와 있다. 최근에 빅 데이터의 생산과 이용이 유행처럼 각 분야에 퍼지고 있다. 기존의 방법과 기술로서는 관리할 수 없는 엄청난(volume) 데이터가 다양하고(variety) 빠른 속도(velocity)로 유통되고 있다.[6] 통계청도 통계 3.0를 선포하여 수요자 중심의 통계 양산과 서비스 제공을 위해 분투하고 있다. 건강보험심사평가원은 미 의회도서관 정보의 19.3배가 되는 522TB 정보 용량인 연간 14억건을 처리하여 세계 최고의 빅 데이터 활용기관이라고 평가받고 있다.[7] 산업계뿐만 아니라 학계에서도 이를 활용한 연구가 활성화되고 있다. 따라서 자

다. 본 저술의 내용은 지방자치단체의 행정과 관련되어 있는 통계를 중심으로 작성하는 통계를 분석하는 것이기 때문에 실제로는 자치행정통계라고 할 수 있다. 그러나 통계의 용어를 혼동할 우려가 있기 때문에 지역통계로 통일하고자 한다.

5 김호정, 사회과학통계분석(서울: 삼영사, 2013), pp.4-34 참조.

6 시로타 마코도, 김성재 옮김, 빅데이터의 충격(서울: 한빛 미디어, 2013), pp.22-25.

7 통계청, 국가통계의 개방과 공유, 어떻게 활용한 것인가?, 제2회 국가통계 개방·이용 확산대

치단체도 이러한 흐름을 활용한다면 통계를 이용한 과학적 정책과정은 그리 어렵지 않게 이루어질 것이다. 그럼에도 불구하고 기존의 지역통계는 신뢰성과 연속성에 많은 문제점을 가지고 있다. 그 한계를 중요한 원인 중심으로 정리를 해 보면 다음과 같다.

1) 취약한 지방통계 구조

우리나라의 국가통계구조는 후술하는 바와 같이 분산형에 가깝다. 그러나 중앙정부와 지방정부를 놓고 보면 심한 중앙집중형이다. 중앙정부가 지역통계에 대해 일방적으로 주도하는 구조이기 때문에 지방자치단체의 통계는 조직, 인원 면에서 최소의 수준만 유지하고 있다.[8]

국가통계제도는 국가마다 역사적 상황과 정치적 배경, 행정제도, 경제발전과정 및 통계인력과 장비활용 등에 따라 집중형과 분산형 중 적절한 제도를 채택하여 운영하고 있다. 집중형 통계제도는 해당 국가의 모든 통계활동이 전문화된 한 기관에 집중되어 각 분야에서 필요로 하는 통계를 그 기관이 모두 작성하여 공급하는 제도이다. 집중형 제도는 캐나다, 핀란드, 독일, 스웨덴, 호주, 네덜란드 등이 채택하고 있다. 분산형 통계제도는 통계활동이 여러 기관에 분산되어 각 기관에서 스스로 필요한 통계를 작성하는 제도이다. 분산형 통계제도는 미국, 영국, 일본, 대만 등이 채택하고 있다. 다음 〈표 1-1-1〉은 앞에서 설명한 집중형 통계제도와 분산형 통계제도를 비교한 내용이다.

표 1-1-1　집중형과 분산형 통계제도의 비교

구분	집 중 형	분 산 형
특 징	- 국가기본통계를 단일 전담기관에서 작성 - 부처간 통계연결기구 필요	- 부처별로 필요한 통계를 자체 작성 활용 - 통계조정기관 설치 필요
장 점	- 통계의 체계화 - 통계의 객관성과 신뢰성 확보 - 통계인프라의 효율적 활용	- 업무분야의 전문지식을 통계작성에 활용 - 통계수요에 신속한 대응
단 점	- 행정업무 전문지식활용 곤란 - 통계수요에 대한 대응 늦음	- 통계작성의 중복성과 불일치성 - 통계인프라의 중복투자
외국 사례	- 캐나다, 핀란드, 독일, 스웨덴 　호주, 네덜란드	- 미국, 일본, 영국, 대만

회, 2014.9.3, pp.9-22.

8　강선구, 지방정부 통계정책의 발전 방안, 배재대학교 대학원, 박사 논문, 2014, pp.27-30.

표 1-1-2 기관별 통계 작성·공표 현황

기관	작 성 기관수	작성통계수 (　)는 평균	통계종류		작성방법		
			지정	일반	조사	보고	가공
합계	387	915(2.4)	94	821	401	443	71
정 부 기 관	302	752(2.5)	75	677	301	399	52
−중앙행정기관	41	343(8.4)	58	285	177	140	26
(통계청)	1	58(58)	41	17	43	2	13
(이외기관)	40	285(7.1)	17	264	134	138	13
−지방자치단체	261	409(1.6)	17	392	124	259	26
지 정 기 관	85	163(1.9)	19	144	100	44	19

출처: 통계청, 제1차국가통계발전(2013년-2017)기본계획, 2013, p.2.

우리나라의 통계제도는 미국과 일본의 영향을 받아 분산형 제도로 출발하였으나, 미국이나 일본보다는 집중적 성격이 강한 편이다.[9] 또한 통계법에 의해서 통계청장이 통계에 관한 한 기본계획 수립에서부터 전 과정을 지휘통솔 하도록 되어 있다.[10] 따라서 우리나라 통계는 중앙부서 중심으로 이루어지기 때문에 지역통계에 대한 관심은 약화될 수밖에 없다. 〈표 1-1-2〉에서 보는 바와 같이 지방자치단체는 작성기관수 면에서는 261개로 전체 387기관 중 67.4%를 차지하고 있다. 그러나 지방자치단체가 작성하는 통계 수는 고작 기관당 평균 1.6개이며 작성방법도 대부분이 통계보고(259건)다.

---

9 한수철, 국가통계의 현황과 발전방향−지역통계를 중심으로, 고려대학교 대학원 경제통계학과 석사논문, 2008, pp.5-7.

10 통계법, 제5조의5(국가통계 발전 시행계획의 수립) ① 통계청장은 기본계획을 수립한 때에는 관계 중앙행정기관의 장 및 시·도지사에게 통보하고, 관계 중앙행정기관의 장 및 시·도지사는 통보받은 기본계획에 따라 매년 연도별 추진계획을 수립하여 통계청장에게 제출하여야 한다. ② 통계청장은 관계 중앙행정기관의 장 및 시·도지사로부터 기본계획에 따른 연도별 추진계획을 제출받아 매년 국가통계 발전 시행계획(이하 "시행계획"이라 한다)을 수립하여야 한다.
제18조(통계작성의 승인) ① 통계작성기관의 장은 새로운 통계를 작성하고자 하는 경우에는 그 명칭, 종류, 목적, 조사대상, 조사방법, 조사사항의 성별구분 등 대통령령으로 정하는 사항에 관하여 미리 통계청장의 승인을 받아야 한다. 승인을 받은 사항을 변경하거나 승인을 받은 통계의 작성을 중지하고자 하는 경우에도 또한 같다.
제20조(통계작성의 협의) ① 통계작성기관의 장은 다른 법률에 따라 통계를 작성하는 경우 제18조제1항에 따라 승인을 받아야 하는 사항 중 그 법률에서 정하지 아니한 사항에 관하여는 미리 통계청장과 협의하여야 한다. 협의를 거친 사항을 변경하거나 협의를 거친 통계의 작성을 중지하고자 하는 경우에도 또한 같다.

2) 지방자치단체의 인식 부족

우리나라 통계가 중앙정부에 의해서 주도되고 있다 하여도 통계의 수요와 공급의
중심축은 중앙정부와 더불어서 지방자치단체다. 지방자치단체가 정책을 수립하고 집
행하는데 있어서 정확하고 신속한 통계의 필요성은 매우 크다. 하지만 통계의 필요성
에 비해 지방자치단체가 가지고 있는 관심이 얼마나 미미한지를 다음의 인력과 예산
규모를 보면 쉽게 알 수 있다. 지방자치단체통계는 지방자치단체별로 다소 차이가 있
지만 인력, 예산 등의 부족으로 극히 제한적인 조사활동만 이루어지고 있는 형편이다.
현재 광역자치단체들도 통계담당 조직은 과단위는 고사하고 심지어 계단위로 이루어
지고 있는 곳도 드물 정도다.

가. 인력

2012년 말 중앙부서 및 지방자치단체의 통계인력은 [그림 1-1-1]과 같다. 그림에
서 보는 바와 같이 전체 통계인력은 4,737명이다. 이 가운데 중앙행정기관통계인력은
3,867명(81.6%)으로 '10년 대비 6.6% 증가하였다. 통계인력의 직급구성은 전체 4,737
명 중 상용직 3,854명(81.4%), 임시직 883명(18.6%)이다.

이를 중앙행정기관과 지방자치단체를 구분하여 비교해 보면 중앙행정기관 통계

📊 **그림 1-1-1** **통계작성인원 현황**

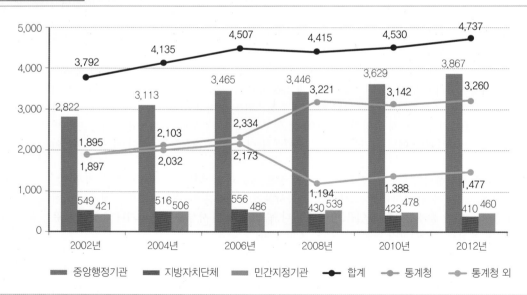

출처: 통계청, 「'12년도 통계 인력 및 예산조사 결과보고서」.

인력 중 통계청(3,260명)과 고용노동부(522명)으로 2개 기관 인력이 전체의 79.8%를 차지하고 있다. 그러나 우리나라 17개의 시·도 광역자치단체와 227개의 시·군·자치구 기초자치단체의 통계인력은 410명(8.7%)으로 자치단체 당 평균 1.7명에 불과하다. 인력규모는 민간단체와 비교해도 너무나 적다. 그림에서 보는 바와 같이 민간지정기관 통계인력은 460명이고 이중 한국은행 통계인력이 202명에 달한다. 이 수는 한국은행의 직원이 2014년도 기준으로 볼 때 2,221명인 점을 고려하면 통계담당 직원이 총 정원에 10%정도로 매우 많은 수준이다.

나. 예산

정부가 통계에 대한 중요성을 인식하여 이에 대한 투자를 많이 하기 시작한 것은 사실이다. 그러나 그 규모는 외국에 비해서 턱없이 부족하다. 〈표 1-1-3〉은 최근 10년 간 통계에 관한 예산 총액이다. 〈표 1-1-3〉에서 보는 바와 같이 우리나라 국가 및 지방자치단체, 그리고 민간단체까지 포함하는 2012년 통계예산[11]은 인건비를 제외하고 2,722억원이다. 이는 10년 전인 2002년 예산 773억에 비하면 약 3.5배가량 증가한 금액이다. 그러나 이 금액은 국가전체예산의 0.08% 수준에 불과하다. 아직도 통계에 대한 국가의 인식도가 그렇게 크지 않음을 알 수 있다.

표 1-1-3 **통계예산의 추이**

구분	2002년	2004년	2006년	2008년	2010년[12]	2012년
예산액(억원)	773	931	2,086	2,056	4,294	2,722
증감률(%)	0.7	20.4	124.1	−1.4	108.9	−36.6

출처: 통계청, 12년도 통계 인력 및 예산조사 결과보고서.

지방자치단체의 경우 상황은 더욱 심각하다. 〈표 1-1-4〉가 이에 대한 내용이다. 이 표에 의하면 2012년도 통계예산 2,722억의 내용을 분석해 보면 중앙행정기관이 1,888억원, 민간지정기관 586억원, 지방자치단체 248억원이다. 비율로 보면, 중앙행정기관이 69.4%, 민간지정기관 21.5%인데 반하여 지방자치단체는 9.1%에 불과하다. 지방자치단체의 248억의 금액은 244개의 우리나라 자치단체의 수를 고려하면 자치단체당 평균 1억에 불과하다.

---

11 '통계예산'은 통계업무수행 과정에 직접 사용된 사업비와 기타경비를 의미(통계업무담당자의 경상 급여 및 수당은 제외).

12 '10년 통계예산은 5년 주기 조사인 인구주택총조사(1,808억원), 농림어업총조사(196억원)가 포함.

표 1-1-4 통계기관별 예산 비율

구분	중앙행정기관		지방자치단체		민간지정기관	
	예 산	구 성 비	예 산	구 성 비	예 산	구 성 비
통계예산(억원, %)	1,888	69.4	248	9.1	586	21.5

출처: 통계청, 2012년도 통계 인력 및 예산조사 결과보고서.

3) 단편적인 통계의 관행

현재 국가포털(KOSIS)의 모든 통계 형식은 주제별, 기관별이다. 인구, 기반시설, 교육, 행정 등은 모두 주제중심의 지표이다. 반면 기관별 통계는 활용할 기관인 중앙부처와 자치단체, 민간단체 등을 중심으로 작성하는 통계를 말한다. 지역통계로 보면 17개 광역자치단체와 227개의 기초자치단체를 합한 244개의 자치단체를 말한다. 과학적인 통계가 되기 위해서는 주제별, 기관별 통계가 상호 연계가 되어 있어야 함은 당연하다. 최근에 통계청에서 발표하고 정리하는 통계는 주제별, 기관별로 잘 연계가 되어 있다. 하지만 이러한 연계도 최근이며 이전 자료와의 연계성·일관성이 떨어지고 있다.

지역통계는 아직도 단순 틀에서 벗어나지 못하고 있다. 지방자치단체에서 제시하는 각종의 통계연감은 종단적 연구에 치중되어 있다. 각 자치단체는 해마다 지역통계를 작성하고 이를 종합화한 통계자료를 발간하고 있다. 대표적인 연구물이 "00남도 100년사", "00광역시 50년사" 등이다. 이러한 연구물은 대체로 10년 단위로 각 자치단체마다 작성하고 있으며, 50년, 100년 등 의미 있는 연도를 기념하여 만들어지고 있다. 그럼에도 불구하고 이렇게 중요한 지역통계들은 정책성과를 포장하는 근거로 이용되는데 치중될 뿐 정책의 개선자료로 활용되는 경우는 거의 없었다. 해당 자치단체의 지역통계가 타 자치단체와, 이전 정권 및 이전 시·도정과 비교되지 않으면서 하나의 죽은 기록물로 남아 있을 뿐이다.

학계도 대체로 단편적인 통계 관행을 벗어나지 못하고 있다. 기존 학계 연구는 주로 횡단적 연구에 치중하고 있다는 점에서 정책자료로의 활용에 한계가 있다. 즉, 어느 시점만을 중심으로 지역통계를 작성하여 비교하는 연구들이 대부분이라는 것이다. 학계에서 많이 연구되어 온 지역 격차에 대한 연구도 한 시점을 중심으로 연구되는 경우가 대부분이다. 정책효과에 대한 연구와 지방자치단체간의 비교도 일정 시점만을 기준으로 하기 때문에 정책의 전후에 대한 부분이 누락되는 단편적 평가에 머물 수밖에 없다.

지방자치단체의 부실한 통계가 정책오류를 발생시키는 것은 당연하다. 예를 들면, 정부의 국정과제 중 가장 우선순위가 높은 과제는 주택가격의 안정화다. 거의 모든 정권이 정권의 운명을 걸고 부동산, 특히 주택문제를 해결하려고 혼신을 다하였다. 그러나 주택정책은 당연한 것처럼 실패를 거듭하고 있다. 주택정책을 주도하는 중앙정부가 서울과 수도권의 주택가격만 안정화시키면 된다는 선입감에서 벗어나지 못하여 여전히 수도권 주택통계만 주의 집중하고 있다. 그러나 본 저서에 따르면 주택가격의 흐름은 수도권이 주도를 하지 못한 지 오래되었다. 오히려 주택가격의 안정화를 위해서는 각 지방자치단체별로 지역에 적합한 주택통계가 필요하다. 그럼에도 불구하고 주택통계는 여전히 수도권을 중심으로 이루어지고 있다. 또 하나의 예로서, 1985년도를 전후하여 인구증가율이 감소하는 방향으로 바뀌었음에도 불구하고 중앙정부는 산아제한을 시도별로 경쟁시키는 역방향으로 갔다. 이렇게 통계의 진실을 외면하거나 무시한 정책이 우리나라를 오늘날 대비책이 전혀 없이 세계 최고의 인구감소 국가, 고령화가 가장 빨리 진전되는 나라로 만드는 한 요인이 되었다. 이외에도 각 지방자치단체들이 과장된 통계를 근거로 대규모 예산이 소요되는 경전철, 택지개발, 위락단지 개발 등을 추진하여 특별한 지원조치가 없을 경우 해당 지방자치단체는 파산에 이를 전망이다.

　이와 같은 정책실패가 계속되고 있음에도 불구하고 아직도 정책설계의 기초자료인 지역통계는 부실한 상황이며 그 필요성과 중요성을 인식하지 못하고 있다. 이 점이 지방자치를 연구하는 사람들에게는 가장 아쉬운 점이다. 이러한 아쉬움이 본 연구를 시작하게 된 계기가 되었다.

　본 저서는 서두에서 기술한 바와 같이 종단적 연구임과 동시에 횡단적 연구를 병행하고 있다는 점에서 기존의 연구와는 차별된다. 해방 후 지금까지의 지역통계를 정리하고 체계화함과 동시에 연도별, 지방자치단체별은 물론이거니와 지방행정에 심대한 영향을 미치고 있는 요인인 공화국별, 자치와 관치시대, 광역시와 도, 수도권과 비수도권이라는 횡·종적인 분석도 병행하면서 정책적 함의를 찾아 갈 계획이다. 또한 통계지표는 통계청에서 개발한 지역 통계 중 하나인 e-지방지표를 기준으로 하여 지방과 국가통계를 연결함과 동시에 통일성, 규칙성을 유지하고자 한다. 이러한 통계 지표를 통해 본 저서는 각 지방자치단체들의 변화 현상을 구체적으로 파악할 뿐만 아니라 변화의 원인에 대한 심도 있는 분석을 실시하여 본 저서가 단순한 사실의 기술이 아닌 종합적·정책적 자료가 될 수 있도록 저술하려고 한다. 또한 지방자치단체에 대한 평가가 어느 한 지표에 의해서 수행됨에 따라 객관성과 타당성을 확보하기 어려운 점을 고려해 이를 종합하여 평가할 수 있도록 할 것이다.

③ 연구방법

본 저서는 기술한 바와 같이 행정현상을 통계지표를 통한 기술뿐만 아니라 변화 현상에 대한 설명과 예측 자료로 활용될 수 있도록 저술하였다. 이를 위한 본 저서의 구체적인 저술 과정은 다음과 같다.

1) 지표의 선정

모든 연구에 있어서 지표 설정은 분석틀을 결정하는 요인이라고 할 수 있다. 본 저서도 어떠한 통계지표를 활용할 것인가에 대하여 많은 고민과 조사를 하였다. 2013년 현재 통계법 제18조(또는 제20조)에 의거 승인받은 통계는 〈표 1-1-5〉에서 보는 바와 같이 387개의 작성기관에서 총 915종이다. 구체적으로 지정통계 94종, 일반통계 821종이다. 작성형태별로 조사통계 401종, 보고통계 443종, 가공통계 71종이다. 작성기관을 정부기관과 지정기관으로 구분하여 볼 때 정부기관에 의하여 작성되고 있는 통계는 752종(통계청은 58종)이며, 지정기관에서 작성하고 있는 통계는 163종이다.

표 1-1-5 우리나라 통계기관 및 수 현황

구분	작성기관 수	작성통계 수
정부기관	302	752
지정기관	85	163
합계	387	915

출처: 통계청, 2014. 제1차 국가통계발전기본계획, 2013.10.

이처럼 많은 기관에서 다양한 통계를 작성·공포하고 있는 바, 지표 선정은 매우 어려운 과정이라고 할 수 있다. 이 중에서 본 저서는 통계중심기관인 통계청의 지표를 이용하여 지방자치단체의 변화 현황을 파악하고자 한다. 통계청이 국가통계포털(KOSIS)에서 제시하고 있는 지역통계에는 e-지방지표, 시도통계, 시군구통계, 읍면동통계가 있다. 이 중 시군구, 읍면동 통계는 기초자치단체 중심의 통계로 e-지방지표에 비해 미시적이라고 할 수 있다. 이에 본 저서는 저술 목적을 고려하여 광역자치단체를 중심으로 작성된 e-지방지표를 중심 지표로 이용하였다. 〈표 1-1-6〉은 e-지방지표의 조사항목 및 세부내용에 대한 내용이다.

표 1-1-6　e-지방지표

연번	지표	내용
1	인구	인구증가율, 고령인구비율, 평균수명, 합계출산율
2	기반시설	도로포장률, 일인당 자동차 등록대수, 상수 및 하수도보급률
3	소득	일인당 지역내 총생산, GRDP
4	고용	경제활동참가율, 고용률, 구인배율, 실업률
5	농어업	농가수, 농가인구, 어가수, 어가인구, 농가소득, 농가부채, 농경지면적
6	산업	사업체수(전산업), 인구 천 명당 사업체수(전산업), 인구 대비 종사자수(전산업)
7	물가 및 주택가격	소비자물가지수 상승률, 주택가격 상승률
8	재정 및 행정서비스	재정자주도, 일반회계중 일반행정예산비중, 일반회계중 복지예산비중, 인구 천 명당 지방자치단체공무원수(정원), 지방자치단체 공무원수(정원)
9	여가 및 문화	인구십만 명당 문화기반시설수, 인구 십만 명당 체육시설수
10	사회보장	인구 십만 명당 사회복지시설수, 유아 천 명당 보육시설수, 노인 천 명당 노인여가복지시설수
11	보건 및 의료	인구 천 명당 의료기관 병상수, 인구 천 명당 의료기관 종사 의사수
12	공공안전	인구 천 명당 범죄발생건수, 자동차 천 대당 교통사고 발생건수
13	가족과 청소년	인구 십만 명당 자살률, 인구 천 명당이혼율(조이혼율), 소년 천 명당 소년범죄 발생건수
14	교육여건	교원 1인당 학생수, 전문대학 및 대학교 수, 인구 천 명당 사설학원수
15	세계화 및 정보화	인구 천 명당 외국인수, 외국인수, 인터넷이용률
16	환경	인구 천 명당 도시공원조성면적, 면적, 기온, 강수량, 폐수배출업소

출처: 통계청 홈페이지, http://kosis.kr/

2) 자료의 수집

본 저서는 분석의 기초가 되는 지역통계자료 수집의 충실성을 중요하게 보았다. 소위 원 자료(raw data) 수집과정에서 왜곡되거나 누락되는 일을 최소화하는 것이 본 연구의 신뢰도를 결정짓는 중요한 잣대라고 생각하였다. 본 저서는 다음과 같은 방법으로 자료를 수집하였다.

가. e-지방지표

본 연구는 e-지방지표가 중심이기 때문에 현재 통계청에서 승인된 e-지방지표의 자료를 중심으로 하였다. 위 표에서 보는 바와 같이 e-지방지표는 16개의 대분류, 세부지표로 98개가 있다. 이 중 시·도에 관련된 자료가 본 저서에 원용되었다. e-지방지표는 주제별, 지역별로 분류가 되어 있는데, 본 연구는 주제별을 중심으로 하면서 필요할 때는 기관별에서 지방자치단체별 통계를 사용하였다. 이외에도 본 저서는 통계청의 자료를 많이 활용하였고 그 중 국내통계도 주요 대상이었다. 국내통계는 각 지방자치단체들이 많이 참고하고 있기 때문에 더욱 그렇다. 국내통계도 역시 주제별, 기관별로 되어 있으며, 과거·중지통계도 첨부되어 있다.

다만 아쉬운 것은 통계청이 작성하는 e-지방지표를 포함한 국내통계를 작성하기 시작한 지 그리 오래되지 않았다는 점이다. 통계청이 작성하기 시작한 해가 대부분이 2000년도 이후이며, 그것도 2003년도 이후가 대부분이다. 이처럼 e-지방지표는 통계청이 작성하였기 때문에 신뢰가 있으나 작성기간이 짧기 때문에 본 저서의 저술목적인 해방 후 지방자치단체의 성장을 분석하는 자료로는 부족할 수밖에 없다. 때문에 2000년도 이전의 지역통계자료는 다음의 자료에 의존할 수밖에 없었다. 또한 통계청이 기준연도를 자주 변경함으로서 시계열 자료를 얻는 데 어려움이 컸다.

나. 중앙정부의 통계자료

각 부처는 자신들의 정책적 필요에 의하여 통계를 작성하고 있다. 이러한 통계는 연감을 통해서 발간하는 경우가 대부분이나 때로는 홈페이지 자료실에 내재되어 있는 경우도 있다. 홈페이지 자료실에 내재되어 있는 경우 많은 통계자료들은 오래된 자료들이 많았다. 이 경우에는 해당 부처의 각 실·국 자료를 통하여 보완해 나갔다. 이와 더불어 해당 부처의 산하 연구기관 자료나 논문도 좋은 자료수집원이 되었다. 그럼에도 불구하고 필요한 자료가 없을 때에는 국회 상임위원회 자료실이나 국회도서관 자료실을 통해서 각 부처가 국회에 보고한 통계내용을 원용하였다.

다. 공기업·민간연구기관·국책연구기관의 자료

e-지방지표가 98개로 제한되어 있기 때문에 관련 부처와 기관, 단체들의 자료를 많이 참고하였다. 예를 들어, 전력판매량을 찾기 위해서는 각 지방자치단체의 통계연보나 시·도지 자료뿐만 아니라, 한국전력공사, 한국전력통계, 한국생산성본부, 상공회의소 통계연보 등이 필요했다. 각 지방자치단체의 예금·대출 및 부도율 역시 각 지역의 통계자료가 부족하고, 오류가 많기 때문에 보완 자료가 필요했다. e-지방지표는 2000년도부터 작성되었기 때문에 다른 자료의 필요성은 불가피하였다. 이 경우에는, 한국은행이 1980년도부터 발행하다가 최근에 폐간된 지역금융통계까지 참고하였다. KDI 등 국책연구기관, 상공회의소 등 민간단체, 민간연구소 통계자료 등도 본 저서에 많은 참고가 되었다.

라. 지방자치단체의 통계자료

지방자치단체가 통계로 발간하는 주요 자료는 통계연보, 연감, 시·도지, 통계 DB

라고 할 수 있다.

가) 통계연보

각 지방자치단체는 1962년 통계법이 제정된 이후 일반통계로 분류되는 통계연보를 매년 작성하여 경제기획원장관에게 보고할 의무가 있었다. 당시에는 군사혁명정부 시절이기 때문에 이에 대한 책임이 충실히 수행될 수 있었다. 사실상 이번 통계자료의 조사에서도 자료의 정확성에는 많은 문제점이 있었지만 각 지방자치단체에서 발간한 통계연보(연감)이 많은 도움이 되었다. 인천광역시와 경기도는 1961년도부터의 통계연보를 홈페이지에 PDF자료화하여 싣고 있다.[13] 이외에 경기도는 기본통계연보 41년사를 통계 DB에서 제공하고 있으며, 경상북도, 제주특별자치도 등도 과거 통계자료를 상세하게 싣고 있어 본 연구에 많은 도움이 되었다.

나) 역사 도서

각 지역은 일정기간에 걸쳐 지역발전의 모든 사항을 묶는 작업을 한다. 일종의 역사서라고 볼 수 있다. 해당 지역은 시·도 사(또는 지,史또는 誌)편찬위원회를 구성하여 시대구분별 역사, 행정구역변천사를 비롯하여 모든 분야를 정리한다. 서울시 6백년사, 경상북도 개도 600년사, 경상남도정 100년사, 충청남도 개도 100년사 등 100년 단위로 크게 묶어서 발간하는 경우도 있지만 부산시사, 울산광역시사처럼 각각 20년, 10년 단위인 경우도 있다.

우리나라 모든 지방자치단체들은 기간에 관계없이 특정 의미를 둔 시점에서 이와 같은 역사서를 계속 발간하고 있으며, 여기에 통계자료도 포함되어 있다. 경기도와 같이 시리즈별로 발간하는 경우도 있다. 현재 경기도는 현대 편으로 9권까지 발간하였다.

이 역사 문헌들은 장기간 동안 통계자료를 싣고 있다는 장점이 있는 반면, 단점 또한 여러 곳곳에서 발견된다. 우선 저자수가 워낙 많기 때문에 통계의 일치성이 어긋나는 경우가 많다. 제주도인 경우에는 제주도지는 1983년도, 1993년, 2006년도에 발간이 되었다. 그러나 발간할 때마다 저자들이 많이 교체되기 때문에 일관성을 확보하기가 어렵다는 점도 통계자료의 원용을 어렵게 하는 점이라 할 수 있다. 특히, 지방자치단체가 자신이 생성하는 통계를 정리하여 공식화하는 승인통계를 하는 경우가 경기도 등 일부 자치단체외에는 찾아보기 어려운 실정이다. 때문에 지방자치단체내 통계가 일치하지 않다. 이를 근거로 작성하는 역사문헌 자료도 부실할 수밖에 없다.

---

13 인천광역시, http://www.incheon.go.kr/app/ebook-102?curPage=5
경기도, http://stat.gg.go.kr/relsite/relsite01_01.jsp?htxt_code=12536969080002842417291754407271

다) 통계 DB

최근에 각 지방자치단체들도 통계에 대한 유용성을 인식하기 시작하여 통계에 대한 관심이 전보다 많이 향상되고 있다. 이러한 관심 고조의 결과 각 지방자치단체는 통계 DB를 만들어 홈페이지에 제공하고 있다. 대분류로 보면 각 지방자치단체별로 약간의 차이가 있지만 내용으로 보면 e-지방지표와 크게 차이가 없다. 일부 지방자치단체는 자신들의 통계DB를 지역에 맞게 다듬어 가고 있기는 하지만 대부분의 지방자치단체는 통계청의 지역통계자료를 그대로 가져다가 싣고 있는 형편이다. 이렇기 때문에 각 지방자치단체의 통계 DB가 통계청의 자료와 별 차이가 없어 지역 특성을 반영하는 통계항목이 거의 없는 편이다.

마. 학술논문

누락되거나 확인이 필요한 통계자료는 해당 학회 학술논문이나 석·박사 학위논문의 조사를 통하여 보완했다. 특히, 1960년대에서 1970년대처럼 통계자료가 빈약한 기간에는 석·박사 논문들이 많은 도움을 주었다. 이렇게 석·박사논문에서 많은 통계자료를 발견할 수 있었던 것은 이 당시부터 간부공무원들의 학위취득이 유행되면서 전문대학원 진출이 급증했고, 자신들의 업무분야에 대하여 학위논문을 작성하였기 때문이라 추정된다.

그러나 이러한 논문자료에는 또 다른 함정이 있었다. 자신들의 업무와 관련된 통계자료이기 때문에 공개된 자료가 아님은 물론, 인증 받지 않은 나홀로 자료인 경우도 흔치 않게 발견할 수 있었다. 때문에 학위 또는 학술논문도 다른 통계치와 비교하면서 본 연구자료로 많이 활용하였다.

바. 지방자치단체의 협조 자료

마지막으로 해당 지방자치단체에 도움을 청하였다. 더 이상 찾지 못해 빈칸으로 두어야 하는 경우는 지방자치단체에 통계정보를 보충해달라는 부탁을 하였다. 이는 두 가지 목적 때문이다. 하나는, 책이 출판되었을 때 빈칸에 대한 해당 자치단체가 혹시 가질 수 있는 아쉬움을 줄이기 위함이다. 두 번째 목적은, 이 기회에 묻어 놓은 통계자료를 한번 찾아 볼 것이라는 기대 때문이었다. 첨부·검토할 내용으로 공문을 보냈고, 해당지역의 지인 교수들의 자문을 통하여 도움을 받았다. 해당 자치단체 통계담당공무원들은 빈칸 채우는 일 뿐만 아니라 다른 자료들도 검토하여 주어 많은 도움이 되었다.

3) 자료의 보완

가. 부실한 자료의 발생원

본 저서는 상기와 같은 다양한 자료원 접근을 통하여 신뢰성이 높은 통계자료를 수집하기 위하여 노력하였다. 그렇지만 다음과 같은 근본적인 한계들이 나타났다. 주요 한계를 중심으로 정리하면 다음과 같다.

가) 지방자치단체수의 잦은 변동

지방자치단체가 동시에 설치된 것이 아니므로, 각 자료를 비교하는 데 있어 한계가 있다. 서울시와 9개도는 1945년 전후로 설치되어 비교적 비교하기가 용이하나 나머지 광역시는 설치연도에 있어 차이가 있는 바, 비교하기 쉽지 않았다. 미국은 1959년 8월 1일 하와이 주가 미국의 50번째 주로 설치된 후 지금까지 그대로 50개 주다. 그러나 우리의 지방자치 단체 수는 수시로 바뀌었다. 이에 대한 내용이 〈표 1-1-7〉이다. 1960년도에 우리나라 지방자치단체의 총 수는 176개였다. 그러나 50년 후인 2015년 현재 우리나라 지방자치단체 수는 244개로 약 70개가 증가하였다. 최근만 해도 2012년 7월 1일부로 또 하나의 광역시인 세종특별자치시가 충청남도에서 분할되어 신설되었다. 분할되는 과정과 통계작성 시기가 일치하지 않은 경우가 많기 때문에 또 다시 통계자료의 신뢰성과 안정성이 흔들릴 수밖에 없게 된다.

이러한 자치단체의 심한 변동은 지방자치단체수의 일관성을 유지하기가 어려워 결국 일정기간 전후로 자치단체별 통계 비교가 어렵다. 뿐만 아니라 주제별 통계가 아직은 개발단계에 있기 때문에 일관성이 없다는 어려움도 있었다. 덧붙여 통계청의 주제별 통계조사도 시기가 다르기 때문에 주제간 비교의 어려움도 컸다.

나) 부실한 통계자료

통계자료의 부실이란 보존 불량이나 누락, 오기, 왜곡 등을 말한다. 최근 국가통계 포털이 구축되어 통계자료가 충실하게 생산되고 있으나, 이전에 생산된 통계 중에는 부실한 자료가 많기 때문에 이를 어떻게 보완하느냐 하는 것이 난제였다.[14] 앞에서도 언급을 하였지만 중앙정부와 지방자치단체간에 통계값이 차이가 나는 경우도 있지만 지방자치단체 내에서도 각각 다른 통계치가 나온 경우가 60년대에서 80년대까지 많

---

14 실제로 내무부가 1980년도에 작성한 통계연보 중 〈지역별 산업별 부가가치 총괄표〉에서는 서울을 제외시켰다. 이 경우에는 지역별 소득을 분석하는데 우리나라에서 가장 크고 중요한 서울이 빠지거나 따로 작성이 되기 때문에 전체 통계는 자연히 부실한 통계일 수밖에 없다. 내무부, 주민소득연보, 1980, pp.94-95.

연도별	합계	광역 자치단체				기초 자치단체			
		계	특별시	광역시	도	계	시	군	자치구
'54	169	10	1	–	9	159	19	140	–
'55	174	10	1	–	9	164	24	140	–
'60	176	10	1	–	9	166	26	140	–
'63	180	11	1	1	9	169	30	139	–
'69	184	11	1	1	9	173	33	140	–
'75	182	11	1	1	9	171	33	138	–
'80	188	11	1	1	9	177	38	139	–
'81	198	13	1	3	9	185	46	139	–
'85	198	13	1	3	9	185	46	139	–
'86	210	14	1	4	9	196	57	139	–
'89	219	15	1	5	9	204	67	137	–
'95	245	15	1	5	9	230	67	98	65
'96	245	15	1	5	9	230	72	93	65
'97	250	16	1	6	9	234	71	94	69
'98	248	16	1	6	9	232	72	91	69
'00	248	16	1	6	9	232	72	91	69
'01	248	16	1	6	9	232	74	89	69
'02	248	16	1	6	9	232	74	89	69
'03	250	16	1	6	9	234	77	88	69
'04	250	16	1	6	9	234	77	88	69
'05	250	16	1	6	9	234	77	88	69
'06	246	16	1	6	9	230	75	86	69
'07	246	16	1	6	9	230	75	86	69
'08	246	16	1	6	9	230	75	86	69
'09	246	16	1	6	9	230	75	86	69
'10	244	16	1	6	9	228	73	86	69
'15	244	17	1	7	9	227	74	84	69

출처: 한국개발연구원, 재정통계자료집, 1991, 안행부, 재정통계연감, 연도별.

았다. 이 다른 통계 값 중에 어느 값을 선택하느냐, 그리고 그 기준을 무엇으로 할 것인가도 어려운 문제 중에 하나였다. 이외에도 단위와 범위에서 오는 부실한 통계도 많았다. 예를 들면, 경지면적에서 단을 쓰다가, 정보를 쓰다가, ha를 쓰는 경우 등이다. 이 경우에 통계표에 단위가 있으면 이것을 환산하면 되지만 단위 표시가 되지 않은 경우 등도 간혹 발견되어 당황한 경우가 많았다. 이와 같은 사례는 예금액, 전기사용량 등 길이와 면적, 크기에 대한 통계 등에서 흔히 나타나는 경우들이다.

다) 범위에서 오는 오류

범위에서 오는 오류는 시간과 개념에 관련된 오류이다. 시간 범위의 오류는 들쑥날쑥한 시간주기 때문에 통계 값을 확정하기 어려운 경우다. 각 지방자치단체는 1962년에 제정된 통계법에 의해서 통계연보를 작성하여야 한다. 그러나 그 당시에는 통계의 중요성을 모르는 시절이라고 해도 과언이 아니다. 통계담당자의 전문성은 물론 시·도에서 시·군·구, 읍·면·동으로 내려갈수록 통계는 형식적으로 작성될 수밖에 없었다. 때문에 통계의 정확성은 기대하기가 어려웠다. 특히, 초기에는 연도별이 누락되는 경우도 매우 많았다. 시지나 도지에서는 해당 통계가 작성주기를 3년 단위로 하였다가, 5년 단위로 변경되는 등 주기가 일정하지 않은 경우도 많았다. 문제가 시정되기 시작한 시기는 최근에 들어와서라고 할 수 있다. 최근에 중앙부처뿐만 아니라 산하의 연구기관 등이 연도별로 승인된 통계를 생산해 내고 있어서 원용하는데 어려움이 거의 사라졌다고 할 수 있다. 이러한 영향은 지방자치단체로 이어져 이제 지방자치단체도 통계의 중요성을 인정하여 연도별로 승인된 통계자료로 통계연보를 작성하고 있다.

또 다른 어려움은 개념에 관한 오류다. 의료기관의 범위가 각 지방자치단체별로, 그리고 지방자치단체 내에서도 일관성이 없다. 대체로 의료기관에는 병원, 치과, 한의원, 조산원, 의무실을 포함하고 있지만 보건소와 요양원 등은 경우에 따라 의료기관 포함 여부가 달라졌다. 예를 들면, 제주도는 1971년에서 1985년도까지는 보건소를 의료기관에 포함시키지 않았다가 이후에는 포함시키고 있으며, 경기도도 1975년 이후에야 보건소를 의료기관에 포함시키고 있다. 1977년에 발간된 경상남도지에는 검역소도 의료기관에 포함시키고 있다. 의료기관 종사자의 통계는 더욱 심하다. 의사, 치과의사, 한의사, 약사, 간호사까지는 어느 지방자치단체나 전부 포함하고 있지만 어떤 지방자치단체들은 간호조무사, 의료기사, 의무기록사를 포함하는 곳도 있었다. 전라남도는 심지어 유사의료인인 접골사, 침사, 구사, 안마사까지 포함시킨 경우도 있었다. 이 때문에 의료인의 통계가 급증했다가 다시 급락하는 경우가 발생하여 혼란을 초래하였다. 이와 비슷한 경우는 사회복지 시설 수, 노인여가 시설 수 등에서도 그 범위가 일정치 않아서 통계자료로 쓸 수 있을까 하는 우려까지 생길 정도였다.

나. 자료의 보완

위에서 제기한 구조적으로, 또는 관행적으로 부실한 통계자료를 보정하지 않고서는 올바른 통계분석이나 정리가 될 수 없다. 이에 대한 보완은 다음과 같이 진행하였다.

가) 잦은 자치단체수의 변동에 대한 보완

우리나라에서 광역자치단체는 일반 지방자치단체와 달리 줄어드는 경우는 없다. 인구의 팽창으로 인해 시에서 광역시로의 승격이기 때문에 증가할 따름이다. 분석대상은 현재의 광역자치단체인 17개 시·도다. 다만 광역자치단체 중 세종시는 2012년 7월 1일에 승격되었기 때문에 2013년의 통계치를 활용하게 된다. 따라서 세종시에 대한 통계치가 나온 것은 많지 않기 때문에 통계청에서 승인된 통계 중에 세종시가 나와 있는 것을 중심으로 작성하였다.

그리고 현재 광역시 중 서울을 제외한 광역시는 1960년 이후에 승격되었는데 이들 광역시들의 승격 전 기초자치단체인 시의 통계도 포함을 시켰다. 이는 광역시가 되기 전·후의 변화된 모습을 비교할 수 있는 자료로서, 또한 승격되기 전에 해당 도에서의 중심지 역할 정도도 살펴 볼 수 있다는 점에서 귀중한 자료라고 생각하여 실었다. 광역시로 승격되기 이전의 자료는 괄호로 표시하여 구분하였다.

나) 부실한 통계에 대한 보완

부실한 통계, 이 부분을 보완하기 위한 연구가 본 연구의 중심이라고도 볼 수 있다. 그럼에도 불구하고 통계부실의 한계를 뛰어넘기가 쉽지 않았다. 특히, 각 지방자치단체와 정부기관에서 나오는 통계가 틀린 경우에는 더욱 그랬다. 공식적인 통계인 통계청 통계가 이루어진 시기가 최근 2000년 초, 심지어 2008년도부터 시작한 통계도 많기 때문에 더욱 어려웠다. 만약 기관간의 통계가 일치하지 않는다고 해서 제외시킨다고 한다면 이를 대체할 자료가 절대 부족하거나 아예 없을 수밖에 없다. 이 경우 어느 통계를 기준으로 삼아야 할지를 결정하는 것도 쉬운 일이 아니었다. 본서는 이를 다음과 같이 기준으로 하여 정리해 나갔다.

첫째, 부족한 자료는 수집할 수 있는 자료를 다 정리한다는 원칙하에 보완해 나갔다. 몇가지 예를 들어 본다. 통계청의 e-지방지표는 자동차 등록대수에 대한 통계를 2003년부터 작성하기 시작하였다. 2003년부터 2012년간의 통계청 자료는 본 연구의 성격과 비교할 때 그 기간이 너무나 짧다. 이를 보완하기 위하여 각종 연감, 논문, 신문기사뿐만 아니라 지방자치단체에서 발간되는 통계연보를 비롯한 자료 등 수집할 수 있는 자료는 최대한 수집하여 일제강점기부터 시작하였다. 도로포장의 예를 살펴보자. 각 지방자치단체의 도로포장률은 e-지방지표에서 2005년 이후 자료만 등재되어 있다. 이를 1960년대의 자료와 연계하기 위하여 〈표 1-1-8〉을 만들어서 조사를 하였다. 이 표는 앞에서 기술한 지방자치단체의 자료 뿐만 아니라 중앙정부, 연구기관, 공기업, 민간단체 등의 통계자료를 통하여 만들어졌다. 자동차 등록 수에 대한 자료는 일제 강점기의 자료가 있는 반면에 1980년대 전후에 대한 자료가 없는 지역도 많았다. 역으로 1990년대 이후 자료는 있지만 그 이전 자료가 없거나 있다 하더라도 단년도 또는 흩어져 있는 경우도 많았다. 이 경우는 지방자치단체에서 발간하는 자료나 역사서를 통하여 채워나갔다. 그럼에도 채우지 못한 경우에는 해당 지방자치단체에 의뢰하여 보완을 요구하였다. 이러한 노력에도 불구하고 조사할 수 없는 경우는 〈표

표 1-1-8   도로 포장률 현황(2005년 이전) (단위: %)

	1960	1965	1970	1975	1980	1985	1990	1995	2000
서울	21.8	23.7	29.1	49.0	63.0	77.4	84.6	85.4	89.4
부산	11.5('63)	15.8	36.0	49.0	62.2	70.1	74.6('93)	97.9	98.4
대구	15.1('61)	23.6	26.5	38.5	47.8	66.5	88.3	90.0('96)	95.0('01)
인천	40.6	45.2('66)	30.8	23.6	37.5	65.3	93.0	87.8	90.7
광주	13.8('62)	24.0	-		46.7	65.5('86)	93.0	99.9	98.0
대전	11.2	-	30.8	-	37.5	-	84.5	-	98.0
울산	13.9('63)	14.3	25.8	40.1	52.5	65.0	70.0(91)	83.0('96)	95.0('01)
경기	8.7	8.3('66)	14.2	22.0	33.8	56.9	79.4	87.6	82.1
강원	2.1('61)	6.6('66)	9.7('71)	19.6	22.5('81)	36.4	59.4	65.9	69.4
충북	-	-	5.6	16.5('76)	28.4	41.9	66.9	64.3	65.5
충남	0.4	-	6.3	18.5	24.3	43.9	61.0	74.3	72.6
전북	1.0	1.7	4.4	14.6	26.8	42.5		67.0	70.9
전남	-	7.1('66)	3.6	-	-	41.3('86)	-	-	70.4
경북	4.1	-	10.1	18.1	28.6	41.4	68.4	75.5	70.4
경남	3.1	2.3	6.1	15.0	27.2	49.3	-	66.1	65.6
제주	-	3.9('66)	-	16.4('73)	31.3	-	65.3	79.2	83.4

( )안은 연도표시임. 즉, 1965년도 자료가 없고, 1966년도 자료만 있을 때는 ('66)이라고 표시하였음.
출처: 해당 페이지에서 나열할 것임.

1-1-8〉에서 보는 것처럼 공백으로 두었다. 본 연구는 단절된 우리나라 지역통계에 대하여 연계하는 기초적인 시도이기 때문에 후에 본인 또는 누군가에 의해서 이를 보완하는 작업을 연속해 갈 수 있도록 여백을 두었다. 그러나 저자는 이 공백을 최소화하려는 노력을 하였다. 특히 지방자치가 본격적으로 실시된 1995년 전후의 자료는 최대한 수집하기 위하여 노력하였다.

다) 범위의 보완

우리나라 통계는 굳이 그 기원을 찾는다면 삼국 시대부터라고 할 수 있다. 왜냐하면, 고구려, 신라, 백제 모두가 호구 및 납세를 위하여 경지상황에 대한 조사를 하였기 때문이다. 조선시대 들어와서는 호패사용, 계고제도 설치 등 호구, 전(田)에 대한 조사를 강화하였다.

많은 사람들은 일제강점기의 통계가 현재보다 더 잘 되어 있다고 한다. 이것은 한편으로는 옳고, 한편으로는 틀리다고 할 수 있다. 일제는 1907년부터 통감부에서 〈제1회 통계연보〉를 간행한다. 강점 1년 후인 1911년에는 통계법과 같은 "보통보고례규정"을 공포하여 즉보, 일보, 월보, 반년보, 연보, 특보 등을 작성하였고, 1918년에는 총무국에 통계과를 설치하였다. 이러한 제도에 의하여 작성한 통계는 매우 정밀하고 범위가 광범위함을 알 수 있다. 심지어 서울시의 전차노선과 운임까지도 상세하게 조사되어 있다. 그러나 이 통계는 그 목적이 국민의 삶의 질을 향상시키기 위한 객관적 통계가 아니라 식민지를 더욱 공고하게 통치하기 위한 정치적 통계라고 볼 수 있다. 때문에 겉으로는 잘 된 통계라고 할 수 있지만 통계의 목적을 보면 왜곡된 통계 중에 하나라고 볼 수 있다.

해방 후 정부수립과 동시에 공보처에 통계국을 설치하여 통계자료의 수집과 분석을 준비하였다. 1949년에는 인구조사법이 공포가 되고 동년 5월 1일에 제1회 총인구조사가 실시되면서 본격적인 통계가 실시된다. 이후 일부분에 한하여 경제조사가 이루어졌다. 그러나 현대적 의미에서의 통계는 1960년대 이후라고 할 수 있다. 즉, 현대적 통계의 시작은 객관성과 전문성을 갖출 수 있는 기구와 인력에 대한 근거법이 제정되고 이에 따라 통계 전문기관 운영이 시작된 때였다. 이 기준에서 보면 우리나라 통계가 본격적으로 이루어진 해는 통계법이 제정된 1962년도라고 할 수 있다. 다만 1961년도에 경제기획원에 통계국이 설치되어 한국은행과 함께 많은 통계를 생산해 내었다.[15] 본 연구도 이를 기준으로 하였다. 각 시·도와 일부 기초자치단체에서도 통

---

15 통계청, 사이버통계전시관, http://kostat.go.kr/cyber/sub020101.html
김경중, 통계행정의 발전방향, 응용통계연구, 한국통계학회, 제1권 제1호, 1987, pp.2-6.

계연보를 내기 시작한 해가 1961년도이기 때문에 1961년의 전후 자료도 존재하면 분석기간에 포함시켰다. 다만 연계가 이루어지지 않거나 일부 시·도만 자료가 있는 경우에는 제외시켰다.

4. 분석 내용

수집된 자료를 이용한 저술내용을 구체적으로 제시하면 다음과 같다.

1) 연도별 추세를 통한 지방자치단체의 성장과 변화

우리나라 시·도 지방자치단체의 성장과 변화를 전체적으로 살펴보기 위하여 연도별 분석을 실시하였다. 당초 본 연구의 분석 목표를 다음과 같이 계획하였다. 정부수립과 동시에 설치된 지방자치단체인 서울시와 도는 1948년부터 최근인 2013년까지, 나머지 자치단체들은 설립연도부터 역시 2013년도까지를 매년도 상기 '〈표 1-1-6〉 e-지방지표'에 의해 변천과정을 분석하려고 하였다. 이 과정에서 본 연구는 분석변수에 따라 연도별 추이를 고찰하고, 이 과정에서의 변화 현상 등을 파악하고자 하였다. 그리고 이론적 고찰, 면접조사, 계량분석 등을 통해서 이러한 변화 현상에 대한 요인을 찾아내고, 이에 대해서 기술하고자 하였다.

또한 본 연구 계획은 지방자치단체별 통계표를 작성하여 지방자치단체별 성장과 변화를 거시적·미시적 측면에서 알 수 있도록 하는데 있다. 이와 더불어 다른 지방자치단체와의 비교를 통하여 순위를 산출하고, 점유율을 구하여 상대적 순위를 매길 것이다. 이 과정에서 특이한 변화 현상이 나타나는 경우, 이에 대한 요인을 이론적 고찰, 면접조사, 계량분석 등을 통해 밝혀내고자 한다.

2) 광역시와 도(道)의 비교

우리나라 지방자치법[16]에 의하면 광역자치단체는 특별시, 광역시, 특별자치시, 도, 특별자치도로 구분되어 있다. 본 연구에서는 서울, 부산, 대구, 인천, 광주, 대전, 울산, 세종을 광역시로, 특별자치도인 제주도를 도로 포함하여 비교하였다.

가. 광역시

광역시에 대한 분석은 기술한 바와 같이 설치 연도부터 실시하고자 한다. 이에 대

---

16 지방자치법, 제2조.

표 1-1-9 광역시 분석 기준

지역	서울	부산	대구	인천	광주	대전	울산	세종
특별시	1949년	–	–	–	–	–	–	–
직할시	–	1963년	1981년	1981년	1986년	1987년	–	–
광역시	–	1995년	1995년	1995년	1995년	1995년	1997년	2012년

한 내용은 〈표 1-1-9〉와 같다.

3) 수도권과 비수도권 지방자치단체의 비교

다음과 같이 수도권과 비수도권을 구분·비교하여 두 지역의 성장과 변화를 살펴볼 것이다.

표 1-1-10 수도권과 비수도권의 분류

구분	지역명
수도권	서울, 인천, 경기
비수도권	부산, 대구, 광주, 대전, 울산, 세종, 강원, 충북, 충남, 전북, 전남, 경북, 경남, 제주

4) 분석의 한계

본 연구는 위에서 설정한 당초 목표를 달성하지 못하였다. 그 자체가 무리였다. 가장 큰 원인은 자료의 절대 부족이었다. 앞에서 기술한 자료의 원 출처를 찾아 다녔지만 애당초 작성이 안 된 통계가 너무나 많았다. 설령 있어도 부정확하여 활용하기가 무리한 자료들도 많았다. 그래서 결국 본 연구는 찾을 수 있는 자료를 최대한 찾아서 활용하되, 기본 시기는 1960년대 이후로 하였다. 본 연구가 1945년에서 1950년대를 포기하고 1960년대부터 분석기간을 정한 이유는 이 기간부터가 유효자료를 확보할 수 있는 최저기간으로 보았기 때문이다. 다시 말하면, 1962년에 통계법이 제정되면서 각 부처와 자치단체들은 대체로 1961년도의 통계를 1962년에 발간한 통계연보에 실었기 때문이다. 그러나 1960년대에서부터 1990년대의 통계도 부실하고 누락된 부분이 매우 많았다. 그런 경우에는 보정을 하다가 불가능하다고 판단되면 분석대상과 기간에서 제외시키거나 빈칸으로 두었다.

5) 자치단체 분할 전·후의 지방자치단체의 성장과 변화 및 함의

〈표 1-1-11〉에서 보는 바와 같이 기존 도에서 독립된 자치단체로 설치한 광역시와 기존 도의 성장과 변화과정을 분석하여 정책적 함의를 찾아보는 것도 당초 계획사항이었다. 그러나 이 부분은 분량이 많아서 후속 연구에서 다루기로 하였다.

표 1-1-11 광역시의 설치 현황

구분	경상남도	경상북도	경기도	전라남도	충청남도	경상남도	충청남도
분할된 광역시	부산	대구	인천	광주	대전	울산	세종
연도	1963년	1981년	1981년	1986년	1987년	1997년	2012년

5. 기술 내용

기술은 다음과 같은 형식으로 작성하였다. 거듭 언급하지만 본 저서는 통계청에서 승인된 통계지표인 e-지방지표를 중심으로 조사하고 분석하였다. 본 연구와 통계청 자료의 연계성·통일성 때문이다. 그러나 본 저서가 e-지방지표를 그대로 따라서 기술하지는 않았다. e-지방지표는 최근의 통계, 특히 2000년 이후의 통계가 중심이라서 우리나라 지방자치 발전에 가장 중요한 시기인 1960년대에서 1990년대까지의 통계가 거의 없다. 본 연구는 이 부분에 대해서 집중적으로 자료를 수집하고 분석하였다. 자료의 수집원은 앞에서 이미 언급을 하였다. 따라서 본 저서의 내용은 e-지방지표의 지표는 따랐지만 분석기간에 있어 많은 차이가 있다. 독자들이 이를 이해할 수 있도록 하기 위하여 다음과 같은 방법으로 본 저서를 기술하였다. e-지방지표의 내용과 본 저서의 내용이 다른 점과 같은 점을 확연하게 알 수 있도록 하기 위해서 〈표 1-1-12〉를 각 장마다 작성하였다. 예시한 바와 같이 조사항목이 지역내 총생산(GRDP)

표 1-1-12 지역소득부문의 조사 내용

항 목	e-지방지표		본 저서의 내용	
	지 표	분석기간	지 표	분석기간
지역내 총 생산(GRDP)	– 연대별·시도별 GRDP	2003-2012	– 지역별 GRDP	1970-2009
지역내 일인당 총생산	– 일인당 지역내 총생산	2003-2012	– 지역내 일인당 총생산 – 지역소득 점유율	2003-2012 1978-2012

이면, 통계청의 e-지방지표는 연대별, 시도별 GRDP를 2003년에서 2012년까지를 분석하였다. 그러나 본 저서는 1970년부터 2012년까지 분석을 하였다는 내용이다.

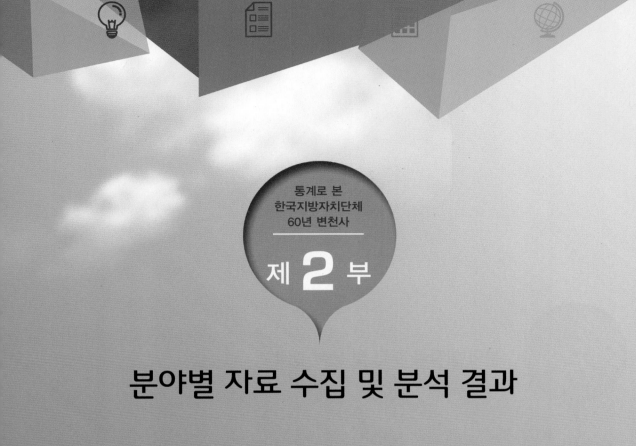

통계로 본
한국지방자치단체
60년 변천사

제 **2** 부

분야별 자료 수집 및 분석 결과

제 2 부   분야별 자료 수집 및 분석 결과

01

인 구

제1절 | 서언

　'인구(Human population)'란 한 지역에 살고 있는 사람의 총수를 말한다. 인간이란 경제적 존재로서 생산의 측면에서 볼 때 노동력을 제공하는 인력이며, 소비의 측면에서 보면 물품을 구매하는 수요자이기도 하다. 뿐만 아니라 인간은 사회·문화적 존재로서 세계 각지의 문화와 사회제도, 사상, 생활양식을 주도하는 주체자이다. 이렇게 볼 때 인구는 모든 사회적 현상을 단적으로 표시하는 기초라고 할 수 있다.[1] 인구통계는 인구규모, 분포 및 구조와 주택에 관한 제 특성을 파악, 각종 정책 입안의 기초자료를 제공하기 위한 목적으로 작성된다. 우리나라 인구통계는 5년 주기로 실시되고 있다. 우리나라 최초의 인구조사는 1925년 일제강점기에 실시했던 인구총조사이다. 정부 수립 이후인 1949년에는 간이 국세조사로 이름을 변경했다가 다시 총인구조사로 수정하여 통계를 작성하였다. 이 때 최초로 인구이동사항을 포함시켰다. 그러나 본격적으로 인구에 대한 조사를 실시한 것은 1960년 12월 1일에 실시한 인구주택국세조사이다. 이 조사는 UN통계처 지원 하에 최초로 주택에 관한 사항을 포함시켜「인구주택국세조사」로 명칭을 변경하여 실시하였다. 이 통계조사에는 경제활동 및 출산력 사항이 포함되었으며 표본은 20%로 하였다. 이 통계조사는 통계청이 1962년 6월에 작성을 승인하였다. 가장 최근의 인구주택 총 조사는 2010년 11월 1일에 실시하였으며 인터넷 조사를 확대 하는 등 전수 19개, 표본 31개 항목으로 구성되었다. 제19차 인구 및 제11차 주택총조사는 2015년 11월에 실시할 예정이다.[2]

　한 국가의 인구는 그 사회가 겪어온 중요한 사회, 경제, 정치적 사건 및 변동과 긴밀한 연관을 가지고 변화·성장하고 있다. 우리나라의 경우 한일합방, 8·15 해방, 6.25 사변 등 여러 가지 사회변동에 따라 인구성장 패턴이 달라졌다. 이희연 교수는 우리나라의 인구성장과 변천과정은 이러한 시점들을 기준으로 하여 다음과 같이 다섯 시대로 구분하여 분석하고 있다.[3] 본 저서에서는 이 분류에 따라서 우리나라 인구변화를 살펴보았다.

---

1 이희연, 인구학(서울: 법문사, 2003), p.4.

2 통계청, 통계자료 설명, http://meta.narastat.kr/
　통계청, 김두섭, 박상태, 은기수 편, 한국의 인구 1, 2, 2002, pp.22-23.

3 권태환, 김두섭, 한국인구의 성장과 다양성, 한양대학교 인구 및 고령사회연구소, 2007, p.31.

표 2-1-1 한국 인구변천의 단계별 특성

단 계	기 간	인구증가	출산력	사망력	국제이동	정치·경제 사회적 요인
전통적 성장기	~1910	매우 낮은 상태로 안정됨	높 음	높은 수준에서 소폭 변동	거의 없음	전형적인 농업사회/ 기아, 질병, 전쟁에 의한 사망률 상승
초기 변천기	1910~ 1945	급격히 상승	높 음	높은 상태에서 떨어지기 시작	만주와 일본으로의 대량 이동	일본의 식민지화/ 보건, 의료시설 도입
혼란기	1945~ 1960	급격히 증가, 그러나 1949~1955 기간은 정체	높 음	중간수준, 그러나 1945~1955 기간은 높음	일본과 만주에서 대량 귀환/ 북한에서 전쟁 피난민 유입	광복, 남북한 분단, 한국전쟁, 사회적 혼란, 극심한 경제적 혼란
후기 변천기	1960~ 1985	증가율 계속 떨어짐	제1차 출산력 변천	계속 떨어짐	1970년 이후 해외이민 약간 증가	근대화, 경제발전, 도시화, 가족계획 사업 실시
후기 과도기	1985~	계속 떨어짐/ 이론적 감소 상태 돌입	재생산수준 이하로의 제2차 출산력 변천	계속 떨어짐	낮은 수준 유지	사회발전, 의료보험실시, 세계화, 교육확대, 생활양식 변화, 양성평등 관념 확산, 외환 위기

출처: 이희연, 2003, p.4.
주: 일부는 후기 과도기를 재안정기로 분류하기도 함, 통계청, 한국의 인구 1, 2001, p.50.

인구는 우리 사회 모든 분야에 있어서 독립변수라고 할 수 있다. 이 때문에 모든 통계에 있어 인구는 가장 먼저 조사되고 기본으로 여겨지고 있는 것이다. 이러한 현상은 어느 국가나 기관에서든지 마찬가지라고 할 수 있다. 본 연구에서도 e-지방지표의 순서에 따라서 인구를 가장 먼저 기술하였다.

본 저서에서는 인구부분이 기술한 바와 같이 전 분야에 있어서 가장 중요한 변수이기 때문에 되도록 많은 자료를 수집하여 세밀하게 분석하였다. 본 저서의 주요 내용이 지방자치단체 성장의 흐름을 보는 것이기 때문에 이에 충실하여 인구의 변화를 심도있게 다루었다. 이로 인하여 인구분야는 주민등록인구와 전체인구 표를 적절하게 이용하여 작성하였고, 이를 다시 시·도별 비교와 증감에 대하여 분석하였다.

인구분야의 e-지방지표는 지표들 간에 연계가 가능하다. 인구구성의 변화는 사실 인구변화의 내용과 중첩되어 있는 부분이 대부분이라고 할 수 있다. 다만 본 저서는 이를 분류함에 있어서 인구부분에 대한 이해가 더욱 명료할 것이라는 기대 때문에 다음과 같이 기술하였다. 본 저서는 e-지방지표와는 달리 분석기간이 1925년부터 2012년까지로 하였고, 이를 기준으로 전체 인구 수 변화와 단계별 인구변화를 추가하였다. 출생과 사망은 1990년을 기준으로 하였으며, 고령사회의 전망은 1960년에서 2020년도까지를 분석기간으로 하였다.

표 2-1-2 인구부문의 조사 내용

항 목	e-지방지표		본 저서의 내용	
	지 표	분석기간	지 표	분석기간
인구의 구성	– 주민등록인구	2000–2013	– 전체인구수변화	1925–2012
	– 추계인구	2000–2013	– 단계별 인구 구성	1925–2012
	– 기대여명	2005–2012	– 추계인구	2000–2040
			– 기대여명	2005–2012
인구의 변화	– 합계 출산율	2005–2012	– 합계 출산율	2005–2012
	– 인구증가율	2003–2012	– 인구증가율	2003–2012
인구동태	– 순이동 인구	2000–2013	– 순이동인구	2000–2013
	– 전출인구	2000–2013	– 전출인구	2000–2013
	– 출생	2000–2013	– 출생률	1990–2012
	– 사망	2000–2013	– 사망률	1990–2012
고령화	– 고령인구비율	2003–2013	– 고령화 진행과정	1960–2020
			– 시도간 고령화 비교	2003–2012

제2절 | 인구의 변화

1. 전체인구의 변화

우리나라의 인구변화는 어떠한 모습으로 이어져 왔을까? 인구통계는 찾을 수 있는 통계치를 최대한 수집하였고, 인구론 등을 참조하여 다양한 방법을 적용하여 의미 있는 분석을 수행하고자 하였다. 본 저서의 인구에 대한 분석 자료는 1925년부터 2012년간이다. 약 90년간의 기간이다. 그간에 통계치에 대한 자료는 일제 강점기의 자료들과 통계청, 경제기획원, 내무부 등 관련기관의 자료들을 수집하고 정리하면서 작성하였다. 구분은 1925~1995년과 1996~2013년까지 둘로 나누었다. 이 분류기준은 민선지방자치단체 실시 전후를 말한다. 우리나라의 지방자치는 1952년에 실시되었다가 1961년에 중단되었다. 그러다가 지방의회가 1991년에 다시 부활하였다. 그러나 1995년 7월 1일 전에 실시된 지방자치는 제2공화국때 실시되었던 1년 정도의 지방자치시대를 제외하고는 지방의원만 주민들이 직접 선출할 뿐이었다. 지방자치단체장은 대통령이 여전히 임명하고 있었다. 때문에 온전한 의미에서 지방자치라고 할 수 없었다. 그러다가 1995년 7월 1일에 실시된 지방자치는 주민의 손으로 지방의회의원과 지방자치단체장을 직접 선출하였다. 주민들이 지방자치단체를 직접 구성한 것이다. 이러한 의미에서 우리는 이때부터 민선자치라고 부른다. 본 연구에서 인구분석의 기준은 우선 민선자치 전후로 구분하여 분석해 보았다.

1) 1925년 − 1995년의 지역별 인구 수 변화

1925년부터 1995년까지의 인구통계가 〈표 2-1-3〉이다. 1945년 해방까지의 우리나라 행정구역은 13도였다. 남한이 8도, 북한이 5도였다.[4] 1925년도 우리나라 전체인구는 19,523천 명이다. 해방 직전의 인구인 1944년도 인구현황에 따르면 전체 인구는 25,918천 명이다. 1925년도 기준 당시의 지역별 인구 크기는 경북, 전남, 경남, 경기, 황해, 평남, 함북, 전북, 강원, 충남, 평북, 충북, 함남 순이었다. 그러다가 해방 직전인 1944년도의 인구규모는 순서가 많이 바뀐다. 그 순서를 보면 경기, 전남, 경북, 경남, 함북, 황해, 평남, 강원, 평북, 전북, 충남, 함남, 충북 순으로 되어 있다. 전남, 함북, 평북이 1-2단계 상승하였다. 이때까지도 인구 300만 명 이상 지역은 경기도가 유일했으며, 200만 명대 인구 지역은 전남, 경북, 경남, 황해, 함북이었다. 나머지 지역은 충북만 빼고는 전부 100만 명대 인구가 있는 지역이었다.

이 시기에 남한 인구는 1925년에 14,825천 명, 1944년 19,070천 명이었으며, 이 기간동안 인구는 28.6%인 4,245천 명이 증가하였다. 북한 대비 인구 점유율도 1925년에는 75.9%, 1944년에는 73.6%로 약간 떨어졌다. 1925년에 남한인구를 지역별로 보면, 경북이 2,333천 명으로 가장 많고, 그 다음이 2,159천 명인 전남이며, 이어서 경남, 경기, 전북, 강원, 충남, 충북 순이었다. 1944년에는 순서가 많이 바뀐다. 경기가 3,092천 명으로 1위로 올라서고, 전남이 2,750천 명으로 경북을 제치고 2위에 올라선다. 이어서 경북, 경남, 강원, 전북, 충남, 충북 순이다.

---

4 본 연구에서는 연구의 연속성을 위하여 지역을 편의상 남한지역은 경기, 강원, 충북, 충남, 전북, 전남, 경북, 경남으로, 북한은 황해, 평북, 평남, 함북, 함남하였음.

이 시기에 북한 인구[5]는 1925년에는 4,698천 명이었으며 이는 우리나라 총 인구의 24.1%이다. 1944년도에는 북한인구가 6,848천 명이었으며, 이는 우리나라 전체 인구의 26.4%로 인구점유율이 1925년보다 2.3%가 증가했다. 이 기간 동안 북한 인구는 45.8%가 증가하였다. 1944년도 북한 인구는 함남이 2,015,352명, 황해 2,014,931명으로 인구 200만 명대 지역이었고 평안북도, 평안남도, 함경북도 순으로 인구가 많았다. 이 순서는 1930년부터 함남이 평북을 추월하였다. 1925년도에는 평북이 평남보다 인구가 약 17만 명이 많았으나 1944년에는 약 5천 명 정도의 차이 밖에 나지 않았다. 인구증가율로 보면 함남이 북한 지역에서는 가장 높았다. 함북지역은 1925년도에 626천 명에서 20년이 지난 1944년에는 1,124천 명으로 79.6%가 증가하였다. 이 기간에 다른 지역의 증가율을 보면, 평북이 32.9%, 평남이 47.0%, 함남이 42.6%가 증가되었다. 해방 전인 1944년 우리나라 인구는 25,918천 명으로 계속 증가하다가 해방 후의 1949년도 통계를 보면 20,189천 명으로 5년 전에 비해 무려 약 5백만 명이 감소되는 것으로 나타나고 있다. 이렇게 5년 동안 인구가 28%가 감소된 것은 북한인구가 통계에서 제외되고, 일본인이 본국으로 가면서 나타난 현상이라고 할 수 있다.

해방 후에 처음으로 조사한 1955년 간이인구조사에 의하면, 우리나라 인구는 21,526천 명이다. 지역별로 보면 경남이 3,770천 명으로 가장 많고, 이어서 경북이 3,364천 명, 전남이 3,042천 명 순이다. 300만 명 이상 지역이 이 세 곳뿐이다. 다음으로 경기, 전북, 충남지역으로 200만 대 인구지역이다. 서울은 1,575천 명으로 10개 광역자치단체 중 7위에 머물고 있다. 인구가 남쪽에 집중되어 있음을 알 수 있다.

이러한 현상은 5년 후인 1960년도에도 변하지 않는다. 1960년도의 인구 현황을 보면 전체 인구는 2,498만 명으로 해방 이전인 1944년도 남한과 북한 전체의 인구와 같은 규모로 증가하였다. 이 당시 부산이 포함된 경남은 447만 명으로 인구가 가장 많았다. 다음으로는 경북이 404만 명을 기록하고 있다. 1960년도에는 이 두 지역만이 400만 명 대 인구를 가진 지역이었다. 그 다음이 전남, 경기, 충남, 전북, 서울 순이었다. 1960년에는 수도권인 서울과 경기지역의 인구를 합산해도 약 519만으로 경남인구보다 70만 명 정도가 많을 뿐이며, 인구점유율도 20.8%에 불과하였다.

1966년도와 1970년의 인구현황을 보면 경북의 인구가 가장 많았고, 다음이 전남

---

5 여기서는 북한을 현재의 행정구역을 중심으로 분류하였다. 즉, 함경북도, 함경남도, 평안북도, 평안남도, 황해도로 하였다. 남한은 경기도, 강원도, 충청북도, 충청남도, 전라북도, 전라남도, 경상북도, 경상남도로 하였다. 따라서 현재 북한 일부지역이 포함되었던 경기도와 강원도의 인구 전체를 남한지역으로만 한 것은 오류가 있지만 현재와 연계한다는 의미에서 그렇게 계산한 것이다.

표 2-1-3 　지역별 인구수(1925-1995)　(단위: 천 명)

구분	1925	1930	1935	1940	1944	1949	1955	1960	1966	1970	1975	1980	1985	1990	1995
합계	19,523	21,058	22,899	24,326	25,918	20,189	21,526	24,989	29,160	31,435	34,707	37,436	40,448	43,411	44,609
서울	(343)	(394)	(444)	(935)	(989)	1,446	1,575	2,445	3,793	5,525	6,890	8,364	9,639	10,613	10,231
부산	(107)	(146)	(183)	(250)	(329)	(474)	(1,049)	(1,164)	1,426	1,876	2,453	3,160	3,515	3,798	3,814
대구	(77)	(93)	(107)	(179)	(207)	(314)	(489)	(677)	(845)	(1,081)	(1,311)	(1,605)	2,030	2,229	2,449
인천	(56)	(68)	(83)	(171)	(214)	(266)	(321)	(401)	(526)	(643)	(800)	(1,084)	1,387	1,818	2,308
광주	(24)	(33)	(55)	(65)	(82)	(139)	(233)	(314)	(403)	(502)	(607)	(728)	(906)	1,139	1,258
대전	(9)	(22)	(39)	(46)	(77)	(127)	(173)	(229)	(315)	(414)	(507)	(652)	(866)	1,050	1,272
울산	(12)	(15)	(16)	–	(19)	(24)	(26)	(30)	(113)	(159)	(253)	(418)	(551)	(682)	(967)
경기	2,019	2,157	2,452	2,864	3,092	2,741	2,364	2,749	3,102	3,353	4,039	4,934	4,794	6,156	7,650
강원	1,332	1,488	1,605	1,765	1,858	1,139	1,496	1,637	1,831	1,865	1,862	1,791	1,725	1,580	1,466
충북	847	900	959	945	980	1,147	1,192	1,370	1,549	1,480	1,522	1,424	1,391	1,390	1,397
충남	1,282	1,383	1,527	1,576	1,675	2,028	2,223	2,528	2,903	2,858	2,949	2,956	3,001	2,014	1,767
전북	1,369	1,504	1,607	1,599	1,675	2,050	2,126	2,395	2,521	2,432	2,456	2,288	2,202	2,070	1,902
전남	2,159	2,332	2,508	2,639	2,750	3,042	3,128	3,553	4,049	4,005	3,984	3,780	3,748	2,507	2,067
경북	2,333	2,417	2,563	2,472	2,605	3,206	3,364	3,848	4,473	4,556	4,859	4,955	3,011	2,861	2,676
경남	2,022	2,136	2,248	2,242	2,417	3,135	3,770	4,182	3,175	3,119	3,280	3,322	3,517	3,672	3,846
제주	(205)	(208)	(207)	(214)	(221)	255	289	282	337	365	412	463	489	515	505
황해도	1,462	1,524	1,674	1,813	2,015	–	–	–	–	–	–	–	–	–	–
평북	1,417	1,563	1,710	1,768	1,883	–	–	–	–	–	–	–	–	–	–
평남	1,242	1,332	1,470	1,662	1,826	–	–	–	–	–	–	–	–	–	–
함북	626	745	853	1,102	1,124	–	–	–	–	–	–	–	–	–	–
함남	1,413	1,578	1,722	1,879	2,015	–	–	–	–	–	–	–	–	–	–

출처: 통계청, 국내통계, 인구총조사.

주1) ( )는 당시 광역자치단체로 승격되기 전인 기초자치단체 시를 의미함. 서울은 경기, 부산은 경남, 대구는 경북, 인천은 경기, 광주는 전남, 대전은 충남, 울산은 경남에 포함.

　2) 특별조사구 인구 및 외국인 포함(단, 1955년 시군부는 외국인 미포함)

지역이다. 이 기간 동안 이 두 지역만이 인구 400만 명 대를 유지하고 있다. 경남은 1963년도에 부산이 직할시로 분리하면서 인구 수위를 경북에 내주었다. 이때부터 서울을 비롯한 경기 지역, 즉 수도권 인구 증가율이 가파르게 상승하기 시작하였다. 서울은 1966년에 인구가 379만 명으로 3위로 급성장하더니 1970년에는 553만 명으로 인구가 가장 많은 지역이 되었다. 서울이 우리나라에서 유일하게 500만 명 대 인구지역으로 자리매김한 것이다. 이때부터 서울의 인구는 1990년대까지 1위를 유지한다. 경기도는 1966년에 300만 명대 인구로 진입하여 인구 순위가 경남에 이어 5위로 되었다가, 1970년에는 경남보다 인구가 많아진다. 이 당시 수도권의 인구는 8,883천 명으로 전체 인구의 28.2%이다. 반면 이 시기에 영남권 인구는 9,551천 명으로 전체 인구의 30.4%로 여전히 수도권 인구를 상회하고 있다.

그러나 1980년대 들어서면서 인구 순위는 크게 바뀌기 시작한다. 1980년도에 서울 인구는 800만 시대에 들어섰고, 경기도도 4,934천 명으로 500만 대를 눈앞에 두고 있다. 수도권의 인구가 1,330만 명으로 증가하여 인구점유율이 35.5%로서 당시까지 인구선두지역인 영남지역 인구를 크게 상회하기 시작한다. 1980년도의 인구 순서를 보면 서울이 단연 선두이며, 이어 경북, 경기가 400만 대이며, 다음 순서가 전남, 경남, 부산으로 300만 대 인구지역이다. 이후로는 200만 대인 충남, 전북, 그리고 100만 대인 강원, 충북, 40만 대인 제주 순이다.

1990년도의 인구현황을 보면 다시 한 번 인구 순서가 크게 바뀐다. 전체인구가 1960년도의 1.7배인 4,341만 명으로 증가한다. 특히 이 기간에 서울인구가 1,061만 명으로 성장하여 한국 최초의 1,000만 인구도시로 발돋움하게 된다. 경기도가 615만 명으로 2위를 차지하였고 그 다음이 부산, 경남, 경북, 전남, 대구, 전북, 충남, 인천, 강원, 충북, 광주, 대전, 제주 순으로 순서가 크게 바뀌게 된다. 이 당시의 특징은 서울을 중심으로 하는 수도권과 부산과 경남을 중심으로 하는 영남권 등 대도시 중심의 인구 집중현상이 고착되었다는 점이다. 1990년도 수도권 인구는 1981년도에 직할시로 승격한 인천이 포함되어 18,587천 명으로 42.8%를 점하고 있다. 수도권이 전체 인구에 40%대를 진입한 시기라고 할 수 있다. 경남과 부산의 인구는 7,470천 명으로 점유율은 17.2%이다. 특히, 경남은 부산이 1963년도에 분할되어 직할시가 되었음에도 불구하고 인구 규모 4위를 견고하게 유지하였다. 1990년도의 인구 분포 중 서울은 1천만 명대로 진입하였고, 경기도도 600만 명의 인구시대로 들어갔다. 300만 명대 인구지역은 부산과 경남으로 각각 3위와 4위를 점하였고, 400만 명대까지 갔던 경북은 약 150만 명의 인구가 빠진 2,861천 명으로 인구 순위가 밀리기 시작한다. 대구가 직할시로 승격되었기 때문이다. 이 시기에는 전남은 250만 명으로 추락하고 있고, 전북과 충남이 겨우 200만 대 인구를 유지하였다. 그러다가 1995년에는 충남과 전북은 100만 명대 인구시대로 떨어진다.

〈표 2-1-4〉가 지역별 인구점유율에 대한 내용이다. 1949년 정부수립 직후 서울의

| 구분 | 표 2-1-4 | 지역별 인구 점유율(1925-1995) | | | | | | | (단위: %) | |

구분	1949	1955	1960	1966	1970	1975	1980	1985	1990	1995
서울	7.2	7.3	9.8	13.0	17.6	19.9	22.3	23.8	24.4	22.9
부산	–	–	–	4.9	6.0	7.1	8.4	8.7	8.7	8.5
대구	–	–	–	–	–	–	–	5.0	5.1	5.5
인천	–	–	–	–	–	–	–	3.4	4.2	5.2
광주	–	–	–	–	–	–	–	–	2.6	2.8
대전	–	–	–	–	–	–	–	–	2.4	2.9
경기	13.6	11.0	11.0	10.6	10.7	11.6	13.2	11.9	14.2	17.1
강원	5.6	6.9	6.6	6.3	5.9	5.4	4.8	4.3	3.6	3.3
충북	5.7	5.5	5.5	5.3	4.7	4.4	3.8	3.4	3.2	3.1
충남	10.0	10.3	10.1	10.0	9.1	8.5	7.9	7.4	4.6	4.0
전북	10.2	9.9	9.6	8.6	7.7	7.1	6.1	5.4	4.8	4.3
전남	15.1	14.5	14.2	13.9	12.7	11.5	10.1	9.3	5.8	4.6
경북	15.9	15.6	15.4	15.3	14.5	14.0	13.2	7.4	6.6	6.0
경남	15.5	17.5	16.7	10.9	9.9	9.5	8.9	8.7	8.5	8.6
제주	1.3	1.3	1.1	1.2	1.2	1.2	1.2	1.2	1.2	1.1

주: 빈 칸은 광역시 승격전이기 때문에 분석에서 제외.

인구 점유율은 7.2%였다. 그러다가 1960년부터 급증하기 시작하여 1975년에는 20%를 넘기 시작했고 1990년에는 24.4%까지 상승하였다. 그러나 이 점이 최고점이었다. 이 후부터는 서울의 인구 점유율은 떨어지기 시작한다. 부산은 직할시로 승격 3년 후인 1966년의 인구 점유율은 4.9%에 불과했으나 1990년에는 8.7%까지 급증한다. 이외의 광역시는 큰 변동이 없다. 경기의 인구점유율은 1949년에는 13.6%였으나 6.25 전쟁을 겪으면서 인구가 감소되기 시작하여 1955년에는 11%까지 하락한다. 이 점유율 11%는 이후 20년 동안 지속이 되어 1975년에도 11.6%에 머물렀다. 그러나 이후부터 경기도의 인구 점유율은 상승하기 시작하였다. 경기는 이후 인천이 직할시로 승격된 직후인 1985년도만 점유율이 떨어졌을 뿐 상승이 지속되어 1995년에는 17.1%에 도달하였다. 이 시기에는 서울, 부산, 경기, 인천 지역만 인구점유율이 상승했을 뿐 나머지 지역은 역으로 크게 떨어졌다.

　　1949년에서 1995년간의 인구점유율을 보면, 강원, 충북은 5%에서 3%로, 충남, 전북은 10%에서 무려 4%로 떨어졌다. 특히, 전남, 경북, 경남이 심각하게 떨어졌다.

1949년 정부 출범 당시에 인구점유율은 경북, 경남, 전남, 경기, 전북, 전남, 서울 순이었다. 그런데 1995년도의 순위를 보면, 서울, 경기, 경남, 부산, 경북, 대구, 인천, 전남, 전북, 충남, 강원, 충북, 제주 순이다. 도지역은 이 기간 동안 부산, 대구, 인천, 광주, 대전이 직할시로 승격되었기 때문에 그 영향을 받았다고 할 수도 있지만 그럼에도 불구하고 인구감소는 급속하게 이루어지고 있는 것은 사실이다. 서울, 경기 등 수도권이 인구 블랙홀이 되고 있기 때문이다.

2) 2000년 이후의 지역별 인구 수 변화

2000년 이후, 즉 2000년부터 2013년도 사이의 우리나라 지역별 인구 변화에 대한 내용이 〈표 2-1-5〉이다. 2000년대 들어서면서 우리나라 지역별 인구 규모는 크게 바뀌기 시작한다. 서울은 1천만 인구를 전후로 증가와 감소를 계속하면서 정체기를 맞이하게 된다. 2000년도에 서울의 인구와 경기도 인구가 약 100만 명 정도 차이가 있었지만 2004년도에는 경기도가 약 35만 명이 많아 역전이 된다. 경기도가 인구 1위지역 시대를 열어가기 시작한 것이다. 2004년 경기도 인구가 10,463천 명으로 증가해, 또하나의 1천만 인구 지역이 탄생하게 된다. 2004년도 인구규모는 경기도에 이어 서울, 부산, 경남 순으로 가다가 인천이 경북과 전남 등을 제치고 5위로 자리를 잡게 된다. 이렇게 2000년대의 인구 현황은 서울은 정체이지만 경기와 인천이 상승세를 보이면서 수도권의 인구가 전체 인구의 47%를 계속 유지하게 되는 동인이 된다. 이 기간 동안 광역시는 부산을 제외하고는 약간의 성장세를 유지하였고, 도 지역은 경남이 계속 강한 상승세를 유지하고 있다.

이를 〈표 2-1-6〉의 점유율과 연계하여 살펴보자. 2004년 부산과 경남이 합한 인구가 6,853천 명으로 인구 점유율이 14%로 떨어진다. 이 두 지역과 대구와 경북이 포함된 영남권 인구는 12,112천 명으로 24.7%의 인구 점유율을 보이고 있지만, 호남권(광주, 전북, 전남) 인구는 5,317천 명으로 전체 인구의 10.9%에 불과하다. 호남권 인구가 영남권(부산, 대구, 울산, 경북, 경남)의 43.9% 정도로 심하게 감소하고 있음을 알 수 있다. 이외 지역을 보면 충남은 상승세를 유지하는 편이지만 나머지 지역은 하강세를 면치 못하고 있다. 2004년도 당시의 인구를 2000년도와 비교해서 볼 때 증가하는 지역은 서울, 부산, 대구, 인천, 대전, 광주, 울산, 경기, 강원, 충북, 충남, 전북, 경남, 제주이며, 떨어진 지역은 전남과 경북 지역뿐이다.

2010년도의 인구현황을 보면, 한국의 인구는 5천만 명 시대를 안정적으로 가고 있음을 알 수 있다. 경기도의 인구가 12백만 시대를 향해 가고 있으며, 서울도 여전히 1천만 인구 지역을 유지하고 있다. 또한 수도권 인구는 25,623천 명으로 우리나라 인

표 2-1-5	지역별 인구수(2000-2013)												(단위: 천 명)

구분	2000	2001	2002	2003	2004	2005	2006	2007	2008	2009	2010	2011	2012	2013
전국	47,733	48,022	48,230	48,387	48,584	48,782	48,992	49,269	49,540	49,773	50,516	50,734	50,948	51,141
서울	10,311	10,263	10,207	10,174	10,173	10,167	10,181	10,193	10,201	10,208	10,313	10,250	10,195	10,144
부산	3,797	3,771	3,730	3,691	3,666	3,638	3,612	3,587	3,565	3,543	3,568	3,551	3,538	3,528
대구	2,524	2,525	2,526	2,530	2,525	2,511	2,496	2,493	2,493	2,490	2,512	2,507	2,506	2,502
인천	2,546	2,565	2,578	2,570	2,579	2,600	2,624	2,665	2,693	2,711	2,758	2,801	2,844	2,880
광주	1,372	1,384	1,397	1,396	1,401	1,402	1,408	1,413	1,423	1,434	1,455	1,463	1,469	1,473
대전	1,386	1,403	1,420	1,432	1,443	1,455	1,466	1,476	1,481	1,484	1,504	1,516	1,525	1,533
울산	1,040	1,056	1,065	1,073	1,081	1,088	1,092	1,100	1,112	1,115	1,126	1,135	1,147	1,156
세종	–	–	–	–	–	–	–	–	–	–	–	–	113	122
경기	9,219	9,544	9,927	10,207	10,463	10,697	10,906	11,106	11,292	11,461	11,787	11,937	12,093	12,235
강원	1,555	1,552	1,539	1,527	1,521	1,513	1,505	1,504	1,509	1,513	1,530	1,536	1,539	1,542
충북	1,498	1,497	1,493	1,490	1,489	1,489	1,495	1,507	1,520	1,527	1,550	1,563	1,566	1,573
충남	1,922	1,918	1,908	1,913	1,953	1,963	1,974	1,996	2,019	2,038	2,076	2,101	2,029	2,048
전북	1,999	2,006	1,954	1,954	1,907	1,885	1,868	1,862	1,856	1,855	1,869	1,874	1,873	1,873
전남	2,131	2,099	2,054	2,018	1,986	1,967	1,943	1,930	1,919	1,913	1,918	1,914	1,910	1,907
경북	2,797	2,785	2,757	2,721	2,696	2,688	2,689	2,681	2,674	2,670	2,690	2,699	2,698	2,699
경남	3,094	3,107	3,124	3,139	3,144	3,160	3,173	3,197	3,225	3,250	3,291	3,309	3,319	3,334
제주	542	547	551	552	555	558	558	559	561	563	571	576	584	594

출처: 각시도 (정책)기획관리실 자료실에서 발췌.
주: 연말기준, 주민등록에 의한 집계, 외국인 제외.
주1) 2004년, 2006년, 2007년, 2008년, 2009년, 2010년, 2011년은 주민등록 및 외국인 인구.

구의 49.8%를 점하고 있다. 우리나라 인구 두 사람 중 한 사람이 수도권에 거주하고 있다는 수도권 일극집중 현상이 현저하게 나타나고 있음을 알 수 있다. 이는 수도권 이외의 지역 인구가 수도권으로 심하게 이동하고 있다는 의미이다. 제2의 수도라고 하는 부산인구도 2011년부터 감소세로 돌아서고 있다. 비수도권 지역 중 300만 명대 인구 지역은 부산과 경남뿐이며, 200만 명대 인구 지역도 대구, 충남, 경북 3곳에 불과하다. 이 중에 충남 인구의 증가도 수도권 확장이 그 원인 중에 하나라는 평가를 받고 있다는 점에서 수도권 확장은 계속 일어나고 있다고 할 수 있다.

이를 다시 각 지역을 분리하여 만들어진 내용이 [그림 2-1-1]이다. 상기 그림을 요약하면 다음과 같다.

표 2-1-6				2000년 이후의 지역별 인구점유율(2000-2012)					(단위: %)	
구분	2000	2004	2005	2006	2007	2008	2009	2010	2011	2012
서울	21.4	21.0	20.8	20.9	20.8	20.7	20.7	20.6	20.4	20.1
부산	7.9	7.5	7.5	7.3	7.2	7.1	7.1	7.0	6.9	6.9
대구	5.4	5.2	5.2	5.1	5.0	5.0	5.0	4.9	4.9	4.9
인천	5.4	5.3	5.4	5.4	5.4	5.4	5.4	5.5	5.5	5.6
광주	2.9	2.9	3.0	2.9	2.8	2.8	2.9	2.9	2.9	2.9
대전	3.0	3.0	3.1	3.0	3.0	3.0	3.0	3.0	3.0	3.0
울산	2.2	2.2	2.2	2.2	2.2	2.2	2.2	2.2	2.2	2.2
세종	–	–	–	–	–	–	–	–	–	0.2
경기	19.5	21.7	22.0	22.4	22.7	22.9	23.2	23.5	23.7	23.9
강원	3.2	3.1	3.1	3.1	3.0	3.0	3.0	3.0	3.0	3.0
충북	3.2	3.1	3.1	3.0	3.1	3.1	3.1	3.1	3.1	3.1
충남	4.0	4.0	4.0	4.0	4.0	4.1	4.1	4.1	4.2	4.0
전북	4.1	3.9	3.8	3.8	3.8	3.7	3.7	3.7	3.7	3.7
전남	4.3	4.1	3.8	3.9	3.9	3.8	3.8	3.8	3.7	3.7
경북	5.9	5.5	5.5	5.5	5.4	5.4	5.3	5.3	5.3	5.3
경남	6.5	6.5	6.5	6.5	6.5	6.5	6.5	6.5	6.5	6.5
제주	1.1	1.1	1.1	1.1	1.1	1.1	1.1	1.1	1.1	1.1

그림 2-1-1   16개 시도별 인구 성장 추이(1925-2012)   (단위: 천 명)

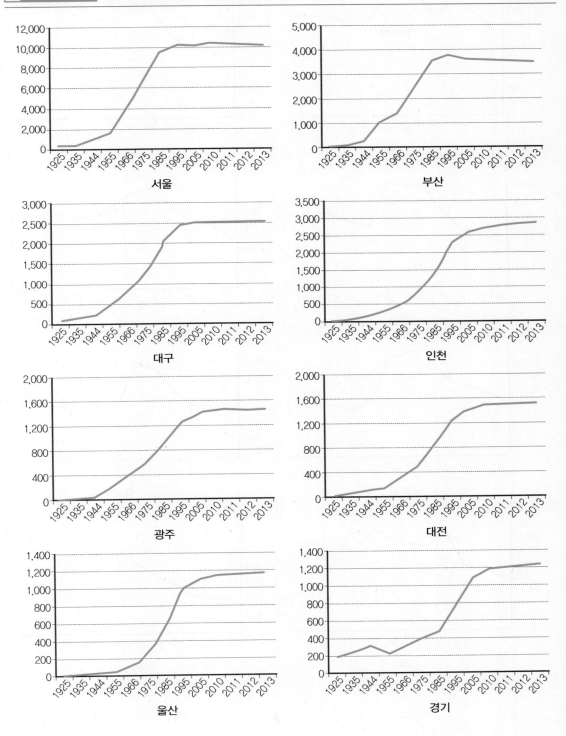

서울

부산

대구

인천

광주

대전

울산

경기

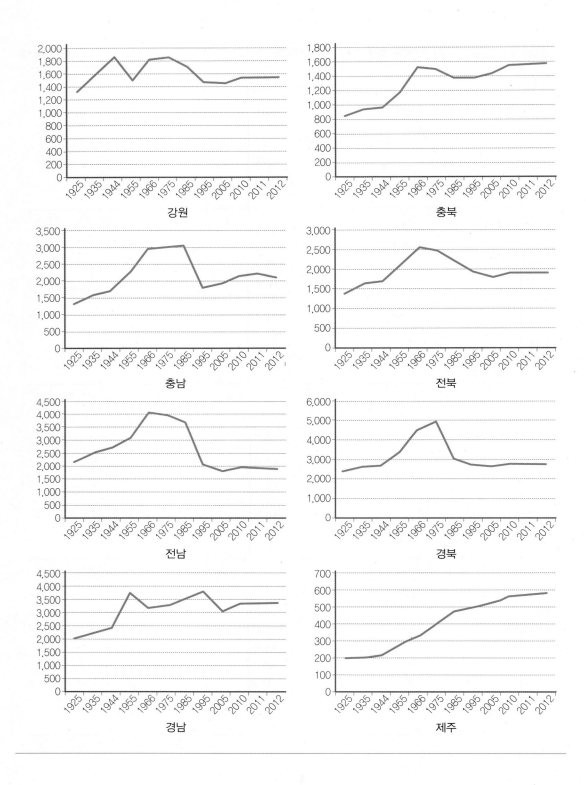

3) 광역시

① **서울:** 서울은 전쟁 중인 1955년도 까지는 미미하게 성장하다가 이후 1995년까지 매우 가파르게 성장한다. 1,000만 명 인구를 돌파한 것도 이 기간이다. 그러다가 2000년 이후에는 증가와 감소를 계속하면서 정체기를 맞이하고 있다. 공식통계에 의하면 서울시 2014년 1/4분기 현재 서울시 등록 인구는 10,385,494명으로 2013년 4/4분기 10,388,055명 대비 2,561명(△0.02%) 감소하는 것으로 나타나 이제 서울시 인구는 성장보다 미미하나마 감소 추세라고 할 수 있다.

② **부산:** 부산은 해방 전후에는 매우 미미하게 성장을 하였으나, 전쟁 중인 1955년 전후로 크게 성장하기 시작하였고 이 성장은 1995년까지 유지되었다. 그러다가 2000년을 전후로 하여 하강 국면을 맞이하다가 후반부터는 정체되어 있다.

③ **대구:** 대구도 부산과 같이 1955년을 전후로 인구가 증가하여 2005년까지 유지하다가 지금은 정체기라고 할 수 있다.

④ **인천:** 인천도 다른 지역과 마찬가지로 1955년부터 성장속도가 빨라지기 시작하였고 특히 직할시로 승격된 1981년 이후로는 그 성장세가 수직에 가깝게 나타나고 있다. 이는 수도권으로 인구가 집중된 원인도 있지만 직할시로 승격되면서 경기도 김포 및 옹진군 등 일부 지역을 합병한 점이 주요원인이라고 할 수 있다.

⑤ **광주:** 광주는 초창기에 거의 성장추가 보이지 않을 정도였다가 해방이후부터 약간씩 증가하여, 1960년 이후로 크게 성장하기 시작한다. 성장세가 수직에 가깝게 나타나다가 2005년 이후부터는 둔화되기 시작하고 있다.

⑥ **대전:** 대전은 1955년까지는 비교적 완만하게 성장하다가 그 후로는 2010년까지 두드러지게 성장하고 있다. 특히, 대전은 1987년도에 광역시로 승격되면서 인구 증가가 더욱 급속하게 이루어진다. 이 역시 인천 등 광역시 승격효과로 인근 지역을 합병한 결과라고 할 수 있다. 그러나 대전인구는 2010년 이후에는 소강상태에 있다.

⑦ **울산:** 울산은 1960년 초까지 읍 지역이었기 때문에 인구 증가가 거의 없었다. 그러다가 울산공업단지가 형성되면서 1965년 이후에는 수직으로 인구가 증가하기 시작하였고 이 성장속도는 2010년도까지 이어지다가 이후에는 소강상태를 보이고 있다.

4) 도

⑧ **경기:** 경기도는 일제 강점기 후반에 인구가 급속하게 상승하다가 6.25 전쟁 전후로 인구가 급감하였다. 전쟁 후인 1950대 후반부터 인구성장에 가속도가 붙으면서 인구가 수직으로 증가된다. 특히 1995년 이후부터 2010년까지는 어느 지역보다 급속하게 인구가 증가하기 시작하여 이 기간에 1천만 인구시대를 열었으며, 지금은 12백만 명에 이르고 있다.

⑨ **강원:** 강원도는 해방 이전까지는 인구가 크게 성장을 하였으나 해방이 되면서 구역이 북한과 분할되고 또한 전쟁이 일어나면서 인구가 급감하게 된다. 그러다가 1960년대 후반부터 다시 인구가 늘다가 1980년대 중반부터 계속 인구가 하락하였다. 그러다가 2000년대 후반부터 인구가 약간 증가하고 있다

⑩ **충북:** 충북은 해방 전까지는 매우 완만한 인구 성장세를 보이다가, 1955년 이후에는 급성장을 1975년까지 그 추세를 유지하다가 이후 1995년까지 하락세를 보이게 된다. 그러다가 2005년 전후해서 인구가 성장세로 돌아섰다.

⑪ **충남:** 충남은 해방 전까지 미미하게 성장하다가 1965년 이후 급성장을 하였다. 이후 1970년대에는 정체를 유지하다 1980년대는 급속하게 인구가 빠져 나간다. 대전이 1987년에 직할시로 승격되면서 분리되었기 때문이다. 이후 2000년대부터 성장세가 회복이 되어 성장을 계속 이어나가고 있다.

⑫ **전북:** 전북은 해방 전까지만 해도 인구 상위 지역으로 분류될 정도로 인구성장이 좋은 지역이었다. 이러한 성장속도는 1960년대 말까지 유지하다가 그 이후로 하락하기 시작한다. 1980년대부터 그 하락속도가 매우 심하다가 2010년 이후에는 그 속도가 다소 둔화되고 있다.

⑬ **전남:** 전남은 일제 강점기부터 인구가 최상위 수준에 있는 지역이었다. 이러한 최상위 인구지역은 1970년대 초반까지는 유지하였으나 이후 인구가 급속하게 빠져나가면서 크게 감소한다. 여기에다가 1986년 광주가 직할시로 분리되면서 인구의 감속 속도는 더욱 빨라지게 된다. 전남은 지금도 인구 감소가 계속되고 있으며 다만 그 속도가 이전에 비해 둔화되고 있다.

⑭ **경북:** 경북은 해방까지도 완만하게 성장하다가 1950년대에부터 크게 성장을 하여 전남과 함께 1970년대에 최고점에 다다른다. 그러다가 1981년 대구가 직할시로 분리되면서 인구 감소가 가속도를 붙이게 된다. 아직도 감소추세는 미미하지만 계속되고 있다

⑮ **경남:** 경남은 출발부터 인구가 최고 많은 지역 중에 하나였다. 최고점은 1963

년 부산이 직할시로 분리되기 전까지다. 부산이 분할된 이후에 인구 하락이 급속하게 되었지만 다른 지역과는 달리 금방 회복된다. 그 후 계속 상승하다가 1997년에 울산이 다시 광역시로 분할되어 나가면서 인구가 다시 감소가 되었으나 다시 상승세가 시작되었다. 어느 지역보다 인구복원력이 강한 지역이라고 할 수 있다.

⑯ **제주:** 제주는 20만 명 초반의 인구 수준을 오랫동안 유지하다가 6.25 전쟁으로 인해 피난민들이 대량 유입되면서 인구가 증가되기 시작하여 그 후 급성장하다가 2000년대 중반에 그 속도가 주춤하였다. 최근에는 다시 인구성장세가 높아지기 시작하였다.

2. 단계별 인구의 변화

지금까지 전체 인구의 흐름을 분석하기 위하여 거주인구를 중심으로 다루었는데 분석시기가 길어 인구변동추이를 세밀하게 알 수 없기 때문에 앞의 〈표 2-1-1〉에서 기술한 우리나라 인구변화시대 구분을 중심으로 다루었다. 앞의 〈표 2-1-1〉의 분류에 의해서 시대별로 인구를 정리하면 다음과 같다. 다만 전통기인 1910년 이전의 인구통계는 확보하기도 어렵고 특히 그 정확성이 불투명하여 제외시켰다.

1) 초기 변천기 : 1925년-1945년

초기 변천기는 일제 강점기의 인구 변천을 말한다. 이 당시는 출산력이 급격하게 상승하는 시기였기 때문에 인구가 크게 늘기 시작하였다. 남한의 인구만을 비교한 것이 〈표 2-1-7〉이다.[6]

1925년도의 남한 인구가 1,336만 명이었는데 10년 후인 1935년에는 1,547만 명으로 210만 명이 증가하였다. 또 10년 후인 1944년의 인구를 보면 1,705만 명으로 1935년에 비해 약 158만 명이 증가하는 것으로 나타났다. 1925년도 지역으로 보면 경기도 인구가 가장 많았고, 그 다음이 전남, 경북, 경남, 강원, 충남, 전북 순이었다. 이 당시에 서울, 부산, 대구, 인천, 광주는 광역자치단체가 아닌 하나의 시였으며, 대전은 면이었다. 때문에 여기에서는 서울, 인천은 경기, 부산은 경남, 대구는 경북, 광주는 전남의 인구에 포함된다. 그러나 지금 이 도시들은 광역자치단체이고 이들 도시가 분석대상

---

6 남한의 기준은 현재의 시·도를 기준으로 한 것임. 따라서 경기도와 강원도 인구는 북한과 중복이 될 수 있음.

에 포함되었기 때문에 여기에 나열하였다.

인구의 증감을 보면 [그림 2-1-2]에서 보는 바와 같이 경기도가 가장 급성장하고 있다. 경기는 1925년도에 2,019천 명인 인구가 1944년에는 3,092천 명으로 늘어나서 약 50%가 증가된 것으로 나타나고 있다. 이 시기에 수도인 경성과 개항의 중심지인 인천이 경기도에 포함되어 있었기 때문에 인구증가가 클 수밖에 없었다. 이 표에 의하면 강원도 인구가 다른 지역에 비해 크게 늘어나고 있음을 알 수 있다. 즉 1925년도에는 133만 명인데 1944년도에는 186만 명으로 약 40%가 늘어나고 있다. 이외 지역

표 2-1-7 **초기 변천기 연도별 · 지역별 인구(1925－1944)**[7]

(단위: 천 명)

구분	1925	1930	1935	1940	1944
합계	13,363	14,317	15,470	16,102	17,054
서울	(343)	(394)	(444)	(935)	(989)
부산	(107)	(146)	(183)	(250)	(329)
대구	(77)	(93)	(107)	(179)	(207)
인천	(56)	(68)	(83)	(171)	(214)
광주	(24)	(33)	(55)	(65)	(82)
대전	(9)	(22)	(39)	(46)	(77)
울산	(12)	(15)	(16)	(17)	(19)
경기	2,019	2,157	2,452	2,864	3,092
강원	1,332	1,488	1,605	1,765	1,858
충북	847	900	959	945	980
충남	1,282	1,383	1,527	1,576	1,675
전북	1,369	1,504	1,607	1,599	1,675
전남	2,159	2,332	2,508	2,639	2,750
경북	2,333	2,417	2,563	2,472	2,605
경남	2,022	2,136	2,248	2,242	2,417
제주	(205)	(208)	(207)	(214)	(221)

출처: 통계청, 국내 통계에서 저자정리.

---

7 1925년과 1930년에, 서울, 부산, 대구, 인천은 시부 인구, 대전은 면부 인구.
1935년과 1944년은, 서울, 부산, 대구, 인천, 광주, 대전은 시부 인구. 제주는 1946년도 8월 31일까지는 전남에 포함되어 있었음. 이들 지역은 도와 구별하기 위하여 ( )를 하였음. 경기도와 강원도 인구는 남북이 분단되기 이전이기 때문에 현재 북한지역의 경기도와 강원도 인구도 포함된 것임.

| 그림 2-1-2 | 초기 변천기 연도별 · 지역별 인구(1925−1944) | (단위: 천 명) |

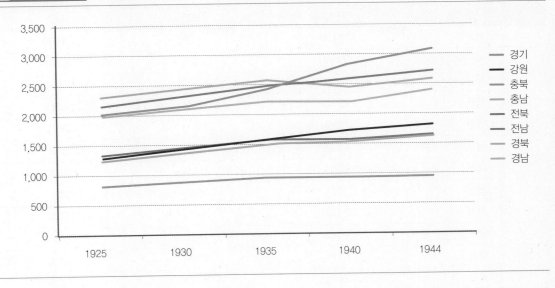

별로 1925년에서 1944년 일제강점기에 인구증가를 보면 충북 16%, 충남 28%, 전북 22%, 전남 27%, 경북 12%, 경남 20%로 나타나고 있다. 경북이 타 지역에 비해 인구 증가가 적은 이유는 일본으로의 징용이나 이동이 타 지역보다 많기 때문이라고 할 수 있다.

2) 혼란기 : 1945년−1960년

이 시기는 우리나라 역사상 가장 어려운 시기였다고 해도 과언이 아니다. 해방 직후이기 때문에 각 분야에서 많은 혼란이 일어났다. 뿐만 아니라 정부 수립과정에서 이념 갈등이 증폭되어 결국 3년간이나 6.25전쟁을 겪게 된다. 전쟁이 끝난 후에는 이승만 정부의 독재로 인하여 또 다른 사회혼란이 격심하게 되고 결국 4.19 학생의거가 일어나 이승만 정부가 몰락하게 된다.

이 기간의 인구는 일제 강점기의 패턴을 이어받아 계속 증가했으나 1950년대 초는 전쟁으로 인하여 성장추세는 멈추었다. 그러나 출산력은 높은 편이어서 인구 증가의 잠재력은 강한 편이었다. 그리고 이 기간은 일제강점기를 피해 만주나 일본 등지에서 살던 국민들이 귀국하기 시작하였고, 6.25전쟁 기간에는 전쟁 피난민이 북한 또는 다른 지역에서 대거 유입되면서 인구이동의 불안정성이 지속되었다고 할 수 있다. 이 시기의 지역별 인구 현황을 나타낸 표가 〈표 2-1-8〉이다.

표 2-1-8 **혼란기 연도별 · 지역별 인구수(1949−1960)** (단위: 천 명)

구분	1949	1955	1960
합계	20,189	21,526	24,989
서울	1,446	1,575	2,445
부산	(474)	(1,049)	(1,164)
대구	(314)	(489)	(677)
인천	(266)	(321)	(401)
광주	(139)	(233)	(314)
대전	(127)	(173)	(229)
울산	(24)	(26)	(30)
경기	2,741	2,364	2,749
강원	1,139	1,496	1,637
충북	1,147	1,192	1,370
충남	2,028	2,223	2,528
전북	2,050	2,126	2,395
전남	3,042	3,128	3,553
경북	3,206	3,364	3,848
경남	3,135	3,770	4,182
제주	255	289	282

출처: 통계청, 국내 통계에서 정리.
주: 이 기간에는 서울을 제외하고는 광역시가 없지만 표의 연결상 부산, 대구, 인천, 광주, 대전, 울산도 따로 분석을 하였음.
그러나 이들의 도시의 인구는 각각 경남, 경북, 경기, 전남, 충남, 경남의 인구에 중복계산되어 있음.

이 기간 동안 인구는 계속 늘어났는데 그 증거는 어느 한 지역도 인구가 감소된 곳이 없다는 것이다. 1955년도 경기 인구는 1949년보다 30만 명 정도 줄어든 것으로 나타났다. 그것은 3년간의 전쟁과 서울시가 특별시로 분리하면서 새로 획정된 도 경계선의 영향 때문이라고 할 수 있다. 이 기간에는 부산의 인구가 가장 많이 증가되었는데 이 역시 6.25 전쟁으로 인하여 피난민이 증가하였기 때문이다. 1949년도 부산인구가 47만 4천 명에서 1960년도에는 116만 4천 명으로 70만 명이 증가하였다. 이 시기에는 대체로 남쪽 지역의 인구가 증가하였는데 전쟁의 영향이 큰 것으로 보인다. 1955년도까지 300만 명대 인구를 지닌 지방자치단체는 전남, 경북, 경남 등이다. 1960년도에 경북과 경남 즉 영남권 인구는 8,030천 명으로 전체인구의 32.1%를 점하였고, 전북과 전남의 호남권은 5,948천 명으로 전체인구의 23.8%를 차지하고 있다.

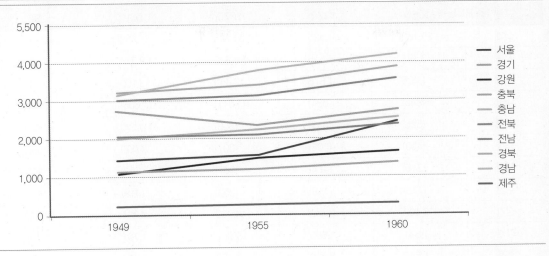

그림 2-1-3 **혼란기 연도별 · 지역별 인구수(1949-1960)** (단위: 천 명)

범례: 서울, 경기, 강원, 충북, 충남, 전북, 전남, 경북, 경남, 제주

그러나 1955년도부터는 수도권 중심으로 인구가 다시 증가하기 시작하였다. 서울이 5년 사이 약 100만 명이 늘어나 200만 명 인구시대를 열었다. 이와 함께 경남이 4백만 명 시대를 돌파하는 등 전남, 경북 등이 인구 수위도시로 자리 잡았다. 이에 대한 비교 내용이 [그림 2-1-3]이다.

3) 후기 변천기 : 1966년-1985년

후기 변천기인 1960년에서 1985년도까지의 인구 변화에 대한 내용이 〈표 2-1-9〉이다. 이 시기는 박정희, 전두환 대통령이 집권하던 시절이다. 경제가 가장 급속하게 발전되던 시절이기도 하다. 뿐만 아니라 인구정책은 '한 가구 두 자녀 갖기 운동' 등 산아제한 운동이 정점에 도달했던 시대라고 할 수 있다. 남성들에게 예비군 훈련을 2회 면제해 주는 조건으로 정관수술을 유도하던 시절이었다. 인구 억제 정책이 얼마나 치열했는지를 알 수 있다. 우리나라의 출산율은 1970년대 이후 지속적으로 감소해 오고 있으며, 1980년대 초에 이미 합계출산율이 대체출산율인 2.1명 이하로 하락하였다. 이러한 강력한 출산억제정책은 이 시기에 본격적으로 효과가 나타나기 시작하였다. 1985년의 인구증가율이 1.8%로 나타나 드디어 2% 미만으로 감소한 시기도 이 때였다. 이후 1990년도 인구 증가율이 1%가 된 이후 지금은 1%이하로 인구 증가율이 떨어지고 있다.

그럼에도 불구하고 중앙정부는 1995년까지 출산억제정책을 유지했으며, 2005년에야 「저출산 · 고령사회기본법」을 제정하여 저출산 문제를 정책적으로 대응하기 시

구분	1966	1970	1975	1980	1985
합계	29,160	31,435	34,705	37,436	40,448
서울	3,793	5,525	6,890	8,364	9,639
부산	1,426	1,876	2,453	3,160	3,515
대구	(845)	(1,081)	(1,311)	(1,605)	2,030
인천	(526)	(643)	(800)	(1,084)	1,387
광주	(403)	(502)	(607)	(728)	(906)
대전	(315)	(414)	(507)	(652)	(866)
울산	(113)	(159)	(253)	(418)	(551)
경기	3,102	3,353	4,039	4,934	4,794
강원	1,831	1,865	1,862	1,791	1,725
충북	1,549	1,480	1,522	1,424	1,391
충남	2,903	2,858	2,949	2,956	3,001
전북	2,521	2,432	2,456	2,288	2,202
전남	4,049	4,005	3,984	3,780	3,748
경북	4,473	4,556	4,859	4,955	3,011
경남	3,175	3,119	3,280	3,322	3,517
제주	337	365	412	463	489

출처: 통계청, 국내 통계 인구총조사에서 정리.

작했다. 이에 따라서 지방자치단체도 출산 억제에서 출산 장려로 정책이 급변하게 된다. 자치단체 중에는 기초자치단체가 먼저 출산정책에 관심을 갖기 시작하였다. 광역자치단체에서는 2007년 서울시가 처음으로 출산장려정책을 조례로써 제도화했다.[8]

1966년도는 우리나라 인구가 29,160천 명으로 3,000만 명 인구시대 진입 직전의 해이다. 여기에서 20년 후인 1985년도에는 4천만 명 인구시대를 열었다. 약 1천만 명의 인구가 20년 사이에 증가한 것이다. 지역별로 보면 서울이 이 시기에 가장 급성장하고 있음을 [그림 2-1-4]에서 알 수 있다. 다른 지역과 비교할 수 없을 만큼 "나 홀로" 성장하고 있다. 서울은 1966년도에 인구가 397만 명이었는데 1985도에는 964만 명으로 인구증가율이 약 2.4배이다. 서울이 20년 만에 인구가 약 600만 명이 더 늘어나서

---

8   이석환, 한국 지방자치단체 출산장려정책의 효과 평가, 한국지방자치학회보, 제26권제1호, 2014.3, p.23.

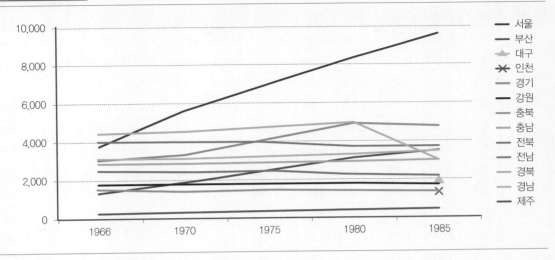

1,000만 명 시대를 눈앞에 두고 있었다. 이 시기에 100%이상 인구가 늘어난 지역은 부산, 대구, 인천, 광주, 대전, 울산 등으로 주로 대도시를 중심으로 인구가 급증하고 있음을 알 수 있다.

　이 시기에 인구성장이 주춤하거나 줄어들었던 지역은 도 자치단체였다. 이 기간에 특히 강원, 충북, 전북, 전남, 경북이 크게 줄어들었다. 이 중에 경북은 대구가 1981년에 광역시로 분할되었기 때문에 급격하게 줄어들었다. 반면에 경기는 인천시가 1981년에 분할되었음에도 불구하고 20년 동안 150만 명 정도가 증가한 것으로 나타났다. 수도권 집중이 얼마나 강한지를 보여 주고 있다.

4) 후기 과도기 : 1985년 이후

　후기 과도기의 지역별 인구 변화에 대한 내용이 〈표 2-1-10〉이다. 이 시기에는 인구 억제 정책의 효과가 크게 나타나면서 인구증가율은 1% 이하로 계속 하락한다. 이 시기는 경제생활이 윤택해지면서 사회가 발전하게 되고, 양성 평등개념이 확산되어 여성의 일자리가 증가하게 되면서 출산율이 떨어지게 된다. 더불어 외환위기 등 경제적 위기가 출산율을 감소하게 하는 한 원인으로 작용하게 된다.

　이 시기에는 의료보험의 확대 등으로 국민들의 건강이 증진되면서 사망률은 크게 떨어지게 된다. 이러한 요인은 결국 출산율과 사망률을 동시에 감소하게 만들어서 노인인구가 크게 증가하게 된다. 이러한 현상이 계속 지속되면서 65세 인구 비중이

표 2-1-10 후기 과도기 연도별 · 지역별 인구수(1990-2012) (단위: 천 명)

구분	1990	1995	2000	2005	2006	2007	2008	2009	2010	2011	2012	2013
합계	43,411	44,609	47,733	48,782	48,992	49,269	49,540	49,773	50,516	50,734	50,948	51,141
서울	10,613	10,231	10,311	10,167	10,181	10,193	10,201	10,208	10,313	10,250	10,195	10,144
부산	3,798	3,814	3,797	3,638	3,612	3,587	3,565	3,543	3,568	3,551	3,538	3,528
대구	2,229	2,449	2,524	2,511	2,496	2,493	2,493	2,490	2,512	2,507	2,506	2,502
인천	1,818	2,308	2,546	2,600	2,624	2,665	2,693	2,711	2,758	2,801	2,844	2,880
광주	1,139	1,258	1,372	1,402	1,408	1,413	1,423	1,434	1,455	1,463	1,469	1,473
대전	1,050	1,272	1,386	1,455	1,466	1,476	1,481	1,484	1,504	1,516	1,525	1,533
울산	(682)	(967)	1,040	1,088	1,092	1,100	1,112	1,115	1,126	1,135	1,147	1,156
세종	–	–	–	–	–	–	–	–	–	–	113	122
경기	6,156	7,650	9,219	10,697	10,906	11,106	11,292	11,461	11,787	11,937	12,093	12,235
강원	1,580	1,466	1,555	1,513	1,505	1,504	1,509	1,513	1,530	1,536	1,539	1,542
충북	1,390	1,397	1,498	1,489	1,495	1,507	1,520	1,527	1,550	1,563	1,566	1,573
충남	2,014	1,767	1,922	1,963	1,974	1,996	2,019	2,038	2,076	2,101	2,029	2,048
전북	2,070	1,902	1,999	1,885	1,868	1,862	1,856	1,855	1,869	1,874	1,873	1,873
전남	2,507	2,067	2,131	1,967	1,943	1,930	1,919	1,913	1,918	1,914	1,910	1,907
경북	2,861	2,676	2,797	2,688	2,689	2,681	2,674	2,670	2,690	2,699	2,698	2,699
경남	3,672	3,846	3,094	3,160	3,173	3,197	3,225	3,250	3,291	3,309	3,319	3,334
제주	515	505	542	558	558	559	561	563	571	576	584	594

출처: 통계청, 국내통계 인구총조사에서 정리.

1995년 3%에서 10년 후인 2005년 7.3%가 되어, 드디어 우리나라도 고령화 사회로 진입하게 되었다.

〈표 2-1-10〉을 보면, 서울시는 1990년대 들어서면서 1,000만 명 인구 시대를 돌파하지만 이후 인구 증가추세는 둔화 된다. 서울시 인구는 2000년대 들어와서는 약간의 증감이 있으나 여전히 1,000만 명 대를 유지하고 있다. 부산의 인구는 약간씩 감소되는 것으로 나타나고 있다. 부산의 인구가 2012년도를 기준으로 볼 때 3,574천 명이기 때문에 우리나라 인구 종주화 지수는 2.92로 매우 높은 수준이다.[9] 대구는 미미하지만

---

9 한 나라에 있는 초대형 도시를 가리키는데, 수위 도시의 인구가 두 번째 도시의 인구보다 2배 이상인 경우이다. 이러한 종주 도시는 수위 도시에 인구가 과잉 집중되는 과정에서 발생하는 데 특히 급속한 산업화가 진행되고 있는 개발도상국에서 많이 나타난다. 미국의 경제학자 호슬리츠(Bert F. Hoselitz)는 종주도시의 특성으로 투자의 독점 · 인력의 흡수 · 문화의 지배 ·

증가하고 있다. 인천의 인구도 이 기간에 크게 증가하였는데 1995년도 182만 명이었던 인구가 2012년에는 290만 명으로 300만 명 인구시대로 진입중이다. 광주는 1995년도에는 114만이었던 인구가 약간씩 증가를 계속하여 2012년 현재 150만에 육박하고 있다. 대전과 울산도 이 기간 동안 50만 명 이상 상승한 것으로 나타나고 있다.

이 기간 동안 인구가 가장 크게 증가한 곳은 경기다. 경기의 인구는 1995년도 6,156천 명이었으나 2011~2012년도에는 12,235천 명으로 약 18년 동안 인구가 2배로 증가하였다. 경기는 비율이나 양으로나 인구가 가장 많이 증가한 지역이 되었다. 이외 인구가 증가한 도는 충북, 경남, 제주 정도이며 나머지 지역은 정체이거나 감소하는 현상을 뚜렷하게 보이고 있다. 1990년도와 20년이 지난 2010년도의 인구현황을 비교해보면, 인구크기 순은 다음과 같다.

표 2-1-11 지역별 인구 규모 순위

순위	1	2	3	4	5	6	7	8	9	10	11	12	13	14	15	16
1990	서울	경기	부산	경남	경북	전남	대구	전북	충남	인천	강원	충북	광주	대전	울산	제주
2010	경기	서울	부산	경남	인천	경북	대구	충남	전남	전북	충북	강원	광주	대전	울산	제주

상기 표를 보면 서울과 경기는 순서만 바뀌었을 뿐 1, 2위를 계속 유지하고 있다. 역시 수도권 지역인 인천은 1990년 10위에서 2010년에는 5위로 수직 상승하였다. 수도권 이외에는 부산과 경남이 3, 4위를 계속 유지하고 있다. 이외 지역의 변동 상황을 보면 충남과 충북이 한 단계씩 상승하여 충청권 인구 상승이 시작되고 있음을 알 수 있다. 반면 경북, 강원은 한 단계 떨어졌고, 전남은 3단계, 전북은 2단계나 순위가 떨어지고 있어 호남권 인구 유출이 가장 심각함을 알 수 있다. 이를 그래프로 제시하면 [그림 2-1-5]이다.

권역별로 비교하기 위하여 [그림 2-1-6]을 작성하였다. 이 그림을 보면, 1990년도까지만 해도 수도권과 비수도권 간에 차이는 매우 컸다. 그러다가 수도권 인구는 1990년부터 2005년까지는 거의 수직 상승한 반면에, 비수도권은 상승은 고사하고 약간씩 내려오고 있다. 이 결과 2005년 이후에는 두 권역의 인구 차이가 크게 좁혀졌고,

---

타도시의 발전 저해 등을 꼽았으며, 어느 나라나 발전의 초기에는 이런 모든 기능이 종주도시에 집중된다고 설명했다. 우리나라의 서울이 대표적이며, 경제력이 한 도시에 집중하면서 나타나는데 종주 도시화는 국토의 불균형 발전이라는 문제를 초래한다.
http://100.daum.net/encyclopedia/view.do?docid=v160ha410a18

그림 2-1-5 **지역별 인구수(1990-2012)** (단위: 천 명)

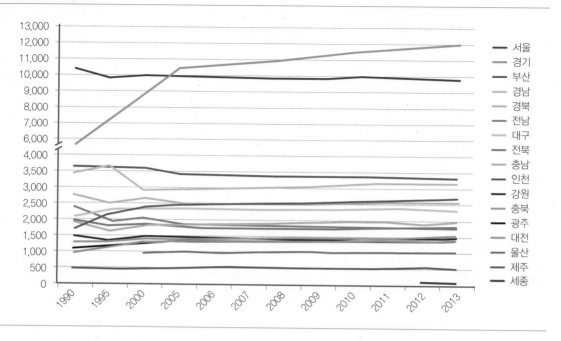

그림 2-1-6 **권역별 인구수 변화추이(1990-2013)** (단위: 천 명)

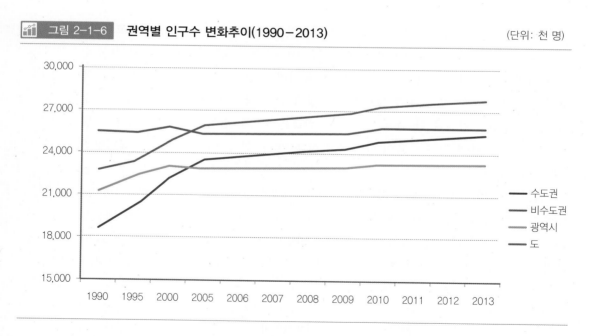

2013년 현재는 큰 차이가 없을 정도로 좁혀졌다. 그러나 광역시와 도의 인구 성장 모양은 수도권과 비수도권과는 다르다. 즉, 광역시와 도의 인구는 1990년도에는 큰 차이가 없었지만 1995년부터 도 권역의 인구 증가가 광역시의 인구 증가보다 큰 차이로 간격을 보이기 시작하였다. 이후 약 2005년을 시점으로 도 권역은 크지는 않지만 일정하게 상승하고 있는 반면에 광역시 권역 인구는 거의 정체 수준에 머물고 있다. 이 결과 현재 도 권역의 인구가 광역시 권역 인구보다 훨씬 많은 것으로 나타나고 있다.

3. 추계인구

추계인구를 구하는 근본 목적은 경제구조의 변화, 사회구조의 변화에 대비하여 합리적인 발전을 위한 계획적 배치에 필요한 기본 데이터를 얻는 데 있다. 따라서 지역개발에 관한 입안(立案) 및 실시와 그러한 경우에 지역인구 배치의 변화는 이 계획의 모든 단계에서 총괄적인 지표로서 중요시된다.

지역인구는 계획에 포함되는 다른 많은 지표를 여건으로 하고, 그 기초 위에서 이들과 일관성 있게 그 위치가 정해져야 한다. 이러한 관점에서 비롯된 추계인구를 '계획치로서의 추계인구'라고 하며, 이에 대해 인구요인 자체의 변화를 통해 장래의 인구를 추정하는 경우를 '추세치(趨勢値)로서의 추계인구'라고 한다. 후자는 인구분포나 이동현상을 추세적인 변화나 동향으로 보고 추계하는 것이다. 이와 같은 두 개의 추계인구는 흔히 상호 비교하여 사용하는 것이 중요한데, 이로써 추정된 인구구성 내용, 즉 연령구성이나 산업별 취업인구 등을 얻을 수 있다.[10] 1970년부터 2040년도까지의 추계인구에 대한 내용이 〈표 2-1-12〉이다.

이 표에 의하면, 1970년도 32,240,827명, 1980년에는 40,805,744명으로 늘어나 4천만 명대에 진입하였다. 이후 계속 인구가 늘어났지만 4천만 명대를 벗어나지 못했다. 5천만 명대 인구는 이후 35년이 지난 2015년도에야 가능한 것으로 추정하였다. 2015년 우리나라 추계인구는 50,617,045명이다. 15년이 지난 2030년에 추계인구는 1,543,020명이 늘어난 52,160,065명으로 추계하고 있다. 15년 동안 150만 명의 증가는 1년에 10만 명 정도 증가하는 것으로 매우 미미한 수준임을 알 수 있다. 추계인구에 따르면 2030년 이후로 우리나라 인구는 감소하기 시작한다고 예측하고 있다. 5년 후인 2035년에는 271,659명이 감소한 51,888,406명으로 줄어든다. 다시 5년 후에 추계인구는 51,091,352명으로 5년 전에 비해 797,134명이 감소된다. 이 수는 1년에 평균

---

10 [네이버 지식백과] 추계인구[estimated population, 推計人口](두산백과).

표 2-1-12 **시도별 추계인구(1970-2040)** (단위: 명)

시도별	1970	1975	1980	1985	1990	1995	2000
전국	32,240,827	35,280,725	38,123,775	40,805,744	42,869,283	45,092,991	47,008,111
서울	5,685,932	7,005,007	8,516,450	9,725,447	10,473,252	10,342,224	10,078,434
부산	2,045,828	2,625,143	3,309,338	3,627,990	3,803,334	3,852,295	3,732,630
대구	(1,294,646)	(1,543,540)	(1,888,506)	2,129,426	2,293,038	2,475,360	2,528,863
인천	(803,730)	(981,336)	(1,253,487)	1,541,084	1,896,801	2,333,769	2,522,462
광주	(651,380)	(751,007)	(873,909)	(1,052,558)	1,124,968	1,273,532	1,382,426
대전	(548,414)	(650,941)	(820,076)	(951,943)	1,035,986	1,286,844	1,396,869
울산	(282,596)	(374,958)	(545,538)	(676,257)	(794,065)	(979,606)	1,035,658
경기	2,636,096	3,124,725	3,774,067	4,696,641	5,972,092	7,737,864	9,146,445
강원	1,913,786	1,892,974	1,824,032	1,740,348	1,561,838	1,481,781	1,515,605
충북	1,516,178	1,546,369	1,449,745	1,402,992	1,373,711	1,411,922	1,494,377
충남	2,379,036	2,345,734	2,190,545	2,075,176	1,991,931	1,784,205	1,879,274
전북	2,490,827	2,497,939	2,329,212	2,220,652	2,046,776	1,921,970	1,927,005
전남	3,449,700	3,300,224	2,974,055	2,728,625	2,480,439	2,088,701	2,034,970
경북	3,373,973	3,392,694	3,156,810	2,953,958	2,736,033	2,702,465	2,773,340
경남	2,794,945	2,828,890	2,746,366	2,789,644	2,776,273	2,908,813	3,035,571
제주	373,760	419,244	471,639	493,003	508,746	511,640	524,182

시도별	2005	2010	2015	2020	2025	2030	2035	2040
전국	48,138,077	49,410,366	50,617,045	51,435,495	51,972,363	52,160,065	51,888,486	51,091,352
서울	10,011,324	10,050,508	10,025,756	10,135,026	10,214,422	10,202,243	10,101,828	9,924,373
부산	3,586,087	3,466,333	3,403,268	3,340,046	3,275,492	3,205,108	3,121,268	3,014,946
대구	2,506,398	2,472,230	2,462,473	2,433,000	2,396,017	2,352,663	2,296,470	2,220,439
인천	2,578,356	2,713,206	2,859,006	2,951,862	3,020,684	3,060,942	3,066,821	3,036,476
광주	1,443,892	1,489,450	1,524,667	1,531,377	1,525,466	1,508,259	1,479,370	1,437,531
대전	1,468,317	1,510,867	1,557,651	1,581,257	1,597,087	1,601,523	1,592,198	1,566,886
울산	1,070,014	1,094,107	1,127,114	1,133,350	1,130,345	1,119,107	1,094,732	1,058,153
경기	10,612,455	11,575,780	12,343,086	12,870,367	13,229,804	13,427,997	13,451,626	13,298,132
강원	1,488,365	1,486,522	1,509,605	1,523,956	1,540,063	1,555,669	1,564,018	1,556,371
충북	1,484,191	1,521,655	1,581,687	1,627,416	1,666,389	1,696,893	1,713,342	1,710,679
충남	1,918,481	2,075,612	2,179,319	2,253,104	2,317,977	2,370,179	2,401,934	2,407,883
전북	1,816,566	1,794,335	1,800,724	1,795,981	1,794,051	1,795,230	1,791,420	1,774,171
전남	1,852,119	1,777,067	1,751,422	1,728,175	1,715,898	1,716,910	1,716,291	1,703,613
경북	2,651,653	2,627,778	2,638,201	2,629,618	2,623,341	2,616,250	2,596,204	2,553,665
경남	3,108,192	3,208,167	3,290,104	3,333,636	3,355,894	3,360,646	3,332,468	3,266,375
제주	541,667	546,749	562,962	567,324	569,433	570,446	568,496	561,659

출처: 통계청, 국가통계포털, 시도별 장래인구추계
주1) 1970~1999년의 80~84세 인구는 80세이상 인구임.
 2) 본 자료는 2012년 6월 장래인구추계 시도편 자료임.
 3) 인구는 국적에 관계없이 국내에 거주하는 인구임(외국인도 포함).

약 14만 명이 감소하는 것으로 감소의 속도가 붙어 가고 있어 이후 인구감소는 더욱 큰 규모로 떨어질 것으로 추계될 것이라 생각한다.

지역별로는 매우 복잡하기 때문에 점유율을 가지고 살펴 보는 것이 이해하기가 좋을 것 같아서 〈표 2-1-13〉을 만들었다. 서울은 1995년까지는 인구점유율 증가 속도가 어느 지망보다 빠르다. 서울은 1970년에 17.6%, 1975년에는 19.9%로 2.3% 점유율이 증가하였다. 1980년에는 22.3%로 5년전에 비해 2.5%의 점유율이 상승했다. 이후 증가 속도는 점점 적었지만 1995년에 22.9%로 최고점에 다달았다. 이로부터 약간씩 낮아지기 시작하여 2005년에는 점유율이 20.8%로 떨어졌다. 이 시점때 경기도의 인구점유율은 22.0%였다. 이 때부터 서울의 인구 점유율은 경기도에 계속 뒤쳐졌다.

서울의 점유율은 2015년에는 19.8%로 추계되는데 점유율이 10%대에 진입을 하게 된다. 계속 하락하는 서울의 인구 점유율은 그러나 그 속도는 매우 미미하여 2040년이 되어도 19.9%라는 높은 인구 점유율을 지니게 된다.

부산은 1970년에는 6.3%로 출발하여, 1975년에는 7.4%, 1980년에는 8.7%로 계속 증가하였다. 그러나 부산은 1990년에 8.9%를 기점으로 서서히 떨어지기 시작하였고 10년후인 2000년에는 7.9%로 7%대까지 떨어졌고, 2015년에는 6.7%까지 떨어지다가 2040년에는 5.9%까지 점유율이 떨어질 것으로 예상되고 있다. 가장 높았던 1985년도에 비하면 무려 3%가 떨어진다는 추계이다. 대구는 1981년도에 직할시로 승격되었다. 통계주기가 5년이기 때문에 1985년이 첫 추계인구 통계가 나왔다. 이 당시에 추계인구의 점유율은 5.2%였다. 이후 약간씩 증가하여 1995년에는 5.5%의 점유율까지 갔다가 이후에 역시 약간씩 떨어지기 시작하여 2040년에는 4.3%까지 떨어지는 것으로 예측되고 있다. 인천도 직할시 승격이 대구와 같이 되었기 때문에 통계연도가 1985년이다. 이때의 인천 인구점유율은 대구와 마찬가지로 5.2%였다. 인천은 대구와는 달리 떨어지는 해는 없다. 약간씩 증가하여 2030년에는 5.9%까지 상승하나 이 후에 2040년까지는 역시 5.9%를 그대로 유지하는 것으로 추계되고 있다. 광주는 1986년도가 직할시 승격이고, 대전은 1987년에 직할시로 승격되었기 때문에 추계인구 통계시작은 공히 1990년도다. 1990년도에 광주의 인구 점유율 추계는 2.6%이고, 대전도 2.4%였다. 광주는 2005년부터 2020년도까지는 3.0%를 유지하다가 2040년에는 2.8%로 떨어지는 것으로 추계되고 있다. 대전은 2010년도부터 2040년도까지 3.1%를 그대로 유지하는 것으로 나타나 광주보다 인구점유율이 높을 것으로 예상되고 있다. 울산은 1997년도 직할시로 승격되었기 때문에 통계작성년도가 2000년이 된다. 2000년도 울산 추계인구점유율은 2.2%였고, 이 비율은 2025년까지 지속되다가 2030년부터는 2.1%로 약간 떨어지고 이 수준이 2040년까지 가는 것으로 추산되고 있다.

도 권역으로 가보자.

경기는 인구 추계점유율이 1970년에 8.2%이며, 전남, 경북, 경남이 다음의 순이다. 그런데 경기는 1985년에 11.5%로 추계 인구점유율이 급상승하여 도 단위에서는 1위의 점유율을 보인다. 서울 다음 전국에서 높은 순위다. 경기는 20년 후인 2005년에는 점유율이 무려 10.5% 상승하여 22.0가 되었고, 드디어 서울을 제치고 인구가 가장 많은 지역이 되었다. 앞으로 경기는 인구가 계속 증가하여 2040년도에는 26.0%까지 상승되는 것으로 추산되고 있다.

강원은 1970년에는 인구점유율이 5.9%였으나 10년후인 1980년에는 4.8%로 떨어지고, 또 10년 후인 1990년에는 3.3%로 떨어진다. 20년안에 2.6%가 떨어진 것이다. 강원의 추계 인구점유율은 2010년에 3.0%까지 떨어지고 이 수준은 2040년도까지 지속되는 것으로 예상되고 있다. 충북은 1970년에 4.7%로서 강원보다 1.2%나 차이가 났다. 충북도 1980년에 3.8%로 떨어졌다. 이후 1995년에 3.1%까지 떨어졌고 이 수준은 2015년도까지 지속되었다. 그러다가 2020년에는 3.2%로 다시 상승이 될 것으로 예상

표 2-1-13 지역별 추계인구 점유율(1970-2040) (단위: %)

구분	1970	1975	1980	1985	1990	1995	2000	2005	2010	2015	2020	2025	2030	2035	2040
서울	17.6	19.9	22.3	23.8	24.4	22.9	21.4	20.8	20.3	19.8	19.7	19.7	19.6	19.5	19.4
부산	6.3	7.4	8.7	8.9	8.9	8.5	7.9	7.4	7.0	6.7	6.5	6.3	6.1	6.0	5.9
대구	–	–	–	5.2	5.3	5.5	5.4	5.2	5.0	4.9	4.7	4.6	4.5	4.4	4.3
인천	–	–	–	3.8	4.4	5.2	5.4	5.4	5.5	5.6	5.7	5.8	5.9	5.9	5.9
광주	–	–	–	2.6	2.8	2.9	3.0	3.0	3.0	3.0	2.9	2.9	2.9	2.8	
대전	–	–	–	–	2.4	2.9	3.0	3.1	3.1	3.1	3.1	3.1	3.1	3.1	3.1
울산	–	–	–	–	–	–	2.2	2.2	2.2	2.2	2.2	2.2	2.1	2.1	2.1
경기	8.2	8.9	9.9	11.5	13.9	17.2	19.5	22.0	23.4	24.4	25.0	25.5	25.7	25.9	26.0
강원	5.9	5.4	4.8	4.3	3.6	3.3	3.2	3.1	3.0	3.0	3.0	3.0	3.0	3.0	3.0
충북	4.7	4.4	3.8	3.4	3.2	3.1	3.2	3.1	3.1	3.1	3.2	3.2	3.3	3.3	3.3
충남	7.4	6.6	5.7	5.1	4.6	4.0	4.0	4.0	4.2	4.3	4.4	4.5	4.5	4.6	4.7
전북	7.7	7.1	6.1	5.4	4.8	4.3	4.1	3.8	3.6	3.6	3.5	3.5	3.4	3.5	3.5
전남	10.7	9.4	7.8	6.7	5.8	4.6	4.3	3.8	3.6	3.5	3.4	3.3	3.3	3.3	3.3
경북	10.5	9.6	8.3	7.2	6.4	6.0	5.9	5.5	5.3	5.2	5.1	5.0	5.0	5.0	5.0
경남	8.7	8.0	7.2	6.8	6.5	6.5	6.5	6.5	6.5	6.5	6.5	6.5	6.4	6.4	6.4
제주	1.2	1.2	1.2	1.2	1.2	1.1	1.1	1.1	1.1	1.1	1.1	1.1	1.1	1.1	1.1

되고 있으며 이 비율은 2030년에는 3.3%까지 상승되고 이후 이 수준이 계속 지속될 것으로 추계하고 있다. 충남은 1970년에는 7.4%로 출발하였지만 해마다 점유율이 떨어지기 시작한다. 1980년에는 5.7% 떨어졌고, 대전시가 직할시로 독립되어 나갔을 때는 4.6%까지 추락하였다. 이 수준은 2005년까지 지속되었다. 그러다가 2010년부터 다시 성장을 하기 시작하였고 2040년에는 인구점유율이 4.7가 될 것으로 추산하고 있다. 전북은 1970년에 추계 인구점유율은 7.7%로 충남보다 높았다. 그러나 이후에 점유율이 계속 떨어져서 1980년에는 6.7%, 1985년에는 4.8%, 2005년도에는 3.8%까지 떨어져서 1970년에 비해 거의 반으로 떨어졌다. 이후 계속 떨어져서 2040년에는 3.5%까지 하락하는 것으로 추계되고 있다. 전남은 점유율이 가장 크게 떨어진 지역이다. 1970년도에는 10.7%로 도 단위에서는 1위의 점유율을 보이고 있었고 전국적으로 해도 서울 다음 인구가 가장 많은 지역으로 추산되었다. 그러나 전남의 인구 유출은 타 지역에 비교가 되지 않을 정도로 감소가 심하여 2040년도에는 3.3%의 인구점유율이 될 것으로 추산하고 있다. 충남이나 전북보다 적고 충북과 같은 인구점유율을 보일 것으로 추산되고 있다. 경북은 1975년도의 추계인구 점유율은 10.5%로 도 단위에서는 2위, 전국단위에서는 3위의 인구점유율을 보였다. 그러나 이후에 인구 유출은 계속되어 1980년에 8.3%로 10년 전에 비해 2%이상이 떨어졌다. 대구가 직할시로 분리된 후인 1985년도에는 7.2%까지 떨어지고 2025년에는 5.0%까지 감소하며 이 수준이 2040년까지 지속되는 것으로 추계되고 있다. 경남은 1970년도에는 8.9%의 높은 인구점유율을 보였으나 1970년 7.2%, 1990년 6.5%, 2025년에는 6.4%까지 떨어지고 이 수준이 2040년도까지 지속되는 것으로 추산되고 있다.

제주는 1970년에 1.2%의 인구점유율을 보였고, 이 비율은 1990년도까지 20년간 유지되다가 1995년에 0.1% 떨어진 1.1%로 약간 떨어졌고, 이 수준이 2040년까지 지속되는 것으로 추산되고 있다.

지역별로 추계인구를 나타낸 내용이 [그림 2-1-7]이다. 이 그림을 보면 경기 지역의 상승, 서울 지역은 정체, 다른 지역은 거의 정체이거나 감소하는 방향으로 나가고 있음을 알 수 있다. 부산도 1980년에는 다른 지역에 비해 높은 수준이었으나 점차 감소하고 있다.

권역별로 표시한 내용이 [그림 2-1-8]이다. 비 수도권이외 권역은 다 상승세이다. 특히 수도권의 상승선 위에 도 권역의 상승선이 있다. 이는 경기 지역의 인구가 1995년도부터 더욱 크게 증가함에 따라서 수도 권역과 도 권역이 영향을 크게 받고 있다는 증거다. 광역시는 1981년부터 계속 광역시(직할시)가 신설되었지만 인구 점유율은 1995년까지만 상승했을 뿐 이후로는 정체 내지 하락하고 있다.

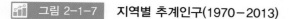
그림 2-1-7 　지역별 추계인구(1970-2013)　　　　　　　　　　(단위: 천 명)

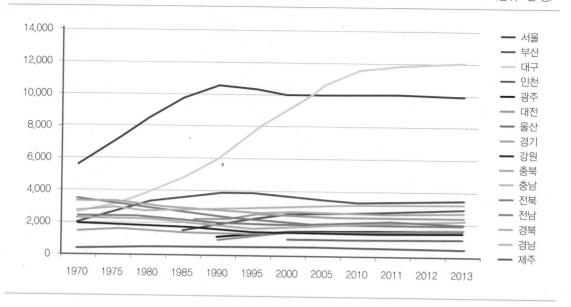

그림 2-1-8 　권역별 추계인구 변화추이(1970-2040)　　　　　　　(단위: 천 명)

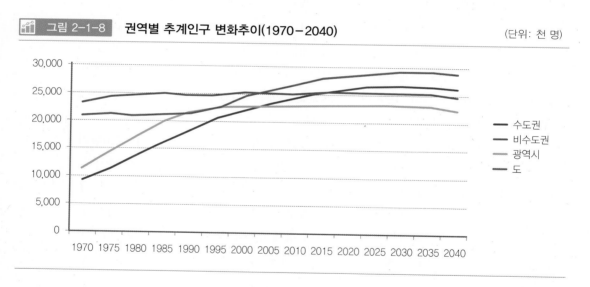

4. 기대여명

　　기대여명은 어느 연령에 도달한 사람이 그 이후 몇 년 동안이나 생존할 수 있는가를 계산한 평균연수를 말한다. 대체로 출생 시 기대여명은 평균수명 또는 출생 시 기

표 2-1-14 **기대여명** (단위: 세)

시도별	2005	2008	2011
서울	80.39	81.69	82.67
부산	77.84	78.81	80.22
대구	78.54	79.58	80.65
인천	78.50	80.06	80.73
광주	79.05	80.00	80.77
대전	79.21	80.33	81.28
울산	77.73	79.23	80.20
경기	79.16	80.67	81.71
강원	77.56	79.01	80.73
충북	77.60	79.12	80.11
충남	77.97	79.73	81.08
전북	78.15	79.24	80.74
전남	77.75	79.13	80.16
경북	77.74	79.03	80.16
경남	77.50	78.96	80.33
제주	79.30	81.38	82.18

출처: 통계청, e-지방지표, 기대여명.
주: 기대여명: 특정연도의 0세 출생자가 향후 생존할 것으로 기대되는 평균 생존년수.
　　2007년도에 2005년기준 「시도별 생명표」를 처음으로 작성하였으며 3년 주기로 자료작성.

대수명과 같은 의미로 쓰인다. 기대여명은 보건, 의료정책수립, 보험료율, 인명피해 보상비 산정 등에 활용되고 있으며, 장래인구추계 작성에도 활용된다. 2010년 우리나라의 기대수명은 80.8세로 OECD 회원국의 기대수명 79.8세 보다 1.0세 높다. OECD 회원국 중에서 일본과 스위스의 기대수명은 각각 83.0세와 82.6세로 높게 나타났다. 터키, 헝가리, 멕시코는 각각 74.3세, 74.3세, 75.5세로 비교적 낮은 기대수명을 보이고 있다.[11] 최근에 발표된 2012년도 우리나라의 기대여명(기대수명)은 81.3년으로 OECD 평균(80.2년)보다 1.1년 길다. 지난 5년간 우리나라의 기대여명은 1.9년이 증가하여, OECD 평균의 증가 수준(1.2년) 보다 큰 폭으로 증가하였다.[12]

　　우리나라 지역별 기대여명은 어떠한가를 〈표 2-1-14〉를 통해서 살펴보자. 우리나

---

11 http://www.index.go.kr/potal/main/EachDtlPageDetail.do?idx_cd=2758, 통계청, e-나라지표 참조.
12 보건복지부, OECD 「Health Data 2014」 주요지표 분석, 2014.7.3. 보도자료.

그림 2-1-9　지역별 기대여명(2005-2011)　　　　　(단위: 세)

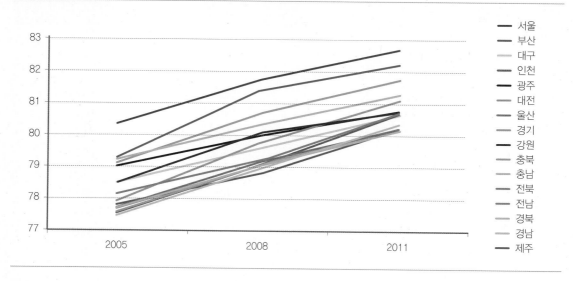

라 기대여명을 지역별로 보면 2005년도에는 서울이 유일하게 80세를 넘어 서고 있다. 그 다음이 제주로 79.3세이다. 이후에는 대전, 경기, 광주, 대구, 인천, 전북 순으로 낮아지고 있다. 2008년에는 80세 이상의 기대여명을 가진 지역을 순서로 보면 서울, 제주, 경기, 대전, 인천, 광주이다. 2011년도의 기대여명을 지역별로 보면 서울과 제주가 82세를 넘어서고 있다. 뿐만 아니라 모든 지역이 80세를 넘어서고 있어서 우리나라 평균수명이 크게 상승되고 있음을 알 수 있다.

　각 지역별 기대여명의 변동을 그래프로 작성한 내용이 [그림 2-1-9]이다. 이 그림을 보면 서울이 확실하게 다른 지역에 비해 기대여명이 높다는 것을 알 수 있다. 그 다음의 제주도 역시 다른 지역과 차별성 있게 높게 나타나고 있다. 전체의 흐름 또한 거의 45도의 경사로 높은 쪽으로 향하고 있다. 우리나라 기대여명이 매우 좋은 방향으로, 속도도 빠르게 움직이고 있다.

　권역별로 기대여명 변화 내용이 [그림 2-1-10]이다. 이 그림을 보면 알 수 있듯이 수도권이 비수도권보다 기대여명이 높다. 2005년도에 수도권은 기대여명이 79.5세였지만, 비수도권은 78.1세였다. 약 1.5세 정도 차이가 났다. 그러나 2011년도의 그림을 보면 수도권은 81.8세이고, 비수도권은 80.8세이다. 따라서 수도권과 비수도권의 기대여명은 1살 차이로 줄어들었다. 광역시와 도는 처음 차이에 비해 2011년도의 기대여명은 거의 차이가 없을 정도가 되었다. 이를 종합하면, 이제 기대수명은 전국에 걸쳐 많이 향상되어 큰 차이가 없어지고 있다고 할 수 있다.

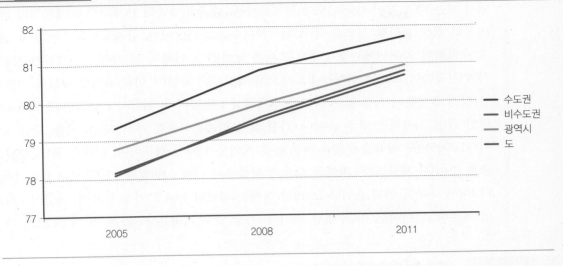

그림 2-1-10 **권역별 평균 기대여명 변화추이(2005-2011)**   (단위: 세)

범례:
- 수도권
- 비수도권
- 광역시
- 도

5. 합계출산율

합계출산율이란 출산 가능한 여성의 나이인 15세부터 49세까지를 기준으로, 한 여성이 평생 동안 낳을 것으로 예상되는 자녀의 수를 말한다. 합계 출산율은 국가별 출산력 수준을 비교하는 주요 지표로 이용되는데, 2가지 방법으로 산출된다. 첫 번째는 일반적으로는 연령별 출산율을 합계하는 방식이다. 예를 들어 지난 해 만 30세 여성이 낳은 아이의 수를 전체 만 30세 여성의 수로 나누어 연령별 출산율을 산출한 다음 이렇게 계산한 각 연령별 출산율을 모두 더하면 합계출산율이 된다.[13]

다른 하나는 5세 계급으로 계산된 연령별 출산율에 5를 곱하는 방식이다. 이들 간의 관계를 공식화하면 :

$$합계출산율 = 연령별 \ 출산율의 \ 합 = \Sigma 5세 \ 계급연령별 \ 출산표 \times 5$$

이 경우 전체 여성 수는 미혼·기혼을 구별하지 않기 때문에 한국과 같이 혼인이 출산의 전제조건으로 작용하는 국가에서는 미혼 여성이 늘어날수록 출산율이 떨어지게 된다.

---

13 통계청, 통계설명자료.

1993년부터 2012년까지의 지역별 합계출산율에 대한 내용이 〈표 2-1-15〉이다. 표에서 보는 바와 같이 1993년도에 합계출산율, 즉 우리나라의 15세부터 49세까지의 한 여성이 평생 출산할 것으로 예상되는 자녀수는 1.65명이다. 합계출산율은 이후로 계속 추락하여 2005년에는 1.08명으로 대폭 낮아진다. 다행히 이 기점으로 약간씩 상승하기 시작하여 2013년 현재는 1.30명으로 약간 회복되었다. 이를 지역별로 보면, 1993년 합계 출산율이 가장 높은 지역은 경기로서 1.86명이며, 이어서 1.85명인 제주, 1.82명인 인천, 1.81명인 광주 순이다. 가장 낮은 합계출산율은 부산, 강원, 서울, 충남 순이다. 2005년도 합계출산율이 가장 높은 지역은 1.30인 제주이며, 이어서 전남, 충남, 충북 순이다. 가장 낮은 지역은 부산과 서울로서 각각 0.88명과 0.92명으로 1명 이하다. 이어 대구와 인천 순이다. 2013년 현재는 전남이 1.64로 가장 높으며, 다음이 1.60인 제주이고, 이어서 충남, 경남 순이다. 가장 낮은 지역은 서울, 부산, 대구, 인천, 광

표 2-1-15　합계 출산율(1993~2012)　(단위: %)

시도별	1993	1996	1999	2002	2005	2008	2011	2012
전국	1.65	1.57	1.41	1.17	1.08	1.19	1.24	1.30
서울	1.56	1.41	1.20	1.00	0.92	1.01	1.01	1.06
부산	1.51	1.39	1.20	0.97	0.88	0.98	1.08	1.14
대구	1.56	1.50	1.30	1.07	1.00	1.07	1.15	1.22
인천	1.82	1.62	1.43	1.17	1.07	1.19	1.23	1.30
광주	1.81	1.73	1.47	1.25	1.10	1.20	1.23	1.30
대전	1.75	1.66	1.43	1.20	1.10	1.22	1.26	1.32
울산	–	–	1.59	1.23	1.18	1.34	1.39	1.48
세종	–	–	–	–	–	–	–	1.60
경기	1.86	1.73	1.55	1.29	1.17	1.29	1.31	1.36
강원	1.52	1.57	1.53	1.30	1.18	1.25	1.34	1.37
충북	1.72	1.67	1.53	1.28	1.19	1.32	1.43	1.49
충남	1.60	1.66	1.62	1.35	1.26	1.44	1.50	1.57
전북	1.61	1.67	1.52	1.26	1.18	1.31	1.41	1.44
전남	1.64	1.77	1.70	1.38	1.28	1.45	1.57	1.64
경북	1.61	1.60	1.52	1.22	1.17	1.31	1.43	1.49
경남	1.79	1.71	1.53	1.26	1.18	1.37	1.45	1.50
제주	1.85	1.78	1.62	1.38	1.30	1.39	1.49	1.60

출처: 통계청, 국내통계, 인구조사, 생명표.

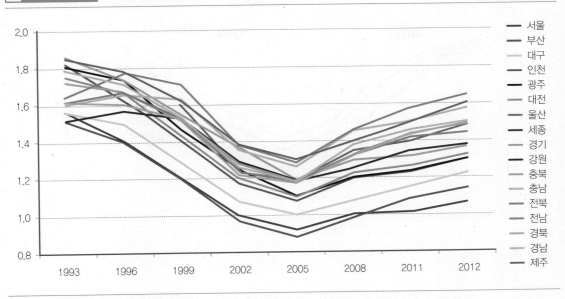

그림 2-1-11 지역별 합계출산율(1993−2012)

(단위: %)

서울
부산
대구
인천
광주
대전
울산
세종
경기
강원
충북
충남
전북
전남
경북
경남
제주

주, 대전으로 전부가 광역시다.

지역별 합계출산율을 비교하기 위하여 작성한 내용이 [그림 2-1-11]이다. 이 그림을 보면, 모든 지역이 2005년까지 급감하다가, 이후 약간씩 증가하고 있다. 가장 낮은 합계출산율은 부산, 서울, 대구다. 부산은 2005년도까지는 가장 낮았지만 2010년 전후부터는 서울이 최하위에 있다. 이 두 지역 위에 대구가 있다. 2012년 현재 합계출산율이 가장 높은 지역인 전남은 1996년도부터 최 상위층에 속해 있고 2010년부터는 고정으로 1위를 차지하고 있다. 제주도 최근에 최상위 그룹에 진입하고 있다. 1993년에는 경기가 최고 합계출산율을 보였으나 2012년 현재는 중간 위치로 떨어져 있다.

권역별로 합계 출산율을 살펴 보기 위하여 작성한 내용이 [그림 2-1-12]이다. 전체적으로 보면, 2005년도까지는 수직 하락하다가 다시 상승으로 전환되고 있다. 다만 광역시와 수도권역의 하락폭이 도와 비 수도권에 비해 크다는 점이 다르다. 1993년에는 수도권이 비수도권보다 합계 출산율이 높았다. 그리고 광역시와 도 권역은 합계 출산율이 비슷하였다. 그러나 1996년 쯤을 기점으로 수도권과 광역시 권역은 비수도권과 도 권역보다 합계 출산율이 크게 떨어지기 시작하였다. 이러한 현상은 회복기에도 비슷하게 나타나고 있다. 합계 출산율은 2005년을 저점으로 다시 회복하기 시작하지만 도와 비수도권역의 회복율이 광역시와 수도권역보다 높아 이 두 권역 간에 차이는 점점 벌어지고 있다.

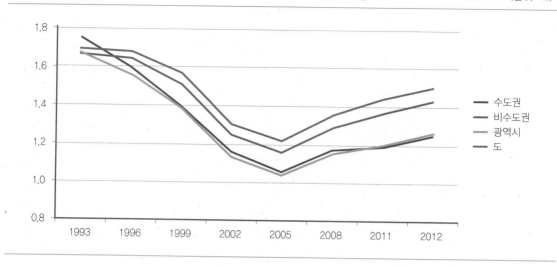

그림 2-1-12 권역별 평균 합계출산율 변화추이(1993-2012) (단위: %)

범례:
- 수도권
- 비수도권
- 광역시
- 도

이해를 돕기 위하여 최근에 통계청이 발표한 서울의 합계출산율에 대한 내용이다. 2013년 서울지역의 합계출산율(가임여성 1명이 낳을 것으로 예상되는 평균 출생아수)

표 2-1-16 서울 여성 연령별 출산율[1] 및 합계출산율[2] (단위: 해당 연령 여자인구 1천 명당 명, 가임여성 1명당 명)

구분	연령별 출산율(여성 천 명당)							합계출산율
	15~19	20~24	25~29	30~34	35~39	40~44	45~49	
1997	1.5	34.0	135.9	76.9	16.1	2.1	0.1	1.32
2000	1.3	23.2	120.7	89.5	18.4	2.4	0.1	1.26
2005	1.4	9.7	66.7	82.9	21.2	2.5	0.1	0.92
2006	1.4	9.1	64.3	90.8	24.7	2.7	0.1	0.97
2007	1.4	9.8	66.7	99.9	29.3	3.0	0.1	1.06
2008	1.1	9.1	58.5	99.5	30.2	3.4	0.1	1.01
2009	1.0	8.2	53.9	95.9	31.2	3.6	0.2	0.96
2010	1.1	8.1	52.0	103.3	36.0	4.6	0.2	1.02
2011	1.0	8.3	50.2	102.1	38.5	4.9	0.2	1.01
2012	1.2	7.9	49.2	108.0	42.0	5.4	0.2	1.06
2013	1.2	7.1	41.6	96.9	42.4	5.0	0.1	0.97
(전국)	1.7	14.0	65.9	111.4	39.5	4.8	0.1	1.19

출처: 통계청, 「인구동태통계연보(총괄, 출생, 사망편)」 각 연도
주1) 연령별 출산율=(모의연령별 출생아수/당해연령별 여자인구) × 1,000
 2) 합계출산율=[연령별(5세계급) 출산율의 합/1,000] × 5

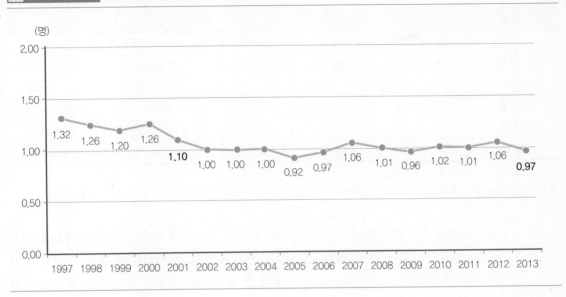

그림 2-1-13 서울 합계출산율 추이(1997-2013)

(명)

은 0.97명으로 전년대비 0.09명 감소한 것으로 나타났다. 꾸준히 감소해 온 서울의 합계출산율은 쌍춘년(2006년)과 황금돼지해(2007년)를 계기로 일시적인 증가를 보였다. 초혼연령 상승에 따른 고령출산의 영향으로 20대의 출산율이 계속 감소하고 있는데 반해, 30대 후반과 40대 초반의 출산율은 지속적으로 증가하고 있기 때문이다. 이에 대한 내용이 〈표 2-1-16〉이다. 위 내용에 대한 그림이 [그림 2-1-13]이다.

제3절 | 인구의 동태적 변화

1. 인구이동

수도권의 인구증가는 출생아 수와 사망자 수 차이에 의한 자연적 증가와 인구이동에 따른 사회적 증가로 나누어 볼 수 있다. 이에 대한 내용이 〈표 2-1-17〉이다. 젊은 인구가 다른 지역에 비해 수도권에 다수 분포하고 있기에 이들이 출산하는 자녀수도 상대적으로 많아 자연적 증가 속도가 비수도권에 비해 빠르다. 또한 지속적인 수도권

표 2-1-17 **수도권의 인구 변화(1970-2010)** (단위: 명)

구분	1970	1980	1990	2000	2010
전국	31,435,252	37,406,815	43,390,374	45,985,289	47,990,761
수도권 인구	8,878,534	13,280,951	18,573,937	21,258,062	23,459,570
구성비 (%)	28.2	33.5	42.8	46.2	48.9
서울특별시	5,525,262	8,350,616	10,603,250	9,853,972	9,631,482
인천광역시	-	-	1,186,328	2,466,338	2,632,035
경기도	3,353,272	4,930,335	6,154,359	8,937,752	11,196,053

출처: 통계청, 『인구주택총조사』, 각 연도.
주: 인천광역시는 1981년 직할시로 승격되어 경기도에서 분리되었다. 1970년과 1980년도에는 경기도 인구에 포함되어 있다.

인구유입이 수도권의 인구증가를 가져왔다. 수도권으로 유입되는 인구는 대부분 일자리를 찾아 들어오는 만큼 젊은 인구의 비중이 높았고, 이것이 수도권의 자연적 증가 속도를 가속화 시키고 비수도권의 자연적 증가 속도를 낮추는 간접적인 효과도 발생하였다. 1970년에 8,879천 명이었던 수도권 인구는 2010년 23,460천 명으로 2.6배 증가하였다. 그동안 전국 인구는 31,435천 명에서 47,991천 명으로 1.5배 늘어났다는 점을 고려하면 수도권 인구집중이 얼마나 큰지를 알 수 있다. 이에 따라 수도권 인구가 차지하는 비중도 1970년대 28.2%에서 2010년 48.9%로 늘어났다. 전 국토의 10%정도에 불과한 수도권에 절반 가까운 인구가 모여 사는 셈이다. 1970년부터 매 10년간 5백만 명씩 늘어나던 수도권 인구는 1990년부터 2000년까지 2,648천 명, 2000년부터 2010년까지는 2,202천 명이 늘어나 그 증가량은 줄어들고 있다.

〈표 2-1-18〉은 2001~2011년까지 수도권으로의 순 이동 추이를 보여준다. 순 이동은 유입에서 유출을 뺀 것으로, 그 값이 양이면 인구증가를, 음이면 인구감소를 의미한다. 수도권으로 인구유입은 외환위기 직후 실업률이 급등했던 1998년에 크게 떨

표 2-1-18 **수도권 인구의 순이동 추이(2001-2011)** (단위: 천 명)

구분	2001	2002	2003	2004	2005	2006	2007	2008	2009	2010	2011
수도권(계)	136	210	137	140	129	112	83	52	44	31	-8
서울	-114	-106	-69	-47	-51	-37	-53	-58	-52	-115	-113
인천	1	0	-16	-1	11	10	23	9	2	4	29
경기	249	316	222	189	169	139	113	101	94	142	76

출처: 통계청, 『국내인구통계』, 각 연도.

어졌다가 경기회복과 함께 다시 유입세로 돌아섰다. 그러나 이전과는 달랐다. 2002년에 21만 명의 인구가 수도권으로 순 유입되었다. 그러나 이 해 이후로는 점차 줄어들어 2010년에는 순유입 31천 명을 마지막으로 수도권의 순유입 시대는 막을 내리고 있다. 2011년도에는 8천 명의 순유출까지도 기록하였다. 이러한 추세로 보아 과거와 같이 수도권으로의 대규모 순유입은 기대하기 힘들지만 순유출세가 지속될지도 아직은 불투명하다.

순 이동의 양상은 지역별로 다르게 나타난다. 인천은 2000년대 대부분 소규모이지만 순인구 유입을 기록하고 있는 반면 서울은 해마다 4~12만 명씩 순유출 되고 있다. 눈여겨 볼 부분은 수도권 유입의 대부분은 경기도 지역에서 이루어지고 있다는 점이다. 경기는 2001년에 249천 명, 2002년에는 316천 명이 유입되어 최고점에 달했다. 이후 순유입 인구는 계속 하향 선을 긋고 있지만 순유출은 아직 이루어지지 않고 있다. 결국 비수도권에서 수도권으로의 순유입은 경기도에 집중되어 있을 뿐만 아니라 서울의 순유출도 결국은 경기도로 이전되고 있다. 경기도가 인구유입 블랙홀이 되고 있음을 알 수 있다.

이러한 수도권 이동의 양상은 수도권 역내와 수도권과 비수도권 간으로 나누어 살펴봄으로써 보다 정확히 알 수 있다. 〈표 2-1-19〉에 의하면 비수도권 지역에서 서울 지역으로 인구유입은 그 규모는 줄어들고 있지만 지속되어 왔음을 알 수 있다. 인천 지역은 최근 오히려 비수도권 지역으로 유출을 경험하였고 순이동의 규모가 그리 크지 않았음을 확인할 수 있다. 오히려 변화량이 컸던 것은 수도권 역내에서 이동이다. 서울은 해마다 10만 명 정도의 인구가 유출되고 있다. 유출된 인구 일부는 인천에, 그리고 상당 부분은 경기도에 정착하고 있음을 확인할 수 있다.

그러나 이러한 현상을 서울의 규모가 축소되고 위성도시가 성장하면서 탈서울권

표 2-1-19 **수도권 역내와 역외 시도간의 순이동 추이(2001-2011)** (단위: 천 명)

구분		2001	2002	2003	2004	2005	2006	2007	2008	2009	2010	2011
수도권 내	서울	-186	-206	-134	-113	-109	-97	-105	-99	-87	-135	-120
	인천	-5	-14	-22	-7	6	6	20	11	6	7	32
	경기	191	220	156	120	103	91	85	88	81	128	88
수도권과 비수도권	서울	73	99	65	66	58	60	52	41	35	20	7
	인천	6	14	6	6	5	4	3	-2	-3	-4	-3
	경기	58	96	66	69	66	48	28	13	13	15	-12

출처: 통계청, 『국내인구통계』, 각 연도.

이 확대 형성되고 있다는 것으로 해석하기는 어렵다. 오히려 서울 주변이 더욱 확대되고 있다고 해석하는 것이 옳다고 생각한다.

2. 전출인구

우리나라 전출인구의 추이를 보면, 점차로 안정화 추세로 가고 있다고 할 수 있다. 전출인구의 안정화는 전출수가 점차로 줄어든다는 의미다. 우리나라 전출인구에 대한 내용이 〈표 2-1-20〉이다. 이 표에 의하면, 우리나라 전출인구는 2000년 초에는 9백만 명 전반에서, 2000년 중반에는 8백만 명대로 내려갔다가 다시 900만 명대로 올라섰다. 그러다가 2008년부터는 8,808천 명, 즉 800만 명대로 다시 하락하였고 이후에는

표 2-1-20 **전출인구**

(단위: 명)

시도별	2000	2001	2002	2003	2004	2005	2006	2007	2008	2009	2010	2011	2012	2013
전국	9,009,441	9,289,949	9,584,461	9,516,605	8,567,795	8,795,397	9,342,074	9,070,102	8,808,256	8,487,275	8,226,594	8,127,195	7,506,691	7,411,784
서울	2,266,346	2,409,733	2,424,472	2,311,691	1,973,439	2,041,756	2,210,458	2,130,928	2,083,352	1,925,452	1,848,038	1,834,806	1,658,928	1,620,640
부산	639,669	645,838	650,378	667,618	572,337	589,746	594,601	565,419	549,106	549,094	547,800	532,906	481,652	496,161
대구	480,947	463,131	476,535	490,571	431,605	465,300	454,076	416,398	422,676	411,288	382,657	383,310	359,206	363,224
인천	518,153	525,725	540,582	526,518	464,170	491,203	513,839	553,898	556,166	476,071	458,439	470,758	440,872	439,578
광주	301,512	300,588	289,765	314,192	287,882	297,762	304,209	290,248	268,310	290,771	265,043	259,282	230,437	229,288
대전	303,984	298,145	294,389	298,910	277,412	284,625	292,499	284,128	269,142	258,182	263,477	260,900	239,136	230,547
울산	163,474	164,599	173,788	189,383	182,735	170,073	176,800	181,367	177,756	164,984	164,671	163,091	157,427	157,185
세종	–	–	–	–	–	–	–	–	–	–	–	–	15,291	15,109
경기	1,858,301	2,007,156	2,133,640	2,082,492	1,890,345	2,028,470	2,321,008	2,193,857	2,094,988	2,081,528	2,026,383	1,986,623	1,862,209	1,821,303
강원	266,537	264,880	284,061	282,359	261,244	257,162	264,068	251,328	250,883	247,373	241,183	231,424	225,184	214,931
충북	239,559	239,356	251,773	252,496	236,984	240,615	244,227	247,741	237,759	230,351	229,707	220,515	207,622	212,860
충남	273,341	278,169	288,445	310,057	329,499	320,445	329,811	341,850	339,765	317,511	301,675	302,546	277,346	268,053
전북	372,218	372,854	395,289	400,338	380,880	336,014	346,399	343,831	333,045	318,943	308,237	306,290	275,126	260,395
전남	359,049	357,416	362,799	362,685	308,825	304,419	308,961	303,752	291,224	288,476	275,661	266,461	244,080	246,635
경북	406,344	402,131	415,867	407,839	387,685	386,228	394,805	395,536	377,397	375,551	358,127	358,695	340,222	330,983
경남	472,407	463,651	507,244	519,594	479,692	487,733	495,419	483,599	474,327	474,110	478,709	469,223	417,328	423,864
제주	87,600	96,577	95,434	99,862	103,061	93,846	90,894	86,222	82,360	77,590	76,787	80,365	74,625	81,028

출처: 통계청, e-지방지표, 인구·세대조사, 전출.

계속 하락하여 2013년 현재는 7,412천 명 선까지 내려 왔다.

　이러한 변화에 의하여, 모든 지역들이 2013년 현재 전출인구는 하향으로 가고 있다. 그러나 그 간에 전출인구의 변화는 매우 다양하다. 예를 들어, 울산이나 경기, 충남, 경남 등은 2000년부터 증가하기 시작하여 2007년도를 최고점으로 하여 내려오고 있지만 2012년까지는 2000년도 수준을 유지하고 있는 지역이다. 즉, 전출 잠재력이 다른 지역에 비해 강한 지역이라고 할 수 있다. 전출인구에 대한 통계청이 발표한 자료를 인용해 보면[14] 수도권에서 지방으로 주소지를 옮긴 사람들 가운데 충남과 충북으로 옮긴 수가 가장 많았다. 수도권의 순이동 인구를 조사한 결과, 지방 13개 시·도 가운데 충남과 충북이 나란히 전입 초과지역 1위와 2위를 차지하고 있다.

　통계청이 발표한 '2008년 4/4분기 및 연간 국내인구이동통계결과'에 따르면 충남은 수도권으로의 전출자보다 수도권에서 전입한 인구가 7,987명 많아 전국에서 가장 높은 수도권 인구 전입 초과를 기록했다. 예를 들면, 2007년 서울, 인천, 경기를 포함한 수도권 인구 중 타 시·도로부터 전입인구는 53만 6,187명이었고, 타 시·도로의 전출인구는 48만 4165명으로 조사돼 수도권은 5만 2,022명의 전입 초과를 나타냈다. 충남에서는 2007년 수도권으로 전출한 인구는 7만 5,084명, 수도권으로부터 전입해 온 인구는 8만 3071명으로 집계돼 수도권으로부터 7,987명의 인구가 초과 유입됐다. 충북도 전입초과가 나타났다. 2007년 충북에서도 수도권으로 전출한 인구가 4만 1,202명인 데 반해 수도권에서 전입한 인구는 4만 4,999명으로 조사돼 수도권으로부터 인구 3,797명이 초과 유입됐다. 이 같은 결과에 따라 충남과 충북은 수도권 인구 유입 초과 최다지역으로 나란히 1위와 2위를 기록했다. 하지만 대전은 수도권으로 전입한 인구가 3만 8,631명, 수도권으로부터의 전출인구는 3만 2,857명으로 조사돼 수도권으로 빠져 나간 인구가 5,774명 많았다.

　지역별 전출인구를 비교하기 위하여 작성한 그래프가 [그림 2-1-14]이다. 이 그림을 보면, 서울과 경기의 전출인구가 절대적으로 많다. 서울은 2001년과 2002년까지는 전출인구가 상승하다가 2004년에는 급감하면서 경기보다 낮아진다.

　서울은 2005년에 전출인구가 약간 늘어났지만 이후는 계속 떨어지고 있는 것을 알 수 있다. 경기도는 2000년에는 전출인구가 200만 명 이하였으나 이후 상승하여 2006년에 가장 최고점을 갔다가 계속 내리막길을 걷고 있다. 이외 지역은 거의 같은 흐름으로 가고 있다. 점점 작아지는 방향으로 가고 있어서 이동인구가 점차 안정화되고 있다.

14　http://blog.cctoday.co.kr/2202, 충청투데이 알짜뉴스.

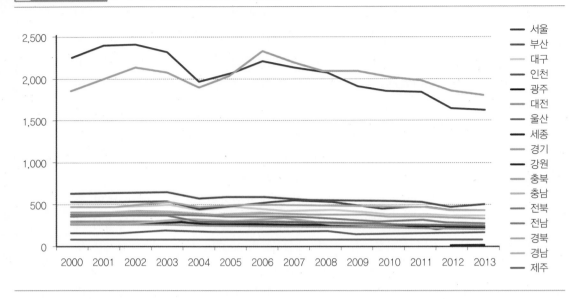

그림 2-1-14 지역별 전출인구(2000-2013) (단위: 천 명)

서울
부산
대구
인천
광주
대전
울산
세종
경기
강원
충북
충남
전북
전남
경북
경남
제주

권역별로 전출인구를 비교하기 위하여 [그림 2-1-15]를 작성하였다. 이 그림을 보면, 정도의 차이는 있지만 거의 같은 방향으로 가고 있다. 즉, 2001년과 2002년에는 상승하다가 2004년에는 급감한다. 그러나 다시 2006년의 상승을 끝으로 내리막길을

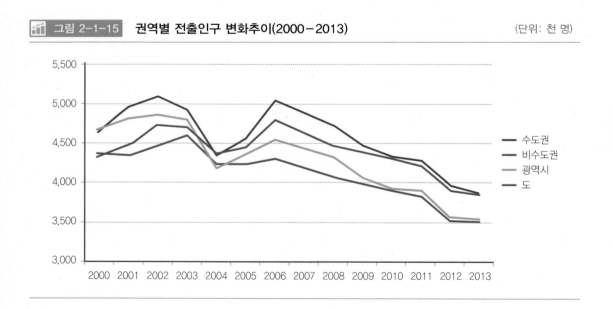

그림 2-1-15 권역별 전출인구 변화추이(2000-2013) (단위: 천 명)

수도권
비수도권
광역시
도

가고 있다. 수도권과 비수도권을 보면, 수도권의 전출인구가 비수도권보다 훨씬 많다. 도와 광역시는 2004년까지는 광역시가 전출인구가 많았으나 이후로는 도 권역이 높은 것으로 나타났다. 경기도가 절대적으로 높기 때문에 이에 영향을 받고 있는 것이다.

3. 출생과 사망

〈표 2-1-21〉과 〈표 2-1-22〉는 1990년부터 2012년까지 약 22년간 우리나라 인구의 출생과 사망에 대한 내용이다. 우선 출생을 살펴보면 1990년 1년 출생아수는 649,738명이었고 5년 후인 1995년도에는 715,020명으로 약 10%의 성장을 보인다. 그러나 5년 후인 2000년에는 1995년도의 88% 수준인 634,501명으로 떨어진다. 이후 2005년도

표 2-1-21 **시도별 인구동태건수 – 출생**   (단위: 명)

시도별	1990	1995	2000	2005	2010	2011	2012
전국	649,738	715,020	634,501	435,031	470,171	471,265	484,550
서울	168,838	166,236	131,935	89,489	93,268	91,526	93,914
부산	56,023	52,615	40,877	25,464	27,414	27,759	23,673
대구	33,271	38,779	32,231	20,677	20,557	20,758	21,472
인천	34,776	41,246	34,143	22,825	25,752	26,118	27,781
광주	17,388	22,907	20,987	13,229	13,979	13,916	14,392
대전	15,822	21,619	19,402	13,863	14,315	14,808	15,279
울산	–	–	15,734	10,422	11,433	11,542	12,160
세종	–	–	–	–	–	–	1,054
경기	115,018	141,710	140,492	108,576	121,751	122,027	124,747
강원	19,030	19,524	19,286	12,539	12,477	12,408	12,426
충북	17,510	20,974	19,471	13,075	14,670	14,804	15,139
충남	21,093	23,001	24,481	17,366	20,242	20,398	20,448
전북	23,753	27,183	24,936	15,618	16,100	16,175	16,238
전남	26,976	28,168	25,724	15,716	16,654	16,612	16,989
경북	36,341	37,158	34,893	22,201	23,699	24,250	24,635
경남	57,160	65,153	41,362	28,298	32,203	32,536	33,211
제주	6,739	8,747	8,547	5,673	5,657	5,628	5,992

출처: 통계청, 인구동태통계연보, 각 연도에서.

표 2-1-22　시도별 인구동태건수 – 사망　(단위: 명)

시도별	1990	1995	2000	2005	2010	2011	2012
전국	241,616	242,838	246,163	243,883	255,405	257,396	267,221
서울	38,266	38,577	38,815	38,365	40,130	40,320	41,514
부산	16,506	17,164	18,177	18,727	19,708	19,643	20,534
대구	9,674	10,951	11,369	11,407	12,054	12,355	12,352
인천	7,159	9,505	10,636	11,067	12,087	12,504	12,881
광주	5,329	5,836	5,812	5,885	6,532	6,593	6,874
대전	4,721	5,465	5,751	5,742	6,313	6,336	6,580
울산	–	–	3,845	4,081	4,328	4,462	4,567
세종	–	–	–	–	–	–	820
경기	29,576	34,264	38,678	42,615	47,687	48,394	50,830
강원	11,710	11,349	10,911	10,506	10,729	10,521	11,030
충북	10,830	10,208	10,272	9,661	9,825	10,176	10,478
충남	15,923	15,469	14,818	13,894	14,014	14,025	13,994
전북	16,352	14,931	14,384	13,354	13,188	13,126	13,700
전남	24,893	20,269	18,058	16,206	16,042	16,090	16,766
경북	24,578	22,716	21,769	20,158	20,249	20,237	20,644
경남	23,186	23,337	19,981	19,313	19,502	19,593	20,419
제주	2,913	2,797	2,887	2,902	3,017	3,021	3,238

자료: 통계청, 인구동태통계연보.

에는 이보다 훨씬 적은 435천 명으로 급락하여 세계에서 가장 출생률이 적은 나라로 분류가 되는 정도까지 이르게 된다. 이후 출생률 상승이 약간 이루어졌지만 그 수준이 매우 미미하여 40만 명대를 벗어나지 못하고 있다.

이렇게 저출생이 심화되는 것은 국가운영에 많은 문제점을 생산해 낸다. 출산율의 저하는 장기적으로 노동력의 감소와 소비시장의 축소를 통해 성장잠재력을 위축시키고 경제성장을 둔화시키는 문제를 일으킨다.[15] 또한 출산율의 저하는 평균수명의 연장과 함께 인구구조의 고령화를 촉진시킨다. 저출산과 인구구조의 고령화는 사회복지비용을 증가시켜 국가재정을 악화시키고, 노령인구 부양을 위한 조세, 연금, 건강보험 등의 비용부담에 대한 세대 간 갈등을 유발하여 사회통합을 저해한다.[16] 우리나라

15　조남훈, 새로운 정부출범에 따른 고령사회 정책 신규과제 발굴, 한국보건사회연구원, 2008.
16　조명덕, 저출산·고령사회의 원인과 경제적 효과분석, 한국사회보장학회, 2010.

그림 2-1-16   시도별 인구수, 출생건수, 사망건수(1990-2012)

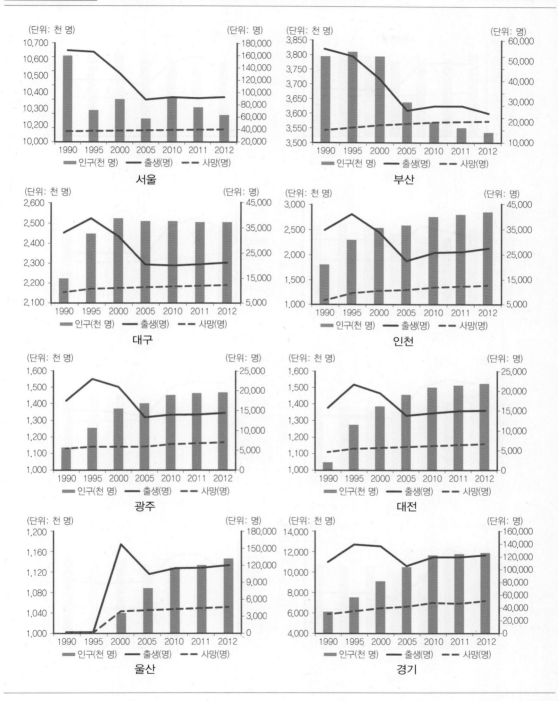

그림 2-1-16   시도별 인구수, 출생건수, 사망건수(1990-2012)

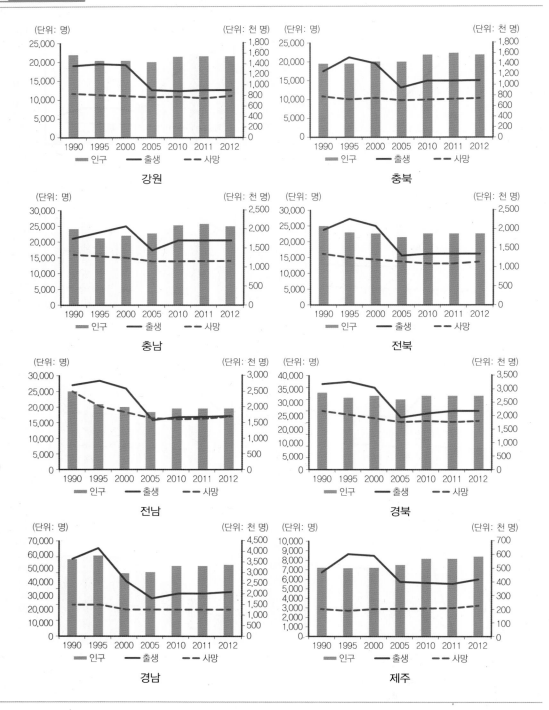

보다 먼저 저출산을 경험하고 저출산으로 인한 문제의 심각성을 인지한 서구에서는 1970년대부터 경제적 지원정책, 보육지원정책, 일 가정 양립 지원정책 등 다양한 저출산 대응정책을 시행해오고 있다.

그러나 우리나라는 1970년대 이후 출산율의 지속적인 감소에도 불구하고, 초저출산 사회로 진입한 2000년대 초반 이후에야 기초자치단체를 중심으로 저출산 문제에 정책적으로 대응하기 시작했다. 2002년 전라남도 함평군이 최초로 출산장려정책을 도입한 후 다른 기초자치단체로 확산되기 시작하여 2011년 현재 207개 기초자치단체가 출산장려정책을 시행하고 있다.[17] 중앙정부는 1995년까지 출산억제정책을 유지했으며, 2005년에야 「저출산·고령사회기본법」을 제정하여 저출산 문제에 정책적으로 대응하기 시작했다. 광역자치단체로서는 2007년 서울시가 처음으로 출산장려정책을 조례로써 제도화했다.

사망에 대하여 개관하면 1990년에는 일 년에 약 24만 명이 사망했는데 이 수준은 2005년까지 무려 15년간 유지된다. 그러다가 2010년부터 25만 명대, 2012년에는 26만 명대로 사망 수가 상승하고 있다. 그러나 그 증가수는 매우 적다. 의료기술의 발전과 함께 건강에 대한 관심이 증가됨에 따라 사망률이 이렇게 낮은 수준에서 유지되고 있다. 각 지역별 출생과 사망의 양태를 나타내 주는 내용이 [그림 2-1-16]이다.

이를 요약하면 다음과 같이 정리할 수 있다.

1) 광역시

① **서울:** 서울은 1990년대에는 해마다 16만 명의 출생을 유지하였다. 그러나 2000년대에 들어와서 서울시 출생률은 크게 떨어지기 시작했다. 2000년에 131천 명, 2005년도에는 89천 명으로 급감하다가 2010년 이후에 93천 명으로 약간 회복 단계에 있다. 사망은 오랫동안 38천 명이 매년 사망하였는데 2010년 이후에는 41천 명으로 약간 늘어났다.

② **부산:** 부산은 출생자 수가 1990년대에는 56천 명에서 후반에는 52천 명까지 유지되다가 급락하기 시작하여 2005년도에는 25천 명으로 1990년대에 비해 반 이상 출생률이 떨어졌다. 그 이후에 이 비율은 회복되지 못하고 있다. 사망으로 보면 1990년도에 16천 명이 매년 사망하는데 5년 단위로 약 1천 명 이상의 사망자 수가 증가하는 것으로 나타나고 있다. 2012년 현재 사망자는 21천 명이다.

---

17 이석환, 앞의 논문, p.23.

③ **대구:** 대구지역의 출생자 수는 1990년대 초반에는 연간 33천 명에서 후반에는 38천 명으로 증가하다가 2000년대 초부터 약 32천 명으로, 2005년도에는 21천 명으로 떨어졌고 그 수준이 지금까지 유지되고 있다. 사망으로 보면 1990년도에는 9천 명 정도가 사망을 하였고, 이후에 5년마다 1천 명씩 증가하여 2012년도에는 12천 명 선을 유지하고 있다.

④ **인천:** 인천의 출생자 수는 1990년에 34천 명으로 시작하여 5년 후에는 41천 명으로 증가하였다가 2005년도에는 22천 명으로 급락을 하였고 이후에 약간 회복했지만 26천 명 선을 넘어서지 못하고 있다. 인천은 인구증가율이 크게 증가하는 지역임에도 불구하고 출생률은 저조한 것으로 나타났다. 사망자 수는 9천 명으로 시작하여 5년마다 1천 명씩 정도 증가하여 현재 12천 명 선을 유지하고 있다.

⑤ **광주:** 광주는 1990년도 17천 명이 출생을 하다가 1995년도를 전후하여 22천 명으로 상승하였다가 2000년대에 들면서 감소하기 시작하여 2005년도에 13천 명까지 최하수준으로 감소하였다. 이후 1천 명 상승한 14천 명 정도가 매년 출생하는 수준을 유지하고 있다. 사망은 2005년까지 5천 명 수준을 유지하다가 최근에 6천 명이 매년 사망하는 것으로 나타나고 있다.

⑥ **대전:** 대전지역의 출생자 수는 1990년에 15천 명으로 시작하여 1995년에는 21천 명이 되었다. 그러나 2000년에는 약간 하락하여 19천 명이 되었고 2005년에는 13천 명까지 내려왔다. 이후에 14천 명 선을 유지하고 있다. 반면에 대전시의 사망자 수는 해마다 100명 내외로 증가하고 있다. 1990년은 4,721명에서 2012년 현재는 6,580명으로 증가하였다.

⑦ **울산:** 울산은 1997년부터 광역시로 승격되었기 때문에 1990년 초중반의 기록은 제외시키고 후반부터 분석을 해 보면 출생은 15천 명을 초기에 유지하다가 2005년에 10천 명으로 대폭 감소되었다. 이후에 11천 명 정도의 수준을 계속 유지하는 것으로 나타났다. 사망은 초기에는 4천 명 정도가 매년 사망하였는데 2000년도 중반부터는 4천 명 중반수준을 유지하고 있다.

2) 도

⑧ **경기:** 경기도는 인구가 가장 많은 지역답게 1990년도에는 115천 명이 출생하였는데 1995년과 2000년도 전후해서는 140천 명으로 증가한다. 그러다가 2005년도에 109천 명으로 감소하였다. 이는 다른 지역이 이 기간에 급락한 것과 비교하면 양호한 편이라고 할 수 있다. 그러나 이와 같은 양호한 현상은 경

기의 매년 인구 증가율이 다른 지역에 비해 절대적으로도 크기 때문이다. 현재
는 125천 명을 유지하고 있다. 사망은 3만 명에서 시작하여 2000년 초반은 4만
명, 후반은 5만 명이 매년 사망하는 것으로 나타나고 있다.

⑨ **강원**: 강원도는 2000년도까지는 매년 평균 19천 명이 출생하는 것으로 나타났
다가 2005년도에는 12천 명으로 급락한다. 지금도 이 수준을 그대로 유지하고
있다. 사망 인구는 1990년대는 매년 11천 명을 유지하고 있는데 2000년대에도
이 수준이 그대로 유지되고 있다. 강원은 인구 규모에 비해 사망자수가 높은
편이다. 이는 노령인구가 많기 때문으로 판단된다.

⑩ **충북**: 충북은 1990년도에는 17천 명이 출생하고 이후 2000년까지는 약 19천 명
이 출생하였다. 그러다가 2005년도에 14천 명으로 감소하였는데 이 수준이 그
대로 유지되고 있다. 사망자 수를 보면 꾸준하게 11천 명 전후를 유지하고 있다.

⑪ **충남**: 충남은 1990년대에는 22천 명 정도 출생하여 2000년대 초반까지 유지되
다가 2005년도에 17천 명으로 크게 감소하였다. 2000년 후반부터 2만 명으로
증가되었다. 사망자 수는 15천 명 수준이었다가 최근에는 13천 명 정도로 줄어
들었다. 인구 수에 비해 사망자가 적은 편이라고 할 수 있다.

⑫ **전북**: 전북지역의 출생자 수는 1990년부터 2000년대 초반까지는 23천 명에서
크게는 27천 명까지 상승하다가 2005년 이후는 16천 명 전후에서 머물고 있다.
사망자 수는 1990년 초기에는 16천 명이었다가 2000년대 들어오면서 13천 명
을 계속 유지하고 있다.

⑬ **전남**: 전남은 1990년에서 2000년대 초반까지는 27천 명 전후에서 출생자 수
를 유지하다가 2005년도에 15천 명으로 급락을 하게 되었고 이후에는 16천 명
선을 넘지 못하고 있다. 사망자수는 1990년대에는 20천 명에서 18천 명이었다.
2000년대에는 13천 명을 꾸준하게 유지되고 있다.

⑭ **경북**: 경북지역의 출생자 수는 1990년도에 36천 명을 유지하다가 2005년도
에 22천 명으로 크게 떨어졌고, 이후에 24천 명 선에서 지속되고 있다. 사망은
1990년대 초반에는 25천 명, 중반에는 22천 명, 2000년대에는 2만 명 선으로
계속 줄어들고 있다.

⑮ **경남**: 경남의 출생자 수는 1990년 57천 명, 1995년에 65천 명으로 크게 증가하
였다. 그러다가 2000년부터는 출생자 수가 급격하게 줄어들고 있다. 2000년도
에는 41천 명으로 1995년보다 23천 명 정도 감소하였고, 2005년에는 다시 13
천 명 정도가 감소한 28천 명으로 급락한다. 2010년에 32천 명으로 약간 증가
하고 있으나 1995년에 비하면 거의 50%이상 출생자 수가 떨어졌다고 할 수 있

다. 경남은 1990년대에는 23천 명이 매년 사망하는 것으로 나타났으나 이후에
는 19천 명 선에서 유지되고 있다.

⑯ **제주**: 제주는 1990년대 초에는 6,700명에서 이후에는 8,500명 전후의 출생자
수를 유지하다가 2000년 후반부터는 5,600명 전후의 출생자 수를 유지하고 있
다. 사망자수는 2005년도까지 매년 2,800명 정도에 이르다가 2000년대 후반부
터는 3천 명 정도로 증가하였다.

제4절 | 고령사회의 인구 변동

출산력의 지속적인 감소와 더불어 사망률이 낮아지면서 나타난 현상 중 가장 두
드러진 것은 인구의 고령화이다. 연령층별 인구구조에서 노년층이 차지하는 비중이
늘어나면서 노인들이 전체 사회에서 차지하는 비중이 상대적으로 높은 사회를 흔히
고령화 사회라고 일컫는다.

유엔(UN)에서는 연령구조에 따라서 인구유형을 세 가지로 분류하고 있다. 이 기
준이 되는 고령화 지표가 바로 65세 이상 인구가 전체 인구에서 차지하는 비율이다.
65세 이상의 인구비율이 4%미만인 국가들을 유년인구국가(yong population), 4~7%
인 국가를 성년인구국가(mature population), 그리고 7% 이상인 국가를 노년인구국가
(aged population)라고 분류하고 있다. 또한 노년인구국가를 다시 세분하여 전체 인구
에 대한 노인층 인구비율이 20%이상인 사회를 초고령사회(super-aged society)라고 칭
하며, 노년층 인구비율이 14~20%인 사회를 고령사회(aged society), 그리고 노년층 인
구비율이 7~14%인 사회를 고령화사회(aging society)라고 분류하고 있다.[18] 내무부가
발표한 1955년 제1회 전국간이인구총조사보고서에 의하면 우리나라 연령별 인구 비
율은 〈표 2-1-23〉과 같다.

〈표 2-1-23〉에 의하면 1955년 당시 인구는 총 21,502,286명으로서 이중 65세 인
구는 713,520명으로 비율로는 2.8%가 된다. 유엔의 기준으로 보면 1955년 당시 한국
은 유년인구 국가였다. 반면에 0-4세가 17.7%로 가장 많아 베이비붐 시대의 등장을
증명해주고 있다. 다음으로 많은 인구는 5-9세로 13.3%이다. 그 다음 연령대인 10-14
세가 12.2%이다. 경제활동 인구 중에서 생산연령인구가 전체인구에서 15세 이상인 점

---

18 이연화, 앞의 책, p.211.

표 2-1-23 **우리나라 연령별 인구 비율**
(단위: 명, %)

연령별	인구 수	남성 비율	여성 비율	평 균
0 – 4	3,376,648	16.2	15.2	15.7
5 – 9	2,867,388	13.9	12.8	13.3
10 – 14	2,621,021	12.8	11.6	12.2
15 – 19	2,394,911	11.7	10.6	11.1
20 – 24	1,754,400	7.5	8.8	8.2
25 – 29	1,439,127	5.9	7.5	6.7
30 – 34	1,389,448	6.3	6.6	6.5
35 – 30	1,168,579	5.5	5.4	5.4
40 – 44	1,054,062	4.9	4.9	4.9
45 – 49	947,881	4.6	4.2	4.4
50 – 54	679,901	3.1	3.2	3.2
55 – 59	614,994	2.8	3.0	2.9
60 –64	480,506	2.0	2.4	2.2
65 – 69	359,204	1.5	1.9	1.7
70 – 74	191,742	0.7	1.0	0.9
75세 이상	162,574	0.6	0.9	0.7
합 계	21,502,286	100	100	100

출처: 내무부 통계국, 전국 간이총인구조사보고서, 1955, 99.18-9.

을 고려하면 1955년도의 15세 미만인 비생산연령인구는 41.2%로 매우 높았다. 이를 다시 19세 이하로 확대를 하면 52.3%에 달한다. 이는 우리나라 인구의 절반은 10대 이하라는 의미이다. 한 가구에 얼마나 많은 구성원이 살고 있는지를 알 수 있다. 참고로 2006년 기준 우리나라 비생산연령인구는 9,819천 명으로 약 20% 정도였다. 2003년에서 2012년 동안 지역별 고령인구 비율에 대한 내용이 〈표 2-1-24〉이다. 유엔 기준에 의하면 현재 우리나라는 노년인구국가에 속한다. 아직은 노년인구국가 중 가장 노령화 사회인 초고령사회에 속한 지역은 없는 것으로 나타났다. 그러나 전남이 19.19%로서 초고령화 사회로 2-3년 내에 진입할 것으로 보인다. 고령화 사회(7-14%)인 지역은 서울, 부산, 대구, 인천, 광주, 대전, 울산 등 모든 광역시가 이에 속하고 있으며, 도 단위로서는 경기, 충북, 경남, 제주가 이에 속한다. 나머지 지역은 고령사회에 속하고 있다. 울산시가 아직은 7.47%로서 우리나라에서 가장 젊은 지역사회로 분류가 된다.

표 2-1-24 **지역별 고령인구비율(2003-2012)**   (단위: %)

시도별	2003	2004	2005	2006	2007	2008	2009	2010	2011	2012
서울	6.36	6.78	7.19	7.67	8.29	8.73	9.17	9.72	10.19	10.84
부산	7.27	7.8	8.32	8.92	9.63	10.2	10.78	11.26	11.77	12.5
대구	6.92	7.38	7.78	8.26	8.86	9.33	9.73	10.04	10.37	10.94
인천	6.25	6.57	6.87	7.24	7.69	8.02	8.33	8.62	8.94	9.39
광주	6.41	6.75	7.09	7.52	8.05	8.33	8.66	8.97	9.32	9.85
대전	6.26	6.59	6.86	7.21	7.72	8.05	8.39	8.66	8.96	9.38
울산	4.71	5.03	5.31	5.62	6.02	6.29	6.57	6.82	7.09	7.47
세종	–	–	–	–	–	–	–	–	–	15.22
경기	6.48	6.79	7.06	7.4	7.84	8.14	8.42	8.67	8.98	9.39
강원	10.91	11.52	12.13	12.75	13.45	13.92	14.36	14.81	15.18	15.71
충북	10.41	10.93	11.33	11.77	12.36	12.67	12.97	13.2	13.4	13.7
충남	12.75	13.06	13.34	13.74	14.31	14.55	14.78	14.87	14.99	15.27
전북	11.76	12.46	12.93	13.49	14.32	14.67	14.97	15.22	15.58	16.21
전남	14.11	14.88	15.58	16.31	17.23	17.63	17.97	18.29	18.61	19.19
경북	12.3	12.94	13.39	13.85	14.57	15.05	15.44	15.57	15.72	16.21
경남	9.49	9.89	10.25	10.65	11.09	11.36	11.63	11.81	12.07	12.5
제주	9.15	9.6	10.01	10.51	11.04	11.45	11.86	12.19	12.6	13.0

출처: 통계청, e-지방지표, 고령인구비율.

2003년 통계에 의하면 서울, 대구, 인천, 대전, 울산, 경기 지역은 모두 7%미만으로 성년인구지역에 속했었다. 그러나 해를 거듭할수록 이들 지역도 노인인구가 7%이상 넘게 되어 노령화 진전이 급속하게 진행되고 있음을 알 수 있다. 3년 뒤인 2006년의 통계를 보면 7%미만인 지역은 울산시 외에는 모두가 여기에 속한다. 〈표 2-1-25〉는 1980년대에 우리나라 경제를 총괄하는 경제기획원에서 연령별 인구를 예측한 내용이다. 이 통계표는 우리나라는 2005년에야 65세 노인인구 비중이 7.6%로 고령화 사회로 진입할 것이라고 예측하였다. 15년이 지난 2020년도에도 우리나라의 인구 중 65세 이상의 비중은 11.4%로 예측하고 경제정책을 세워나갔다.

우리나라 인구성장추이를 연령구성과 연계하여 살펴 본 내용이 〈표 2-1-26〉이다. 이 표를 분석해 보면 우리나라의 경우 과거에는 많이 낳고 많이 죽는(多産多死)형의 인구구조를 갖고 있었으나, 점차 선진국형인 적게 나고 적게 죽는(小産小死)형으로 바뀌

표 2-1-25 우리나라 노년인구의 연도별 성장추계치(1960-2020) (단위: 천 명, %)

연도	전국인구		65세 이상인구		
	인구	연평균성장률	인구	연평균증가율	전국인구대비율
1960	24,989	-	822		3.3
1966	29,160	2.7	961	2.7	3.3
1970	31,435	1.9	1,039	2.0	3.3
1975	34,679	2.0	1,207	3.0	3.5
1980	37,407	1.5	1,446	3.7	3.8
1985	40,806	1.8	1,742	3.8	4.3
1990	42,793	1.0	2,026	3.1	4.7
1995	44,870	1.0	2,397	3.4	5.3
2000	46,828	0.9	2,972	4.4	6.3
2005	44,870	0.7	3,687	4.4	7.6
2010	49,486	0.4	4,283	3.0	8.7
2015	50,025	0.2	4,903	2.7	9.8
2020	50,193	0.1	5,746	3.2	11.4

출처: 1) 내무부, 1960~1985년은 각 연도 센서스 보고서.
　　　2) 1990~2020년은 경제기획원 조사통계국, 최근인구동태현황 및 신인구추계결과, 1988.

고 있다. 1955년 이후 우리나라 전체인구 성장추이를 살펴보면 1955년의 2,150만 명이었던 인구는 1966년에 2,916만 명으로 성장하여 11년만에 연 평균 2.8%의 높은 증가율을 보이면서 766만 명의 인구가 늘어났다. 1966~1980년 기간은 국민들이 가족계획을 적극적으로 수용하면서 출생력이 저하되어 가는 시기로 이 기간 중 인구 증가율은 연평균 1.9%이며 896만 명의 증가를 보이고 있다.

　연령구분으로 보면, 유소년인구(비경제활동인구)인 0~14세 인구는 1955년과 1974년 사이에는 42% 전후였으나, 1975년은 38.1%로 떨어지고, 1990년에는 28.6%로 20%대로 하락하였다. 대신 65세 이상 고령인구는 1955년도는 3.3%, 1985년은 4.1%, 1995년에는 5.1%, 2000년에는 5.9%로 급상승하고 있다. 2001년도의 통계청의 인구예측의 표를 보면 〈표 2-1-27〉과 같이 각국의 고령사회가 예측된다. 우리나라는 2019년에 65세 인구가 전체인구의 14%를 차지하여 고령화 사회가 된다고 예측하고 있다. 고령화가 20%에 도달하는 시기는 2026년으로 2028년인 미국보다 2년 빠를 것으로 예측하고 있다.

표 2-1-26 우리나라 인구의 성장추이와 연령구성과 관련된 주요지표 (단위: 천 명, %, 세)

년도	인구수[1]	연평균[2] 인구 성장율	연령 3대구분별 인구수			연령 3대구분별 구성비			부양인구지수[3]			노년화 지수	출생시 평균여명	
			0~14	15~64	65+	0~14	15~64	65+	총지수	년소 인구 지수	노년 인구 지수		남자	여자
1955	21,502	(2.9)	8,865	11,924	713	41.2	55.5	3.3	80.3	74.3	6.0	8.0	51.7 (1955-60)	53.7
1960	24,989	(2.7)	10,745	13,419	825	43.0	53.7	3.3	86.2	80.1	6.1	7.7	52.7 (1960-65)	57.7
1966	29,160	(1.9)	12,684	15,515	961	43.5	53.2	3.3	88.0	81.8	6.2	7.6	59.7	64.1
1970	31,435		13,241	17,155	1,039	42.1	54.6	3.3	83.2	77.2	6.0	7.8	59.8	66.1
1975	34,679	(2.0)	13,208	20,264	1,207	38.1	58.4	3.5	71.1	65.2	5.9	9.1		
1980	38,124	(1.9)	12,951	23,717	1,456	34.0	62.2	3.8	60.7	54.6	6.1	11.2	62.7 (1978-79)	69.1
1985	41,209	(1.6)	12,778	26,761	1,670	31.0	64.9	4.1	54.0	47.8	6.2	13.1	64.9	71.3
1990	44,261	(1.4)	12,652	29,596	2,013	28.6	66.9	4.5	51.3	44.3	7.0	15.9	67.1	73.6
1995	47,250	(1.3)	13,019	31,829	2,402	27.5	67.4	5.1	48.4	40.9	7.5	18.5	68.2	75.0
2000	50,066	(1.2)	12,996	34,077	2,993	26.0	68.1	5.9	46.9	38.1	8.8	23.0	69.3	76.2

출처: 조양환, 우리나라 인구고령화와 정년제도에 관한 연구, 경희대학교 행정대학원 석사논문, 1984.12.

주1) 1955~1975년 data는 국세조사치이며 1980~2000년 data는 추계치임.

  2) 년평균 성장률은 기하평균임.

  3) 부양인구 산출 공식: 총지수 = (년소인구 + 노년인구)/생산연령인구, 년소인구지수 = 년소인구/생산연령인구 , 노년인구 지수 = 노년인구/생산연령인구

  4) 노년화 지수 = 노년인구/년소인구

이는 비교하는 국가 중에 가장 빠른 것이다. 영국은 45년, 독일은 40년, 가장 빠르다고 하는 일본도 12년이 걸린 점을 생각하면, 7년만에 고령화사회로 진입한 것은 매우 빠른 것이어서 시급한 대책이 필요한 시점이다.

그러나 이러한 예측은 모두 틀린 것으로 나타나고 있다. 최근 통계청의 자료에 의하면 우리나라 인구구성에서 65세 이상의 인구 비중은 2013년도 12.2%를 시작으로 2014년 12.7%, 2015년 13.1%, 2016년 13.5%, 2017년 14.0%, 2018년 14.5%, 2019년 15%로 예측하고 있다. 통계청이 5년 내의 고령인구 증가도 예측할 수 없을 정도로 노인 인구는 급속하게 상승하고 있다. 출산율과 사망률의 지속적인 감소가 현재처럼 진

표 2-1-27 **OECD 주요국의 고령화 속도**

구분	도달연도			증가소요년수	
	7%	14%	20%	7%→14%	14%→20%
일본	1970	1994	2006	24	12
프랑스	1864	1979	2020	115	41
독일	1932	1972	2012	40	40
영국	1929	1976	2021	47	45
이탈리아	1927	1988	2007	61	19
미국	1942	2013	2028	71	15
한국	2000	2019	2026	19	7

출처: 통계청, 장래인구추계, 2001.

행되는 한 고령 사회는 10년 이내에 초 고령화 사회로 진입할 것이다.

　이러한 고령사회의 진전은 수도권이나 광역시보다 도나 농어촌 지역에서 더욱 급속하게 상승하여 이에 따른 복지비의 상승과 납세인구의 부족에서 오는 불일치(mis-matching) 현상에 대한 대비가 어느 정책보다 우선시 되어야 하는 상황이다.

02

기반시설

지역사회의 기반시설은 경제활동의 기반을 형성하는 기초적인 시설로서, 국가적으로 보면 도로, 하천, 항만, 공항 등을 말한다. 우리나라 경우 이 시설 중 도로를 제외하고 모두 국가기반시설이다. 따라서 지방자치단체의 기반시설은 도로 외에 자동차, 상·하수도가 주요 기반시설이라고 할 수 있다. 지역통계는 전력판매도 지역기반시설을 측정하는 매우 중요한 지표로 구성되어 있다. 최근 전력부족으로 인하여 성수기마다 일시에 정전되는 소위 blackout 현상이 현실로 나타나면서 각 지방자치단체들도 지역 내 발전에 대한 관심이 높아가고 있다. 각 지방자치단체마다 친환경 발전소인 LNG 발전소 유치는 물론이거니와 심지어 원자력 발전소의 유치를 위하여 노력하고 있다.[1] 따라서 전력량 판매도 기반시설로 포함될 수밖에 없게 되었다. 우리나라의 기반시설이 갖추어가는 과정을 요약하면 다음과 같다.

1950~1960년까지는 일제강점기와 전쟁피해지역의 복구를 위한 국토 개발의 필요성을 인식한 시기다. 1960년대에는 경제개발과 함께 국토기반시설 확충 및 산업발전, 국토균형발전에 대한 목표를 달성하기 위하여 국토종합개발계획과 제도가 확립되기 시작하였다. 국토계획 기본구상이 수립된 1968년에는 전쟁의 폐허 복구와 저성장, 고실업 등 경제난국을 타계하기 위해 20년 후의 국토미래상을 설정하고 경제성장과 지역발전의 토대를 마련하였다.

1972~2008년까지 10~20년 단위의 1~4차 국토종합계획을 수립하여 시대별 여건변화에 맞는 국토발전 구상을 제시함으로써 경제성장과 지역발전을 수행하였다. 주요 정책으로 1차는 거점개발 위주, 2차는 수도권 집중 억제, 3차는 서해안 신산업지대, 4차는 지역균형발전 계획을 수립하여 현재까지 국토발전을 추진하여 왔다. 〈표2-2-1〉에서 보면, 총 도로연장이 국토종합계획 초창기인 1972년에는 27,169㎞였지만 현재는 102,061㎞로 3.8배 증가하였다. 총 도로 포장률 역시 동기간의 4.1%에서 현재는 77.6%로 대폭 증가하였다. 상수도보급률도 마찬가지로 크게 증가했다. 1972년도 5.8%에 불과하던 것이 현재는 92~94%에 달하고 있다.[2] 우리나라 기반산업이 얼마나

---

1 뉴시스(삼척), 삼척원전 유치찬반 '주민투표 운동' 시작: 지난 15일 강원 삼척시 원자력발전소 유치찬반 주민투표일이 공고된 가운데 16일부터 각 단체들의 원전유치 찬성과 반대를 주장하는 색다른 선거운동이 본격 시작됐다. 2014. 9. 16.

2 국토해양부. 2008. 2008년도 국토의 계획 및 이용에 관한 연차보고서 재구성. 참조.

표 2-2-1	사회지표의 변화			

주요지표	국토종합계획 초창기	현재 (2005년–2008년)	증감지율(%)
국토면적(㎢)	98,800	106,000	7
인구(명)	2,498만	4,878만	49
GNP($)	319	20,045	98
도시화율(%)	39.1	90.7	57
산지면적(㎢)	65,300	64,700	1
공장용지면적(㎢)	0	600	100
농지면적(㎢)	22,100	21,100	5
간척지면적(㎢)	0.11	9.0	99
1인당 도시공원 면적(㎡)	2.3	10.6	78
1인당 주거면적(㎡)	7.9	26.2	70
총 도로연장(km)	27,169	102,061	73
총 도로포장률(%)	4.1	77.6	95
철도연장(km)	2,938	3,392	13
주택보급율(%)	74.4	108.1	31
상수도보급율(%)	5.8	92	94
하천개수연장(km)	2,169	3,002	38

출처: 국토연구원. 2008. 상전벽해 국토60년사: 국토해양부. 2008. 국토해양통계연보: 국토해양부. 2008. 2008년도 국토의 계획 및 이용에 관한 연차보고서 재구성.

크게 발전되었는지 짐작할 수 있을 것이다.

본 저술에서 조사한 내용과 서술의 위치를 정리하면 다음 〈표 2-2-2〉와 같다. e-지방지표는 분석기간이 2003년부터 2012년까지이다. 그러나 본 저서의 분석기간은

표 2-2-2	기반시설부문의 조사 내용			

항 목	e-지방지표		본 저서의 내용	
	지 표	분석기간	지 표	분석기간
도로포장률	– 도로 포장률	2003–2012	– 도로포장률	1960–2012
자동차 등록	– 자동차 등록대 수	2003–2012	– 자동차 등록 현황	1960–2012
상·하수도	– 상수도 보급률	2003–2012	– 상수도 보급률	1974–2011
	– 하수도 보급률	2003–2012	– 하수도 보급률	1985–2011
전 력	– 전력판매량	2005–2012	– 전력판매량	1960–2012

이보다 훨씬 길다. 도로포장률, 자동차등록, 전력판매량은 1960년대부터 2012년까지 가 분석기간이다. 상하수도의 항목에서 상수도는 1975년부터, 하수도보급률은 1985년부터 분석하였다.

제2절 | 도로 포장률

1876년 부산을 시초로 원산 · 인천 · 경흥 · 진남포 · 목포 등이 잇달아 개항되었다. 그리고 1897년 3월 22일에는 경인철도가 착공되어 1899년 9월 18일 준공됨으로써, 철도교통의 시대가 열렸다. 이 시기의 개항 및 근대교통수단의 도입은 열강의 세력에 의한 것일 뿐 우리가 주도하는 종합적인 국토정책의 추진이라고는 할 수 없는 것이었다. 일제는 한반도를 식민지로 지배하면서 국토수탈을 위한 항만, 철도, 도로, 광산 및 산림, 하천개수, 발전소 건설 등 국토의 전 부문에 대한 개발을 획책하였다. 또한 토지조사사업(1910~1918)을 통해 국토자원을 조사 · 측량하여 토지를 수탈하였다. 경인선에 이어 경부선(1905) · 경의선(1906) · 경원선(1914) · 호남선(1914) 등이 건설되어 X자형 간선철도망과 도로 등 현대적인 기반시설들이 구축되었다. 이러한 기반시설은 1926~1939년까지 대대적으로 추진된 식량증산계획인 대규모 농업개발 사업으로 미곡을 증산하여 태평양전쟁용 군량미를 수송하는 수단으로 활용되었다.

일제의 이 같은 도로 선진화사업은 주민의 복리와 우리나라의 발전을 위해서가 아니라, 식민지 통치를 위한 수탈의 수단이었고, 대륙침략의 병참기지로 활용하기 위한 기초 작업이었기 때문에, 본질적으로 '개발'의 개념으로 파악할 수 없는 것들이었다. 한국 근대화의 기초가 일제하에서 이루어졌다고 하는 주장도 있으나, 그것은 일제 강점기의 겉모양만을 들어 논리를 왜곡하고 있는 것에 지나지 않는다. 일제는 한반도를 개발한 것이 아니라 그 발전 잠재력을 체계적으로 착취 · 수탈하고 억눌렀을 뿐 아니라 마침내 바닥까지 유린했으며, 그러한 과정에서 국토의 살결은 헐벗고, 구조는 왜곡될 수밖에 없었다.[3] 이 중심에 도로가 주요 기반시설로 이용됐던 것이다.

우리나라에 도로포장이 처음 시공된 것은 1926년, 서울의 주요간선도로에 시공한 아스팔트 머캠덤 포장이었다. 고급포장으로는 1932년 부산시와 서울 한강로에 시공된 와빗트(Warrbit)포장으로 일본 포장회사에 의한 것이었다. 1945년 광복 당시 우리

---

3 유우익, 국토개발에 있어서 농촌개발의 의의, 1984.

나라의 도로는 국도 5,263㎞, 지방도 9,997㎞, 시·군도 8,771㎞로서 총연장은 24,034㎞였다. 도로의 대부분은 자갈길이고 포장도로는 겨우 1,066㎞였다.

　우리나라에 현대적인 아스팔트플랜트가 최초 도입된 것은 미군정 당시 오산 비행장의 바버그린사(Barber Green, 1947년) 플랜트이며, 공사 후 서울시에 기증하여 서울시 역청사업소(종로구 창진동)에 설치되었던 플랜트다.[4] 도로포장 과정을 일제 강점기에서부터 좀 더 상세하게 살펴보자.

1. 해방 당시

　일제강점기가 끝난 시점인 1945년 8월 15일 도로현황을 보면 〈표 2-2-3〉과 같다. 도로총연장은 24,030㎞이다. 이 중 국도는 5,263㎞로 전체 21.9%이며, 지방도가 41.6%인 9,997㎞로 가장 많았고, 시·군도는 36.5%인 8,771㎞이다. 포장률은 전체도로의 4.4%에 불과했다. 이 중 국도가 14%이지만 지방도와 시·군도는 각각 0.8%, 1%로 매우 저조한 편이었다. 나머지 도로는 대부분 자갈도로였다. 한 마디로 도시와 군사용 도로를 중심으로 포장이 이루어졌다고 할 수 있다. 6.25 전쟁 등으로 1950년대 도로 통계는 부정확하여 여기서는 제외하였다.

표 2-2-3　**광복당시의 도로현황과 포장률**　　　　　　　　　　　　　　(단위: ㎞)

구 분	국 도	지방도	시·군도
포장길	746.4	81.4	239.0
자갈도	4,195.4	9,231.3	6,878.4
미개수	321.2	684.3	1653.5
합 계	5,263.0	9,997.0	8,770.8

출처: 한국도로공사, 도로교통안전관리공단, 창립 50주년기념 도로교통안전관리공단 연감, 2004, p.34.

2. 2000년 이전 도로포장률(1960 – 2001)

　1960~2001년까지 약 40년간 도로성장에 관한 내용이 〈표 2-2-4〉이다. 표를 보면 1960년도의 도로 총 연장은 27,196㎞이다. 이는 해방 후인 1945년도의 도로 총연

4　김주원, 우리나라 도로포장사(1), 한국도로학회보, 2004.

표 2-2-4　도로 연장 (단위: km)

연도	총연장	도로등급별 연장					포장률(%)
		고속국도	일반국도	특별·광역시도	지방도	시·군도	
1960	27,196	0	5,706	0	10,579	10,844	3.7
1965	28,145	0	5,899	63	12,338	9,844	5.8
1970	40,244	551	8,122	5,476	10,880	15,216	9.6
1975	44,885	1,142	8,232	6,767	10,777	17,967	22.3
1980	46,951	1,225	8,232	7,939	11,021	18,535	33.2
1985	52,265	1,415	12,241	10,018	10,167	18,423	49.9
1990	56,715	1,551	12,161	12,298	10,672	20,033	71.5
1995	74,237	1,825	12,053	14,028	13,854	32,424	76.0
2000	88,775	2,131	12,413	17,839	17,151	39,240	75.8
2001	91,396	2,637	14,254	17,810	15,704	40,991	76.7

출처: 건설교통부(2001), 도로업무편람.

장 24,030km에 비해 크게 늘어나지 않았다. 15년 동안 도로 연장은 약 3,166km가 증가하였다. 그러다가 도로연장이 획기적으로 늘어가기 시작한 것은 1970년대부터이다. 1970년 7월 7일에 개통한 경부고속도로는 우리나라 도로역사에 큰 전환점을 만들어 주었다. 경부고속도로는 우리나라 최초의 고속도로임과 동시에 이를 중심으로 지선인 국도와 지방도들이 속속 생겨나기 시작하였다. 1970년도의 총 도로연장은 40,244km로 1965년도 28,145km보다 약 12,000km가 늘어났다. 1945년부터 1960년까지 15년 동안 도로가 약 3,000km가 확대되었다. 반면에 1965년부터 1970년 사이 5년 내에 도로가 약 12,000km 확대되었다. 이를 비교해 보면 이 시기가 우리나라 도로역사에 얼마나 중요한가를 알 수 있다. 이후 도로연장은 탄력이 붙어 1985년 52,265km로 5만km시대를 열었고, 10년 후인 1995년도에는 74,237km로 7만km대 시대를 열었다. 그리고 2000년에는 88,775km로 8만km대 시대를 활짝 열었다. 2001년 말 현재 우리나라 도로의 총연장은 91,396km로서 1960년의 27,196km에서 3.4배로 증가하였다. 특히 1990년대에 들어와서 도로의 총연장은 56,715km에서 2000년 88,755km로 57%가 증가하였다.[5] 1990년대는 지방자치제도가 본격적으로 도입된 시기로서 이 기간 동안 시·군도, 지방도, 특별·광역시도 등 지방자치단체가 관할하는 도로의 연장이 급격한 신장세를 보였다.[6]

---

5 한국개발연구원 공공투자관리센터, 공공투자사업예산관리의 효율화 방안(Ⅱ): 국도건설비 관리의 합리화 방안, 2002. 2. p.39.
6 지방자치단체가 관할하는 하위 등급의 도로가 증가한 요인은 여러 가지 있겠으나, 지방자치

표 2-2-5 **연도별 도로포장률(1975-2003)** (단위: %)

연도	합계	고속도로	일반국도	특별 · 광역시도	지방도	시 · 군도
1975	22.27	100	43.97	49.91	6.53	6.43
1980	33.22	100	67.38	63.43	12.56	12.99
1981	34.13	100	55.31	60.64	11.01	12.64
1982	35.75	100	60.48	65.24	12.85	15.10
1983	39.00	100	67.00	66.00	18.10	17.10
1984	46.30	100	68.80	70.10	23.80	26.10
1985	49.80	100	73.70	71.20	29.10	30.00
1986	54.20	100	77.10	72.40	37.20	34.90
1987	57.20	100	79.50	76.10	41.40	37.50
1988	61.40	100	82.40	77.90	50.20	42.40
1989	66.40	100	86.30	79.90	56.80	48.10
1990	71.50	100	89.10	83.00	63.60	55.70
1991	76.40	100	92.00	84.30	72.60	62.80
1992	80.80	100	95.70	84.90	79.20	69.40
1993	84.70	100	97.90	85.80	85.60	75.80
1994	77.80	100	99.40	89.40	89.70	61.50
1995	76.00	100	99.50	90.60	72.20	61.60
1996	72.70	100	97.80	89.20	73.10	55.50
1997	74.00	100	97.90	90.90	74.50	56.00
1998	74.50	100	98.00	89.80	75.70	57.50
1999	74.70	100	98.10	86.40	77.10	43.50
2000	75.80	100	98.16	88.70	78.78	60.40
2001	76.75	100	96.53	93.55	78.45	60.42
2002	76.70	100	96.88	93.72	78.03	61.03
2003	76.75	100	96.90	99.69	77.81	60.02

출처: 통계청, 국내통계, 기관별통계, 국토교통부.

1960년도에 지방도는 10,579km였으나, 2001년에는 15,704km로 약 50%가 증가되었다.
시 · 군도는 1960년에는 10,844km, 2001년에는 40,991km로 약 4배가 증가되었다.

제가 본격적으로 실시된 후 지역주민의 생활과 직결되어 있는 이들 도로의 정비에 지방자치
단체와 지역주민의 관심이 커졌기 때문인 것으로 해석할 수 있다.

포장률을 보면 〈표 2-2-5〉에서 보는 바와 같이 해방 당시의 도로 포장률은 4.4%였다. 1960년대의 도로 포장률은 오히려 이보다 떨어진 3.7%에 불과하였다. 이는 6.25 전쟁의 원인이 아닌가 생각한다. 그러다가 1975년도에 22.3%, 5년 후인 1980년에 33.2%, 다시 5년 후인 1985년에 49.9%로 포장률이 크게 늘어나기 시작하였다. 1990년에는 71%로 획기적으로 포장률이 상승하였다. 이후 10년 후인 2001년의 포장률도 76%인 점을 고려하면 1990년도 전후해서 도로 포장률이 급속하게 상승되었음을 알 수 있다. 그러나 도로 포장률은 도로의 종류에 따라서 큰 차이가 난다. 국가가 운영하는 고속도로나 국도와 광역시가 운영하는 도로는 포장률이 거의 100%이다. 그러나 도가 운영하는 지방도는 77.81%, 도 산하 시·군이 운영하는 시·군 도는 60.02%에 불과하다.

이를 지역별로 살펴보면 〈표 2-2-6〉과 같다. 1960년대의 우리나라 지방자치단체의 도로 포장은 서울, 부산, 대구, 인천, 대전, 광주, 울산을 제외하고 10%이하의 도로 포장률을 보이고 있다. 이 당시 대구, 인천, 대전, 광주, 울산은 직할시가 아니었음에도 불구하고 모두가 10%이상의 도로 포장률을 유지하고 있었다. 이들 도시들은 그 당시부터 지역의 핵심도시로 자리 잡고 있었기 때문이다. 이 중에서도 인천은 1960년대에는 도로 포장률이 서울과 부산보다 높은 40%이상을 보이고 있다. 이는 인천이 우리나라 조선시대 후기부터 개방화의 중심지로서 자리잡았고, 인천항은 국내 여객과 화물뿐만 아니라 수출입 등 국내외 여객과 화물항 중심지 역할을 하였기 때문이라고 사료된다. 이후 1970년대에 들어서면서 우리나라 도로 포장률은 크게 향상되기 시작한다. 모든 지역이 20%대를 상회하고 있으며 일부 지역은 50%대를 넘고 있었다. 이렇게 도로 포장률이 높아진 이유는 경제발전으로 인한 도로정비도 있었지만 새마을 운동의 주 정책대상이 도로정비, 도로포장인 요인도 크게 작용했다고 할 수 있다. 1970년대 인천은 1960년대보다 도로 포장률이 떨어지고 있는데 이는 시역이 확장됨으로써 비포장 신생도로가 추가되었기 때문이다.

도로 포장률의 증가속도는 1980년대와 1990년대도 더욱 높아졌다. 1980년도에 이미 전국도로는 포장률이 60%대를 넘어섰다. 이 시기에 대전과 광주는 90%를 상회하기 시작했다. 2000년도에는 광역시 모두가 90% 이상의 포장률을 보이고 있었다. 이 중에 부산, 대전, 광주는 98%로 이 지역의 모든 도로는 다 포장이 이루어졌다고 해도 과언이 아니다. 이러한 광역시의 도로 포장률에 비해 2000년도 도 지역의 도로 포장률은 80%초반대인 경기도와 제주도를 제외하고 60~70%대를 넘지 못하고 있어 광역시와 도 간에 양극화의 면면을 볼 수 있다.

지방자치가 본격적으로 실시되던 해인 1995년도 이후 도로 포장률의 변화는 어

표 2-2-6	2000년도 이전 지역별 도로 포장률(1960-2000)							(단위: %)

구분	1960	1965	1970	1975	1980	1985	1990	1995	2000
서울	21.8	23.7	29.1	52.7	63.0	77.4	84.6	92.2	95.3
부산	11.5('63)	15.8	36.0	49.0	62.2	70.1	78.1	97.9	98.4
대구[1]	(32.8))	(23.6)	(21.3)	(38.5)	(47.8)	66.5	88.3	93.8	93.8
인천	(40.6)	(45.2('66))	(30.8)	(23.6)	(37.5)	65.3	93.0	87.8	90.7
광주	(13.8('62))	(24.0)	–	–	(46.7)	65.5('86)	93.0	99.9	98.0
대전	(11.2)	(17.5)	(11.3)	(25.9)	(37.5)	(74.0)	84.5	98.1	98.0
울산	(1.4('62))	(14.3)	(25.8)	(40.1)	(61.7)	(50.9)	(88.2)	(61.8)	98.5
경기	8.7	8.3('66)	14.2	22.0	33.8	56.9	79.4	87.6	82.1
강원	2.3	6.8	9.7('71)	19.6	21.6	36.4	59.4	65.9	69.4
충북	1.2	1.3	5.6	19.7	28.4	41.9	66.9	64.3	65.5
충남	0.4	3.7	6.3	18.5	24.3	43.9	61.0	74.3	72.6
전북	1.0	1.7	4.4	14.6	26.8	42.5	–	67.0	70.9
전남	–	7.1('66)	3.6	–	–	41.3('86)	63.0	73.3	70.4
경북	4.1	4.7('64)	10.1	18.1	28.6	41.4	68.4	75.5	70.4
경남	3.1	2.3	6.1	15.0	27.2	49.3	–	66.1	65.6
제주	1.0('62)	3.4	14.2	19.6	31.3	45.3	65.3	79.2	83.4

출처: 건설교통부, 각 해년도 · 시도 건설 교통 통계연보, 통계청, 국내통계 관련자료, 각 시도 통계연보이외의 지역통계는 다음과 같다.

• 서울: 통계로 본 서울의 변화, 1995, 서울통계시스템, 통계DB, 2014, 통계청서울통계사무소, 1996년기준 도표로 본 서울시 주요행정통계, 1998, 서울시사편찬위원회, 서울시6백년사, 제5권, 1993, 서울통계연보.

• 부산: 부산광역시20년사, 부산광역시 통계DB, 2014, 부산직할시, 부산시사, 제2권, 1991, 부산통계연보(1994. 2001).

• 대구: 대구도시기본계획('80), 대구시 통계연보('75 까지), 대구시도로과('81 이후).

• 인천: 인천시사편찬위원회, 인천시사, 중권, 1993, 인천광역시사편찬위원회, 인천광역시사, 제2권, 2002.

• 광주: 광주광역시기본통계, 광주광역시사편찬위원회, 광역시사, 제3권, 제4권, 1993.

• 대전: 대전직할시사편찬위원회, 대전시사, 제2권, 1992, 대전통계연보(1962년제1회통계연보부터-).

• 울산: 울산시사편찬위원회, 울산시사, 1987, 울산광역시사편찬위원회, 울산광역시사, 제3권, 2002, 울산시통계연보(1971년-2001년).

• 경기: 경기도사편찬위원회, 경기도사(현대편), 제9권, 1992, 경기도사 편찬위원회, 경기도사, 1982, 경기도, 통계DB, 2014, 경기도, 경기도통계연보, 제5호, 1965.

• 강원: 강원도, 통계로 본 강원도의 발자취(1961-2001), 2003, 강원통계연보.

• 충북: 충북, 통계로 본 충북 50년, 1998, 충청북도지편찬위원회, 충청북도지, 상권, 1992, 충북통계연보.

• 충남: 충남, 통계로 본 충남 100년, 1996, 충남통계연보.

• 전북: 전북, 본 전북의 어제와 오늘, 1997.

• 전남: 전라남도지편찬위원회, 전라남도지, 제2권, 1983, 전남통계연보.

• 경북: 경상북도사편찬위원회, 경상북도사, 중권, 하권, 1983, 경상북도, 경상북도개도100주년기념, 1996, 경북통계연보.

• 경남: 경상남도지, 1978, 경상남도사편찬위원회, 경상남도사, 중권, 1988, 경남도정백년사편찬위원회, 경남도정백년사(1896-1996), 1996. 통계DB, 2014.

• 제주: 통계DB, 2014, 제주도, 제주도지, 하권, 1983, 제주도지편찬위원회, 제주도지, 제2권, 1993, 제주통계연보.

주1) 대구 통계는 건설교통부 대구도시기본계획 통계에서는 1961년 15.8%, 1970년 26.5%, 나머지는 대구시통계연보와 일치.

떻게 되었을까? 결론적으로 말하면 큰 차이가 없다고 할 수 있다. 1995년의 포장률이 2000년에 얼마나 확대되었는가를 살펴보자. 서울이 85.4%에서 89.4%로, 대구가 90.0%에서 95%로, 인천은 87.8%에서 90.7%로, 강원은 65.9%에서 69.4%로, 전북은 67.0%에서 70.9%로, 경남은 66.1%에서 65.5%로, 제주는 79.25%에서 83.45%로 확대되었다. 1년에 1% 이하로 증가하고 있을 정도다. 이는 지방자치가 실시되기 이전의 확산 속도와 큰 차이가 없음을 알 수 있다. 이렇게 지방자치와 도로 포장률이 관계가 크지 않은 것은 도로포장 자체가 비용이 많이 소요되어 국비에 의존하는 바가 크기 때문이라고 할 수 있다.

3. 2000년 이후 도로포장률

다음 [그림 2-2-1]은 2000년에서부터 2011년도까지의 우리나라 도로포장과 도로연장에 관한 내용이다. 2000년도에 우리나라 도로 포장률은 76%정도였다. 이후 2004년까지 미미하게 상승하다가 2004년에는 다시 76%로 떨어진다. 도로연장이 늘어남에도 불구하고 도로 포장률이 따라가지 못하고 있는 것이다. 예를 들면, 2004년도에 도로연장은 100,000㎞인 반면에 도로포장은 약 93,000㎞정도이다. 그러나 2005년부터

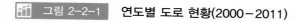

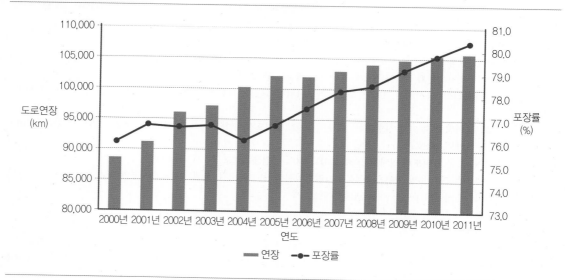

그림 2-2-1 **연도별 도로 현황(2000-2011)**

출처: 국토해양부, 2012.

도로현황을 보면, 도로연장보다 도로 포장률의 속도가 더 높아지기 시작하였다. 도로 포장률은 거의 45도로 상승하고 있음을 알 수 있다. 2011년도 도로현황을 보면, 전체 도로연장(105,931㎞) 중 포장도로는 85,120㎞(80.4%)로 전년도 대비 924㎞(1.1%) 증가하였으며, 비 포장도로는 9,536㎞(9.0%), 미 개통 도로는 11,275㎞(10.6%)이다. 이는 비 포장 도로연장의 대부분을 차지하는 군도, 지방도 및 시도 중에서 일부 포장이 이뤄졌기 때문이다. 포장도로(85,120㎞) 중 왕복 4차로 이상은 22,678㎞(26.6%) 이며, 왕복 2차로 이하는 62,442㎞(73.4%)이다.[7]

2005년 이후 지방자치단체별 도로 현황을 살펴보면 〈표 2-2-7〉과 같다. 전국으로 보면, 매우 더디게 도로포장이 확대되어 가고 있다. 2005년도 도로 포장률은 76.8%였다. 2011년에야 도로 포장률은 80.4%로 겨우 80%대에 진입하였다. 6년 동안 4.6%만

표 2-2-7 **도로 포장률 현황(2005-2012)**　　　　　　　　　　　　　　(단위: %)

구분	2005	2006	2007	2008	2009	2010	2011	2012
전국	76.8	77.6	78.3	78.5	79.2	79.7	80.4	83.4
서울	99.9	100.0	99.9	100.0	100.0	100.0	100.0	100.0
부산	96.4	96.7	96.9	97.0	96.9	96.9	97.1	99.2
대구	98.8	98.8	98.9	98.9	98.9	98.9	99.0	98.3
인천	91.4	91.9	92.4	90.9	91.1	91.2	92.8	91.3
광주	100.0	100.0	100.0	98.7	99.0	99.0	99.0	97.6
대전	99.7	100.0	99.7	99.7	99.7	99.7	99.7	100.0
울산	95.4	95.6	96.4	96.5	96.7	96.7	96.8	97.8
경기	80.9	83.6	84.0	84.0	84.6	84.8	84.9	89.3
강원	68.5	69.0	69.7	70.6	71.3	72.0	72.3	76.7
충북	71.2	72.7	73.3	73.3	73.3	77.3	73.3	81.8
충남	73.6	73.9	74.9	74.9	74.9	76.6	74.9	82.1
전북	70.2	70.4	70.8	71.6	72.0	72.7	73.1	73.9
전남	68.3	68.5	69.3	69.9	71.4	72.5	74.0	79.2
경북	69.4	69.8	71.8	71.8	72.5	73.2	74.6	76.4
경남	66.6	67.6	68.0	67.1	68.3	68.7	69.2	74.5
제주	83.4	83.4	83.4	83.7	83.8	83.9	84.0	87.3

출처: 국토교통부, 자료집(2013); 통계청, 국내통계, 주제별 통계, 교통·통신.

---

7 출처: 국토해양부, 보도자료, 2012.5.

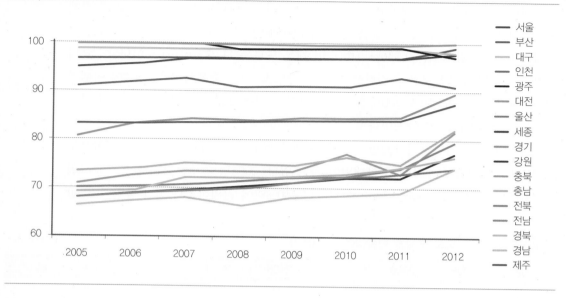

그림 2-2-2 　지역별 도로 포장률 현황(2005-2012)　　(단위: %)

범례: 서울, 부산, 대구, 인천, 광주, 대전, 울산, 세종, 경기, 강원, 충북, 충남, 전북, 전남, 경북, 경남, 제주

이 확대된 것이다. 지역별로 보면, 서울과 대전은 100% 포장률을 나타내고 있으며, 부산과 대구도 거의 100%에 가까운 도로 포장률을 보이고 있다. 광역시 중에 가장 낮은 포장률을 보이고 있는 인천도 91%에 가깝다. 반면에 도 단위 자치단체간 도로포장률은 크게 차이가 나고 있다. 경기와 제주, 충북과 충남을 빼고는 모두 70%대의 포장률을 보이고 있다. 2012년 현재 도로 포장률이 최하인 지역은 73.9%인 전북이다. 그 다음이 경남, 경북, 강원, 전남 순이다.

이를 비교한 그래프가 [그림 2-2-2]이다. 광역시인 서울과 대전은 도로 포장률이 100%이며, 인천을 제외한 나머지 광역시의 도로 포장률도 97%이상이기 때문에 최상위에 집합해 있다. 다만 인천이 91%의 도로 포장률을 보이고 있어서 광역시 권에서 확연하게 뒤쳐져 있음을 알 수 있다. 그 다음으로 2005년부터 80%이상의 도로 포장률을 보이고 있는 경기와 제주의 도로 포장률은 다른 도 지역과 큰 차이를 보이고 있다. 나머지 지역은 충남과 충북의 상승세가 다른 지역에 비해 높아서 2012년 현재는 80%를 상회하고 있다. 나머지 지역은 완만하게 상승하고 있다. 특히, 전북은 여전히 70% 초반을 유지하고 있어 다른 지역에 비해 홀로 떨어져 있다.

이를 다시 수도권과 비수도권, 광역시와 도 기준으로 비교를 해보자. [그림 2-2-3]에서 보면 우리나라 포장률은 평균 80%를 넘어섰다. 이 중에 광역시는 100%에 가까워졌다. 그리고 수도권 지방자치단체의 포장률도 평균 90%를 상회하고 있다. 그러나

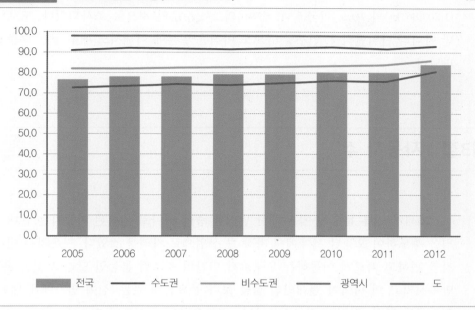

그림 2-2-3 도로 포장률 현황(2005-2012)   (단위: %)

범례: 전국 / 수도권 / 비수도권 / 광역시 / 도

표 2-2-8 각 국의 도로 현황

구 분	도로연장 (km)	인구 (천 명)	면적 (천km²)	단위면적당 도로연장 (km/km²)	인구 당 도로연장 (km/천 명)	국토계수당* 도로보급율
미국	6,545,839	307,687	9,832	0.67	21.27	3.76
일본	1,207,867	126,552	378	3.20	9.54	5.52
프랑스	951,260	62,445	549	1.73	15.23	5.14
스페인	667,064	45,638	505	1.32	14.62	4.39
독일	643,969	82,405	357	1.80	7.81	3.75
영국	419,665	61,652	244	1.72	6.81	3.42
한국	105,931	48,989	100	1.06	2.16	1.51

출처: 국토해양부, 2012.12.

비수도권 광역자치단체의 포장률은 2012년에 들어서야 80% 후반을 넘어서고 있으며, 특히 도는 아직도 80%를 넘어서지 못하고 있다.

2011년말 기준 우리나라의 도로연장이 105,931km로 전년(105,565km) 대비 366km (0.3%) 증가되었다. 그러나 이는 다른 나라에 비하면 아직도 그렇게 높은 수준은 아니다.[8] 앞의 〈표 2-2-8〉은 선진국의 도로현황이다. 이를 보면 우리나라 도로연장은 일본(1,207,867㎞)의 10%, 미국(6,545,839㎞)의 2% 수준인 것으로 조사되었다. 도로 연장뿐만 아니라 단위면적당, 인구당 규모도 아직은 일본에 비해서도 매우 낮은 수준으로 나타났다.

제3절 | 자동차 수

　　20세기 인류 문명 중에 위대한 발명품 중에 하나로 기록된 자동차는 근대 산업혁명을 주도하여 오늘날 세계에서 가장 큰 산업으로 자리를 잡았다. 자동차는 인간과 물자를 편하고 빠르게 이동하는 도구로서 인간의 원초적 본능인 달리고 싶은 욕망까지 만족시키고 더 나아가 현대인의 삶을 보다 풍요롭게 만든 '신이 인간에게 내린 선물'이라고도 한다. 이러한 자동차는 모든 교통수단의 중심으로 이동의 개념을 변화시켰고 현대인의 삶과 사회의 구조까지 바꾸어 놓았다. 앞으로 자동차의 용도가 다양해지고 산업이 고도화되면 레저 · 스포츠 문화와 정보화 및 공간 문화가 결합한 새로운 복합 개념의 자동차가 주류를 이룰 것이다.

　　자동차가 우리나라에 처음 상륙한 것은 1903년 고종의 즉위 40년을 기념하는 칭경식 때 미국공사에게 부탁해 포드 자동차를 들여와 바친 것으로 알려졌으나 정확하지 않다. 1903년 이전에 서울에 자동차가 있었다는 그림이나 사진이 있는 것으로 보아 1890년대 후반 서양문물과 함께 들어온 것으로 추측된다. 그러나 자동차 보다 먼저 1899년 우리나라 최초의 전차가 서대문과 청량리를 걸쳐 운영되었다. 또 인천 제물포와 노량진 간 33㎞의 철도가 개통되어 자동차보다 철도에 의한 교통혁명이 먼저 일어났다. 자동차는 이후 황실용 1대와 총독부 1대가 도입되어 1911년에는 우리나라 자동차 보유대수는 2대가 공식 통계치다. 일본도 1907년에 자동차 보유대수를 보면 자가용 승용차 14대, 화물차 2대 등 총 16대가 등록되어 있었다. 〈표 2-2-9〉와 〈표 2-2-10〉에서 보는 바와 같이 1930년대 초 한반도 전역의 자동차 총 대수는 4,500대 정도 밖에 되지 않았다. 인구 만 명당 2대 정도였다. 서울이 속한 경기도와 부산을 포함

8　도로법에 따라 노선이 지정된 연장으로, 개통되어 이용중인 도로와 노선은 지정되었으나 공사중 등 아직 개설되지 않은 도로(미개통도)를 포함한 연장임.

하고 있는 경남이 약간 많은 편이었다.[9] 인구 만 명당 자동차 수를 비교하면 적은 순으로는 충북, 강원, 충남의 순이다. 이후 부유층의 자가용과 운수사업용으로 자동차가 들여오기 시작하고 판매 및 서비스회사까지 생겨나 7,386대로 늘어나면서 광복을 맞이한다. 광복과 전쟁을 치루면서 미군용차 재생 공장이 생겨나, 자동차 공업이 소규모나마 시작되었다. 1955년에 국제 차량 공업사를 운영하던 최무성 3형제가 전형적인 수공업 형태로 지프형 승용차인 '시발'을 만들기 시작한 것이 우리나라 자동차 공업의 시초이다. 이는 자동차 등록 대수가 대폭 증가되는 계기가 되었다.

5.16 군사정부가 '자동차공업5개년계획'을 발표하면서 자동차 산업은 국가산업이 되었다. 이후 1967년 현대자동차가 설립되었고, 이로 인하여 우리나라가 현재 세계 5위 자동차 산업국가가 되는 초석이 된다. 이러한 자동차 산업의 도약에 힘입어 1984년에는 자동차 등록대수가 90만 대, 1985년 5월에 드디어 100만 대를 넘게 된다. 이러한 약진은 계속되어 1992년에 500만 대, 1995년에 800만 대, 1997년에 1,000만 대를 돌파하였다.[10] 자동차 등록대수는 2014년 하반기에는 드디어 2,000만 대를 넘어 설 것으로 예상하고 있다.[11]

1. 일제강점기

일제 강점기에 한국의 운반도구는 무엇이었으며 그 현황은 어떠한지를 알아보는 것도 매우 흥미로운 일이다. 이에 대한 자료가 〈표 2-2-9〉이다. 1931년은 일제 강점기의 중반기에 속한다. 이 시기에 우리나라 이동수단의 현황을 보면 소달구지가 111,676대로 가장 많은 비중을 차지하고 있다. 그 다음이 손수레이고 다음이 자동차이다. 마차와 인력차가 자동차 보다 적은 점은 의외라고 할 수 있다.

당시 우리나라 전체 등록 자동차 수는 4,331대였다. 이 중에 경기도가 887대로 가장 많다. 다음이 경남, 전남, 경북, 평남, 전북 순이다. 인구 만 명당으로 보면, 경기도가 4.3대로 가장 많고 그 다음이 경남, 평남 순으로 많다. 이 세 지역이 인구당 다른 지

---

9 32년의 자동차수는 남만주철도주식회사 발행, 朝鮮に於ける 自動車運送事業に就こp.116 이에 대한 내용은 손정목, p.60.

10 한국손정목, 일제강점기 도로와 자동차에 관한 연구, 도시행정연구, 제4집, 1989. 서울시립대학교, pp.56-60.
교통산업연구원, 2014년 한국자동차연감, 2013.9. pp.21-29.

11 한국의 경제뉴스통신사 - NSP통신, 2014.7.10. 6월, 자동차 등록대수 1977만 9582대⋯지난해 말 比 2.0%↑.

표 2-2-9　각도별 운반구비교표(자동차는 1931년 말, 기타는 1932년 말 현재)

도별＼종별	자동차			소달구지 (荷牛車)	馬車	100㎢당 우·마차수	손수레	인력차
	대 수	인구 만 명당	100㎢당					
경 기	887	4.3	6.92	9,614	1,077	83.2	11,781	1,353
충 북	95	1.1	1.28	1,748	48	24.2	499	29
충 남	207	1.5	2.55	2,215	40	27.8	1,271	148
전 북	304	2.1	3.54	2,967	355	39.1	2,480	233
전 남	408	1.8	2.94	1,523	459	14.3	2,621	126
경 북	373	1.6	1.96	5,277	167	28.7	3,429	127
경 남	688	3.3	5.59	4,296	52	35.3	3,509	49
황 해	220	1.5	1.31	17,024	18	101.8	1,343	84
평 남	321	2.5	2.15	7,782	309	54.2	3,285	186
평 북	294	2.2	1.03	6,614	560	23.6	1,362	283
강 원	187	1.3	0.71	3,254	7	12.4	632	19
함 남	231	1.6	0.72	25,933	140	81.5	1,381	65
함 북	116	1.6	0.57	23,879	141	118.0	779	32
계(평균)	4,331	2.1	1.96	111,676	3,363	52.1	34,372	2,733

출처: 조선토목사업지 p.71 및 眞鍋牛八, 운반구의 통계적 고찰, pp.815-824.
* 32년의 자동차수는 남만주철도주식회사 발행, 朝鮮に於ける 自動車運送事業に就こp.116. 이에 대한 내용은 손정목, p.60.

역에 비해 자동차 수가 많은 것은 경기도에는 서울(경성), 경남에는 부산, 평남에는 평양이라는 대도시가 있기 때문이라고 할 수 있다. 자동차 수가 가장 적은 곳은 충북이 95대이며, 이어 함북 116대, 강원 187대, 충남 207대 순이다.

　일제 강점기에 자동차 증가 속도를 알아보았다. 이에 대한 내용이 〈표 2-2-10〉이다. 일제 강점기가 실시된 1년 후인 1911년에 자동차는 기술한 바와 같이 조선에 단 2대가 있었다. 그러다가 1917년에 114대로 자동차 100대 시대가 되었다. 6년 후인 1923년에는 1,008대로 1천 대 시대가 막을 올린다. 4년 후인 1927년에는 2,005대, 2년 후인 1929년에는 3,426대, 또 2년 후인 1931년에는 4,331대로 급속하게 증가하고 있다. 그리고 하거, 우차, 마차가 계속 증가하는 반면에 인력거는 1923년에 최고 수인 4,647대를 기점으로 계속 감소하여 1932년에는 2,733대까지 내려 왔다.

표 2-2-10 **육상운반구연도별 비교표(전조선)**   (단위: 대)

종류 연도	자동차	인력거	하거(荷車)	우차	마차	객마차
1911	2	1,217	1,804	38,337	585	110
1912	6	1,665	4,823	40,706	1,124	143
1913	31	2,692	7,072	45,689	1,442	198
1914	43	3,167	9,355	47,244	1,642	228
1915	70	3,424	9,422	65,428	1,904	212
1916	89	4,133	11,778	68,658	2,269	199
1917	114	4,605	15,689	51,075	2,498	213
1918	212	4,811	18,236	63,294	2,614	231
1919	416	4,933	19,507	67,873	3,601	135
1920	679	4,950	21,658	66,071	4,500	84
1921	774	4,527	26,680	78,736	3,939	111
1922	935	4,494	29,196	89,425	4,343	102
1923	1,088	4,647	32,161	94,113	4,538	92
1924	1,205	4,079	32,059	96,640	4,945	100
1925	1,341	3,918	32,246	99,598	4,338	114
1926	1,587	3,542	35,547	105,161	5,850	96
1927	2,005	3,455	35,392	111,951	5,606	89
1928	2,544	3,284	35,459	115,829	4,056	68
1929	3,426	3,105	36,542	114,659	3,763	
1930	3,873	2,888	35,624	113,696	3,787	
1931	4,331	2,631	35,359	111,791	3,560	
1932	4,808	2,733	34,372	111,676	3,363	

출처: 조선토목사업지 p.71 및 眞鍋半八, 운반구의 통계적 고찰, pp.815-824.

* 1932년의 자동차수는 남만주철도주식회사 발행, 朝鮮に於ける 自動車運送事業に就こ p.116 이에 대한 내용은 손정목, p.59.

2. 1980년 이전 자동차 등록대수(1960-1980)

　　1980년도는 우리나라 자동차 등록사상 50만 대를 넘은 해였다. 1903년도에 황실용으로 단 1대의 자동차밖에 없었던 우리나라가 이 시점을 전후로 이제 자동차는 관이나 부유층의 전유물이 아니라 국민의 생활 수단으로 전환되고 있음을 말해 주고 있다. 특히, 1980년대부터는 우리나라 자동차산업이 자동차 대량생산이 시작되는 시기이기 때문에 자동차 보유에도 크게 영향을 미치는 기간이었다.[12] 1980년을 전후로 우

---

12 한국자동차산업협회, http://www.kama.or.kr/

지역별 자동차 등록현황(1960-1980)　　　　　　　　(단위: 대)

구분	1960	1965	1970	1975	1980
전국	21,484	43,425	123,309	194,607	527,143
서울	10,822	16,624	60,442	85,407	206,778
부산	(3,810)	4,518	13,798	23,293	62,419
대구	(1,586('61))	(2,393)	(7,861)	(11,827)	(45,741)
인천	(1,393)	(2,218)	(5,186)	(7,043)	(20,051)
광주	(729('59))	(1,970('68))	(4,867('73))	(9,349('76))	(12,422)
대전	(856)	(1,068)	(2,500)	(3,725)	(10,794)
울산	(136('62))	(485)	(1,318)	(2,273)	(10,186)
경기	3,224	4,066$^{1)}$	12,464	19,547	62,394
강원	1,738	2,563	4,877	6,321	14,842
충북	938	1,031	2,359	4,315	12,259
충남	1,691	1,971	5,328	9,211	26,259
전북	857	1,536	2,537	5,659	16,544
전남	1,542('62)	2,201	6,000	9,395	25,930
경북	3,647('63)	4,259	12,194	20,402	60,779
경남	1,912('62)	2,240	7,271('71)	6,995	31,034
제주	254	451	1,340	2,087	5,925

출처: 이귀연, 우리나라 자동차의 발달과 확산에 관한 지리적 고찰, 이화여자대학교 석사학위논문, 1989, 건설교통부 건설교
　　통통계연보.
• 서울: 1996년기준 도표로 본 서울시 주요행정통계 1998, 통계로 본 서울의 변화, 1995, 서울통계연보.
• 부산: 부산광역시20년사, 부산광역시차량등록사업소, 차량등록자료.
• 대구: 건설부, 대구도시기본계획('80), 대구시 통계연보('80 이전).
• 인천: 인천시사, 중권, 1993, 인천광역시사, 제2권, 2002.
• 대전: 대전시사, 제2권, 1992, 광역시사, 제4권, 1993.
• 울산: 울산시, 울산통계연보(1963-1980).
• 경기: 경기도사, 1982.
• 강원: 통계로 본 강원의 발자취(1961~2001), 강원도사, 현대편, 1995.
• 충북: 통계로 본 충북 50년, 1998, 충북통계연보.
• 충남: 통계로 본 충남 100년,$^{2)}$ 1996, 충남통계연보.
• 전북: 통계로 본 전북의 어제와 오늘, 1997.
• 전남: 전남통계 DB.
• 경북: 경상북도사(하권), 1983. 통계연보(1960=1980).
• 경남: 경상남도사, 중권, 1988.
• 제주: 제주도지, 제2권, 1993. 통계연보.
주1) 경기도, 경기도통계연보, 제5회, 1965에 의하면 1962년 경기도 등록차량은 3,229, 1964년은 3,842대로 나타나고 있음,
　　그러나 경기도 통계중 승인 통계에서는 4,066대로 나타나고 있음.
　2) 충남통계는 1977년 이전에는 이륜차 포함.

리나라 지방자치단체의 자동차 등록상황을 살펴보자. 〈표 2-2-11〉은 1980년 이전의 우리나라 지방자치단체 자동차 등록상황이다. 이 표를 보면 1960년도 우리나라 자치단체 중 자동차 등록대수가 1만 대를 상회하는 곳이 서울이외는 한 곳도 없었다. 매우 열악한 상태임을 알 수 있다. 서울시만 1960년에 10,822대로 1만 대를 상회한 유일한 지역임을 알 수 있다. 서울 다음 순서로 부산, 경북, 경기도 순으로 4,000대 정도가 등록되어 있다.

그러나 1970년대에 들어서면서 자동차 보유대수는 급속하게 증가하고 있음을 알 수 있다. 1970년도에 서울은 6만 대를 상회하고 있어 1960년도에 비해 무려 6배 가까운 성장을 보이고 있다. 또한 13,798대를 등록한 부산을 비롯하여 경기, 경북이 1만 대 대열에 들어섰다. 이러한 자동차 등록대수의 속도는 계속 상승하여 1980년도의 등록대수를 보면 제주를 제외하고 모든 광역자치단체들은 모두 1만 대 이상의 자동차 등록을 보유하고 있다. 이 시기에 서울은 20만 대가 등록되어 다른 지역보다 월등하게 많았다. 1980년도 전국 자동차 등록대수가 52만8천 대임을 고려할 때 서울시의 자동차 등록대수는 전국의 39%에 달하고 있다. 1980년도까지도 여전히 자동차 등록대수는 서울, 부산, 경북, 경기 순으로 유지되고 있었다.

3. 1980년 이후 자동차 등록대수

우리나라의 자동차 등록 수는 1980년대에 들어서면서 급성장한다. 1980년에 528천 대를 등록하여 자동차 50만 대를 시작으로 5년 후인 1985년에는 111만 대가 등록하여 드디어 100만 대 시대가 시작된다. 그리고 5년 후인 1990년에는 300만 대, 또 5년 후인 1995년에는 8백만 대 시대에 진입하는 등 초고속 성장을 하게 된다. 드디어 1990년대 말에는 1천만 시대에 돌입하게 되는데 2000년에는 1,200만 대의 자동차가 등록된다. 이후 해마다 100만 대 내외가 등록하여 드디어 2014년 10월 30일에 2천만 대의 자동차가 등록되었다. 여기에 대한 내용이 〈표 2-2-12〉이다.

지역적으로 보면 경기는 1980년도에는 62천 대의 자동차만 등록이 되어 있었다. 그러나 30년이 지난 2010년에는 419만 대가 등록이 되어 30년 사이에 67.5배가 증가되어 전국에서 가장 많은 자동차가 등록되어 있는 지역이 되었다. 다음으로는 서울인데 역시 1980년도에는 207천 대의 자동차만 등록되어 있었지만 2010년에는 290만 대의 자동차가 등록되어 있다. 1980년대에 자동차 등록수를 전국적으로 합하면 528천 대에 달했다. 지역별로 보아도 서울은 207천 대가 등록되었지만 나머지 지역은 이보

표 2-2-12 **지역별 자동차 등록현황(1980-2012)** (단위: 천 대)

구분	1980	1985	1990	1995	2000	2001	2002	2003	2005	2006	2007	2008	2009	2010	2011	2012
전국	528	1,113	3,395	8,469	12,059	12,914	13,949	14,587	15,397	15,895	16,428	16,794	16,862	17,941	18,437	18,871
서울	207	446	1,194	2,043	2,441	2,550	2,691	2,777	2,809	2,857	2,933	2,949	2,961	2,981	2,978	2,969
부산	62	106	287	604	812	863	921	955	980	994	1,010	1,039	1,042	1,147	1,159	1,175
대구	-	70	217	520	691	732	786	820	848	865	881	889	891	949	985	1,010
인천	-	40	149	444	648	697	753	774	800	822	853	870	872	926	984	1,049
광주	-	-	82	227	337	363	395	415	507	521	536	539	541	572	584	595
대전	-	-	90	256	383	417	457	481	436	450	462	474	476	518	536	551
울산	-	-	-	-	295	316	342	359	383	395	407	417	419	441	456	470
경기	62	114	447	1,551	2,487	2,736	3,040	3,233	3,506	3,651	3,792	3,889	3,899	4,189	4,304	4,402
강원	15	31	91	284	422	450	480	501	526	540	555	568	571	607	620	631
충북	12	25	80	260	393	422	456	477	511	532	553	569	572	617	640	654
충남	26	56	97	298	489	528	569	602	669	700	733	762	767	834	869	856
전북	17	34	105	320	476	509	545	567	598	618	638	655	659	711	737	755
전남	26	55	97	292	466	498	532	553	591	613	638	657	662	714	741	767
경북	61	52	170	515	752	800	857	890	950	984	1,014	1,032	1,038	1,106	1,143	1,173
경남	34	71	245	744	803	858	932	981	1,070	1,131	1,191	1,250	1,259	1,377	1,445	1,471
제주	6	12	43	109	164	175	191	200	213	222	229	234	234	251	257	294

출처: 건설교통부(1980~2004), 국토교통부(2005~2012).
주: 이륜차 미포함.

다 훨씬 적었고, 제주도는 6천 대에 불과하였다. 그러나 2012년 현재 100만 대 이상의 지역이 16개 광역자치단체 중 7개로 늘어났고 가장 적은 제주도도 294천 대의 자동차가 등록되었다. 부산은 1980년 62천에서 2007년 1,010천 대, 2012년 1,175천 대로 늘어났다. 대구는 1985년 70천 대, 2012년에는 1,010천 대로 부산보다는 5년차이가 난다. 경기는 1980년은 62천 대로 부산과 동일하였다. 그러나 1995년에 1,551천 대로 100만 대를 넘어섰고, 2000년에 2,487대로 서울을 추월했고, 2002년에 3,040천 대, 2010년에 4,189천 대로 급상승하고 있다. 경북은 1980년대는 61천 대로 경기에 비해 1천 대 정도밖에 차이가 나지 않았다. 경북도 등록대수가 늘어나기는 하였지만 경기에 비해 턱없이 느렸다. 2007년도에야 1,014천 대로 1백만 대를 돌파하였고, 2012년도에는 1,173천 대로 경기와는 약 4배 차이가 난다. 경남은 1980년도에는 34천 대로 경북에 비해 절반정도였지만 2005년도에 1,070천 대로 경북보다 2년 앞서서 1백만 대

그림 2-2-4 광역시별 자동차 등록 현황(1980-2012) (단위: 천 대)

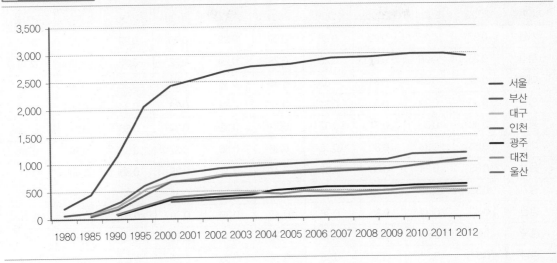

를 돌파했고, 2012년 현재는 1,471천 대로 경북에 비해 3십만 대가 많다.

　앞서 내용을 그림으로 비교해 보면 [그림 2-2-4]와 [그림 2-2-5]이다. 우선 광역시 간의 비교 그림인 [그림 2-2-4]를 보면 서울시는 다른 광역시와는 큰 차이로 자동차 등록대수가 증가하고 있는 것을 알 수 있다. 그 뒤를 부산과 인천이 이어 가고 있는데 인천의 성장률이 부산보다 높아 지금은 거의 일치하고 있다. 다른 지역은 비슷하게 성

그림 2-2-5 도별 자동차 등록 현황(1980-2012) (단위: 천 대)

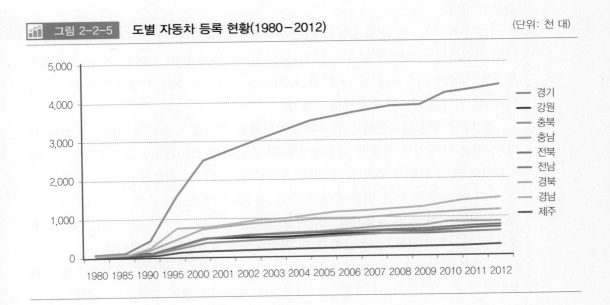

지역별	2003	2004	2005	2006	2007	2008	2009	2010	2011	2012
서울	0.27	0.27	0.28	0.28	0.29	0.29	0.29	0.29	0.29	0.29
부산	0.26	0.26	0.27	0.28	0.28	0.29	0.32	0.32	0.33	0.33
대구	0.32	0.33	0.34	0.35	0.35	0.36	0.37	0.38	0.39	0.40
인천	0.30	0.30	0.31	0.31	0.32	0.32	0.33	0.34	0.35	0.37
광주	0.30	0.30	0.31	0.32	0.33	0.33	0.34	0.36	0.37	0.37
대전	0.34	0.34	0.35	0.36	0.36	0.36	0.37	0.38	0.39	0.39
울산	0.33	0.34	0.35	0.36	0.37	0.37	0.38	0.39	0.40	0.41
경기	0.32	0.32	0.33	0.33	0.34	0.34	0.35	0.36	0.36	0.36
강원	0.33	0.34	0.35	0.36	0.37	0.38	0.39	0.40	0.40	0.41
충북	0.32	0.33	0.34	0.36	0.37	0.37	0.39	0.40	0.41	0.42
충남	0.31	0.33	0.34	0.35	0.37	0.38	0.39	0.40	0.41	0.42
전북	0.29	0.30	0.32	0.33	0.34	0.35	0.37	0.38	0.39	0.40
전남	0.27	0.29	0.30	0.32	0.33	0.34	0.36	0.37	0.39	0.40
경북	0.33	0.34	0.35	0.37	0.38	0.39	0.40	0.41	0.42	0.43
경남	0.31	0.32	0.34	0.36	0.37	0.39	0.40	0.42	0.44	0.44
제주	0.36	0.37	0.38	0.40	0.41	0.42	0.43	0.44	0.45	0.50

출처: 통계청, 국내통계, e-지방지표.

장하고 있다.

　　[그림 2-2-5]는 도별 자동차 등록 대수에 대한 그래프다. 이 그림을 보면 경기도가 다른 지역과는 비교할 수 없을 만큼 가파른 성장을 하고 있음을 알 수 있다. 그 다음은 경북과 경남이 비슷하게 성장하다가 2000년을 기점으로 경남이 경북을 추월하고 있다. 다른 지역은 비슷하게 성장하고 있다.

　　좀 더 구체적으로 살펴보기 위하여 지역별로 일인당 자동차 등록대수를 살펴 보았다. 서울은 일인당 자동차 대수가 2003년 0.27대에서 10년후인 2012년도는 1인당 0.29대로 크게 변동이 되지 않고 있다. 유일하게 특별시인 서울만 0.2대에 머물고 있는 점도 특이하다. 가장 비율이 높은 곳은 제주도로서 1인당 등록대수가 0.5대이다. 즉, 두 사람당 한 대의 자동차를 소유하고 있다는 의미다. 그 다음이 경남, 경북, 충남, 충북, 울산, 대구, 전북, 전남 순이다. 이 지역도 모두 0.4대 이상인 곳이다.

　　다음은 참고자료로 1980년에서 2000년도까지의 권역별 자동차 등록대수를 살펴 보았다. 〈표 2-2-14〉가 이 내용이다. 권역으로 보면 수도권이 월등하게 높음을 알 수

표 2-2-14 **권역별 자동차등록대수 변화 추이** (단위: 대, %)

구 분		1980년	1985년	1990년	1995년	2000년
수도권	서울특별시	206,778	445,807	1,193,633	2,043,458	2,440,992
	인천광역시	–	40,486	148,517	443,956	648,435
	경기도	62,392	114,194	447,334	1,551,194	2,487,276
부산 · 울산권	부산광역시	62,419	106,357	287,058	604,078	812,369
	울산광역시	–	–	–	–	294,572
	경상남도	33,601	70,747	245,437	744,443	802,689
대구권	대구광역시	–	69,672	216,964	520,280	690,726
	경상북도	60,779	52,390	170,350	515,087	752,198
광주권	광주광역시	–	–	82,263	226,961	336,605
	전라남도	25,930	54,745	96,987	291,797	466,426
대전권	대전광역시	–	–	90,096	256,363	382,682
	충청북도	12,259	25,493	80,231	259,684	393,344
	충청남도	26,259	56,016	96,723	298,460	488,961
합계		490,417	1,035,907	3,155,593	7,755,761	10,997,275
전국		527,729	1,113,430	3,394,803	8,468,901	12,059,276
합계 / 전국		93	93	93	92	91

출처: 김강수 · 정경옥, 인구주택총조사 자료를 이용한 대도시 통근 · 통학 특성분석, 교통개발연구원, 2004.

그림 2-2-6 **권역별 자동차등록대수(1980-2000)** (단위: 천 대)

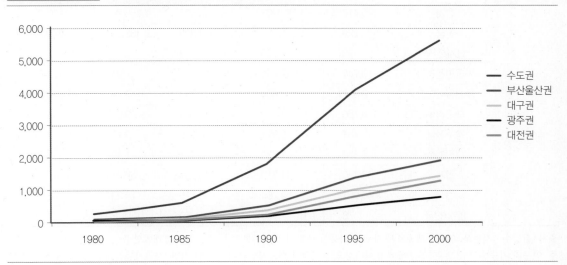

표 2-2-15 **사회경제지표 및 교통시설변화**　　　　　　　　　(단위: 천 명, 천 가구, 대, km)

항목	지역	1980년	1985년	1990년	1995년	2000년
인구	수도권	13,281	15,803	18,574	20,159	21,258
	부산·울산권	4,870	5,471	6,099	6,447	6,473
	대구권	2,606	2,790	2,936	3,045	3,136
	광주권	1,303	1,409	1,461	1,420	1,420
	대전권	1,978	2,118	2,272	2,440	2,568
	합계	24,038	27,591	31,343	33,513	34,855
	전국	37,407	40,420	43,390	44,554	45,985
	합계/전국	64	68	72	75	76
가구수	수도권	2,920	3,828	4,919	5,793	6,502
	부산·울산권	1,066	1,316	1,607	1,842	1,982
	대구권	576	686	796	894	980
	광주권	270	317	364	413	445
	대전권	392	474	561	694	791
	합계	5,223	6,620	8,248	9,636	10,701
	전국	7,969	9,571	11,355	12,958	14,312
	합계/전국	66	69	73	74	75
자동차 등록대수	서울인천경기	269,170	600,487	1,789,484	4,038,608	5,576,703
	부산울산경남	96,020	177,104	532,495	1,348,521	1,909,630
	대구경북	60,779	122,062	387,314	1,035,367	1,442,924
	광주전남	25,930	54,745	179,250	518,758	803,031
	대전충청	38,518	81,509	267,050	814,507	1,264,987
	합계	490,417	1,035,907	3,155,593	7,755,761	10,997,275
	전국	527,729	1,113,430	3,394,803	8,468,901	12,059,276
	합계/전국	93	93	93	92	91
도로연장	서울인천경기	10,740	12,956	14,593	17,944	21,670
	부산울산경남	6,822	7,604	8,395	12,184	15,808
	대구경북	6,766	7,118	7,544	9,679	11,343
	광주전남	5,741	6,011	6,160	8,138	9,375
	대전충청	6,650	7,630	8,571	11,467	14,016
	합계	36,720	41,319	45,263	59,411	72,212
	전국	46,951	52,264	56,715	74,237	88,775
	합계/전국	78	79	80	80	81

출처: 김강수·정경옥, 인구주택총조사 자료를 이용한 대도시 통근·통학 특성분석, 교통개발연구원, 2004.

주: 인구와 가구수의 경우 본 연구에서 분석대상으로 설정한 대도시권만의 자료인 반면, 자동차등록대수와 도로연장은 해당 권역 전체의 자료임.

그림 2-2-7 **사회경제지표 및 교통시설변화(1980-2000)**

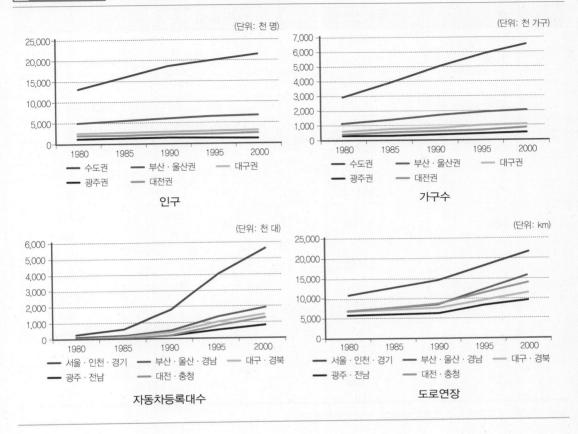

인구

가구수

자동차등록대수

도로연장

있다. 그 다음이 부산·울산권이며, 대구권, 대전권, 광주권 순으로 자동차 등록대수
가 되어 있다. 이 [그림 2-2-6]을 보면 수도권은 급한 상승률을 보이지만 다른 지역은
매우 완만하게 성장하거나 정체되어 있는 것을 알 수 있다.

　이를 그래프로 나타낸 내용이 [그림 2-2-6]이다. 1980년에는 모든 권역이 거의 비
슷하였다. 그러나 1985년도부터 수도권의 자동차 등록대수가 급성장을 하기 시작하
여 다른 지역과 큰 차이가 벌어졌다. 다음이 부산·울산권이며, 이어 대구권, 대전권,
광주권이다.

　이 부분과 관련된 자료를 보충하기 위하여 〈표 2-2-15〉를 만들어 정리해 보았다.
자동차 대수의 증감은 인구, 가구 수, 도로 포장 등의 요소들과 상호 관련이 있기 때문
에 이에 대한 이해를 돕기 위하여 이와 같은 자료가 필요하다. 이 표의 내용을 이해하
기 쉽게 하기 위하여 [그림 2-2-7]을 작성해 보았다. 이 그림에서 보면 인구, 가구 수,

| 표 2-2-16 | 도로연장·도로포장률·자동차보유대수 성장 비교 | | |

연 도	도로연장(km)	포장율(%)	자동차보유대수(대)
1945	24,771	2.48	7,388
1946	24,432	4.34	9,106 23.3%
1951	25,213	2.30	8,655 4.9%
1956	26,756	2.56	25,328 292.6%
1961	27,169	4.13	31,089 22.7%
1966	34,476	5.61	49,133 58.0%
1971	40,635	14.24	140,435 285.8%
1976	45,514	23.76	218,978 55.9%
1981	50,336	34.13	517,754 236.4
1986	53,656	54.20	1,309,434 252.9
1991	58,088	76.40	4,247,916 324.4
1996	82,342	72.70	9,553,000 217.9
2001	91,642	76.80	12,914,000 135.2

출처: 김주원, 우리나라의 도로포장역사(2), 한국도로학회, 2004.

자동차 등록대수, 도로연장 등의 전체 성장 추세는 거의 비슷하다는 것을 알 수 있다. 즉, 이들 변수 간에는 양적 비례관계가 있음을 알 수 있다. 차이가 있다면 자동차 등록 대수에서 경기도가 다른 변수보다 훨씬 급상승하고 있는 점이다. 그리고 이 그래프에서 보면 층에 따라 수도권, 부산·울산권, 대구권, 대전권으로 순서가 정해져 있다. 그러나 도로 포장률은 대전권이 대구권을 2000년부터는 추월하고 있다.

양적 비례관계 이외에 수도권 특정 권역에 2000년 기준 인구의 경우 76%, 가구수는 75%, 도로연장이 81% 집중된 반면 자동차 등록대수는 91%가 집중되어 있어 교통 혼잡이 상당하다. 단 자동차 등록대수의 집중현상은 1980년대 93%에서 점차 낮아지고 있다.

제4절 | 상·하수도 보급률

1. 상수도 보급률

상·하수도는 국민생활과 생산 활동을 지탱해주는 필수불가결한 공공시설로서 정부가 최우선적으로 확충하여야 할 사회간접자본이다. 국민생활수준의 향상과 더불어 상수도에 대한 수요는 증가하는 반면 취수원의 부족과 기존취수원의 수질오염 심화로 맑은 물의 안정적 공급은 더욱 어려운 상황에 있다.

상수도통계는 지방자치단체 및 한국수자원공사로부터 제출된 전국의 수도관련 자료를 환경부에서 집계·작성하는 일반보고통계로 상수도 보급현황, 수도관·저수조 등 상수도시설현황, 상수도수원, 정수형식, 상수도재정, 상수도생산량, 수도요금 등에 관한 사항을 매년 발행하는 「상수도통계」책자를 통해 발표한다. 본서에서는 이 자료를 참고하였다.

1) 1995년 이전의 상수도 보급률(1974-1994)

상수도는 생활에 있어서 가장 기본적인 기반시설이다. 우리나라에서 과거 상수도는 우물물로 상징되었다. 경제발전과 함께 상수도에 대한 투자를 강화하면서 상수도 보급률도 다음 〈표 2-2-17〉과 같이 급속하게 개선된다. 1974년도에 우리나라 상수도 보급률은 74%였다. 이 표의 비율은 일정기간 동안은 꾸준하게 상승되지 않고 오르락내리락 하고 있음을 말해 준다. 1981년도에는 상수도 보급률이 전국 평균 80%에 도달했지만 1988년에는 오히려 6% 떨어진 74%를 나타내고 있다. 상수도 보급률이 인구와 가구 증가율을 따라가지 못한 결과라고 할 수 있다. 지방자치 실시 전인 1994년도에 우리나라 상수도 보급률은 평균 82%였다. 서울은 100%의 보급률을 보이고 있는 반면에 충남은 42.1%, 전남 46%로 이 지역들은 아직도 절반이 상수도 혜택을 받지 못하고 있는 것으로 나타났다. 이 시기에 90%이상의 상수도 보급률을 보이고 있는 지역은 부산, 대구, 인천, 대전, 광주, 제주 등이다. 이중 제주외는 모두가 광역시다. 지역 간 격차가 크게 나고 있음을 알 수 있다.

표를 비교하는 차원에서 그래프로 나타내어 보았다. [그림 2-2-8]이다. 이 그림을 보면 서울은 꾸준하게 증가하고 있다. 광역시는 대체로 서울과 같이 꾸준하게 증가하여 거의 100% 수준에 가고 있음을 알 수 있다. 그러나 도 지역들은 변동이 심하다.

표 2-2-17

표 2-2-17   1995년 이전 지역별 상수도 보급률(1974–1994)   (단위: %)

구분	1974	1975	1976	1977	1978	1979	1980	1981	1982	1983	1984	1985	1987	1988	1989	1990	1991	1992	1993	1994
평균	72.9	73.5	83.5	79.9	79.0	79.0	79.0	80.0	80.0	80.0	81.0	82.0	84.0	74.0	78.0	78.4	80.1	80.0	81.1	82.1
서울	89.2	89.1	94.0	91.0	92.0	92.0	92.7	93.4	94.3	96.0	97.0	98.0	98.0	98.8	99.3	99.6	99.9	99.9	99.9	100.0
부산	76.5	74.3	92.0	84.0	85.0	87.0	88.0	88.0	90.0	91.0	92.0	93.0	95.0	97.0	97.0	97.6	97.7	97.8	98.1	98.2
대구	–	–	–	–	–	–	–	91.0	91.0	92.0	94.0	94.0	95.0	96.0	97.0	97.2	97.6	98.0	98.2	98.7
인천	–	–	–	–	–	–	–	92.0	93.0	93.0	93.0	94.0	96.0	96.0	96.0	97.0	97.2	97.4	97.6	97.8
광주	–	–	–	–	–	–	–	–	–	–	–	80.0	87.0	88.0	89.7	91.5	91.0	91.5	92.8
대전	–	–	–	–	–	–	–	–	–	–	–	–	82.0	83.0	85.1	88.0	91.3	92.8	93.3
울산	–	–	–	–	–	–	–	–	–	–	–	–	–	–	–	–	–	–	–	–
경기	69.9	69.5	78.0	–	79.0	75.0	74.0	70.0	67.0	69.0	69.0	69.0	72.0	61.0	67.0	70.2	75.4	76.1	78.6	80.8
강원	48.1	54.9	56.0	–	60.0	58.0	60.0	60.0	60.0	63.0	63.0	66.0	69.0	61.0	64.0	68.6	70.1	71.7	72.1	73.1
충북	56.8	59.5	61.0	65.0	67.0	56.0	59.0	59.0	55.0	58.0	59.0	60.0	62.0	50.0	54.0	56.8	56.5	58.6	60.2	61.9
충남	60.9	62.2	71.0	65.0	67.0	67.0	69.0	67.0	67.0	65.0	64.0	67.0	70.0	32.0	34.0	35.3	36.6	38.3	40.0	42.1
전북	61.7	64.3	69.0	65.0	66.0	67.0	65.0	66.0	67.0	66.0	68.0	65.0	69.0	48.0	51.0	55.2	55.9	57.9	61.0	62.8
전남	57.6	59.9	78.0	61.0	65.0	64.0	66.0	66.0	65.0	65.0	65.0	67.0	57.0	33.0	35.0	38.8	39.7	42.1	43.7	46.2
경북	67.1	67.5	83.0	70.0	75.0	77.0	79.0	62.0	63.0	61.0	62.0	64.0	66.0	46.0	47.0	52.7	54.0	55.2	58.4	59.0
경남	50.4	51.2	72.0	63.0	64.0	62.0	65.0	65.0	67.0	67.0	66.0	71.0	75.0	59.0	63.0	65.4	64.5	66.1	66.9	68.1
제주	93.1	94.4	95.0	97.0	97.0	98.0	98.0	98.5	99.0	99.0	99.0	99.0	99.8	99.9	99.8	99.9	99.9	99.9	99.9	99.9

출처: 환경부 상하수도정책관실 수도정책과, 상수도 보급현황(총괄)(1974~1994).

그림 2-2-8   상수도 보급률 변화추이(1975–1994)   (단위: %)

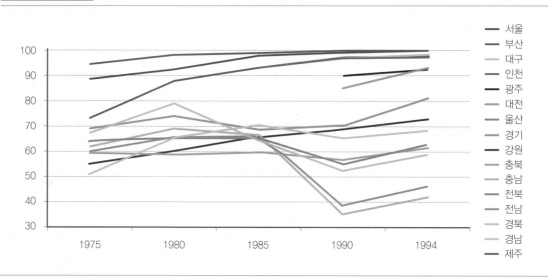

1970년부터 충남은 60%이상 되었다가 1988년부터는 30%초반으로 떨어져 있다. 전남도 마찬가지다. 1974년도에 57%였는데 1988년도에 33%, 그 다음 해에는 충남은 35%, 전남은 38%로 이들 지역에는 상수도 보급이 크게 개선되지 못하고 있다. 이렇게 변동이 심한 이유가 통계부실 때문인지, 또다른 요인 때문인지 오히려 궁금하다.

2) 민선자치 실시 이후 상수도 보급률(1995-2012)

지방자치가 실시되면서 상수도 보급률은 급속하게 이루어졌다. 이를 보여주는 것이 〈표 2-2-18〉이다. 전국 평균으로 보면 1995년에 82.9%에서 시작하여 10년이 안 되는 2004년에 90%를 달성하였고, 2012년 현재는 98.1%로 상수도 보급은 완성단계에 와있다고 할 수 있다. 최하위였던 전남도 1995년 47.5%였던 상수도 보급률이 2012년에는 91.9%로 급상승하였다. 도서가 많은 전남의 사정을 고려한다면 상수도 보급

표 2-2-18 민선자치 실시 후 지역별 상수도 보급률(1995-2012) (단위: %)

	1995	1996	1997	1998	1999	2000	2001	2002	2003	2004	2005	2006	2007	2008	2009	2010	2011	2012
총계	82.9	83.6	84.5	85.2	86.1	87.1	87.8	88.7	89.4	90.1	90.7	91.3	92.1	92.7	93.5	94.1	94.6	95.1
서울	99.9	99.9	100.0	100.0	100.0	100.0	100.0	100.0	100.0	100.0	100.0	100.0	100.0	100.0	100.0	100.0	100.0	100.0
부산	97.4	97.7	97.8	97.9	98.1	98.4	98.4	98.8	99.0	99.1	99.3	99.5	99.6	99.8	99.9	99.9	99.9	100.0
대구	98.1	98.4	98.6	98.9	99.0	99.2	99.2	99.3	99.5	99.4	99.6	99.6	99.7	99.7	99.8	99.8	99.8	99.9
인천	95.2	95.3	95.9	96.1	96.2	96.2	96.2	96.2	96.4	97.0	97.0	97.6	97.6	97.7	97.9	98.0	98.3	98.4
광주	93.2	93.2	93.9	94.8	95.0	95.3	97.3	97.6	97.6	97.8	97.9	97.9	97.9	98.0	98.5	99.4	99.5	99.5
대전	93.4	93.7	93.8	93.8	93.9	96.0	96.2	96.6	97.8	98.4	98.8	99.0	99.2	99.4	99.5	99.6	99.7	99.7
울산	–	–	84.2	84.3	86.4	89.3	90.0	90.4	90.6	91.5	92.4	93.0	93.5	95.4	96.5	96.6	97.4	97.5
세종	–	–	–	–	–	–	–	–	–	–	–	–	–	–	–	–	–	71.4
경기	82.9	83.6	84.7	85.9	87.0	88.0	88.7	89.8	90.3	91.2	91.7	92.3	93.4	94.4	95.3	95.7	96.4	96.9
강원	74.4	76.2	77.1	77.9	79.0	79.9	80.1	81.0	82.5	83.2	83.7	84.4	84.6	85.5	86.1	86.5	87.5	87.9
충북	63.7	64.9	66.0	68.1	70.1	72.3	73.9	76.1	77.4	78.3	80.0	81.1	82.7	83.7	85.1	86.0	86.8	87.6
충남	43.2	45.1	47.0	49.0	51.0	52.6	54.6	56.7	59.6	61.5	63.3	64.4	67.4	69.4	71.4	74.1	76.0	79.0
전북	65.4	67.2	69.3	70.4	72.4	74.4	76.1	78.0	79.4	80.8	81.9	83.8	85.4	87.7	89.5	91.0	92.1	92.7
전남	47.5	49.8	53.0	54.1	56.3	58.5	60.4	62.1	63.3	64.7	66.1	68.0	69.9	70.3	73.7	76.1	77.7	80.0
경북	60.2	62.3	64.8	66.2	67.9	70.2	72.0	73.1	74.6	76.1	77.7	78.7	80.7	82.3	83.5	84.9	85.7	87.2
경남	70.5	72.1	69.8	71.1	73.7	74.6	76.1	78.3	79.7	81.4	82.6	84.3	84.9	85.9	87.2	88.8	89.7	90.4
제주	99.9	100.0	100.0	100.0	100.0	100.0	100.0	100.0	100.0	100.0	100.0	100.0	100.0	100.0	100.0	100.0	100.0	100.0

출처: 한국환경공단, 상수도통계, 1996~2012년 환경부통계자료.

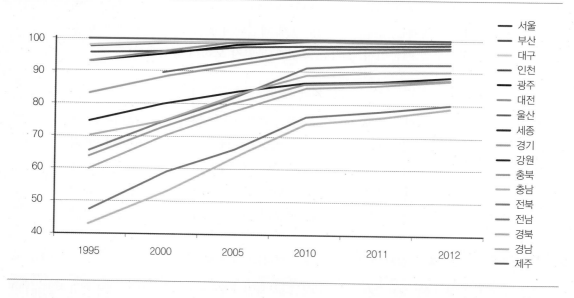

은 거의 이루어졌다고 할 수 있다. 세종시를 제외한 16개 광역자치단체 중에 90%이하의 상수도 보급률을 보이고 있는 지역은 전무하다. 광역시인 경우는 서울, 부산, 대구, 인천, 대전은 100%의 보급률을 보이고 있다. 도 단위에서는 제주도만 100%를 보이고 있다.

    이를 비교하기 위하여 그래프를 작성하였는데 [그림 2-2-9]이다. 그림을 보면 도 단위의 상수도 보급률이 급상승하고 있음을 쉽게 알 수 있다. 그 이전에는 도 단위 지역은 등락을 반복을 하는 경우도 많았지만 1995년도 이후에는 어느 지역도 상수도 보급률이 떨어지는 지역이 없고 계속 상승하여 현재 평균 90%이상의 상수도 보급률을 보이고 있다. 지방자치단체의 장과 지방의원의 입장에서 보면 유권자와 주민들에게 가장 적은 돈으로 효과를 낼 수 있는 부분이 상수도라는 점에서 이 부분에 대한 개선이 빠른 시일 내에 이루어진 것 같다.

2. 하수도 보급률

1) 2000년 이전의 하수도 보급률(1985-2000)

환경오염이 문제되기 전까지 하수처리는 주로 빗물을 원활하게 제거하는데 중점을 두어 왔으나, 최근 들어 분뇨의 처리방법이 수거식에서 수세식으로 변화하는 등 수질오염이 심화되어 하수처리가 수질보전의 커다란 수단이 되고 있다. 환경오염과 함께 점점 그 중요성이 증대되고 있는 하수도통계는 하수관리, 하수처리장, 유수지 및 배수펌프장, 하수도 보급률, 하수도요금 현황 등 전국의 하수도 관련 자료를 지방자치단체를 통해 환경부에서 집계·작성하는 일반보고통계로 그 내용은 환경부에서 매년 발행하는 「하수도통계」란 간행물을 통해 발표된다.

하수도는 상수도보다 생활 기반시설 면에서 시급한 것은 아니지만 중요성 면에서

표 2-2-19 2000년 이전 지역별 하수도 보급률(1985-2000) (단위: %)

시도별	1985	1990	1991	1992	1993	1994	1995	1996	1997	1998	1999	2000
총계	6.3	32.9	35.7	38.8	41.3	42.0	45.2	52.6	60.9	65.9	68.4	70.5
서울	15.3	97.9	95.4	98.1	98.5	75.4	75.4	81.0	95.2	98.6	98.1	98.3
부산	15.3	44.2	43.1	51.1	50.6	37.8	41.7	46.0	48.8	69.4	71.6	72.7
대구	15.3	24.8	24.7	26.1	61.6	60.7	56.0	90.0	89.8	90.6	96.1	96.2
인천	15.3	–	–	24.3	32.4	49.8	45.9	54.7	85.2	85.5	79.2	83.9
광주	–	–	69.6	67.1	65.8	57.1	54.9	59.3	89.7	94.2	97.1	97.3
대전	–	38.1	37.1	32.6	31.1	61.2	49.1	50.4	86.5	90.3	90.2	93.0
울산	–	3.8	2.8	4.6	5.3	5.9	18.3	17.6	16.9	19.5	19.9	20.3
경기	–	14.7	15.4	18.9	21.9	41.4	54.9	65.3	69.9	70.5	71.7	74.4
강원	–	–	10.4	9.0	9.7	22.2	22.9	21.1	37.6	36.7	42.0	48.3
충북	–	–	0.1	30.9	31.1	43.1	52.1	54.6	55.7	59.3	61.4	64.5
충남	–	–	–	–	–	8.7	12.6	19.7	19.7	22.9	24.8	24.8
전북	–	18.6	6.7	5.6	5.7	6.0	16.0	33.9	34.3	34.8	42.0	42.8
전남	–	–	0.0	0.0	0.0	2.1	2.4	3.6	3.9	10.9	25.0	26.1
경북	1.2	5.6	10.1	9.7	10.6	13.8	13.6	18.8	19.1	38.8	42.8	46.8
경남	–	0.7	0.5	0.7	1.0	13.8	18.9	19.5	20.7	25.1	34.6	40.7
제주	–	1.2	1.1	1.1	1.1	38.5	41.5	50.3	50.8	61.8	61.9	62.5

출처: 환경부 환경통계포털, 환경통계연감, 각 연도.

는 어느 기반 시설 못지않게 중요하다. 특히, 환경문제가 중점화 되고, 삶의 질이 쟁점이 되면서 하수도에 대한 설치 요구는 커지고 있다. 그러나 하수구의 설치는 많은 비용이 소요되는 사업이기 때문에 이를 조속하게 확대하기는 상수도에 비해 훨씬 어려운 일이다. 〈표 2-2-19〉는 1985년부터 2000년까지 우리나라 지방자치단체별 하수도 보급률에 대한 내용이다. 1985년에 지역별 하수도 보급률은 평균 6.3%로 매우 저조하였다.

그러나 5년 후인 1990년에는 32.5%로 급성장한다. 이러한 하수도 보급률 확대 속도는 계속 이루어져서 1993년도에는 40%대, 1996년대는 50%대, 그리고 1996년에는 60.9%로 확대되었다. 2000년 현재까지는 우리나라 하수도보급률은 평균 70%를 달성하였다. 지역별로 보면 1985년도에는 서울, 부산, 대구, 인천은 모두가 15.3%의 하수도 보급률을 보이고 있을 뿐 나머지 지역은 0%에 머물고 있었다. 경기도까지 0%였다. 충남과 전남은 1993년까지도 하수도 보급률이 0%였다. 그러다가 1995년이 들어서면서 하수도 보급률은 속도가 빨라지기 시작하여 2000년도에는 서울, 대구, 대전, 광주가 90%의 하수도 보급률을 보이고 있지만 울산, 충남, 전남 등은 20%대에 머물고 있었다.

2) 2000년대의 하수도 보급률(2001-2011)

2000년대에 들어오면서 우리나라 자치단체의 하수도 보급률은 어떻게 진전되고 있을까에 대한 내용이 〈표 2-2-20〉이다. 2001년도의 전국 하수도 보급률은 73.2%였다. 그러다가 3년 후인 2004년에 81.4%, 2010년에는 90.1%로 상승한다. 하수도 보급에 따른 비용이 많이 소요됨에도 불구하고 90%이상 하수도 보급률을 달성했다는 것은 지방자치 실시에 따른 성과라고 할 수 있다.

지역별로 보면 2011년 현재 서울이 100%의 하수도 보급률을 보이고 있다. 이외 광역시는 전부 95%를 넘고 있다. 그러나 아직도 도 지역은 편차가 심하다. 도에서는 경기도만 90%를 넘고 충남은 68.5%, 경북, 전남이 각각 72.3%, 74.4%로 나타나고 있다.

위의 내용을 정리한 내용이 [그림 2-2-10]이다. [그림 2-2-10]은 광역시별 하수도 보급률을 연도별로 변화추이를 나타낸 그래프다. 이 그림을 보면 1995년까지는 각 광역시의 하수도 보급률은 매우 격차가 심하게 나타났지만 1995년 민선 지방자치 실시 시점에 급격하게 상승되어 2000년에는 서울, 대구, 광주는 거의 100% 보급률을 달성하였다. 나머지 광역시도 2010년도에는 하수도 보급이 거의 완성된 것을 알 수 있다. 서울이 1990년도까지는 급하게 상승하다가 1995년까지는 계속 하락을 하고 있는데

표 2-2-20　2000년대 지역별 하수도 보급률(2001-2011)　(단위: %)

시도별	2001	2002	2003	2004	2005	2006	2007	2008	2009	2010	2011
총계	73.2	75.8	78.7	81.4	83.5	85.5	87.1	88.6	89.4	90.1	90.9
서울	98.5	98.7	98.9	99.4	99.7	99.9	100.0	100.0	100.0	100.0	100.0
부산	77.8	78.2	78.8	79.3	89.0	98.6	99.0	99.0	99.1	99.1	99.1
대구	92.2	96.3	96.3	96.5	97.0	97.4	97.5	97.5	98.0	98.0	98.2
인천	86.4	88.4	87.4	86.9	86.6	86.6	90.6	98.2	97.1	97.8	97.6
광주	97.5	97.5	97.5	98.0	98.0	98.0	98.0	98.0	97.9	98.1	98.1
대전	93.5	93.5	93.8	94.4	95.9	96.1	96.1	97.1	97.1	97.3	97.4
울산	20.8	65.6	66.4	72.2	91.6	91.9	92.2	92.2	92.4	94.0	95.1
경기	75.2	76.1	79.6	81.9	82.2	84.5	85.8	88.1	89.9	90.6	91.3
강원	52.8	56.6	56.5	63.7	65.7	70.4	75.3	76.4	77.0	81.3	83.1
충북	67.8	69.3	71.0	72.2	72.8	75.5	76.8	77.0	77.9	79.6	83.0
충남	35.9	38.9	43.0	49.3	53.9	56.7	59.0	61.8	63.5	64.7	68.5
전북	61.6	66.3	66.8	69.7	70.8	73.2	74.7	77.7	79.3	80.8	82.3
전남	29.7	33.7	41.0	57.6	60.1	61.6	63.3	66.1	68.3	70.9	72.3
경북	49.2	51.0	53.9	58.8	60.7	63.2	68.8	69.8	71.9	72.3	74.4
경남	45.7	48.0	69.7	73.5	76.7	78.1	80.9	81.9	82.7	83.6	85.3
제주	63.2	63.8	65.6	66.0	72.3	73.1	79.1	82.0	84.8	87.1	88.0

출처: 환경부 환경통계포털, 환경통계연감, 각 연도.

이는 새로운 주택건설은 급속하게 늘어나는데 이에 따른 하수도 보급은 따라가지 못한 현상 때문에 나타난 결과가 아닌가 짐작한다.

　　다음 [그림 2-2-11]은 도별 하수도보급률을 연도별로 나타낸 그래프다. 이 그림을 보면 도 단위의 지역도 전체적으로는 1995년을 기준으로 급상승하는 방향으로 가고 있다. 그럼에도 불구하고 경기만 90%를 넘었을 뿐 충남은 아직 60%대에 머물고 있다. 이렇게 도 지역은 지역 간에 편차가 크게 나타나고 있다. 하수도 보급은 많은 재정이 소요된다는 점에서 도 단위의 하수 환경 개선은 쉽지 않을 전망이다.

그림 2-2-10　광역시별 하수도 보급률 변화추이(1985–2011)　(단위: %)

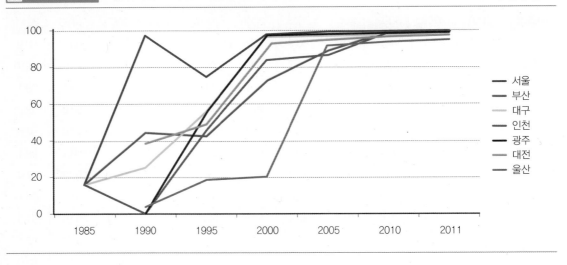

그림 2-2-11　도별 하수도 보급률 변화추이(1985–2011)　(단위: %)

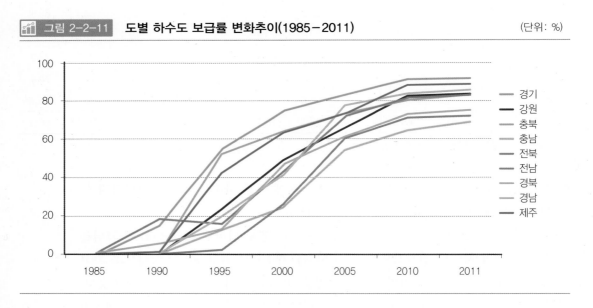

제5절 ┃ 전력 판매량

전력판매량에 대한 통계는 우리나라 총발전량의 약 5%에 해당하는 상용자가발전의 설비변동을 파악하여 향후 전력수요예측 및 전원계획을 수립하는데 필요한 기초자료를 제공하기 위함이다. 전력판매량에 대한 통계조사는 1966년부터 매년 실시하고 있다. 조사대상은 2009년 말 현재 500kW이상 상용 자가발전업체 86개소로 하고 있다.

1. 2000년도까지의 전력판매량(1961-2000)

1961년부터 2000년까지의 지역별 전력판매량에 대한 내용이 〈표 2-2-21〉이다. 1961년도의 우리나라 전력판매량은 1,189.4GWh였다. 이 양은 2013년도 우리나라 기업 중에 전기 소비량이 가장 많은 현대제철의 소비량 9,781GWh의 12.2%에 불과한 규모다. 당시의 전력사정을 짐작해 볼 수 있다. 서울과 경기도의 전기 소비량(판매량)이 전국 전기 소비량(판매량)의 49%를 차지할 정도로 수도권에 집중되어 있었다. 1961년도에 전기 판매량이 100GWh 이상인 지방자치단체는 서울, 부산, 경기, 강원, 경북, 경남 정도였다. 강원도가 이 대열에 속한 점이 특이하다. 아마 그 당시에 강원도에 수력 및 화력발전소가 많이 있었기 때문이 아닌가 짐작해 본다. 이를 통해 당시 우리나라 전기사정이 얼마나 열악했는지를 잘 알 수 있다.

이후 외국원조 등의 지원을 받아 발전소 건설이 추진되었지만 1960년대의 전기 사정은 크게 개선되지 않았다. 1970년도 전기 판매량은 여전히 1만 GWh를 넘지 못하고 있었다. 그러다가 1975년을 넘으면서 전기 판매량이 크게 늘어나기 시작하였다. 경제규모가 커지고 수많은 발전소가 건설되면서 전기수요가 다양해졌기 때문에 판매량은 증가할 수밖에 없었다. 특히, 1978년도에 우리나라 최초로 고리 1호기 원자력발전소가 가동이 되면서 본격적인 원자력 발전시대를 맞이하게 된다. 1980년도의 전력판매량은 10년 전에 비해 4.5배 이상 성장한 것도 원자력 발전이 큰 역할을 하였기 때문이다. 이 시기에 고리 원자력 발전소 2기, 3기, 4기가 잇달아 상업운전을 하였다. 1990년대에는 경제개발이 급속도로 상승하면서 전기 판매량도 비례적으로 상승할 수밖에 없었다. 2000년도에는 전기 판매량이 239,535GWh돌파하면서 20만 GWh대를 진입하였다.

표 2-2-21 **2000년 이전 지역별 전력판매량(1961-2000)** (단위: GWh)

시도별	1961	1965	1970	1975	1980	1985	1990	1995	2000
서울	384.5	854.4	2230.6	4,000.8	5,979.7	9,280.1	16,027	23,566	31,395
부산	225.7('63)	325.5	915.9	2,115.9	3,320.9	4,519.6	7,341	9,894	12,408
대구	(13.4('61))	(26.2)	(58.5)	(649.3)	(1,720.4)	2,616.4	4,243	6,550	10,189
인천	–	235.2	–	–	(2,414)	3,242.4	6,296	10,113	14,195
광주	–	–	–	–	–	(772.1)	2,100('93)	2,782	4,279
대전	69.5	110.5	145.4	267.6	756.7	867.2	2,230	3,782	4,279
울산	(1('62))	(7)	(762)	(1,221)	(2,428)	(3,352.3)	(6,610)	(11,748)	17,143
세종	–	–	(19.2)	(50.9)	(83.1)	–	–	(1,052)	(1,704)
경기	207.3	319.8	1,019.9	2,477.7	5,649.5	7,061.5	15,756	28,696	43,885
강원	116.3	274.6	774.9	1,389.5	2,429.0	3,195.9	4,526	7,118	9,626
충북	24.5	121.1	453.5	889.4	1,246.6	1,788.8	3,831	7,400	10,722
충남	62.0	124.6	273.7	574.3	1,532.0	2,418.9	2,678	7,108	12,235
전북	50.6	89.5	239.5	463.2	1,059.0	1,607.0	3,312	6,878	10,592
전남	50.5	119.5	266.4	597.2	1,818.7	3,154.6	4,390	7,719	14,411
경북	119.2	226.3	589.9	1,938.6	4,955.4	4,536.4	8,636[1)	16,913	24,806
경남	173.2	88.3[2)	1,247.0	1,209.6	4,634.1	7,096.3	13,490	24,280	17,039[3)
제주	1.3	4.4	14.2	50.9	108.5	214.3	545.3	1,052	2,174.8

출처: 한국전력공사, 한국전력통계(1985, 1989, 1995, 2000, 2008), 한국생산성본부 상공통계연보, 서울시, 도표로 본 서울시 주요행정통계, 1994, 1996년기준 도표로 본 서울시 주요행정통계, 1998. 서울통계연보, 부산통계DB, 부산통계연보(1962, 1983,1986), 한국전력공사 대구지점, 대구직할시 대구통계연보, 대구시사, 1995. 인천통계사무소, 통계로 본 인천의 어제와 오늘, 인천시사, 중권, 1993, 통계로 본 인천의 사회경제상 2006, 통계로 본 광주·전남 1994. 광주시통계연보, 울산시사 1987, 울산광역시사, 현대편, 2002, 울산시 통계연보(1976-1984), 통계로 본 강원의 발자취, 강원통계연보, 충북통계연보, 전남통계연보(1963, 1980) 경상북도사(중권) 1983, 경북통계연보, 1971, p.238, 경북통계 DB, 2014, 경북개도 100주년 기념, 통계로 본 충남100년, 충청남도, 제주도지, 하권, 1983, 제주도지, 제2권, 1993, 제주도지, 제3권, 2006.

주1) 한전대구지사와 한전경북지사의 통계가 합한 것임. 대구와 경북이 분리되었지만 1985년도와 1990년도 한전통계는 같이 통합되어 있음. 경북통계DB참조.

2) 부산시가 직할시로 분리되어 나가면서 부산 전력소비량이 제외되었기 때문에 크게 떨어진 것임.

3) 울산시가 울산광역시로 분할되어 나갔기 때문에 전년도 비해 떨어짐.

2. 2005년 이후

다음 〈표 2-2-22〉는 2005년부터 2012년동안 지역별로 전력판매량의 변화 추세를 정리한 것이다. 전국적으로 보면 2005년에 우리나라 전력 판매량은 332,412GWh였다가 5년 후인 2010년에는 434,160GWh로 증가되었다. 2012년 현재 전력판매량은 466,592GWh로 2005년에 비해 40.5%가 증가되었다.

2005년도의 전기 판매량을 지역별로 보면 경기도가 68,750GWh로 가장 많다. 이는 전국 판매량이 20.7%에 해당한다. 다음이 서울로 40,523GWh, 경북 33,161GWh로 그 뒤를 잇고 있다. 이 후에는 경남, 충남, 울산, 전남, 인천 순으로 나타났다.

전력 판매량은 2012년을 기준으로 보면 경기도가 100,292GWh를 소비하여 전국 전기 판매량의 21.5%로 점유율이 2005년에 비해 약간 늘어났다. 다음으로는 서울, 경

표 2-2-22 **2005년 이후 지역별 전력판매량(2005-2012)** (단위: GWh)

시도별	2005	2006	2007	2008	2009	2010	2011	2012
전국	332,412.8	348,719.4	368,605.4	385,070.1	394,474.6	434,160.2	455,070.3	466,592.9
서울	40,523.7	41,824.3	42,972.8	44,096.4	44,984.5	47,295.1	46,903.0	47,234.1
부산	16,589.0	17,218.9	17,905.7	18,709.4	18,689.3	20,263.7	20,562.0	20,664.8
대구	12,363.4	12,622.0	12,925.9	13,265.3	13,133.7	14,480.0	14,821.9	14,955.0
인천	18,165.1	18,694.6	19,446.6	19,915.4	20,032.1	21,827.6	22,241.1	22,651.9
광주	6,205.1	6,441.2	6,803.6	7,044.9	7,169.7	7,860.1	8,047.4	8,130.5
대전	7,252.9	7,505.7	7,823.1	8,087.6	8,224.7	8,867.4	9,059.8	9,160.1
울산	20,851.7	21,556.4	22,739.5	24,132.2	24,682.6	26,515.7	28,198.2	29,362.7
경기	68,750.4	73,309.9	78,107.3	81,848.6	83,743.5	93,074.9	96,844.5	100,292.0
강원	12,379.0	12,993.3	13,567.8	13,895.8	13,992.1	14,848.0	15,876.0	15,904.4
충북	14,464.2	15,350.7	16,678.1	17,375.0	17,591.7	19,444.8	20,453.4	21,361.9
충남	22,449.5	25,003.7	28,051.1	30,428.0	32,115.5	38,809.3	42,650.1	44,492.4
전북	13,592.7	14,407.7	15,166.1	15,927.8	16,684.3	18,949.1	21,168.4	21,462.3
전남	18,803.2	19,500.8	20,341.4	21,868.2	23,589.5	25,059.9	27,136.9	28,484.7
경북	33,161.1	34,010.5	36,249.7	37,164.8	37,983.3	41,589.1	44,167.3	44,799.5
경남	24,093.9	25,381.0	26,788.3	28,075.0	28,393.0	31,549.2	33,071.2	33,014.9
제주	2,768.1	2,898.9	3,038.3	3,183.2	3,352.3	3,574.6	3,710.1	3,864.6

출처: 한국전력공사, 한국전력통계, 각 연도.

그림 2-2-12 **2005년 이후 지역별 전력 판매량(2005－2012)** (단위: GWh)

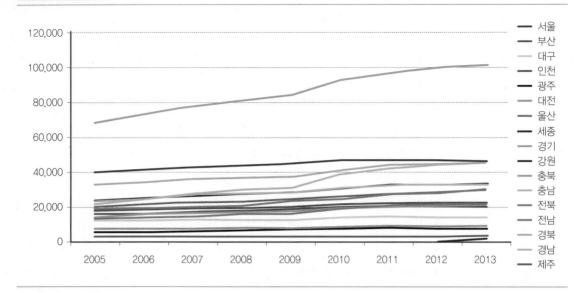

북, 충남, 경남, 울산, 전남 순으로 2005년에 비해 순위는 그대로이다.

지역별 전력판매량의 연도별 증감률을 비교하기 위하여 작성한 그래프가 [그림 2-2-12]이다. 이 그림에서 보는 바와 같이 경기는 다른 지역에 비해 월등하게 높은 선에서 움직이고 있다. 항상 전국 판매량의 20%이상을 점유하면서 다른 지역에 비해 큰 속도로 상승하고 있다. 서울은 큰 변함없이 전국 평균 상승속도를 유지하고 있으며 2009년에 충남의 상승 폭이 다른 지역에 비해 높다. 충남 당진과 서산, 아산 산업 단지에 전기소비량이 가장 높은 현대제철, 동부제강, 동부제철, 삼성전자 등 새로운 공업 단지가 크게 조성되었기 때문이다.

03

소 득

제1절 | 서언

지역소득 통계는 지역소득의 생산·분배·지출의 각 측면이나 경제 주체 간 소득 순환을 파악하여, 지역경제의 실태를 포괄적으로 나타내 준다. 이 때문에 지역소득 통계는 지역이 재정·경제시책 수립에 필요한 자료를 활용할 수 있도록 하여 준다. 아울러 지역소득 통계는 국민경제상의 지역(시·도)경제의 위치를 알게 하고, 지역경제 상호 간의 비교를 가능하게 함으로써 국민경제의 지역적 분석과 지역개발시책 수립에 활용하기 위하여 작성되고 있다.

우리나라의 지역소득통계의 작성연혁은 1950년대 말과 1960년대 초에 걸쳐 당시 경제조정기구인 OECD와 한국은행 등이 관심을 갖고 처음 추진하였다. 그러나 기초자료의 미비로 완성을 보지 못하다가 1960년대 중반에 들어와 내무부에서 서울시를 제외한 12개 시·도를 대상으로 〈주민소득〉이란 명칭의 지역내 총생산을 추계하여 1978년까지 공표하였다. 그러나 추계의 정확성 문제로 인해 공표를 중단하고 1979년부터는 내부 자료로만 이용하였다.

통계청에서는 좀 더 수준 높은 지역소득통계를 작성하기 위해 1980년대 후반부터 지역소득통계의 개발에 착수하여 수많은 기초통계의 정비, 개선 및 개발과 지역소득의 추계 작업을 거친 끝에 1993년 5월 명실상부한 지역소득통계라고 할 수 있는 '지역내 총생산(1985-1991)'을 공표하기에 이르렀다. 이후 매년 시·도별로 지역내총생산을 공표해 오고 있으며, 기준연도는 1994년에는 1990년으로, 1999년에는 1995년으로, 2004년에는 2000년으로 개편하였으며, 2009년에는 2005년으로 개편하였다. 본 저서에서 조사한 내용과 서술 내용은 〈표 2-3-1〉과 같다. 본 저서에서는 e-지방지표가 분석기간을 2003년부터 시작한 것과는 달리 1970년도부터 분석기간을 삼았다.

표 2-3-1 지역소득부문의 조사 내용

항 목	e-지방지표		본 저서의 내용	
	지 표	분석기간	지 표	분석기간
지역내 총 생산(GRDP)	– 지역별 총생산(GRDP)	2003–2012	– 지역별 GRDP 변화	1970–2009
지역내 일인당 총생산	– 일인당 지역내 총생산	2003–2012	– 지역내 일인당 총생산 – 지역소득 점유율	2003–2012 1978–2012

1. 1970년대 지역별 GRDP

1970년대의 우리나라 GRDP 변화에 대한 내용이 〈표 2-3-2〉이다. 1970년도의 GRDP는 15,319.9백만 원이었다. 전체 GRDP에서 각 지역이 차지하는 비중을 보면 서울이 26.7%로 단연 높고, 다음이 경북과 경기가 각각 11.6%, 10.3%를 차지하고 있다. 이외 지역은 10%미만이다. 수도권인 서울과 경기를 합하면 37%로 수도권 집중현상이 시작되고 있음을 알 수 있다. 8년 후인 1978년 현황을 보면 총액은 34,447.8백만 원으로 1970년도에 비해 2.25배 성장하였다. 비율로 보면 서울이 27.1%으로 약간 상승하여 여전히 독보적인 1위를 유지하고 있다. 그 다음이 경기가 13.6%로 점유율이 크게 증가하고 있다. 이 두 지역을 합하면 40.7%가 되어 수도권 집중현상이 고착화되고 있음을 알 수 있다.

다음으로 경북과 경남이 각각 11.5%와 11.1%를 차지하고 있다. 이 두 지역의 GRDP가 높은 것은 이 두 지역 내에 있는 구미, 포항, 울산, 마산 등 우리나라 최대의 공업단지가 이 시기부터 본격적으로 가동되기 시작하였기 때문이다. 이 기간에 나머지 지역의 변동 상황을 살펴보면 부산은 8.2%에서 9.0%로 약간 상승하였고, 강원은 4.8%에서 3.9%로 점유율이 떨어지고 있으며, 충북, 충남, 전남도 강원과 마찬가지로 1% 이상 떨어지고 있음을 알 수 있다. 이중에 전북은 6.3%에서 4.9%로 가장 크게 떨어지고 있다, 이를 통해 농업국가에서 산업국가로 이전하는 과정에서 농업중심지역인 전북 등 농촌지역의 소득이 떨어지고 있음을 알 수 있다.

위의 내용을 점유율을 중심으로 만든 내용이 〈표 2-3-3〉이다. 전체적으로 보면, 지

---

1 최형철, 지역소득통계의 생산 및 분배계정을 통한 지역소득격차 분석, 부경대학교 경영대학원 경제학과, 석사논문, 2011.2. pp.20-21. 지역내총생산 자료로는 지역의 생산구조 파악이 가능하나, 생산소득에 대한 소비 · 투자구조와 물류의 흐름 파악이 불가능하여 지역의 경제구조 분석 등 지출측면의 다각적인 지역 소득 자료의 필요성이 지속적으로 요구되었다. 이에 지역경제의 심층 분석을 위하여 1997년부터 '지역내 총생산에 대한 지출' 작성을 추진하게 되었으며, 2001년 7월에 '지역총생산에 대한 지출(1995-1999)'을 공표하였고, 2004년에는 기준연도를 2000년으로 개편하였으며, 2009년에는 2005년으로 개편함과 동시에 소득분배 계정을 공표하였다. 자주 기준연도가 바뀌기 때문에 현실적인 면은 있으나 일률적 · 시계열적 분석은 힘들어서 전체 맥락에서 지역별로 비교하기는 쉽지 않은 단점이 있다.

표 2-3-2　1970년대 지역별 GRDP(1970-1978)　　　(단위: 백만 원, %)

구분	1970		1971		1972		1973		1974		1975		1976		1977		1978	
전국	15,319.9	100	16,741.9	100	17,678.7	100	20,475.4	100	21,654.9	100	24,254.9	100	27,703.2	100	30,077.3	100	34,447.8	100
	(16,474)	–	(17,975)	–	(18,963)	–	(21,673)	–	(23,330)	–	(24,926)	–	(28,610)	–	(31,477)	–	(34,970)	–
서울	4,096.7	26.7	4,277.3	25.5	4,789.6	27.1	5,949.2	29.1	6,258.9	28.9	6,681.8	27.5	7,765.1	28.0	8,545.6	28.4	9,326.8	27.1
부산	1,253.8	8.2	1,347.4	8.0	1,383.8	7.8	1,747.7	8.5	1,837.1	8.5	1,944.3	8.0	2,485.6	9.0	2,661.8	8.8	3,119.2	9.0
경기	1,580.8	10.3	1,739.0	10.4	1,804.7	10.2	2,256.1	11.0	2,426.6	11.2	2,878.5	11.9	3,482.2	12.6	3,961.6	13.2	4,667.4	13.6
강원	738.8	4.8	765.5	4.6	793.1	4.5	841.9	4.1	875.3	4.0	986.5	4.1	1,047.6	3.8	1,202.0	4.0	1,363.2	3.9
충북	657.2	4.3	708.2	4.2	745.7	4.2	807.6	3.9	843.3	3.9	966.4	4.0	1,049.1	3.8	1,070.2	3.6	1,175.9	3.4
충남	1,173.9	7.7	1,272.8	7.6	1,323.7	7.5	1,419.4	6.9	1,487.7	6.9	1,580.5	6.5	1,792.9	6.5	1,925.9	6.4	2,137.4	6.2
전북	974.0	6.3	1,084.6	6.5	1,175.8	6.6	1,124.7	5.5	1,214.4	5.6	1,331.7	5.5	1,440.3	5.2	1,512.2	5.0	1,675.2	4.9
전남	1,466.8	9.6	1,654.9	9.9	1,725.6	9.8	1,833.2	9.0	1,832.0	8.5	2,098.2	8.7	2,420.8	8.7	2,462.4	8.2	2,862.0	8.3
경북	1,771.3	11.6	1,990.3	11.9	2,063.3	11.7	2,289.1	11.2	2,436.7	11.3	2,910.4	12.0	3,175.6	11.4	3,434.3	11.4	3,949.1	11.5
경남	1,449.5	9.5	1,724.7	10.3	1,694.1	9.6	1,981.8	9.7	2,212.2	10.2	2,403.2	9.9	2,773.1	10.0	2,987.9	9.9	3,816.2	11.1
제주	157.1	1.0	177.2	1.1	179.3	1.0	224.7	1.1	230.7	1.1	293.4	1.2	270.9	1.0	313.4	1.0	345.4	1.0

출처: 국토개발연구원, 제2차 국토종합계획자료, 1982.
주1) GDP는 단위지역내 총생산액임.
　2) ( )안은 GNP.

역별 GRDP 점유율은 서울과 부산, 경기는 강세, 강원, 충북, 충남, 전북, 전남은 약세, 경북, 경남, 제주는 현상유지라고 할 수 있다. 서울은 1971년에 최하 25.5%, 최고는 1973년으로 29.1%로 강세를 보이고 있으며 1978년도에도 27.1%로 강세 현상은 흔들리지 않고 있다. 부산도 강세다. 부산은 1972년에는 7.8%까지 점유율이 떨어진 적도 있지만, 다음 해인 1973년에는 8.5%로 금방 회복되어 1978년에는 9.0%까지 상승한다. 경기는 1970년도에 10.3%로 서울, 경북 다음이었으나 계속 증가하여 1978년에는 13.6%까지 상승하여 서울 다음 2위다. 그러나 경기는 인구 증가율에 비하면 소득점유율은 그렇게 급상승하지 않고 있다. 강원과 충북은 1970년 초반에는 모두 4%대를 유지하였으나 1978년도에는 각각 3.9%, 3.4%로 점유율이 3%까지 떨어졌다. 감소하는 비율로 보면, 호남 지역이 심하다. 전북은 한때 6%대의 점유율을 보였으나 70년대 중반부터는 5%로 떨어지더니 1978년에는 4.9%로 4%까지 감소하였다. 전남도 1971년에는 9.9%까지 점유율을 보여 서울, 경북, 경기, 경남 다음이었으나 이후 상승 한번 못하고 계속 떨어져 1978년도에는 8.3%까지 떨어졌다. 반면에 경북은 11% 중반에서 계속 유지하고 있다. 한때는 12%까지 상승하기도 하였으나 안정적인 모습을 보이고 있다.

표 2-3-3 **1970년대 지역별 GRDP 점유율(1970-1978)** (단위: %)

구 분	1970	1971	1972	1973	1974	1975	1976	1977	1978
전 국	100.0	100.0	100.0	100.0	100.0	100.0	100.0	100.0	100.0
서 울	26.7	25.5	27.1	29.1	28.9	27.5	28.0	28.4	27.1
부 산	8.2	8.0	7.8	8.5	8.5	8.0	9.0	8.8	9.0
경 기	10.3	10.4	10.2	11.0	11.2	11.9	12.6	13.2	13.6
강 원	4.8	4.6	4.5	4.1	4.0	4.1	3.8	4.0	3.9
충 북	4.3	4.2	4.2	3.9	3.9	4.0	3.8	3.6	3.4
충 남	7.7	7.6	7.5	6.9	6.9	6.5	6.5	6.4	6.2
전 북	6.3	6.5	6.6	5.5	5.6	5.5	5.2	5.0	4.9
전 남	9.6	9.9	9.8	9.0	8.5	8.7	8.7	8.2	8.3
경 북	11.6	11.9	11.7	11.2	11.3	12.0	11.4	11.4	11.5
경 남	9.5	10.3	9.6	9.7	10.2	9.9	10.0	9.9	11.1
제 주	1.0	1.1	1.0	1.1	1.1	1.2	1.0	1.0	1.0

그림 2-3-1 **1970년대 GRDP현황(1970-1978)** (단위: 백만 원)

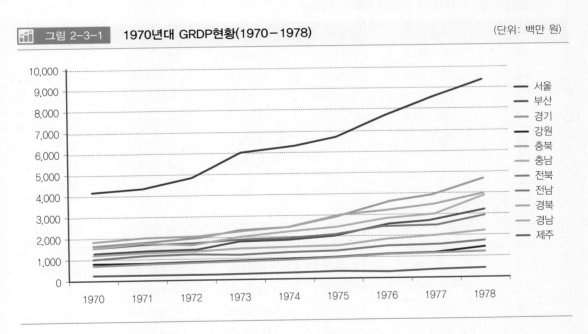

경남은 미미하나마 상승하고 있다. 1970년에는 9.5%였으나 이후 계속 상승하여 1978
년에는 11.1%로 2위 경북과 큰 차이가 없다. 제주는 1.0%에서 최고 1.2% 사이에서 안
정적인 모습을 보이고 있다.

지역내 총생산을 지역별 변동사항을 비교하기 위하여 작성한 내용이 [그림 2-3-1] 이다. 서울이 다른 지역에 비해 지역내 총생산이 단연 높다. 뿐만 아니라 점점 다른 지역과 간격을 벌리고 있다. 1970년에 서울은 40억 원의 지역총생산이었는데 계속 급증하면서 1978년도에는 90억 원을 넘어서고 있다. 서울 다음에는 경북, 경기, 경남이 뒤를 위어서 상승하고 있다. 그러나 서울과 이들 지역과의 차이는 2배 이상 격차가 난다. 1970년대는 지역내 총생산은 서울이 독주하고, 경북, 경기, 경남이 상승하는 지역인 반면에 전남과 전북 등 호남지역이 하위로 밀려나가는 양상이다.

2. 1980년대 지역별 GRDP

1980년대의 지역 내 총생산액은 통계자료의 수집이 어려워 1985년에서 1989년간의 변동 상황을 살펴보았다. 이 내용이 〈표 2-3-4〉이다. 2005년의 기준으로 보면 1985

표 2-3-4 **1980년대 GRDP(1985－1989)**

(단위: 백만 원)

구분	1985	1986	1987	1988	1989
전국	236,024,303	266,931,061	297,899,486	328,111,191	355,743,710
서울	67,341,655	75,668,246	84,966,875	92,948,131	102,017,601
부산	16,687,113	18,866,431	21,187,253	23,081,254	24,075,601
대구	10,639,916	12,194,727	13,805,039	15,078,246	15,997,988
인천	11,452,441	13,150,011	14,824,575	16,476,571	18,082,912
광주	–	–	6,286,402	7,309,303	7,944,869
대전	–	–	–	–	8,553,247
울산	–	–	–	–	–
경기	29,792,225	34,551,705	39,356,436	44,154,850	47,462,934
강원	9,471,984	10,414,336	11,448,470	11,672,473	12,761,433
충북	6,692,480	7,285,059	8,011,661	8,862,310	9,981,385
충남	15,256,596	17,486,121	18,933,038	20,942,363	15,437,201
전북	9,081,416	10,122,680	10,750,591	11,970,318	12,508,041
전남	18,241,471	20,488,821	16,703,428	18,393,802	19,754,848
경북	16,249,171	18,485,088	20,221,235	22,107,289	23,544,747
경남	22,560,921	25,543,803	28,447,799	31,874,545	33,807,421
제주	2,556,914	2,674,033	2,956,684	3,239,736	3,813,482

출처: 통계청, 국가통계포털, 국내통계, 주제별 통계, 지역계정, 지역소득(2005년기준).

년도의 지역 내 총생산액은 236조 243억 원이었다. 이를 1970년대와 비교를 하기 위한 당해 연도 가격을 보면 89조 5709억 원이다. 이를 10년 주기로 비교해 보면 1975년도와 1985년도 지역 내 총생산은 약 37배나 상승하였다. 경제개발의 속도가 크게 탄력이 붙고 있음을 알 수 있다.

1980년대 중반 이후의 지역별 GRDP의 점유율 내용이 〈표 2-3-5〉이다. 이 표에 의하면 서울만이 자신의 위상을 꾸준하게 지키고 있다. 서울은 앞에서 본 바와 같이 1970년대 내내 27%에서 29%를 유지하였다. 1980년대에서도 28% 수준을 계속 유지하고 있다. 그러나 나머지 지역은 점유율이 떨어지고 있다. 이는 1970년대와 달리 1981년에는 대구와 인천이, 1986년에는 광주가, 1987년에는 대전이 직할시로 승격되면서 해당 도에 영향을 미친 것이 가장 큰 원인이 되었다. 그럼에도 불구하고 직할시로 승격시키지 않은 도인 강원, 충북, 전북은 물론이거니와 경남까지도 1970년대에 비해 GRDP 점유율은 떨어지고 있다. 부산은 1978년도에 11%까지 점유율이 올라갔지만 1985년도에는 1978년에 비해 무려 4%나 떨어진 7.1%의 점유율을 보이고 있다. 이후 1989년에는 6.8%까지 감소하였다. 경기는 인천이 분할되었음에도 불구하고 여전

표 2-3-5 **1980년대의 GRDP 지역별 점유율**   (단위: %)

구분	1985	1986	1987	1988	1989
서울	28.5	28.3	28.5	28.3	28.7
부산	7.1	7.1	7.1	7.0	6.8
대구	4.5	4.6	4.6	4.6	4.5
인천	4.9	4.9	5.0	5.0	5.1
광주	–	–	2.1	2.2	2.2
대전	–	–	–	–	2.4
경기	12.6	12.9	13.2	13.5	13.3
강원	4.0	3.9	3.8	3.6	3.6
충북	2.8	2.7	2.7	2.7	2.8
충남	6.5	6.6	6.4	6.4	4.3
전북	3.8	3.8	3.6	3.6	3.5
전남	7.7	7.7	5.6	5.6	5.6
경북	6.9	6.9	6.8	6.7	6.6
경남	9.6	9.6	9.5	9.7	9.5
제주	1.1	1.0	1.0	1.0	1.1

히 13%의 점유율로 2위를 유지하고 있다. 강원은 1970년대 말 수준인 3%대를 유지하고 있다. 충북은 1970년대에는 4% 전후였으나 1980년대에는 2.8%까지 추락하고 있다. 충남도 충북과 마찬가지로 크게 추락하고 있다. 충남은 1970년대 말에는 6%대를 계속 유지하였지만 1980년 말에는 4.3%로 크게 떨어지고 있다.

전남과 전북도 역시 마찬가지다. 특히, 전남은 1970년도에는 9.6로 상위 그룹에 속했으나 1980년대에 들어서면서 더욱 떨어져 1989년도에는 5.8%의 점유율을 보이고 있다. 경북은 1970년대에는 줄곧 11% 내외를 유지하였으나 1981년도에 대구가 직할시로 승격해 나가면서 6%로 떨어졌다. 경남은 약간 내려 왔으나 다른 지역에 비해 미미한 편이다. 제주는 1970년대와 같은 수준을 유지하고 있다.

3. 1990년대 지역별 GRDP

1990년도 지역별 GRDP을 보면 다음 〈표 2-3-6〉과 같다. 1990년도의 지역 내 총생산액은 당해 연도 가격으로 보면 198조6,186억이며, 2005년도 기준으로 보면 389조4,646억이다. 1990년대 말인 1999년도의 지역 내 총생산액을 보면 당해 연도 가격으로는 550조7,854억이며, 2005년 가격기준으로 하면 638조2,288억이다. 당해가격으로 보면 1990년대 만 2.77배가 상승하였다. 2005년 기준으로 보아도 1.64배가 증가되었다. 이 기간 동안 1997년도부터 IMF 기간인 점을 고려하면 성장률은 매우 양호하다고 할 수 있다.

이 시기에 각 시도의 점유율을 보면 〈표 2-3-7〉과 같다. 서울은 26.2%로 점유율이 1980년대 말에 비해 약간 떨어졌지만 여전히 타 지역에 비해 월등하게 높다. 특이한 것은 경기도가 13%대에 머물다가 16%로 크게 성장했다는 점이다. 서울의 점유율이 인근지역, 즉 수도권으로 그대로 옮겨 가고 있음을 알 수 있다. 수도권인 서울, 인천, 경기 지역의 점유율을 합하면 47.1%로 1989년 47%에서 전혀 변동이 없다. 부산은 계속 하락 중이며 대구, 인천, 강원, 경남, 제주가 하향적이다. 그러나 경남은 울산이 광역시로 분할되어 나갔기 때문에 점유율이 하락된 것이다. 울산은 1997년에 광역시로 승격된 직후 지역 내 총생산이 5%를 점유하고 있는 것으로 나타나 울산공업단지의 위력을 알 수 있다.

순위별로 보면, 1990년에는 서울, 경기, 경남, 부산, 경북, 전남, 인천, 대구, 충남, 강원, 전북, 충북, 대전, 광주, 제주 순이다. 1995년에는 이 순위가 그대로 유지되고, 다만 전북이 강원에 앞서게 되었다. 1999년도에는 서울, 경기, 경남, 경북, 부산, 전남, 울

표 2-3-6　1990년대 지역별 GRDP(1990-1999)　(단위: 백만 원)

	1990	1991	1992	1993	1994	1995	1996	1997	1998	1999
전국	389,464,695	427,235,896	459,219,292	485,608,663	531,953,264	573,503,674	611,977,268	637,985,173	579,807,030	638,228,802
서울	113,443,813	121,366,983	132,156,892	142,461,292	153,895,577	162,423,385	168,388,342	172,851,911	156,408,835	166,897,903
부산	26,550,779	28,481,388	29,565,533	30,786,220	33,441,203	37,323,586	39,225,431	39,205,797	34,277,426	37,193,107
대구	17,486,752	18,480,991	19,664,763	20,641,441	22,492,362	24,566,507	25,968,623	26,373,757	22,816,988	24,051,607
인천	19,931,533	22,097,100	23,250,131	24,454,854	26,626,981	31,038,305	32,538,359	33,408,741	27,268,531	30,583,114
광주	9,257,686	9,945,332	10,733,411	11,505,300	12,680,252	13,696,569	14,490,247	14,933,383	12,834,584	14,075,939
대전	9,491,527	10,797,396	11,996,184	12,816,737	13,100,718	13,540,134	14,413,351	15,103,282	13,973,992	14,874,064
울산	–	–	–	–	–	–	–	–	29,071,507	32,176,922
경기	53,555,814	62,220,522	66,922,730	71,744,497	79,264,375	87,486,664	93,143,096	97,100,176	86,823,475	102,736,879
강원	13,163,106	13,599,139	14,308,201	14,962,252	16,093,573	17,445,354	18,876,293	19,794,402	17,609,886	18,506,490
충북	10,734,669	11,975,790	13,065,519	14,350,537	15,614,068	17,135,388	18,894,326	20,078,654	17,875,830	20,401,250
충남	15,778,254	17,114,718	18,830,938	19,875,064	22,421,323	22,595,741	25,738,748	27,776,147	25,383,265	28,839,225
전북	13,103,503	14,329,871	15,238,007	15,930,673	17,503,768	19,129,246	20,593,879	21,749,048	18,888,323	20,684,006
전남	21,276,750	23,736,831	25,652,542	26,709,138	29,485,822	31,677,175	34,456,654	37,437,791	34,321,414	35,746,515
경북	24,535,991	26,708,803	28,122,228	28,782,098	32,265,034	34,127,315	37,260,398	39,757,169	36,233,275	41,234,041
경남	37,279,565	42,068,662	44,869,659	45,680,491	51,860,180	55,528,076	61,928,509	66,144,045	40,443,540	44,338,791
제주	3,874,953	4,312,370	4,842,554	4,908,069	5,208,028	5,790,229	6,061,012	6,270,870	5,576,159	5,888,949

출처: 통계청, 국가통계포털, 국내통계, 주제별 통계, 지역계정, 지역소득(2005년기준).

산, 인천, 충남, 대구, 전북, 충북, 강원, 대전, 광주, 제주 순이다. 1995년에 비해 경북이 부산에, 울산이 인천에 각각 앞섰다. 충남이 대구를, 충북이 강원을 앞서고 있는 등 순위가 많이 바뀌고 있다.

이를 권역으로 구분하여 설명해 보자. 1990년에는 수도권(서울, 경기, 인천)은 48.10%, 충청권(대전, 충북, 충남)은 9.25%, 호남권(광주, 전북, 전남)은 11.20%, 부산·경남권은 16.39%, 대구·경북권은 10.79%의 점유율을 보이고 있다. 권역을 넓혀 영남권(부산, 대구, 울산, 경북, 경남)으로 하면 27.18%가 된다. 1995년도를 보면, 수도권은 48.98%, 충청권은 9.29%, 호남권은 10.25%, 부산·경남권은 16.20%, 대구·경북권은 10.23%이다. 광역의 영남권은 26.43%이다. 다시 1999년을 보면 수도권은 47.04%, 충청권 10.05%, 호남권 11.05%, 부산·경남권(울산포함) 17.82%, 대구·경북권 10.23%이다. 광역의 영남권은 28.05%이다. 이상을 종합해서 분석해 보면, 수도권의 점유율은

구분	1990	1991	1992	1993	1994	1995	1996	1997	1998	1999
서울	29.13	28.41	28.78	29.34	28.93	28.32	27.52	27.09	26.98	26.15
부산	6.82	6.67	6.44	6.34	6.29	6.51	6.41	6.15	5.91	5.83
대구	4.49	4.33	4.28	4.25	4.23	4.28	4.24	4.13	3.94	3.77
인천	5.12	5.17	5.06	5.04	5.01	5.41	5.32	5.24	4.70	4.79
광주	2.38	2.33	2.34	2.37	2.38	2.39	2.37	2.34	2.21	2.21
대전	2.44	2.53	2.61	2.64	2.46	2.36	2.36	2.37	2.41	2.33
울산	–	–	–	–	–	–	–	–	5.01	5.04
경기	13.75	14.56	14.57	14.77	14.90	15.25	15.22	15.22	14.97	16.10
강원	3.38	3.18	3.12	3.08	3.03	3.04	3.08	3.10	3.04	2.90
충북	2.76	2.80	2.85	2.96	2.94	2.99	3.09	3.15	3.08	3.20
충남	4.05	4.01	4.10	4.09	4.21	3.94	4.21	4.35	4.38	4.52
전북	3.36	3.35	3.32	3.28	3.29	3.34	3.37	3.41	3.26	3.24
전남	5.46	5.56	5.59	5.50	5.54	5.52	5.63	5.87	5.92	5.60
경북	6.30	6.25	6.12	5.93	6.07	5.95	6.09	6.23	6.25	6.46
경남	9.57	9.85	9.77	9.41	9.75	9.68	10.12	10.37	6.98	6.95
제주	0.99	1.01	1.05	1.01	0.98	1.01	0.99	0.98	0.96	0.92

47%이상에서 굳건하다. 충청권이 미력하나마 계속 상승세를 타고 있다. 호남권은 약간 부침은 있지만 11% 전후에 있어 변동이 거의 없다. 부산 · 경남권은 1990년 후반에 오면서 상승세를 강하게 타고 있다. 대구 · 경북권은 미미하지만 하향적이다. 영남권 전체를 보면 1990년대 초반에 비해 중반은 약세였다가 후반에는 강세를 보이고 있다. 울산이 시너지 효과를 내고 있다고 할 수 있다.

4. 2000년대 지역별 GRDP

2000년도부터 2012년도까지 지역별 지역총생산액을 나타내주는 내용이 〈표 2-3-8〉이다. 당해 연도의 가격 기준으로 보면 2000년도 전국 지역내 총생산액은 603조 7,331억이고 2012년도는 1274조9,892억이다. 2.11배가 증가된 규모이다. 2005년도 기준가격으로 보면 2000년도 전국 지역총생산액은 691조4,678억이고, 2012년도는 1,126조7,435억이다. 163%가 증가된 액수이다.

표 2-3-8 2000년대의 지역별 GRDP(2000-2009) (단위: 백만 원)

구분	2000	2001	2002	2003	2004	2005	2006	2007	2008	2009	2010	2011	2012
전국	691,467,810	718,652,029	778,485,333	806,524,079	834,771,320	869,304,594	914,018,451	965,297,715	991,677,406	999,311,446	1,067,217,790	1,105,864,941	1,126,743,542
서울	182,152,093	187,132,591	201,579,998	203,729,418	204,893,955	208,899,249	217,964,649	227,495,134	234,084,208	237,593,605	241,052,237	247,003,197	251,922,998
부산	39,276,954	41,980,196	44,716,153	46,712,833	46,719,868	48,068,574	49,726,344	52,097,835	52,739,397	51,348,777	53,407,276	55,896,926	56,975,515
대구	25,961,651	26,108,310	27,258,512	27,885,442	28,717,370	28,756,230	29,883,464	31,244,281	31,665,828	30,151,476	32,589,796	33,124,736	33,889,093
인천	32,787,554	33,875,607	37,297,854	38,030,104	39,074,629	40,398,460	43,126,272	46,309,856	47,087,213	47,478,563	51,864,122	53,159,961	54,021,383
광주	15,500,928	15,933,709	17,386,480	17,525,334	17,787,127	18,896,123	20,126,899	20,830,752	20,668,438	20,671,045	22,543,618	23,072,617	23,236,516
대전	16,128,079	16,734,409	18,004,017	19,293,914	19,507,042	20,029,945	20,713,092	21,361,183	21,642,766	21,763,285	23,249,756	23,500,613	24,047,686
울산	34,244,809	34,269,167	38,898,746	39,216,892	40,383,675	41,697,339	42,482,689	44,265,129	44,621,843	43,190,562	46,413,342	49,503,112	51,405,087
경기	114,995,583	122,159,712	137,028,669	142,898,820	153,586,687	169,315,085	182,399,128	193,614,985	201,696,182	203,626,560	227,659,788	241,536,997	245,859,528
강원	19,753,006	20,098,754	21,363,199	22,828,480	22,829,639	23,014,642	24,155,170	25,300,388	25,530,144	25,360,210	26,431,081	27,345,739	27,711,238
충북	22,060,307	22,343,425	23,894,225	24,819,200	26,691,491	26,720,519	27,766,109	29,380,374	29,962,740	31,079,226	33,827,778	34,887,760	35,513,179
충남	30,963,282	31,816,724	34,185,883	38,783,631	43,327,332	47,497,309	53,505,262	57,563,405	61,568,588	67,054,755	75,606,540	79,456,262	81,460,260
전북	21,772,991	22,267,828	23,079,665	24,245,359	24,764,793	25,221,161	26,366,427	27,850,680	28,227,298	28,470,868	30,045,127	31,351,329	31,425,713
전남	37,253,970	38,289,451	41,614,341	41,624,451	42,150,100	42,815,749	43,556,629	46,466,347	47,303,190	48,007,611	51,302,694	51,719,467	53,038,851
경북	45,332,788	48,062,327	51,686,319	55,467,369	59,183,610	61,757,211	62,566,153	67,990,258	68,527,419	66,238,860	68,700,672	69,494,378	70,205,807
경남	46,836,113	50,650,784	53,044,897	55,818,205	57,229,922	58,250,831	61,548,688	64,876,525	68,017,756	68,382,548	73,384,634	75,284,674	75,973,338
제주	6,447,702	6,929,035	7,446,375	7,644,627	7,924,080	7,966,167	8,131,476	8,650,583	8,334,396	8,893,495	9,139,329	9,527,173	10,057,350

출처: 통계청, 국가통계포털, 국내통계, 주제별 통계, 지역계정, 지역소득(2005년기준).

좀 더 구체적으로 비교하기 위하여 점유율을 중심으로 작성한 내용이 〈표 2-3-9〉이다. 2000년도의 GRDP 지역별 점유율을 보면, 서울은 전년도에 비해 떨어지고 있지만 여전히 점유율은 26.4%로 타 지역에 비해 월등히 높다. 그 다음이 경기로 16.35%로 계속 상승하고 있다. 이어서 경남, 경북, 부산, 울산, 인천, 충남, 대구, 전남, 충북, 전북, 강원, 대전, 광주, 제주 순이다. 이를 권역별로 보면, 수도권이 47.71%, 부산·경남·울산권이 17.40%, 대구·경북이 10.31%, 충청권 10.00%, 호남권 10.78%였다. 광의의 영남은 27.71%다.

2005년도를 보면, 서울이 계속 내려가고 있지만 여전히 점유율은 24.03%로 수위를 유지하고 있다. 다음은 경기도로 19.48%로 20%를 눈앞에 두고 있다. 이어서 경북, 경남, 부산, 충남, 전남, 울산, 인천, 대구, 충북 순이다. 충남이 전남, 울산, 대구 등을 제치고 상위권으로 올라가고 있다. 1990년대까지 충북보다 앞섰던 강원이 충북에 뒤처지고 있다. 이래서 하위권은 강원, 대전, 광주, 제주 순으로 고착되고 있다. 권역별로

표 2-3-9 **2000년대 지역별 GRDP 점유율** (단위: %)

구분	2000	2001	2002	2003	2004	2005	2006	2007	2008	2009	2010	2011	2012
서울	26.3	26.0	25.9	25.3	24.5	24.0	23.8	23.6	23.6	23.8	22.6	22.3	22.4
부산	5.7	5.8	5.7	5.8	5.6	5.5	5.4	5.4	5.3	5.1	5.0	5.1	5.1
대구	3.8	3.6	3.5	3.5	3.4	3.3	3.3	3.2	3.2	3.0	3.1	3.0	3.0
인천	4.7	4.7	4.8	4.7	4.7	4.6	4.7	4.8	4.7	4.8	4.9	4.8	4.8
광주	2.2	2.2	2.2	2.2	2.1	2.2	2.2	2.2	2.1	2.1	2.1	2.1	2.1
대전	2.3	2.3	2.3	2.4	2.3	2.3	2.3	2.2	2.2	2.2	2.2	2.1	2.1
울산	5.0	4.8	5.0	4.9	4.8	4.8	4.6	4.6	4.5	4.3	4.3	4.5	4.6
경기	16.6	17.0	17.6	17.7	18.4	19.5	20.0	20.1	20.3	20.4	21.3	21.8	21.8
강원	2.9	2.8	2.7	2.8	2.7	2.6	2.6	2.6	2.6	2.5	2.5	2.5	2.5
충북	3.2	3.1	3.1	3.1	3.2	3.1	3.0	3.0	3.0	3.1	3.2	3.2	3.2
충남	4.5	4.4	4.4	4.8	5.2	5.5	5.9	6.0	6.2	6.7	7.1	7.2	7.2
전북	3.1	3.1	3.0	3.0	3.0	2.9	2.9	2.9	2.8	2.8	2.8	2.8	2.8
전남	5.4	5.3	5.3	5.2	5.0	4.9	4.8	4.8	4.8	4.8	4.8	4.7	4.7
경북	6.6	6.7	6.6	6.9	7.1	7.1	6.8	7.0	6.9	6.6	6.4	6.3	6.2
경남	6.8	7.0	6.8	6.9	6.9	6.7	6.7	6.7	6.9	6.8	6.9	6.8	6.7
제주	0.9	1.0	1.0	0.9	0.9	0.9	0.9	0.9	0.8	0.9	0.9	0.9	0.9

주: 광주와 대전은 점유율로 보면 2011년과 2012년에 2.1%로 같지만 절대치로 보면 대전이 약간 앞선다.

보면, 부산·경남·울산권이 17.03%로 계속 17%대를 유지하고 있다. 대구·경북권이 10.41%로 2000년과 비슷하다. 충청권은 10.83%로서 2000년도에 비해 점유율이 상승하고 있다. 호남권은 10.00%로서 2000년도에 비해 하락하고 있다.

2009년도의 지역별 점유율을 보면, 서울은 23.78%로 역시 선두에 있으며, 그 다음이 경기로 20.38%이다. 경기가 20%대에 진입하였다. 이어서 경남, 충남, 경북, 부산, 전남, 인천, 울산, 충북, 대구, 전북 순이다. 충남이 경북까지 제치고 4위를 하고 있다. 권역별로 보면, 수도권은 48.91%로 2005년도 보다 더 상승하고 있다. 부산·울산·경남권은 16.30%로 2005년도에 비해 내려가고 있다. 대구·경북권은 9.65%로 10%대에서 벗어나 9%대에 진입하고 있다. 충청권은 12.00%로 2005년에 비해서는 1.17%가 상승한다. 2000년에 비해서 충청권은 2%가 상승한 것이다. 호남권은 9.72%로서 호남권도 대구·경북권과 함께 10%대에서 밀려났다. 2012년을 기준으로 보면, 서울은 약간 내렸지만 22.4%로 수위를 유지하고 있으며, 다음이 21.8%인 경기다. 충남이 7.2%의 점유율로 6.7%로 내려 온 경남을 제치고 3위를 차지한다. 충남의 약진이 놀랍다. 충남에는 서산, 당진 등에 현대제철, 삼성전자 등 대기업이 입주하여 가동되면서 지역총생산에 크게 기여하고 있기 때문이다.

　다음으로는 경남, 경북, 부산, 인천, 전남, 울산, 전북, 대구, 전북, 강원, 광주·대전, 제주 순이다. 2009년과 비교하면 순위에서 인천, 울산, 전북이 한 단계씩 상승한 반면에 경북, 전남, 대구가 한 단계씩 내려가고 있다. 권역으로 보면, 수도권이 49.0%로 2009년 보다 더 상승하고 있다. 충청권이 12.5%로 또 다시 0.5%가 상승하였고, 부산·울산·경남권은 16.4%로 현상 유지를 하고 있다. 대구·경북권은 9.2%로 계속 내려오고 있고, 호남권은 9.6%로 역시 미미하지만 내려오고 있다.

　이를 종합해 보면, 지역 GRDP는 수도권과 충청권은 강세, 부산·울산·경남권은 현상유지, 호남과 대구·경북권은 하락 추세라고 할 수 있다.

제3절 | 1인당 지역내 총생산

　1인당 지역내 총생산을 정리한 내용이 〈표 2-3-10〉이다. 이 표에 의하면 1인당 지역 내 총생산 평균은 2000년 11,340 달러였던 것이 2001년엔 10,567달러로 내려갔을 뿐 이후에는 2000년도 이하로 내려온 적이 없이 꾸준하게 성장을 하였다. 2007년에는 22,370달러로 처음으로 2만 달러대에 들어섰다. 그러다가 2008년 금융위기를 맞이하여 2년간은 하락하지만 2010년부터 다시 2만 달러대를 재진입하여 2012년 현재 23,925달러에 와 있다.

　2000년도 1인당 지역 내 총생산액을 보면 울산이 24,731달러로 가장 높고, 다음이 충남으로 13,744달러였다. 이후의 순서는 서울, 경북, 전남, 경남 순이다. 최하위 순으로 보면 대구가 가장 적고, 이어서 낮은 순으로 보면, 광주, 부산, 전북, 대전, 제주, 강원, 충북 순이다. 울산과 서울시를 빼고 광역시들이 최하위 그룹을 형성하고 있음도 특징이라고 할 수 있다.

　2만 달러 시대를 진입했던 2007년도를 보면, 여전히 울산이 38,044달러로 선진국 수준에 도달했다. 다음이 충남이 24,170달러로 2위이지만 울산과는 차이가 많다. 충남 다음의 순서는 경북, 전남, 서울, 경남 순이다. 대구가 11,201달러로 최하위이며, 다음이 광주로 12,776달러다. 광주 다음 낮은 순서는 부산, 대전, 전북, 제주, 강원, 인천 순

표 2-3-10 **지역별 1인당 지역내총생산(2000-2012, 2005년 기준)** (단위: $)

지역	2000	2001	2002	2003	2004	2005	2006	2007	2008	2009	2010	2011	2012p
평균	11,340	10,567	12,099	13,563	15,386	18,002	20,133	22,370	19,783	17,671	21,292	23,747	23,925
서울	13,283	12,590	14,689	16,303	17,316	20,371	22,992	25,389	22,456	20,108	23,375	25,466.6	25,647.8
부산	8,087	7,949	8,897	10,092	11,097	13,086	14,557	16,082	14,568	12,532	14,853	16,183.4	16,374.4
대구	7,645	7,031	7,872	8,663	9,568	11,201	12,742	14,055	12,076	10,513	12,465	13,643.4	13,893.4
인천	9,510	9,237	10,918	11,860	13,211	15,296	17,458	19,680	16,498	14,885	18,124	19,416.9	19,263.2
광주	8,403	7,938	8,855	9,620	10,528	12,776	14,720	15,849	13,629	11,932	14,598	15,696.1	15,695.8
대전	8,870	8,172	9,362	10,550	11,561	13,318	14,743	16,060	14,072	12,596	15,119	16,434.4	16,524.0
울산	24,731	22,494	26,030	28,045	33,550	38,044	42,090	47,898	43,816	36,870	46,764	55,846.1	56,169.6
경기	11,085	10,142	11,234	12,214	13,619	15,576	17,490	18,879	16,042	14,257	17,365	18,667.4	18,649.2
강원	9,900	9,115	10,270	12,002	13,109	15,096	17,074	19,021	16,329	14,755	16,773	18,226.3	18,518.0
충북	11,744	10,596	11,825	13,279	15,369	17,576	19,739	21,765	18,422	17,024	20,594	22,720.9	22,603.6
충남	13,779	12,699	14,849	17,594	20,184	24,170	27,878	30,652	27,050	26,152	31,815	36,401.1	37,087.4
전북	8,858	8,273	9,238	10,268	11,638	13,554	15,430	17,374	15,304	14,476	16,698	19,025.8	18,877.5
전남	12,096	11,316	13,685	15,661	18,437	22,569	24,133	28,010	26,634	22,701	28,592	31,741.2	32,412.9
경북	12,877	11,921	13,511	15,985	19,224	22,737	24,757	26,130	23,436	20,810	25,774	27,816.9	27,931.4
경남	11,538	11,234	12,612	13,975	15,576	18,296	20,728	23,817	21,514	19,285	21,197	24,271.2	24,134.9
제주	9,028	8,358	9,736	10,895	12,189	14,358	15,594	17,265	14,687	13,837	16,559	18,394.4	19,024.8

출처: 통계청, 지역통계, e-지방지표, 소득.

이다. 2012년 현재를 보면 울산은 현재 56,169달러로 세계 어느 선진국 지역과 비교해도 떨어지지 않은 수준이다. 그 다음은 충남이 37,087달러로 2위이다. 충남은 줄곧 2위를 차지하고 있다. 울산, 충남 다음은 전남, 경북, 서울, 경남 순이다. 가장 낮은 1인당 지역총생산을 기록한 지역은 대구가 13,893달러로 최하위며, 다음이 15,695달러인 광주다. 광주 다음 낮은 순서는 대전, 부산, 강원, 경기, 전북, 제주다. 역시 광역시들은 울산을 빼고는 최하위 그룹에 속해 있다. 서울도 5위 수준에 머물고 있다.

상기 내용을 지역별 순위 변동을 중심으로 정리한 내용이 〈표 2-3-11〉이다. 서울은 2000년대 초기에는 3위를 하다가 2003년에는 2위까지 상승한다. 그러나 2003년에 5위로 떨어졌고, 이후에는 회복하지 못하고 계속 5위를 유지하고 있다. 부산은 간혹 15위 또는 13위도 하지만 대체로 14위를 유지하고 있다. 대구는 처음부터 최하위인 16위를 끝까지 유지하고 있다. 인천은 2006년까지는 대체로 9위를 유지하다가 2007년부터 8위로 한 단계 상승한 이후로는 계속 8위를 유지하고 있다. 대전은 12위에서

표 2-3-11 　지역별 1인당 지역 내 총 생산 순위변동현황(2000-2012)　(단위: 위)

지역	2000	2001	2002	2003	2004	2005	2006	2007	2008	2009	2010	2011	2012
서울	3	3	3	2	5	5	5	5	5	5	5	5	5
부산	14	14	14	14	14	14	15	13	13	14	14	14	14
대구	16	16	16	16	16	16	16	16	16	16	16	16	16
인천	10	9	9	10	9	9	9	8	8	8	8	8	8
광주	14	15	15	15	15	15	14	15	15	15	15	15	15
대전	12	13	12	12	13	13	13	14	14	13	13	13	13
울산	1	1	1	1	1	1	1	1	1	1	1	1	1
경기	8	8	8	8	8	8	8	10	10	11	9	10	11
강원	9	10	10	9	10	10	10	9	9	9	10	12	12
충북	6	7	7	7	7	7	7	7	7	7	7	7	7
충남	2	2	2	2	2	2	2	2	2	2	2	2	2
전북	13	12	13	13	12	12	12	11	11	10	11	9	10
전남	5	5	4	4	4	4	4	3	3	3	3	3	3
경북	4	4	5	4	3	3	3	4	4	4	4	4	4
경남	7	6	6	6	6	6	6	6	6	6	6	6	6
제주	11	11	11	11	11	11	11	12	12	12	12	11	9

14위 사이를 왔다 갔다 하지만 대체로 13위를 유지하고 있다. 광주는 두 번 14위를 기록하지만 이외는 모두 15위이다. 울산은 독보적인 수위를 계속 이어가고 있다. 경기는 2006년까지는 8위를 하였지만 이후로는 10위, 11위로 떨어지고 있다. 강원은 2010년까지는 9위와 10위를 오락가락했지만 2011년부터는 12위에 머물고 있다. 충북은 2000년에만 6위였고, 이후에는 계속 7위를 유지하고 있다. 충남은 처음부터 2위를 하여 끝까지 2위를 유지하고 있다. 전남은 중반까지는 5위와 4위를 왕복했지만 2007년부터는 경북을 제치고 3위를 계속하고 있다. 경남은 2000년 7위를 하였고, 이후에는 6위를 유지하고 있다. 제주는 2000년 중반까지는 11위, 중후반에는 12위로 떨어졌다가 2012년에는 9위를 하고 있다.

　　2000~2012년 지역별 GRDP변화를 그래프로 도식화하여 제시하면 [그림 2-3-2]와 같다. 개별적으로 각 지역의 그래프를 보면 대체로 일정하게 상승하고 있는 곡선을 형성하고 있다. 그러나 1인당 지역 내 총생산액은 모든 지역의 그래프에서 2008년도에 급격하게 하락하고 있다. 이렇게 크게 꺾이는 원인은 2008년의 금융위기 때문이다.

그림 2-3-2 **2000년대 지역내총생산(2005년 기준가격) & 1인당 지역내총생산(2005년 기준)**

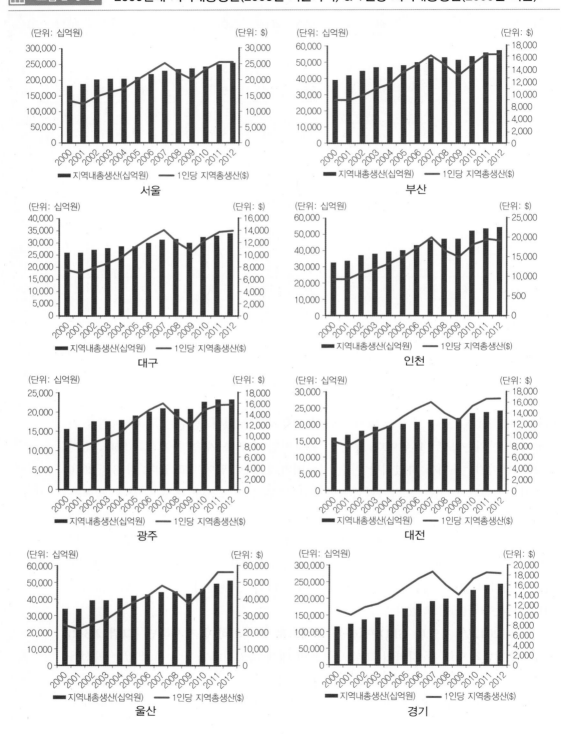

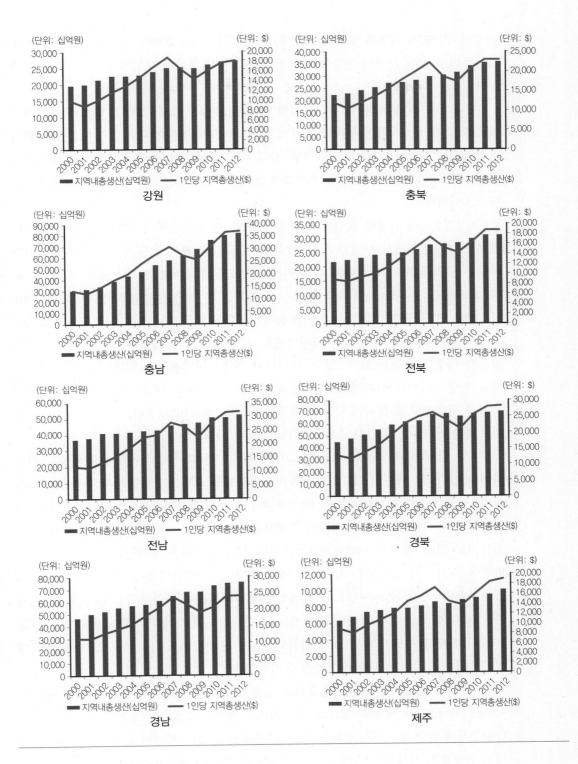

강원

충북

충남

전북

전남

경북

경남

제주

1997년의 IMF가 기업에 영향을 크게 미친 금융위기라면 2008년의 금융위기는 카드빚에서부터 시작된 개인의 신용에 대한 금융위기이기 때문에 개인에게 더 큰 영향을 주었다.

지금까지 본 것처럼 우리나라 지역 내 총생산액은 크게, 그리고 빠르게 증가하고 있음을 알 수 있다. 이는 우리나라 경제성장이 빠르게 이루어지고 있기 때문에 당연한 결과라 할 수 있다. 지금까지 지역별 지역 내 총생산액의 결과를 종합하는 의미에서 우선 1985~2012년까지의 지역 소득통계를 각 지역별로 분리해서 정리해 보았다. [그림 2-3-3]이다.

이 [그림 2-3-3]처럼 개별로 분리해서 보면 각 자치단체의 지역소득 성장 추이를 알 수 있다. 결론적으로 말하면 1인당 지역 총생산에 관한 한은 우리나라 지방자치단체들은 광역과 도와 관계없이, 수도권과 비수도권에 관계없이 가파르게 성장하여 왔다. 2010년을 전후로 하여 속도가 약간 주춤했을 뿐 계속 성장하고 있다. 그간에 IMF와 2008년의 금융위기라는 세계적인 경제대공황에 버금가는 경제적 충격을 받았음에도 불구하고 성장선이 한번도 내리막길을 걷지 않았다는 점에서 우리나라의 풀뿌리 경제가 매우 튼튼함을 알 수 있다. 우리나라 지방자치단체의 지역내 총생산은 관치일 때나 지방자치시대에 관계없이 성장이 계속되었다. 또한 행정구역이 조정되어 중심 도시가 광역시로 분할되어 나갔을 때도 마이너스 성장이 없었다는 점도 우리나라 자치단체의 건강성을 확인해 주는 증거라고 할 수 있다.

지역 간의 비교를 위하여 1978~2012년까지 지역소득의 점유율을 지역별로 작성하여 보았다. 그 내용이 〈표 2-3-12〉이다. 지역별로 보면, 서울이 계속 수위를 달리고 있다. 서울은 1970년대에서부터 1990년대까지 계속 26%이상의 점유율을 보였다. 그러다가 2000년대 들면서 그 성장이 하향으로 떨어지기 시작하여 2012년에는 22.6%를 점유하고 있다. 정부가 지역균형 및 분산정책을 줄곧 써온 정책결과라고 할 수 있다. 반면에 경기도의 급성장은 지속되고 있다. 경기는 1970년대부터 계속 13%를 유지하였다. 심지어 인천이 1981년도에 광역시로 분할되었음에도 불구하고 13%를 유지하였다. 그러다가 최근 2000년대 들어와서는 그 상승속도가 더욱 가파르게 올라가고 있다. 2012년 현재 경기도가 지역 내 총생산액 점유율은 19.7로 나타나고 있다. 울산도 광역시에서는 유일하게 상승선을 계속 유지하고 있다.

부산은 1970년대는 9%를 점유하고 있었으나 계속 하락하여 2012년에는 5.0%로서 인천의 4.8%와 비슷할 정도로 지속적으로 떨어지고 있다. 대구 역시 완만하지만 하향추세에 있으며, 강원, 전북도 역시 하향추세에 있는 지역이다. 나머지 지역은 대체로 현상유지 상태를 지속하고 있다. 충남은 1970년대에는 8.3%로 중부권의 중심 역

그림 2-3-3　지역내총생산(2005년 기준)(1985－2012)

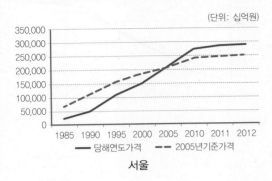

서울

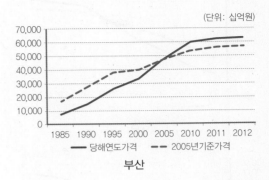

부산

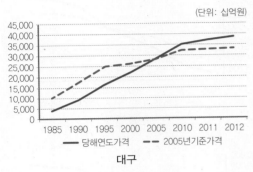

대구

인천

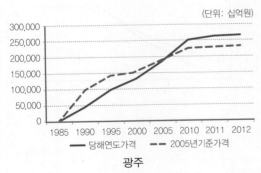

광주

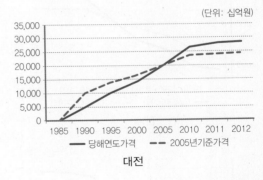

대전

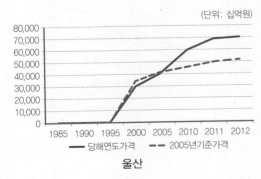

울산

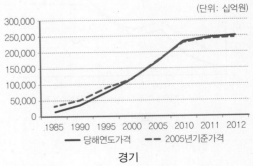

경기

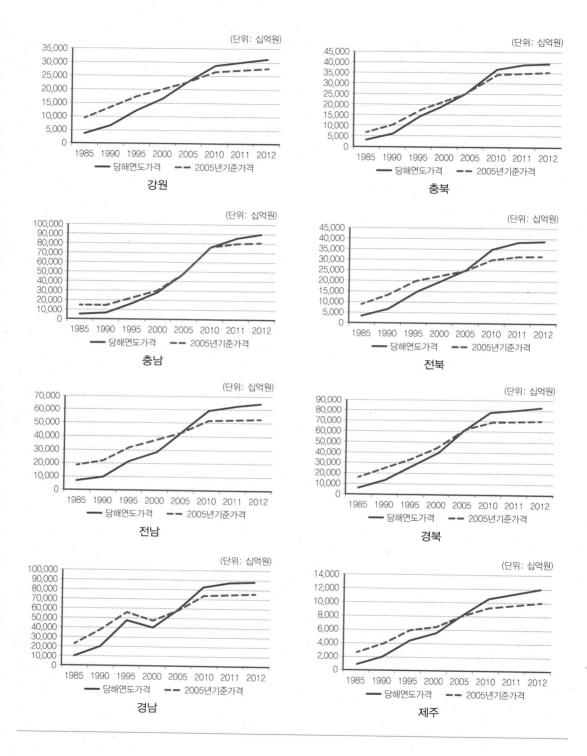

강원

충북

충남

전북

전남

경북

경남

제주

표 2-3-12 **지역별 연간별 지역소득 점유율(1978-2012)** (단위: %)

시도별	1978년	1989년	1999년	2012년
서울	27.1	28.6	26.2	22.6
부산	9.0	6.8	5.8	5.0
대구	–	4.5	3.8	3.0
인천	–	5.1	4.8	4.8
광주	–	2.2	2.2	2.1
대전	–	2.4	2.3	2.2
울산	–	–	5.0	5.5
경기	13.6	13.3	16.1	19.7
강원	3.9	3.6	2.9	2.5
충북	3.4	2.8	3.2	3.1
충남	6.2	4.3	4.5	7.0
전북	4.9	3.5	3.2	3.0
전남	8.3	5.6	5.6	5.1
경북	11.5	6.6	6.5	6.5
경남	11.1	9.5	6.9	6.9
제주	1.0	1.1	0.9	0.9

할을 하였으나 대전이 광역시로 분할되어 나감으로서 하향추세에 있었다. 그러나 최근에 지속적인 발전으로 7.0%까지 상승하여 중부권 중심지역으로서의 면모를 회복하고 있다. 전남, 경북, 경남의 감소는 광주, 대구, 울산지역이 분리되어 나감으로서 나타난 현상일 뿐이다.

지금까지 논의를 점유율 면에서 보면 다음과 같이 간단하게 요약할 수 있다.

첫째, 수도권 중심의 점유율은 변함없이 지속적으로 우위를 차지하고 있다. 1970년대부터 40%대를 유지하고 있으며 특히 1980년 이후 30여 년간 계속 47%의 점유율을 유지하고 있을 정도로 수도권 분산정책은 어느 정부, 어느 정책도 실패되었다고 할 수 있다.

둘째, 광역시의 지역내 총생산 점유율은 대체로 하향세이다. 울산시를 제외한 서울, 부산은 급한 하강세이며, 대구도 하향세를 계속 유지하고 있다. 나머지 광역자치단체인 인천, 대전, 광주지역은 제자리걸음을 하고 있는 형상이다.

셋째, 광역권의 점유율은 다음 〈표 2-3-13〉과 같다. 수도권이 거의 과반수를 계속

권역	지역	1970년대	1980년대	1990년대	2000년대
수도권	서울, 인천, 경기	40.1	47.1	47	47
중부권	대전, 강원, 충북, 충남	13.5	13.1	12.9	14.8
호남권	광주, 전북, 전남	10.5	11.3	11	10.2
영남권	부산, 대구, 울산, 경북, 경남	31.6	27.4	28	26.9
제주권	제주	1.0	1.1	0.9	0.9

표 2-3-13 시대별 · 권역별 지역소득 점유율 (단위: %)

하여 유지하고 있으며, 중부권은 1980년대와 1990년대에는 하강하다가 2000년대 들어와서는 상승세를 타고 있다. 호남권은 정체상태이며, 영남권은 하강추세로 계속 가고 있다. 제주 역시 정체상태에 있다.

영남과 호남권의 하락이 중부권으로 흡수되고 있기 때문에 수도권의 또 다른 확장이라는 우려의 목소리가 나오는 이유도 여기에 있다. 다만 충청권은 서산, 당진, 천안, 오송 등에 부가가치가 높은 기업들이 계속 입주하고 있기 때문에 자체 성장능력을 갖추게 된 점이 다행이다. 지역균형발전을 위하여 지역자원의 분산을 위한 노력 중 하나인 세종시로의 행정부 이전이 자칫하면 또 다른 수도권의 연결고리가 될 수 있을 가능성을 경계해야 할 것이다.

04

고 용

고용통계는 한 나라의 노동력 규모와 취업자 및 실업자 실태를 파악하는 국가통계 중의 하나이다. 국민경제에 있어 적정한 고용수준을 유지하고 실업을 줄이는 일은 중요한 정책과제가 되므로, 고용통계는 이러한 정책과제를 수행하기 위한 숫적인 통계이다. 통계청은 매월 경제활동인구조사를 통하여 고용통계를 생산하고 있다.

경제활동인구조사는 우리나라 전 지역 약 32,000 표본가구를 대상으로 15세 이상 인구, 경제활동인구, 취업자 및 실업자 현황 등을 조사하여 실업률, 경제활동참가율 등 중요한 지표를 알려주고 있다. 고용의 정도를 나타내주는 지표를 고용지표라 한다. 고용지표를 구성하는 요소가 있는데 이 중 가장 중요한 지표는 실업률, 고용률, 경제활동인구, 경제활동 참가율이다. 고용통계는 노동수요가 가지는 파생수요로서의 특징으로 인하여, 경제·산업의 구조적 측면에 크게 영향을 받으며, 또한 동태적 변화를 파악하는데 주목적이 있는 기초통계라 할 수 있다. 또한 2008년 미국발 경제위기로 인한 고용충격과 고용 없는 성장으로 인하여 고용문제는 현재 우리 경제의 최대 이슈가 되고 있으므로, 고용통계는 이에 대응하기 위한 정책입안의 기초자료이자 핵심자료가 되는 중요한 통계라고 할 수 있다.[1]

그러나 최근에 이러한 방식은 고용의 양적인 측면을 측정하기 위한 것으로 고용의 질적인 측면을 보여 주지 못하는 한계를 지니고 있다는 비판이 고조되어 보충적인 연구가 많이 일어나고 있다. 이에 ILO에서 보다 전면적이고 직접적인 고용의 질까지 측정하기 위하여 1999년에 "남녀노소에 관계없이 모든 사람들이 자유, 평등, 안전, 인권이라는 보편적 조건하에 보다 온전하고 생산적인 일을 할 수 있는 기회를 촉진"하는 것을 목표로 "Decent Work"라는 이름 아래 노동의 질을 측정하는 〈표 2-4-1〉과 같은 지표를 개발하였다.[2] 이 지표를 보면, e-지방지표가 노동의 양을 중심으로 측정하고 있는데 반하여, ILO의 지표는 양과 질을 동시에 측정하고 있음을 알 수 있다.

그렇지만 본 저서는 e-지방지표에 의해 산출가능한 경제활동참가율, 구인배율, 고용률, 실업률에 한정하여 조사하였다. 즉 양적인 측면에서의 조사다. 본 저서는 다음과 같은 부분을 기술하고 있다. e-지방지표는 분석기간이 모두 2003년부터 2012 또는 2013년이다. 그러나 본 저서는 구인배율을 제외하고 당초 1960년부터 2012년 또는

1 김을식 외, 지역고용통계의 현황 및 개선방안, 경기개발연구원, 2010, pp.12-13.
2 방하남 외, 고용의 질, 한국노동연구원, 2007, pp.7-9.

표 2-4-1　ILO의 Decent Work 관련 11개 차원의 29가지 지표

구분	세 부 지 표
고용기회	① 경제활동 참가율 ② 고용률 ③ 실업률 ④ 청년 고용률 ⑤ 비농업부문 임금노동 비율
철폐되어야 할 노동	① 학교에 다니지 않은 아동 비율 ② 임금노동 또는 자영업에 종사하는 아동 비율
적당한 수입과 생산적 노동	① 저임금 고용 비율 ② 주요 직종 수입(earnings)
적절한(decent) 노동시간	① 장시간 노동 비율 ② 시간관련 과소고용 비율
고용안정성	① 재직기간이 1년 미만인 임금노동자 비율 ② 임시 임금노동자 비율
일과 가정의 양립	① 의무고용 연령 이하의 아동을 가진 여성들의 취업율
고용평등	① 성별 직종 분화 ② 경영 행정 직종에서의 여성이 차지하는 비율
안전한 직업환경	① 치명적 부상 빈도 ② 근로감독관의 비율 ③ 산업재해 보험 적용을 받는 임금근로자 비율
사회보장	① 공공사회보장지출(GDP 대비) ② 현금소득 보전지출(GDP 대비) ③ 현금소득보전 수혜자 비율 ④ 연금 수혜자 비율(65세이상) ⑤ 연금 가입자 비율(경제활동인구 대비) ⑥ 평균 연금액(중간 또는 최소 수입 대비)
사회적 대화	① 노조 가입율 ② 단체임금 협약 적용율 ③ 파업과 직장 폐쇄 빈도
경제사회의 맥락	① 비공식 고용

출처: 방하남, 전게서.

2013년까지를 분석기간으로 하여 조사하였다. 그러나 1960년대와 1970년대의 자료들이 너무나 많이 누락되었기 때문에 제외시키고, 1989년부터 기준으로 삼았다.

표 2-4-2 고용부분의 분석 및 연구 내용

항 목	e-지방지표		본 저서의 내용	
	지 표	분석기간	지 표	분석기간
경제활동 참가율	– 경제활동참가율 변화	2003–2013	– 경제활동참가율 변화	1989–2013
고용률	– 고용률 변화	2003–2013	– 고용률 변화	1989–2013
구인배율	– 구인배율 변화	2003–2012	– 구인배율 변화	2003–2012
실업률	– 실업률 변화	2003–2013	– 실업률 변화	1989–2013

제2절 | 경제활동참가율

경제활동참가율(labor force participation rate)은 가장 포괄적인 지표로 우리나라 인구 중 15세 이상 인구를 생산가능인구 또는 경제활동가능인구라고 하여,[3] 이들 중 경제활동인구가 차지하는 비율을 말한다. 경제활동가능인구 중 경제활동에 참가 의사가 없는 사람은 비경제활동인구라고 한다. 이를 식으로 나타내면 다음과 같다.

경제활동 참가율 = (경제활동인구/15세이상의 인구) × 100
또는
경제활동 참가율 = {경제활동인구/(경제활동인구 + 비경제활동 인구)} × 100

이 식을 보면 경제활동참가율은 15세 이상의 인구 중 경제활동의 의사를 강력하게 갖는 사람의 비율도 말해주지만 일을 할 수 있음에도 일을 하려고 하지 않은 사람들의 비율도 알려 준다.

---

3 경제활동인구에는 학생, 주부, 구직을 포함한 사람은 포함하지 않으며, 군인(의무), 전투경찰, 공익근무요원, 형이 확정된 교도소 수감자, 외국인 등도 포함되지 않는다.

1990년대의 경제활동참가율

1990년대의 경제활동참가율을 시도별로 나타낸 내용이 다음 〈표 2-4-3〉이다. 이 표에 의하면 우리나라 경제활동참가율은 1989년만 59.6%로, 50%대일 뿐 1990년대 는 전부 60%대를 기록하고 있다. 지역적으로 보면 경제활동참가율이 가장 높은 곳은 제주, 전남, 경북 순이다. 제주는 최하가 1989년도 62.3%이고, 가장 높은 때는 1997년 68.3%를 차지하고 있다. 이는 1998년도의 우리나라 평균 경제활동참가율이 60.6%인 점을 고려하면 매우 높은 수준이라는 것을 알 수 있다. 전남도 최하가 63.3%이며 최고 는 65.9%로 비교적 편차가 없이 높은 수준을 유지하고 있다. 경북도 전남과 비슷하게 경제활동참가율을 보이고 있다.

반면에 부산, 대구, 광주, 강원은 평균보다 낮게 나타나는 대표적인 지역이다. 서 울은 대체로 평균에 가까우며, 인천도 60%초반은 항상 유지하고 있다. 충북과 전북은

표 2-4-3 **1990년대의 시도별 경제활동참가율(1989－1999)** (단위: %)

시도별	1989	1990	1991	1992	1993	1994	1995	1996	1997	1998	1999
계	59.6	60.0	60.6	60.9	60.9	61.6	61.9	62.1	62.5	60.6	60.6
서울	59.4	60.3	61.6	60.9	61.2	62.1	62.7	62.8	63.1	60.5	60.7
부산	57.6	58.3	60.2	60.0	59.6	60.3	60.9	60.8	61.4	59.0	58.7
대구	55.0	55.2	57.6	58.2	58.2	59.4	60.6	60.6	60.4	57.8	57.9
인천	59.7	60.5	62.7	62.1	62.1	62.4	62.6	63.1	63.9	59.7	60.5
광주	51.8	52.6	56.3	56.6	56.1	57.2	58.1	58.6	59.5	55.7	55.8
대전	56.7	56.2	56.8	56.7	57.3	57.3	58.1	57.9	58.1	56.6	56.2
울산	–	–	–	–	–	–	–	–	–	60.2	59.2
경기	61.4	61.8	61.9	62.4	61.9	62.6	62.9	63.4	63.6	61.7	62.0
강원	57.8	57.4	57.1	57.6	57.9	58.2	57.7	59.0	59.0	57.7	58.0
충북	59.7	59.6	59.9	61.7	61.6	61.9	61.7	61.6	61.3	60.7	59.5
충남	59.0	59.0	58.8	60.8	62.3	64.2	64.3	63.9	64.8	63.1	62.8
전북	55.1	55.2	54.8	56.0	58.4	60.2	60.5	60.5	60.4	58.5	58.3
전남	64.7	65.3	63.3	64.2	63.4	64.4	64.8	65.3	65.9	65.4	64.3
경북	62.9	63.1	62.5	63.1	62.0	62.4	62.7	62.9	63.0	64.0	64.1
경남	61.8	61.8	61.1	62.0	61.7	61.4	60.7	60.7	61.4	61.2	61.0
제주	62.3	65.4	65.4	66.6	66.2	65.9	66.0	66.4	68.3	65.3	64.5

출처: 통계청, 국내통계, 주제별, 고용 · 노동 · 임금, 경제활동인구조사.

평균수준에 있으며 충남은 평균 수준에서 상위 수준을 유지하고 있다

2. 2000년대 경제활동참가율

2000년에서 2013년까지 우리나라의 경제활동참가율에 대한 내용이 〈표 2-4-4〉이다. 아래의 표를 보면 우리나라는 2000년대 들어오면서 1990년대에 비해 경제활동참가율은 상승되었다. 2000년대 내내 편차없이 61%대를 유지하고 있다.

지역적으로 보면 1990년대와 마찬가지로 제주가 가장 높았다. 제주는 최하가 65.8%로 다른 지역의 최고 비율보다 높다. 가장 높은 해인 2003년도에는 70.5%를 유지하고 있고 평균은 68% 전후이다. 1990년와 마찬가지로 전남과 경북이 높은 수준을 유지하고 있다. 전남은 64% 전후를, 경북도 이 수준을 유지하고 있다. 그러나 전남과

표 2-4-4 **2000년대 지역별 경제활동참가율(2000-2013)**   (단위: %)

시도별	2000	2001	2002	2003	2004	2005	2006	2007	2008	2009	2010	2011	2012	2013
계	61.0	61.3	61.9	61.4	62.0	61.9	61.7	61.7	61.4	60.7	60.8	60.9	61.1	61.3
서울	61.2	61.6	62.1	62.0	63.0	63.2	62.9	62.8	62.0	60.8	61.7	62.3	62.2	62.2
부산	59.2	58.9	60.3	57.3	57.8	58.0	58.2	58.0	57.2	56.3	56.0	56.2	57.6	57.9
대구	58.7	59.7	60.9	60.2	61.1	60.8	59.9	59.2	58.5	58.8	59.2	58.7	59.9	59.4
인천	61.2	61.8	62.4	61.7	61.8	61.3	61.8	61.9	61.3	61.7	62.2	62.9	63.7	63.5
광주	56.6	57.6	58.8	57.4	57.8	58.4	57.7	58.6	58.5	58.4	58.7	58.2	57.6	58.5
대전	57.4	59.0	60.7	59.5	59.4	58.2	58.7	59.0	59.6	59.2	58.9	59.2	59.3	59.1
울산	59.8	59.7	61.1	60.7	61.4	60.5	59.2	60.4	61.5	60.2	60.2	60.3	60.6	59.9
경기	62.0	62.0	62.2	61.7	62.6	62.5	62.4	62.0	62.0	61.1	61.2	61.0	61.3	61.5
강원	58.7	58.0	59.7	58.3	59.0	58.5	58.9	58.7	58.7	58.8	57.3	57.3	57.9	57.0
충북	59.7	59.5	60.1	59.1	59.7	59.2	59.2	59.7	60.3	60.4	60.7	60.8	59.7	60.8
충남	62.8	63.0	63.7	63.5	64.5	64.2	65.2	65.9	63.5	62.2	61.9	62.2	62.7	64.3
전북	58.2	59.1	58.6	58.9	58.4	58.7	59.5	60.3	60.0	59.3	58.4	58.8	58.5	59.1
전남	64.0	64.4	65.4	65.2	64.7	65.0	64.4	64.6	64.7	64.8	63.2	63.1	63.4	62.8
경북	65.0	65.1	65.1	64.9	65.4	65.1	64.8	64.1	63.9	63.7	64.0	63.3	63.4	63.4
경남	60.9	61.3	61.2	62.4	62.8	62.0	61.6	61.9	62.1	61.3	60.6	61.4	60.5	61.0
제주	67.6	68.0	69.1	70.5	69.6	69.9	69.9	69.0	68.8	67.7	65.8	66.7	67.0	66.9

출처: 통계청, 국내통계, 주제별, 고용 · 노동 · 임금, 경제활동인구조사.

경북은 시간이 갈수록 미미하나마 떨어지고 있다. 서울은 평균 수준을 여전히 유지하고 있다. 인천은 꾸준하게 상승하여 2012년과 2013년도에는 63%대를 유지하고 있다. 광주의 경제활동참가율은 56~58%사이에서 머물고 있어 전국 최하위 수준에 있다. 이 외에도 부산, 대구, 대전, 강원도 여전히 50% 후반대를 벗어나지 못하고 있다. 울산은 기대와는 달리 평균이하에 머물고 있는 점도 눈여겨 볼만 하다.

표의 내용을 도식화하여 제시한 것이 [그림 2-4-1]이다. 1989년부터 1995년까지는 상위집단은 거의 수평을 유지하는 반면에 하위 집단은 성장추세에 있다가 1995년에 편차가 작아지고 있다. 이후 다시 편차가 심해지다가 최근에는 다시 편차가 적어지는 경향을 보이고 있다.

이를 광역시 권과 도 권역으로 구분하여 비교를 하면 다음과 같다. [그림 2-4-2]에서 광역시의 경제활동참가율을 보면 기간이 갈수록 경제활동참가율은 상승되고 있다. 그러나 그 편차는 매우 심함을 알 수 있다. 특히 부산, 대구가 출렁거리고 있음을 알 수 있다. 가장 안정적인 수준을 유지하고 있는 지역은 서울과 인천이다.

도별 경제활동참가율을 비교한 그래프가 [그림 2-4-3]이다. 이 그림에서 보는 바와 같이 도별 경제활동참가율은 큰 편차 없이 평균을 유지하고 있다. 다만 제주만이 2005년을 전후로 하여 크게 올랐다가 다시 평균을 유지하고 있는 점이 특이하다. 제주는 2002년에서부터 2006년까지는 69%대를 유지하고 있었고, 2005년에는 전국에서 처음으로 70%대에 진입하기도 하였다.

그림 2-4-1 **경제활동참가율(1989-2013)** (단위: %)

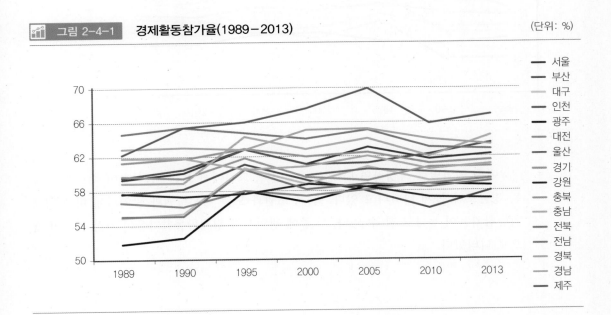

그림 2-4-2 | **광역시별 경제활동참가율(1989-2013)** (단위: %)

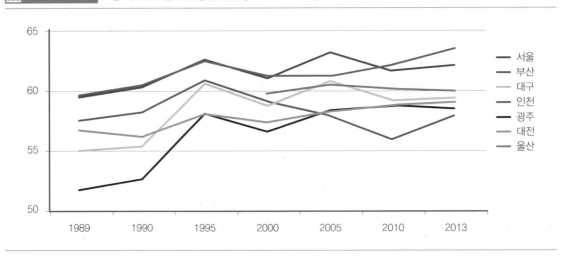

범례: 서울, 부산, 대구, 인천, 광주, 대전, 울산

그림 2-4-3 | **도별 경제활동참가율(1989-2013)** (단위: %)

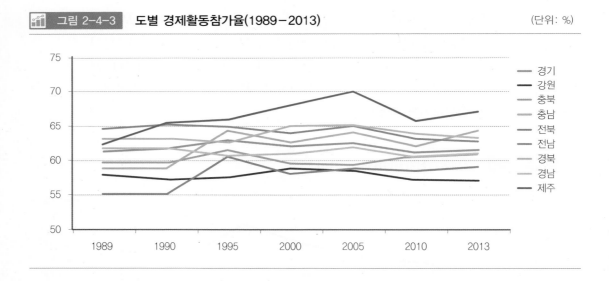

범례: 경기, 강원, 충북, 충남, 전북, 전남, 경북, 경남, 제주

　　이를 권역별로 작성하면 [그림 2-4-4]이다. 그림에서 보는 바와 같이 수도권과 도는 평균보다 높게 나타나고 있다. 즉, 수도권과 도는 비수도권과 광역시에 비해 경제활동참가율이 높다고 할 수 있다. 이 중에 광역시가 경제활동참가율이 가장 저조한 것으로 나타났다.

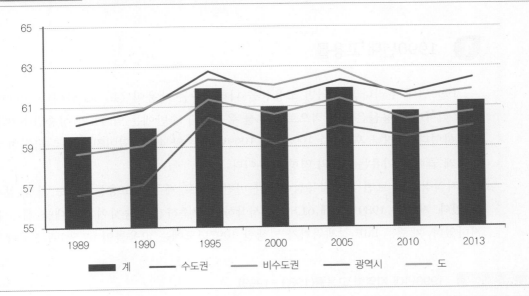

그림 2-4-4 권역별 평균 경제활동참가율(1989-2013) (단위: %)

범례: ■ 계 ── 수도권 ── 비수도권 ── 광역시 ── 도

제3절 | 고용률

　고용률(employment population ratio)이란 경제활동가능인구, 즉 15세 이상 인구 중에 취업자가 차지하는 비율로 노동시장 상황을 나타내는 지표 중에 하나다. 고용률 지표는 정의상 실업의 자발성 여부에 의해 영향을 받지 않게 되어 실업률이 지니는 문제점을 극복할 수 있다는 장점이 있다. 고용률은 이외에 일반적으로 실업률 통계에 비해 상대적으로 작은 표본오차를 가지게 되는 장점이 있을 것으로 알려져 있다. 경험연구에 의하면 고용률은 일반적으로 경제활동참가율보다 경제성장(1인당 GDP)과 상관관계가 높은 것으로 나타나고 있다. 고용률을 경제식으로 말하면 다음과 같다.

> 고용률 = 취업자 수/생산활동 가능인구 수(15세 이상 인구수) × 100

　고용률은 15세 이상의 인구가 모두 포함된 상태에서 취업이 된 사람의 비율을 말하기 때문에 15세 이상의 인구 중 취업을 구하러 다니는 사람(구직 활동자) 중에 취업자 수를 나타내는 취업률과는 차이가 있다.

 1. 1990년대 고용률

    1990년대 우리나라 지역별 고용률을 나타내주는 내용이 〈표 2-4-5〉이다. 1990년대 우리나라 고용률은 전반적으로 59%를 유지하다 중반에는 약 1%가 상승한 60%를 유지하였다. 그러나 후반, 즉 1998년과 1999년에는 약 4%가 떨어진 56로 급락한다. 이렇게 급락한 이유는 IMF의 영향 때문이다.

    지역적으로 보면 경제활동참여율과 마찬가지로 제주가 고용률에서도 가장 앞서고 있다. 제주는 1989년도에 61.8%로 시작하여 꾸준하게 상승하여 65%대를 계속 유지하였다. 제주는 IMF 경제위기가 발생한 1997년도에는 고용률이 67.5%로 전국에서

표 2-4-5 **1990년대 지역별 고용률(1989-1999)** (단위: %)

구분	1989	1990	1991	1992	1993	1994	1995	1996	1997	1998	1999
전국	58.0	58.6	59.1	59.4	59.1	60.1	60.6	60.8	60.9	56.4	56.7
서울	56.9	57.9	59.5	59.0	59.1	60.4	61.0	61.2	61.4	55.9	56.5
부산	55.8	56.4	58.2	58.0	56.9	57.8	58.7	58.6	58.9	53.8	53.3
대구	53.6	53.7	55.6	56.0	55.8	57.2	59.0	58.6	58.1	53.2	53.8
인천	58.0	58.8	60.9	60.1	60.1	60.6	61.3	61.5	61.6	54.6	55.8
광주	49.9	50.9	54.6	55.1	54.0	55.2	56.4	56.9	57.7	51.4	51.5
대전	54.8	54.4	55.1	54.9	55.0	54.9	56.1	56.4	56.5	52.6	52.6
울산	–	–	–	–	–	–	–	–	–	55.7	55.5
경기	59.6	60.3	60.7	60.9	60.3	61.3	61.9	62.3	61.7	56.5	57.7
강원	57.2	56.9	56.4	57.0	57.3	57.6	57.2	58.5	58.6	55.6	55.5
충북	59.2	59.1	59.1	60.5	60.3	60.6	60.8	60.8	60.3	57.5	56.9
충남	58.4	58.6	58.1	60.0	61.2	63.4	63.5	63.0	63.8	59.9	60.3
전북	54.2	54.5	53.9	54.8	57.0	58.8	59.3	59.1	58.8	55.4	55.2
전남	64.0	64.7	62.5	63.3	62.2	63.5	64.0	64.6	64.9	62.5	61.6
경북	62.2	62.5	61.6	62.3	61.0	61.5	61.8	62.2	61.9	60.9	61.4
경남	60.7	60.8	60.0	60.9	60.4	60.2	60.0	59.9	60.4	58.2	58.0
제주	61.8	65.1	64.6	66.0	65.4	65.1	65.5	65.9	67.5	63.0	62.0

출처: 통계청, 국내통계, 주제별, 고용 · 노동 · 임금, 경제활동인구조사.

가장 높게 나왔다. 이 당시 우리나라 고용률 평균이 60.9%인 점을 고려하면 매우 높은 수준이다. 제주는 IMF시대인 1998년과 1999년도에도 63%를 유지했다. 전남도 경제 활동참여율에서 2위를 하였는데 역시 고용률에서도 2위를 유지하였다. 경제활동참가 율에서 3위를 차지한 경북도 고용률에서도 3위를 유지했다. 전남은 고용률이 64% 전 후로 꾸준하게 유지하였고 경북도 전남에 비해 1~2% 정도 낮지만 62%를 유지하였다. 이렇게 높은 고용률을 유지하고 있는 전남과 경북에 비해 인근인 광주와 대구는 최하 위 수준의 고용률을 유지하고 있다. 광주는 1989년도에는 49.9%로 전국에서 유일하 게 40%대로 떨어졌다. 광주는 이후 다소 회복되었지만 최고일 때도 57.7%를 겨우 유 지하고 있다. 대구도 광주보다 약간은 높지만 고용률은 전국의 평균에 비해 매우 떨어 진다. 전남의 이웃인 전북도, 경북의 이웃인 강원 역시 고용률이 낮은 편이다. 수도권 지역은 평균에 가까운 수준을 계속 유지하고 있다.

2. 2000년대의 고용률

2000년대의 지역별 고용률 변화에 대한 내용이 〈표 2-4-6〉이다. 이 표에 의하면, 우리나라는 2000년에 들어오면서 고용률이 회복되기 시작하였다. IMF가 시작된 지 3 년 후인 2000년도에는 고용률이 58.5%로 1990년대 수준으로 회복되기 시작하여 미세 하나마 약간씩 상승하면서 편차가 거의 없이 59%전후대를 유지하였다. 지역으로 보 면 수도권 지역인 서울, 경기, 인천은 1990년대와 마찬가지로 전국 평균수준의 고용 률을 큰 차이없이 유지하고 있다. 매우 안정된 수준을 계속 유지하고 있다는 의미다. 1990년대와 마찬가지로 2000년대 들어와서도 제주, 전남, 경북의 고용률이 강세를 계 속 유지하고 있다. 제주는 2000년도에 66.1%로 시작하여 2003년에는 69.2%까지 급증 하였고 2005년과 2006년도에도 68%를 유지하는 강세를 보였다. 전남과 경북도 1990 년대의 강세를 계속 유지하고 있는데 62%에서 64%대를 유지하고 있다. 다만 1990년 대에에는 전남이 약 2%정도 고용률이 앞섰지만 2000년대 들어와서는 두 지역의 고용 률 차이는 거의 없다는 점이 특징이다.

부산, 대구, 강원, 전북은 여전히 평균 이하의 고용률을 유지하고 있다. 부산은 내 림세로 가고 있지만 대구와 대전은 이전에 비해 오름세로 가고 있음도 눈여겨 볼만 하다. 충남은 계속 60%이상 높은 고용률 증가를 보이고 있는데 1990년대에 비해 50% 대가 전혀 없다는 점에서 상승기류를 느낄 수 있다. 그러나 울산은 기대와는 달리 58%대를 꾸준하게 유지하고 있지만 한번도 60%대로 올라가지 못하고 있는 점도 우

표 2-4-6　2000년대 지역별 고용률(2000−2013)　　(단위: %)

구분	2000	2001	2002	2003	2004	2005	2006	2007	2008	2009	2010	2011	2012	2013
전국	58.5	59.0	60.0	59.3	59.8	59.7	59.7	59.8	59.5	58.6	58.7	59.1	59.4	59.5
서울	58.2	58.8	59.5	59.2	60.1	60.3	60.1	60.3	59.6	58.1	58.9	59.7	59.7	59.8
부산	55.3	55.9	58.1	55.2	55.5	55.7	55.9	55.9	55.1	54.1	54.3	54.4	55.6	55.8
대구	56.0	57.0	58.5	57.7	58.7	58.4	57.8	57.2	56.5	56.4	57.0	56.8	58.2	57.7
인천	58.1	59.1	60.1	59.1	59.1	58.7	59.1	59.5	59.0	59.0	59.3	60.3	61.2	61.0
광주	53.4	55.0	56.7	54.9	55.5	56.0	55.5	56.5	56.3	56.4	57.0	56.6	56.2	57.0
대전	54.8	56.6	58.6	57.4	57.2	56.0	56.3	56.9	57.7	57.3	57.0	57.3	57.5	57.7
울산	57.6	57.9	59.7	58.8	59.3	58.6	57.6	58.9	59.5	57.9	58.4	59.0	59.2	58.7
경기	59.7	59.9	60.6	59.7	60.4	60.2	60.3	60.1	60.2	58.9	59.0	59.1	59.5	60.0
강원	57.1	56.6	58.6	57.2	57.8	57.5	58.2	57.7	57.7	57.8	56.1	56.4	56.7	55.9
충북	57.8	57.7	58.8	57.5	58.3	58.1	58.1	58.5	59.2	59.4	59.6	59.6	58.7	59.8
충남	61.1	61.3	62.2	61.9	63.1	62.7	63.8	64.5	62.2	60.5	60.4	60.9	61.5	62.8
전북	56.5	57.3	57.1	57.4	56.9	57.3	58.0	59.0	58.7	58.2	57.3	57.8	57.4	58.1
전남	62.0	62.6	64.0	63.7	63.1	63.6	63.4	63.6	63.5	63.8	62.1	62.1	62.6	61.7
경북	62.9	63.4	63.8	63.6	63.8	63.7	63.5	62.9	62.7	62.1	62.5	62.0	62.0	61.7
경남	58.9	59.4	59.7	60.9	61.4	60.5	60.3	60.5	60.9	59.6	59.1	60.1	59.6	59.9
제주	66.1	66.5	67.6	69.2	68.0	68.3	68.5	67.7	67.6	66.7	64.8	65.8	66.2	65.9

출처: 통계청, 국내통계, 주제별, 고용 · 노동 · 임금, 경제활동인구조사.

리나라에서 최고의 부자 지역이라는 점에서 특이한 현상이라고 할 수 있다.

3. 1990년대와 2000년대 고용률 비교

위의 분석한 내용을 종합한 그래프가 [그림 2-4-5]이다. 고용률 추이를 보면 처음에는 경기 지역이 가장 낮은 선에서 출발하여 1995년에는 다른 지역과 큰 차이 없이 증가를 한다. 몇몇 지역을 제외하고는 1995년도까지 약간씩 증가하여 편차가 크지 않게 된다. 그 후에도 큰 변동이 없이 그대로 고용률을 유지하고 있다. 이를 광역시와 도를 분리하여 좀 더 세부적인 사항을 파악하기 위해 [그림 2-4-6], [그림 2-4-7]을 작성하였다.

1990년대와 2000년대의 광역시의 고용률 추이를 나타낸 내용이 [그림 2-4-6]이다.

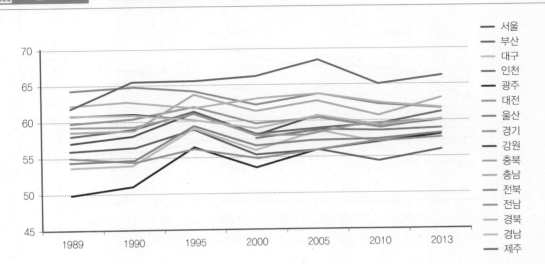

그림 2-4-5 　지역별 고용률의 추이(1989~2013)　　　　　(단위: %)

범례: 서울, 부산, 대구, 인천, 광주, 대전, 울산, 경기, 강원, 충북, 충남, 전북, 전남, 경북, 경남, 제주

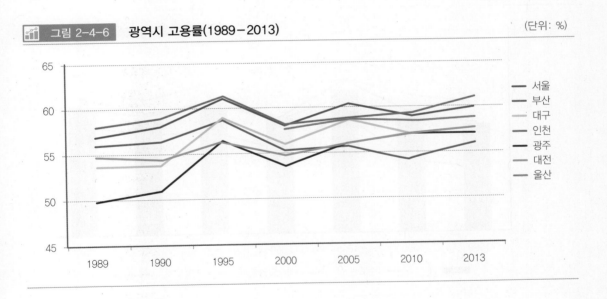

그림 2-4-6 　광역시 고용률(1989~2013)　　　　　(단위: %)

범례: 서울, 부산, 대구, 인천, 광주, 대전, 울산

이 그림에서 보는 바와 같이 광역시의 고용률은 전체적으로 상향하고 있는 모습을 보이고 있다. 다만 부산의 하향추세는 부산의 고용사정이 광역시 중에서는 가장 열악하다는 것을 알 수 있다. 서울도 약간의 진폭은 있지만 60% 선을 유지하고 있고 인천도 마찬가지로 평균선을 유지하고 있다. 대구는 진폭이 매우 높지만 부산에 비해 확실하게 고용률이 높음을 알 수 있다. 광주는 1990년대는 가장 낮았지만 지금은 추세가 가

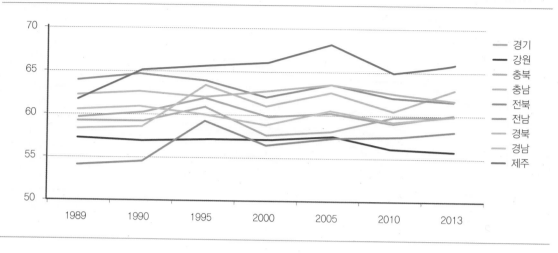

그림 2-4-7 도별 고용률(1989-2013) (단위: %)

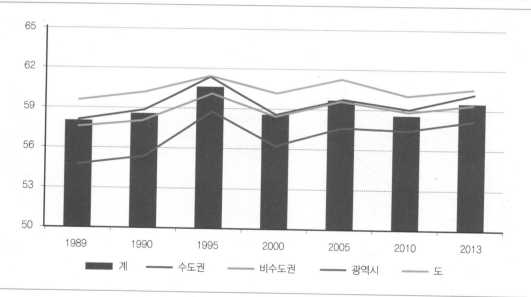

그림 2-4-8 권역별 평균 고용률(1989-2013) (단위: %)

장 빠르게 상승하고 있다.

[그림 2-4-7]의 도별 고용률을 보면 1995년과 2005년도에 가장 높은 수준을 보이고 있으며, 대체로 1990년대에 비해 하향곡선을 걷고 있다. 제주와 충남이 상승세를 이어갈 뿐 나머지 지역은 정체이거나 하향선을 긋고 있는 모습을 보이고 있다. 특히

강원은 한번도 상승곡선을 형성하지 못하고 꾸준하게 내리막을 보이고 있어서 이에 대한 대책 마련이 시급함을 알 수 있다.

권역별로 비교하기 위하여 [그림 2-4-8]을 작성하였다. 고용률은 권역에 관계없이 평균 수준을 나타내고 있다. 그러나 권역별 차이는 심하다. 도가 가장 고용률이 높고 다음이 수도권, 그 다음이 비수도권이며 최하위가 광역시이다. 결국 대도시가 중소도시보다 고용률이 낮다는 의미다. 앞서 경제활동참가율의 비율과 같이 나온다.

제4절 | 구인배율

구인배율(opening-to-application ratio, 求人倍率)은 구인수의 많고 적음을 나타내는 수치로 기업들이 일할 사람을 찾는 구인자수를 일자리를 찾는 구직자수로 나누어 산출한다. 기업활동의 확대와 축소를 반영해주는 지표이기 때문에 취업을 원하는 사람들에게는 임금지표 못지않게 중요하다. 한국의 경우 1997년 11월 국제통화기금(IMF)에 구제금융을 신청할 당시 취업이 어려워지면서 대학졸업자들의 구인배율이 많이 떨어졌다. 기업들의 경직된 고용구조와 감량경영에 대처하는 방법이 단편적이기 때문에 경제성장률이나 실업률의 변동치보다 구인배율이 더 큰 폭으로 변동하였다.

전국 공공직업안내소에 신청된 구직자수에 대한 구인수의 비율이 유효구인배율이다. 통계의 계측방법은 전전월(60일간)부터의 총구직수(유효구직자수)를 동기간의 구인수(유효구인수)로 나누어 계산한다. 그 수치가 1배 이상이면 구인이 구직을 상회하는 것이다. 구직자수가 구인자수보다 적다는 의미다. 유효구인배율에 대해 당월말의 신규 구직자수와 신규 구인수의 비율을 신규 구인배율이라 한다. 외국의 경우 월간 구직자수와 구인수의 비율을 유효구인배율로 산정한다.[4]

구인배율이 높아질수록 인력을 구하기가 어려워지고 낮아질수록 취직하기가 어려워짐을 나타낸다. 일반적으로 노동시장, 즉 인력수급관계의 거시지표 또는 중·장기 지표로는 실업률, 경제활동참가율, 인구증가율 등이 쓰이고 있는 반면 미시적이고 단기적인 지표로는 구인배율이 활용되고 있다. 이 때문에 구인배율이 얼마일 경우 구인·구직난으로 볼 수 있는가 하는 절대적인 기준수치를 설정하기는 어렵다. 다만 전월 혹은 전년에 비해 구인·구직난이 심화 또는 완화되고 있다는 등의 상대적인 개념

---

4 [네이버 지식백과] 구인배율(opening-to-application ratio, 求人倍率).

으로 보아야 한다.[5]

그러나 구인배율은 공공직업 안내소에 등록된 수만을 가지고 계산하기 때문에 한계가 있다. 왜냐하면, 구인배율에 큰 영향을 미치고 있는 대기업과 일부 기업들은 공공직업안내소를 이용하지 않고 바로 채용을 하고 있기 때문이다.

2003년부터 2012년도까지 지역별 구인배율에 대한 내용이 〈표 2-4-7〉이다. 이 표에 의하면, 구인배율은 0.45에서 0.68까지 다양하다. 즉, 구인배율이 0.45인 2009년도가 취업난이 가장 심할 때이며, 반면 구인배율이 0.68인 2012년도가 구인난이 가장 심한 해라고 할 수 있다. 2008년도의 금융대란을 고려하면 충분히 이해할 수 있는 지표다. 이 기간 동안 구인배율이 가장 높은 경우는 2010년에 충남으로서 구인배율이 1.10이다. 취업신청자는 100명이면, 기업체에서 취업요청인원은 110명이라는 의미이다. 반면에 이 기간에 가장 낮은 구인배율은 2004년 0.24인 전남이다. 극심한 취업난을 말해 주고 있다. 2003~2012년 사이에 구인배율이 한번이라도 1.00이상인 지역은 충남, 울산, 경남이다. 경남은 2011년과 2012년 연달아서 구인배율이 1.04, 1.09를 보이고 있다.

지역으로 볼 때, 2003년도 구인배율이 가장 높은 순으로 하면, 울산과 인천이 가장 높다. 2003년도 울산의 구인배율은 0.81로서 다른 지역에 비해 단연 높다. 울산은 잘 나가는 공업지역답게 구인난이 항상 심한 지역이라고 할 수 있다. 울산은 2011년에는 0.86이었고, 심지어 2012년에는 1.06까지 상승하였다. 1.0이상은 수치상으로는 구직을 신청한 사람은 다 취업할 수 있다는 의미이다. 인천은 2003년에 구인배율이 0.74로서 가장 높았고, 반면에 2009년에는 0.46까지 떨어진 적도 있다. 2003년도에는 인천에 이어 구인배율이 높은 지역 순위는 경기, 부산, 대구 순이다. 2003년에 구인배율이 낮은 지역 순위는 전남이 0.26으로 가장 낮다. 이 다음이 강원, 충북, 대전, 경북 순으로 이들 지역들은 모두가 구인배율이 0.50이하 지역이다.

2008년도에 금융위기가 끝난 후인 2009년도가 구인배율이 가장 낮은 해이다. 즉, 취업하기가 가장 힘들었던 해이다. 구인배율의 전국 평균은 0.45였다. 이 해에 구인배율이 가장 높은 지역은 충남이 0.67로 가장 높았고, 다음이 충북 0.62이다. 충청권이 다른 지역에 비해 구인난이 심했다. 이어서 구인배율이 높은 지역은 전남, 경남, 경기 순이다. 2009년에 구인배율이 낮은 순으로 보면, 강원과 부산이 0.30으로 가장 낮다. 이어서 광주 0.31, 대전 0.35, 전북 0.36, 서울 0.42이다. 2009년에 구인배율 전국 평균은 0.45였다.

---

5 [네이버 지식백과] 구인배율(한경 경제용어사전, 한국경제신문/한경닷컴).

표 2-4-7　지역별 구인배율(2003-2012)　　(단위: 배)

시도별	2003	2004	2005	2006	2007	2008	2009	2010	2011	2012
전국	0.61	0.56	0.51	0.49	0.52	0.53	0.45	0.64	0.66	0.68
서울	0.59	0.50	0.45	0.43	0.50	0.47	0.42	0.52	0.50	0.55
부산	0.66	0.46	0.39	0.43	0.43	0.41	0.30	0.40	0.47	0.51
대구	0.64	0.57	0.53	0.50	0.58	0.57	0.45	0.55	0.69	0.68
인천	0.74	0.64	0.60	0.55	0.52	0.52	0.46	0.71	0.63	0.67
광주	0.60	0.44	0.34	0.45	0.44	0.42	0.31	0.47	0.56	0.65
대전	0.49	0.37	0.37	0.40	0.36	0.41	0.35	0.51	0.49	0.41
울산	0.81	0.68	0.59	0.66	0.74	0.71	0.47	0.66	0.86	1.06
경기	0.67	0.78	0.76	0.61	0.62	0.61	0.51	0.84	0.74	0.72
강원	0.40	0.30	0.25	0.28	0.32	0.29	0.30	0.44	0.46	0.51
충북	0.43	0.47	0.45	0.44	0.48	0.56	0.62	0.84	0.86	0.91
충남	0.57	0.75	0.62	0.56	0.53	0.68	0.67	1.10	0.98	0.92
전북	0.61	0.38	0.34	0.34	0.36	0.43	0.36	0.44	0.57	0.60
전남	0.26	0.24	0.28	0.31	0.40	0.57	0.56	0.59	0.83	0.87
경북	0.49	0.46	0.45	0.46	0.48	0.52	0.45	0.62	0.65	0.67
경남	0.61	0.64	0.58	0.60	0.67	0.77	0.54	0.85	1.04	1.09
제주	0.57	0.42	0.38	0.37	0.47	0.48	0.46	0.64	0.80	0.81

출처: 한국고용정보원, 워크넷 통계연보; 통계청, 국내통계, e-지방지표, 주제별, 고용, 경제활동인구조.
주: 구인배율 = 신규구인인원/신규구직자수 지역에서 분류불능 제외.

2012년도 현재의 구인배율을 지역별로 보면, 경남이 1.09로 가장 높다. 울산 1.06 보다도 높은 구인배율을 보이고 있다. 이어서 충남 0.92, 충북 0.91, 전남 0.87, 제주 0.81 순이다. 2003년도에 0.24의 구인배율로 전국에서 최하였던 전남이 계속 구인배율이 향상되어 2012년도에는 0.87로 최상의 구인배율 군에 속해 있다. 충남과 충북도 역시 구인배율이 많이 개선된 지역 중에 하나가 되었다. 2012년에 구인배율이 낮은 순으로 보면, 대전이 0.41로 가장 낮고 다음이 강원과 부산이 0.51, 서울 0.55, 전북이 0.60이다. 서울과 부산이 구인배율이 가장 낮은 군에 들어 왔다. 강원은 구인배율이 항상 최하위 군에서 벗어나지 못하고 있다.

지역별로 구인배율의 변화를 작성한 내용이 [그림 2-4-9]이다. 이 그림을 보면, 일정한 흐름이 없이 한마디로 요동치고 있다고 할 수 있다. 최근 구인배율이 아주 높은 경남인 경우에도 구인배율이 0.6이하일 때도 많았다. 울산도 2009년에는 구인배율이

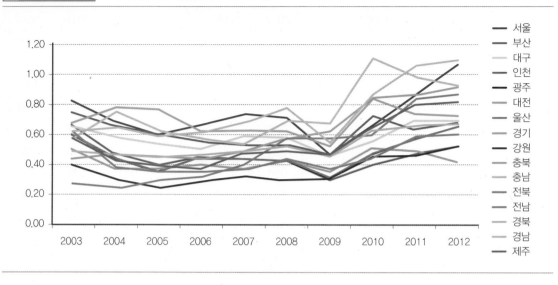

📊 그림 2-4-9 　**지역별 구인배율(2003-2012)** 　　　　(단위: 배)

凡例: 서울, 부산, 대구, 인천, 광주, 대전, 울산, 경기, 강원, 충북, 충남, 전북, 전남, 경북, 경남, 제주

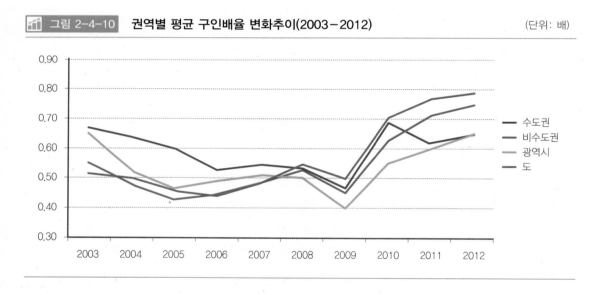

📊 그림 2-4-10 　**권역별 평균 구인배율 변화추이(2003-2012)** 　　　　(단위: 배)

凡例: 수도권, 비수도권, 광역시, 도

0.47로 전국 평균 0.45 수준에 가까웠다. 따라서 구인배율이 높다고 해서 항상 높은 지역은 없을 뿐만 아니라 전남과 같이 0.2에서 0.8까지 상승하는 지역이 있는 것처럼 항상 구인배율이 낮은 지역으로 고정된 경우도 없다고 할 수 있다. 다만 기술한 바와 같이 강원도는 구인배율이 낮은 군에서 한 번도 벗어나지 못하고 있다. 2008년의 금융위기 이후에 구인배율이 급격하게 상승한 곳은 울산, 충북, 충남, 전남, 경남, 제주이다.

구인배율을 권역별로 비교하기 위하여 작성한 내용이 [그림 2-4-10]이다.

이 그림을 보면, 역시 앞의 그림처럼 변동이 심함을 알 수 있다. 2003년도에는 수도권의 구인배율이 비수도권보다 높았지만 계속 하락하여 2009년도에는 비수도권역과 같아졌다. 이후에 다시 상승하다 2010년 이후에는 다시 떨어져서 이제는 비수도권 이하에 있다. 광역시와 도를 비교해 보면, 도가 광역시보다 2003년도에는 거의 0.15이상 낮았으나 도는 계속 상승한 반면에 광역시는 2009년까지 계속 구인배율이 떨어졌다. 이후 이제 약간 회복은 되었지만 도보다 역으로 0.15 정도 낮은 위치에 있다.

제5절 | 실업률

실업률은 경제활동인구에 대한 실업자 비율을 말한다. 실업자란 일만 있으면 즉시 취업이 가능한 사람, 즉 구직활동을 열심히 했음에도 불구하고 취업을 하지 못한 상태에 있는 사람을 말한다. 실업률은 노동시장의 건강을 보여 주는 중요한 고용지표 중에 하나다. 이를 경제학 식으로 나타내면 다음과 같다.

$$실업률 = 실업자 수 / 경제활동 인구 수 \times 100$$
$$또는$$
$$실업률 = 실업자 수 / (실업자수 + 취업자 수) \times 100$$

이 식을 보면 취업자 수가 많으면 실업률이 줄어들고, 실업자 수가 많으면 취업률이 낮아지기 때문에 결국 실업률은 노동시장의 건전성을 말해 주는 척도로 사용되는 것이다.

이와 같이 경제성장과 고용성장 간에는 양(+)의 상관관계가 있다는 것은 생산함수상의 이론적 논의로 보나 Okun 법칙 이래의 심증적 증거로 보나 일종의 상식으로 받아들여진다. 그러나 1990년 초 이래 미국에서 '고용없는 성장(jobless growth)' 혹은 '고용없는 경제회복(jobless recovery)' 현상이 관측된 이래 세계 각국에서는 불황 이후 경제회복 국면에서 경제성장뿐만 아니라 고용성과 개선 여부에 대한 관심이 높아짐에 따라 국내외 다양한 연구가 진행되고 있다. 이렇게 함으로써 실물경제와 고용지표 간

에 인과관계를 보다 객관성 있게 설명할 수 있게 된다는 것이다.[6]

1. 1990년대의 실업률

1990년대의 지역별 실업률의 변화과정에 대한 내용을 〈표 2-4-8〉과 같이 정리하였다. 〈표 2-4-8〉의 내용을 보면, 1990년대 우리나라의 실업률은 2% 중반을 유지하면서 매우 안정적인 고용시장을 형성하고 있었다. 이 당시 실업률은 IMF 시기인 1998년과 1999년을 제외하고는 2% 중반을 유지하고 있었다. 그러다가 IMF를 맞이하면서 7%와 6.3%로 급격하게 상승하였다. 서울은 초기에 4%대를 유지하다가 중반에는 3%

표 2-4-8 **1990년대 지역별 실업률(1989-1999)** (단위: %)

구분	1989	1990	1991	1992	1993	1994	1995	1996	1997	1998	1999
전국	2.6	2.4	2.4	2.5	2.9	2.5	2.1	2.0	2.6	7.0	6.3
서울	4.2	4.0	3.3	3.3	3.5	2.8	2.6	2.5	2.7	7.6	7.0
부산	3.1	3.4	3.3	3.4	4.5	4.3	3.6	3.5	3.9	8.9	9.1
대구	2.6	3.0	3.6	3.8	4.1	3.6	2.8	3.1	3.8	7.9	7.1
인천	2.8	2.9	2.9	3.3	3.3	2.8	2.2	2.4	3.4	8.4	7.9
광주	3.5	3.1	3.0	2.7	3.9	3.5	2.8	2.7	3.1	7.7	7.7
대전	3.5	3.1	3.2	3.2	4.1	4.1	3.3	2.7	2.9	7.1	6.3
울산	–	–	–	–	–	–	–	–	–	7.4	6.3
경기	2.9	2.5	2.0	2.4	2.5	2.1	1.6	1.7	3.0	8.4	7.0
강원	1.1	0.9	1.1	1.1	0.9	1.1	0.8	0.8	0.7	3.8	4.1
충북	0.9	0.8	1.3	2.1	2.2	2.0	1.5	1.3	1.6	5.3	4.4
충남	1.0	0.8	1.2	1.4	1.8	1.3	1.3	1.2	1.5	4.9	4.1
전북	1.6	1.2	1.6	2.2	2.5	2.4	1.9	2.3	2.6	5.4	5.2
전남	1.0	0.9	1.3	1.4	1.9	1.4	1.4	1.1	1.4	4.4	4.2
경북	1.1	1.0	1.4	1.3	1.7	1.5	1.4	1.1	1.7	4.9	4.2
경남	1.7	1.6	1.8	1.8	2.1	1.9	1.0	1.3	1.7	4.9	4.9
제주	0.9	0.4	1.2	0.8	1.2	0.8	0.8	0.8	1.1	3.5	3.6

출처: 통계청, 경제활동인구조사.

---

6 배기준, 최근실물경제와 고용지표 간의 연계변화, 노동리뷰, 2013년 9월호, 한국노동연구원, p.57.

대 전반, 후반에는 2%중반까지 내려왔다. 그러나 서울 실업률은 IMF 시기에는 7%대로 진입하여 고용시장이 매우 악화되었다. 부산은 초반에는 3%대 초반을, 중반은 4%중반, 후반은 3%후반으로 다른 지역에 비해 실업률이 제일 높은 지역이었다. 이러한 영향인지 부산 실업률은 IMF 시절인 1998년과 1999년에는 각각 8.9%, 9.1%로 치솟아 우리나라에서 가장 높은 실업률을 유지하였다. 대구는 실업률이 2%후반부터 3%중반까지 높낮이가 자주 바뀌는 현상을 보이고 있다가 역시 IMF 시절인 1998년과 1999년에는 7%의 실업률을 보였다. 인천은 평균보다 약간 높은 수준을 계속 유지하고 있었으나 IMF 때는 8%전후로 평균보다 높은 양상을 보였다. 광주는 IMF 전까지는 3.5%, IMF 시절에는 7.7%로 타 지역에 비해 약간 높았다. 대전은 초반은 3%, 중반은 4%를 유지하다가 다시 3-2%로 안정을 이루다가 IMF 시절에는 7%로 평균을 유지하였다.

도별로 보면, 경기는 전국 평균과 비슷하게 나타났고 특히 중후반에는 1%중반까지 실업률이 안정되다가 IMF 시절에는 8.4%, 7%로 평균에 비해 높은 수준을 보였다. 나머지 도 지역은 충북과 전북이 중반기에 2%초반의 실업률을 유지하고 있을 뿐 나머지 지역은 모두가 1%에 머무는 아주 좋은 고용시장을 유지하고 있었다. 제주는 0.4%까지 떨어졌던 해도 있어서 실업 없는 지역이라고 해도 과언이 아니다. 도 지역들은 대체로 수출이나 서비스 산업이 중점이 아니기 때문에 IMF 시절에도 그렇게 크게 실업률이 높지 않았다. IMF 때는 2년을 계속하여 5% 이상의 실업률을 보인 전북과 경기를 제외한 대부분 도는 많게는 5%초반 적게는 3% 중반의 실업률을 보였다.

2. 2000년대 실업률

2000년대의 전국 시·도별 실업률에 대한 내용이 〈표 2-4-9〉이다. 이 표를 보면, 평균은 IMF 3년차인 2000년도에는 4.1%대의 실업률을 보여 많이 안정되어 가고 있음을 알 수 있다. 중반까지는 평균이 3%후반으로 약간 높은 편이지만 후반 들어서는 3%초반과 2%후반으로 내려왔다. 지역적으로 보면 서울, 경기, 인천 수도권은 다른 지역에 비해 실업률이 높아 IMF의 영향을 받고 있음을 알 수 있다. 서울은 대부분의 연도에 4% 후반대를 보이고 있어서 전국에서 가장 실업률이 높다. 인천도 서울과 비슷하게 높게 나타나고 있으나 수도권 중에 경기는 이 두 지역에 비해 비교적 낮은 수준을 유지하고 있다.

부산은 초반기에는 6.5%, 5.2%를 보이다가 중반기에는 3%후반, 후반기에는 3%초반으로 나타나고 있어 여전히 실업률이 다른 지역에 비해 높은 편이지만 낮은 방향으로 확실하게 가고 있다. 대구도 부산보다 낮은 수준이지만 같은 방향으로 나가고 있어 실업률이 개선될 가능성을 보이고 있다. 광주, 대전도 약간씩 다르지만 실업률이 개선되는 방향으로 계속 나가고 있다.

도 지역을 보면 경기는 2000년에 3.7%, 2010년에도 3.7% 등 이 기간에 다른 도에 비해 높은 실업률을 보이고 있다. 그러나 2012년에 2.9%, 2013년에 2.6% 등 2%대로 떨어지면서 실업률이 뚜렷하게 개선이 되고 있다. 강원은 초기에는 2%중반에 머물다가 후반들어 더욱 개선이 되어 1% 후반으로 들어서고 있다. 충남은 2% 후반으로 있다가 다시 2%대 중반이나 초반을 보이고 있지만 도 단위로서는 유일하게 1%대가 한해도 없다. 이외에 전북이나 전남, 경북, 경남도 모두 초반에는 높다가 차츰 개선이 되어 1%대로 진입하고 있다. 다만 경북은 후반에 다시 2%후반으로 높아지고 있는 점이 특징이다. 제주는 2.6%가 가장 높은 실업률일 정도로 안정기조가 계속 유지되고 있으며 후반에는 1% 중반을 유지하고 있다.

표 2-4-9 2000년대 지역별 실업률(2000-2013)   (단위: %)

구분	2000	2001	2002	2003	2004	2005	2006	2007	2008	2009	2010	2011	2012	2013
전국	4.1	3.8	3.1	3.4	3.5	3.5	3.3	3.0	3.0	3.4	3.4	3.0	2.8	2.8
서울	4.8	4.5	4.2	4.5	4.6	4.7	4.4	3.9	3.9	4.4	4.5	4.3	4.0	3.8
부산	6.5	5.2	3.6	3.8	4.0	3.9	3.9	3.7	3.5	3.8	3.1	3.2	3.3	3.6
대구	4.7	4.6	4.0	4.1	3.9	4.0	3.5	3.3	3.5	4.0	3.7	3.3	2.8	2.9
인천	4.9	4.2	3.8	4.2	4.3	4.3	4.3	3.9	3.8	4.4	4.6	4.1	3.9	3.9
광주	5.6	4.6	3.5	4.3	4.0	4.1	3.8	3.6	3.6	3.4	3.0	2.6	2.3	2.5
대전	4.5	4.1	3.5	3.5	3.6	3.9	4.1	3.4	3.2	3.2	3.2	3.2	3.0	2.5
울산	4.0	3.2	2.3	3.1	3.3	3.2	2.7	2.4	3.2	3.7	3.0	2.3	2.3	1.9
경기	3.7	3.4	2.6	3.2	3.5	3.7	3.4	3.1	3.0	3.6	3.7	3.1	2.9	2.6
강원	2.6	2.4	1.9	2.0	2.0	1.7	1.2	1.7	1.6	1.7	2.1	1.7	1.9	1.8
충북	3.2	2.9	2.3	2.7	2.4	1.9	1.9	1.9	1.9	1.8	1.8	1.9	1.6	1.8
충남	2.6	2.8	2.4	2.5	2.1	2.3	2.2	2.0	2.1	2.7	2.5	2.0	2.0	2.4
전북	3.0	3.0	2.4	2.5	2.5	2.3	2.4	2.3	2.1	1.8	1.9	1.8	1.8	1.6
전남	3.2	2.9	2.1	2.3	2.4	2.2	1.6	1.6	1.9	1.4	1.8	1.6	1.2	1.8
경북	3.2	2.6	2.1	2.0	2.5	2.2	2.0	1.9	1.9	2.4	2.3	2.2	2.2	2.7
경남	3.3	3.2	2.4	2.4	2.2	2.4	2.1	2.2	2.0	2.8	2.5	2.0	1.6	1.8
제주	2.6	2.6	2.2	1.9	2.4	2.3	1.9	1.8	1.7	1.4	1.6	1.3	1.1	1.5

출처: 통계청, 국내통계, e-지방지표, 주제별, 고용, 경제활동인구조사.

1990년대와 2000년대의 실업률 비교(1989-2013)

　1989년부터 2013년간 약 25년간의 지역별 실업률의 추세를 나타내는 내용이 [그림 2-4-11]이다.

　이 그래프를 보면 우리나라 지역간 실업률이 얼마나 편차가 심한지를 알 수 있다.

그림 2-4-11 　**지역별 실업률(1989-2013)**　(단위: %)

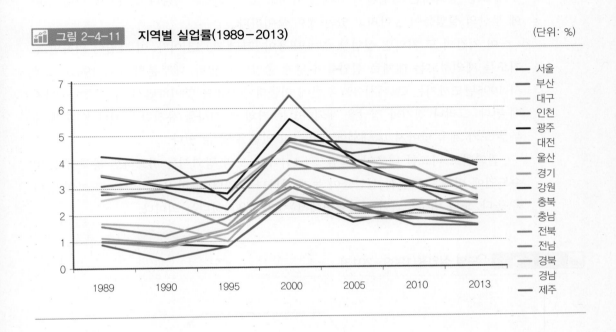

그림 2-4-12 　**광역시별 실업률(1989-2013)**　(단위: %)

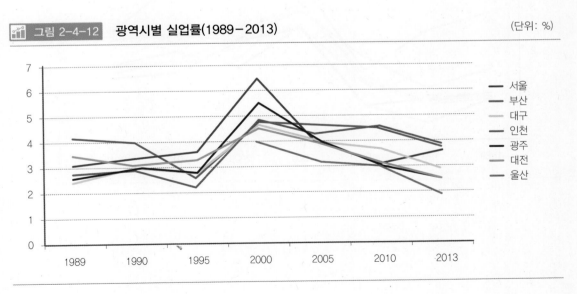

특히 1997년 이후 IMF시기를 맞이하는 2000년 전후에 지역간 실업 격차는 최고조에 다다른다. 이러한 편차는 지금도 마찬가지 상태로 유지되고 있다.

[그림 2-4-12]는 광역시의 실업률 추이를 나타내는 것으로 처음에는 3%에서 4% 초반을 유지하다가 1995년도에 가장 낮은 실업률을 보였다. 그러다가 IMF시절인 1998년에서 2000년도까지 모든 자치단체들은 실업률이 가장 높게 나타나고 있다. 그 후에 모든 광역시는 실업률이 크게 낮아지고 있는 것으로 나타나고 있지만 다만 후반에 부산의 실업률이 높아지고 있는 점이 특이하다.

이 기간의 도 지역별 실업률 추세 내용이 [그림 2-4-13]이다. 이 그림에 의하면 경기도를 제외하고는 대체로 실업률이 낮게 출발하고 있다. 대부분의 도가 1989년도에서 1995년도까지는 2%에서 1% 후반에 머물다가 IMF를 맞이하면서 급등하며 높아지게 된다. 그러나 경기와 경남을 제외하고는 거의 3%이하를 유지하고 있다. 이후에 대부분 도가 계속 낮아져 1%내외에서 머물고 있음을 알 수 있다.

권역별로 비교한 내용이 [그림 2-4-14]이다. 도와 광역시를 비교하면 광역시가, 비수도권에 비해 수도권의 실업률이 높게 나타나고 있다. 특히 IMF시절은 그 차이가 더욱 높다. 도와 비수도권이 실업률면에서는 더욱 유리하다는 의미다.

📊 그림 2-4-13 **도별 실업률(1989-2013)**   (단위: %)

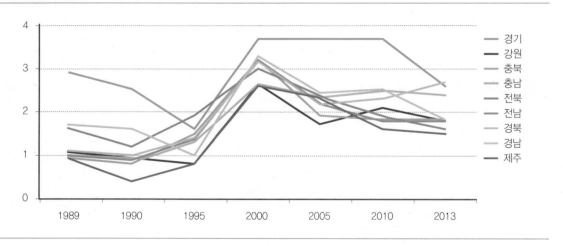

그림 2-4-14   권역별 평균 실업률(1989-2013)   (단위: %)

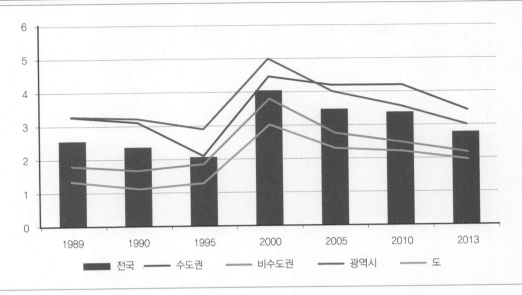

05

농 · 어업

우리나라에서 산업화가 본격적으로 시작된 1970년만 해도 우리나라 전체 가구 중 44.5%는 농사를 짓는 가구였다. 그러나 이후 산업화와 도시화가 진행되면서 농촌사회에는 많은 변화가 이루어졌다. 통계청은 5년에 한번 농림·어업 총 조사와 매년 농가 조사, 농가경제조사, 분기별로는 어류양식동향조사 그리고 매월 어업생산 동향조사 등 농어업 관련 조사를 하며 여러 농어업 통계를 생산하고 있다. 통계청은 매년 농가 조사를 실시하여 농가, 농가 인구, 농가 경영규모, 영농형태 등의 변화추이를 파악하여 각종 정책수립 및 평가를 위한 기초 자료를 제공하고 있다. 최근 2010년에는 농림 어업 총 조사를 실시하였다. 지금까지 정부가 실시했던 농림 어업 총 조사의 현황을 보면 다음 〈표 2-5-1〉과 같다.

    표에서 보는 바와 같이 농림 어업 총 조사는 세계농가 센서스 프로그램의 일환으로 농가부문은 1960년 "농가 국세조사"라는 명칭으로 처음 실시되었다. 어업부문

표 2-5-1 실시연도별 주요 농림 어업 총 조사의 의의 및 특징

연 도	조사명칭	작성기관	조사기준일	의의 및 특징
1960	농가 국세조사	농림부	1960.2.1	– 세계식량농가 기구(FAO)의 권고에 따라 제1차 농가 총조사 실시
1970	농가 센서스	농림부	1970.12.1	– 조사결과를 읍·면까지 집계하여 공포
	총어업조사	수산청	1970.2.1	– 세계식량농가 기구(FAO)의 권고에 따라 제1차 어업총조사 실시
1980	농가 총조사	농수산부	1980.12.11	– 부가조사로 지역조사 실시
	임업총조사		1980.12.1	– 내수면어업 부문 추가조사
1995	농가 총조사	농림수산부	1995.12.1	– 농가 정의에 판매금액 기준 추가
1998	임업총조사	산림청	1999.1.1	– 제1차 임업총조사 실시
2000	농가 총조사 어업총조사	통계청	2000.12.1	– 농가 총조사, 어업총조사 동시 실시 – 조사대상은 가구로 한정
2005	농가 총조사 임업총조사 어업총조사		2005.12.1	– 농가 총조사, 어업총조사, 임업총조사 동시 실시
2010	농림어업총조사		2010.12.1	– 농림어업총조사 통합 실시 – 농림어가 정의 중 판매금액 기준 변경

출처: 통계청, 농림어업총조사보고서: 농업, 2010. 9. 6.

은 1970년에, 지역조사는 1980년에, 임업부문은 1998년에 실시되기 시작하였다. 이후 5-10년 주기로 각 부문별로 실시되어 오다가 2010년에 농림 어업 총 조사로 단일화되어 실시되고 있다.[1]

여기서는 e-지방지표에 따라서 농가 인구와 가구, 어가 인구와 어가, 농가 소득과 농가 부채, 그리고 경지면적에 대하여 살펴볼 것이다. 이 분야에 대한 조사 내용과 기술내용을 요약하면 다음 〈표 2-5-2〉와 같다. e-지방지표는 분석기간이 2000년부터 2013년으로 약 14년간이다. 그러나 본 저서는 1960년부터 2013년까지이다. 이 중 어가 인구는 1969년부터이며, 농가 소득과 농가 부채는 e-지방지표와 같이 2003년에서 2013년간이다. 논경지면적은 1960년부터 2010년까지로 하였다.

표 2-5-2 농·어가 분야의 조사와 저술 내용

항 목	e-지방지표		본 저서의 내용	
	지 표	분석기간	지 표	분석기간
농 업	- 농가수 - 농가 인구	2000-2013 2000-2013	- 농가수 - 농가 인구	1960-2012 1960-2012
어 업	- 어가 - 어가 인구	2000-2013 2000-2013	- 어가 - 어가 인구	1960-2012 1969-2013
농가 경제	- 농가 소득 - 농가 부채	2003-2013 2003-2013	- 농가 소득 - 농가 부채	2003-2013 2003-2013
경지면적	- 논경지면적	2006-2013	- 논경지면적	1960-2010

제2절 | 농가

농가, 농민, 농촌지역사회는 총체적인 국가경제발전 또는 공업화의 전제조건이자 필수조건 등으로 명제화되어 있는 것이 일반적이다.[2] 그러나 우리나라가 경제개발 을 본격적으로 실시하기 시작한 1960년 이후에는 경제 제일주의에 초점을 두기 시작하

---

1 통계청, 농림어업총조사보고서: 농가, 2010, 1-4, p.6.

2 왕인근, 신흥공업국의 농가 조정: 한국경제개발 과정에 있어서의 농가의 혁명(한국농촌경제연구원, 1980), pp.1-20참조, 나재천, 농촌인구 이동과 농가 노동력의 구조 변화, 한남대학교 지역개발대학원, 석사논문, 1989, pp.5-6에서 재인용.

표 2-5-3 농가 구조 관련 주요지표의 변화

구분	단위	1970년	1975년	1980년	1985년	1988년
농가호수	천호	2,483	2,379	2,155	1,926	1,826
농가인구	천 명	14,422	13,244	10,827	8,521	7,272
경지면적	천 ha	2,298	2,240	2,196	2,144	2,138
호당경지면적	ha	0.93	0.94	1.02	1.11	1.20

출처: 농림수산부, '농림어업통계연보; 경제기획원, 경제활동인구연보, 각 연도.

면서 농업은 무시되고 공업 제일주의로 가기 시작하였다. 이 결과 전통적인 국가산업이었던 농업은 저발전이 계속되어 도시와 농촌 간에 불균형을 초래하게 된다. 이러한 도시와 농촌 간에 불균형은 결국 일자리와 임금 수준이 좋은 도시 쪽으로 농촌인구가 대거 유입되기 시작하면서 농가 구조가 크게 바뀔 수밖에 없다. 이러한 변화는 1970년에서 1980년대에 급속하게 이루어진다. 〈표 2-5-3〉은 농업의 기반인 농가, 농가 인구, 경지 면적 등 이 기간 동안 변화된 내용이다.[3]

이 표에서 보는 바와 같이 1970년도 농가호수가 248만 가구였는데 10년 후인 1980년도에는 216만호로 32만 가구가 사라졌다. 이들 중 대부분이 도시로 이동하거나 전업을 한 것이다. 이에 따라서 인구도 크게 변화하는데 농가 인구가 1970년도에는 1,442만이었었는데 10년 후인 1980년도에는 1,083만 명으로 1천만 명대를 유지하다가 5년 후인 1985년에는 852만 명으로 크게 줄어든다. 경지면적도 점차 축소된다. 1970년도에 230만ha이었던 경지면적은 1988년도에는 214만ha로 약 16만ha가 줄어든다. 경지면적이 공업과 도시를 위한 땅으로 전환이 된 것이다. 농가 인구와 농가가 대폭 줄어들었기 때문에 호당 경지면적은 약간이나마 늘어났다. 1970년에 호당 경지면적이 농가 인구의 감소로 0.93ha이었던 것이 1980년에는 1ha를 넘었고 1988년에는 1.29ha가 되었다.

농업 사회가 급격하게 변화되기 시작한 1970년대와 1980년대 동안 농가 인구와 농가 인구의 변화 현상을 구체적으로 보면 〈표 2-5-4〉와 같다.[4] 〈표 2-5-4〉에서 보는 바와 같이 1970~1975년 동안 농가 인구는 전년도 대비 0.85%가 감소되다가 이후 5년마다 2%내외가 감소되는 현상이 일어난다. 이에 따라서 농가 인구는 처음 5년 동안은 1.69%가 축소되었지만 이 역시 가속도가 붙어서 1970년과 1975년간은 1.69%, 1975년

---

3 이영기, 현단계 농가 구조 변화의 동향과 그 성격, 농가 정책연구, 제17권제1호, 1990.12.한국 농가 정책학회, p.193.

4 이영기, 현단계 농가 구조 변화의 동향과 그 성격, 농가 정책연구, 제17권제1호, 1990.12.한국 농가 정책학회, p.194에서 재인용.

| 표 2-5-4 | 기간별 농가 호수와 농가 인구 및 연평균 증감율 |

구분	농가 인구	농업 인구
연 도	1,000호	1,000명
1970	2,483	14,422
1975	2,379	13,244
1980	2,155	10,827
1985	1,926	8,521
1989	1,772	6,786
기 간	증감율(%)	증감율(%)
'70 – '75	–0.85	–1.69
'75 – '80	–1.96	–3.95
'80 – '85	–2.22	–4.68
'85 – '89	–2.06	–5.53

출처: 농림수산부, 농림수산통계연보, 각 연도.

도와 1980년도 사이에는 3.95%로 급감하기 시작한다. 1985년에서 1989년 4년 사이에는 무려 5.53%의 농가 인구가 축소되었다.

1. 농가 인구

1970년대와 1980년대를 지나 1990년대 이후의 농가는 어떠한 변화를 겪었는가. 농가 인구, 농가, 경지면적을 지역을 중심으로 살펴보자.

1) 1990년도 이전 농가 인구

1990년도 이전인 1960년에서 1985년도까지의 농가 인구에 대한 내용이 〈표 2-5-5〉이다. 이 표에 의하면, 1960년도의 농가 인구수의 지역 순위는 전남, 경북, 충남, 경남, 전북, 경기, 충북, 강원, 제주 순이다. 이 중에 전남은 농가 인구수가 2,611천 명, 경북은 2,539천 명, 충남은 2,525천 명으로 250만 명 이상이다. 경남은 2,181천 명으로 농가 인구가 200만 명 이상이 지역에 속했다. 다음으로는 전북과 경기가 150만 명 이상이다. 농가 인구가 100만이하의 지역은 충북, 강원, 제주다. 이를 보면, 한국의 농가 인구는 호남과 영남이 절대 다수다. 이 중에 전남과 경북의 점유율이 절대적으로 높다. 그러다가 1970년에 와서는 농가 인구의 순위가 전남, 충남, 경북, 경남, 충북 순으로 바꾸어진다. 충남이 농가 인구가 2,860천 명으로 1위 전남과 10만 명 정도 밖에 차

표 2-5-5　1990년 이전 지역별 농가인구수(1960－1985)　(단위: 명)

시도별[1]	1960	1965	1970	1975	1980	1985
서울	40,906	114,235	70,555	38,664	34,706	22,461
부산	59,568('63)	61,561	45,677	28,452	40,953	42,885
대구	(95,835('61))	(51,128)	(38,984)	(32,653)	(21,325)	37,035
인천	(48,696)	(48,315)	(37,859)	(34,040)	(27,730)	(28,546)
광주	(45,424('63))	(66,531)	(57,617)	(47,261)	(36,591)	(26,399)
대전	(12,538('58))	(31,430('64))	(23,131)	(16,582)	(13,443)	(34,668[2])
울산	(47,174('62))	(50,537)	(39,548)	(32,943)	(24,172)	–
경기	1,568,293	1,603,481	1,459,142	1,433,013	1,191,419	1,029,007
강원	861,538	926,313	868,521	781,794	646,263	543,609
충북	999,154	1,115,400	1,027,231	930,571	744,656	577,761
충남	2,525,646	2,899,838	2,860,690	2,948,649	2,955,999	3,001,572
전북	1,737,789	1,761,206	1,741,980	1,544,938	1,213,484	940,770
전남	2,611,012	2,859,272	2,952,790	2,415,616	1,989,185	1,462,919
경북	2,539,720	2,761,963('66)	2,514,623	2,292,507	1,854,774	1,394,209
경남	2,181,339('62)	2,286,816	2,042,437	1,833,893	1,445,174	1,101,349
제주	231,617	261,064	247,978	254,839	243,176	185,339

출처[3]: 경제기획원 한국통계연감, 농수산부 농수산 통계연보, 농림부 농림통계연보, 서울통계연보, 부산통계연보(1962, 1983, 1986), 대구통계연보, 인천 통계연보 1961, 대전통계연보, 대전성장통계, 울산광역시통계연보, 울산시통계연보 (1963-1986), 경기도사(1982), 통계로 본 강원의 발자취(1961~2001), 강원통계연보, 통계로 본 충북 50년, 충청북도, 1998.9, 농가 기본통계, 통계로 본 충남 100년, 전남통계연보DB, 경상북도사(하권), 경북통계연보, 경남농림통계연보, 1962~1986, 제주도지, 하권, 1983, 제주도지, 제2권, 1993.

주1) 한국통계연감, 농수산 및 농림통계연보에서는, 서울 1970년 65,895명, 대구는 89,260명('61), 37,488명('81).
　2) 1983년에 유성읍, 최덕면 등 모두 41개리가 충남에서 편입되었기 때문에 농가인구수가 대폭 증가되었음.
　3) 각주 표시는 앞에서 상세하게 표시하였기 때문에 저서 분량관계로 발간지는 생략하기로 한다. 예: 서울시, 통계연보를 서울통계연보로 표시하되, 발간지가 혼동할 가능성이 있다고 생각되는 것은 발간지를 표시할 예정임.

이가 없을 정도로 증가되었고, 경북보다는 약 35만 명이 많아졌다. 충북도 1,027천 명으로 1백만 명 농가 인구에 돌입했다. 1970년도의 농가 인구를 보면, 1960년도에 비해 전남, 충남은 크게 증가한 반면에 강원, 충북, 전북, 제주는 미미한 증가 지역, 경기, 경남은 감소지역으로 나타나고 있다.

　　1985년의 현황을 보면, 농가 인구의 순서는 충남, 전남, 경북, 경남, 경기, 전북, 충북, 강원, 제주 순이다. 이 지역 중에 충남의 농가 인구는 3,001천 명으로 유일하게 3백만 명의 농가 인구 지역이다. 그 외에 200만 명의 농가 인구를 가진 지역은 하나도 없을 정도로 농가 인구가 충남 이외 지역은 대폭 감소되고 있었다. 농가 인구가 다수였던 전남, 경북, 경남도 이제는 150만 명 이하의 농가 인구 지역이 되었다. 1970년도에 1백만 명이었던 충북도 거의 50% 수준인 577천 명의 농가 인구 지역으로 변하였다. 제주도 1970년대까지는 농가 인구가 계속 증가하여 1975년도에는 농가 인구가 254천 명으로 최고 수준으로 갔다. 그러나 그 후로 감소하기 시작하여 1985년에는 185천 명까지 떨어진다.

서울과 부산을 비롯한 대도시의 농가 인구는 당연히 줄어들 수밖에 없다. 서울은 1960년도에 농가 인구가 41천 명이었다가 1965년에는 11만 4천 명까지 증가하였지만 1970년은 70천 명, 1985년에는 22천 명으로 대폭 감소하였다. 부산은 서울보다는 농가 인구의 감소가 적은 것으로 나타났다. 그러나 이는 행정구역의 확장으로 인하여 주변 농촌지역들이 많이 편입되어 농가 인구가 많이 유입되었기 때문에 전체 농가 인구수가 크게 감소되지 않은 것으로 나타났을 뿐이다.

2) 1990년대의 농가 인구(1990-1999)

다음 〈표 2-5-6〉은 산업별 지역내 총생산에 대한 증가율을 보여주고 있다. 1990년대 들어오면서 1차 산업은 대폭 감소하고 2차와 3차 산업이 눈에 띄게 성장한다. 1986년에서 1990년 5년 동안 1차 산업은 0.6%밖에 성장하지 못했지만, 2차 산업과 3차 산업은 11%이상 성장하고 있다. 물론 1991년부터 2000년까지는 1차 산업도 3%내지 1.2% 성장하였다. 그러나 2차 산업은 7.2%에서 9.9%, 3차 산업은 8.4%에서 3.4% 사이에 성장하여 1차 산업과의 차이가 더 크게 벌어졌다. 특히 2002년에는 우리나라 산업이 평균 6.3% 성장했음에도 불구하고 1차 산업은 오히려 3.6%가 떨어졌다. 1990년대에는 이처럼 1차 산업이 급락하고, 2차와 3차 산업은 급등하는 시기였다.

1990년대에 우리나라 지역별 농가 인구 수에 대한 내용이 〈표 2-5-7〉이다. 이 표에서 보면, 1990년도의 우리나라 농가 인구는 약 666만 명이다. 20년 전인 1970년도에 1,442만 명에 비하면 무려 53.8%가 줄어들었다. 이후 10년 동안 더욱 감소폭이 커

표 2-5-6 **산업별 지역내 총생산 증가율** (1995년 가격 기준, %)

산업/연도	1986-1990	1991-1996	1996-2000	2002	1986-2002
1차산업	0.6	3.0	1.2	-3.6	0.9
2차산업	11.3	7.2	9.9	6.3	9.0
3차산업	11.5	8.4	3.4	7.3	7.5
계	10.0	7.6	5.4	6.3	7.4

표 2-5-7 **1990년대 시·도 별 농가인구수** (단위: 명)

구분	1990	1991	1992	1993	1994	1995	1996	1997	1998	1999
전국	6,661,322	6,068,262	5,706,793	5,407,024	5,167,420	4,851,080	4,692,040	4,468,172	4,399,643	4,209,799
서울	15,200	18,967	15,406	14,629	13,483	11,376	13,731	11,083	10,633	10,053
부산	34,544	42,991	33,118	32,748	32,765	37,035	39,541	36,085	37,494	36,165
대구	36,729	32,290	32,775	31,368	28,275	48,826	47,845	43,375	43,343	40,820
인천	23,021	20,558	18,312	17,403	16,147	58,814	55,875	55,855	57,899	58,278
광주	61,941	63,463	55,933	50,422	47,909	42,464	40,181	36,787	36,800	34,945
대전	41,460	37,111	38,172	36,485	33,173	30,941	29,225	28,214	26,719	25,220
울산	–	–	–	–	–	–	–	37,632	38,554	37,952
경기	825,807	761,824	730,482	712,893	694,277	599,800	603,112	574,078	572,098	548,847
강원	392,596	366,932	333,133	317,007	304,540	281,260	277,793	266,627	259,919	248,180
충북	433,051	404,895	379,295	361,963	349,273	326,467	321,922	310,576	299,791	279,320
충남	901,333	798,335	746,218	701,881	671,291	641,781	601,833	570,755	560,099	540,001
전북	708,079	646,357	608,961	570,030	545,179	485,276	472,423	444,990	434,868	406,744
전남	1,080,170	966,459	892,141	824,431	775,684	748,436	702,797	669,850	660,827	632,539
경북	1,105,409	1,001,514	950,632	902,813	857,352	787,481	755,839	732,435	727,695	696,289
경남	837,859	753,286	720,122	681,502	650,671	605,544	587,604	514,637	499,552	478,237
제주	164,123	153,280	152,093	151,450	147,400	145,579	142,320	135,193	133,352	136,209

출처: 통계청, 국내통계, 주제별, 농림어업, 농림어업총조사, 1990년, 개인농가; 통계청, 농림어업조사(1990~2009).

진다. 1999년도에는 농가 인구가 421만 명으로 떨어졌다. 1990년과 비교하면 또 37%가 감소된 것이다.

이 10년 동안 지역으로 보면 흥미로운 현상이 일어난다. 1990년도 서울의 농가 인구는 15천 명에서 1999년도에는 1만 명으로 33%가 감소된다. 그러나 이 기간 동안 부산, 대구, 인천은 오히려 농가 인구가 증가하는 추세가 된다. 1990년도에 부산은 35천 명에서 10년 후인 1999년에는 36천 명으로 1천 명이 증가된다. 대구는 약 4천 명, 인천은 1999년에는 58천 명으로 10년간 2.5배가 증가된다. 반면에 또 다른 광역시인 대전과 광주는 농가 인구가 크게 줄어든다. 1990년대 10년 사이에 광주는 농가 인구가 62천 명에서 35천 명으로, 대전은 41천 명에서 25천 명으로 줄어들었다. 부산은 김해, 기장군 일부가 부산으로 편입되었고, 대구는 달서구와 일부 농촌지역이 편입되었기 때문에 농가 인구가 늘어난 것이다.

도 지역은 거의 모두 농가 인구가 50%-60%대 가까이 감소되었다. 전남과 경북은

1990년도에는 모두 1백만 명대 농가 인구를 보유하고 있었는데 1999년도에는 약 40만 명 가까이 줄어든다. 1990년도에 비해 무려 58.5% 수준으로와 62.9% 수준으로 축소되었다. 경기는 2000년도 83천 명에서 2010년도에는 55천 명으로 66.3%가 축소된다. 강원이 63.1%, 충북 64.4%, 충남 60% 등 도 단위는 10년 사이에 60%대 수준 전후로 농가 인구가 축소되었다. 이 지역 중 특히 충남은 1985년도에 농가 인구가 300만 명에서 5년 후인 1990년에는 90만 명으로 70%나 감소하고 있다. 그래도 전통적인 농가지역인 전남, 경북, 경남, 전북의 농가 인구가 전국 농가 인구의 52.6%를 차지하고 있다.

3) 2000년대 농가 인구(2000-2012)

2000년대 들어와서 농가 인구가 지역별로 어떻게 변동되고 있는지를 알아보기 위하여 작성한 내용이 〈표 2-5-8〉이다. 2000년대 들어와서도 농가 인구의 감소는 지속

표 2-5-8 2000년대 시 · 도별 농가인구 변화(2000-2013) (단위: 명)

구분	2000	2001	2002	2003	2004	2005	2006	2007	2008	2009	2010	2011	2012
전국	4,031,065	3,933,250	3,590,523	3,530,102	3,414,551	3,433,573	3,304,173	3,274,091	3,186,753	3,117,322	3,062,956	2,962,113	2,911,540
서울	7,783	8,821	7,264	7,108	6,575	11,770	10,666	10,938	8,657	7,084	13,602	11,768	9,927
부산	29,254	29,769	25,231	24,902	23,554	27,142	24,758	25,243	24,971	22,094	24,961	23,565	22,859
대구	42,948	40,613	39,452	39,829	37,396	50,343	47,899	48,702	45,413	40,385	50,351	50,876	51,514
인천	46,665	52,417	41,482	41,450	40,922	41,221	38,485	41,788	37,867	39,652	37,750	36,196	34,760
광주	37,748	36,587	30,636	30,487	28,703	41,771	39,257	39,949	36,037	35,743	37,994	35,232	32,903
대전	25,141	23,274	21,414	19,909	19,115	28,095	25,122	22,326	23,709	24,605	27,605	29,332	28,760
울산	38,021	37,683	33,996	33,701	32,582	34,597	39,247	39,173	38,185	37,632	34,078	33,154	32,523
경기	514,058	520,757	480,123	484,275	476,101	456,515	437,386	440,533	434,244	430,743	412,138	412,351	407,109
강원	238,044	237,277	215,365	217,813	216,413	214,434	212,758	212,405	205,178	199,845	191,922	183,273	180,144
충북	277,534	264,367	247,606	240,966	235,511	238,610	237,333	233,514	228,531	223,580	211,522	207,174	202,735
충남	538,718	514,808	485,598	468,936	452,784	446,022	437,295	433,585	428,273	417,312	394,324	378,094	367,944
전북	388,907	369,622	333,576	326,998	316,449	318,998	307,497	300,255	290,123	285,584	277,611	259,552	263,112
전남	606,419	590,880	522,290	510,744	492,836	477,611	461,036	452,324	438,961	425,154	395,835	379,767	370,614
경북	646,818	624,095	569,712	559,684	537,447	543,237	500,539	500,110	490,120	479,517	491,225	471,076	465,408
경남	463,855	450,877	418,068	406,333	388,206	392,926	379,794	368,240	354,291	343,591	347,499	336,641	327,931
제주	129,152	131,404	118,709	116,967	109,955	110,281	105,103	105,004	102,192	104,802	114,539	114,062	113,298

출처: 통계청, 국내통계, 주제별, 농림어업, 농림어업총조사, 1990년, 개인농가; 통계청, 농림어업조사(2000~2012).

되어졌다. 2000년도의 농가 인구가 403만 명, 10년 후인 2010년에는 306만 명으로 약 1백만 명이 줄어들었고 비율로는 10년 전보다 약 24%가 감소되었다. 이를 지역으로 볼 때 흥미로운 현상이 나타난다. 광역시지역이 도지역에 비해 오히려 농가 인구가 늘어나거나 줄어들더라도 폭이 크지 않다는 점이다. 2000년대에 들어와서 서울과 대구, 대전은 농가 인구가 2천 명에서 많게는 1만 명이 늘어나고 있다. 서울은 7,700명에서 9,900명으로 약 2,200명이 늘어났다. 대구는 4,300명에서 5,200명으로 늘어나 농가 인구가 10년 사이에 약 900명이 늘어나는 현상을 보이고 있다. 행정구역 개편으로 인하여 농가 인구가 흡수된 경우가 큰 영향이라 짐작케 한다. 그러나 광역시인 경우에 부산, 인천, 광주, 울산의 농가 인구는 감소되고 있다.

도의 경우는 전부 농가 인구가 크게 감소되고 있다. 2000년도와 2012년을 비교해 보면, 전남이 10년 전의 65%, 전북이 71% 수준으로 가장 많게 떨어졌다. 다만 제주는 10년 후에도 88% 수준은 유지하고 있다. 이외에도 10년 전의 80%선을 유지하고 있는 도는 강원, 경기도 등이다. 이를 정리해 보면, 2000년도의 농가 인구 순은 60만 명대가

표 2-5-9 2000년대 시도별 농가 인구수 점유율(2000-2012) (단위: %)

구분	2000	2001	2002	2003	2004	2005	2006	2007	2008	2009	2010	2011	2012
서울	0.2	0.2	0.2	0.2	0.2	0.3	0.3	0.3	0.3	0.2	0.4	0.4	0.3
부산	0.7	0.8	0.7	0.7	0.7	0.8	0.7	0.8	0.8	0.7	0.8	0.8	0.8
대구	1.1	1.0	1.1	1.1	1.1	1.5	1.4	1.5	1.4	1.3	1.6	1.7	1.8
인천	1.2	1.3	1.2	1.2	1.2	1.2	1.2	1.3	1.2	1.3	1.2	1.2	1.2
광주	0.9	0.9	0.9	0.9	0.8	1.2	1.2	1.2	1.1	1.1	1.2	1.2	1.1
대전	0.6	0.6	0.6	0.6	0.6	0.8	0.8	0.7	0.7	0.8	0.9	1.0	1.0
울산	0.9	1.0	0.9	1.0	1.0	1.0	1.2	1.2	1.2	1.2	1.1	1.1	1.1
경기	12.8	13.2	13.4	13.7	13.9	13.3	13.2	13.5	13.6	13.8	13.5	13.9	14.0
강원	5.9	6.0	6.0	6.2	6.3	6.2	6.4	6.5	6.4	6.4	6.3	6.2	6.2
충북	6.9	6.7	6.9	6.8	6.9	6.9	7.2	7.1	7.2	7.2	6.9	7.0	7.0
충남	13.4	13.1	13.5	13.3	13.3	13.0	13.2	13.2	13.4	13.4	12.9	12.8	12.6
전북	9.6	9.4	9.3	9.3	9.3	9.3	9.3	9.2	9.1	9.2	9.1	8.8	9.0
전남	15.0	15.0	14.5	14.5	14.4	13.9	14.0	13.8	13.8	13.6	12.9	12.8	12.7
경북	16.0	15.9	15.9	15.9	15.7	15.8	15.1	15.3	15.4	15.4	16.0	15.9	16.0
경남	11.5	11.5	11.6	11.5	11.4	11.4	11.5	11.2	11.1	11.0	11.3	11.4	11.3
제주	3.2	3.3	3.3	3.3	3.2	3.2	3.2	3.2	3.2	3.4	3.7	3.9	3.9

경북, 전남, 50만 대가 충남, 경기, 40만 명대가 경남, 20만 명대가 충북, 강원, 10만 명대가 제주 순이었다. 12년이 지난 2012년의 현황을 보면, 40만 명대는 경북, 경기, 30만 대는 전남, 충남, 경남, 20만 명대는 전북, 충북, 10만 명대는 강원, 제주 순이다. 경북만이 농가 인구 면에서 계속 1위를 차지하고 있고, 나머지 지역은 순위가 자주 바뀌고 있음을 알 수 있다.

2000년대 지역별 농가수의 점유율을 정리한 내용이 〈표 2-5-9〉이다. 광역시는 이 기간 동안 점유율이 2%미만이다. 2012년 기준으로 할 때 광역시 모든 농가를 합하여도 점유율은 7.3%에 불과하다. 충북의 규모보다 약간 높은 수준이다. 도가 역시 농업 중심임을 알 수 있다. 지역별로 비교해 보면, 2000년대의 농가 인구는 경북이 이 기간 동안 계속해서 1위를 점하고 있다. 경북은 가장 높을 때는 16.0%, 가장 적을 때도 15.1%를 유지하고 있다. 경북에 이어 2위는 순위가 자주 변동이 된다. 2007년까지는 전남이 2위였으나 이후로는 경기가 2위를 점하고 있다. 경기의 점유율은 2000년에는 12.8%로 4위였지만, 2005년에는 13.3%로 충남을 제치고 3위로, 2012년 현재는 14%로 2위로 상승하였다. 전남은 대표적인 농업지역이다. 그러나 점유율을 보면, 2000년에는 15.0%, 2005년에는 13.9%, 2012년에는 12.7%로 계속 떨어지고 있다. 충남은 이 기간에 역시 2000년에 13.4%, 2005년에는 13.0%, 2012년에는 12.6%로 전남과 0.1% 차이 밖에 나지 않는다. 이 두 지역이 도시화, 공업화 속도가 빨라지고 있음을 알 수 있다.

4) 1990년대와 2000년대의 지역별 농가 인구 비교(1990-2012)

1990년대에서 최근 2012년 약 22년간 지역별 농가 인구의 변화 추세에 대하여 살펴보자. 이 내용이 [그림 2-5-1]이다. 모두가 감소하는 추세에 있는 그림이다. 경북과 전남이 1990년도에는 1백만 농가 인구였다가 지금은 급속하게 떨어져서 거의 40만 명 전후에 있다. 광역시는 처음부터 5만 명 이하의 낮은 수준에서 출발하고 있기 때문에 거의 밑바닥에서 움직이고 있다. 워낙 작게 움직이기 때문에 여타의 지역에는 큰 영향을 미치지 못하고 있다.

2000년도에는 경북, 전남, 충남, 경기, 경남으로 상위를 점하였다. 그러다가 2005년에는 경북, 전남은 2000년처럼 1, 2위를 점하지만, 3위는 충남 대신 경기로 순위가 변동되었다. 2013년에는 경북은 여전히 수위를 차지하지만 경기가 전남을 제치고 2위를 점하고 있다. 경기도 다음에는 전남, 충남, 경남, 전북 순이다. 제주는 2013년에 전체로 보면 3.9%를 점하고 있는데 이는 제주가 1차 산업이 강세지역임을 입증하는 것이라고 볼 수 있다.

그림 2-5-1　지역별 농가 인구수(1990−2012)　(단위: 천 명)

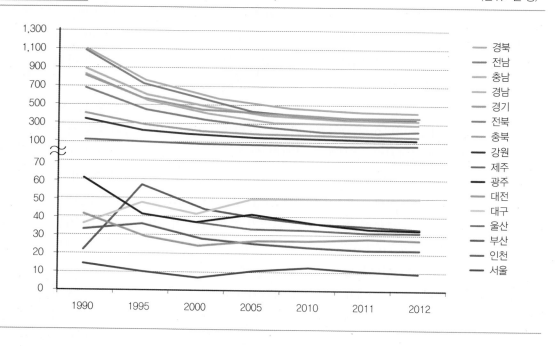

2. 농가 수

농가조사에서, 농가란 생계 또는 영리를 목적으로 논·밭 등 경지 10a(약 300평) 이상을 직접 경작하는 가구나, 연간 농축산물의 판매금액이 50만 원 이상으로 농사를 계속하는 가구를 말한다. 다만, 농축산물의 판매금액이 50만 원 미만이지만 50만 원 이상의 가축을 사육하는 가구도 농가 수에 포함한다.

1) 1990년 이전 농가 수(1960−1985)

1960년대에서 1980년대까지의 농가수의 변화를 지역별로 나타낸 내용이 〈표 2-5-10〉이다. 농가 수는 농가 인구의 변화와 정의 관계에 있다. 때문에 앞의 〈표 2-5-9〉에서 보는 바와 같이 농가 인구의 변동에 따라서 증감하고 있음을 알 수 있다. 즉, 대도시는 줄어들고 도 지역은 증가하다가 1975년을 전후로 증가하는 지역과 감소하는 지역으로 구분이 된다.

농가 수에 따라 지역 순위를 매겨보면, 소규모 농가 인구가 있는 대도시를 제외하고는 1960년도에는 충남, 전남, 경북, 경남, 경기, 충북, 강원, 제주 순이다. 충남의 농

표 2-5-10 **1990년 이전 시 · 도별 농가 수(1960 – 1985)** (단위: 호)

구 분	1960	1965	1970	1975	1980	1985
서울	7,405	18,552	11,222	6,446	6,341	4,100
부산	(6,616))	10,235	7,705	4,934	8,149	8,376
대구	(15,073)	(7,776)	(6,161)	(5,579)	(3,813)	7,440
인천	(7,618)	(7,826)	(6,755)	(5,720)	(4,383)	5,156
광주	(10,426('63)	(10,217)	(8,767('71))	(8,509)	(5,480)	(6,751)
대전	(2,290('58))	(4,307('64))	(3,524)	(2,776)	(2,289)	(5,973)
울산	(8,524('62))	(8,267)	(6,755)	(5,720)	(4,384)	–
경기	253,517	259,114	254,266	262,463	235,335	223,454
강원	149,470	159,463	149,500	137,875	124,100	116,395
충북	157,844	173,590	173,751	162,404	146,787	130,366
충남	415,921	456,239	500,279	535,345	584,537	656,528
전북	274,047	275,890	297,162	271,774	235,731	206,894
전남	415,360	441,470	453,732	431,640	391,614	336,539
경북	410,006	441,269	436,426	416,481	380,971	329,653
경남	362,654	366,102	355,105	334,243	297,486	261,086
제주	49,723	58,427	55,456	55,736	53,202	42,278

출처: 경제기획원, 한국통계연감, 농림부, 농림통계연보, 농수산부, 농가 센서스, 1970, 통계로 서울통계연보, 서울통계연보, 부산통계연보(1962, 1983, 1986), 대구통계연보, 인천 통계연보 1961, 대전통계연보, 대전성장통계, 통계로 본 강원의 발자취(1961~2001), 강원통계연보, 통계로 본 충북 50년, 충청북도, 농가 기본통계1998.9, 충북통계연보(1967), 통계로 본 충남 100년, 전남통계연보DB(광주자료출처), 경상북도사(하권), 경북통계연보, 경북발전 27년사, 1972, 제주도지, 하권, 1983, 제주도지, 2권, 1993.

가 인구가 이 기간에 3위를 점했지만 농가수면에서는 1위이다. 이 순서는 1985년도에도 변하지 않고 그대로 유지하고 있다. 1960년도에 농가수를 보면, 40만 농가 가구 이상인 지역은 충남, 전남, 경북이었고, 30만 대가 경남, 20만 대가 전북, 경기, 10만 대가 충북, 강원 순이다. 그러다가 1985년 현황을 보면, 60만 대는 충남이 유일하다. 전남과 경북이 30만 대이고, 20만 대는 경남, 경기, 전북, 10만 대가 충북, 강원이다. 이 기간 동안 농가수가 증가한 곳은 유일하게 충남뿐이다. 충남의 농가수는 656천호로 241천 가구나 늘어나 1960년에 비해 무려 58%가 증가했다. 이 증가 폭은 1차 산업이 크게 감소되고 있는 시점이라는 점과 함께 이 기간에 나머지 지역은 농가수가 감소하고 있다는 점에서 보면 매우 특이한 점이다. 또한 이 점은 1960년에서 1985년도 사이에는 농가 인구의 순위는 변동이 있었지만 농가 인구와 관련이 밀접한 농가 수는 변동이 없었다는 점에서 역시 특이한 현상이다.

2) 1990년대 지역별 농가 수(1990-1999)

농가의 수가 1990년대에 어떻게 변하고 있는지를 나타내 주는 표가 〈표 2-5-11〉
이다. 1990년에 전국의 농가 수는 177만 가구였으나 1999년도는 138만 가구로 줄어
들었다. 1999년 농가 수는 10년 전의 농가 수에 비해 78% 수준으로 떨어진 것이다. 앞
의 표에서 농가 인구의 수가 10년간 63.2%의 수준으로 떨어진 점을 고려하면 하락 폭
이 더 크다는 것을 알 수 있다.

지역적으로 보면 광역은 부산, 대구, 인천이 오히려 상승하고 있다. 이 지역의 농
가수가 이렇게 상승한 것은 이미 기술하였지만 지방행정구역을 재조정할 때 농촌지역
이 편입되었기 때문이다. 서울은 이전에 농가 인구에서 보면 이 기간에 증가한 것으로

표 2-5-11 **1990년대 지역별 농가수(1990-1999)**

(단위: 호)

시도별	1990	1991	1992	1993	1994	1995	1996	1997	1998	1999
전국	1,767,033	1,702,307	1,640,853	1,592,478	1,557,989	1,500,745	1,479,602	1,439,676	1,413,017	1,381,637
서울	3,410	3,894	3,394	3,345	3,136	2,743	3,284	2,515	2,526	2,443
부산	8,493	10,273	8,153	7,924	7,823	9,789	10,078	9,612	9,944	9,664
대구	8,246	7,470	7,628	7,435	6,913	13,162	12,784	12,469	12,387	12,156
인천	5,473	4,905	4,499	4,351	4,184	18,072	17,173	16,616	16,911	16,981
광주	15,557	16,563	14,420	13,147	12,731	11,934	11,182	10,999	11,135	10,740
대전	9,317	8,484	8,497	8,321	8,008	7,864	7,422	7,058	6,817	6,710
울산	-	-	-	-	-	-	-	11,232	11,260	11,314
경기	202,595	191,916	187,554	184,556	182,084	160,581	161,456	156,119	155,240	149,794
강원	100,689	98,413	92,484	89,771	88,145	83,126	83,566	81,640	80,337	79,260
충북	115,640	111,293	106,302	103,373	102,505	99,407	99,068	97,658	95,070	91,715
충남	225,447	216,313	208,990	200,981	197,815	192,741	185,533	180,963	175,570	174,114
전북	188,160	181,710	174,248	168,365	164,722	152,257	149,275	144,963	142,116	137,304
전남	298,017	288,145	277,524	268,612	261,345	251,914	245,990	240,716	234,560	229,342
경북	307,822	296,071	286,582	278,266	271,093	259,454	255,959	246,996	245,663	240,405
경남	238,020	226,752	220,524	213,837	207,666	197,920	197,349	179,896	173,657	169,365
제주	40,147	40,105	40,055	40,192	39,820	39,781	39,485	40,223	39,821	40,330

출처: 통계청, 국내통계, 주제별, 농림어업, 농림어업조사, 농업, 1970-2009, 행정구역별 농가 수; 통계청, 농림어업조사
(1990~2009).

나타난 반면 농가는 줄어드는 현상을 보이고 있다. 이는 서울 시민 중 농사는 경기도 등 인근 지역에서 짓고, 주소는 서울로 하는 직주분리 현상 중에 하나라고 할 수 있다. 1999년도에도 강원과 충북은 1990년도 농가 수의 79%수준을 유지하고 있어 아직도 농가가 이 지역에 적지 않은 비중을 차지하고 있음을 알 수 있다. 경북과 전남도 각각 1990년의 78%와 77%를 유지하고 있으며 경기와 경남은 각각 71.2%, 74.3%로서 떨어진 폭이 다른 지역에 비해 큰 것으로 나타났다. 제주는 도 지역에서는 유일하게 상승한 지역이다. 제주지역은 이 기간 동안 농가 수가 계속 4만 가구 전후를 유지하고 있었다. 1999년도에는 40,330가구로 1990년도 40,147가구 보다 183가구 늘어났다. 제주도는 현재 1차 산업이 차지하는 비율이 전국에서 유일하게 20% 내외인 지역이다.

3) 2000년대 농가 수(2000~2012)

2000년도의 시·도별 농가수의 변화를 보면 다음 〈표 2-5-12〉와 같다. 2000년도의 농가수가 138만 가구였으나 10년 후인 2010년에는 118만 가구로 10년 전의 약 85.5%를 유지하고 있다. 1990년대에 10년간 감소된 농가수가 1990년도 농가수의 73%인 점을 고려하면 농가수도 이제는 떨어지는 속도가 그렇게 크지 않다는 것을 의미한다. 이제는 어느 정도 정리가 되어 과거처럼 일시적으로 떨어지는 경우는 없을 것이라고 여겨진다. 이는 농촌에서는 더 이상 전업하거나 이주할 사람이 없다는 점 이외에 최근에 탈 도시 주민들이 농촌에 정착하는 사람들이 늘고, 또 정부의 강력한 귀농 정책 등이 어느 정도 농가구의 유출을 억제하는 데 도움을 주고 있다고 볼 수 있다. 지역으로 보면 광역시 중에는 서울, 부산, 대구, 인천이 농가 수가 증가하고 있는 것으로 나타났고, 광주, 대전이 떨어지는 것으로 나타나고 있으나 그 폭은 적은 수준을 유지하고 있다.

2000년과 2012년을 도별로 놓고 비교했을 때, 제주가 2000년도에 97.7%를 유지하고 있어 거의 변동이 없다고 할 수 있으며, 경기와 강원이 각각 92% 수준을 유지하고 있어 양호한 편이다. 이외에 충북, 경북, 경남은 80%대를 유지하고 있다. 그러나 전북과 전남은 각각 76.6%, 70.7%로 아직도 농가의 이동이 심하게 나타나고 있음을 알 수 있다.

표 2-5-12 **2000년대 지역별 농가 수(2000-2012)** (단위: 호)

시도별	2000	2001	2002	2003	2004	2005	2006	2007	2008	2009	2010	2011	2012
전국	1,383,468	1,353,687	1,280,462	1,264,431	1,240,406	1,272,908	1,245,083	1,231,009	1,212,050	1,194,715	1,177,318	1,163,209	1,151,116
서울	2,115	2,154	1,951	1,985	1,793	3,496	2,934	2,900	2,445	2,130	4,123	3,541	3,114
부산	8,408	8,720	7,872	7,819	7,429	8,712	7,665	7,879	7,960	7,388	8,457	7,854	7,784
대구	12,886	12,563	12,081	12,243	11,705	16,292	15,646	16,071	15,406	14,269	16,974	17,152	17,716
인천	15,357	15,757	14,516	14,427	14,295	14,569	13,443	14,038	12,984	13,724	13,835	13,777	13,567
광주	11,960	11,730	10,612	10,138	9,750	14,050	12,912	12,798	11,646	11,836	13,079	12,481	11,852
대전	7,075	6,691	6,429	5,965	5,894	8,657	8,045	7,801	7,975	7,960	8,914	9,130	9,264
울산	12,307	11,826	11,504	11,429	11,172	11,980	13,168	13,196	13,320	13,004	12,124	11,772	11,769
경기	148,504	148,922	141,533	143,185	142,391	141,503	135,853	137,373	137,670	137,336	135,332	137,548	137,049
강원	77,444	78,578	74,155	75,288	75,154	75,790	77,742	77,466	76,562	75,765	72,472	71,687	71,603
충북	92,132	90,499	85,228	84,184	83,890	85,723	86,984	85,424	85,388	84,257	79,963	80,185	79,024
충남	179,550	172,833	168,521	164,080	160,784	163,197	161,986	161,025	160,734	158,528	151,424	150,207	146,876
전북	137,417	132,268	122,918	120,540	117,762	121,749	118,906	115,409	112,607	111,645	109,433	104,734	105,759
전남	232,634	226,961	208,190	203,491	199,053	198,764	194,565	190,387	185,569	181,090	170,213	167,086	164,248
경북	236,222	227,905	218,304	216,851	212,705	216,128	205,516	205,125	203,169	200,252	201,651	197,218	195,779
경남	170,343	165,609	158,797	154,912	150,261	156,080	153,251	148,383	143,971	140,144	141,431	140,341	137,505
제주	39,114	40,672	37,850	37,893	36,366	36,218	36,465	35,735	34,645	35,388	37,893	38,497	38,208

출처: 통계청, 국내통계, e-지방지표, 주제별, 농어업, 농가 수.

4) 1990년대와 2000년대의 지역별 농가 수 비교(1990-2012)

다음 [그림 2-5-2]는 1990년에서 2012년 동안 시·도 지역별로 농가수의 변화를 보여 주고 있다. 1990년도부터 2005년까지는 농가수가 급속하게 줄어들고 있는 것으로 나타나고 있지만 이후에는 변동 폭이 매우 적음을 알 수 있다. 2005년까지는 경북과 전남이 급속도로 농가수가 줄어들고 있는 모습을 보이다가 지금은 약간 안정세를 찾아가고 있다. 제주도는 거의 변동 폭이 없는 모습을 보이고 있다. 광역시들은 거의 모두가 2만이나 1만 이하에서 움직이고 있기 때문에 변화의 모습을 찾아 보기 어렵다.

그림 2-5-2 　**지역별 농가수 변화 추이(1990−2012)** 　(단위: 천 호)

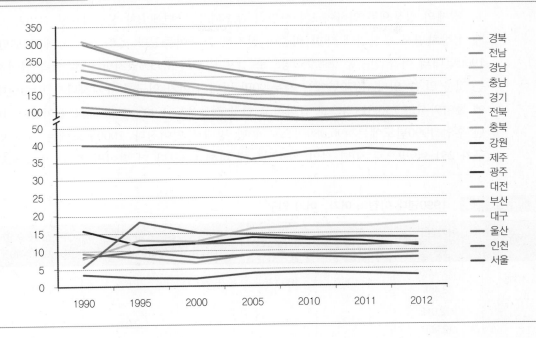

제3절 | 어업

1. 어가

　어가란 지난 1년간 판매를 목적으로 1개월 이상 어선어업, 마을어업(맨손, 나잠, 기타어업), 양식어업을 직접 경영하였거나, 지난 1년간 직접 어획하거나 양식한 수산물의 판매금액이 120만 원 이상인 가구를 말한다. 통계청은 매년 어업조사를 실시하여 어가, 어가 인구, 어업형태 및 규모 등 어업기본구조를 파악하여 해양수산 정책수립, 어가의 경영 계획수립 및 학술 연구 분석 등에 필요한 기초 자료를 생산·제공하고 있다.

1) 1990년대 이전 어가 · 어가 인구(1960－1985)

경제의 성장으로 인하여 1차 산업이 감소되고, 반면에 2차 산업과 3차 산업이 크게 성장하면서 수산업에 대한 비중이 현저하게 줄어들었다. 〈표 2-5-13〉에서 보면, 1960년대의 어가 인구는 968,950명으로 전체 인구의 3.45%였지만 이후 계속 떨어지는 것을 알 수 있다. 1970년에는 겨우 90만 명대의 어가 인구를 유지하다가 1980년대에 들어와서는 753,314명으로 급락하고 인구 점유율도 1.90%로 1%대로 떨어진다. 10년 후인 1990년도에는 496,089명으로 40만 명대로 떨어진다. 2000년도에는 어가 인구가 251,349명으로 30년 전인 1970년도에 비해 1/3보다 더 떨어진 27.5% 수준으로

표 2-5-13 1990년대 이전의 어가 · 어가 인구

연 도	어가인구(명)	어업 종사자수(명)	어가수(호)	가구당 인구(명)	가구당 어업종사자수(명)	가구원 중 어업 종사자 비율(%)
1965	989,950 (3.45)	433,087	165,146	5.99	2.62	43.7
1970	912,612 (2.96)	307,627	149,107	6.12	2.06	33.7
1980	725,315 (1.90)	294,928	134,109	5.41	2.20	40.7
1990	496,089 (1.16)	211,753	121,525	4.08	1.74	42.6
2000	251,349 (0.44)	139,837	81,571	3.08	1.71	55.5

출처: 통계청, 어업기본통계조사보고서, 각 연도,[1] ( )은 인구점유율.
주1) 황기형 외, 어업인력변화분석 및 전망연구: 어가인구를 중심으로, 기본연구(서울: 한국해양수산개발원, 2005), p.15에서 인용.

표 2-5-14 연령별 어업종사자(1970－2000)   (단위: 명)

연 도	15-19세	20-29세	30-39세	40-49세	50-59세	60세 이상	계
1970	37,461	65,580	83,233	64,955	39,002	17,396	307,627
1980	22,218	54,938	61,975	78,105	49,687	27,954	294,928
1990	1,499	21,134	47,019	57,841	57,018	27,242	211,753
2000	414	5,654	18,616	40,236	40,236	36,803	139,837

출처: 통계청, 어업기본통계조사보고서.[1]
주1) 수협중앙회, 수산경제연구원, 연령별 어업종사자(1972-2002).

급감하고 있다. 전체 인구 중 어가 인구의 점유율도 2000년대에는 0.53%로 떨어져 3면이 바다인 우리나라 환경으로 보면 어가 인구비율이 너무 적은 수준이라고 할 수 있다.

이렇게 어가 인구의 추락은 당연히 어업종사자수와 어가수의 급감으로 연계되고 있음을 〈표 2-5-14〉에서 알 수 있다. 그러나 역으로 가구당 어업종사자수는 비율로 보면 늘어나고 있다. 1965년도에는 가구원 중 어업종사자수가 43.7%였는데 비해, 2000년도에는 55.5%로 증가하고 있다. 그러나 이는 희망적인 이야기가 아니다. 다음 표를 보면 어업종사자 인구가 급속하게 고령화가 되어 가고 있음을 알 수 있다.

표를 보면, 1970년대에는 60세 이상의 어업종사자수가 전체 어업종사자수 307,627명 중에 17,396명으로 5.1%에 불과했다. 그러나 이러한 비율은 이후에 계속

표 2-5-15 1990년 이전의 지역별 어가 수(1960-1985) (단위: 호)

시도별	1960	1965	1970	1975	1980	1985
서울[1]	-	-	-	-	-	-
부산	-	2,376	1,579	1,028	2,171	2,551
인천	-	(4,467)	(1,657)[2]	(1,915)	(2,4430)	2,276
울산	-	(2,194)[3]	(1,765)	(2,391)	(1,568)	(1,091)
경기	12,908	14,698	13,806	10,626	8,502	7,710
강원	-	14,188	19,023	16,419	12,298	11,652
충남	18,233	15,247	10,552	10,162	13,469	11,780
전북	-	8,297	4,278	3,353	3,796	4,714
전남	69,623	69,547	64,905	51,303	53,917	51,082
경북	-	15,391	8,225	11,707	11,164	11,771
경남	43,910('61)	23,034	16,647	17,603	20,107	19,615
제주	-	18,891	14,760	9,145	8,685	8,366

출처: 해양수산부 어업총조사보고, 각 연도, 부산 수산통계연보, 통계로 본 강원의 발자취(1961~2001), 전남 40년, 충청남도 개도 100년사(1896~1996), 상, 충남 수산통계연보, 수산업 협동조합 충청남도지부, 「조선총독부총계연보」, 충남 통계 연보, 경상남도 통계연보, 인천통계연보, 1961, 울산시사, 울산광역시사, 제4권 경상남도지, 1977.

주1) 서울시의 어업가수와 어업인수는 너무나 적어서 통계적 의미가 없다고 판단하여 제외시켰다. 1956년 12월 30 현재 서울시의 어업인구는 1,446명이며 이들은 서대문에 791명, 마포구에 387명으로 대부분 이 두 지역에 거주하고 있다. 2년 후인 1958년에는 거의 반으로 줄어 들어 어업인구는 788명에 불과한다. 서울6백년사, 제5권, p.373참조.

2) 1973년 발행한 인천시사, 상권에는 어업인가구가 2,657로 나와 있어 인천시통계 연보, 1961년과 차이가 있음, 인천직할시, 인천시사, 70년대편, 1982에 따르면 어가가 급증한 원인은 양식장의 개설과 어업지역범위가 확대되었기 때문이다. pp.555-556.

3) 1962년도 기준으로 하면 3,007.

상승하여 1980년에 9.5%, 1990년에는 12.9%, 2000년도에는 26.3%를 차지하고 있어 어업종사자의 고령화가 급증하고 있음을 알 수 있다. 이를 50세 이상으로 보면, 1990년도에는 39.7%, 2000년 현재 그 비율은 55.1%로 수직 상승하고 있다. 종합하면, 1990년대 이전의 어업인구수는 어업종사자수와 어가수와 함께 급락을 하고 있다. 어가당 인구수가 떨어지면서 젊은 사람들은 다른 직장이나 지역을 선호하여 떠나가고 있다. 그래서 어가 인구는 감소되면서 고령자만 남아 있기 때문에 어업종사자수는 급격하게 노령화되고 있다. 지역별로 어가수가 어떻게 변화하고 있는지를 살펴보자. 그 내용이 〈표 2-5-15〉이다. 통계청 자료의 부재로 지역의 자료를 통하여 작성하였다.

상기 표를 보면, 부산은 중간에 급락한 때도 있었지만 1985년도까지는 항구도시답게 어가가 큰 변화 없이 유지되고 있다. 즉, 1965년 어가가 2,376호였지만, 1975년에는 1,028가구로 급감하였다가 1985년에는 2,551호로 1965년도 보다 오히려 어가가 증가하고 있음을 알 수 있다. 이는 부산의 어가 수가 점증하고 있다는 것 보다는 행정구역의 확대 등으로 김해, 기장군의 어가 수가 통합되면서 증가하고 있는 것이다. 인천은 부산처럼 어가 수가 한때는 떨어지다가 1981년 통계에서는 급증하여 5,199가구가 되었다. 이렇게 늘어난 이유는 양식장의 개설이 많아지고, 부산처럼 행정구역이 확대되었기 때문이다.[5] 우리나라 어가 수가 강세지역은 충남, 전남, 경북, 경남이다. 충남과 경북은 1985년 현재 아직도 1만 가구 이상의 어가를 보유하고 있으며, 경남의 어가 수도 19,615호가 되었다. 이 중에서도 특히 전남은 51,082가구로 1985년 우리나라 총 어가 수 131,516호의 38.8%를 차지하고 있을 정도로 강세지역이다.

2) 1990년대 어가 수(1990-1999)

1990년 우리나라 어가 수는 12만 2천 가구다. 같은 해 농가수가 176만 가구였던 점과 비교하면 확연히 적은 수치다. 어가 수는 1999년에는 약 2천5백 가구가 줄어들었다. 어가 인구가 농가 인구에 비해 적을 수밖에 없는 것은 여러 요인이 있지만, 인구가 많은 서울, 대구, 대전, 광주, 그리고 경기도 일부 지역은 바다가 없어 어가가 없는 점을 고려해 보면 어가 수는 적을 수밖에 없다. 어가 수는 1990년 기준으로 보면 전남이 45,566호로 전체 어가 수의 37.5%를 차지하고 있다. 단연 수위다. 그 다음이 경남으로 20,843호로 17%, 충남은 10.6%로 3위를 차지하고 있다. 결국 우리나라 어가 수는 전남, 경남, 충남이 66%를 차지하고 있다. 이 비율은 1999년에 절대 호수만 바뀌었지 비율은 현 상태를 그대로 유지하고 있다. 지역으로 보면 부산과 인천은 어가가 늘어나는 유일한 지역에 속한다. 나머지 지역은 정도에 차이일 뿐 전국 평균 수준으로

---

5   인천직할시, 인천시사, 70년대편, 1982, pp.555-556.

표 2-5-16 **1990년대의 시도별 어가수(1990-1999)** (단위: 호)

시도별	1990	1991	1992	1993	1994	1995	1996	1997	1998	1999
전국	121,525	119,756	116,165	113,617	110,415	104,480	101,677	99,912	98,972	97,754
서울	–	–	–	–	–	–	–	–	–	–
부산	4,901	5,046	4,469	4,415	4,306	5,097	4,982	5,012	5,119	5,082
대구	–	–	–	–	–	–	–	–	–	–
인천	2,530	2,424	2,409	2,403	2,214	4,678	4,249	4,207	4,262	4,309
광주	–	–	–	–	–	–	–	–	–	–
대전	–	–	–	–	–	–	–	–	–	–
울산	–	–	–	–	–	–	–	1,595	1,527	1,518
경기	6,286	6,186	6,143	5,946	5,788	2,398	2,307	2,224	2,410	2,438
강원	7,208	6,205	6,688	6,531	6,263	5,997	5,790	5,512	5,546	5,723
충남	12,934	12,894	12,892	13,037	12,950	12,357	12,251	12,188	12,148	11,972
전북	5,623	5,695	5,474	5,383	5,390	5,056	4,654	4,686	4,686	4,665
전남	45,566	44,759	42,648	41,023	39,460	36,647	35,546	34,208	33,411	32,629
경북	7,451	7,507	7,389	7,230	7,035	6,723	6,458	6,551	6,561	6,375
경남	20,843	20,823	20,138	20,022	19,572	17,728	17,713	16,323	16,533	16,197
제주	8,183	8,217	7,915	7,627	7,437	7,799	7,727	7,406	6,769	6,844

출처: 통계청, 국내통계, 주제별, 농림어업, 농림어업조사, 어업, 1970-2009, 시도별 어가 수, 통계청, 어업조사(1990~2009).

떨어지고 있다. 이에 대한 내용이 〈표 2-5-16〉이다.

3) 2000년대의 어가 수(2000-2012)

2000년대 들면서 전국의 어가 수는 어떻게 변화되었을까. 농가 가구와 비교를 하여 살펴 본 내용이 〈표 2-5-17〉이다. 2000년도에 어가 인구는 전체 인구의 0.53% 수준으로 떨어졌다. 이 당시에 농가 인구도 어가 인구와 마찬가지로 점유율이 크게 떨어져서 8.58%에 머물고 있다. 2000년대 들어와서 어가 인구는 2005년만 제외하고는 계속 하락중이다. 2000년에 어가 인구가 251천 명에서 2011년 현재는 159천 명으로 37%나 떨어졌다. 그래서 2011년 현재 어가 인구는 전체 인구의 0.32%에 머물고 있어 향후 어업 종사자 부족 현상이 심각하게 나타날 것임을 예고하고 있다. 농가도 급락하기는 마찬가지다. 2000년부터 많게는 연 8.7%, 적게는 0.6% 떨어져서 2011년도 현재 우리나라 총 인구 중 농가 인구의 점유율은 5.95%로 낮아졌다.

표 2-5-17 **2000년대의 농·어가 인구(2000-2011)** (단위: 천 명)

연 도	총 인 구		농가인구		어가인구		총 인구대비율(%)	
	인구	성장률	인구	성장률	인구	성장률	어가인구	농가인구
2000	47,008	0.65	4,031	−3.95	251	4.94	0.53	8.58
2001	47,357	0.74	3,933	− 2.4	234	− 6.7	0.50	8.31
2002	47,622	0.56	3,591	− 8.7	215	− 8.2	0.45	7.54
2003	47,859	0.5	3,530	− 1.7	212	− 1.4	0.44	7.38
2004	48,039	0.38	3,415	− 3.3	210	− 1.1	0.44	7.11
2005	48,138	0.21	3,434	0.6	221	5.4	0.46	7.13
2006	48,297	0.33	3,304	− 3.8	212	− 4.3	0.44	6.84
2007	48,456	0.33	3,274	− 0.9	202	− 4.8	0.42	6.74
2008	48,607	0.31	3,187	− 2.7	192	− 4.6	0.40	6.56
2009	48,747	0.29	3,117	− 2.2	184	− 4.5	0.38	6.39
2010	48,580	− 0.34	3,063	− 1.7	171	− 7.1	0.35	6.31
2011	49,770	2.4	2,962	− 3.3	159	− 7.1	0.32	5.95

출처: 통계청, 이 자료는 5년 주기로 총인구 조사에서 얻은 자료이기 때문에 2011년도 총인구는 추정수치를 기재함.[1]
주1) 수산업협동조합중앙회, 세계주요수산통계(서울: 수산업협동조합중앙회, 2012), p.21에서 인용.

2000년대 지역별 어가에 대한 내용이 〈표 2-5-18〉이다. 2000년도에 어가 총수는 81,571호였다. 이후 2001년부터 2008년도까지는 7만 가구를 유지하다가 2009년부터 6만 가구대로 떨어졌다. 2012년 현재에는 61,493호로 2000년도 대비 약 24.6%가 감소하였다. 2000년도의 어가수를 지역별로 순위를 보면 전남, 경남, 충남, 제주, 경북 순이다. 2000년도의 점유율로 보면 각각 33.0%, 17.2%, 11.6%, 8.2%, 7.1%였다. 이를 2012년에 보면 그 순위는 바뀌지 않았지만 비율은 바뀌어졌다. 2012년도의 어가 수의 지역별 점유율을 보면 전남 35.1%, 경남 15.9%, 충남 15.5%, 제주 8.2%, 경북 6.3% 이다. 전남과 충남은 상승한 반면에 경남, 경북은 떨어지고, 제주는 변동이 없다. 전남과 충남은 양식장과 내수면 어업이 발달로 인하여 어가구 수가 증가하는 것으로 나타났다.

표 2-5-18 **지역별 어가 수**

(단위: 호)

시도별	2000	2001	2002	2003	2004	2005	2006	2007	2008	2009	2010	2011	2012
전국	81,571	77,717	73,124	72,760	72,513	79,942	77,001	73,934	71,046	69,379	65,775	63,251	61,493
서울	–	–	–	–	–	–	–	–	–	–	7	–	–
부산	3,591	3,224	2,856	2,756	2,834	3,216	3,014	2,818	2,689	2,291	2,469	2,393	2,197
대구	–	–	–	–	–	–	–	–	–	–	8	–	–
인천	3,035	2,891	2,438	2,449	2,315	3,320	3,135	2,885	2,777	2,630	2,678	2,663	2,575
광주	–	–	–	–	–	–	–	–	–	–	12	–	–
대전	–	–	–	–	–	–	–	–	–	–	4	–	–
울산	1,165	1,140	1,058	1,082	1,014	1,137	1,136	1,123	1,083	1,013	1,021	966	922
경기	1,807	1,796	1,524	1,520	1,543	1,295	1,558	1,484	1,466	1,420	844	862	861
강원	4,814	4,510	4,638	4,481	4,352	4,221	4,358	4,237	3,866	3,470	3,039	2,757	2,731
충남	9,444	9,130	9,178	9,311	9,322	10,505	9,992	10,094	9,871	11,132	11,021	10,169	9,538
전북	4,275	4,224	3,943	3,999	3,979	3,695	3,984	3,568	3,504	3,463	2,633	2,354	2,406
전남	26,936	25,606	23,281	23,235	23,286	25,489	23,935	22,939	22,827	22,181	21,809	21,804	21,578
경북	5,778	5,561	4,874	4,988	5,006	5,517	5,316	5,173	4,633	4,207	4,069	4,113	3,887
경남	14,009	13,280	12,721	12,240	12,124	14,827	13,631	12,567	11,688	10,523	10,768	10,055	9,753
제주	6,715	6,356	6,613	6,699	6,738	6,698	6,942	7,046	6,642	7,049	5,393	5,116	5,046

출처: 통계청, 지역통계, e-지방지표, 주제별, 농림어업, 농림어업조사, 어가 수.

4) 1990년대와 2000년대의 어가 수 비교

1990년에서부터 2012년간 우리나라 시·도별 어업가수에 대한 변화 내용이 [그림 2-5-3]이다. 전남이 가장 큰 변화를 겪다가 2010년부터 안정된 모습을 찾고 있음을 알 수 있다. 경남도 그 폭이 약간 다를 뿐 전남과 같은 추세다. 충남과 제주의 낙폭이 앞의 두 지역에 비해 어가 수가 오랫동안 변동되지 않고 그대로 유지하고 있는 편이다. 이 지역은 어업정책이 더욱 강하게 시행되거나 새로운 어업정책으로 인하여 어업에 종사하는 어가 수가 늘어났다고 볼 수 있다. 예를 들면, 양식업, 내수면 어업 종사가구 수가 늘어나고 있다.

이를 어가 인구와 연계하여 생각해 보자. 1960년대 이후 통계상에 나타난 어가 인구는 최대 114만 명을 기록한 이후 지속적으로 감소하여 2004년에는 21만 명으로 약 40년간 1/5 수준으로 떨어졌다. 이 기간의 어가수와 인구의 변화를 다른 산업과 비교하여 살펴 본 내용이 〈표 2-5-19〉이다. 이 표를 보면 어가의 평균 가구원 수는 1965년

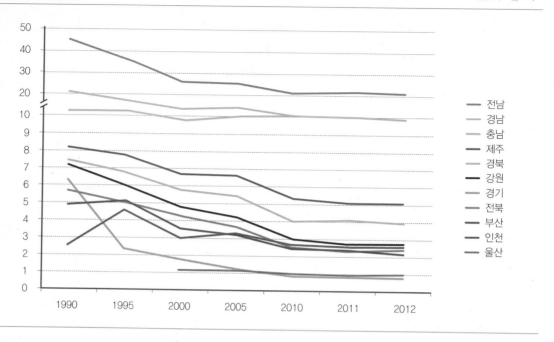

그림 2-5-3 　지역별 어가 변화 추이(1990-2012)　　　　　　　　　　　(단위: 천 호)

표 2-5-19 　어가 및 어가 인구(1965-2012)

연 도	어가인구(명)	어업 종사자 수	어가 수(호)	가구당 인구(명)	가구당 어업종사자수(명)	가구원 중 어업 종사자 비율(%)
1965	989,950	433,087	165,146	5.99	2.62	43.7
1970	912,612	307,627	149,107	6.12	2.06	33.7
1980	725,314	294,928	134,109	5.41	2.20	40.7
1990	496,089	211,753	121,525	4.08	1.74	42.6
2000	251,349	139,837	81,571	3.08	1.71	55.5
2002	215,174	127,694	73,124	2.94	1.75	59.5
2004	209,855	122,384	72,513	2.89	1.69	58.5
2006	211,610	128,048	77,001	2.75	1.66	60.5
2008	192,341	118,879	71,046	2.71	1.67	61.8
2010	171,191	107,163	65,775	2.60	1.63	62.6
2012	153,106	100,173	61,493	2.49	1.63	65.4

출처: 황기현, 각주6 보고서, 통계청, 어업기본통계조사보고서, 각 연도, 농림어업조사(2010-2012).

6.0명에서 2004년에는 2.9명 수준으로, 절반 이하로 감소하였다. 그러나 가구 내 어업 종사자수는 1965년 2.6명에서 2005년 1.7명으로, 가구원 수에 비해서는 감소폭이 완만하였다. 즉 1960년대 이후로 어가 인구와 어업종사자 수는 크게 감소하였지만, 어가의 가구원 중 어업종사자 비율은 오히려 증가하여 왔음을 알 수 있다.[6]

2. 어가 인구

어가 인구가 지역별로 어떻게 변화하고 있는지를 정리한 내용이 〈표 2-5-20〉이다. 이 표에 의하면 1969년도에는 어가 인구가 전국에 105만 명이 있었다. 이후에 계속 내리막길을 걸으면서 어가 인구는 급감하게 된다. 1969년에서 20년 후인 1989년에는 어가 인구는 49만 6천 명으로 감소된다. 1969년에 비해 52.4%가 줄어들었다. 이후 계속 감소하여 2013년에는 14만 7천 명으로 집계되었다. 1969년에서 2013년도까지 약 35년간 어가 인구는 86.1%나 감소하였다. 어업이 또한 이 만큼 감소되었다는 의미로 볼 수 있다.

표 2-5-20 **어가 인구** (단위: 명)

시도별	1969	1974	1979	1984	1989	1994	1999	2004	2009	2013
전국	1,051,885	767,062	662,712	625,503	496,036	381,864	315,198	209,855	183,710	147,330
부산	19,296	4,211	10,176	11,185	10,638	17,359	18,854	9,471	6,530	5,751
인천	–	–	–	9,330	8,203	7,981	13,227	6,525	7,275	6,196
울산	(13,289)	(3,530)	(1,721)	(3,324)	(4,273)	(69,942)	5,494)	3,312	2,862	2,592
경기	42,865	36,328	39,220	31,906	24,886	19,346	7,688	4,551	4,208	2,433
강원	78,042	93,985	75,292	55,347	41,466	23,129	19,872	12,895	9,202	6,778
충남	80,795	61,920	57,019	63,374	48,364	43,741	37,373	26,267	28,537	21,375
전북	48,732	21,844	19,966	20,835	19,487	19,664	14,667	10,902	9,336	5,673
전남	455,326	330,447	277,020	262,796	199,968	131,219	100,432	65,391	58,843	52,933
경북	86,401	66,155	37,148	35,347	28,489	24,431	20,175	14,551	11,103	8,534
경남	140,150	103,908	87,378	98,429	83,427	69,798	53,252	36,253	27,018	23,568
제주	99,896	48,264	59,493	36,954	31,108	25,196	24,163	19,737	18,793	11,497

출처: 통계청, 어업조사, 농림어업조사; 울산시, 통계연보(1970-1995).

6 황기현 외, 어업인력변화 분석 및 전망연구–어가 인구를 중심으로, 한국해양수산개발원, 2005, pp.6-7.

표 2-5-21　어가 인구의 지역별 점유율　(단위: 명)

구분	1969	1974	1979	1984	1989	1994	1999	2004	2009	2013
부산	1.8	0.5	1.5	1.8	2.1	4.5	6.0	4.5	3.6	3.9
인천	–	–	–	1.5	1.7	2.1	4.2	3.1	4.0	4.2
울산	–	–	–	–	–	–	1.7	1.6	1.6	1.8
경기	4.1	4.7	5.9	5.1	5.0	5.1	2.4	2.2	2.3	1.7
강원	7.4	12.3	11.4	8.8	8.4	6.1	6.3	6.1	5.0	4.6
충남	7.7	8.1	8.6	10.1	9.8	11.5	11.9	12.5	15.5	14.5
전북	4.6	2.8	3.0	3.3	3.9	5.1	4.7	5.2	5.1	3.9
전남	43.3	43.1	41.8	42.0	40.3	34.4	31.9	31.2	32.0	35.9
경북	8.2	8.6	5.6	5.7	5.7	6.4	6.4	6.9	6.0	5.8
경남	13.3	13.5	13.2	15.7	16.8	18.3	16.9	17.3	14.7	16.0
제주	9.5	6.3	9.0	5.9	6.3	6.6	7.7	9.4	10.2	7.8

주: 인천과 울산의 빈칸은 광역시가 되기 전이기 때문에 제외시켰음.

어가 인구가 어느 지역에 집중되었는가를 알아보기 위하여 점유율을 이용하였다. 이에 대한 내용이 〈표 2-5-21〉이다. 이 표를 보면, 전남의 어가 인구가 단연 높다. 전남은 1969년에 어가 인구의 점유율이 43.3%로 매우 높았다. 전남의 점유율은 2위인 경남의 13.3%에 비해서 3배 이상일 정도로 압도적이다. 1969년도의 점유율은 전남, 경남 다음에는 경북, 제주, 충남, 강원 순이다. 이중에 제주가 9.5%로 매우 높다. 20년이 지난 1989년에는 역시 전남의 어가 인구 점유율이 40.3%로 여전히 40%를 유지하고 있다. 이 다음에는 16.8%인 경남이 차지한다. 경남은 20년 전에 비해 점유율이 3.5% 상승하고 있다. 이 다음은 충남, 강원, 제주 순이다. 2013년 현재를 보면 전남이 35.9%로 여전히 수위를 점하고 있다. 경남이 16.0%, 충남 14.5%이다. 경남도 상승하고 있지만 충남의 어가 인구 점유비율이 1969년도에 비해 약 배가 증가하였다. 충남의 내수면 어업이 발달하면서 어가 인구의 점유율도 높아지고 있는 것이다.

각 지역의 어가 인구가 어떻게 변화되어 왔는지를 알아보기 위하여 작성한 그림이 [그림 2-5-4]이다. 이 그림을 보면 전남의 어가 인구가 급락하고 있음을 알 수 있다. 전남은 1969년에는 45만 명이었는데 1989년에는 20만 명, 1999년에는 10만 명으로 대폭 줄어든다. 2013년도 전남의 어가 인구는 5만 명을 약간 상회하고 있다. 경남은 1969년에 15만 명 이하였는데 2013년 현재는 2만5천 명 근처로 떨어졌지만 2위를 점하고 있다. 제주는 인구규모에 비해 매우 큰 점유율을 보이고 있다. 2013년에 제주는

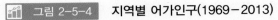 그림 2-5-4 | **지역별 어가인구(1969–2013)**

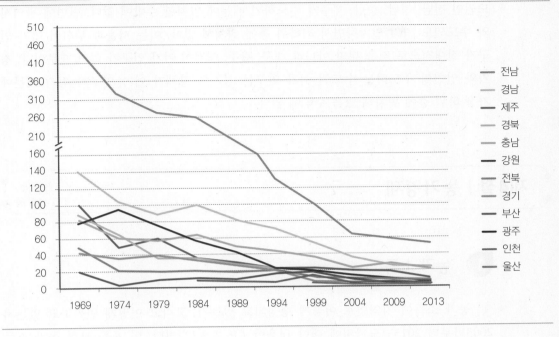

그림 2-5-5 | **권역별 어가인구 변화추이(1969–2013)**　　　　　　　　　(단위: 천 명)

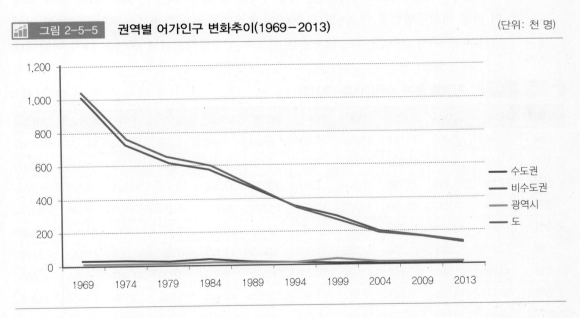

7.8%의 점유율을 보이면서 4위의 어가 인구를 가지고 있다.

　권역별로 비교하기 위하여 작성한 그래프가 [그림 2-5-5]이다. 이 그림에서 보는 바와 같이 비수도권과 도의 그래프가 거의 동일하게 움직이고 있다. 어가 인구가 비수도권인 전남, 경남, 충남, 제주가 주도하기 때문에 일치할 수밖에 없다. 반면에 광역시와 수도권도 거의 일치하면서 최하위 층에 위치해 있다. 이는 서울과 부산이 어가 인구가 절대적으로 적을 뿐만 아니라 대구, 광주, 대전이 어가 인구가 없기 때문이다. 경기와 인천이 주도하는 수도권 어가 인구는 경기도 자체가 어가 인구가 적기 때문에 가장 하위 층에 위치해 있을 수밖에 없다.

제4절 | 농가경제

1. 농가 소득

농가 소득이 지역별로 어떻게 형성되고 있는지, 그리고 어떻게 변화하고 있는지 2003년부터 2013년도까지에 대한 내용이 〈표 2-5-22〉이다. 이 표를 보면 농가 소득이 매우 변화무쌍함을 알 수 있다. 2003년에 우리나라 농가평균소득은 10,572천 원이었다. 1년 후인 2004년에는 12,050천 원으로 상승했다가 1년 후에는 다시 하강했다

표 2-5-22 **지역별 농가 소득(2003-2013)** (단위: 천 원)

시도별	2003	2004	2005	2006	2007	2008	2009	2010	2011	2012	2013
전국	10,572	12,050	11,815	12,092	10,406	9,654	9,698	10,098	8,753	9,127	10,035
경기	9,166	9,159	10,237	12,882	9,621	8,448	7,107	7,790	2,833	7,110	7,737
강원	12,490	12,955	11,199	9,624	8,200	10,727	11,342	13,567	10,907	6,877	11,701
충북	11,439	11,032	10,568	10,175	10,185	7,124	10,237	7,018	5,123	6,147	9,844
충남	11,943	14,314	13,239	13,951	10,982	13,141	10,038	9,672	6,315	11,902	8,486
전북	12,879	12,648	12,718	12,228	11,665	10,853	11,122	13,292	12,960	8,653	7,892
전남	10,598	11,989	11,714	11,532	10,208	8,590	8,304	8,880	11,483	8,615	10,665
경북	10,719	14,585	13,243	12,922	11,577	11,025	12,498	10,548	9,135	13,458	14,226
경남	8,490	9,829	10,349	11,177	9,011	6,861	9,204	9,726	11,994	6,313	8,394
제주	8,585	13,382	16,238	14,697	14,847	15,197	10,427	17,967	11,266	12,005	10,037

출처: 통계청, 지역통계, e-지방지표, 주제별, 농어업, 농업소득, 농가가 거의 없는 지역은 제외하였음.
주: 광역시는 농가가 극히 적기 때문에 제외했음.

가 다음 해에는 다시 올랐다. 그러다가 2007년도에는 농가당 약 200만 원이 떨어진 10,406천 원이 되었다. 이후 2년간은 960만 원대를 유지하다가, 다시 약간 올라갔지만 다시 1년 후인 2011년에는 875만 원으로 10년 사이에 최하로 떨어진다. 2013년 현재는 10,035천 원으로 10년 전인 2003년에 비해 농가 소득은 53만 7천 원 밖에 오르지 못했다. 생산비의 상승, 가격의 불안정, 수입농산물 증가, 유통구조의 복잡성 등이 농가 소득을 정체 또는 후퇴시키고 있다.

지역적으로 보면, 2003년에는 전북이 12,878천 원으로 농가 소득이 가장 높다. 다음이 강원으로서 12,490천 원이다. 이후는 충남, 충북, 경북, 전남 순으로 이 지역 모두가 농가 소득이 평균 1,000만 원 이상이다. 5년 후인 2008년의 농가 소득에서는 큰 변화가 일어난다. 2003년에 8,585천 원으로 최하수준이었던 제주가 15,197천 원으로 전국 최고 농가 소득을 달성하였다. 5년 전에 비해 90%이상 상회한 것이다. 제주는 2003년만 농가 소득이 형편없이 떨어졌다. 그러나 이후에는 급상승하여 2004년 2위, 2005에서 2008년까지 농가 소득이 전국에서 계속 1위를 하였다. 특히, 2010년에는 농가 소득이 17,967천 원으로 2004년에서 2013년까지 10년 동안 다른 지역과 큰 격차를 내며 전국 최상위권의 소득을 올리기도 했다. 제주는 감귤을 비롯한 아열대 과일, 당근, 양배추, 마늘 등 비교적 고부가가치의 농사로 인하여 소득이 상승되었다고 할 수 있다. 2008년도에는 제주 다음 충남, 경북, 강원, 전북 순이다. 전북이 2003년에 1위였는데 다시 중위권으로 떨어졌다. 2013년을 기준으로 보면, 경북이 14,226천 원으로 1

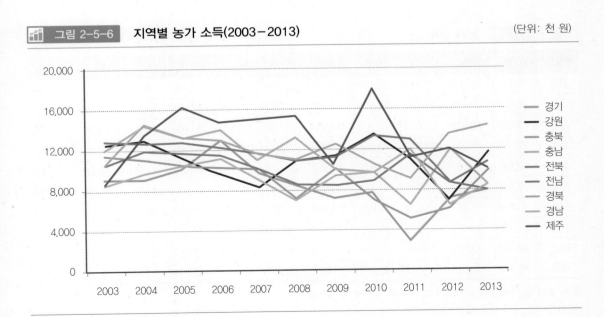

그림 2-5-6 **지역별 농가 소득(2003-2013)**　　　　　(단위: 천 원)

凡例: 경기, 강원, 충북, 충남, 전북, 전남, 경북, 경남, 제주위를 하고 있으며, 다음으로 강원, 제주, 전남, 충북, 경남 순이다. 중하위권에 있던 강원, 전남이 다시 상위권으로 올라왔다. 해마다 순위가 이렇게 변동된다는 것은 농가 소득이 얼마나 불안정한지를 알 수 있다.

지역별 농가 소득의 변동 정도를 비교하기 위하여 작성된 내용이 [그림 2-5-6]이다. 이 그림을 우선 보면 지역별로 농가 소득이 얼마나 변동이 심한지를 알 수 있다. 어느 지역 하나도 일정하게 유지되지 않고 있다. 농가 소득은 이처럼 급락과 급등을 해마다 하고 있기 때문에 이렇게 불안정한 그래프가 형성되고 있는 것이다.

2. 농가 부채

농가 부채란 농민들이 안고 있는 부채를 말한다. 농가 부채의 심각성은 어제 오늘의 일이 아니다. 생산원가에 미치지 못하는 생산판매액, 물가상승에 따라가지 못하는 농가 소득, 교육비 등 생활비 상승, 농산물 가격의 정책적 제한 등 농가 부채가 상승할 수밖에 없는 농가경제구조를 가졌다고 비판하는 사람들이 많다.

농가 부채의 지역별 현황이 〈표 2-5-23〉이다. 이 표를 보면, 농가 부채가 중간 몇몇 해를 빼고는 계속 상승되고 있음을 알 수 있다. 2003년에 우리나라 농가평균부채는 26,619천 원이었다. 이 당시에 농가 소득은 10,572천 원이다. 매년 농가 부채가 상승할 수밖에 없는 구조다. 농가 부채는 2010년에 29,946천 원을 고비로 내리막길을 걷

표 2-5-23 농가 부채

(단위: 천 원)

시도별	2003	2004	2005	2006	2007	2008	2009	2010	2011	2012	2013
전국	26,619	26,892	27,210	28,161	29,946	25,786	26,268	27,210	26,035	27,262	27,363
경기	29,649	28,718	36,138	39,570	44,293	43,527	41,392	42,585	42,623	48,931	45,373
강원	29,087	30,049	31,637	29,706	34,594	30,180	26,166	30,108	30,665	29,263	22,106
충북	22,056	25,527	23,873	20,855	24,496	21,374	20,553	22,965	20,740	23,418	14,365
충남	22,194	21,567	20,172	23,813	24,990	30,014	27,114	24,073	22,656	19,575	26,687
전북	22,769	23,829	21,841	22,414	20,881	17,759	19,358	26,040	25,661	25,367	21,614
전남	30,878	28,367	26,902	28,847	29,345	18,891	19,929	20,216	16,718	18,532	26,571
경북	23,975	24,477	21,025	21,171	23,517	17,603	20,282	22,078	20,303	21,831	17,671
경남	29,766	32,772	35,875	35,258	35,574	26,324	32,302	27,897	28,927	26,546	30,749
제주	43,995	45,231	47,771	48,342	51,633	43,559	40,172	40,539	31,042	35,591	45,221

출처: 통계청, 국내통계, e-지방지표, 주제별, 농어업, 농가부채.
주: 농가수가 극히 적은 광역시는 제외.

기 시작하여 2013년 현재는 27,363천 원이다.

지역적으로 보면, 2003년에는 제주가 43,995천 원으로 단연 수위를 차지하고 있다. 2003년에 전국 평균 농가 부채가 26,619천 원이며, 2위인 전남 농가 부채가 30,878천 원인 점을 고려하면 제주 농가 부채가 매우 높음을 알 수 있다. 제주, 전남 다음으로는 경남, 경기, 강원이다. 충북의 농가 부채는 22,056천 원으로 제주의 50% 밖에 되지 않는다. 5년 후인 2008년도를 보면, 제주가 43,559천 원으로 역시 1위를 점하고 있고, 다음이 경기도로 43,527천 원으로 갑자기 부채가 높아졌다. 제주와 경기가 농가 부채 4천만 원대를 기록하고 있다. 다음은 강원과 충남으로 3천만 원대를 유지하고 있다. 가장 적은 지역은 전북으로서 17,759천 원으로서 제주의 43.8%에 불과하다.

2013년 현재를 보면, 경기가 45,573천 원으로 농가 부채가 제일 높고, 제주가 근소한 차이인 45,221천 원으로 높다. 이어서 경남이 30,749천 원이며, 이외의 지역은 2천만 원대 이하이다. 최하위 농가 부채 지역은 충북으로서 14,365천 원에 불과하다. 제주와 경기의 농가 부채가 얼마나 높은지 알 수 있다.

지역별 농가 부채를 비교하기 위하여 다음과 같은 [그림 2-5-7]을 작성하였다. 이 그림을 보면, 농가 부채는 농가 소득의 변동과 비교하면 변동폭이 그렇게 심하지 않다. 우선 제주와 경기가 수위권을 계속해서 뚜렷하게 점하고 있고, 충북, 충남, 전북, 경북이 제주와 경기와는 큰 격차로 하위권을 형성하고 있기 때문이다. 제주는 2008년까지는 계속 1위를 달리다가 이후에는 경기도에 1위를 넘겨주었다가 2013년에는 다

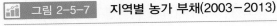 그림 2-5-7   **지역별 농가 부채(2003-2013)**   (단위: 천 원)

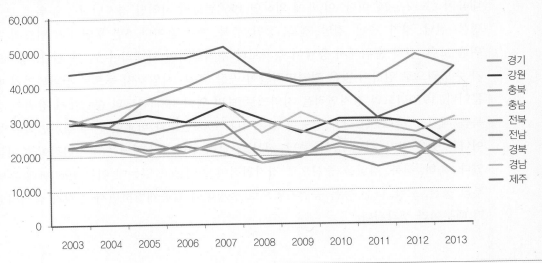

시 1위를 점하고 있다. 나머지 지역 중 경남만 중상위권을 지속적으로 유지하고 있을 뿐 이외 지역은 하위권을 형성하고 있다.

제5절 | 경지면적

　　경지란 농작물 재배를 목적으로 하는 토지로서 현실적으로 농작물 재배가 가능한 토지를 말한다. 경지는 법적 지목여하에 불문하고 실제 토지이용현황이 농작물의 경작 또는 다년생(여러해살이) 작물재배지로 이용되는 토지와 그 부대시설을 포함한다. 경지면적조사 자료는 농가 생산의 기반인 토지 자원의 확보와 이용, 작물생산계획 수립 등 농가 정책 수행에 필요한 기초자료를 제공해 준다. 통계청은 토지대장 등록 여부를 불문하고 실제 작물재배지로 이용되는 경지를 대상으로 매년 농가면적조사를 실시하여 경지면적 자료를 작성 · 공표하고 있다.

1. 1970년도까지 경지면적 (1960 – 1970)

　　통계청이 경지면적에 대한 e-지방지표를 작성하기 시작한 것은 2006년도부터이다. 이 통계표를 작성하기 이전인 1970년도까지의 우리나라 지역별 경지면적에 대한 내용이 〈표 2-5-24〉이다. 이 표에 의하면 1960년도의 지역별 경지면적을 순위로 보면 경북, 전남, 경기, 충남, 경남, 전북, 강원, 충북, 제주 순이다. 5년 후인 1965년도의 순위를 보면, 상기 순위에서 충남이 경기보다 경지면적이 확대되어 3위가 된다. 경기도가 수도권으로 인하여 많은 경지면적들이 공장, 주택, 사업부지 등으로 전환되었기 때문이다. 1970년도의 경지면적을 지역별로 보면 역시 1965년도의 순위에서 강원이 충북을 제치고 7위로 한 단계 상승한 것뿐이다. 1965년도와 비교했을 때 경지면적이 늘어나는 곳은 경기, 강원, 충북, 충남, 전북, 전남이며 나머지 지역은 경지면적이 줄어들었다. 특히, 경북, 경남을 중심으로 경지면적이 줄어들고 있는데 이는 1960년대 후반부터 울산, 포항, 마산 등을 공업지역으로 선정하여 집중개발하면서 농지가 잠식되었기 때문이라 생각된다.

표 2-5-24 시도별 경지면적(1960-1970)

시도별	1960(단보)	1965(단보)	1970(헥타르)
서울	5,496.6	10,211.9('66)[1]	7,985.0('71)
부산	5,570('63)	6,115	3,311
대구	9,917('61)	4,854	3,254
인천	6,589.6('61)	7,536.3	5,975.6
광주	6,683('63)	7,330.8	6,273.3('71)
대전	1,028	2,332('63)	2,717
울산	5,611.5	5,546.9	4,649.0('71)
경기	285,564	302,689	304,774
강원	138,931	158,260	168,221
충북	147,229	166,924	149,706
충남	269,510	304,886	316,127
전북	239,150	252,451	258,908
전남	328,928	383,963('66)	382,404
경북	346,596	386,396('66)	385,741('71)
경남	257,595('59)	269,683	260,179
제주	43,176	46,056	35,810

출처: 경제기획원, 한국통계연감, 농림부, 경지면적 통계, 통계청, 한국통계연보, 각 연도, 서울6백년사, 6권, 1996, 서울통계
연보, 부산통계연보, 대구통계연보, 인천통계연보 1961, 대전통계연보, 대전 성장통계, 울산통계연보(1971), 경기도사,
1982, 통계로 본 강원의 발자취(1961~2001), 강원도사, 현대편, 1995, 「강원통계연보」, 충북통계연보(1967), 통계로 본
충남 100년, 통계로 본 전북의 어제와 오늘, 1997, 전북 기본통계, 전남통계연보DB, 경상북도사(하권), 경남농림통계
연보(1972~1986), 제주도지, 하권, 1983.
주: 1960년도와 1965년도의 단위는 단보가 주였으나 지역에 따라서는 정보로 환산하여 사용한 곳도 있는 것 같으나 구별하
기가 쉽지 않았음. 서울시통계담당실의 최근 자료에 의하면, 1960년 54,996, 1965년 161,862, 1970년 102,985라는 단보
가 아닌 정보인 것 같음.
주1) 서울시의 경지면적이 늘어난 것은 시 구역이 확대되면서 농가 지역으로 편입되었기 때문임. 서울6백년사, 제6권 참조.

2. 1975년 이후 경지면적 (1975-2010)

1975년에서 2010년 사이의 지역별 경지면적 변동에 대한 내용이 〈표 2-5-25〉이
다. 1975년도 우리나라 경지면적은 224만ha이었다. 그러나 경지면적은 농가가 공업
화에 밀려 타 용도로 전환되면서 면적도 줄어들기 시작하였다. 20년 후인 1995년에
는 경지면적이 1,985,257ha으로 감소되어 경지면적 100만 대ha 시대를 맞이하게 된

표 2-5-25 **1975년 이후 시도별 경지면적** (단위: 헥타르)

시도별	1975	1980	1985	1990	1995	2000	2005	2010
전국	2,239,692	2,195,822	2,144,415	2,108,812	1,985,257	1,888,765	1,824,039	1,715,301
서울	4,351	4,899	2,999	2,574	2,187	2,101	1,763	930
부산	2,719	6,075[1)]	5,717	8,995	11,245	9,868	8,903	7,336
대구	2,453	1,492	7,623	6,857	13,409	11,825	11,245	9,263
인천	–	–	3,807	6,729	26,112	24,413	23,290	20,406
광주	(6,109)	(5,297)	(5,198)	17,922	14,753	14,081	12,514	11,095
대전	(2,182)	(1,595)	(4,858)	8,788	7,407	6,393	5,737	4,766
울산	(4,558.1)	(3,114.3)	(2,687)	(1,939)	(15,637)	14,598	13,321	11,654
경기	300,267	295,486	283,601	276,031	227,116	211,195	198,569	181,676
강원	154,924	151,563	146,815	141,343	125,387	117,456	117,012	111,172
충북	176,432	171,987	165,940	152,655	143,400	134,587	128,162	116,973
충남	291,933	288,597	284,640	279,794	272,377	256,838	249,492	233,731
전북	250,322	249,827	246,757	240,610	228,945	217,487	212,458	203,899
전남	361,741	359,341	356,122	330,741	334,255	332,351	323,645	307,261
경북	381,671	366,496	346,230	344,965	312,316	296,692	287,735	276,233
경남	263,263	251,433	243,136	236,020	209,519	179,792	171,751	159,651
제주	49,499	50,117	51,028	54,788	56,829	59,207	58,442	59,255

출처: 통계청, 지역통계, 주제별, 농림어업, 농업면적조사, 서울통계연보, 부산통계연보(1991, 2006, 2011), 광주통계연보 (1980, 1985), 대전통계연보, 울산시 통계연보(1976-1996), 전남통계연보 DB.
주: 울산이 1995년도에 경지면적이 급증한 것은 울주군을 통합하였기 때문임.
주1) 부산경지면적이 이 시기에 크게 확대된 것은 1978년 2월 15일 제4차 행정구역확장이 이루어졌기 때문이다. 이 시기에 부산시 행정구역은 김해군 대저읍, 면지면, 가락읍일부가 편입되어서 시 면적이 432.27㎢로 확대된다. 이후에도 여러차 례의 면적확대가 이루어진다. 2005년에는 낙동강일부가 편입되었고, 2007년 12.31에는 용호만 매립, 2013년에도 일부 해안지역이 매립 등으로 인하여 시면적은 769.66㎢로 확대되었다.

다. 이후 경지면적은 계속 줄어 2010년에는 171만ha까지 갔다. 35년 만에 농지가 52 만ha(1ha는 약3천 평)가 줄어들었다. 알기 쉽게 평으로 계산하면 약 15억 6천만 평이 사라진 것이다. 1975년에 경지면적이 가장 넓은 곳은 경북, 전남, 경기, 충남, 경남, 전 북, 충북, 강원, 제주 순이었다. 35년이 지난 2010년에는 순서가 약간씩 바뀌었다. 전 남, 경북, 충남, 경기, 경남, 충북, 강원, 제주 순이다. 전남이 1위로 올라섰고, 경북이 2 위로, 경기가 4위로 떨어졌다.

이에 대한 변화추이를 [그림 2-5-8]을 보면 쉽게 알 수 있다. 경북이 가장 빠르게

그림 2-5-8　**지역별 경지면적(1975－2010)**　(단위: 천 ha)

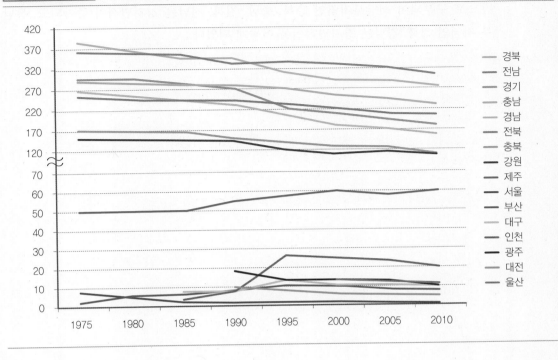

줄어들고 있으며 전남은 비교적 완만하게 줄어들어 1995년부터 경지면적이 가장 넓은 지역이 되었다. 경기와 경남이 비교적 빠르게 감소하는 것을 볼 수 있다. 이렇게 영남지역이 호남이나 중부권에 비해 급격하게 경지면적이 떨어지는 것은 공업지역과 도시지역이 영남이 호남과 중부지역에 비해 빠르게 확대되었기 때문이라 사료된다. 제주도는 거의 변동이 없이 현 수준을 계속 유지하고 있는 점이 특징이다. 광역시는 면적이 적기 때문에 변동 폭이 크지 않음을 알 수 있다.

　이를 종합해 보면 다음과 같이 정리할 수 있을 것이다. 우리나라는 아시아의 4마리용이라고 일컫는 신흥공업국가(NICs)로서 압축 성장을 했으며, 그 과정에서 공간적 변화가 급속도로 이루어졌다. 1960년대부터 시작된 경제개발은 이미 식민지시대부터 발전한 섬유공업 등의 근대적 경공업을 기반으로 이를 집중 육성하여 대도시의 공업화가 진행되고, 그로 인해 도시화가 확대되었다. 또한 1970년대에는 수출지향의 중화학 공업화를 추진하여 영남권인 동남임해지역에 대규모 산업단지가 조성되고, 신흥공업도시들이 형성되었다. 이에 따른 공간적 틀은 서울이라는 일극 중심의 공간구조와 경인지역과 동남임해지역이라는 산업중심으로 재편되었다. 때문에 산업과 인구가 수도권에 지나치게 집중되고, 동남부의 산업공간과 서남부의 농가 중심의 전통산업공간으로 구분되어 서남부지역인 충북, 충남, 전북, 전남은 경지면적이 증가되고, 동남부 지역인 경북, 경남은 경지면적이 줄어들게 되었다.[7]

7   김재철, 우리나라산업입지 변화요인 분석: 구조적 접근, 한국경제지리학회지, 제2권 제1-2호, 1999, pp.27-28.

06

산 업

제1절 | 서언

통계청 한국표준산업분류에 따르면 산업이란 "유사한 성질을 갖는 산업 활동에 주로 종사하는 생산단위의 집합"이라고 정의되며, 산업 활동이란 '각 단위가 노동, 자본, 원료 등 자원을 투입하여, 재화 또는 서비스를 생산 또는 제공하는 일련의 활동과 정'이라 정의한다.[1] 이러한 산업 활동의 움직임을 통계적으로 다루는 것이 산업통계라

표 2-6-1 산업분야의 조사와 저술 내용

항 목	e-지방지표		본 저서의 내용	
	지 표	분석 기간	지 표	분석 기간
사업체 수 (전산업)	– 사업체 수 – 인구 천 명당 사업체 수 – 인구 천 명당 종사자 수	2003–2012 2003–2012 2003–2012	– 인구 천 명당 사업체 수 – 사업체 수 – 종사자 수 – 인구 천 명당 종사자 수	2003–2012 1993–2012 1993–2012 2003–2012
제조업	– 제조업체 수 – 제조업체 종사자 수	2000–2012 2000–2012	– 제조업체 수 – 제조업체 종사자 수	1993–2012 1993–2012
운수업	– 운수업체 수 – 운수업체 종사자 수	2000–2012 2000–2012	– 운수업체 수 – 운수업체 종사자 수	1993–2012 1993–2012
도소매업체	– 도소매업체 수 – 도소매업체 종사자 수	2000–2012 2000–2012	– 도소매업체 수 – 도소매업체 종사자 수	2000–2012 2000–2012
서비스업체	– 서비스업체 수 – 서비스업체 종사자 수	2000–2012 2000–2012	– 서비스업체 수 – 서비스업체 종사자 수	2000–2012 2000–2012
부도업체	– 부도업체 수	2005–2012	– 부도업체 수	1995–2012
광공업	– 광공업 생산자 지수	2000–2013	– 광공업 생산자 지수	2000–2013
예금은행	– 예금 – 대출	2000–2012 2000–2012	– 예금 – 대출	1965–2012 1965–2012
수·출입	– 수출액 – 수입액	2000–2012 2000–2012	– 수출액 – 수입액	1960–2012 1960–2012
어음	– 부도율	2001–2013	– 부도율	1960–2013
유통판매	– 대형소매점 판매액 – 백화점 판매액	2010–2013 2010–2013	– 대형소매점 판매액 – 백화점 판매액	2010–2013 2010–2013

---

1 김은희, 산업분석을 위한 이론과 사례(광주: 전남대학교 출판부, 2012), p.15.

고 할 수 있다

산업동향통계는 국가경제활동 중 실물부문의 동향을 신속하게 파악하기 위한 통계로서 생산, 소비, 투자 동향과 이를 종합한 경기 동향 관련 지표로 구성되어 있다. 실물경제동향 중 가장 중심부문을 이루는 생산동향은 광공업생산 지수, 생산자제품 출하지수, 생산자제품 재고지수, 제조업 생산능력 및 가동률지수, 서비스업 생산지수, 전 산업 생산지수로 이루어져 있고 소비동향을 측정하기 위한 지표로는 소매판매액지수가 있으며 투자동향을 나타내는 지표로는 설비투자지수, 국내기계수주액, 건설수주액, 건설기성액 등이 있다.

e-지방지표는 사업체, 제조업체, 운수업, 부도업체, 수출입을 중심으로 다루고 있다. 이에 따라서 본 조사의 내용과 저술내용은 다음 〈표 2-6-1〉과 같다. e-지방지표는 거의 대부분 2000년에서 2012년까지를 분석기간으로 삼고 있다. 그러나 본 저서는 분석기간이 이보다 훨씬 길다. 본 저서의 분석기간은 사업체 수, 제조업, 운수업은 1993년부터이다. 이 과정에서 인구 천 명당 사업체 수, 종사자 수 또한 부도업체 수는 1995년부터, 예금은행의 예금과 대출, 어음 부도율은 1965년, 수출·수입은 1960년부터 집계했다. 나머지 도소매업체, 서비스업체, 광공업생산자 지수 등은 e-지방지표와 분석기간이 같다. 항목 중 대형소매점과 백화점 판매액은 e-지방지표에서 2010년부터 작성하고 있기 때문에 분석기간이 너무 짧았지만 기록하는데 의미를 두어 역시 e-지방지표의 자료를 통하여 분석하였다.

제2절 | 사업체 및 종사자

1. 사업체

1) 사업체 수(1993-2012)

우리나라의 산업과 경제를 움직이는 사업체 수는 어떻게 변하여 왔을까는 지역의 경제뿐만 아니라 행정, 정치, 사회, 문화 등 전반적인 면에서 매우 중요한 영향을 미친다. 1993년도부터 지역별로 사업체 변화과정에 대한 내용이 〈표 2-6-2〉이다. 1993년도의 2,304,250개소의 사업체 수는 IMF기간을 겪으면서도 2000년도에 3,013,417개

표 2-6-2 지역별 사업체 수(1993–2013)   (단위: 개소)

구분	1993	1994	1995	1996	1997	1998	1999	2000	2001	2002
전국	2,304,250	2,518,454	2,771,068	2,807,802	2,853,673	2,785,659	2,927,330	3,013,417	3,046,554	3,131,963
서울	624,841	655,139	708,025	699,797	692,616	663,293	690,205	719,536	723,701	735,258
부산	226,312	244,467	256,368	253,355	253,641	249,677	256,561	261,480	262,579	268,784
대구	126,631	151,362	166,449	168,818	171,190	164,277	171,487	174,760	178,588	182,576
인천	96,988	114,296	126,670	128,737	132,312	127,645	138,119	142,406	146,852	153,534
광주	62,723	69,518	77,443	79,635	82,191	79,965	85,073	87,584	89,487	93,161
대전	61,881	76,513	82,490	82,671	85,342	81,181	86,232	86,832	90,394	91,850
울산	–	–	–	–	53,680	53,088	55,660	58,044	59,791	63,178
세종	–	–	–	–	–	–	–	–	–	–
경기	307,276	346,477	400,281	416,333	430,626	425,043	462,593	488,147	508,303	540,754
강원	82,661	90,488	100,664	102,946	104,469	104,241	109,423	110,065	111,610	113,276
충북	66,018	74,985	84,876	87,788	89,368	88,714	92,895	94,736	95,846	96,684
충남	95,815	100,620	107,397	110,428	114,227	113,337	118,552	119,149	117,998	119,762
전북	94,295	102,269	112,970	115,206	118,382	117,729	122,113	121,548	118,259	119,443
전남	104,035	113,309	124,008	126,921	130,753	128,510	132,342	132,905	128,170	128,517
경북	138,090	143,171	156,693	163,214	168,939	167,913	174,481	177,916	176,591	179,861
경남	187,399	204,827	233,016	237,319	190,149	186,052	194,273	199,462	198,100	203,569
제주	29,285	31,013	33,718	34,634	35,788	34,994	37,321	38,847	40,285	41,756

출처: 통계청, 국내통계, 주제별, 경기, 기업경영, 전국사업체조사.

소로 성장한다. 그러나 이 기간 이후로는 거의 변동 없이 정체되고 있다. 5년이 지난 2005년도에는 겨우 20만 개소가 성장했을 뿐이며 10년이 지난 2010년에도 3,355,470 개소로 2000년보다 342천 개소의 사업체만 늘어났을 뿐이다. 1993년부터 2012년 약 30년간 사업체 수는 129만 개소가 늘어났지만 비율로 보면 56% 증가에 지나지 않는다. 다시 말하면 10년 동안 사업체 수가 이렇게 소규모로 밖에 늘어나지 않은 '고용 없는 성장'이 지속됨으로서 청년실업의 문제 등 고용악화 현상이 해결되지 않고 있는 것이다.

이를 구체적으로 보면 서울의 경우 1993년의 625천 개소에서 30년 후인 2012년에는 781천 개소로 늘어났다. 증가비율로 보면 약 24%이다. 그러나 최근 10년 사이인 2002년에서 2012년 사이에는 성장비율은 6.3%에 불과하다. 성장속도가 거의 정체 수준임을 알 수 있다. 성장속도가 가장 상승한 지역은 경기다. 1993년의 307천 개소에서

구분	2003	2004	2005	2006	2007	2008	2009	2010	2011	2012
전국	3,187,916	3,189,890	3,204,809	3,226,569	3,262,925	3,264,782	3,293,558	3,355,470	3,470,034	3,602,476
서울	748,953	740,779	741,229	733,759	728,614	719,687	723,086	729,731	752,285	780,887
부산	268,339	267,478	263,638	262,926	262,906	258,091	259,973	259,972	263,356	270,058
대구	183,115	182,359	179,780	180,015	179,904	178,629	178,765	183,115	188,300	192,600
인천	156,020	157,071	154,737	155,434	158,699	157,980	159,597	163,655	169,421	177,198
광주	94,439	95,950	95,287	95,656	97,111	97,511	99,148	99,976	102,386	105,931
대전	91,480	90,402	90,366	89,851	91,097	92,548	93,176	95,650	100,474	104,609
울산	64,265	64,715	65,309	65,818	67,169	67,843	68,654	70,746	73,417	74,578
세종	–	–	–	–	–	–	–	–	–	6,640
경기	566,798	577,633	596,133	618,765	640,490	651,428	660,008	687,022	720,851	751,108
강원	115,302	116,338	116,163	116,338	116,705	117,150	117,569	118,266	121,273	125,192
충북	97,506	96,771	97,142	99,331	101,386	101,861	102,969	105,756	109,256	112,650
충남	122,459	123,445	125,538	127,547	130,104	131,549	131,555	134,317	140,507	141,212
전북	119,717	120,165	118,809	118,818	120,062	119,821	122,658	124,705	128,740	135,999
전남	128,218	126,035	125,074	124,574	124,763	124,286	124,750	125,395	128,465	132,892
경북	181,919	180,444	181,069	180,991	183,389	183,408	184,153	186,693	193,364	199,547
경남	207,250	207,774	211,230	213,137	216,280	218,683	221,507	224,641	230,795	242,123
제주	42,136	42,531	43,305	43,609	44,246	44,307	45,990	45,830	47,144	49,252

출처: 통계청, 국가통계포털, 국내통계, 주제별, 기업경영, 전국사업체조사.
주1) ('06년): 조사기준시점(12.31)과 조사시점(익년도 조사기간 중) 사이에 폐업되어 조사되지 못한 사업체는 조사 시점에
그 장소에 입주해 있는 사업체로 대체.
   2) ('07년~): 조사기준시점(12.31)과 조사시점(익년도 조사기간 중)사이에 폐업되어 조사되지 못한 사업체는 직전년도 실
적으로 결측치를 대체하였음.

2012년에는 751천 개소로 약 2.44배 성장을 한다. 부산은 1993년에서부터 2000년도
까지 사업체 수는 15.5% 증가했다. 그러나 이후 2000년부터 2012년까지 약 12년 동안
사업체 수의 증가는 261천 개에서 270천 개로 약 3.5%인 9천 개 정도가 늘어났을 뿐
이다. 거의 성장이 없다고 할 수 있다. 이 기간 동안 대구 5.5%, 인천 9.9%, 광주 6.8%
각각 성장하였다. 다만 울산은 29.3%로 다른 지역에 비해 많은 일자리 창출이 이루어
졌다.

　　도의 사정은 더욱 어둡다. 경기를 제외한 지역은 거의 '0%'이거나 심지어 전북
과 같은 지역은 2005년과 2006년에는 마이너스 성장을 하고 있을 정도다. 2000년도
와 2012년 사이에도 부침이 심하여 2000년보다 오히려 줄어든 도도 있다. 사업이 안

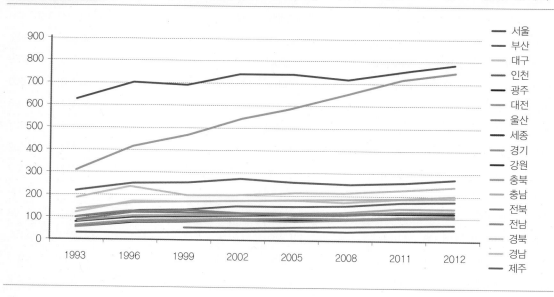

정되지 못하고 있다는 증거이다. 2004년도에서부터 2012년까지 강원은 7.8%, 전남은 5.6%, 경북은 6.4% 사업체가 증가하였다. 도 지역 중에서는 경남이 이 기간 동안 16.3%의 사업체 수가 증가하여 가장 높은 성장을 하고 있다.

　　지역 간 비교의 내용이 [그림 2-6-1]이다. 서울은 급성장하다가 정체되어 있는 모습이다. 서울과 경기가 그림에서 보는 바와 같이 다른 지역에 비해 월등하게 높은 비율을 점하고 있음을 알 수 있다. 2012년 기준으로 보면 서울과 경기도의 합계 사업체 수는 153만 개소로 전체의 42.5%를 차지하고 있다. 이에 수도권으로 확대하여 인천을 합하면 170만 개소로 47.4%를 차지한다. 수도권 집중현상이 인구와 마찬가지로 사업체 수에서도 나타나고 있다. 특이한 것은 수도권은 경기도의 사업체 수가 크게 성장하는 반면에 같은 수도권 지역인 인천의 사업체 수 성장은 극히 미미한 수준에 머물고 있다는 점이다. 그외 지역은 낮은 성장을 하고 있음을 알 수 있다.

　　[그림 2-6-2]는 권역별 사업체 수를 나타낸다. 광역시가 도지역들보다 2008년도까지는 점유율이 높았으나 이후 도지역들이 계속 성장하여 2005년도 이후에는 광역시 권역을 크게 상회하고 있다. 경기도의 영향과 도가 숫자가 많기 때문이라고 할 수 있다.

　　수도권과 비수도권을 비교해 보면 1993년도에 수도권은 100만 개 선에서 출발하고 있고, 비수도권은 120만 개 이상에서 출발하고 있다. 그러나 2012년 현재 수도권은 150만 대에 있고, 비수도권은 160만 대 초반에 있어 차츰 그 격차가 좁혀지고 있다.

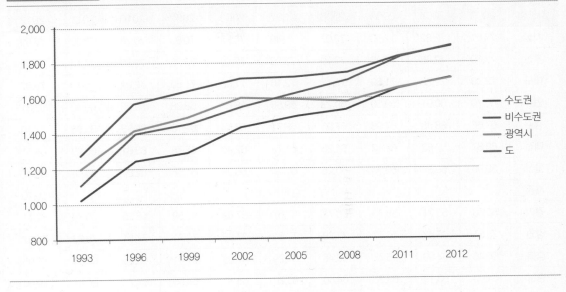

| 그림 2-6-2 | 권역별 사업체 수 변화 추이(1993-2012) | (단위: 천 개소) |

2) 인구 천 명당 사업체 수(2003-2013)

　인구 대비 지역별 사업체 수(전사업체)를 비교한 내용이 〈표 2-6-3〉이다. 이 표를 보면, 제주와 강원이 인구 천 명당 사업체 수가 가장 많은 지역으로 계속 유지한다. 반면에 경기, 인천, 울산이 인구 천 명당 사업체 수가 가장 적은 곳으로 2003년부터 2012년까지 지속되고 있다. 지역별로 인구 천 명당 사업체 수를 보면, 2003년에는 제주가 76개, 강원 75개, 서울 73개, 부산 72개, 대구 72개소다. 가장 적은 곳을 보면, 경기가 55개, 울산 59개, 인천 60개, 전북 61개, 대전 순이다. 가장 많은 제주와 가장 적은 경기와의 차이는 21개소로 큰 차이라고 할 수 있다. 금융위기 때인 2009년도를 보면, 인구 천 명당 기업체수가 가장 많은 곳은 역시 제주로 81개소, 강원은 77개, 이어 부산, 대구, 서울로 이어진다. 이들 지역은 인구 천 명당 사업체 수가 전부 70개 이상이다. 반대로 가장 적은 순으로 보면, 경기 57개, 인천 58개, 울산 61개, 대전 62개 순이다. 최고인 제주와 경기를 비교해 보면 24개소로 차이가 더 벌어지고 있다.

　2012년 현재를 비교해 보면, 가장 많은 곳은 제주로서 84개, 강원 81개이다. 다음이 대구, 서울, 부산, 경북, 경남, 광주 순이다. 역으로 가장 적은 지역은 세종시가 58개, 경기 61개, 인천 62개, 울산 65개이고 이어 전남, 경남 순으로 이어진다.

　지역별로 비교하기 위한 그래프가 [그림 2-6-3]이다. 이 그림을 보면 제주는 계속 상위에 있고, 처음부터 2012년까지 강원과 함께 다른 지역과 차별적 격차가 있음을

표 2-6-3 **인구 천 명당 사업체 수(전산업)**　　　　　　　　　　　　　　　　　(단위: 개소)

시도별	2003	2004	2005	2006	2007	2008	2009	2010	2011	2012
서울	73.61	72.82	72.90	72.07	71.48	70.55	70.83	70.76	73.40	76.59
부산	72.69	72.95	72.46	72.79	73.29	72.40	73.38	72.86	74.16	76.32
대구	72.39	72.23	71.59	72.12	72.16	71.66	71.80	72.91	75.10	76.87
인천	60.70	60.91	59.50	59.23	59.56	58.67	58.88	59.33	60.48	62.31
광주	67.66	68.48	67.98	67.95	68.71	68.54	69.16	68.73	69.96	72.10
대전	63.87	62.63	62.12	61.28	61.73	62.49	62.78	63.61	66.29	68.61
울산	59.90	59.84	60.05	60.25	61.06	60.99	61.58	62.81	64.66	65.01
세종										58.70
경기	55.53	55.21	55.73	56.74	57.67	57.69	57.59	58.29	60.39	62.11
강원	75.51	76.47	76.77	77.28	77.61	77.66	77.71	77.31	78.93	81.37
충북	65.46	64.99	65.25	66.46	67.29	67.03	67.41	68.25	69.91	71.95
충남	64.02	63.19	63.96	64.60	65.20	65.17	64.56	64.72	66.87	69.60
전북	61.25	63.02	63.02	63.59	64.47	64.57	66.14	66.72	68.70	72.60
전남	63.55	63.46	63.58	64.12	64.65	64.77	65.21	65.36	67.11	69.59
경북	66.86	66.93	67.35	67.32	68.39	68.59	68.97	69.40	71.64	73.95
경남	66.02	66.09	66.84	67.18	67.65	67.80	68.15	68.27	69.75	72.94
제주	76.29	76.58	77.67	78.08	79.12	79.03	81.74	80.23	81.83	84.38

출처: 통계청, 국가통계포털, 지역통계, e-지방지표, 주제별, 산업; 안전행정부, 주민등록인구.

알 수 있다. 제일 최하층은 경기도가 지속적으로 점하고 있다. 인구 천 명당 기업체수는 미미하지만 계속 증가하고 있음을 알 수 있다.

　권역별로 인구 천 명당 사업체 수가 어떻게 분포되고 있는지를 비교하기 위하여 작성한 그래프가 [그림 2-6-4]이다. 이 그림을 보면, 수도권은 2003년부터 약간씩 하락하다가 2010년부터 크게 상승하기 시작하고 있다. 2003년을 보면, 비수도권은 인구 천 명당 67개 정도에서 출발하여 수도권과 4개 차이를 시작으로 하여 2012년에 현재는 수도권은 67개인 반면에 비수도권은 73개로 6개소 차이를 보여 격차가 더욱 벌어지고 있다. 광역시와 도를 비교해 보면, 2003년에는 광역시가 약 67개였고, 도는 66개였다. 그러나 이후에 광역시는 계속 떨어지다가 2009년부터 약간씩 상승을 하였던 반면, 도권역들은 하락하는 해가 없이 계속 상승하였다. 이 때문에 2012년 현재는 도 권역은 73개소, 광역시는 71개소에 위치에 있어, 역전 현상이 발생했다.

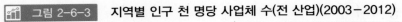

그림 2-6-3 | **지역별 인구 천 명당 사업체 수(전 산업)(2003−2012)** (단위: 개소)

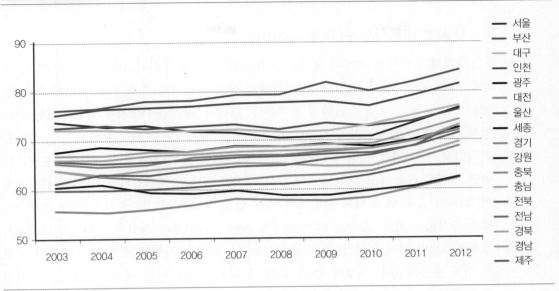

그림 2-6-4 | **권역별 평균 인구 천 명당 사업체 수(전 산업)(2003−2012)** (단위: 개소)

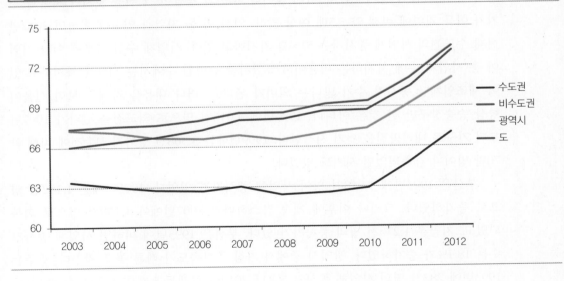

2. 사업체 종사자 수

1) 사업체 종사자 수(1993-2012)

사업체의 종사자 수에 대해 정리한 내용이 〈표 2-6-4〉이다. 1993년 사업체에 종사하는 수는 12,245천 명이었다. 1995년에는 사업체 종사자 수가 13,634천 명, 1996년에는 14,007천 명으로 순탄하게 증가한다. 그러나 1997년 IMF시대가 시작되면서 사업체 종사자 수는 급감하기 시작한다. 1997년도에는 전년도 대비 1백만 명 이상이 감원되었고, 1998년에는 다시 12백만 시대로 회귀한다. 2000년에 들어서면서 다시 13백만 시대로 증가하고 2001년에는 다시 14백만 시대로 재진입하였다. 이후에는 심지어 2008년 금융 위기 때도 감원되는 해가 없을 정도로 사업체 종사자 수는 적게나마 계속 증가하고 있다. 1993년 이후 20년이 지난 2012년에는 사업체 종사자가 18,569천 명으로 623만 명이 늘어났다. 51.6%가 늘어난 것이다. 사업체 수가 56%가 늘어난 것에 비해 종사자 수는 그보다 5%가 적게 증가하고 있다. 이는 대기업보다 중소기업의 수가 많이 늘어났거나 대기업이 종업원 채용을 과거보다 적다는 것을 의미한다. 2012년 기준으로 보면, 서울의 사업체 종사자 수가 다른 지역에 비해 가장 많은 4,541천 명이며, 그 다음이 경기도로 4,041천 명이다. 부산과 경남이 그 뒤를 잇지만 서울과 경기가 이들 지역에 비해 약 3.5배 이상 많다. 역시 이 둘 지역과 인천과 합하면 2012년 현재 수도권의 사업체 종사자는 51%를 차지하고 있다. 사업체 수인 경우에 이들 지역이 총 사업체 수에 차지하는 비율이 47%였지만 종업원 수에서는 51%를 차지하고 있어 제조업체당 종사자 수가 많다는 의미가 된다. 그러나 내용을 자세히 보면 서울이 항상 승승장구만 한 것은 아니다. 1996년에 4,046천 명으로 최고점을 갔다가 1997년부터 거꾸로 내리막길을 걷기 시작한다. 1999년에는 3,368천 명까지 3년 전에 비해 약 70만 명이나 감축되었던 시기도 있었다.

부산은 1993년에 1,048천 명이 사업체 종사자가 있었다. 1995년에는 1,152천 명으로 증가하였다. 그러나 이후에 계속 감소하다가 2007년에야 1,158천 명으로 회복되었고, 지금은 1,276천 명의 종사자가 있다. 부산은 1993년에 비하면 사업체 종사자 수는 18.1%가 증가하였다. 광역시 중에서 가장 증가속도가 빠른 곳은 광주다. 광주는 1993년에 282천 명의 사업체 종사자였으나 2012년 현재는 520천 명으로 84.4%가 증가하였다.

도 지역을 보면, 강원은 약 20년 동안 사업체 종사자 수가 41.9%가 신장되었고, 충남은 73.5%로 다른 지역에 비해 높게 성장하고 있다. 도 지역에서는 경남이 100만

구분	1993	1994	1995	1996	1997	1998	1999
전국	12,245,073	12,583,630	13,634,273	14,006,754	13,470,343	12,416,558	12,920,289
서울	3,974,457	3,612,150	3,874,597	4,045,537	3,758,459	3,378,615	3,367,652
부산	1,047,659	1,113,956	1,152,092	1,137,990	1,095,718	1,010,408	1,045,176
대구	579,516	685,987	737,394	736,308	699,868	625,090	657,459
인천	526,400	612,172	681,840	689,785	642,219	586,567	641,990
광주	281,795	312,641	340,554	357,169	357,999	337,337	367,734
대전	286,109	341,024	372,754	376,489	372,297	338,025	356,033
울산	–	–	–	–	318,815	293,005	310,708
경기	1,746,416	1,895,253	2,119,626	2,228,148	2,141,390	2,036,899	2,217,212
강원	367,122	374,676	404,572	409,922	407,379	385,094	395,907
충북	319,066	356,954	393,854	408,090	400,630	375,108	395,025
충남	423,471	442,749	456,807	482,407	485,110	456,957	474,816
전북	423,090	432,591	467,367	480,362	477,225	450,701	458,658
전남	423,014	467,667	510,674	511,921	525,162	494,629	506,561
경북	677,689	690,436	739,427	762,164	763,115	700,425	714,779
경남	1,042,467	1,112,958	1,241,134	1,228,329	874,457	806,270	862,446
제주	126,802	132,416	141,581	152,133	150,500	141,428	148,133

구분	2000	2001	2002	2003	2004	2005	2006
전국	13,604,274	14,109,641	14,608,322	14,729,166	14,818,754	15,147,471	15,435,766
서울	3,574,824	3,763,794	3,805,462	3,791,943	3,732,230	3,843,010	3,894,666
부산	1,057,136	1,106,917	1,145,605	1,130,189	1,144,196	1,114,403	1,147,243
대구	664,860	697,681	738,541	727,337	718,977	714,703	721,257
인천	666,896	693,983	723,081	721,256	724,326	728,042	745,111
광주	380,831	393,434	416,398	429,262	433,207	428,275	439,438
대전	365,389	395,826	403,620	397,790	402,530	405,311	412,889
울산	334,565	351,460	370,570	372,830	378,055	379,842	389,470
경기	2,416,082	2,556,390	2,720,746	2,845,516	2,940,840	3,066,075	3,164,760
강원	405,532	415,357	431,064	433,109	436,787	436,972	440,522
충북	416,695	418,910	434,578	437,126	439,934	450,265	462,882
충남	496,966	502,933	525,595	544,469	565,624	589,493	604,737
전북	470,946	466,130	478,066	470,976	472,841	478,547	486,913
전남	519,464	491,650	495,961	487,402	479,693	500,916	508,358
경북	770,024	772,770	789,747	799,774	799,252	823,500	815,419
경남	910,059	920,092	955,479	970,400	982,650	1,016,273	1,025,453
제주	154,005	162,314	173,809	169,787	167,612	171,844	176,648

표 2-6-4 지역별 사업체 종사자 수 (단위: 명)

구분	2007	2008	2009	2010	2011	2012
전국	15,943,674	16,288,280	16,818,015	17,647,028	18,093,190	18,569,355
서울	4,005,831	4,079,277	4,177,336	4,487,357	4,498,312	4,541,393
부산	1,157,853	1,165,574	1,182,236	1,204,764	1,231,887	1,275,945
대구	732,128	739,022	766,886	786,487	809,381	833,836
인천	765,760	765,014	790,202	827,748	848,393	871,532
광주	456,575	464,104	488,781	499,215	499,802	519,912
대전	429,632	450,857	468,501	492,722	509,740	521,281
울산	406,846	404,866	413,831	434,280	451,987	452,130
세종	–	–	–	–	–	46,512
경기	3,334,921	3,438,570	3,558,659	3,749,152	3,920,341	4,041,430
강원	448,200	466,538	479,165	490,109	502,315	520,560
충북	480,060	498,337	513,176	533,545	551,917	569,550
충남	622,870	641,731	665,433	702,560	748,377	742,046
전북	502,261	512,017	544,469	565,803	581,101	602,988
전남	519,017	535,252	560,699	569,925	586,908	601,963
경북	829,586	844,659	868,182	927,308	945,683	966,347
경남	1,073,152	1,101,580	1,140,329	1,173,377	1,203,289	1,250,462
제주	178,982	180,882	200,130	202,676	203,757	211,468

출처: 통계청, 국가통계포털, 국내통계, 주제별, 기업경영, 전국사업체조사.

명대인 1,042천 명으로 시작하여 1996년에는 1,228천 명까지 크게 상승하였다. 그러다가 경남은 울산시가 광역시로 승격하던 해인 1997년 이후에는 80만 명대로 떨어지다가 다시 회복하기 시작하여 2012년 현재 1,251천 명으로 지속적으로 유일하게 100만 명대에 진입해 있다.

각 지역별로 사업체 종사자 수를 비교한 내용이 [그림 2-6-5]이다. 이 그림에서 보면 서울시는 1996년부터 종업원 수가 급격하게 하강하여 1999년 전후에 가장 낮은 수준까지 내려온다. 이후에 약간씩 상승하지만 1993년 수준까지 올라온 것은 15년이 지난 2008년 전후라고 할 수 있다. 경기는 1999년도 IMF 시절에 상승이 하강으로 접어들었지만 곧 회복하여 꾸준하게 상승하고 있다. 부산과 경남은 거의 같은 수준과 비율을 유지하고 있다. 나머지 지역은 크게 변동이 없이 약간의 상승 내지 정체수준을 유지하고 있다.

[그림 2-6-6]은 권역별로 비교하기 위한 것이다. 권역별로 보면 사업체 수와 마찬

그림 2-6-5 지역별 사업체 종사자 수 변화추이(1993-2012)   (단위: 천 명)

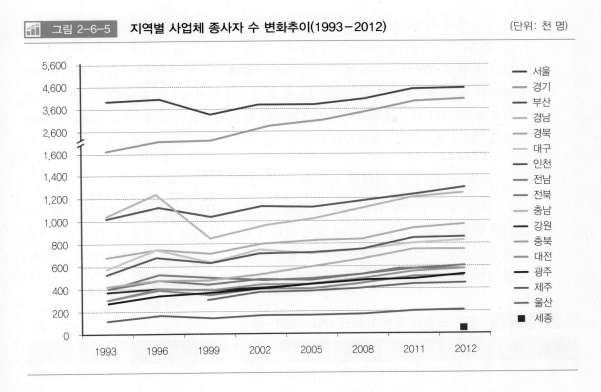

그림 2-6-6 권역별 사업체 종사자 수 변화 추이(1993-2012)   (단위: 천 명)

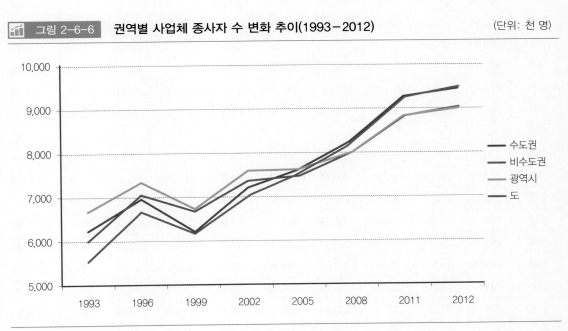

가지로 현재 비율로는 도가 가장 많은 종사자를 채용하고 있다. 도 지역은 1993년에는 500만 명대에서 출발하였지만 2013년 현재 900만 명대 중간까지 상승하고 있다. 반면에 광역시는 1993년도에는 거의 700만 명 수준이었지만, 2012년 현재는 800만 명대를 겨우 유지하고 있다. 1997년도에 울산시가 광역시로 편입되었다는 점을 고려하면 도 지역의 사업체 종사자가 광역시보다 훨씬 상승폭이 높다. 그 다음에는 수도권이나 비수도권, 그리고 광역시도 마찬가지로 거의 같은 수준을 유지하고 있다.

2) 인구 천 명당 사업체 종사자 수(2003-2012)

어느 지역이 인구 대비 사업체 종사자가 실질적으로 많은지에 대하여 살펴보기 위한 내용이 〈표 2-6-5〉이다. 이 표에 따르면 인구 천 명당 전 산업 종사자 수는 서울이 2003년부터 2012년도까지 계속 수위를 점하고 있다. 2위인 울산에 비해서도 약 50명 정도가 많을 정도로 타 지역에 비해 훨씬 많은 것으로 나타났다.

표 2-6-5 **인구 천 명당 종사자 수(전 산업, 2003-2012)** (단위: 명)

시도별	2003	2004	2005	2006	2007	2008	2009	2010	2011	2012
서울	372.71	366.87	377.98	382.54	393.01	399.90	409.21	435.14	438.87	445.76
부산	306.16	312.08	306.30	317.62	322.75	326.99	333.68	337.67	346.92	360.67
대구	287.54	284.78	284.59	288.95	293.64	296.47	308.01	313.13	322.81	332.91
인천	280.62	280.88	279.96	283.92	287.39	284.11	291.53	300.09	302.86	306.63
광주	307.55	309.17	305.53	312.15	323.02	326.21	340.94	343.19	341.52	353.95
대전	277.73	278.86	278.63	281.61	291.15	304.45	315.66	327.68	336.33	341.96
울산	347.51	349.58	349.23	356.50	369.86	363.95	371.19	385.58	398.05	394.26
세종	–	–	–	–	–	–	–	–	–	411.18
경기	278.78	281.07	286.62	290.18	300.28	304.51	310.51	318.09	328.41	334.47
강원	283.63	287.10	288.79	292.62	298.04	309.26	316.73	320.37	326.93	338.38
충북	293.45	295.47	302.43	309.71	318.64	327.94	335.96	344.33	353.14	363.93
충남	284.64	289.56	300.36	306.28	312.13	317.92	326.58	338.50	356.15	361.98
전북	240.98	247.98	253.83	260.61	269.70	275.91	293.59	302.74	310.08	321.95
전남	241.56	241.51	254.63	261.65	268.94	278.92	293.10	297.07	306.59	315.05
경북	293.94	296.47	306.31	303.29	309.39	315.89	325.18	344.73	350.36	358.01
경남	309.14	312.57	321.56	323.20	335.68	341.55	350.85	356.59	363.67	376.92
제주	307.42	301.81	308.20	316.29	320.03	322.65	355.68	354.79	353.65	362.28

출처: 통계청, 국가통계포털, 지역통계, e-지방지표, 주제별, 산업.

지역별로 보면, 2003년도에 인구 천 명당 사업체 종사자 수가 가장 높은 지역은 기술한 바와 같이 서울로서 372(소수점 생략)명이다. 그 다음이 울산으로 347명이며, 다음은 경남, 광주, 부산 순이다. 이 기간에 가장 적은 곳은 전북이 240명이다. 전북은 서울과 비교하면 132명 차이가 난다. 전북은 천 명당 사업체 종사자 수가 서울의 64.5%에 지나지 않는다. 전북에 이어 낮은 지역은 전남이 241명, 다음 대전, 경기 순이다.

　　금융위기 영향을 강하게 받은 2009년에 지역별 인구 천 명당 사업체 종사자 수는 서울이 409명으로 1위를 점하고 있다. 이 해는 서울이 400명 선을 처음으로 넘는 해이기도 하다. 다음은 울산으로 371명이며, 제주, 경남, 광주 순으로 나간다. 제주가 3위로 올라선 점도 특이하다. 반대로 이 시기에 인구 천 명당 사업체 종사자 수가 가장 적은 곳은 전남이 297명이다. 2009년에 300명 이하인 곳은 전남이 유일하다. 다음이 전북으로 302명, 대구, 대전, 경기, 강원 순으로 나간다. 강원은 인구 천 명당 사업체 수는 제주 다음 2위를 계속 유지하였지만, 인구 천 명당 종사자 수에서는 하위권에서 벗어나지 못하고 있다. 강원은 소규모 사업체 수가 다른 지역에 비해 많다는 의미다.

　　2012년 현재의 상황을 보면, 서울은 445명으로 타 지역과 확연하게 구별될 정도로 수위를 점하고 있다. 그 다음이 울산인데 394명으로 아직 400명 선은 넘지 못하고 있다. 이 다음의 순위는 경남, 충북, 제주, 충남이다. 가장 낮은 지역으로 가면, 인천이

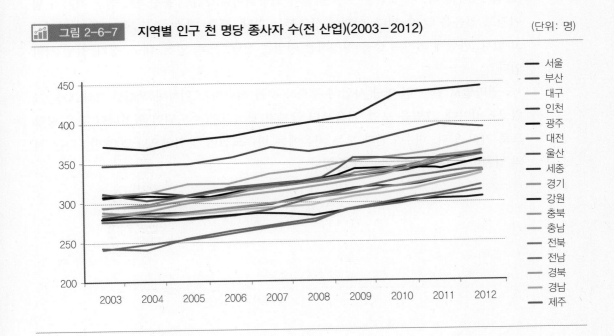

그림 2-6-7　**지역별 인구 천 명당 종사자 수(전 산업)(2003-2012)**　　　(단위: 명)

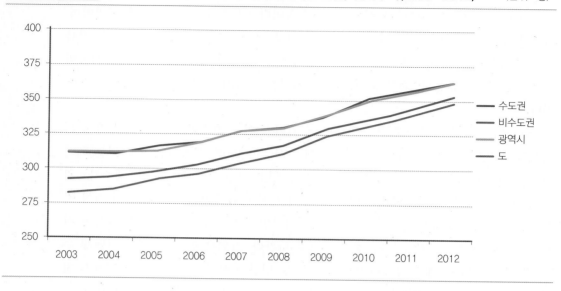

다. 인천은 306명으로 서울과 비교하면 약 140명이나 적다. 2위가 전남으로서 315명에 불과하다. 이어 전북, 대구, 경기, 강원 등의 순이다.

   인구 천 명당 사업체(전 산업)의 종사자 수를 비교하기 위하여 작성한 그래프가 [그림 2-6-7]이다. 이 그림을 보면 서울이 최상위이며, 2위인 울산과도 점점 격차가 벌어지고 있음을 알 수 있다. 이외에 상층부는 경남, 광주, 제주, 충북, 충남 등이 형성하고 있다. 반면에 최하위 층을 형성하는 지역은 전남, 전북, 인천, 대구, 경기, 강원 지역이다.

   권역별로 인구 천 명당 사업체 종사자 수를 비교하기 위하여 작성한 그래프가 [그림 2-6-8]이다. 그림을 보면, 처음부터 끝까지 광역시와 수도권이 일치하여 같은 방향으로 가고 있다. 비수도권과 도는 처음에는 비수도권이 상위였으나 2008년부터는 거의 일치하여 같은 방향으로 가고 있다.

제3절 | 제조업체와 종사자

1. 제조업체 수

사업체 중에 종사자 수나 그리고 사업체가 차지하는 수의 점유율로 보았을 때 제조업이 가장 중심자리에 있다. 앞에서 제시한 바와 같이 2009년에 우리나라 제조업 종사자 수는 336만 명으로 전체 사업체종사자 수 1,681만 명의 약 20%를 차지하고 있다. 제조업체 수의 변화 추이를 나타낸 내용이 〈표 2-6-6〉이다. 1993년 282천 개였던 제조업체 수는 2012년에는 360천 개로 약 27.6%가 늘어났다. 제조업체 수도 계속 상

표 2-6-6 제조업체 수
(단위: 개소)

구분	1993	1994	1995	1996	1997	1998	1999	2000	2001	2002	2003
전국	281,590	298,510	312,940	312,748	304,092	279,454	297,416	313,246	331,065	333,921	326,973
서울	81,299	81,350	81,557	79,254	74,824	66,368	68,346	72,754	75,834	74,043	71,023
부산	27,176	28,722	29,637	29,372	28,133	25,791	27,019	27,893	29,372	29,233	28,113
대구	20,530	24,310	25,203	25,086	24,406	22,622	22,645	23,073	24,469	24,724	23,623
인천	13,208	15,128	17,044	17,074	17,033	15,773	17,645	18,931	20,434	21,159	20,554
광주	5,936	6,411	6,707	6,982	6,832	6,284	6,626	6,915	7,287	7,514	7,200
대전	5,721	6,680	7,076	6,777	6,681	5,971	6,369	6,489	7,039	6,931	6,488
울산	–	–	–	–	3,886	3,506	4,006	4,401	4,758	4,950	4,841
세종	–	–	–	–	–	–	–	–	–	–	–
경기	46,568	52,156	57,050	58,999	57,540	54,100	61,607	67,281	73,396	76,022	77,149
강원	6,031	6,478	6,708	6,678	6,513	6,018	6,325	6,351	6,740	6,729	6,526
충북	6,042	6,765	7,396	7,627	7,656	7,104	7,669	7,943	8,308	8,494	8,369
충남	10,347	10,671	11,071	11,093	11,090	10,173	10,503	10,819	11,182	11,251	11,250
전북	9,779	10,135	10,601	10,611	10,466	9,821	10,042	9,976	9,945	9,842	9,364
전남	10,725	11,297	11,689	11,506	11,505	10,744	10,839	10,769	10,896	10,677	10,208
경북	15,683	15,105	15,952	16,229	16,260	15,510	16,216	16,832	17,313	17,624	17,640
경남	20,953	21,643	23,464	23,776	19,584	18,104	19,915	21,134	22,168	22,783	22,736
제주	1,592	1,659	1,785	1,684	1,683	1,565	1,644	1,685	1,924	1,945	1,889

구분	2004	2005	2006	2007	2008	2009	2010	2011	2012
전국	328,338	340,183	331,519	332,617	320,053	320,374	326,813	340,909	360,394
서울	68,866	69,982	63,829	61,718	56,254	54,947	53,950	56,026	59,217
부산	27,898	28,062	27,280	27,184	26,026	25,805	25,869	26,519	27,475
대구	23,597	23,936	23,291	23,086	22,521	22,557	23,334	23,962	25,071
인천	21,026	21,381	20,879	21,006	19,940	19,560	20,252	20,922	22,183
광주	7,375	7,527	7,328	7,491	7,261	7,333	7,250	7,478	7,647
대전	6,513	6,528	6,382	6,422	6,249	6,295	6,412	6,592	6,914
울산	4,885	5,108	5,027	4,984	4,879	4,875	5,079	5,322	5,669
세종	-	-	-	-	-	-	-	-	677
경기	79,788	85,539	86,289	87,765	85,586	86,420	91,406	96,204	102,989
강원	6,538	6,567	6,341	6,353	6,175	6,181	6,097	6,236	6,434
충북	8,401	8,673	8,801	8,965	8,801	9,009	9,073	9,479	9,813
충남	11,296	11,780	11,679	11,833	11,656	11,780	11,944	12,637	12,692
전북	9,415	9,439	9,259	9,449	9,148	9,417	9,389	9,682	10,040
전남	10,095	10,487	10,307	10,262	9,991	10,006	9,933	10,254	10,516
경북	17,506	18,531	18,099	18,496	18,298	18,670	18,935	19,944	21,232
경남	23,213	24,627	24,808	25,663	25,358	25,597	26,040	27,772	29,854
제주	1,926	2,016	1,920	1,940	1,910	1,922	1,850	1,880	1,971

출처: 통계청, 국가통계포털, 국내통계, 주제별, 기업경영, 전국사업체조사.
주1) 2005년 이전 자료는 8차 산업분류 적용.
  2) 조사기준시점(12.31)과 조사시점 사이에 폐업된 사업체는 그 장소에 입주한 사업체로 대체하였음(93~99).

승하다가 1997년을 정점으로 하여 1998년부터 2년간은 하락하다가 다시 약간씩 증가하는 변화를 보이고 있다. 1993년도 제조업체 수의 순위를 보면, 서울, 경기, 부산, 대구, 경남, 경북, 인천 순이었다. 그러다가 이 순위는 2002년에 경기가 서울보다 2천 개가 더 많아지면서 바뀌게 된다. 제조업체가 가장 많은 지역은 경기도로서 1993년에는 47천 개에 불과하였으나 2012년 현재는 103천 개로 119%가 증가하였다. 서울은 제조업체 수가 1993년도에는 81천 개로 전체 282천 개의 28.7%를 점하였다. 그러나 이 수는 1996년을 기점으로 계속 떨어지기 시작하여 1998년은 66천 개로 감소되었다. 그러다가 중간에는 약간 회복하였다가 2007년에는 62천 개, 2012년 현재는 59천 개로 전국 제조업체 수 360천 개의 16.4%로 그 점유율이 크게 떨어지고 있다. 경기도는 1993년에는 47천 개였다가 2001년에는 73천 개로 크게 증가하였고, 이 속도를 계속 유지하여 2012년에는 103천 개로 전국에서 유일하게 제조업체 수가 10만 개를 넘고 있다. 이 수는 우리나라 제조업체 전체 360천 개의 28.6%로 큰 비중을 차지하고 있다.

표에서 보는 바와 같이 광역시의 제조업체 수는 거의 감소이거나 정체 수준이다. 서울은 1993년에 81천 개에서 20년 지난 2012년 지금은 59개로 27%나 떨어져 있다. 부산은 절대 수치로 보면 1993년이나 2012년이나 꼭 같다. 신흥 광역시이며 공업지대인 울산은 광역시 승격해인 1997년에는 3,886개소였는데 2012년 현재에는 5,669개소로 45.9%가 증가하고 있다. 도 지역으로 가면, 경기는 대폭 상승이며, 그 다음이 충북, 충남, 경남, 경북 정도가 상승세이고 나머지 지역은 역시 정체되어 있다. 상승하는 지역인 충북은 1993년도는 약 6천 개소, 2003년은 약 8천 개소, 2012년에는 10천 개소로 20년사이에 4천 개소가 증가하였다. 충남은 충북보다는 증가율이 적지만, 1993년은 약 10천 개소, 2003년은 약 11천 개소, 2013년에는 약 13천 개소로 20년 사이에 약 3천 개소가 증가하였다. 경북은 1993년은 16천 개소에서 2012년에는 21천 개로 이 사이에 약 5천 개소가 증가하였다. 경남은 1993년에는 21천 개에서 2012년에는 30천 개소로 약 20년간 약 9천 개의 제조업체 수가 증가하였다.

다음 [그림 2-6-9]는 지역별 제조업체 수의 변화 추이를 나타낸 그림이다. 이 그림에서 보는 바와 같이 경기와 서울이 2002년을 기점으로 점유율이 크게 바뀌기 시작한다. 2002년에 서울이 74,043개소의 제조업체가 있었는가 하면, 경기는 76,022개소로

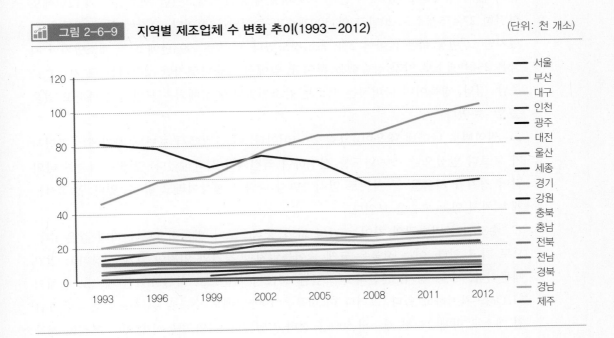

그림 2-6-9 지역별 제조업체 수 변화 추이(1993-2012)　　　　(단위: 천 개소)

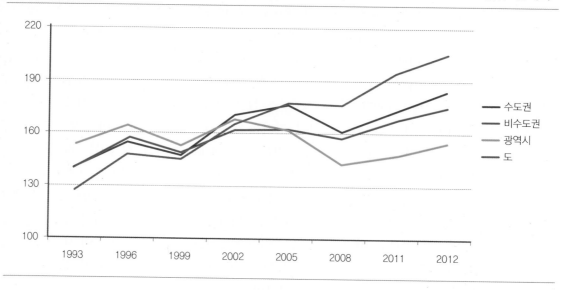

약 2천 개소가 많기 시작한다. 이후 이 두 지역의 간격은 계속 벌어진다. 서울은 2008년도에는 더욱 감소된 반면에, 경기도는 상승세를 멈추지 않아 지금은 가위 모양을 유지할 정도로 큰 차이를 보이고 있다. 부산이나 대구 등은 약간의 변동은 있지만 큰 변동이 없이 정체되고 있다. 부산은 1993년도에 27,176개소였던 제조업이 2012년에도 여전히 27,475개소로 20년간 약 300개소가 늘어났을 뿐이다. 그간에 약간 변동은 있었지만 그 변동 폭은 많아야 2천 개소 정도였다. 대구는 1993년에 21천 개소였지만 지금은 25천 개소로 약간 상승했을 뿐이다. 앞에서 기술하였지만 성장하는 도 지역으로 충남, 경남, 경북이며 나머지는 때로는 감소되었다가 정체되는 모양을 반복하고 있음을 알 수 있다.

권역별로 나타낸 내용이 [그림 2-6-10]이다. 이 그림에서 보면 초창기에는 광역시가 도보다 앞섰으나 1999년도를 전후하여 역전되기 시작하였다. 앞에서 기술한 바와 같이 경기가 서울을 큰 차이로 앞서가면서 나타난 현상이라고 할 수 있다. 광역시는 계속 처져 있는 모습을 보인다.

수도권과 비수권의 차이는 거의 없이 양적으로나 비율적으로나 거의 같은 수준으로 가고 있다. 이는 서울은 크게 줄어들었지만 경기와 인천이 크게 성장하고 있기 때문이다. 서울, 경기, 인천의 제조업은 2012년 기준으로 하면 184천 개소로 전체의 51.1%를 차지하고 있다. 그러나 이 비율은 1993년에도 수도권 총 제조업체 수는 141천 개소로 전체 282천 개소의 50%를 점하고 있었다. 거의 변동이 없이 수도권이 전국

제조업체 수의 50%이상 점하고 있음을 알 수 있다.

2. 제조업체 종사자 수

제조업체의 종사자 수가 지역별로 어떻게 변화하고 있는지를 알아보기 위하여 작성한 내용이 〈표 2-6-7〉이다.

전국 제조업체 종사자 수는 1993년에 3,884천 명이었는데 이후 계속 떨어지기 시작하여 IMF해인 1998년에는 2,987천 명으로 200만 명대까지 떨어졌다가 다시 상승하여 약 20년이 지난 2012년에는 3,716천 명이 되었다. 1993년도에 비해 현재 제조업체 종사자 수가 오히려 168천 명이 줄어들었다. 제조업체 수는 이 기간 동안 27%정도 늘었는데 종사자 수는 4.4%가 감소하는 것으로 나타나고 있다. 계속 언급하지만 기업

표 2-6-7　제조업체 종사자 수　　　　　　　　　　　　　　　　　　　　　(단위: 명)

구분	1993	1994	1995	1996	1997	1998	1999	2000	2001	2002	2003
전국	3,884,496	3,695,363	3,708,876	3,748,516	3,312,257	2,986,971	3,170,029	3,333,018	3,415,996	3,392,865	3,411,003
서울	1,125,935	808,585	729,057	807,420	651,038	579,421	572,114	568,421	599,234	571,651	529,493
부산	307,390	304,484	287,571	267,322	243,333	216,651	225,749	226,618	232,454	222,221	214,132
대구	183,793	219,368	213,987	197,440	179,471	158,189	163,851	164,819	168,241	168,494	164,731
인천	238,666	259,956	284,478	270,250	227,416	200,834	231,319	236,835	238,753	231,552	231,307
광주	58,168	57,785	61,312	64,276	61,022	53,400	57,440	59,520	61,677	62,615	66,322
대전	52,938	57,145	56,987	55,652	50,590	44,901	50,163	50,706	53,476	48,843	47,227
울산	–	–	–	–	142,186	130,784	134,691	140,337	141,880	141,910	138,579
세종	–	–	–	–	–	–	–	–	–	–	–
경기	784,852	825,647	859,827	865,380	749,372	686,759	766,066	844,628	880,059	883,803	934,486
강원	47,651	49,767	50,295	48,487	46,369	40,040	41,183	43,174	44,025	45,106	45,096
충북	101,603	109,268	118,439	122,759	116,283	101,807	108,972	114,612	112,186	116,559	117,429
충남	111,131	122,192	129,884	138,251	129,675	121,669	132,102	140,043	145,300	152,947	164,914
전북	101,366	90,979	98,833	98,532	93,783	82,745	82,768	86,007	86,047	86,076	83,147
전남	85,812	91,481	94,580	93,093	90,893	84,025	86,554	86,236	90,145	89,019	84,956
경북	248,872	238,714	243,893	245,330	231,591	212,492	215,272	252,324	235,511	241,662	251,132
경남	428,525	451,830	471,786	466,581	291,956	266,604	294,781	311,334	318,837	322,139	329,810
제주	7,794	8,162	7,947	7,743	7,279	6,650	7,004	7,404	8,171	8,268	8,242

구분	2004	2005	2006	2007	2008	2009	2010	2011	2012
전국	3,417,164	3,450,893	3,341,278	3,334,889	3,277,271	3,269,339	3,417,698	3,587,482	3,715,162
서울	464,256	473,643	391,086	346,667	294,649	282,583	272,510	274,809	286,674
부산	211,951	200,895	197,261	197,821	192,489	188,207	193,756	199,034	205,619
대구	160,358	155,484	151,998	150,476	146,978	147,847	155,490	161,709	168,456
인천	232,616	225,663	225,572	222,740	212,859	208,176	218,806	223,240	228,556
광주	72,719	69,606	68,200	69,710	68,614	71,489	74,555	76,270	80,065
대전	47,542	47,326	45,536	45,436	46,541	47,818	50,757	54,271	55,451
울산	141,522	140,668	142,654	147,532	150,664	149,423	148,160	158,295	159,703
세종	–	–	–	–	–	–	–	–	16,772
경기	974,029	995,534	981,276	979,661	969,399	970,254	1,036,355	1,087,312	1,135,569
강원	44,665	42,120	40,658	41,754	42,298	42,029	43,113	45,965	46,327
충북	119,892	122,416	126,828	130,848	137,105	138,942	143,580	153,870	155,553
충남	178,975	184,533	188,417	192,861	200,509	204,053	217,275	248,058	237,506
전북	83,179	82,279	82,998	85,777	84,633	93,115	98,896	104,949	108,896
전남	85,561	89,118	88,858	89,137	90,459	91,158	93,237	100,239	104,971
경북	253,224	265,013	255,998	254,310	255,446	252,196	272,931	286,249	296,946
경남	338,631	348,015	346,105	372,165	376,361	373,509	389,737	404,778	418,908
제주	8,044	8,580	7,833	7,994	8,267	8,540	8,540	8,434	9,190

출처: 통계청, 국가통계포털, 국내통계, 주제별, 기업경영, 전국사업체조사.
주: 2005년 이전 자료는 8차 산업분류 적용.

수는 성장은 하는데 종사자 수는 줄어드는 현상이 발생하고 있다. 즉 "고용 없는 성장(jobless growth)"이 사실임을 알 수 있는 지표다. 이러한 현상은 서울에서 극명하게 나타나고 있다. 서울은 1993년도에 제조업 종사자 수가 1,126천 명으로 전국에서 유일하게 100만 명의 제조업 종사자가 있는 지역이었다. 그러다가 계속 떨어져서 2012년에는 290천 명으로 약 75%나 급감하고 있다. 부산, 대구, 인천, 강원, 경남 등 지역에서도 약간씩의 차이가 있지만 내리막을 걷고 있다. 반면에 경기는 1993년 785천 명에서 2012년 현재 1,139천 명으로 45.1% 증가한 것으로 나타나고 있다. 다음으로는 충남이 급격하게 증가하는 지역 중에 하나다. 충남은 1993년에 111천 명이었다가 2000년에는 140천 명으로, 2008년도에는 201천 명으로, 2012년 현재는 230천 명으로 1993년에 비해 2.07배 성장하였다. 광주도 1993년에는 58천 명이었는데 IMF시기만 빼고는 계속 성장을 하여 2012년에는 80천 명으로 1993년에 비해 45%가 증가해 다른 지역보다 높은 성장을 하였다. 이외의 지역들은 약간씩이나마 상승하거나 아니면 정체되어 떨어지지는 않고 있다.

지역별로 제조업 종사자를 비교하기 위하여 작성한 내용이 [그림 2-6-11]이다. 이

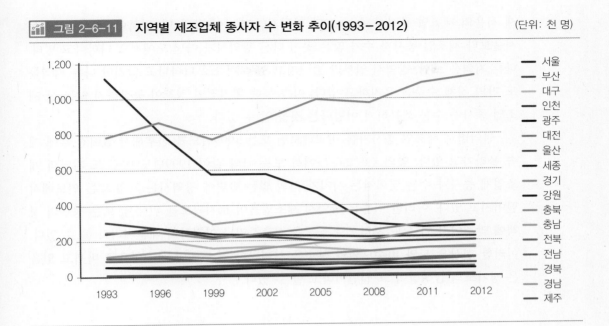

그림 2-6-11 지역별 제조업체 종사자 수 변화 추이(1993−2012) (단위: 천 명)

서울
부산
대구
인천
광주
대전
울산
세종
경기
강원
충북
충남
전북
전남
경북
경남
제주

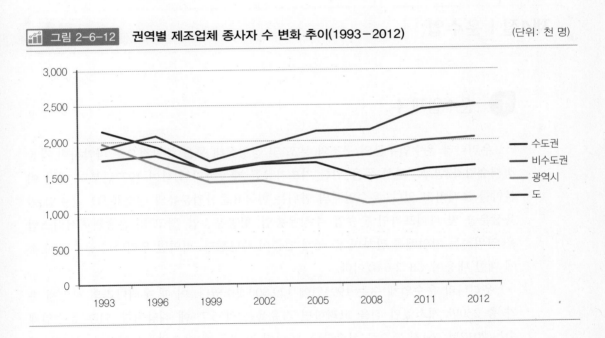

그림 2-6-12 권역별 제조업체 종사자 수 변화 추이(1993−2012) (단위: 천 명)

수도권
비수도권
광역시
도

그림에서 보는 바와 같이 서울과 경기는 반대로 가고 있음을 알 수 있다. 두 지역의 차
이는 제조업체 수의 간격보다 더 크다. 서울은 1999년을 기점으로 계속 하강을 하여
이제는 일부 다른 지역보다 낮은 수준에 와 있다. 앞의 〈표 2-6-7〉을 보면 2012년 현

재 서울의 제조업 종사자 수는 29만 명이지만 경남이 42만 명, 경북이 29만7천 명 등 서울보다 제조업 종사자 수가 많은 곳이 다른 광역시가 아닌 도에서도 나타나고 있다. 다른 지역을 보면, 광역시 일부만 떨어지고 있는 것으로 나타나고 있지만 다른 지역들도 거의 정체 수준을 유지하고 있다. 이를 통해 획기적인 정책이 등장하지 않는 한 제조업 종사자 수를 회복하기 어렵다는 것을 알 수 있다.

권역별로 제조업 종사자를 비교해보면 도는 1999년도를 전후해서 떨어진 후에 계속 올라가고 있다. 앞의 〈표 2-6-7〉에서 보는 바와 같이 1999년도 이후 도 지역의 제조업체 종사자 수는 떨어지는 시기가 거의 없는 반면에 광역시는 거의 모든 연도에서 떨어지고 있다. 이러한 이유는 광역시 제조업들이 토지확보를 위해서, 또는 정부의 정책에 맞추어서 인근 도 지역으로 공장을 신축하거나 이전하기 때문이라고 볼 수 있다. 이러한 현상은 도와 비수도권의 상승을 가져왔다. 수도권이 상승형으로 바뀌고 있음은 경기도의 급성장이 그 원인이라고 할 수 있다.

제4절 | 운수업

1. 운수업체 수

우리나라 운수업부문의 구조와 분포 및 경영실태 등을 종합적으로 파악하여 각종 정책수립과 연구·분석 등을 위한 기초자료를 제공하기 위하여 1977년부터 매년 이 분야를 조사하고 있다. 운수업체의 범위는 한국표준산업분류의 대분류 「H. 운수업」의 육상운송 및 파이프라인 운송업, 수상운송업, 항공운송업, 창고 및 운송관련서비스업을 영위하는 기업체를 말하며 총 46개 업종이 해당된다. 지역별 우리나라 운수업체 수에 대한 내용이 〈표 2-6-8〉이다.

우리나라 운수업체 수는 1993년에 129,800개소였다. 이 때 우리나라의 사업체 수가 총 230만 개소였던 점을 고려하면 점유율은 약 5.7%에 해당된다. 이후 운수업체 수는 2012년 364천 개소로 성장한다. 20년이 지난 후에 약 2.8배가 성장한 것이다. 성장률로 보면 우리나라 운수업계의 놀라운 성장을 알 수 있다. 1993년도의 순위를 보면, 서울, 부산, 경기, 경남, 대구, 경북, 전남과 인천 순이다. 2012년을 기준으로 할 때 운수업체 수는 서울, 경기, 부산, 인천, 경남 순으로 되어 있다. 수도권인 경기와 인천의 운수업체 수가 상승하고 있다.

　서울이 1993년 45,916개소에서 2012년 92,212개소로 약 2배 성장했다. 경기도는 이 기간 동안 10,634개에서 76,545개로 약 7배 이상 성장하여 지역별 운수업체 성장률이 가장 높다. 인천은 이 기간 중 5,623개에서 23,373개소로 약 4배의 높은 성장을 하고 있다. 대전과 광주도 약 3천 개소에서 출발하여 2012년 현재는 각각 11천 개소, 10천 개로 높은 성장을 하고 있는 지역 중에 하나다.

　도 단위로 가면 강원이 1993년 약 3,949개소에서 1995년 5,947개소, 2004년에는 9,831개소로 늘어났고 이후 계속 이 수준을 유지하고 있다. 전북도 1993년도에는 4,256개소에서 2012년 현재는 14,165개로 이 기간 동안 약 1만 개의 운수업이 증가하였다. 다른 지역에 비해 큰 성장이다. 경남은 1993년도에 7,138개소에서 2012년에 18,638개소로 약 2.7배나 성장하고 있다. 경북도 1993년 5,758개에서 2012년에 16,370개로 약 2.67배가 늘어났다. 다른 도 지역들도 이 기간 동안 3배 전후로 성장하고 있다. 2012년을 기준으로 할 때 운수업체 수는 서울이 92,212개소로 가장 많고 다

표 2-6-8　**운수업체 수(1993-2012)**　　　　　　　　　　　　　　　(단위: 개소)

구분	1993	1994	1995	1996	1997	1998	1999	2000	2001	2002	2003
전국	129,800	149,829	207,049	207,176	210,554	211,868	238,963	265,598	288,107	308,353	325,915
서울	45,916	50,063	71,458	70,783	69,392	67,847	75,351	80,757	85,790	89,383	94,930
부산	17,804	20,600	21,743	21,985	22,750	23,202	24,439	25,952	27,512	28,764	28,275
대구	7,475	9,864	13,043	12,762	12,865	13,255	14,982	16,643	17,660	18,025	18,768
인천	5,623	6,110	6,605	8,539	8,716	8,567	11,228	12,803	14,783	17,287	19,234
광주	3,075	2,871	5,389	6,007	6,010	6,291	7,206	7,879	8,217	9,608	10,063
대전	3,440	4,847	5,892	6,016	6,243	6,522	7,003	8,360	9,327	9,432	8,907
울산	–	–	–	–	3,040	3,557	3,863	4,089	4,541	5,283	5,663
경기	10,634	13,356	22,864	23,022	23,940	23,565	28,750	36,802	42,886	50,043	56,586
강원	3,949	4,560	5,947	5,442	5,651	5,859	6,581	7,497	8,397	8,551	9,145
충북	3,205	3,898	5,788	5,881	5,759	5,895	6,514	7,366	8,525	8,744	9,056
충남	4,597	4,928	6,651	6,408	6,296	6,362	8,543	8,804	8,974	9,134	9,287
전북	4,256	5,196	7,651	7,569	7,835	7,620	8,490	9,320	9,823	10,650	11,055
전남	4,915	5,506	7,587	7,631	8,005	8,102	8,408	8,677	8,759	8,625	8,722
경북	5,758	6,133	9,320	9,080	9,222	9,824	10,823	11,940	12,708	13,474	14,091
경남	7,138	9,782	14,515	13,291	11,739	12,198	12,915	14,448	15,570	16,223	16,681
제주	2,015	2,115	2,596	2,760	3,091	3,202	3,867	4,261	4,635	5,127	5,452

구분	2004	2005	2006	2007	2008	2009	2010	2011	2012
전국	331,458	338,642	339,945	338,812	340,522	344,071	347,179	353,982	364,209
서울	94,102	95,222	93,740	91,292	90,617	92,575	92,893	91,773	92,212
부산	29,147	29,814	29,114	28,770	28,169	28,152	28,260	27,634	28,005
대구	19,077	19,193	19,452	18,349	17,920	17,410	19,483	20,731	19,354
인천	19,408	19,168	19,175	19,998	20,051	20,067	20,048	21,067	23,373
광주	10,555	10,087	9,655	9,585	9,329	9,618	9,442	9,354	9,568
대전	9,010	9,748	9,789	9,518	10,480	10,554	10,156	10,803	11,450
울산	5,807	6,071	6,220	6,277	6,438	6,354	6,630	7,166	6,665
세종	–	–	–	–	–	–	–	–	511
경기	58,036	60,916	63,882	65,953	67,408	68,406	69,730	74,379	76,545
강원	9,831	9,790	9,980	9,578	9,863	9,742	9,413	9,976	9,649
충북	9,223	9,276	9,543	9,798	9,809	9,944	10,045	10,178	10,349
충남	9,555	9,876	10,013	10,467	10,830	10,871	11,091	11,724	11,776
전북	11,644	11,801	11,913	11,711	11,801	12,156	11,982	11,882	14,165
전남	8,857	8,971	8,956	8,786	8,904	8,988	9,024	9,344	9,753
경북	14,780	15,339	15,353	15,478	15,498	15,769	15,583	16,384	16,370
경남	16,797	17,582	17,509	17,557	17,727	17,683	17,603	15,814	18,638
제주	5,629	5,788	5,651	5,695	5,678	5,782	5,796	5,773	5,826

출처: 통계청, 국가통계포털, 국내통계, 주제별, 기업경영, 전국사업체조사.
주1) 2005년 이전 자료는 8차 산업분류 적용.
 2) 조사기준시점(12.31)과 조사시점 사이에 폐업된 사업체는 그 장소에 입주한 사업체로 대체하였음.
 3) ('06년): 조사기준시점(12.31)과 조사시점(익년도 조사기간 중) 사이에 폐업되어 조사되지 못한 사업체는 조사 시점에 그 장소에 입주해 있는 사업체로 대체.
 4) ('07년~): 조사기준시점(12.31)과 조사시점(익년도 조사기간 중)사이에 폐업되어 조사되지 못한 사업체는 직전년도 실적으로 결측치를 대체하였음.

음이 경기가 76,545개소로 서울을 따르고 있다. 경기 다음으로는 부산, 인천, 경남 순으로 되어 있다. 대형 부두가 있는 곳이 운수업이 발달되었다는 것을 말해 준다.

이들을 비교하기 위하여 [그림 2-6-13]을 작성하였다. [그림 2-6-13]을 보면 서울이 출발부터 다른 지역과는 차이가 났다. 앞에서 보는 바와 같이 서울은 1993년에 46천 개소로 전체 130천 개소의 35.4%를 차지하고 있었다. 2012년 현재는 92천 개소로 전국 운수업체 수의 점유율 39.6%로 점점 상승하고 있음을 알 수 있다. 경기도는 1996년까지는 부산보다 적은 운수업체가 있었지만 1997년에는 부산은 23천 개소, 경기는 24천 개소로 경기도가 많기 시작하였다. 2012년 현재 부산은 28천 개소로 30년

그림 2-6-13 지역별 운수업체 수 변화 추이(1993-20012) (단위: 천 명)

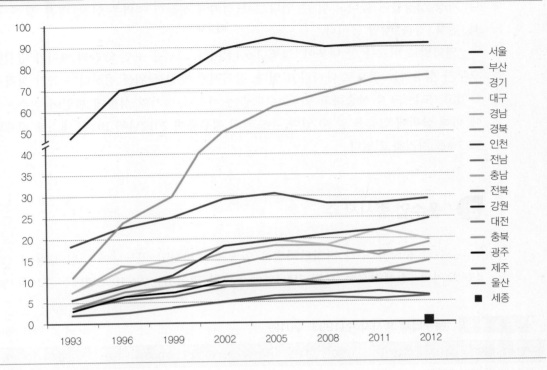

그림 2-6-14 권역별 운수업체 수 변화 추이(1993-2012) (단위: 천 개소)

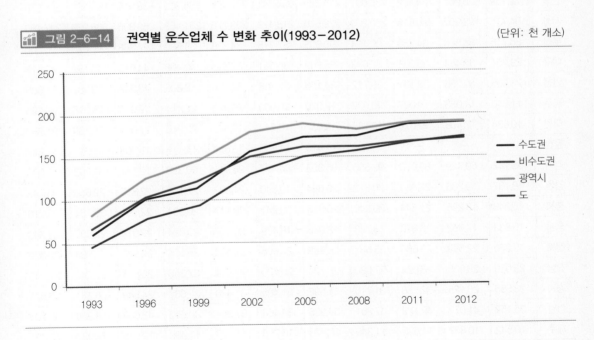

동안 거의 성장을 하지 않았지만 경기는 77천 개소로 1993년에 비해 7배 성장을 하였다. 가장 성장률이 높다고 할 수 있다. 두드러지게 성장한 지역은 인천, 대전, 광주, 충북, 전북, 경북, 경남 등이다.

권역별로 비교를 한 내용이 [그림 2-6-14]이다. 그림을 보면 약간의 차이가 있지만 모두가 성장하는 것으로 나타나고 있다. 광역시가 제일 상위를 점하다가 약간 하락을 하였고, 도는 크게 상승하고 있다. 수도권은 서울과 경기의 성장에 힘입어 비수도권에 비해 상위에 있음을 알 수 있다. 수도권의 점유율이 2012년에 192천 개소로 전체의 52.7%를 차지하고 있다.

2. 운수업 종사자 수

운수업 종사자 수가 자치단체별로 어떻게 변화하고 있느냐에 대한 내용이 〈표 2-6-9〉이다. 전체적으로 보면 1993년에 573천 명이었는데, 1996년에는 724천 명,

표 2-6-9 **운수업체 종사자 수(1993-2012)** (단위: 명)

구분	1993	1994	1995	1996	1997	1998	1999	2000	2001	2002	2003
전국	572,739	626,265	724,102	755,601	715,325	694,841	737,469	765,300	838,918	864,336	858,018
서울	194,715	192,902	226,616	250,290	229,510	218,472	233,776	231,463	259,396	256,939	247,789
부산	86,715	88,886	94,758	96,114	90,605	87,375	84,836	89,630	92,368	97,078	96,056
대구	29,051	33,484	39,031	37,633	35,869	35,521	37,394	40,405	44,010	43,180	42,628
인천	23,305	30,268	32,531	35,712	34,166	32,788	36,124	38,806	43,942	50,982	51,005
광주	11,810	14,083	19,007	20,037	18,970	20,000	20,422	22,471	22,975	25,018	25,795
대전	10,634	17,408	19,076	19,653	19,034	18,843	19,523	20,940	27,097	25,786	24,888
울산	–	–	–	–	11,410	11,858	13,354	14,118	15,703	16,911	16,842
경기	55,142	69,429	83,030	92,850	85,803	86,427	96,911	106,389	119,147	131,293	138,002
강원	18,137	19,285	22,433	20,812	20,684	19,340	21,333	22,159	22,815	22,655	23,742
충북	15,248	18,295	21,844	20,240	20,375	19,241	20,117	20,904	22,791	23,164	23,216
충남	15,833	17,752	18,870	18,733	18,946	18,439	20,637	20,824	22,914	22,881	23,643
전북	19,870	22,539	25,666	25,537	25,783	24,605	25,402	25,654	26,520	27,584	26,592
전남	23,030	23,905	28,024	27,680	26,724	25,720	27,914	27,355	28,511	27,740	27,143
경북	23,555	26,125	32,558	31,710	31,598	31,495	31,420	32,037	34,549	36,234	35,521
경남	35,152	41,077	49,122	47,251	34,925	34,464	37,268	40,653	43,662	43,969	42,705
제주	10,542	10,827	11,536	11,349	10,923	10,253	11,038	11,492	12,518	12,922	12,451

구분	2004	2005	2006	2007	2008	2009	2010	2011	2012
전국	858,773	881,104	863,023	882,475	927,042	972,831	992,546	995,186	1,009,660
서울	243,020	249,765	230,490	233,877	249,225	263,903	270,837	265,736	259,781
부산	98,098	99,316	97,131	101,499	102,193	104,223	103,912	104,125	106,834
대구	42,333	40,463	41,282	39,388	40,897	40,824	45,171	45,350	44,446
인천	51,630	52,473	55,092	56,616	55,628	62,291	61,576	66,630	67,697
광주	27,086	24,482	23,267	25,641	25,328	26,490	27,365	27,198	28,301
대전	25,505	25,586	24,787	24,407	25,646	25,246	30,025	27,802	28,043
울산	17,234	16,947	18,763	18,065	19,418	20,564	21,081	22,941	21,904
세종	–	–	–	–	–	–	–	–	1,731
경기	138,911	153,976	157,851	165,738	177,289	187,521	190,635	195,815	202,792
강원	24,355	23,197	22,974	23,161	24,848	25,405	24,630	24,300	24,242
충북	22,483	23,134	22,337	23,480	24,829	24,247	24,790	24,986	25,993
충남	23,825	24,346	24,282	25,074	26,942	28,316	28,888	29,942	29,623
전북	26,643	26,867	25,069	25,890	26,986	29,008	28,698	27,913	30,800
전남	26,637	26,697	27,819	27,090	29,661	30,773	31,519	30,872	32,470
경북	36,445	37,368	35,032	35,570	37,385	37,680	39,301	39,578	39,968
경남	42,801	44,055	44,826	44,322	47,842	51,827	50,580	48,586	51,647
제주	11,767	12,432	12,021	12,657	12,925	14,513	13,538	13,412	13,388

출처: 통계청, 국가통계포털, 국내통계, 주제별, 기업경영, 전국사업체조사.
주1) 2005년 이전 자료는 8차 산업분류 적용.
  2) ('06년): 조사기준시점(12.31)과 조사시점(익년도 조사기간 중) 사이에 폐업되어 조사되지 못한 사업체는 조사 시점에 그 장소에 입주해 있는 사업체로 대체.
  3) ('07년~): 조사기준시점(12.31)과 조사시점(익년도 조사기간 중)사이에 폐업되어 조사되지 못한 사업체는 직전년도 실적으로 결측치를 대체하였음.

2001년에는 839천 명, 2008년에는 973천 명으로 계속 늘어났다. 이후 계속 성장하여 20년 후인 2012년에는 1,010천 명으로 1993년에 비해 약 76.3% 성장을 하였다. 운수업 종사자 수가 가장 많은 지역은 1993년에는 서울, 부산, 경기, 대구, 인천이었는데 2012년 현재는 서울, 경기, 부산, 인천, 경남, 대구 순으로 경기, 인천, 경남이 상승하고 있음을 알 수 있다.

지역별로 운수업체 종사자 수의 변화 추이를 보면 서울이 다른 지역에 비해 크게 앞지르고 있는데, 1996년도와 1997년도에 크게 상승하였고, IMF때 조금 떨어졌다. 그러나 곧 회복하면서 계속 상승하다가 2010년에 들어와서는 약간 떨어지고 있다. 인천은 1993년 23천 명, 1994년은 30천 명, 2001년에는 43천 명, 20002년도에는 51천 명, 2012년에는 67천 명으로 20년간 191% 성장하였다. 가장 급성장하는 지역은 경기도다. 경기는 1993년에는 55천 명에서 시작하여 1996년 93천 명, 2000년은 106천 명, 2005년은 153천 명, 2012년은 202천 명으로 늘어나 1993년도에 비해 267% 성장하였다. 충남도 상승세가 큰 편이라고 할 수 있다. 충남은 1993년도에는 종사자 수가 16천 명이었는데 1999년에 21천 명으로 증가하고 2012년 현재는 30천 명으로 1993년에 비해 87.5%가 증가하였다. 부산은 약간 성장한 후에 거의 정체상태를 유지하고 있으며 인천이 상승선을 유지하고 있다. 나머지 지역은 초창기에는 상승폭이 컸지만 이후에는 거의 정체 수준을 벗어나지 못하고 있다. 대전은 1993년에 11천 명, 2000년은 21천 명, 2001년에는 27천 명까지 증가하였다가, 이후 하락하기 시작하여 2007년에는 24천 명까지 떨어졌다. 그러나 다시 회복하여 2012년에는 운수업 종사자 수가 28천 명에 달한다. 강원은 1993년 18천 명, 1995년 22천 명이다가 이후 떨어지기 시작하여, 1998년 19천 명까지 감소되었다. 이후 약간씩 상승하여 2009년에는 25천 명까지 올라갔고, 2012년 현재 강원도 운수업체 종사자 수는 23,742명으로 1995년 수준에 가깝다.

그림 2-6-15 **지역별 운수업 종사자 수 변화 추이(1993-2012)** (단위: 천 명)

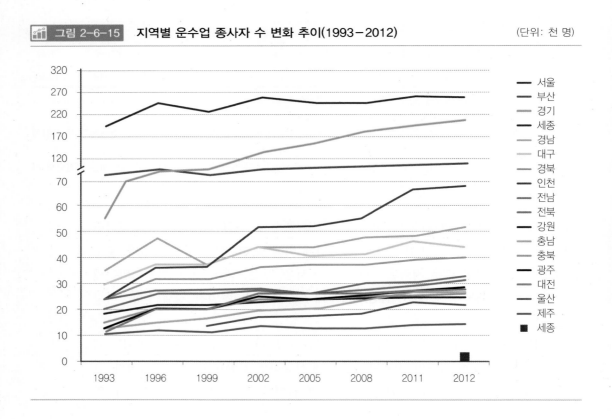

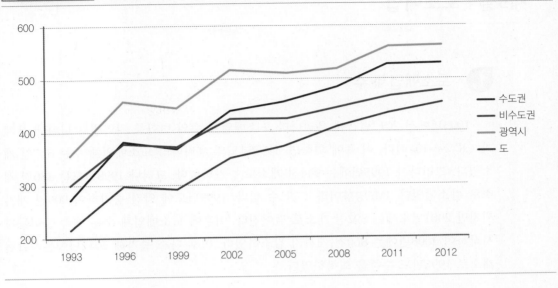

그림 2-6-16 권역별 운수업 종사자 수 변화 추이(1993-2012)

(단위: 천 명)

범례:
- 수도권
- 비수도권
- 광역시
- 도

　지역별로 비교하기 위하여 작성한 내용이 [그림 2-6-15]이다. 이 그림을 보면, 서울이 1993년 200천 명 보다 약간 적은 곳에서 시작하여 지금은 250천 명을 넘어서고 있다. 다른 지역에 비해 월등하게 많다. 경기는 1993년에는 100천 명 아래에서 시작하였으나 1999년부터 급증하여 2012년 현재는 200천 명을 넘어서고 있다. 부산도 운수업 종사자가 1993년에는 50천 명을 약간 상회하는 수준이었으나 지금은 100천 명을 넘어 서고 있다. 이외 지역 중 운수업체 종사자가 수가 눈에 띄게 증가하는 곳은 인천이며, 나머지는 약간씩 증가하는 정도이다.

　권역별로 비교하기 위하여 [그림 2-6-16]을 작성하였다. 이 그림을 보면 광역시는 성장과 하락을 반복적으로 하고 있다. 그러나 전체적으로 보면 운수업 종사자 수는 계속 증가하고 있다. 수도권과 광역시가 상대 권역에 비해 높은 것은 서울의 성장에 영향을 받고 있다. 도 지역은 지속적으로 성장하고 있다. 경기도의 성장이 동력으로 작용하고 있다고 할 수 있다. 수도권과 비수도권을 비교하면 수도권은 계속 성장하고 있지만 비수도권은 하위권에서 벗어나지 못하고 있다.

1. 도소매업체 수

1993년에서 2012년간에 우리나라 도소매업체 수의 변화를 지역별로 나타낸 통계가 〈표 2-6-10〉이다. 이 표에 의하면, 1993년도의 우리나라 도소매업체 수는 837천 개소였다. 그러다가 1995년에는 944천 개소로 증가하였다. 그러나 1998년도는 886천 개소로 감소되었다. IMF영향이라고 할 수 있다. 1999년도에 약간 증가하여 909천 개가 되지만 2001년도에는 892천 개소로 떨어진다. 이후에 도소매업체 수는 계속 줄어들기 시작하여 2008년에는 860천 개까지 감소하였다. 이후 다소 증가해 2012년에는 941천 개소로 1995년도 수준을 회복하였다.

표 2-6-10 지역별 도소매업체 수(1993-2012) (단위: 개소)

구분	1993	1994	1995	1996	1997	1998	1999	2000	2001	2002	2003
전국	837,929	893,319	944,131	928,333	924,738	886,499	909,205	916,685	892,430	898,874	894,410
서울	235,427	244,673	255,631	245,868	240,420	229,466	234,277	237,985	230,045	229,690	230,204
부산	83,916	87,609	89,407	86,078	84,626	82,100	83,246	83,752	80,703	81,244	80,215
대구	44,275	51,171	54,545	54,087	54,110	51,226	53,608	54,281	53,116	53,202	52,122
인천	33,020	38,042	40,369	38,806	39,478	37,369	38,811	39,406	39,000	39,515	39,101
광주	24,180	26,373	27,321	26,540	26,680	25,238	26,239	26,722	26,761	26,887	26,829
대전	22,523	27,186	28,398	27,825	28,238	25,834	27,436	26,874	27,233	26,990	26,481
울산	-	-	-	-	17,496	16,836	16,626	16,855	16,775	17,259	16,913
경기	101,625	110,567	120,867	121,112	123,213	119,526	126,612	129,604	129,741	134,953	137,379
강원	30,026	31,452	33,750	34,033	33,196	32,155	32,922	32,384	31,684	31,624	31,079
충북	24,731	27,256	29,592	29,424	29,116	27,993	28,266	28,518	27,438	27,224	26,682
충남	34,404	35,178	36,405	36,773	37,522	36,693	36,901	36,499	35,099	35,076	34,863
전북	35,598	37,431	39,646	39,194	39,480	38,411	39,030	38,315	36,533	36,364	35,869
전남	39,404	41,967	44,000	44,078	44,315	42,218	42,384	42,081	40,368	40,234	39,741
경북	49,151	50,430	52,445	52,973	53,327	51,600	52,237	52,189	50,093	50,186	49,430
경남	68,826	72,808	79,837	79,713	61,814	58,719	59,078	59,425	55,996	56,406	55,717
제주	10,823	11,176	11,918	11,829	11,707	11,115	11,532	11,795	11,845	12,020	11,785

구분	2004	2005	2006	2007	2008	2009	2010	2011	2012
전국	878,294	864,687	865,045	867,784	859,794	861,736	876,654	903,797	941,895
서울	225,799	222,079	217,653	213,436	209,131	208,443	209,989	215,874	225,830
부산	78,734	76,582	76,487	76,326	74,567	75,040	74,795	75,548	77,909
대구	50,833	49,090	49,347	49,238	48,296	48,169	49,032	50,129	52,039
인천	38,975	38,326	38,428	38,850	37,966	38,283	39,488	40,849	42,404
광주	26,889	26,434	26,539	26,770	26,719	26,912	27,243	27,929	29,035
대전	25,609	25,142	24,843	25,108	24,826	24,773	25,753	27,078	28,191
울산	16,736	16,671	16,671	16,949	16,973	17,103	17,585	18,107	18,507
세종	–	–	–	–	–	–	–	–	1,516
경기	136,294	138,351	143,166	147,529	149,655	151,365	158,288	166,686	175,412
강원	30,418	29,559	29,245	29,171	28,997	28,929	29,179	29,694	30,815
충북	25,959	25,388	25,777	26,141	25,961	25,861	26,494	27,247	28,529
충남	34,236	34,038	34,350	34,878	35,001	34,719	35,227	36,596	36,657
전북	35,159	34,289	34,063	34,237	33,485	34,099	34,548	35,705	37,053
전남	38,487	36,932	36,490	36,570	35,893	35,560	35,503	35,848	37,038
경북	48,018	46,706	46,683	46,979	46,503	46,110	46,783	48,145	49,592
경남	54,496	53,544	53,711	53,912	54,168	54,388	54,778	56,009	58,451
제주	11,652	11,556	11,592	11,690	11,653	11,982	11,969	12,353	12,917

출처: 통계청, 국가통계포털, 국내통계, 주제별, 기업경영, 전국사업체조사.
주1) 2005년 이전 자료는 8차 산업분류 적용.
　2) 조사기준시점(12.31)과 조사시점 사이에 폐업된 사업체는 그 장소에 입주한 사업체로 대체하였음.

　　지역별로 보면 2000년에 비해 2012년에 도소매업 수가 증가한 곳은 인천, 광주, 울산, 경기 정도다. 인천은 1993년도 33천 개에서 2012년에는 42천 개로, 광주는 1993년에 24천 개소에서 2012년 29천 개소로, 울산은 1997년 17천 개소에서 2012년 19천 개소로 증가하였다. 가장 크게 도소매업체 수가 증가한 곳은 단연 경기다. 경기는 2000년에 130천 개였는데, 2012년에는 175천 개로 증가하여 약 34.6%가 증가하였다. 그러나 절대수로 보면 서울이 도소매업이 가장 많은 지역이다. 전남은 1993년도에 39천 개소에서 1995년 44천 개소로 증가하지만, 이후 계속 떨어지기 시작하여 2012년 현재는 37천 개소까지 떨어졌다. 경남도 떨어진 지역 중에 하나다. 경남은 1993년에는 68천 개소였고, 1996년에는 80천 개소까지 증가하였지만, 역시 전남처럼 떨어지기 시작하여 2012년 현재는 58천 개에 불과하다.

표 2-6-11		도소매업 지역별 점유율						(단위: %)
구분	1993	1994	1995	1996	1997	1998	1999	
서울	28.1	27.4	27.1	26.5	26.0	25.9	25.8	
부산	10.0	9.8	9.5	9.3	9.2	9.3	9.2	
대구	5.3	5.7	5.8	5.8	5.9	5.8	5.9	
인천	3.9	4.3	4.3	4.2	4.3	4.2	4.3	
광주	2.9	3.0	2.9	2.9	2.9	2.8	2.9	
대전	2.7	3.0	3.0	3.0	3.1	2.9	3.0	
울산	–	–	–	–	1.9	1.9	1.8	
경기	12.1	12.4	12.8	13.0	13.3	13.5	13.9	
강원	3.6	3.5	3.6	3.7	3.6	3.6	3.6	
충북	3.0	3.1	3.1	3.2	3.1	3.2	3.1	
충남	4.1	3.9	3.9	4.0	4.1	4.1	4.1	
전북	4.2	4.2	4.2	4.2	4.3	4.3	4.3	
전남	4.7	4.7	4.7	4.7	4.8	4.8	4.7	
경북	5.9	5.6	5.6	5.7	5.8	5.8	5.7	
경남	8.2	8.2	8.5	8.6	6.7	6.6	6.5	
제주	1.3	1.3	1.3	1.3	1.3	1.3	1.3	

구분	2000	2001	2002	2003	2004	2005	2006	2007	2008	2009	2010	2011	2012
서울	26.0	25.8	25.6	25.7	25.7	25.7	25.2	24.5	24.3	24.1	23.9	23.9	24.0
부산	9.2	9.1	9.0	8.9	9.0	8.9	8.8	8.8	8.7	8.7	8.6	8.4	8.3
대구	5.9	5.9	5.9	5.8	5.8	5.7	5.7	5.6	5.6	5.6	5.6	5.5	5.5
인천	4.3	4.4	4.4	4.4	4.4	4.4	4.4	4.5	4.4	4.4	4.4	4.5	4.5
광주	2.9	3.0	3.0	3.0	3.1	3.0	3.1	3.1	3.1	3.1	3.1	3.1	3.1
대전	2.9	3.0	3.0	2.9	3.0	2.9	2.9	2.9	2.9	2.9	3.0	3.0	3.0
울산	1.9	1.9	1.9	1.9	1.9	2.0	2.0	2.0	2.0	2.0	2.1	2.0	2.0
세종	–	–	–	–	–	–	–	–	–	–	–	–	0.2
경기	14.2	14.6	15.0	15.3	15.5	16.0	16.5	17.1	17.4	17.5	18.0	18.5	18.6
강원	3.5	3.6	3.6	3.5	3.4	3.5	3.4	3.3	3.4	3.4	3.3	3.3	3.3
충북	3.2	3.0	3.0	3.0	3.0	2.9	3.0	3.0	3.0	3.0	3.0	3.0	3.1
충남	3.9	3.9	3.9	3.9	3.9	3.9	3.9	4.0	4.1	4.1	4.0	4.1	3.9
전북	4.1	4.1	4.0	4.0	4.0	3.9	3.9	3.9	3.8	3.9	4.0	4.0	3.9
전남	4.6	4.5	4.4	4.5	4.3	4.3	4.2	4.3	4.2	4.2	4.1	4.0	3.9
경북	5.7	5.6	5.6	5.5	5.5	5.4	5.4	5.4	5.5	5.3	5.4	5.3	5.3
경남	6.4	6.3	6.2	6.3	6.2	6.2	6.2	6.2	6.3	6.3	6.3	6.2	6.2
제주	1.3	1.3	1.3	1.3	1.4	1.4	1.4	1.4	1.4	1.4	1.4	1.3	1.4

도소매업의 지역별 점유율을 살펴보면 〈표 2-6-11〉과 같다. 도소매업의 점유율을 지역별로 보면 서울이 단연 앞선다. 1990년대를 보면, 서울은 최고 28.1%에서 최하 25.8%로 절대 우위를 차지하고 있다. 부산은 10%에서 9%에, 대구는 5%대에 위치해 있다. 인천은 4%대, 광주, 대전은 3% 내외에 머물고 있다. 도 지역으로 보면, 경기가 12%에서 시작하여 13% 후반으로 상승한 반면에 경남은 1993년에 8.3%에서 1997년부터 6% 초반까지 추락한다. 가장 크게 추락한 지역이 경남이다. 그러나 이는 울산이 광역시로 승격하면서 분리하였기 때문이다. 이외의 지역은 거의 변동하지 않고 초반의 점유율을 유지하고 있다. 2000년에 들어와서는 많은 변동이 일어난다. 서울은 2000년에 26.0%의 도소매업 점유율을 보였다. 이후에 약간 감소하였지만 미미한 수준이며, 2012년에도 여전히 1위의 점유율로 24.0%를 유지하고 있다. 이 다음의 경기다. 경기는 2000년에 14.2%의 점유율을 보였는데 이후 꾸준하게 상승하여 2012년에는 18.6%까지 상승하였다. 서울, 경기 다음에는 부산, 경남, 대구, 경북 순이다. 그러나 이들 지역의 점유율은 2012년을 기준으로 보면, 부산이 그나마 8.3%를 유지할 뿐 나머지 지역은 6% 이하에 머물고 있다.

지역별로 도소매업수를 그래프화한 내용이 [그림 2-6-17]이다. 2개 지역 그래프가 확연하게 상위를 점유하고 있는 것을 이 그림에서 알 수 있다. 1993년도부터 약 2005년도까지는 서울은 2위인 경기와도 큰 차이를 보이고 있었다. 이후 경기가 급격하게

그림 2-6-17 지역별 도소매업체 수(1993-2012) (단위: 천 개소)

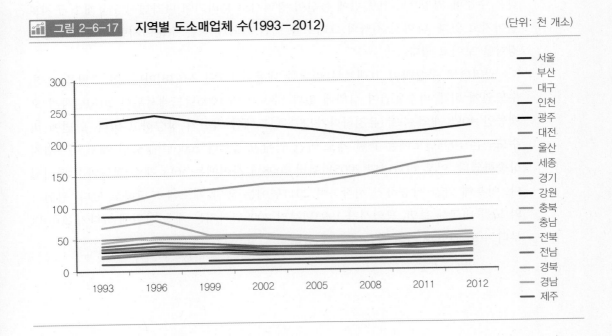

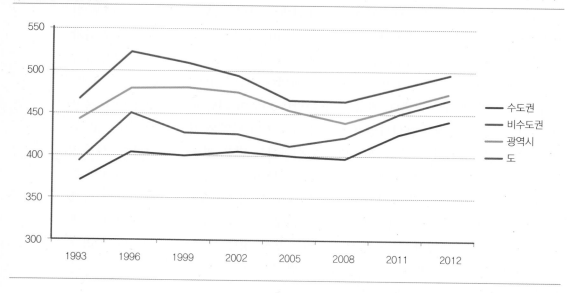

그림 2-6-18 권역별 도소매업체 수 변화추이(1993-2012)

(단위: 천 개소)

- 수도권
- 비수도권
- 광역시
- 도

증가한 반면에 서울은 감소하면서 그 차이는 많이 좁혀지고 있다. 경기는 한 번도 감소되는 기간이 없이 계속 상승하고 있어, 조만간 서울을 추격할 것이라 예상된다. 부산은 매우 미미하나마 하락하는 추세로 가고 있다. 경남이 1996년도에 부산과 거의 같은 수준에 있었으나 1997년에 울산이 광역시로 분리되어 나가면서 5만 개소 근처로 떨어지고 있다. 나머지 지역의 그래프를 보면 거의가 적은 수준이지만 하락하고 있는 경향을 보이고 있다.

권역별로 구분하여 그래프로 비교한 내용이 [그림 2-6-18]이다. 이 그림을 보면, 수도권에 비해 비수도권이 상위에 있다. 수도권은 1996년도에서부터 2010년까지 오랫동안 40만 개의 수를 유지하다가 2011년도에야 약간씩 상승하고 있다. 반면에 비수도권은 1993년도에는 45만 개소 약간 위에 있었으나 2006년에 52만 개소 이상까지 상승하였다. 이후 하락하여 2005년부터 2008년 사이에는 46만 개소 정도까지 떨어졌다. 이후에 약간 상승하기 시작하여 2011년에는 50만 개소에 도달하고 있다. 광역시와 도를 비교해 보면, 광역시가 1993년부터 2008년까지는 계속 상위에 있다가 2010년부터는 도 권역과 거의 같은 수준에 있다.

2. 도소매업체 종사자 수

도소매업체 종사자 수를 나타낸 내용이 〈표 2-6-12〉이다. 이 표에 따르면 우리나라 도소매업체 종사자 수는 매우 적으나마 증가하는 편이다. 우리나라 도소매업자 종사자 수는 1993년도 2,275천 명, 2000년 2,493천 명, 2010년 2,617천 명이었다. 1993년도부터 2010년까지 2,200천 명에서 2,600천 명 사이에 등락을 거듭할 뿐 획기적으로 늘어나지 않았다. 2012년에 우리나라 도소매업자 종사자 수는 2,774천 명이다. 2000년에 비해 281천 명이 증가하였고, 백분율로 보면 11.1%로 13년간 증가량으로 보면 미미한 수준이라고 할 수 있다.

지역별로 보면, 1993년도 도소매업자 수의 순서를 보면 서울은 89만 명으로 단연 수위를 차지하였다. 다음으로 경기와 부산이 20만 명대이며, 경남과 대구가 10만 명대였다. 이후 순위는 경북, 인천, 전남, 전북, 충남, 광주, 대전, 충북, 제주다. 2000년 순

표 2-6-12 도소매업체 종사자 수(1993-2012)   (단위: 명)

구분	1993	1994	1995	1996	1997	1998	1999	2000	2001	2002	2003
전국	2,275,687	2,252,746	2,538,897	2,451,655	2,455,090	2,260,003	2,345,671	2,493,217	2,479,332	2,615,733	2,539,189
서울	893,478	798,767	940,462	833,176	819,367	739,794	757,975	816,594	795,352	806,331	779,325
부산	206,623	212,911	231,363	224,034	220,775	202,523	210,314	212,126	220,420	231,576	224,178
대구	112,977	127,314	138,447	144,114	136,296	122,684	129,887	133,919	137,757	154,478	140,851
인천	79,078	88,722	100,474	94,106	99,222	91,017	95,766	100,145	102,768	113,112	108,945
광주	64,777	68,659	74,492	74,580	73,119	68,081	71,919	73,960	78,758	82,320	80,791
대전	60,357	71,306	76,416	75,880	77,275	67,237	71,134	72,547	73,181	77,553	73,954
울산	–	–	–	–	43,099	39,045	40,471	43,937	45,897	48,849	46,708
세종	–	–	–	–	–	–	–	–	–	–	–
경기	240,189	258,242	293,792	301,630	319,674	302,908	322,965	355,987	361,045	402,586	410,793
강원	64,976	65,859	72,203	72,270	72,571	68,156	70,912	74,115	74,184	77,609	74,457
충북	54,377	56,501	62,107	62,163	62,843	59,745	62,323	66,918	65,573	70,185	65,806
충남	69,949	68,929	72,088	76,126	78,388	74,735	76,349	79,205	75,808	81,761	80,334
전북	75,854	76,861	83,059	85,194	86,258	82,296	85,509	88,376	84,181	88,044	85,185
전남	76,855	78,835	86,027	87,716	89,574	84,613	86,676	92,265	85,647	89,680	86,782
경북	99,198	98,544	103,547	108,231	111,936	105,479	107,344	114,307	115,653	116,661	112,630
경남	151,250	155,756	176,124	183,354	135,900	125,052	127,569	139,759	131,880	141,977	136,598
제주	25,749	25,540	28,296	29,081	28,793	26,638	28,558	29,057	31,228	33,011	31,852

구분	2004	2005	2006	2007	2008	2009	2010	2011	2012
전국	2,481,215	2,440,701	2,482,358	2,515,629	2,544,849	2,626,339	2,617,891	2,680,253	2,774,014
서울	763,193	748,028	754,427	748,406	768,012	792,686	783,503	786,971	800,698
부산	217,509	207,359	217,346	208,710	207,680	213,360	206,408	207,669	212,551
대구	135,811	131,073	129,659	130,427	130,758	133,685	131,477	134,308	139,605
인천	106,263	104,265	106,959	108,954	107,934	111,529	112,874	116,366	121,125
광주	79,350	77,173	78,264	80,132	77,268	79,625	77,982	79,403	83,065
대전	72,411	72,025	71,175	73,582	73,716	74,460	75,993	78,638	81,853
울산	45,534	44,205	44,431	46,152	46,174	47,504	47,443	49,150	49,450
세종	–	–	–	–	–	–	–	–	3,877
경기	407,418	418,411	435,505	461,183	473,358	496,065	506,232	532,591	561,544
강원	73,268	69,947	70,295	71,597	71,489	72,847	72,868	74,042	76,993
충북	64,140	62,126	63,351	65,061	65,569	67,378	65,993	67,683	72,417
충남	78,752	77,664	79,062	82,105	83,305	85,056	86,036	88,799	89,804
전북	82,644	81,728	81,623	83,507	81,770	85,019	84,934	87,616	91,278
전남	82,355	80,612	81,007	82,346	81,232	82,778	81,296	83,250	85,728
경북	109,010	105,070	105,039	106,874	108,563	109,800	110,811	113,872	116,187
경남	132,851	130,227	133,229	135,195	136,471	141,488	140,782	144,719	150,721
제주	30,706	30,788	30,986	31,398	31,550	33,059	33,259	35,176	37,118

출처: 통계청, 국가통계포털, 국내통계, 주제별, 기업경영, 전국사업체조사.
주: 2005년 이전 자료는 8차 산업분류 적용.
　　산업분류 9차 개정으로 2006년 자료부터 시계열이 단절되어 시계열 자료로 사용 시 유의해야 함(2005년 이전 자료는 8차 산업분류 적용).

위는 서울, 경기, 부산, 경남, 대구, 경북, 인천 순이다. 이들 지역만 도소매업체 종사자 수가 10만 명이 넘는 곳들이다. 이후 순위는 전남, 전북, 광주, 충남, 강원, 대전, 충북, 울산, 제주이다. 2012년 현재의 순위를 보면, 역시 서울, 부산, 경남, 대구, 인천, 경북 순이다. 역시 이들 지역만 여전히 도소매업 종사자 수가 10만 명 이상 지역들이다.

서울의 도소매업체 종사자 수는 업체 수에 비해 많다. 즉, 서울의 도소매업체의 점유율은 2012년에는 24%이지만, 종업원 수의 점유율은 28.9%이다. 경기도를 보면 2012년에 도소매업체 수는 18.5%였는데, 종업원 수의 점유율은 20.3%다. 이 기간 부산은 도소매업체 수는 8.3%였지만, 종업원 수의 점유율은 7.7%이다. 이는 서울과 경기도는 업체당 종업원 수가 부산을 비롯한 그 이외 지역의 도소매업체당 종사자 수보다 많다는 의미다.

도소매업체 종사자 수를 그래프로 표시하면 [그림 2-6-19]와 같다. 이 그림을 보면,

그림 2-6-19 | 지역별 도소매업체 종사자 수(1993-2012)
(단위: 천 명)

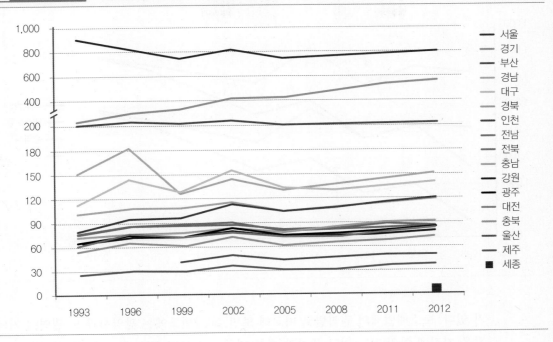

서울이 확실하게 차이가 나면서 수위를 점하고 있다. 1993년도를 보면 서울과 2위인 경기, 3위인 부산과의 차이는 거의 70만 명의 차이를 보이고 있다. 경기와 부산은 거의 차이가 없다. 그러나 이후에 서울은 아주 적게 하락하고, 경기는 급상승, 부산은 정체의 모습을 장기간 보이고 있다. 2000년 당시는 서울은 80만 명을 넘어서기 시작하였는데 이후에 하락하다가 2010년부터는 다시 상승하기 시작하여 2012년 현재는 2000년 수준에 거의 와 있다. 경기는 도소매업체 수의 증가하는 속도만큼 종업원 수도 증가하고 있음을 알 수 있다. 부산은 20만 명 수준으로 거의 변하지 않고 유지하고 있다. 이 결과는 2012년 현재 서울과 경기와의 차이는 20만 명 정도로 좁혀졌으나, 초창기에 비슷했던 경기와 부산은 40만 명 정도 차이가 나고 있다. 서울과 부산은 60만 명 정도의 차이를 보이고 있어 도소매업체 종사자도 수도권 집중 현상을 보이고 있다. 충북과 충남, 경북, 제주 등이 성장하고 있고, 나머지 지역은 극소수 변동만 있을 뿐이다. 충북은 1993년도 54천 명에서 2012년에는 72천 명으로 증가하였다. 충남은 1993년도에 69천 명에서 90천 명으로 늘어났고, 경북은 1993년에 99천 명에서 2012년에는 116천 명으로 늘어났다. 제주는 1993년 26천 명에서 2012년에는 37천 명으로 증가하였다.

권역별로 비교한 내용이 [그림 2-6-20]이다. 권역별로 보면, 가장 상위에 광역시

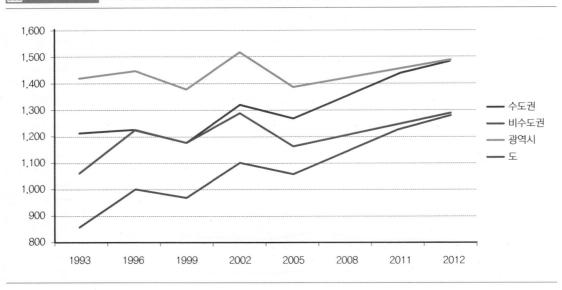

그림 2-6-20 | 권역별 도소매업체 종사자 수 변화추이(1993-2012) (단위: 천 명)

범례: 수도권 / 비수도권 / 광역시 / 도

가 있다. 도소매업체의 권역별로 비교해 보면, 2012년도에는 광역시와 도 권역이 거의 같은 지점에 와있다. 그러나 종사자 수를 기준으로 보면 약 10만 명 정도 차이가 있을 정도로 광역시가 도 권역보다 도소매업체 종사자 수가 많다. 즉, 광역시의 도소매업체 수가 도 권역의 도소매업체 보다 크기 때문에 종사자 수가 많다고 할 수 있다. 수도권과 비수도권을 비교해 보면, 1993년에는 수도권이 높았다. 그러다가 1996년도에는 일치되었다. 그러나 2002년부터 수도권은 상승한 반면에 비수도권은 하락하기 시작하였다. 이로 인하여 현재는 수도권과 비수도권의 간격은 크게 벌어져 있다.

제6절 | 서비스업

경제학에서는 경제활동에 있어 사고 팔 수 있는 대상이 되는 것을 재화(財貨)와 용역(用役)으로 구분한다. 재화 즉 물건을 만들어내는 일을 담당하는 산업을 제조업으로, 또 용역을 만들어내는 산업은 서비스업으로 분류한다고 생각하면 쉽다. 요컨대 유형재의 생산은 제조업, 무형재의 생산은 서비스업으로 이해할 수 있다. 서비스업의 범위는 매우 넓고, 단순노동에서부터 광범위한 지식이 요구되는 일까지 다양하다. 예컨

대 서비스업에는 도/소매업이나 음식/숙박업에서부터 유통업, 금융업, 컨설팅업, 의료업 등 부가가치가 높은 부문까지 포함된다. 서비스업은 그 자체적으로 부가가치를 창출하는 것은 물론 제조업 부문의 부가가치 창출에 결정적인 영향을 미친다. 클라크 (Clark, C.)는 전체산업을 3개 부문으로 분류하고, 서비스업을 제3차 산업이라고 하였다. 그에 의한 산업분류에 따르면, 제1차 산업에는 농업 · 목축업 · 수산업 · 임업 · 수렵업 등이 포함되어 있다. 제2차 산업에는 제조업 · 건설업 · 가스 · 전기공급업, 광업 등이 포함된다. 그리고 서비스업인 제3차 산업에는 상업 · 금융업 · 보험업 · 운수업 · 통신업 · 관광업 · 선전업 · 공무 · 가사노동 등과 기타 비물질적 생산을 담당하는 모든 업무가 포함되어 있다.

1. 서비스업체 수

우리나라 지역별 서비스사업체 분포현황이 〈표 2-6-13〉이다. 이 표에 따르면 우리

표 2-6-13 **지역별 서비스업체 수(2000-2012)**   (단위: 개소)

구분	2000	2001	2002	2003	2004	2005
전국	1,432,342	1,444,047	1,494,454	1,539,830	1,549,919	1,553,513
서울	310,190	312,884	321,646	331,303	330,837	332,319
부산	118,593	119,060	123,079	125,205	125,238	122,442
대구	77,053	78,964	81,779	83,551	83,819	82,427
인천	68,110	69,280	71,686	73,032	73,405	71,494
광주	43,396	44,451	46,240	47,318	48,029	47,886
대전	42,997	44,438	46,014	47,004	46,643	46,185
울산	31,021	31,831	33,779	34,863	35,186	35,201
경기	242,018	248,558	264,894	279,733	286,961	292,748
강원	59,778	60,449	61,676	63,623	64,531	64,953
충북	47,606	48,133	48,633	49,629	49,348	49,635
충남	58,399	58,212	59,664	62,267	63,471	64,739
전북	59,798	57,794	58,431	59,159	59,568	58,653
전남	65,076	62,233	62,962	63,392	62,492	62,299
경북	90,688	89,735	91,673	93,580	92,885	92,928
경남	98,340	98,031	101,565	105,101	106,123	107,747
제주	19,279	19,994	20,733	21,070	21,383	21,857

구분	2006	2007	2008	2009	2010	2011	2012
전국	1,581,567	1,611,972	1,632,411	1,655,277	1,690,439	1,749,621	1,808,872
서울	337,173	340,612	342,553	346,323	352,391	366,989	381,405
부산	123,435	123,828	122,801	124,303	124,255	126,400	128,953
대구	82,792	84,091	84,692	85,435	85,986	87,940	90,362
인천	72,519	74,219	75,220	76,887	78,848	81,315	83,832
광주	48,750	49,699	50,627	51,603	52,404	53,785	55,588
대전	46,161	47,246	48,094	48,623	50,243	52,654	54,507
울산	35,583	36,568	37,238	38,004	38,979	40,178	41,013
세종	–	–	–	–	–	–	3,657
경기	306,169	318,631	327,729	333,021	345,807	360,239	371,963
강원	65,375	66,169	66,766	67,322	68,048	69,551	72,214
충북	50,913	52,058	52,797	53,594	55,510	57,472	58,915
충남	66,259	67,480	68,637	68,780	70,622	73,558	73,926
전북	58,961	60,006	60,586	62,089	63,591	65,892	68,789
전남	62,376	62,530	62,871	63,480	64,121	65,855	68,113
경북	93,328	94,719	95,393	95,827	97,427	100,330	103,333
경남	109,325	111,229	113,399	115,651	117,939	122,362	125,911
제주	22,448	22,887	23,008	24,335	24,268	25,101	26,391

출처: 통계청, 국가통계포털, 국내통계, 주제별, 기업경영, 전국사업체조사.
주1) 2005년 이전 자료는 8차 산업분류 적용 - 서비스업: (~2005) 대분류 H, J~M, O~R / (2006~) 대분류 E, I~N, P~S
  2) 산업분류 9차 개정으로 2006년 자료부터 시계열이 단절되어 시계열 자료로 사용시 유의해야 함(2005년 이전 자료는 8차 산업분류 적용) - 서비스업: (~2005) 대분류 H, J~M, O~R / (2006~) 대분류 E, I~N, P~S

나라 서비스업체 수는 계속 증가하고 있는 것으로 나타났다. 2000년도에 1,432천 개, 2003년 1,540천 개, 2007년 1,612천 개, 2011년도 1,750천 개, 2012년 1,809천 개 등으로 증가되고 있다. 2000년도에서 2012년도까지 서비스업체 수는 377천 개가 증가되었다. 이는 26.3% 증가한 것이다.

지역별로 보면, 서울이 2000년도에 310천 개에서 계속 증가하였다. 그러나 서울은 아직까지 40만 대 선을 진입하지 못하고 있다. 2012년도 서울의 서비스사업체 수는 381천 개로 2000년도에 비해 22.9%가 증가하였다. 부산은 이 사이에 8.4%밖에 증가하지 않았다. 반면에 경기도의 서비스업체 수는 다른 지역보다 훨씬 높게 증가하였다. 경기는 2000년도에는 서비스업체 수가 242천 개였는데 2012년도에는 372천 개로 서울과 거의 근접하고 있다. 증가율로 보면 53.7%로 전국에서 가장 높다. 이외에 도 지

표 2-6-14 **서비스업체 수 지역별 점유율** (단위: %)

시도	2000	2001	2002	2003	2004	2005	2006	2007	2008	2009	2010	2011	2012
서울	21.6	21.7	21.6	21.5	21.4	21.4	21.3	21.2	21.0	20.9	20.8	21.0	21.1
부산	8.3	8.2	8.2	8.1	8.1	7.9	7.8	7.7	7.5	7.5	7.3	7.2	7.1
대구	5.4	5.5	5.5	5.5	5.4	5.3	5.2	5.2	5.2	5.1	5.1	5.0	5.0
인천	4.7	4.8	4.8	4.7	4.7	4.6	4.6	4.6	4.6	4.7	4.7	4.6	4.6
광주	3.0	3.0	3.1	3.1	3.1	3.1	3.1	3.1	3.1	3.1	3.1	3.1	3.1
대전	3.0	3.0	3.1	3.1	3.0	3.0	2.9	2.9	2.9	3.0	3.0	3.0	3.0
울산	2.2	2.2	2.3	2.3	2.3	2.3	2.3	2.3	2.3	2.3	2.3	2.3	2.3
세종	–	–	–	–	–	–	–	–	–	–	–	–	0.2
경기	16.9	17.2	17.7	18.2	18.5	18.9	19.3	19.8	20.1	20.1	20.5	20.6	20.6
강원	4.2	4.2	4.1	4.2	4.2	4.2	4.1	4.1	4.1	4.0	4.0	4.0	4.0
충북	3.4	3.3	3.3	3.2	3.2	3.2	3.2	3.2	3.2	3.3	3.3	3.3	3.3
충남	4.1	4.0	4.0	4.0	4.1	4.2	4.2	4.2	4.2	4.2	4.2	4.2	4.1
전북	4.2	4.0	3.9	3.8	3.9	3.8	3.7	3.7	3.7	3.7	3.8	3.8	3.8
전남	4.5	4.3	4.2	4.1	4.0	4.0	3.9	3.9	3.9	3.8	3.8	3.8	3.8
경북	6.4	6.2	6.2	6.1	6.0	6.0	5.9	5.9	5.8	5.8	5.7	5.7	5.7
경남	6.8	6.8	6.8	6.8	6.8	6.9	6.9	6.9	6.9	7.0	7.0	7.0	7.0
제주	1.3	1.4	1.4	1.4	1.4	1.4	1.4	1.4	1.4	1.5	1.4	1.4	1.4

역은 경남이 28.6%로 그나마 평균이상으로 증가하였다.

서비스업체 수가 어느 지역에 집중되었는가를 살펴보기 위하여 점유율을 조사하였다. 이에 대한 내용이 〈표 2-6-14〉이다. 이 표를 보면 서울이 2000년도에 21.6%였는데 약간의 변동은 있었지만 2012년도에도 여전히 21.1%로 21%대를 유지하고 있다. 서울 다음에 점유율이 높은 곳이 경기다. 경기는 2000년에 16.9%였는데 지속적인 증가가 이루어져서 2012년도에는 20.6%로 상승하였다. 이외에 이 기간 동안 점유율이 증가한 곳은 울산, 경남, 제주이지만 이들 지역이 12년 동안 점유율 증가는 0.2%이하로 매우 미미하다. 이외에 다른 지역은 전부 감소되는 지역이다. 이들 감소분만큼 경기도가 상승했다고 해도 과언이 아니다. 그러나 부산은 12년 동안 8.3%에서 7.1%로 1.2%로 떨어졌다. 가장 많이 떨어진 지역이다.

지역별 서비스업체 수를 그래프로 표시한 내용이 [그림 2-6-21]이다. 이 그림에서 보는 바와 같이 서울과 경기도는 2000년에는 매우 많이 간격차가 있었다. 그런

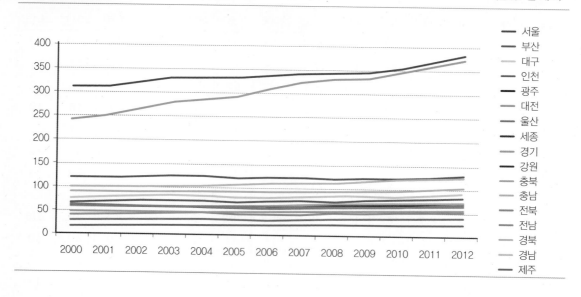

그림 2-6-21 지역별 서비스업체 수(2000-2012)

(단위: 천 개소)

— 서울
— 부산
— 대구
— 인천
— 광주
— 대전
— 울산
— 세종
— 경기
— 강원
— 충북
— 충남
— 전북
— 전남
— 경북
— 경남
— 제주

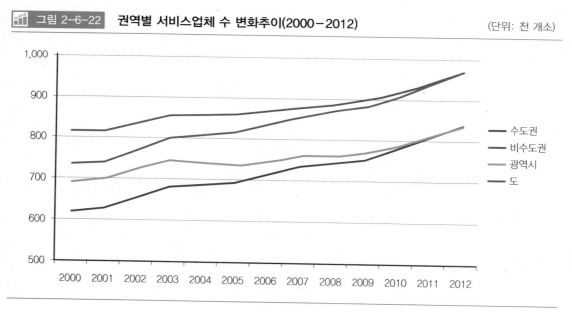

그림 2-6-22 권역별 서비스업체 수 변화추이(2000-2012)

(단위: 천 개소)

— 수도권
— 비수도권
— 광역시
— 도

데 2012년도까지 서울은 매우 적게 증가한 반면에 경기도는 크게 증가하였기 때문에 2010년도에는 차이가 없어졌다. 이후에 약간의 차이는 있지만 거의 수가 같다고 보아도 무리가 아니다. 부산은 서울과 경기 다음으로 서비스업체 수가 많은 지역이지만 경기도에 비해 크게 뒤질 뿐만 아니라 성장도 거의 없어서 갈수록 격차가 더욱 크게 벌어지고 있다. 타 지역은 약간의 업체 수만 늘어나고 있는 모습이다. 이 중에 인천, 강원, 충남, 경남, 제주가 증가 추세에 있는 지역이다.

권역별로 서비스업체 수의 분포를 그래프로 그려 놓은 것이 [그림 2-6-22]이다. 이 그림을 보면 수도권과 비수도권은 출발부터 차이가 많다. 수도권은 2000년도에 60만 개정도였지만 이후 약간씩 증가하여 2012년 현재 80만 개를 약간 넘어서고 있다. 비수도권은 2000년도에 80만 개 서비스업체가 분포되어 있었으며, 이후 증가가 지속적으로 이루어져서 이제 100만 개의 사업체 수를 눈앞에 두고 있다. 광역시와 도를 비교해 보면 수도권과 비수도권의 방향으로 같이 가고 있음을 알 수 있다. 다만 광역시의 상승률이 도의 상승률보다 낮다.

2. 서비스업체 종사자 수

다음 〈표 2-6-15〉가 서비스업체 종사자 수의 지역별 분포상황이다. 이 표를 보면, 우리나라 서비스업체 종사자 수는 크게 성장하고 있다고 볼 수 있다. 2000년도에 5,717천 명이던 종사자가 2012년도에는 62.1%가 증가한 9,270천 명이 되었다. 3백55만 명이 증가된 것이다. 제조업이 고용 없는 성장을 지속하고 있는 우리나라 입장에서 보면 서비스업은 "고용 있는 성장"을 하고 있는 것이다.

지역별로 보면, 서울은 2000년에 1,610천 명이 서비스업계에 종사하여 전국에서 유일하게 100만이상의 서비스업 종사자가 있는 지역이었다. 서울은 2005년에 2,020천 명으로 증가하여 200만 명대의 서비스업 종사자가 있는 역시 유일한 지역이 되었다. 이후 200만 대는 벗어나지 못했지만 2012년도에 2,758천 명으로 늘어났다. 2000년도와 비교하면, 증가율은 71%가 된다. 증가율로 보면, 가장 높은 곳은 경기다. 경기는 2000년에는 947천 명이 서비스업체에 종사하였으나 2012년에는 1,865천 명으로 늘어났다. 918천 명이 증가하여 96.9% 성장률을 기록하였다. 이외의 지역은 60%이하이다. 부산이 41.8%, 충남 55%, 경북 36, 경남 52.9%, 제주 59.70%가 증가되었다.

서비스업체 종사자가 실제로 어느 곳에 집중되어 있는지, 그리고 서비스업체 당 종사자 수는 지역별로 어떻게 되는지를 살펴보기 위하여 서비스업체 지역별 종사자 점유율을 살펴보았다. 이에 대한 내용이 〈표 2-6-16〉이다.

지역별로 보면, 서울은 점유율이 2000년에는 28.2%였다가 2008년에는 30.2%까지 상승하였다. 이후 약간씩 변동이 되다가 2012년에는 29.5%를 점하고 있다. 서울의 서비스업 종사자 점유율은 적지만 계속 증가한 것이다. 광역시를 보면 부산, 대구, 인천,

| 표 2-6-15 | 서비스업체 종사자 수(2000-2012) | | | | | (단위: 명) |

구분	2000	2001	2002	2003	2004	2005
전국	5,716,909	6,098,347	6,419,261	6,581,096	6,693,564	6,937,788
서울	1,609,742	1,783,087	1,840,929	1,909,214	1,928,752	2,019,904
부산	443,033	471,319	499,450	497,071	516,995	511,411
대구	273,448	296,337	315,721	321,870	322,410	330,828
인천	247,362	258,890	275,097	278,487	282,328	291,181
광주	178,013	184,868	198,799	203,446	203,079	207,077
대전	182,765	202,531	211,106	210,267	214,881	220,540
울산	112,447	122,255	135,176	139,373	141,309	143,517
세종	–	–	–	–	–	–
경기	946,583	1,017,648	1,114,430	1,166,560	1,212,798	1,271,930
강원	205,004	212,065	221,151	224,698	228,520	234,642
충북	170,776	174,847	179,988	183,447	184,743	191,847
충남	200,228	205,995	216,152	221,714	227,969	239,152
전북	215,529	215,801	222,202	222,712	225,112	230,611
전남	224,387	220,319	224,051	220,623	217,329	228,419
경북	296,860	306,719	315,292	320,701	319,533	328,013
경남	334,016	342,918	359,714	371,171	376,075	393,764
제주	76,716	82,748	90,003	89,742	91,731	94,952

구분	2006	2007	2008	2009	2010	2011	2012
전국	7,245,658	7,675,920	7,975,533	8,281,567	8,661,499	8,962,128	9,270,362
서울	2,146,141	2,297,084	2,406,942	2,471,498	2,636,907	2,671,129	2,737,650
부산	531,131	543,848	553,348	568,888	582,251	601,551	628,401
대구	335,325	349,194	357,218	372,989	376,834	394,186	408,644
인천	299,543	314,373	324,728	341,983	354,461	368,472	384,651
광주	215,309	226,342	235,241	246,556	252,218	257,409	269,887
대전	227,472	242,205	257,778	264,676	273,969	290,984	301,391
울산	147,158	158,308	157,806	162,488	173,099	179,297	182,473
세종	–	–	–	–	–	–	15,714
경기	1,353,931	1,476,515	1,555,886	1,625,718	1,709,237	1,812,245	1,865,286
강원	238,096	243,260	252,176	262,625	267,422	277,144	289,667
충북	198,471	208,798	214,161	223,142	230,853	241,674	253,138

충남	248,990	258,974	264,378	277,049	294,713	307,284	309,524
전북	236,401	248,182	255,434	269,221	277,565	288,377	300,430
전남	232,606	239,404	247,162	258,002	262,239	272,630	283,732
경북	332,726	347,366	353,331	366,280	383,518	394,451	406,292
경남	403,707	421,360	437,938	457,168	471,034	488,102	510,911
제주	98,651	100,707	102,006	113,284	115,179	117,193	122,571

출처: 통계청, 국가통계포털, 지역통계, e-지방지표, 주제별, 산업, 서비스업체 종사자 수.
주1) 2005년 이전 자료는 8차 산업분류 적용.
  2) 산업분류 9차 개정으로 2006년 자료부터 시계열이 단절되어 시계열 자료로 사용시 유의해야 함(2005년 이전 자료는 8차 산업분류 적용) - 서비스업: (~2005) 대분류 H, J~M, O~R / (2006~) 대분류 E, I~N, P~S.

광주는 약간씩 하락하였고, 인천, 울산은 거의 같은 수준을 유지하고 있다. 도 권역으로 가면 경기도가 단연 앞서고 있다. 경기는 2000년에 점유율이 16.6%로 서울 다음에 높은 수치다. 이후 계속 성장하여 2012년도에는 20.1%로 2000년에 비해 점유율이

표 2-6-16 서비스업 종사자 지역별 점유율 (단위: %)

구분	2000	2001	2002	2003	2004	2005	2006	2007	2008	2009	2010	2011	2012
서울	28.2	29.2	28.7	29.0	28.8	29.1	29.6	29.9	30.2	29.8	30.4	29.8	29.5
부산	7.7	7.7	7.8	7.6	7.7	7.4	7.3	7.1	6.9	6.9	6.7	6.7	6.8
대구	4.8	4.9	4.9	4.9	4.8	4.8	4.6	4.5	4.5	4.5	4.4	4.4	4.4
인천	4.3	4.2	4.3	4.2	4.2	4.2	4.1	4.1	4.1	4.1	4.1	4.1	4.2
광주	3.1	3.0	3.1	3.1	3.0	3.0	3.0	2.9	2.9	3.0	2.9	2.9	2.9
대전	3.2	3.3	3.3	3.2	3.2	3.2	3.1	3.2	3.2	3.2	3.2	3.2	3.2
울산	2.0	2.0	2.1	2.1	2.1	2.1	2.0	2.1	2.0	2.0	2.0	2.0	2.0
세종	–	–	–	–	–	–	–	–	–	–	–	–	0.2
경기	16.6	16.7	17.4	17.7	18.1	18.3	18.7	19.2	19.5	19.6	19.7	20.2	20.1
강원	3.6	3.5	3.4	3.4	3.4	3.4	3.3	3.2	3.2	3.2	3.1	3.1	3.1
충북	3.0	2.9	2.8	2.8	2.8	2.8	2.7	2.7	2.7	2.7	2.7	2.7	2.7
충남	3.5	3.4	3.4	3.4	3.4	3.4	3.4	3.4	3.3	3.3	3.4	3.4	3.3
전북	3.8	3.5	3.5	3.4	3.4	3.3	3.3	3.2	3.2	3.2	3.2	3.2	3.2
전남	3.9	3.6	3.5	3.4	3.2	3.3	3.2	3.1	3.1	3.1	3.0	3.0	3.1
경북	5.2	5.0	4.9	4.9	4.8	4.7	4.6	4.5	4.4	4.4	4.4	4.4	4.4
경남	5.8	5.6	5.6	5.6	5.6	5.7	5.6	5.5	5.5	5.5	5.4	5.4	5.5
제주	1.3	1.4	1.4	1.4	1.4	1.4	1.4	1.3	1.3	1.4	1.3	1.3	1.3

3.5%가 증가되었다. 경기도 외 도 지역들은 제주만 그대로 유지할 뿐 나머지 지역은 모두가 내려가고 있다. 그러나 12년간 점유율이 1% 이상 내려간 지역은 한 곳도 없다.

앞의 서비스업체 수의 점유율과 종사자의 점유율을 비교해 보면 여러 의미가 있다. 2012년을 기준으로 할 때, 서울 서비스업체 수의 점유율은 21.1%인 반면에 종사자 점유율은 29.5%다. 서울은 이렇게 서비스업체 수의 점유율에 비해 서비스업체 종사자 점유율은 높다. 반면에 경기는 서비스업체 수는 20.6%인데 종사자 수의 점유율은 20.1%다. 부산은 7.1%대 6.8%, 대구는 5.0%대 4.4%, 충남은 4.1%대 2.7%, 경남은 7.0%대 5.5%로 서비스업체 종사자 점유율이 서비스업체 수 점유율보다 적다. 이는 서울의 서비스업체당 종사자 수가 타 지역에 비해 훨씬 많다는 의미가 된다.

다음 [그림 2-6-23]은 서비스업체 종사자 수에 대한 지역별 비교를 위하여 작성한 그림이다. 이 그림을 보면 서울과 경기는 평행선을 그으면서 계속 상승하고 있다. 서비스업체 수에서는 서울과 경기가 처음에는 격차가 있었지만 2012년에 가면 두 선이 일치하는 모양이었다. 그러나 종사자 수에서는 두 선이 거의 같은 간격으로 증가하고 있다. 앞에서 보는 바와 같이 서울이 서비스업 종사자 수가 가장 많고 성장률도 결코 뒤지지 않았기 때문에 경기도가 서울을 넘보지 못하는 것이다. 다른 지역은 약간씩 상승하는 방향으로 가고 있다.

서비스업체 종사자 수를 권역별로 구분하여 비교한 내용이 [그림 2-6-24]이다. 이

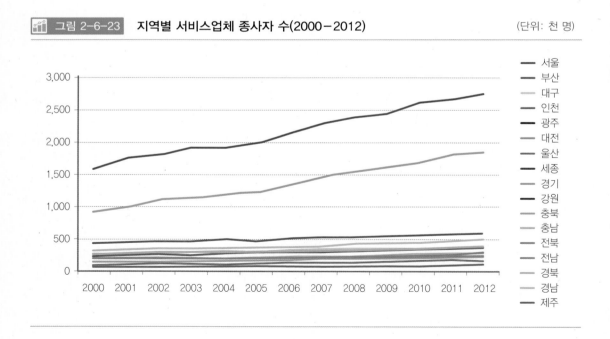

그림 2-6-23 지역별 서비스업체 종사자 수(2000－2012)　　　(단위: 천 명)

그림 2-6-24 권역별 서비스업체 종사자 수 변화추이(2000-2012)   (단위: 천 명)

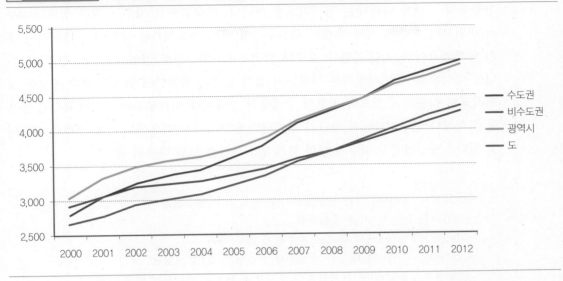

그림을 보면 수도권과 비수도권이 점점 격차가 벌어지고 있다. 수도권과 비수도권은 2,900천 명 근처에서 거의 같이 출발하고 있다. 그러다가 2004년부터 수도권 성장률이 비수도권 성장률보다 높아지면서 점점 간격이 벌어지기 시작하였다. 2012년 현재 수도권은 5백만 명에 도달하였지만 비수도권은 대체로 4백50만 명 미만에 위치하고 있음을 알 수 있다. 광역시와 도 권역은 2000년도에는 약간의 차이만 있었을 뿐인데 점차로 격차가 벌어지면서 2012년 현재는 수도권과 비수도권만큼 벌어져 있다.

제7절 | 광공업생산 지수

보통 경기가 좋을 때는 공장이 쉼 없이 돌아가고 제품의 생산량은 증가하게 된다. 사람들의 소득이 늘면서 제품에 대한 수요가 증가하고 그에 따라 생산 활동이 활발해지기 때문이다. 우리 경제의 생산 활동을 보여주는 지표로 무엇이 있을까? 가장 대표적인 것으로는 우리 경제의 총체적인 생산 활동을 보여주는 국내총생산(GDP)이 있다. 하지만 국내총생산은 자료를 집계하고 작성하는데 많은 시간이 소요된다. 따라서 현재의 생산 활동 동향을 보다 신속하게 보여주는 지표가 요구되는데, 광공업생산 지수가 바로 그 역할을 해주고 있다. 광공업생산 지수는 일정기간 중 이루어지는 산업생산활동의 수준을 나타내는 경제지표중 하나다. 광공업생산 지수는 기준 연도(2010년=100)의 생산수준에 비해 현재의 생산수준이 어느 정도인가를 나타내는 대표적인 경기 동행지표이다. 광공업생산 지수는 한국표준산업분류상 광업, 제조업, 전기·가스업을 대상으로 매월 작성하는 통계로서 경기 동향을 파악함에 있어서 매우 중요한 경제지표로 이용되고 있으며 정부의 경제정책 수립이나 민간부문의 투자계획수립 등은 물론 학계나 연구기관에서 장단기 경기변화를 분석하는 경우에도 기초 자료로 사용되고 있다.[2] 광공업생산 지수에 대한 통계작성 과정을 보면 다음과 같다.

- 1957. 8. : 1955년 기준 산업생산지수 최초 작성(한국은행)
- 1958년 : 1960년 기준 지수개편
- 1969. 1. : 한국산업은행으로 지수편제 업무 이관
- 1970. 3. : 광공업동태조사 지정통계(승인번호 제10111호)로 고시
- 1970. 7. : 통계청(구 경제기획원 조사통계국)으로 지수작성 업무 이관
- 2008.10. : 광업·제조업동향조사로 통계명칭 변경
- 2010. 2. : 사업체 가동률 및 생산실적총액 항목 추가
- 2013. 2. : 2010년 기준 지수개편

2000년부터 2013년도까지 우리나라 광공업생산 지수[3]를 정리한 내용이 〈표 2-6-17〉이다. 2010년도 기준으로 작성한 이 표를 보면, 우리나라 광공업생산 지수는 계속 상승하고 있다. 2000년도에 53.4에서 2003년 61.2, 2005년 71.9, 2007년 83.3 등 2년에 10이 늘어나는 성장을 계속하고 있다. 2011년과 2012년에는 모든 지역이 100이상을 기록하고 있으며, 2013년도에도 서울과 경북을 제외하고는 모두 100이상으로 광공업생산이 활발하게 이루어지고 있음을 알 수 있다.

2000년도에 광공업생산 지수를 지역별로 보면, 가장 높은 곳이 서울이다. 서울은 104.7로서 전국에서 유일하게 100이상 지역이다. 다음이 인천으로서 88.1이며, 그 다음으로 제주, 대구, 강원 순이다. 2000년도에 광공업생산 지수가 가장 낮은 지역은 충남이다. 23.1이다. 최고인 서울과 비교하면 약 4.5배 차이가 날 정도로 큰 격차를 보이고 있다. 최하위 순서는 충남 다음에 경기, 광주, 충북, 경남 순으로 이어진다.

2005년도를 보면 전국 평균이 71이다. 평균 이상의 지역은 서울, 부산, 대구, 인천, 대전, 울산, 강원, 전북, 전남, 경북, 제주이다. 평균이하의 지역은 광주, 경기, 충남이

---

2 통계청, 통계용어 지표의 이해.
3 2008.10.부터 광업·제조업동향조사로 통계명칭 변경.

시도별	2000	2001	2002	2003	2004	2005	2006	2007	2008	2009	2010	2011	2012	2013
전국	53.4	53.7	58.0	61.2	67.6	71.9	77.9	83.3	86.1	86.0	100.0	105.9	106.8	106.7
서울	104.7	101.0	104.7	107.6	110.1	101.9	112.1	114.8	107.3	95.0	100.0	102.3	102.6	96.7
부산	62.9	67.7	75.4	75.4	73.9	78.6	85.1	94.6	98.4	93.8	100.0	103.0	103.2	101.7
대구	79.6	74.0	75.7	76.7	80.0	79.8	83.1	87.1	88.7	79.5	100.0	105.7	105.9	112.4
인천	88.1	80.1	81.6	83.6	87.0	88.6	94.5	100.3	98.4	86.4	100.0	104.2	104.7	105.5
광주	46.4	47.9	52.0	49.5	55.7	67.5	76.5	82.9	77.2	80.0	100.0	108.1	99.9	106.7
대전	67.1	71.6	76.2	80.6	84.4	84.1	88.0	91.8	87.6	85.2	100.0	100.6	108.4	103.6
울산	69.1	69.5	75.4	79.9	87.0	89.9	91.5	93.5	96.5	95.8	100.0	107.2	114.5	112.6
세종	–	–	–	–	–	–	–	–	–		100.0	111.0	117.8	119.0
경기	34.4	35.0	41.7	42.8	52.0	62.2	70.2	76.3	80.2	79.5	100.0	105.7	107.6	115.5
강원	73.6	74.2	78.2	83.6	82.8	79.7	85.2	86.7	91.1	87.1	100.0	109.5	111.0	112.8
충북	51.6	52.3	58.5	60.5	68.8	64.8	71.4	78.5	80.8	86.2	100.0	112.3	118.7	127.7
충남	23.1	23.4	26.6	31.4	39.4	45.9	57.0	64.7	70.5	83.8	100.0	106.3	107.1	108.3
전북	57.6	55.2	57.2	63.6	70.9	74.7	79.9	87.3	87.3	83.2	100.0	105.6	101.3	100.6
전남	66.5	68.9	69.4	72.7	77.7	78.2	81.2	85.4	90.0	89.8	100.0	106.8	111.2	103.4
경북	53.2	58.1	65.1	72.3	83.0	89.9	89.5	103.5	104.3	97.5	100.0	101.9	101.7	94.7
경남	53.9	59.1	59.8	63.9	68.4	70.2	77.2	81.8	87.4	87.9	100.0	102.6	102.8	101.8
제주	79.7	80.9	84.0	93.2	87.5	80.8	82.9	85.0	94.1	102.7	100.0	107.7	110.9	115.0

출처: 통계청, 국가통계포털, 지역통계, e-지방지표, 주제별, 산업, 광공업생산 지수.

다. 이 시기에 광공업지수가 최고인 지역은 서울로서 101.9이다. 가장 낮은 지역은 충남으로 45.9이다. 서울과 비교해 보면 아직도 2.5배 정도의 차이가 있다.

2013년도를 보면, 전국 평균은 106.7로 높아졌다. 이 시기에는 큰 반전이 일어난다. 광업생산지수가 늘 최상위 수준인 서울이 최하위 군으로 추락하였다. 반면에 항상 최하위 군에 있었던 충북이 최상위 군으로 도약한다. 충남도 항상 최하위였지만 2009년부터 최하위에서 벗어나 2013년에는 8위까지 상승하였다. 2013년도 광공업생산 지수는 경북 94.7, 서울 96.7로 최하위일 뿐만 아니라 유일하게 100이하인 지역이다. 특히 서울은 2000년에서 2012년도까지 한번도 100 이하로 내려가 본적이 없었고, 줄곧 최상위 군을 형성해 왔다는 점에서 보면 서울의 광공업생산 지수에 관한 한 2013년도는 최악이라고 할 수 있다. 2013년도에 광공업 생산 지수가 최고인 지역은 127.7인 충북이다. 충북이 이전에는 최하위 군에 속했던 점을 고려하면 비약적인 발전을 이루고

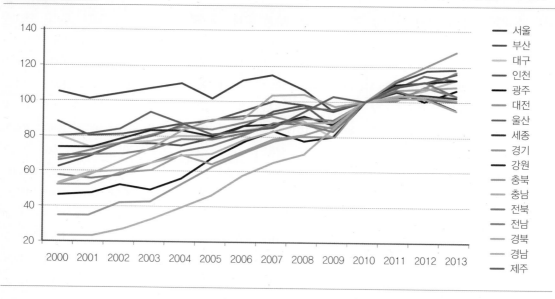

있다고 할 수 있다. 다음이 세종, 경기, 제주, 울산, 대구 순이다. 역시 경기와 대구가 이전에 비해 크게 성장하였다. 2013년도에 광공업생산 지수가 최하인 지역은 94.7인 경북이다. 다음이 서울, 전북, 부산, 경남, 대전 순이다.

　지역별로 광공업생산 지수를 비교하기 위하여 [그림 2-6-25]를 작성하였다. 이 그림에 의하면 2010년 이전에는 각 지역이 큰 차이를 보이며 변동이 심했지만 2010년 이후에는 지역 간 편차가 그렇게 크지 않다. 예를 들면, 충남은 2010년 이전에는 줄곧 최하위였지만 2011년부터는 중상위에 속하고 있다. 역으로 항상 수위였던 서울이 2013년에는 17개 자치단체 중 16위를 점하고 있다. 그러나 그 차이는 2010년 이전과 비교했을 때 현저하게 줄어들었다.

　권역별로 비교하기 위한 내용이 [그림 2-6-26]이다. 이 그림을 보면, 수도권과 광역시 권역은 처음부터 완전히 일치되어 가고 있다. 도와 비수도권은 2010년 이전에는 비수도권이 도 권역보다 상위에 있었지만 2010년 이후에는 거의 일치하고 있다. 2011년 이후에는 4개의 권역이 거의 일치하게 가고 있지만 그래도 광역시가 하위에 있고 도 권역이 상위에 있다. 위치가 역전된 것이다.

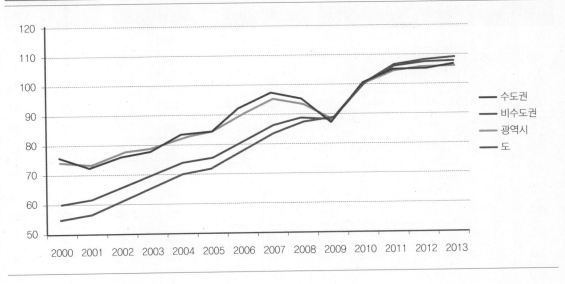

📊 그림 2-6-26 | **권역별 평균 광공업생산 지수 변화추이(2000-2013)**　　(단위: %, 기준연도 2010년)

범례:
- 수도권
- 비수도권
- 광역시
- 도

제8절 | 부도업체

　　지역경제의 순환과 건전성 정도를 알기 위하여 부도업체 수도 통계대상으로 선정되었다. 지역별 부도업체 수를 1995년도에서부터 2012년도까지의 현상을 나타낸 표가 〈표 2-6-18〉이다. 이 표에 의하면 1995년도의 전국 부도업체 수는 13,992개소였다. 그러나 이후에 계속 그 수가 떨어져서 2005년도에 전국의 부도업체 수는 1995년도의 24.4%의 수준인 3,416개소였다. 이 수는 2008년도에 금융위기를 맞이하여 약간 높아졌다가 다시 떨어지기 시작하여, 2012년에는 1995년도의 8.8%에 달하는 1,228개소로 대폭 줄어들었다. 2012년 기준으로 지역별로 보면 서울이 432개소로 가장 많고, 다음이 경기, 부산, 경남 순으로 나타나고 있다. 울산은 2005년도에 74개소였는데 2012년에는 9개소로 대폭 떨어져서 울산경기가 매우 양호함을 알 수 있다.

　　이를 점유율로 비교를 해 본 내용이 〈표 2-6-19〉이다. 부도업체 지역별 점유율을 보면, 서울은 최고가 1995년도 40.6%, 최저가 2007년도 32.0%이다. 우리나라 부도업체의 1/3 이상을 서울이 차지하고 있는 것이다. 다음은 경기로서 1995년도에는 8.4%로 서울, 부산, 대구 다음이었다. 그러나 이후 계속 상승하여 2000년부터는 서울 다음

표 2-6-18 지역별 부도업체 수(1995-2012)

표 2-6-18 지역별 부도업체 수(1995-2012) (단위: 개소)

구 분	1995	2000	2005	2006	2007	2008	2009	2010	2011	2012
전국	13,992	6,693	3,416	2,529	2,294	2,735	1,998	1,570	1,359	1,228
서울	5,687	2,555	1,254	891	734	978	738	591	546	432
부산	1,387	595	338	246	302	292	202	162	112	94
대구	1,214	471	240	199	185	204	142	95	97	59
인천	533	289	144	90	66	89	80	71	58	46
광주	472	257	151	131	110	139	95	74	65	52
대전	440	179	86	50	72	66	45	34	39	35
울산	-	132	74	46	36	32	37	27	17	9
경기	1,180	634	384	278	215	285	227	173	153	225
강원	316	136	84	46	39	48	26	31	23	25
충북	244	124	50	41	53	56	47	38	25	20
충남	249	138	57	36	42	64	35	23	21	25
전북	494	254	120	114	106	122	68	52	53	44
전남	382	-	79	69	54	47	34	22	31	33
경북	397	211	102	67	65	63	42	43	32	37
경남	787	378	186	176	161	177	137	98	65	73
제주	210	119	67	49	54	73	43	36	22	19

출처: 한국은행, 지역통계연보, 각 연도별.

으로 부도업체 수가 많은 지역이 되었다. 경기는 2012년도 현재는 점유율 18.3%로 급증하였다. 부산은 1995년에는 9.9%로 서울 다음이었으나 이후 안정을 찾아 2012년에는 7.7%까지 내려 왔다. 부도업체의 점유율이 최하인 곳은 울산이다. 울산은 최고가 2.2%, 최하가 0.7%일 정도로 매우 안정적이다. 도 지역으로 보면, 높은 곳이 경남과 전북이다. 경남은 최고가 7.0%, 최하가 4.8%이며, 전북은 최고가 4.6%, 최하가 3.3%이다. 낮은 지역은 충북, 충남, 강원, 제주 등이다.

다음 [그림 2-6-27]은 부도업체의 지역별 변동사항을 그래프로 표시한 것이다. 1990년대의 부도업체 수는 서울이 절대 다수다. 1995년에 거의 6,000개소에 가까웠다. 다음의 순위가 경기와 부산이지만 이들 지역의 부도업체 수는 1,000개 조금 상회할 정도이다. 이후 서울은 2005년도까지는 부도업체 수가 크게 감소하였다. 그러다가 금융위기 기간인 2008년도에 다시 급상승하였고 이후에 다시 크게 떨어지고 있는 추세다. 다른 지역도 모두가 떨어지는 추세이지만 경기도가 2012년도에 상승하고 있어

표 2-6-19　부도업체 지역별 점유율(1995–2012)　　　　　　　　　　　　(단위: %)

구분	1995	2000	2005	2006	2007	2008	2009	2010	2011	2012
서울	40.6	38.2	36.7	35.2	32.0	35.8	36.9	37.6	40.2	35.2
부산	9.9	8.9	9.9	9.7	13.2	10.7	10.1	10.3	8.2	7.7
대구	8.7	7.0	7.0	7.9	8.1	7.5	7.1	6.1	7.1	4.8
인천	3.8	4.3	4.2	3.6	2.9	3.3	4.0	4.5	4.3	3.7
광주	3.4	3.8	4.4	5.2	4.8	5.1	4.8	4.7	4.8	4.2
대전	3.1	2.7	2.5	2.0	3.1	2.4	2.3	2.2	2.9	2.9
울산	–	2.0	2.2	1.8	1.6	1.2	1.9	1.7	1.3	0.7
경기	8.4	9.5	11.2	11.0	9.4	10.4	11.4	11.0	11.3	18.3
강원	2.3	2.0	2.5	1.8	1.7	1.8	1.3	2.0	1.7	2.0
충북	1.7	1.9	1.5	1.6	2.3	2.0	2.4	2.4	1.8	1.6
충남	1.8	2.1	1.7	1.4	1.8	2.3	1.8	1.5	1.5	2.0
전북	3.5	3.8	3.5	4.5	4.6	4.5	3.4	3.3	3.9	3.6
전남	2.7	0.0	2.3	2.7	2.4	1.7	1.7	1.4	2.3	2.7
경북	2.8	3.2	3.0	2.6	2.8	2.3	2.1	2.7	2.4	3.0
경남	5.6	5.6	5.4	7.0	7.0	6.5	6.9	6.2	4.8	5.9
제주	1.5	1.8	2.0	1.9	2.4	2.7	2.2	2.3	1.6	1.5

지속성 여부는 시간을 두고 측정해야 할 사항이라고 생각한다.

　권역별로 비교한 내용이 [그림 2-6-28]이다. 앞의 전체 표에서도 보았지만 부도업체 수가 해마다 큰 폭으로 떨어지고 있는데 권역별로도 마찬가지다. 광역시와 수도권 지역이 큰 폭으로 상승과 하락을 반복하고 있지만 전반적으로는 급한 내림세를 유지하고 있다. 도와 비수도권도 계속 급한 하락세를 유지하고 있다. 이 기간으로만 보았을 때는 수도권보다 비수도권이, 광역시보다 도 지역이 경제가 더 건전하다고 할 수 있다.

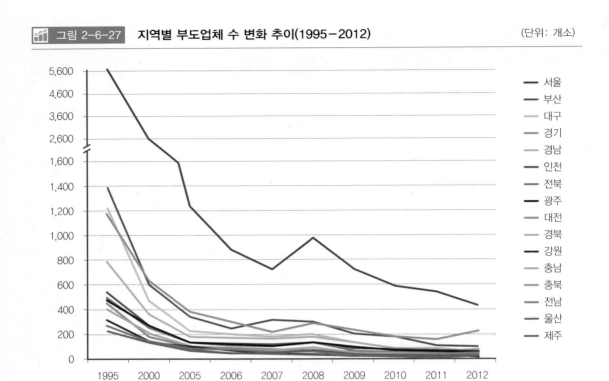

그림 2-6-27 지역별 부도업체 수 변화 추이(1995-2012) (단위: 개소)

범례: 서울, 부산, 대구, 경기, 경남, 인천, 전북, 광주, 대전, 경북, 강원, 충남, 충북, 전남, 울산, 제주

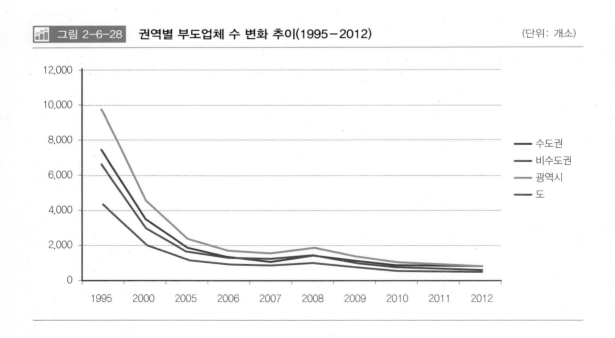

그림 2-6-28 권역별 부도업체 수 변화 추이(1995-2012) (단위: 개소)

범례: 수도권, 비수도권, 광역시, 도

1. 예금은행의 예금 변화

1) 2000년 이전(1965-2000)

2000년 이전의 우리나라 예금은행의 예금 규모에 대한 내용이 〈표 2-6-20〉이다. 본원통화를 공급하는 은행을 중앙은행이라 한다. 예금은행은 파생통화 즉, 예금통화를 창출하는 은행을 말하며, 예금을 취급하는 상업금융기관을 지칭하는 것으로 사용된다. 우리나라의 경우 예금은행은 시중은행, 지방은행, 외국은행지점(이상 일반은행)과 기업은행, 국민은행, 농·수·축협의 신용사업부문(이상 특수은행)을 말하는 것으로 사용된다.

1965년도 우리나라 예금은행의 예금 총액은 785억이다.[4] 이후 경제개발이 본격화 되면서 예금은 자연히 늘어나게 되었다. 5년 후인 1970년도에 예금은 1965년도에 거의 10배인 7,840억으로 급성장을 하게 된다. 이러한 성장세는 지속적으로 이루어져서 1975년에는 약 3조를 달성하였고, 다시 5년 후인 1980년에는 12조를 넘게 되었다. 1995년에는 154조로 급성장하였고, 2000년 현재는 404조 6,609억으로 수직으로 예금이 증가하였다. 1년에 1-2배가 증가한 것이다. 경제발전에 소요되는 금액을 조달하기 위하여 심지어 초등학교 학생들에게도 저축을 거의 강제로 시켰을 정도로 예금에 대한 정부의 정책적 의지가 상당했다. 지역별 예금 변화 내용을 살펴보자. 이를 위해서 지역별 예금의 점유율을 작성하였다. 이에 대한 내용이 다음 〈표 2-6-21〉이다.

---

4 예금에 대해서는 지역 간 상대비교가 의미 있으나 시기별 예금 증가액은 화폐가치를 반영하지 않았기에 의미가 퇴색된다고 주장하는 사람도 있다.

표 2-6-20 예금은행 예금⁵(1965－2000)

시도별	1965	1970	1975	1980	1985	1990	1995	2000
전국	78.5	784.0	2,812.3	12,421.8	31,022.6	84,054.1	154,136.1	404,660.9
서울¹⁾	49.4	496.8	1,837.5	8,067.6	19,106.2	45,053.4	76,028.6	209,820.4
부산	8.8	79.6	286.5	1,091.3	2,744.8	7,082.3	11,883.6	28,232.9
대구²⁾	(4.4)	(37.1)	(286.5)	(521.9)	1,312.9	4,150.8	7,821.2	28,227.5
인천	(1.6)	(15.3)	(49.1)	(284.7)	(819.8)	2,817.1	6,036.2	13,987.3
광주	(1.3)	(12.2)	(39.9)	(186.4)	(447.0)	1,721.3	3,362.2	9,343.7
대전³⁾	(1.2)	(10.7)	(37.9)	(182.0)	(561.3)	1,802.3	3,388.3	10,062.5
울산	–	–	–	–	–	(1,146)	(2,217)	4,536.1
경기	2.8	38.6	127.7	739.0	1,682.6	7,418.6	17,738.6	51,586.4
강원	1.7	17.6	45.1	215.3	548.8	1,540.9	2,720.2	5,979.8
충북	1.3	10.6	29.1	153.6	378.8	1,220.1	2,306.1	5,871.0
충남	2.4	23.7	67.2	317.2	365.9	1,221.1	2,641.5	6,188.9
전북	1.9	27.0	54.4	223.8	577.9	1,627.9	3,375.0	7,956.6
전남	2.3	27.1	84.1	374.7	467.0	1,316.9	2,541.7	5,632.8
경북	6.2	53.6	177.8	783.5	691.6	2,192.0	4,675.1	10,062.7
경남	2.3	24.3	101.5	518.8	1,333.8	4,421.2	8,519.3	14,192.1
제주	0.5	5.7	20.1	90.9	223.1	679.5	1,099.3	2,980.3

(단위: 10억 원)

출처: 한국은행, 경제통계연보, 각 연도, 한국은행, 지역금융통계, '89, '91, '01가 중심자료임, 서울시통계연보, 부산통계연보, 부산시사, 제2권, 1990, 인천시사, 중권, 1993, 인천시사, 하권, 1973, 인천시사, 1970년대편, 1982, 대전100년사, 2002, 광주시사, 제3권, 1982, 울산통계연보(1991~2001), 강원도사, 현대편, 1995, 충청북도지, 상권, 1992, 충남통계연보, 전라남도지, 제2권, 1983, 경상남도지, 1977, 제주도지, 제2권, 1993, 제주도지, 제4권, 2006.

주1) 상기 자료는 한국은행 통계자료임. 이 자료와 일부 자치단체 통계연보와 차이가 있는 지역이 있음. 서울통계연보는 1965년 49.3, 1970년 500.4, 1985년 18,878.4, 1990년 44,841.9 십억으로 되어 있음.

 2) 이 표 통계는 한국은행통계임. 대구통계연보는 1965년 4.4, 1970년 36.2, 1975년 128.9, 1980년 512, 1985년 1,301.5, 1990년 4,242, 1985년 8,020, 2000년 18,228 십억으로 됨.

 3) 대전통계연보는 1965년 1.55, 1970년 6.46십억으로 되어 있음.

---

5 1965년과 1970년은 나머지 연도에 맞추기 위하여 저자가 소수점 이하는 반올림하였음.
한국은행의 경제연간통계에는 전국 예금은행 예금 합계는 1965년도 78,520백만 원, 1970년도는 783,986백만 원임.
주: ( )는 광역자치단체로 승격되기 전 시 당시 금액이며 이들 시는 소속 시·도에 이미 계산되어 있음. 따라서 현재 표에 나와 있는 전국합계가 광역자치단체 순 예금 합계임.

| 표 2-6-21 | 예금은행의 예금 지역별 점유율(1965-2000) | | | | | | | (단위: %) |

구 분	1965	1970	1975	1980	1985	1990	1995	2000
서울	62.9	63.4	65.3	64.9	61.6	53.6	49.3	51.9
부산	11.2	10.2	10.2	8.8	8.8	8.4	7.7	7.0
대구	–	–	–	–	4.2	4.9	5.1	7.0
인천	–	–	–	–	–	3.4	3.9	3.5
광주	–	–	–	–	–	2.0	2.2	2.3
대전	–	–	–	–	–	2.1	2.2	2.5
울산	–	–	–	–	–	–	–	1.1
경기	3.6	4.9	4.5	5.9	5.4	8.8	11.5	12.7
강원	2.2	2.2	1.6	1.7	1.8	1.8	1.8	1.5
충북	1.7	1.4	1.0	1.2	1.2	1.5	1.5	1.5
충남	3.1	3.0	2.4	2.6	1.2	1.5	1.7	1.5
전북	2.4	3.4	1.9	1.8	1.9	1.9	2.2	2.0
전남	2.9	3.5	3.0	3.0	1.5	1.6	1.6	1.4
경북	7.9	6.8	6.3	6.3	2.2	2.6	3.0	2.5
경남	2.9	3.1	3.6	4.2	4.3	5.3	5.5	3.5
제주	0.6	0.7	0.7	0.7	0.7	0.8	0.7	0.7

주: 빈칸은 광역자치단체 이전이기 때문에 소속 광역자치단체에서 계산되었기 때문에 제외.

　　이 표에서 보는 바와 같이 예금에 있어서는 서울이 타 지역의 추종을 불허할 정도로 예금액이 매우 많다. 1965년도에 서울의 예금은행 예금은 493억으로 전체의 62.%를 차지한다. 서울의 예금은행 예금은 1975년에 1조8,375억으로 1조대를 진입하였고, 10년 후인 1985년에는 1975년도의 10배가 넘는 19조 대에 진입한다. 2000년 현재 서울의 예금은행 예금 총액은 209조 8204억으로 전국 총액 404조 6,609억의 51.9%로 전국 예금액의 절반을 넘는다. 서울 다음의 순서는 부산이다. 부산은 1965년도에 예금이 88억으로 전체의 11%이었고, 3위의 경북보다도 크게 앞섰다. 그러나 부산은 1990년부터 2인자의 자리조차 경기도에 내주었다. 2000년도에 부산의 예금은 28조로 서울, 경기 다음 대구와 동률의 위치로 낮아지고 있다. 예금은 대도시가 그 몫을 크게 차지하고 있다. 예를 들면, 1965년도 경북의 도청 소재지인 대구의 예금은 경북 총액 62억의 71%인 44억이었다. 대구가 1981년 직할시로 승격되기 직전인 1980년도의 예금은행 예금은 5,219억으로서 경북 총액 7,835억의 66.6%로 여전히 독점적 위치를 차지하고 있었다. 경제활동의 결과인 돈이 대도시로 집중되면서 인구를 비롯한 지역의 자원들이 도시로 일극 집중하는 이유가 됨을 증명하고 있다.

　도 지역을 살펴보면, 경기도의 급증은 모든 부분에서 나타나는 현상이라고 할 수 있지만 예금에서는 그 비율이 그렇게 높지 않다. 모든 자원들이 경기가 서울에 비해 크게 앞서가고 있음에도 불구하고 2000년 현재 경기지역 예금규모는 서울의 24.6%에 불과하며 점유율은 13%로 2위를 차지하고 있다. 강원이 1995년도까지는 예금이 충북과 충남에 앞서갔으나 2000년도부터 이 두 지역에 비해 뒤처지고 있다. 충남이 충북에 비해 크게 차이가 나지 않은 이유는 충남 이웃에 대전이라는 대도시가 있기 때문이라고 할 수 있다. 전남인 경우도 마찬가지다. 전남도 1980년부터 전북에 순위가 밀리기 시작하여 2000년도 현재도 약 2조 3천억 정도 적다. 이는 역시 광주라는 대도시가 인접해 있기 때문이라 할 수 있다. 경북은 1965년도에는 점유율이 8%로 11%인 부산에 이어 3위를 점하였으나 1990년도부터 2%로 내려앉는다. 반면에 대구가 1990년도 5%, 2000년에는 7%로 부산과 동일하게 3위를 차지하고 있다. 도 지역은 규모에 비해 예금 점유율이 그렇게 높지 않고, 경남도 역시 마찬가지다. 이는 결론적으로 돈은 대도시로 흐른다고 말할 수 있다.

2) 2000년 이후 예금은행의 예금(2001-2013)

　IMF를 극복한 후 한국의 경제는 다시 활력을 받기 시작하였다. 따라서 예금도 강한 증가를 보이기 시작하였다. 2001년부터 2013년도까지의 지역별 예금은행의 예금에 대한 내용이 〈표 2-6-22〉이다. 2001년도 전국 예금 은행 예금이 445조가 되었고, 이듬해인 2002년에 512조로 500조 대를 열었다. 그러나 다시 경기침체의 영향 때문인지 500조 대는 예상보다 길게 갔다. 2008년도가 되어서야 600조 대에 진입하였고 이후에는 해마다 1년에 100조대씩 성장하여 2013년에 드디어 1,009조의 예금을 달성하여 1,000조대 시대가 시작되었다.

　지역별로 보면, 서울은 2001년에 234조를 시작으로 2008년에 384조, 2013년도에는 532조로 전국 예금의 55%를 점하고 있다. 경기도는 2001년도에 60조로 부산의 30조에 비해 배가 높았다. 이후에 경기도의 예금은 계속 증가하지만 그 속도는 더디어서 2009년도에야 105조를 달성했고, 2013년 현재 144조의 예금으로 서울 다음 2위를 점하고 있다. 경기가 서울 다음 2위라고 하지만 그 금액의 차는 서울의 1/3 정도다. 이 차이는 현재도 계속 되고 있다. 2013년도에 부산과 경기를 비교해 보면, 부산은 경기의 40.9%에 불과하다. 이것을 보면, 돈 만큼은 서울의 독점현상이 세월이 가도 크게 변하지 않고 있다고 할 수 있다.

　예금은행의 예금을 지역별 비율을 알기 위하여 지역별 예금점유율을 작성하였다.

표 2-6-22   지역별 예금은행의 예금   (단위: 십억 원)

구분	2001	2002	2003	2004	2005	2006	2007	2008	2009	2010	2011	2012	2013
전국	455,630	512,419	548,098	540,726	561,945	592,720	593,171	675,204	751,272	873,890	947,801	990,273	1,009,685
서울	234,525	259,355	278,292	271,588	279,344	299,425	298,812	348,693	403,096	484,569	514,011	536,133	532,689
부산	30,704	34,283	35,838	34,245	35,131	34,550	35,246	37,717	41,827	48,584	54,735	57,404	59,555
대구	19,358	21,410	22,858	22,296	23,859	23,366	22,108	24,523	26,009	29,739	33,694	34,922	37,542
인천	16,266	19,363	19,350	19,067	19,510	20,899	21,590	22,659	24,456	26,324	28,061	29,395	31,197
광주	10,618	11,985	11,721	11,492	11,060	10,919	10,554	11,282	12,519	13,859	15,775	16,578	18,042
대전	12,560	12,952	14,929	14,449	14,995	15,709	14,896	16,458	17,756	20,509	22,605	23,235	23,975
울산	5,438	6,515	7,298	7,236	7,599	8,031	8,570	9,917	10,426	11,708	12,898	13,632	14,588
세종	–	–	–	–	–	–	–	–	–	–	–	898	1,361
경기	60,149	70,652	76,577	76,795	82,186	87,037	85,355	95,938	105,996	118,623	131,385	137,651	144,174
강원	6,600	8,053	7,943	8,355	8,287	8,903	9,162	10,561	10,453	11,417	12,626	13,162	13,719
충북	6,303	6,792	7,253	7,480	7,934	8,314	8,679	10,068	10,167	11,318	12,894	13,335	14,146
충남	7,141	8,362	9,226	9,917	10,480	12,055	11,742	12,490	12,711	14,374	16,722	17,306	18,655
전북	8,846	9,736	10,093	10,348	10,969	11,213	11,392	12,966	13,341	15,105	16,633	17,262	17,958
전남	6,394	6,851	7,148	8,050	9,080	9,662	10,936	12,470	12,791	13,303	14,949	15,836	15,925
경북	11,401	13,178	13,770	14,182	15,258	15,583	15,964	17,619	17,519	19,368	21,677	22,857	24,216
경남	16,088	19,181	21,939	21,325	22,199	22,869	23,801	27,093	27,462	29,708	32,927	34,224	35,243
제주	3,240	3,751	3,866	3,903	4,056	4,187	4,364	4,752	4,745	5,383	6,211	6,443	6,703

출처: 통계청, 국가통계포털, 지역통계, e-지방지표, 주제별, 산업.

그 내용이 〈표 2-6-23〉이다. 서울의 예금 점유율은 2001년도에 다시 51%로 올라갔고, 이후 계속 상승하여 2013년 현재는 55%까지 상승하였다. 이는 인구, 사업체 등이 감소되고 있는 서울이지만 돈은 여전히 서울에 집중되어 있음을 말해 주고 있다. 경기도는 2001년에 점유율이 13%까지 상승하였지만 13년이 지난 2013년에 와서야 겨우 1% 상승한 14%의 점유율을 차지하고 있을 뿐이다. 3위인 부산은 2013년도의 점유율은 2001년에 비해 오히려 1%가 떨어진 6%를 유지하고 있으며, 2000년 이전에는 한때 7%까지 올라갔던 대구는 2013년에는 3%까지 추락하였다. 서울이 돈의 블랙홀임을 말해 준다. 인천과 대전 등 광역시도 모두 점유율이 부산과 대구처럼 2001년에 비해 1%내외 떨어졌다. 광역시는 서울과 울산 이외는 2001년에 비해 2013년에는 점유율이 모두 떨어졌다. 부산은 6.7%에서 5.9%로, 대구는 4.2%에서 3.7%로, 인천은 3.6%에서 3.1%로 광주는 2.3%에서 1.8%로, 대전은 2.8%에서 2.4%로 떨어졌다. 울산만 1.2%에

표 2-6-23   예금은행 예금 점유율(2001-2013)   (단위: %)

구분	2001	2002	2003	2004	2005	2006	2007	2008	2009	2010	2011	2012	2013
서울	51.5	50.6	50.8	50.2	49.7	50.5	50.4	51.6	53.7	55.4	54.2	54.1	52.8
부산	6.7	6.7	6.5	6.3	6.3	5.8	5.9	5.6	5.6	5.6	5.8	5.8	5.9
대구	4.2	4.2	4.2	4.1	4.2	3.9	3.7	3.6	3.5	3.4	3.6	3.5	3.7
인천	3.6	3.8	3.5	3.5	3.5	3.5	3.6	3.4	3.3	3.0	3.0	3.0	3.1
광주	2.3	2.3	2.1	2.1	2.0	1.8	1.8	1.7	1.7	1.6	1.7	1.7	1.8
대전	2.8	2.5	2.7	2.7	2.7	2.7	2.5	2.4	2.4	2.3	2.4	2.3	2.4
울산	1.2	1.3	1.3	1.3	1.4	1.4	1.4	1.5	1.4	1.3	1.4	1.4	1.4
세종	–	–	–	–	–	–	–	–	–	–	–	0.1	0.1
경기	13.2	13.8	14.0	14.2	14.6	14.7	14.4	14.2	14.1	13.6	13.9	13.9	14.3
강원	1.4	1.6	1.4	1.5	1.5	1.5	1.5	1.6	1.4	1.3	1.3	1.3	1.4
충북	1.4	1.3	1.3	1.4	1.4	1.4	1.5	1.5	1.4	1.3	1.4	1.3	1.4
충남	1.6	1.6	1.7	1.8	1.9	2.0	2.0	1.8	1.7	1.6	1.8	1.7	1.8
전북	1.9	1.9	1.8	1.9	2.0	1.9	1.9	1.9	1.8	1.7	1.8	1.7	1.8
전남	1.4	1.3	1.3	1.5	1.6	1.6	1.8	1.8	1.7	1.5	1.6	1.6	1.6
경북	2.5	2.6	2.5	2.6	2.7	2.6	2.7	2.6	2.3	2.2	2.3	2.3	2.4
경남	3.5	3.7	4.0	3.9	4.0	3.9	4.0	4.0	3.7	3.4	3.5	3.5	3.5
제주	0.7	0.7	0.7	0.7	0.7	0.7	0.7	0.7	0.6	0.6	0.7	0.7	0.7

서 1.4%로 상승하고 있다.

도 지역을 보면, 강원, 충북, 경남, 제주는 2001년과 2013년의 점유율을 보면 변동이 없다. 충남은 2001년에는 점유율이 1.6%였지만 2006년에는 2.0%의 점유율을 보이다가 2013년에는 1.8%로 약간 내려 왔다. 전남은 2001년에는 1.4%에서 2013년에는 0.2%가 상승한 1.6%가 되었다. 경북은 2001년에는 2.5%로 도 지역에서는 경기와 3.5%인 경남에 이어 3위였다. 경북은 한 때는 2.7%까지 약간 상승한 적도 있지만 2013년에는 2.4%로 2001년에 비해 오히려 0.1% 내려갔다.

다음 [그림 2-6-29]는 지역별 예금은행의 예금 규모를 나타내 주는 그래프다. 이 그래프를 보면 서울이 독보적인 위치를 차지하고 있다. 서울은 출발부터 다른 지역과는 큰 차이가 난다. 2001년에 200조대에서 출발하는데, 이 규모는 2013년도에 제2위인 경기도도 달성하지 못하고 있는 큰 규모이다. 특히, 서울은 2008년도에 금융위기를 맞이하면서 각 지역은 큰 충격을 받고 있음에도 불구하고 오히려 예금이 늘어서 점유

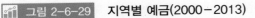

그림 2-6-29　지역별 예금(2000−2013)　　　　　　　　　　　　(단위: 10억 원)

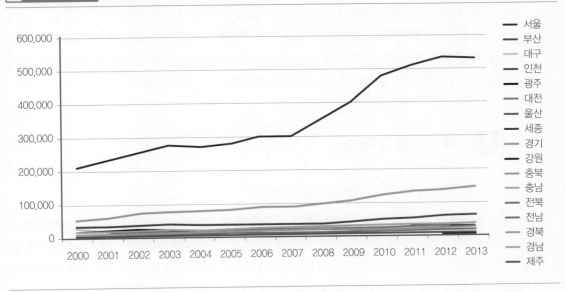

그림 2-6-30　권역별 예금 변화 추이(2000−2013)　　　　　　　(단위: 10억 원)

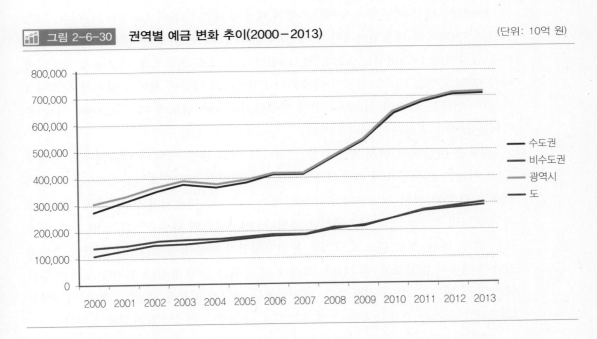

율이 더욱 높아지고 있다. 경기도도 완만하게 성장을 하고 있지만 앞의 표 중 점유율
에서 보는 바와 같이 고작 10여년 만에 1%정도 상승하는 정도이다. 이외의 지역은 큰
변화가 없을 뿐만 아니라 점유율면에서는 오히려 떨어지는 지역이 더 많다.

권역별로 비교한 내용이 [그림 2-6-30]이다. 수도권과 광역시는 거의 한 방향으로 포개져 있다. 서울이 50%이상 독점하고 있는 반면에 나머지 광역시의 점유율은 미미하기 때문이다. 서울이 주도하고 있는 모습이 확연하다. 그래프를 보면 상층부는 수도권과 광역시, 다음이 비수도권, 다음이 도 권역이다. 이를 종합해 보면 예금은행의 예금은 서울, 수도권, 광역시, 도순이며 이 격차는 매우 크다고 할 수 있다.

2. 예금은행의 대출

1) 2000년 이전 대출(1965-2000)

1965년도 우리나라 예금은행의 대출총액은 721억이었다. 당시에는 경제개발이 막 이루어지는 시기였기 때문에 시중에 돈이 부족할 때다. 가계나 기업들이 대출을 받고 싶어도 받을 수 없었던 시절이다. 그러나 경제개발이 급속도로 이루어져 시중에 돈이 풍부해지면서 대출의 규모도 눈에 띄게 커져갔다.

1965년부터 2000년도까지 예금은행의 대출에 대한 내용이 〈표 2-6-24〉이다. 1970년에는 7,078억이 대출되어 5년 전에 비해 거의 10배 이상 증가되었다. 이후 대출은 계속 급증하여 1975년에는 2조9천억, 1980년에는 12조2천억으로 10조대에 진입하였다. 1995년도에는 152조4천억이 대출되어 100조대의 대출이 서막을 알리기 시작하였다. 2000년에는 대출이 310조8천억이 이루어져서 1965년도에 비해 4,300배 이상 증가되는 놀라운 기록들이 계속 나온다.

서울은 예금에만 독보적인 위상을 지니고 있을 뿐만 아니라 대출에서도 마찬가지다. 서울은 1965년도에 대출이 350억으로 시작하여 1975년도에는 1조9천억, 1985년에는 21조3천억이 대출되다가 2000년에는 147조가 대출되어 100조대의 대출시대가 우리나라에서는 오직 서울에서만 열렸다. 1965년도의 대출순위로 보면 서울 다음에는 경북, 부산, 전남 순으로 당시는 농업사회였기 때문에 농업을 주도하였던 경북과 전남이 대출이 많았다고 생각된다. 그러나 이 순위는 금방 바뀐다. 1970년도에는 부산이 경북을 제쳐서 2위를 점하였고, 1990년에는 경기가 경북을 제치고 3위를 차지하였다. 2000년도에는 경기가 부산을 제치고 대출 규모로 보면 2위를 차지하게 된다.

대출과 예금의 비율을 보면 〈표 2-6-25〉이다. 1965년도에는 예금이 대출에 비해 9%정도가 많았고, 1970년에는 역시 예금이 대출을 11% 초과하였다. 그러나 이렇게 항상 예금이 대출을 초과하는 것만은 아니다. 1975년에는 대출이 오히려 예금보다 3% 초과하였고, 1985년에는 8%나 초과하였다. 그러나 그 이후에는 계속 예금이 대출

📊 표 2-6-24	예금은행 대출(1965-2000)[6]						(단위: 10억 원)	
시도별	1965	1970	1975	1980	1985	1990	1995	2000
전국	72.1	707.8	2,905.5	12,204.4	33,810.7	74,028.6	152,477.7	310,804.1
서울[1]	35.0	461.6	1,932.7	7,863.9	21,384.8	38,584.5	68,415.0	147,873.8
부산	6.4	61.8	264.6	1,055.3	2,622.0	6,286.7	11,540.5	18,580.7
대구[2]	(4.8)	(29.3)	(134.4)	(525.8)	1,398.9	3,881.5	9,229.3	14,103.6
인천	(1.0)	(10.3)	(35.6)	(232.7)	771.9	2,451.9	6,076.4	12,686.5
광주	(2.6)	(14.8)	(50.5)	(173.3)	(578.7)	1,369.6	3,907.1	6,860.4
대전	(2.5)	(11.7)	(38.2)	(165.3)	(517.8)	1,514.7	3,539.0	5,739.0
울산	–	–	–	–	–	–	(1,815.0)	3,597.7
경기	2.7	24.9	102.6	581.9	1,484.5	5,519.9	16,003.3	42,236.6
강원	1.9	11.2	38.6	177.9	493.2	1,099.9	2,895.4	5,304.7
충북	2.1	8.5	38.6	171.4	448.2	1,223.4	2,943.4	4,997.8
충남	4.2	20.0	69.6	324.6	445.5	1,337.1	3160.4	6,746.1
전북	3.9	23.3	73.6	275.4	832.2	1,963.8	4,431.5	7,576.9
전남	5.3	28.5	94.4	402.6	667.7	1,925.9	3,928.8	8,218.6
경북	7.1	43.6	186.2	810.2	764.5	2,309.1	5,497.1	9,665.7
경남	2.5	18.6	83.5	458.5	1,156.8	4,048.4	9,694.0	13,862.5
제주[3]	1.1	4.9	21.1	82.6	244.0	512.4	1,216.6	2,753.5

출처: 한국은행, 경제통계연보, 각 연도, 한국은행, 지역금융통계, '89, '91, '01, 서울시통계연보, 부산시사, 제2권, 1990, 인천
시사, 중권, 1993, 인천시사, 하권, 1973, 인천시사, 1970년대편, 1982, 대전100년사, 2002, 광주시사, 제3권, 1982, 울산
통계연보(1991~2001), 강원도사, 현대편, 1995, 충청북도지, 상권, 1992, 경상남도지, 1977, 전라남도지, 제2권, 1983,
제주도지, 제2권, 1993, 제주도지, 제4권, 2006, 제주통계연보.
주1) 서울통계연보에는 1965년 38.4, 1970년 463.2십억으로 되어 있음.
  2) 대구통계연보는 1965년 5.9, 1970년 34.9, 1975년 173.5, 1980년 530.4, 1985년 1,396.8, 1990년 3,868.5임. 이하 연도는
한국은행 통계와 동일함.
  3) 제주통계연보 1965년에는 예금 811,900천 원, 대출 969,500천 원으로 되어 있음.

을 초과하고 있고, 2000년에는 예금이 대출을 23.2%%나 초과하고 있다.

---

6   1965년과 1970년은 나머지 연도에 맞추기 위하여 저자가 소수점 이하는 반올림 하였음.
    한국은행의 경제연간통계의 전국 예금은행 대출금 합계는 1965년도 72,064백만 원, 1970년도
    는 707,767백만 원임.
    주: ( )은 광역자치단체로 승격되기 전 시 당시 금액이며 이들 시는 소속 시·도에 이미 계산
    되어 있음. 따라서 현재 표에 나와 있는 전국합계가 광역자치단체 순 대출금액 합계임.

표 2-6-25 예대율 비율

연 도	1965	1970	1975	1980	1985	1990	1995	2000
대출(A) (십억)	72.1	707.8	2,905	12,204	33,810	74,028	152,477	310,804
예금(B) (십억)	78.5	784	2,812	12,421	31,022	84,054	154,136	404,660
예대율 A/B(%)	91.8	90.3	103.3	98.3	109.0	88.1	98.9	76.8

2) 2000년 이후 대출(2001－2013)

　　다음의 〈표 2-6-26〉은 2001년부터 2013년까지 우리나라 예금은행의 지역별 대출 규모이다. 2000년대의 대출규모는 총액으로 보면 1년에 100조가 증가할 정도로 급증한다. 대출규모는 2001년에 357조, 2002년에 471조, 2008년에는 803조로 늘어난다. 이러한 증가추세는 지속되어 2011년에는 1,063조로 1,000조시대가 되었다. 2013년에는 1,152조로 2001년에 비교하면 3.2배가 증가한 규모다. 2000년 이후 지역의 대출 상황을 살펴보자. 서울은 예금과 마찬가지로 대출에서도 과점이라고 할 정도의 위치를 점하고 있다. 서울 지역의 대출은 2001년에 159조에서 시작하여 2007년에 343조, 2008년에 406조로 크게 증가하였다. 이후에는 증가세가 완화되어 2013년 현재는 462조 규모이다. 증가율로 보면은 2001년과 2013년의 서울의 대출 증가율은 2.6배로 전국 평균 증가율 3.2배에 비하면 낮은 수준이지만 금액 차이는 크게 난다. 광역시로서는 서울 다음에 부산으로서 2001년에 23조에서 2013년에는 77조로 성장률은 3.4배로 평균보다는 약간 높은 비율로 증가하고 있다. 그러나 나머지 광역시는 평균이하로 증가하고 있다.

　　도 지역을 보면, 경기도의 증가액이 크게 늘어나고 있다. 경기는 2001년에 55조에서 2004년에 105조, 2009년에 205조로 5년 만에 100조가 증가되었다. 경기도의 대출 총액은 2013년도에는 248조로 2001년에 비하면 4.5배가 증가되어 전국 평균에 비하면 훨씬 높은 수준으로 증가하고 있다. 경남은 2001년 15조에서 2013년도에는 57조로 3.8배가 증가하고 있다.

　　이를 앞의 〈표 2-6-26〉과 비교하여 예대율을 조사해 보면 다음 〈표 2-6-27〉과 같다. 예대율을 보면, 2001년 78%로 예금에 비해 대출이 매우 적었지만 이후 대출이 예금증가액에 비해 계속 상승한다. 이러한 추세는 지속되어 2004년에는 대출이 예금보다 많은 105%가 된다. 2007년과 2008년에는 예대율이 135%와 136%로 최고조에 다

| 표 2-6-26 | 예금은행의 대출 변화(2001-2013) | | | | | | | | | | (단위:10억 원) | |

구분	2001	2002	2003	2004	2005	2006	2007	2008	2009	2010	2011	2012	2013
전국	357,385	471,684	538,261	565,657	613,924	699,431	803,726	917,109	953,506	987,148	1,063,193	1,098,195	1,152,332
서울	159,420	209,579	236,369	243,961	262,827	291,318	343,163	406,595	413,184	423,631	455,161	453,587	462,443
부산	23,265	31,522	35,959	37,936	40,642	45,271	51,078	55,777	56,981	59,709	66,474	71,708	77,412
대구	15,868	20,764	23,345	24,529	27,482	31,072	33,540	35,402	36,858	37,568	40,074	42,708	46,579
인천	16,019	22,004	25,294	26,559	28,451	33,706	39,470	44,102	48,813	52,574	57,408	60,034	62,378
광주	8,165	10,406	12,130	12,686	13,689	15,534	17,922	19,197	18,579	18,094	19,466	20,824	23,083
대전	7,301	10,482	12,115	13,355	14,522	15,826	16,605	17,428	17,885	18,593	20,616	21,968	23,860
울산	4,364	5,978	6,839	7,398	8,096	10,339	12,360	14,242	14,625	14,958	16,476	17,898	19,560
경기	55,822	79,531	96,225	105,801	118,378	144,350	166,387	187,560	205,434	216,002	229,840	237,118	248,468
강원	6,007	7,424	8,138	8,395	8,899	9,879	10,233	10,627	10,688	10,991	11,458	12,144	13,260
충북	5,727	7,003	7,723	8,049	8,839	10,160	11,423	12,898	13,506	13,527	14,454	15,673	17,212
충남	8,079	9,844	11,460	12,336	13,733	15,950	17,809	20,593	22,037	22,875	24,258	24,703	26,445
전북	8,582	10,258	11,160	11,373	11,978	13,186	14,687	15,711	16,115	16,857	18,543	20,492	22,598
전남	8,951	10,330	10,234	9,934	10,093	10,466	11,038	11,945	12,196	12,389	13,309	14,945	15,968
경북	10,899	12,823	14,016	14,085	14,883	16,497	18,250	20,224	20,931	21,866	23,714	25,858	28,452
경남	15,708	19,783	22,757	24,674	26,689	30,839	34,353	39,100	39,841	41,711	45,941	52,023	57,289
제주	3,208	3,953	4,497	4,586	4,723	5,038	5,408	5,708	5,833	5,803	6,001	6,512	7,325

출처: 통계청, 국가통계포털, 지역통계, e-지방지표, 주제별, 산업, 예금은행 대출금액.

| 표 2-6-27 | 예금은행의 예대율(2001-2013) |

구 분	2001	2002	2003	2004	2005	2006	2007	2008	2009	2010	2011	2012	2013
대출 (A, 조)	357	471	538	565	613	699	803	917	953	987	1,063	1,098	1,152
예금 (B, 조)	455	512	548	540	561	592	593	675	751	873	947	990	1,009
예대율 (A/B, %)	78	92	98	105	109	118	135	136	127	113	112	111	114

다랐다. 이때가 금융위기 시기였다. 이후 약간씩 예대율이 낮아지고 있지만 2013년 현재도 114%로서 대출이 예금을 여전히 앞서고 있다.

　　2000년 이후의 지역별 대출 점유율을 나타낸 내용이 〈표 2-6-28〉이다. 서울이

표 2-6-28 **예금은행 대출 지역별 점유율(2000-2010)** (단위: %)

구분	2001	2002	2003	2004	2005	2006	2007	2008	2009	2010	2011	2012	2013
서울	44.6	44.4	43.9	43.1	42.8	41.7	42.7	44.3	43.3	42.9	42.8	41.3	40.1
부산	6.5	6.7	6.7	6.7	6.6	6.5	6.4	6.1	6.0	6.0	6.3	6.5	6.7
대구	4.4	4.4	4.3	4.3	4.5	4.4	4.2	3.9	3.9	3.8	3.8	3.9	4.0
인천	4.5	4.7	4.7	4.7	4.6	4.8	4.9	4.8	5.1	5.3	5.4	5.5	5.4
광주	2.3	2.2	2.3	2.2	2.2	2.2	2.2	2.1	1.9	1.8	1.8	1.9	2.0
대전	2.0	2.2	2.3	2.4	2.4	2.3	2.1	1.9	1.9	1.9	1.9	2.0	2.1
울산	1.2	1.3	1.3	1.3	1.3	1.5	1.5	1.6	1.5	1.5	1.5	1.6	1.7
경기	15.6	16.9	17.9	18.7	19.3	20.6	20.7	20.5	21.5	21.9	21.6	21.6	21.6
강원	1.7	1.6	1.5	1.5	1.4	1.4	1.3	1.2	1.1	1.1	1.1	1.1	1.2
충북	1.6	1.5	1.4	1.4	1.4	1.5	1.4	1.4	1.4	1.4	1.4	1.4	1.5
충남	2.3	2.1	2.1	2.2	2.2	2.3	2.2	2.2	2.3	2.3	2.3	2.2	2.3
전북	2.4	2.2	2.1	2.0	2.0	1.9	1.8	1.7	1.7	1.7	1.7	1.9	2.0
전남	2.5	2.2	1.9	1.8	1.6	1.5	1.4	1.3	1.3	1.3	1.3	1.4	1.4
경북	3.0	2.7	2.6	2.5	2.4	2.4	2.3	2.2	2.2	2.2	2.2	2.4	2.5
경남	4.4	4.2	4.2	4.4	4.3	4.4	4.3	4.3	4.2	4.2	4.3	4.7	5.0
제주	0.9	0.8	0.8	0.8	0.8	0.7	0.7	0.6	0.6	0.6	0.6	0.6	0.6

2001년에 45%로 2위인 경기도의 16%에 비해 약 3배나 높을 정도로 절대 우위를 점하고 있다. 서울은 이후 약간씩 낮아지고 있지만 2013년에도 여전히 40%를 유지하고 있다. 부산은 7%에서 6%에 내려갔다가 2013년 현재는 7% 점유율을 유지하고 있다. 대구, 대전, 광주는 10여 년 동안 점유율이 약간의 변동이 있을 뿐 정체상태 그대로 유지되고 있다. 경기는 2001년에 16%에서 계속 증가하여 2009년부터 2013년까지 22%를 점하고 있다. 2013년도의 경기도 점유율은 서울과 비교해 보면 서울의 55%에 달한다. 그러나 2001년의 36%에 비하면 많이 좁혀졌다. 충남과 전남은 10년 전의 수준을 유지하고 있으나 강원, 충북, 전남, 경북은 점유비율이 1-2% 낮아지고 있다.

[그림 2-6-31]은 지역별 대출 변화를 나타낸 그래프다. 서울은 타 지역에 비해 월등하게 높은 위치를 점하고 있다. 2013년도 기준으로 점유율은 서울이 40%, 경기가 22%로 18% 차이 밖에 아니지만, 금액으로 보면 200조 이상 차이가 난다. 경기는 2001년에는 50조 이하에서 출발을 하였지만 지금은 250조에 근접해 있을 정도로 성장세가 빠른 편이다. 나머지 지역은 부산만 약간 높다. 경남의 점유율이 6%이나 나머지 지역

그림 2-6-31 **지역별 대출금액(2000−2013)**　　　　　　　　(단위: 10억 원)

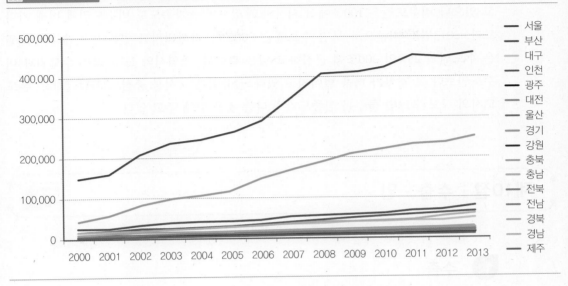

그림 2-6-32 **권역별 대출금액 변화 추이(2000−2013)**　　　　　(단위: 10억 원)

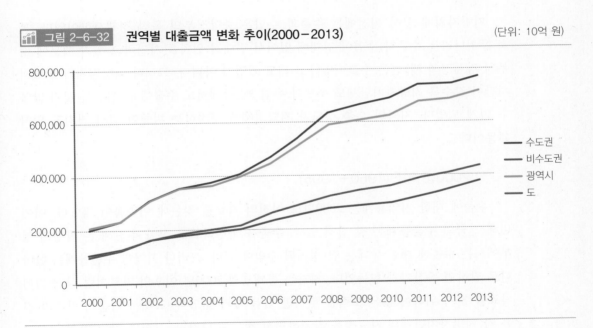

은 5%이하이고 대부분 도는 2%이하이기 때문에 큰 차이가 없다. 다만 절대 금액은 증
가하고 있기 때문에 그래프는 상승세로 나타나고 있을 뿐이다.

　　[그림 2-6-32]는 권역별 대출 변화 내용을 나타내는 그래프다. 권역별로 보면, 수

도권과 비수도권의 격차는 크게 벌어져 있다. 수도권은 2000년도에 200조에서 출발하고 있으나 비수도권은 100조에서 시작하고 있으며 증가속도도 비수도권에 비해 가파르다. 2013년도 기준으로 보면 수도권은 800조에 가까워지고 있는 반면에 비수도권은 수도권의 25%인 200조에 근접하고 있을 뿐이다. 광역시와 도 지역은 수도권과 비수도권보다 그 격차가 더욱 벌어지고 있다. 금융업은 도시를 중심으로 발달하고, 돈도 도시의 규모가 크면 클수록 집중도가 높다는 것을 말해 주고 있다.

제10절 | 수출·입

1. 수출

지방자치제 실시 이전에는 수출과 수입은 중앙정부의 독점 정책사항이었다. 특히 우리나라는 수출과 수입이 경제에 있어서 절대적 위치를 차지하고 있기 때문에 정부의 경제정책 제1번은 수출이었다고 해도 과언이 아니다. 그러나 지방자치가 되면서 시간이 갈수록 지방자치단체도 수출과 수입, 이 중에서도 수출에 큰 관심을 갖지 않을 수 없게 되었다. 지역의 수출 정도가 지역경제에 차지하는 비중이 점점 커지고 있기 때문이다.

1) 2000년 이전(1960-1995)

수출에 대한 지역통계는 2000년도 이전의 자료를 찾는데 어려움이 많았다. 이에 비해 전국의 수출통계는 잘 잡혀 있다. 수출을 국정목표로 삼아 추진해 온 박정희 정부에서는 수출에 대한 통계는 잘 정리될 수밖에 없다. 그러나 지역별 수출통계는 한마디로 말하면 종잡기가 힘들었다. 저자는 통계청의 2000년 이후의 자료처럼 잘 정리된 자료를 찾기 위하여 많은 노력을 했지만 찾을 수가 없었다. 그래서 다음의 각주와 같은 각 지방자치단체의 자료들을 참조하면서 정리해 나갔다. 그러나 각 지방의 자료들도 〈표 2-6-29〉에서 보는 바와 같이 빈 칸이 많다. 이렇게 빈칸이 많은 이유는 지역마다 수출통계 작성에 차이가 있기 때문이다. 부산, 대구, 경기, 강원, 전남, 경남, 제주와 같이 자료를 잘 정리해 두는 지역도 있다. 반면에 어떤 지역들은 일정한 연도에 따라서 정기적으로 하는 것이 아니라 필요에 따라서 작성했기 때문에 다른 지역과 비교하

표 2-6-29 **2000년 이전 지역별 수출금액(1960-1995)**　　　(단위: 백만 달러)

시도별	1960	1965	1970	1975	1980	1985	1990	1995
서울	-	38.1	422.2('71)	1,305	1,470('79)	5,824	13,450	32,678
부산[1]	(3.8)	37	220	1,223	3,128	4,072	7,523(,89)	6,462
대구[2]	(2.6('63))	(9.6)	(70.5)	(273.5)	(682.2)	1,118	2,291	6,408
인천	-	(9.0)	(59)	(599)	(1,392)	2,002	3,977	6,849
광주	-	-	-	-	-	700('87)	934	1,274
대전[3]	(33)	(6.4)	(27)	(109)	(260)	(500)	650.2	487
울산	-	-	-	(1,080('78))	(1,420)	(5,073)	(425)	(1,274)
경기	0.9('62)	15.1	106	1,179	3,958	-	7,928.5	20,485.8
강원	10('63)	13.4	42.8	153	231	163	463	2,267
충북[4]	2	15	38	251	412	563	1,662	4,269
충남	0.0039(,63)	12('66)	43	218	812	1,075	974('89)	8,187('94)
전북	-	-	-	207.8	431.7	505.7	1,154('92)	1,253
전남	3	17	64	179	643	1,520	2,655	1,814
경북	3.('62)	16.1	120	611.1	2,146[5]	-	9,856	9,210('96)
경남	4('62)	10	63	594	3,556	8,365	14,406	17,321('94)
제주[6]	0.2('62)	0.8	3.4	9.1	18.8	24.9	36.1	28

자료: 한국무역협회 무역통계, 서울6백년사, 제6권, 1996, 서울통계연보, 대구통계연보, 대구시사, 1995, 인천통계연보. 인천
시사, 1993. 인천시사, 상권, 1973, 통계로 본 인천의 사회경제상 2006, 대전, 주요무역동향지표, 경기도사, 1982, 경기
통계연보, 통계로 본 강원의 발자취(1961~2001), 강원도 , 강원도 통상투자유치단, 강원도사, 현대편, 1995, 충청남도
개도 100년사 1896~1996, 상, 충남통계연보, 경남 주요경제지표(EPB), 상정과, 통계로 본 전북의 어제와 오늘 전라북
도, 1997, 전라북도지, 제2권, 1990, 경북동계연보, 충북통계연보, 제주도지, 하권, 1983, 제주도지, 제2권, 1993.

주: 1988년부터는 국내외국환은행의 보유외환을 제외한 공정보유액 기준.
1) 수출금액은 수출실적과 통관기준수출실적이 다르게 나타나는 경우가 있다. 통관기준으로 볼 때 1985년도 부산시 수
출실적은 7,274.3백만불, 1990년에는 12, 239.8백만불로 나타나고 있다. 통계청, 국내통계 참조.
2) 통관기준으로 보면 1990년 3,445.4, 1995년 6,409 백만 달러임.
3) 대전통계연보는 1990년 374, 1995년 487백만 달러로 나타남.
4) 충북통계연보는 1965년 10,1970년 35, 1975년 160, 1980년 412백만 달러로 나타남.
5) 경상북도사, 하권, 1983, p.386에는 3, 111.4, 경북상북도 홈페이지 경북 DB는 2,146으로 되어 있어 최근 자료인 경북
통계DB의 자료를 활용하였음.
6) 제주통계연보는 1960년 6, 582, 720원(5, 582달러), 1965년 수출 87, 649, 457원(87,649달러)로 나타남.

기가 매우 어려웠다. 잘 정리되었다고 해도 이 자료가 1년이나 5년 단위로 주기적으로
작성되지 않은 경우도 많았다. 또한 세관을 중심으로 작성을 하면 다른 지역의 통계와
중복이 되는 경우도 허다하여 통계의 신뢰성에 흠집이 예상되었다. 그럼에도 불구하

고 이렇게 자료를 정리하는 이유는 자료가 있다는 자체에 의미가 있다고 생각했기 때문이다.

이 표를 보면 1960년도의 지역별 수출금액은 매우 소규모였음을 짐작하게 한다. 1965년도에는 부산항이 중심이 되어 수출이 이루어졌는데 이 당시 수출금액은 3천8백만 달러다. 부산항에서 수출한 생산품이 경남을 비롯한 주변 지역의 수출품까지 포함되었는지에 대해서는 명확하게 구분할 수가 없었다. 경기도 수출액이 많았는데 이는 인천항이 경기도 소속이었기 때문이다. 수도권의 수출통로가 인천항이라는 점을 고려할 때 이 또한 주변 수출상품이 포함될 가능성도 배제할 수 없다. 1970년도의 수출금액에 의한 지역별 순위를 보면, 서울, 부산, 경북, 경기, 경남, 전남 순이다. 그러다가 1990년에는 경남, 서울, 경기, 부산 순이다. 1995년도의 수출액을 보면 서울이 32,678백만 달러로 1위를 차지하고 있으며, 다음이 인천으로 20,485백만 달러, 경남 17,321백만 달러이고 그 다음이 경북, 충남, 인천, 부산과 대구로 되어 있다. 대구와 부산의 순위가 한참 뒤로 물러나가고 있다. 경남은 1965년에는 10백만 달러 수출에 그쳤으나 1980년에는 3,566백만 달러, 1990년에는 14,406백만 달러로 우리나라 수출의 중심지역으로 부각되기 시작하였다. 마산을 비롯한 울산 공업단지의 수출이 탄력을 받기 시작하였기 때문이라 생각한다.

2) 2000년 이후 수출(2000-2012)

우리나라 총 수출액은 2000년도에는 172,264백만 달러였다. 그러다가 2012년에는 547,869백만 달러로 218%로 크게 증가하고 있다. 지역적으로 수출액이 가장 많은 지역은 울산, 경기, 충남, 서울, 경남, 경북 순이다. 대형공업단지의 영향력이 절대적이라고 할 수 있다. 2012년 울산은 97,213백만 달러로 전체 수출액의 17.7%를 차지하고 있다. 2000년 당시에 울산은 19,972백만 달러로 전체의 11.6%였던 점을 고려하면 크게 성장을 하고 있음을 알 수 있다. 이에 대한 내용이 〈표 2-6-30〉이다.

이를 지역별로 점유율을 분석한 내용이 〈표 2-6-31〉이다. 수출의 지역별 점유율을 시기별로 보면, 2000년도에는 경기도가 22%로 가장 점유율이 높았고, 다음이 서울, 울산, 충남·경남, 경북 순이었다. 2006년도의 순위를 보면 경기가 2000년 보다 낮은 19%로 떨어졌다. 다음으로 울산, 경남, 충남·경북, 서울 순위로 순서들이 많이 바뀐다. 이는 울산이 수출중심지역으로 본격화되기 시작한 점과 충남이 신흥수출지역으로 부각되었기 때문이라고 분석된다. 2012년 현재에 보면 순위는 다시 바뀐다. 울산이 18%로 1위를 점하였으며, 다음이 경기도가 16%로 그 뒤를 따르고 있다. 그 다음은 순서대로 11%를 점하고 있는 서울·충남, 10%를 점하고 있는 경북과 경남이다. 과거 수

표 2-6-30 수출(2000-2012) (단위: 백만 달러)

구분	2000	2001	2002	2003	2004	2005	2006	2007	2008	2009	2010	2011	2012
전국	172,264	150,437	162,471	193,815	253,827	284,418	325,451	371,436	417,511	363,533	466,383	555,187	547,869
서울	31,913	29,155	25,863	27,770	29,924	24,485	24,718	26,979	33,296	33,067	45,348	56,003	58,709
부산	4,835	4,567	4,836	4,844	6,434	6,763	8,090	10,160	12,860	9,497	12,374	14,562	13,557
대구	2,849	2,432	2,559	2,759	3,155	3,333	3,546	4,040	4,534	3,892	5,193	6,371	6,984
인천	7,527	6,026	5,681	8,221	10,645	13,033	15,942	20,928	20,513	15,369	21,022	26,805	26,710
광주	3,183	3,095	3,598	4,035	5,288	7,189	9,142	10,144	9,412	8,883	11,581	13,340	14,133
대전	837	818	934	1,330	1,838	2,161	2,396	2,581	2,990	2,851	3,546	4,122	4,274
울산	19,972	19,951	24,177	27,485	37,470	45,182	54,940	63,952	78,802	60,814	71,384	101,480	97,213
경기	38,041	29,946	31,965	36,228	46,466	55,671	63,217	64,605	61,084	58,007	85,706	87,557	87,980
강원	338	306	372	472	642	856	1,017	1,126	1,424	1,120	1,509	1,977	2,142
충북	4,748	3,450	4,019	4,732	7,546	5,664	8,054	8,920	9,213	8,080	10,330	12,170	12,045
충남	16,991	11,653	15,151	19,806	29,272	33,520	38,961	47,823	42,936	39,428	54,054	59,954	62,031
전북	2,881	2,220	1,943	2,866	4,225	4,851	5,471	6,354	6,842	6,032	10,505	12,818	12,007
전남	5,805	5,177	6,426	8,884	12,609	16,253	19,045	21,988	29,037	23,295	30,416	39,992	41,906
경북	15,653	14,462	17,566	25,088	33,951	38,709	39,517	45,266	47,612	38,510	44,937	52,129	52,109
경남	16,651	17,134	17,336	19,236	24,292	26,685	31,338	36,512	56,873	54,601	58,380	65,807	55,961
제주	40	45	45	59	70	63	57	58	83	87	98	100	108

출처: 통계청, 국가통계포털, 지역통계, e-지방지표, 주제별, 산업, 수출금액.

출 중심 지역이었던 부산은 2000년대 들어와서는 3%에서 2%까지 떨어졌다. 대구는 현재 1%에 불과한 실정이다. 오히려 전남이 최근에 수출액이 올라 2013년도에 8%나 차지하고 있다.

　　지역별로 수출액이 어떻게 변화되고 있는지를 비교하기 위하여 작성한 내용이 [그림 2-6-33]이다. 가장 상위에 있는 지역이 울산이다. 울산은 울산 공업단지가 우리나라의 수출산업에 견인차 역할을 하고 있기 때문에 최상위에 있다. 인구 110만 명밖에 되지 않은 지역에서 우리나라 수출의 최상에 있다는 것은 울산 공업단지의 위력을 잘 말해주는 것이다. 울산시는 2002년에 약간 주춤했다가 지속적으로 급상승하였다. 그러다가 다시 2009년에 금융위기를 맞이하면서 수출액이 약간 떨어지다가 다시 상승세를 이어가고 있다. 경기 지역도 줄곧 상승 추세를 유지하다가 다른 자치단체처럼 2009년에 추락하였다가 다시 상승세를 타고 있다. 구미·포항공단이 있는 경북도 수출액에 있어서는 상위에 있지만 높낮이 편차가 매우 심하여 경기에 민감한 품목이 많

표 2-6-31 **지역별 수출점유율(2000-2012)** (단위: %)

구분	2000	2001	2002	2003	2004	2005	2006	2007	2008	2009	2010	2011	2012
서울	18.53	19.38	15.92	14.33	11.79	8.61	7.59	7.26	7.97	9.10	9.72	10.09	10.72
부산	2.81	3.04	2.98	2.50	2.53	2.38	2.49	2.74	3.08	2.61	2.65	2.62	2.47
대구	1.65	1.62	1.58	1.42	1.24	1.17	1.09	1.09	1.09	1.07	1.11	1.15	1.27
인천	4.37	4.01	3.50	4.24	4.19	4.58	4.90	5.63	4.91	4.23	4.51	4.83	4.88
광주	1.85	2.06	2.21	2.08	2.08	2.53	2.81	2.73	2.25	2.44	2.48	2.40	2.58
대전	0.49	0.54	0.57	0.69	0.72	0.76	0.74	0.69	0.72	0.78	0.76	0.74	0.78
울산	11.59	13.26	14.88	14.18	14.76	15.89	16.88	17.22	18.87	16.73	15.31	18.28	17.74
경기	22.08	19.91	19.67	18.69	18.31	19.57	19.42	17.39	14.63	15.96	18.38	15.77	16.06
강원	0.20	0.20	0.23	0.24	0.25	0.30	0.31	0.30	0.34	0.31	0.32	0.36	0.39
충북	2.76	2.29	2.47	2.44	2.97	1.99	2.47	2.40	2.21	2.22	2.21	2.19	2.20
충남	9.86	7.75	9.33	10.22	11.53	11.79	11.97	12.88	10.28	10.85	11.59	10.80	11.32
전북	1.67	1.48	1.20	1.48	1.66	1.71	1.68	1.71	1.64	1.66	2.25	2.31	2.19
전남	3.37	3.44	3.96	4.58	4.97	5.71	5.85	5.92	6.95	6.41	6.52	7.20	7.65
경북	9.09	9.61	10.81	12.94	13.38	13.61	12.14	12.19	11.40	10.59	9.64	9.39	9.51
경남	9.67	11.39	10.67	9.92	9.57	9.38	9.63	9.83	13.62	15.02	12.52	11.85	10.21
제주	0.02	0.03	0.03	0.03	0.03	0.02	0.02	0.02	0.02	0.02	0.02	0.02	0.02

그림 2-6-33 **지역별 수출금액 변화 추이(2000-2012)** (단위: 백만 달러)

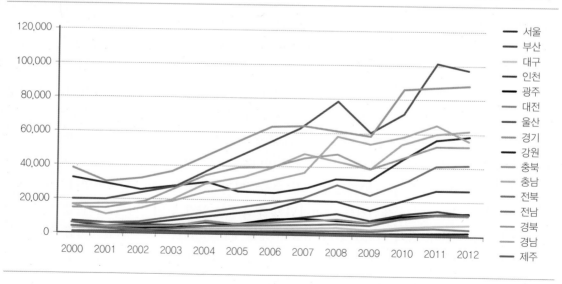

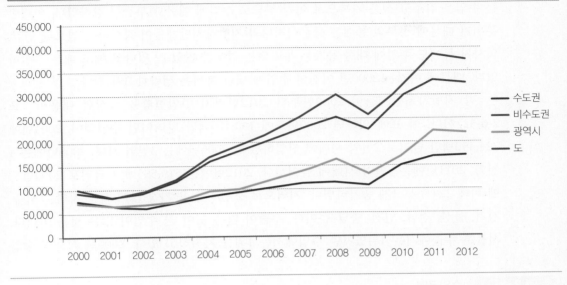

| 📊 그림 2-6-34 | 권역별 수출금액 변화 추이(2000-2012) | (단위: 백만 달러) |

음을 알 수 있다.

　권역별로 수출액을 비교한 내용이 [그림 2-6-34]이다. 이 내용을 보면 수출은 비수도권과 도가 수도권과 광역시에 비해 크게 점유율이 높음을 알 수 있다. 가장 높은 것이 비수도권인데 이는 울산, 구미, 포항, 창원, 여수 등 중공업단지들이 지방에 있기 때문에 자연스럽게 이러한 격차가 나타난다고 할 수 있다. 수도권은 2000년도에는 800억 정도로 비수도권의 1000억 달러와 큰 차이가 없었다. 하지만 2012년 현재를 보면, 수도권은 약 1800억 달러 정도를 수출하지만, 비수도권은 약 3,800억 달러 정도로 그 격차가 심화되었다. 이러한 차이는 점유율로 보아도 잘 알 수 있다. 〈표 2-6-31〉의 내용을 보면 2000년도의 수도권 지역의 수출 점유율은 45%로 높은 편이었으나, 2012년에는 32%로 크게 내려 왔음을 알 수 있다. 2012년을 기준으로 보면, 광역시는 울산만 1위를 차지하고 있지 도 지역이 수출을 주도하고 있기 때문에 광역시에 비해 도 지역권의 수출액이 크게 높을 수밖에 없다.

2. 수입

　2000년 이전의 수입에 대한 통계는 수출에 비해 자료를 구하기가 훨씬 어려웠다. 기술한 바와 같이 우리나라 정부는 수출일변도 정책을 추진하였기 때문에 수출에 대한 관심과 기록만 있다고 할 정도였다. 2000년도 이전까지, 특히 1980년대 이전까지는 수입은 감추고 싶은 기록으로 여길 정도로 수입에 대한 거부감이 강하였다. 이러한 분위기 때문에 정부의 통계는 물론이거니와 지방자치단체들이 작성하는 연보나 연감, 역사지 등에도 수입에 대한 통계는 누락되는 경우가 많았고, 있다고 해도 매우 부실하였다. 때문에 여기는 2000년 이전의 수입에 대한 분석은 생략하고자 한다.

각 지방자치단체들이 2000년부터 2012년까지 수입현황을 작성한 내용이 〈표 2-6-32〉이다. 이 표에 의하면 2000년도에 160,470백만 달러이던 수입액이, 2004년에 224,452백만 달러로 2천억 시대에 진입하였다. 2006년에는 3천억 시대, 2008년에는 4천억, 2011년에는 5천억 시대에 들어섰다. 2012년에는 519,585백만 달러로 2000년도에 비해 224%로 크게 증가하였다. 지역으로 보면 수입을 가장 많이 하는 지역은 서울, 경기, 울산, 전남, 인천, 충남 순이다. 수출이 많은 곳이 곧 수입이 많은 것은 아니다. 서울은 수출에서는 4위였지만 수입에서는 1위를 차지하고 있다. 2000년 서울의 수입

표 2-6-32 **수입금액**
(단위: 백만 달러)

구분	2000	2001	2002	2003	2004	2005	2006	2007	2008	2009	2010	2011	2012
전국	160,470	141,098	152,125	178,825	224,452	261,237	309,342	356,665	434,880	323,086	425,213	524,296	519,585
서울	44,164	32,888	36,880	41,967	48,382	51,016	58,775	69,252	87,321	74,477	104,063	123,164	120,833
부산	3,985	4,309	5,317	5,468	6,740	7,446	8,646	11,277	15,037	10,650	12,469	14,702	13,774
대구	1,395	1,266	1,390	1,555	1,920	2,208	2,608	2,849	3,059	2,169	3,076	3,699	3,782
인천	10,245	8,819	8,383	10,582	13,574	16,459	20,743	24,106	29,499	23,229	29,526	38,669	40,252
광주	1,844	1,710	1,741	2,966	3,038	3,680	4,079	4,984	4,877	4,087	5,553	5,223	4,740
대전	1,259	1,260	1,426	1,609	1,991	2,291	2,390	2,813	2,754	2,330	2,777	3,057	2,897
울산	14,268	18,272	18,943	22,651	29,790	38,443	49,235	55,231	70,580	47,360	62,995	85,786	87,611
경기	35,640	27,579	29,289	33,983	42,121	51,440	59,798	67,955	79,252	61,821	83,787	97,940	99,810
강원	381	320	329	378	586	723	850	958	1,409	887	1,133	1,472	1,385
충북	3,314	2,677	3,253	3,589	5,252	5,495	6,890	7,543	8,299	4,969	6,120	8,606	7,556
충남	9,978	9,245	9,335	11,262	15,426	17,863	22,362	26,674	29,556	19,129	24,893	33,640	33,509
전북	1,501	1,503	1,600	2,043	2,522	2,456	2,548	3,063	4,104	3,194	4,134	5,222	4,624
전남	10,781	9,777	10,551	12,911	17,341	22,769	27,533	31,453	45,517	27,569	34,912	47,232	48,211
경북	12,162	12,353	13,986	16,395	21,763	22,789	24,455	26,167	21,365	14,567	19,295	23,242	19,742
경남	9,500	9,053	9,644	11,355	13,896	16,018	18,186	22,159	32,049	26,470	30,274	32,416	30,548
제주	53	67	58	111	110	141	244	181	202	178	206	226	311

출처: 통계청, 국가통계포털, 지역통계, e-지방지표, 주제별, 산업, 수입금액.

액 규모는 44,164 백만 달러였는데 10년 후인 2010년에는 104,063백만 달러로 136% 상승한 것으로 나타났다. 서울은 2012년 수입은 현재 120,833백만 달러로 전국에서 유일하게 1천억 달러 이상을 수입하고 있다. 광역시 중 서울 다음 수입을 많이 하는 지역은 울산이다. 울산은 2000년에 14,268백만 달러를 수입하였다. 서울, 경기에 이어 3위다. 울산은 이후에 계속 수입이 증가하여 2003년에는 2백억 달러, 2005년에는 3백억 달러, 2006년에는 4백억 달러, 2007년에는 5백억 달러 대를 기록하였다. 최고의 수입은 2011년에 85,786백만 달러를 수입하기도 하였다. 약간의 변동은 있지만 최근의 수입은 서울, 경기, 울산, 인천, 충남, 전남, 경남, 경북 등이 주도를 하고 있다고 해도 과언이 아니다. 2012년을 기준으로 보면, 전남이 48,211백만 달러 수입으로 서울, 경기, 울산 다음으로 수입이 많은 지역인 점이 특이하다.

다음 〈표 2-6-33〉은 지역별로 수입액의 점유율을 시기별로 나타낸 내용이다. 이 표에 의하면 2000년에는 서울이 27.5%를 점유하여 가장 많은 수입을 하고 있었다. 다음이 경기도로서 22.2%를 차지하고 있다. 이어서 울산, 경북, 전남 순이다. 2006년도

표 2-6-33 **지역별 수입 점유율(2000-2012)** (단위: %)

구분	2000	2001	2002	2003	2004	2005	2006	2007	2008	2009	2010	2011	2012
서울	27.5	23.3	24.2	23.5	21.6	19.5	19.0	19.4	20.1	23.1	24.5	23.5	23.3
부산	2.5	3.1	3.5	3.1	3.0	2.9	2.8	3.2	3.5	3.3	2.9	2.8	2.7
대구	0.9	0.9	0.9	0.9	0.9	0.8	0.8	0.8	0.7	0.7	0.7	0.7	0.7
인천	6.4	6.3	5.5	5.9	6.0	6.3	6.7	6.8	6.8	7.2	6.9	7.4	7.7
광주	1.1	1.2	1.1	1.7	1.4	1.4	1.3	1.4	1.1	1.3	1.3	1.0	0.9
대전	0.8	0.9	0.9	0.9	0.9	0.9	0.8	0.8	0.6	0.7	0.7	0.6	0.6
울산	8.9	12.9	12.5	12.7	13.3	14.7	15.9	15.5	16.2	14.7	14.8	16.4	16.9
경기	22.2	19.5	19.3	19.0	18.8	19.7	19.3	19.1	18.2	19.1	19.7	18.7	19.2
강원	0.2	0.2	0.2	0.2	0.3	0.3	0.3	0.3	0.3	0.3	0.3	0.3	0.3
충북	2.1	1.9	2.1	2.0	2.3	2.1	2.2	2.1	1.9	1.5	1.4	1.6	1.5
충남	6.2	6.6	6.1	6.3	6.9	6.8	7.2	7.5	6.8	5.9	5.9	6.4	6.4
전북	0.9	1.1	1.1	1.1	1.1	0.9	0.8	0.9	0.9	1.0	1.0	1.0	0.9
전남	6.7	6.9	6.9	7.2	7.7	8.7	8.9	8.8	10.5	8.5	8.2	9.0	9.3
경북	7.6	8.8	9.2	9.2	9.7	8.7	7.9	7.3	4.9	4.5	4.5	4.4	3.8
경남	5.9	6.4	6.3	6.3	6.2	6.1	5.9	6.2	7.4	8.2	7.1	6.2	5.9
제주	0.0	0.0	0.0	0.1	0.0	0.1	0.1	0.1	0.0	0.1	0.0	0.0	0.1

에는 서울과 경기가 각각 19%로 공동 1위를 지키고 있으며, 그 다음이 울산이 16%로 크게 늘어났다. 그 다음은 전남, 경북, 인천 순으로 전남이 4위로 상승하였다. 2012년 현재는 서울이 23.3%로 수입액 규모가 늘어나면서 단독 1위를 점하고 있다. 다음이 경기 19.2%, 울산 16.9%, 전남 9.3%, 인천 7.7%순이다. 부산은 2012년 현재 겨우 2.7% 점유율을 보이고 있고, 대구는 0.7% 수준으로 감소되었다. 전남은 2000년에는 6.7%의 수입 점유율을 보였으나 계속 증가하여 2008년에는 10.5%까지 상승하기도 하였다. 전남은 2012년 현재 9.3%의 높은 점유율을 보이고 있다. 여수 석유화학단지로 인하여 원유수입의 규모가 크기 때문이라고 생각된다. 경북은 2000년에는 7.6%였고, 2004년 에는 9.7%까지 상승하였으나 2012년 현재는 3.8%로 급감하였다.

　　지역별로 수입금액이 연도별로 어떻게 변동하고 있는지를 알기 위하여 [그림 2-6-35]를 작성하였다. 수입이 많은 지역들은 계속 상승세를 유지하였다. 그러다가 금융 위기 시절인 2009년에만 급락하고 다시 상승하다가 최근에는 주춤한 양상을 보이고 있다. 이 그림을 보면, 수입은 서울, 경기, 울산이 주도를 하고 있음을 알 수 있다. 특히 울산은 2000년에는 140억 달러에서 출발했으나 2012년 현재는 900억 달러에 근접하고 있어 상승률을 볼 때 다른 지역보다 높다고 할 수 있다. 서울과 경기는 2000년에는 400억 달러 전후에 있었다. 그러나 2001년에 떨어졌다가 다시 상승하기 시작하여 2012년 현재는 서울은 1200억 달러까지 상승하였고, 경기도는 1000억 달러대에 진입하고 있다.

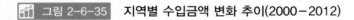

그림 2-6-35 **지역별 수입금액 변화 추이(2000-2012)**　　　　　　(단위: 백만 달러)

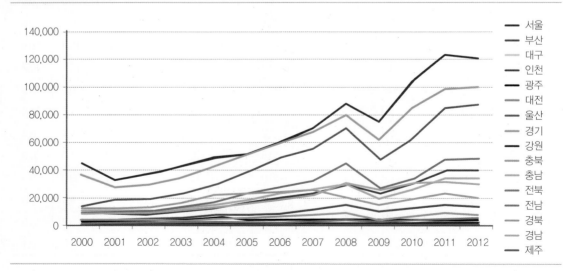

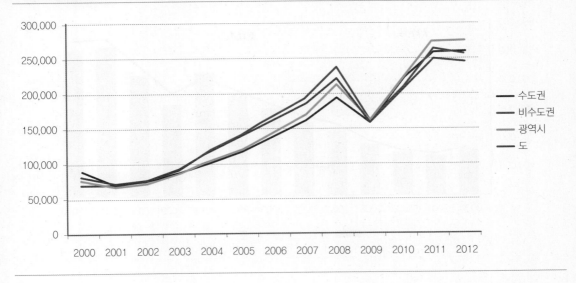

이를 권역별로 비교해 보면 [그림 2-6-36]과 같다. 그림을 보면 수도권이나 비수도권, 광역시, 도 권역은 거의 꼭 같은 상승세를 보이고 있다. 다만 도 권역은 2009년까지는 광역시를 상회하였으나 2009년 이후에는 광역시보다 낮은 것으로 나타났다. 수도권과 비수도권은 큰 차이가 없다. 울산지역 등이 비수도권의 점유율을 높이고 있기 때문이다.

권역별로 수입금액의 변화를 살펴 본 내용이 [그림 2-6-36]이다. 권역별로 보면 큰 차이가 없게 나타나고 있다. 출발점도 7-800억 달러에서 출발하고 있고, 2012년 현재도 2500억불 근처에 모여 있다. 점유율로 보아도 수도권은 2000년에는 56%, 2006년은 45%, 2012년에는 50%로 상승과 하락, 또 다시 상승하면서 50% 점유율을 유지하고 있다. 반면에 광역시는 2000년에는 48%로서 도 권역에 약간 떨어지지만, 2012년도에는 54%로 상승하면서 도 권역보다 수입금액이 많아졌다.

[그림 2-6-37]은 앞에서 기술한 수출 및 수입 금액 합계를 나타낸 그래프다. 이 그래프를 볼 때 우리나라 수출과 수입이 전년도 대비 감소한 시기는 2001년과 2009년이다. 이 중에 2009년이 가장 심하게 낮아졌음을 알 수 있다. 이 시기가 금융위기가 일어났던 2008년 직후이기 때문에 그 영향을 받았다고 할 수 있다. 수출보다 수입이 많은 무역적자 시기는 2008년이 유일하다. 우리나라가 수출중심의 국가 운영을 하고 있다는 점이 확연하게 나타나고 있다.

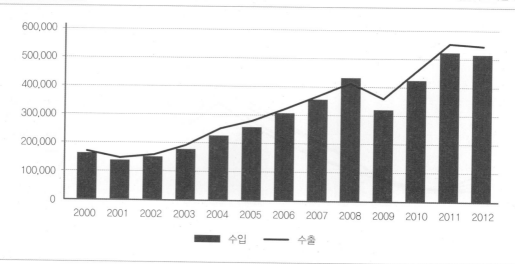

그림 2-6-37 전국 수출 · 수입액(2000-2012)

(단위: 백만 달러)

■ 수입　── 수출

제11절 | 어음 부도율

　　어음 부도율은 일정 기간 동안 어음 결제소에서 거래된 총 교환금액 중에서 잔고 부족으로 인해 부도난 어음부도액의 비율을 말한다. 어음 부도율은 어음교환소를 통해 교환 회부된 약속어음, 당좌수표, 가계수표, 자기앞수표 등 각종 어음 및 수표 중 지급되지 않고 부도가 난 금액을 교환금액으로 나누어 계산한다.

　　최근에는 지급결제수단의 발달을 반영하여 교환금액에 지로자동이체, 지로대량지급, 타행환 등 금융결제원을 통한 전자결제액과 금융기관 간 콜거래, 수취인 지정이체, 국고자금회수 등 한은금융망을 이용한 전자결제액 및 투신사 간 콜거래 등 전자결제액을 포함하여 계산하고 있다. 어음 부도율은 부도금액 기준과 부도장수 기준 등 두 가지 방식으로 산정되는데 통상적으로 금액기준 부도율이 많이 사용된다. 어음 부도율은 금융결제원에서 매달 통계를 작성하며 잠정통계는 매달 초 한국은행이 발표한다. 잠정통계는 시중자금사정을 나타내는 간접적인 지표로 활용되며 주로 서울지역의 부도율을 집계해서 발표한다. 확정통계에는 서울뿐만 아니라 각 도와 광역시 등 전국의 부도율을 모두 담고 있다. 그러나 최근에는 대폭적인 금리자율화로 어음 부도율의

시중 자금 상황 반영정도가 전보다 많이 작아졌다.[7]

1. 2000년 이전 어음 부도율(1960-2000)

　1960년부터 2000년도까지 지역별 어음 부도율을 나타내어 주는 내용이 〈표 2-6-34〉이다. 2000년까지의 어음 부도율을 보면 1963년도에는 서울이 0.42%, 부산이 0.59%로 매우 높은 상태에 있었다. 이후 1970년도까지는 대체로 0.40%로 높은 수준

표 2-6-34　지역별 어음 부도율(1960-2000)　(단위: %)

시도별	1960	1965	1970	1975	1980	1985	1990	1995	2000
서울	0.42('63)	0.45	0.40	0.11	0.11	0.05	0.05	0.12	0.38
부산	0.59('63)	0.57	0.57	0.24	0.54	0.24	0.15	0.17	0.46
대구	–	–	–	–	–	0.27	0.10	0.26	0.61
인천	–	(0.53('68))	(0.51)	(0.34)	0.24('89)	0.15	0.03	0.07	0.59
광주	–	–	–	–	–	(0.38)	0.04	0.14	0.38
대전	(0.31)	(0.50)	(0.63)	(0.32)	(0.40)	–	0.05	0.11	0.28
울산	–	–	–	–	–	–	–	0.64	0.22
경기	–	–	0.51	0.22	0.43	0.26	0.03	0.07	0.38
강원	–	–	–	–	0.12('82)	0.27	0.04	0.13	0.31
충북	–	–	–	–	0.12('82)	0.24	0.04	0.08	0.30
충남	0.29	0.14	0.47	0.22	0.40	0.23	0.03	0.06	0.34
전북	–	–	–	–	–	0.27	0.06	0.14	0.71
전남	–	–	–	–	–	0.34	0.04	0.13	0.47
경북	–	–	–	–	–	0.34	0.07	0.15	0.31
경남	–	–	–	–	–	0.16	0.04	0.09	0.79
제주	–	0.54(67)	0.27	0.15	0.30	0.32	0.03	0.06	0.25

출처: 한국은행, 지역금융통계, 1980.1992.1996.2001, 서울통계연보, 부산시사, 제2권, 1990, 부산통계연보(1976, 1986, 2000), 인천시사, 1970년대편, 1982, 인천시사, 하권, 1973, 광주시사, 제3권, 1982, 광주통계연보, 대전통계연보, 울산시통계연보(2001), 강원도사, 현대편, 1995, 충남통계연보, 전남통계DB, 제주도지, 제2권, 1993, 제주도지, 제4권, 2006.

주: 한국은행과 지역사와 지역통계연보가 다른 경우를 보면: 서울통계연보는 2000년 어음 부도율 2000년은 0.38%, 부산통계연보는 1970년 0.63%, 1990년 0.15%, 1995년 0.49%로 나타나고 있음. 대전의 어음 부도율 통계는 한국은행 대전지점의 자료이며, 대전통계연보는 1960년 0.40%, 1965년 0.50%임.

---

7 http://terms.naver.com/entry.nhn?docId=70236&cid=515&categoryId=1164[네이버 지식백과] 어음 부도율(시사상식사전, 박문각).

을 유지하다가 이후에는 약해지기 시작하였다. 그러다가 1975년도부터 안정화되기 시작했다. 1975년도 어음 부도율을 보면, 서울 0.11%, 부산 0.24%이며, 이중 가장 높은 곳이 인천으로 0.34%이다. 1990년에는 어음 부도율이 2000년 이전 중에 가장 낮았다. 가장 높은 곳이라고 해도 대구가 0.1%였다. 인천, 경기, 충남, 제주 등은 가장 낮은 0.03%였다. 그러다가 2000년도에 들어와서 다시 어음 부도율은 크게 상승한다. IMF의 영향 때문이다. 경남과 전북이 각각 0.79%와 0.71%로 올라갔다. 어음 부도율이 얼마나 심각한지를 알 수 있다. 가장 낮은 곳이라도 해도 울산이 0.22%, 제주가 0.25%가 되었다. 그러나 울산은 광역시가 되기 이전인 1995년에는 어음 부도율이 0.64%로 전국에서 가장 높았다.

2. 2000년 이후 어음 부도율(2001–2013)

2000년 이후 지역별 어음 부도율에 대한 내용이 〈표 2-6-35〉이다. 2000년에 들어서면서 전국적으로 어음 부도율은 매우 안정적으로 간다. 2001년에 전국 평균이 0.38%를 기록한 후에는 매년도 평균은 0.2%미만이었다. 어음 부도율이 높은 순으로 말하면, 2001년에는 충남, 대구, 제주, 부산, 인천, 광주 순이었다. 5년 후인 2006년에는 광주, 전북, 대구, 제주, 부산 순으로 어음 부도율이 높았다. 2013년도 현재를 보면, 전북, 부산, 광주, 인천 · 경남, 강원이며 이들 지역은 모두 0.4%이상인 지역이다.

지역으로 보면, 서울은 2001년만 0.38%로 전국평균과 일치하였지만 이후에는 줄곧 전국 평균 이하였다. 서울의 어음 부도율이 가장 낮을 때는 2006년과 2007년도로 0.07%였다. 이후 전국 평균 어음 부도율이 0.2% 이하를 지속할 수 있었던 것은 어음 규모가 가장 큰 서울에서 어음이 이렇게 안정적으로 처리되었기 때문이라고 할 수 있다. 부산이나 대구도 부도율이 높은 편이지만, 광역시 중에는 광주가 가장 높은 편이다. 도 지역으로 보면, 전북이 0.95%–0.23%사이로 불안정하게 오락가락 하고 있으며, 경남도 주의 수준에 속할 정도로 높다.

지역별로 나타난 그래프가 [그림 2-6-38]이다. 이 그림을 보면 그래프가 매우 요동을 치고 있음을 알 수 있다. 지금까지 여타의 그래프들은 일정한 방향을 그렸지만 이 그래프는 매우 불규칙적으로 움직이고 있다. 각 자치 단체 간에 편차가 클 뿐만 아니라 동일 자치단체에서도 시기에 따라서 극단적인 값을 갖는 경우가 많기 때문이다. 서울이 제일 밑에 있다는 것은 앞에서 언급한 대로 2002년 후에 어음 부도율이 계속 0.2% 미만을 유지하여 전국에서 가장 금융거래가 많음에도 불구하고 최고 어음 부도

표 2-6-35

지역별 어음 부도율

(단위: %)

구분	2001	2002	2003	2004	2005	2006	2007	2008	2009	2010	2011	2012	2013
전국	0.38	0.11	0.17	0.18	0.14	0.11	0.11	0.15	0.14	0.15	0.11	0.12	0.14
서울	0.38	0.09	0.13	0.13	0.10	0.07	0.07	0.11	0.10	0.12	0.08	0.09	0.12
부산	0.48	0.44	0.63	0.6	0.42	0.43	0.55	0.86	0.50	0.81	0.23	0.43	0.56
대구	0.50	0.39	0.71	0.66	0.43	0.38	0.44	0.58	0.44	0.35	0.35	0.24	0.20
인천	0.46	0.33	0.44	0.46	0.41	0.25	0.41	0.33	0.36	0.36	0.19	0.27	0.46
광주	0.46	0.39	0.50	0.65	0.53	0.55	0.57	0.85	0.81	0.56	1.06	0.61	0.48
대전	0.36	0.2	0.37	0.32	0.23	0.17	0.32	0.36	0.24	0.20	2.42	0.26	0.15
울산	0.28	0.17	0.23	0.24	0.35	0.13	0.13	0.14	0.39	0.13	0.10	0.31	0.12
경기	0.30	0.27	0.44	0.37	0.34	0.3	0.39	0.36	0.9	0.26	0.19	0.31	0.17
강원	0.27	0.23	0.3	0.25	0.32	0.28	0.16	0.2	0.17	1.85	0.2	0.8	0.44
충북	0.29	0.22	0.31	0.50	0.27	0.21	0.53	0.54	0.45	0.43	0.32	0.36	0.16
충남	0.53	0.37	0.31	0.27	0.27	0.2	0.29	0.64	0.32	0.17	0.31	0.38	0.27
전북	0.49	0.38	0.48	0.67	0.44	0.45	0.95	0.66	0.46	0.49	0.23	0.23	0.68
전남	0.32	0.34	0.54	0.48	0.35	0.32	0.27	0.33	0.24	0.14	0.14	0.29	0.12
경북	0.38	0.23	0.39	0.33	0.21	0.17	0.29	0.27	0.43	0.47	0.18	0.25	0.21
경남	0.34	0.27	0.50	0.42	0.38	0.4	0.57	1.09	0.64	0.36	0.32	0.42	0.46
제주	0.48	0.29	0.40	0.45	0.43	0.22	0.48	0.52	0.34	0.28	0.17	0.2	0.28

출처: 통계청, 국가통계포털, 지역통계, e-지방지표, 주제별, 산업, 어음 부도율.

그림 2-6-38   **지역별 어음 부도율(2001 – 2013)**

(단위: %)

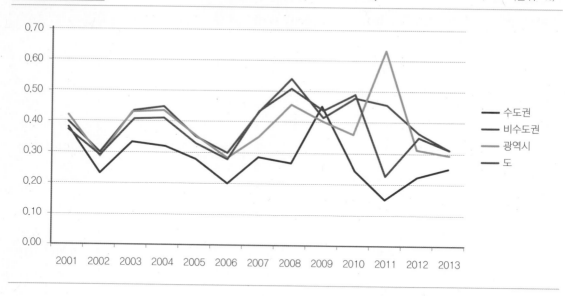

그림 2-6-39 권역별 평균 어음 부도율 변화 추이(2001-2013)

(단위: %)

범례:
- 수도권
- 비수도권
- 광역시
- 도

율이 낮고 안정적인 지역이라는 의미다. 광주는 2010년과 2012년 사이, 대구는 2009년과 2011년 사이에 가장 뾰족한 그래프를 형성하여 당시에 이 두 지역이 매우 불안한 어음유통 지역임을 말해주고 있다.

[그림 2-6-39]는 권역별 어음 부도율을 표시한 그래프다. 역시 권역별 그래프도 매우 불안정하고 높고 낮음이 순식간에 바뀌어 가는 것을 알 수 있다. 이 현상은 역시 권역별 내 자치단체 간, 자치단체 내에 시기별로 큰 편차를 가지고 있기 때문이다. 예를 들면 2009년 수도권의 어음 부도율은, 서울 0.1%, 인천0.36%, 경기 0.9%이다. 2013년도를 보면 서울 0.12%, 인천 0.46%, 경기 0.17%로 편차가 큼을 알 수 있다. 도 권역인 경우에도 예를 들면, 경기는 0.9%-0.17%사이에서 등락을 거듭하고 있다. 강원은 1.85%-0.2%, 전북 0.95%-0.23%로 모두 불안정한 흐름을 하고 있다. 광역시도 역시 마찬가지다. 부산 0.81%-0.23%, 광주 1.06%-0.39%로 편차가 심하다. 이렇게 편차가 심하기 때문에 그래프가 불안정할 수밖에 없다.

최근 대형 소매점의 난립으로 인하여 지역소매점이 큰 타격을 입고 있어 경제부분뿐만 아니라 정치권의 논란이 된 지 오래다. 최근 연구에 의하면 대형마트가 들어선 지역에서 첫 영업점 개점 이후 5년 뒤 소규모 슈퍼마켓은 평균 18.6%, 식료품 소매점은 평균 12.6%가 각각 줄어든 것으로 집계됐다. SSM도 점포가 한곳 늘어날 때 소규모 슈퍼마켓은 6.84개, 식료품 소매점은 8.09개의 감소를 유발하는 것으로 추정됐다. 이러한 대형 소매점이 지역에 얼마나 영향을 주고 있는지를 판매액을 가지고 정리한 내용이 〈표 2-6-36〉이다. 이 표에 의하면 전국 대형 소매점이 2010년에 판매액은 62조

표 2-6-36　대형소매점 판매액　　　　　　　　　　　(단위: 10억 원)

시도별	2010	2011	2012	2013
전국	62,934	69,815	73,484	74,940
서울	23,211	25,869	27,289	27,679
부산	5,217	5,688	5,832	5,852
대구	3,006	3,528	3,910	3,958
인천	3,031	3,350	3,430	3,418
광주	1,837	1,967	2,067	2,012
대전	2,041	2,254	2,402	2,405
울산	1,750	1,917	1,996	2,024
경기	13,395	14,678	15,535	16,268
강원	727	787	917	962
충북	849	920	1,031	1,176
충남	1,095	1,451	1,540	1,607
전북	1,165	1,281	1,300	1,266
전남	882	914	939	927
경북	1,368	1,471	1,524	1,504
경남	2,641	2,933	2,942	3,027
제주	719	807	830	855

출처: 통계청, 국가통계포털, 지역통계, e-지방지표, 주제별, 산업, 대형소매점 판매액.
주: 대형소매점은 매장 면적이 3,000m² 이상의 소매점을 말함.

9,340억이었다. 3년이 지난 2013년도의 대형 소매점 판매액은 74조 9,400억으로 2010년에 비해 19.1%가 늘어난 약 12조가 증가했다.

지역적으로 보면, 서울이 가장 많은 판매를 계속 기록하고 있다. 2010년에 23조, 2011년에 25조, 2013년에 27조의 판매액을 올리고 있다. 1년에 1조 이상의 매출이 증가하고 있는 것이다. 다음으로 경기도. 경기는 2010년에 13조의 판매액을 기록했다. 매년 1조씩 늘어나서 2013년 현재 판매액은 16조2,680억이다. 다음에는 2013년 기준으로 보았을 때, 부산이 5조, 대구, 인천, 경남지역이 3조, 대전, 광주, 울산이 2조, 충북, 충남, 전북, 경북이 1조대의 판매액을 기록하고 있다. 반면 전남은 판매액이 9,270억으로 비교적 적었다. 강원은 9,620억으로 역시 적은 편이다. 제주가 8,550억으로 인구 규모에 비해 매우 높은 판매액을 기록하고 있는 것은 주목할 만하다 하겠다.

대형 소매점 판매액이 어느 지역에 얼마만큼 집중되고 있는지를 살펴보기 위하여 점유율을 조사해 보았다. 이에 대한 내용이 〈표 2-6-37〉이다. 이 표에 의하면 서울이 36%에서 37% 사이를 점하고 있다. 그 다음으로 경기가 21%를 계속 유지하고 있는데

표 2-6-37 대형소매점 판매액 지역별 점유율(2010-2013) (단위: %)

시도별	2010	2011	2012	2013
서울	36.9	37.1	37.1	36.9
부산	8.3	8.1	7.9	7.8
대구	4.8	5.1	5.3	5.3
인천	4.8	4.8	4.7	4.6
광주	2.9	2.8	2.8	2.7
대전	3.2	3.2	3.3	3.2
울산	2.8	2.7	2.7	2.7
경기	21.3	21.0	21.1	21.7
강원	1.2	1.1	1.2	1.3
충북	1.3	1.3	1.4	1.6
충남	1.7	2.1	2.1	2.1
전북	1.9	1.8	1.8	1.7
전남	1.4	1.3	1.3	1.2
경북	2.2	2.1	2.1	2.0
경남	4.2	4.2	4.0	4.0
제주	1.1	1.2	1.1	1.1

이와 비교해도 서울이 15%가 높다. 제3순위의 부산과 비교를 하면 거의 5배나 차이가 난다. 대구도 2013년 점유율은 5.3%로 부산 다음이다.

　서울, 경기, 부산, 대구 이외의 다른 지역의 대형소매점 점유율은 전부 5% 이하다. 그것도 도 권역에서는 경기를 제외하고는 점유율이 가장 높은 곳은 경남으로 2013년 기준 4.0%에 불과하다. 도 권역에서 중심 지역 중의 하나인 경북은 2.0%, 충남이 2.1%에 불과하며, 전남은 이보다 한참 떨어진 1.2%이다. 이를 종합해서 보면, 대형소매점은 아직은 광역시와 경기도에서 활발하게 유통이 이루어지고 있으며, 이외의 지역에서는 제주를 제외하고는 매우 미미한 편이라고 할 수 있다.

　대형소매점 판매액을 지역별로 비교하기 위하여 작성한 그래프가 [그림 2-6-40]이다. 이 그림을 보면 판매액의 규모가 지역별로 뚜렷하게 구분이 된다. 서울은 나 홀로 간다고 할 정도로 성장속도나 규모면에서 단연 앞서나가고 있다. 다음 그래프가 경기다. 경기도 서울보다는 다소 떨어지지만 그래도 점유율이 20%이상 달하고 있고, 판매액도 16조 이상이다. 한참 뒤의 5조대가 부산이다. 부산은 그대로 가고 있다고 하여도 무방할 정도로 5조대 수준을 계속 유지하고 있다. 나머지 지역은 광역시 권역이 상위에 있고, 도 권역 지역의 판매액은 하위 층을 이루고 있다.

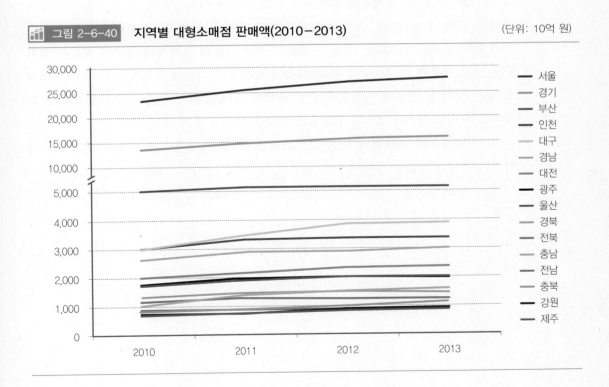

그림 2-6-40　**지역별 대형소매점 판매액(2010-2013)**　　　　(단위: 10억 원)

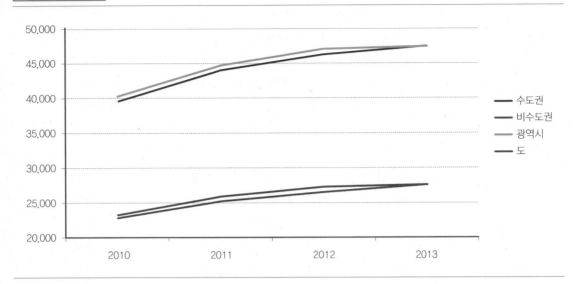

그림 2-6-41 권역별 대형소매점 판매액 변화추이(2010–2013) (단위: 10억 원)

권역별로 대형 소매점 판매액을 비교하기 위하여 작성한 내용이 [그림 2-6-41]이다. 이 그림을 보면, 광역시와 수도권이 거의 일치하여 최상위에 있다. 반면에 비수도권과 도 권역의 판매액도 거의 일치점을 이루고 하위 선에 있다. 이렇게 수도권과 광역시 권역이 거의 일치되는 선을 구성하는 것은 서울과 경기가 절대적인 비율을 차지하고 있기 때문에 이 두 지역, 특히 서울의 움직임이 이들에게 결정적인 영향을 미치고 있는 것이다. 반면에 비수도권과 도 권역이 그래도 처지지 않고 상승세 형태를 유지하는 이유도 경기가 20%의 점유율로 강세를 보이고 있기 때문이다.

e-지방지표에 백화점의 판매액도 2010년부터 통계청에서 작성하고 있다. 그러나 아직도 백화점이 없는 지역이 있기 때문에 여기에서는 제외시켰다.

07

물가 및 주택

물가는 한마디로 시장에서 거래되는 모든 재화와 서비스의 가격을 평균한 종합적인 가격수준을 말한다. 이러한 종합적인 개념으로서의 물가의 움직임을 구체적으로 측정하기 위하여 작성되는 것이 물가지수다. 물가지수는 수많은 개별상품의 전반적인 가격수준을 말한다. 물가지수는 이러한 물가의 움직임을 쉽게 알아볼 수 있도록 기준시점을 100으로 놓고 비교시점의 물가수준을 상대적으로 나타낸 것이다. 물가지수는 화폐의 구매력을 측정하는 수단이 되며 경기판단의 지표가 되는 등 경제동향을 분석하거나 경제정책을 수립하는 데 있어 필수적인 경제지표이다. 현재 우리나라에서 작성되는 물가지수로는 소비자물가지수, 생산자물가지수, 수출입물가지수 등이 있으며 통계청은 소비자물가지수를 작성하여 매월 초에 공표하고 있다. 지금까지 우리나라에서 물가통계 작성 역사를 보면 다음과 같이 요약할 수 있다.[1]

1910년 11월: 구(舊) 한국은행에서 경성중요물가표 편제 시작
1939년 1월: 조선은행에서 경성도매물가표로 개편
1949년 4월: 한국은행에서 서울도매물가지수로 개편
1955년 11월: 신규도매물가지수로 개편(현 지수체계의 기틀 마련) 이후 5년마다 기준
　　연도 개편 시행
1966년 7월 5일: 통계작성 승인
1993년 1월: 생산자물가지수로 개편
1993년 11월: 통계작성 승인번호 변경
1996년 12월: 지정통계로 전환
1998년 7월: 서비스부문 신규 추가
2008년: 상품 및 서비스 분야 884개 품목 가격 조사
2013년 1월: 연쇄지수 도입, 품목지수내 기하평균 도입, 기초가격 기준 작성

　이 장에서 분석하는 주택은 의식주 가운데 하나를 구성한다는 점에서 매우 중요하다. 또 사회문제로서의 주택문제는 인간생활의 기반이고 그 파급효과가 크다는 점에서 중요한 문제가 되고 있다. 특히 국토부 발표에 의하면 우리나라의 주택 보급률은 2012년 기준 새로운(新) 주택보급률을 102.7%로 발표하였으나, 보도 자료에 따르면

1　한국은행, 알기쉬운 경제지표해설, 1990, p.255.

오피스텔 등을 주택 수에 포함할 경우 추정 주택보급률은 105.7%에 이르는 것으로 나타났다. 그러나 자가 점유율은 선진국인 영국의 71.0%, 미국의 66.4%, 일본의 61.2%보다 훨씬 적은 53.2%로 저조하다. 이처럼 자가 보유율 부족은 주거 불안으로 이어져 각종의 사회문제가 빈발하고 있는 실정이다.[2] 주택은 토지에 고정되어 이동이 불가능하고 주변 환경의 영향을 크게 받으며 재산증식의 효과가 있어 고소득자의 투기에 의한 저소득자의 피해가 막대하다. 그리고 주택의 부족현상은 특히 빈곤층에게 영향이 크다. 주택이 고가로 인해 저소득층의 접근 가능성이 적은 등 주택이 갖는 재화로서의 기본적 성격으로 인해 시장원리가 아니라 정부의 개입이 필요한 영역이라 할 수 있다.[3]

이처럼 주택은 우리나라 경제에 가장 큰 영향력을 미치는 항목 중 하나다. 때문에 정부는 주택에 대한 통계를 일찍부터 시작하였다. 주택과 관련된 가장 대표적인 조사로는 KB 국민은행에서 1986년부터 전국의 주택매매가격과 주택전세가격을 매월 조사하여 발표하는 전국주택가격동향조사가 있다. 이외에 대한상공회의소에서 1995년부터 매년 발간하고 있는 임대료지수와 관리비지수가 있으며, 최근 들어 한국건설기술연구원과 민간부동산정보회사인 부동산 114에서 1999년부터 아파트 투자지수를 개발하여 발표하고 있다. 주택가격에 대한 동향발표는 국민은행이 주도하다가 2004년 11월부터는 통계청의 지정통계가 되었다.

이 지수는 주택현황을 아파트, 연립, 단독주택으로 나누어 각각의 세부적인 지수로 공표하는 것은 물론, 세 부분을 통합한 종합지수로도 작성하고 있다. 조사되고 있는 지역적 범위는 서울시는 물론 주요 광역시, 그리고 지방의 주요 중소도시를 포함하고 있다.[4]

이 지수의 작성에는 지역별 주택유형별 주택재고의 구성비를 가중치로 사용하고 있으며 2003년 9월을 기준시점(=100)으로 작성되었다. 또한 조사결과의 신뢰성 제고를 위해 조사지역과 조사대상 표본크기를 지속적으로 증대하였다. 전국 144개 시·군·구의 주택을 모집단으로 통계 추출한 20,355개(아파트 16,530, 단독주택 2,208, 연립주택 1,617)를 조사 표본화하여 조사된 전국주택 가격동향조사의 결과를 2008년 12월 기준으로 하여 지역별 주택가격지수를 산출하여 발표하였다. 1986년 1월부터 시작된

2 황병희, 전세의 종언? – 주택시장 전망을 통해 본 주택임대차시장의 패러다임 변화,
   한국신용평가, 2013.10, http://www.kisrating.com/research/pfresearch.asp
3 김태수 외, 복지행정론(서울: 대영문화출판사, 2003), p.437.
4 박희석, 주택가격지수의 변화와 지역별 특성요인에 관한 연구, 한양대학교 도시대학원, 박사
   논문, 2011.8, p.34.

표 2-7-1 물가와 주택부문의 조사와 기술 내용

항 목	e-지방지표		본 저서의 내용	
	지 표	분석기간	지 표	분석기간
물가	− 소비자 물가상승률	2003−2013	− 물가의 동향 − 소비자물가상승률	1961−2013 2003−2013
주택 가격	− 주택가격상승률 − 건축착공면적 − 주택건설실적 − 토지거래면적 − 건축허가면적증감률 − 총주택수	2004−2013 2005−2013 2000−2013 2000−2013 2005−2013 2000−2010	− 주택가격상승률 − 건축착공면적 − 주택건설면적 − 토지거래허가면적 − 건축허가면적증감률 − 총 주택수 − 지역별 주택점유율	2004−2013 2005−2013 1975−2013 2000−2013 2005−2013 1975−2013 1975−2013

주택통계는 전국 37개 도시, 도시표본주택 2,498호를 표본 집단으로 하여 조사를 하였다. 그 후 점점 확대하여 현재는 주택은 전국 189개 시·군·구의 주택을 모집단으로 하여 통계 추출한 19,207개(아파트 14,334개, 단독주택 2,227개, 연립주택 2,646개)를 조사대상 표본지로 선정하여 조사한 전국주택가격동향조사의 결과로, 2012년 11월을 기준시점으로 하여 지역별 주택가격지수를 산출하고 있다. 조사기관도 2013년 1월 1일부터 국민은행에서 한국감정원으로 작성기관을 변경하였다.

본 분야의 조사 내용과 기술내용은 다음 〈표 2-7-1〉과 같다. 본 저서 내용이 e-지방지표와 다른 점은 물가동향은 1961년부터, 주택건설면적, 총 주택 수, 지역별 주택점유율은 1975년부터 분석기간을 두었다는 것이다.

제2절 | 물가

아이스크림은 500원, 미장원에서 커트하는 가격은 8천 원인 것처럼 시장에서 거래되는 모든 물건과 서비스에는 가격이 매겨져 있다. 그런데 시장에서 거래되는 여러 상품들의 가격은 같은 기간 중에도 오르고 내리는 방향이나 정도가 제각기 다르다. 이런 개별상품의 가격을 가지고서는 전반적인 상품가격의 변화를 판단하기 어렵다. 이에 따라 상품 하나하나의 가격보다는 모든 상품의 전반적인 가격수준이나 그 움직임

표 2-7-2 **물가 동향(1961-1971)**

연 도	1961	1962	1963	1964	1965	1966	1967	1968	1969	1970	1971
도매물가	35.1	38.4	46.3	62.3	68.5	74.6	79.4	85.8	91.6	100.0	108.6
서울소비자물가	30.9	32.9	39.7	51.4	58.4	65.4	72.5	80.6	88.7	100.0	112.3
GNP환가지수	25.1	28.6	36.8	48.6	52.6	52.6	68.5	76.6	86.7	100.0	111.5

자료: 한국은행, 국민소득연보, 1972.

을 알기 위해 만들어 낸 것이 물가이다. 즉, 물가란 여러 가지 상품들의 가격을 한데 묶어 이들의 종합적인 움직임을 알 수 있도록 한 것으로 여러 가지 상품들의 평균적인 가격수준을 나타낸다고 할 수 있다.

이런 물가의 움직임을 알기 위해 숫자로 표시한 것이 물가지수이다. 기준시점과 비교해 물가가 얼마나 올랐는지 또는 내렸는지를 나타내는 것이다. 물가지수는 여러 가지 상품들의 가격을 특수한 방식으로 평균하여 하나의 숫자로 나타낸 것으로서 그 변동을 쉽게 알기 위하여 어느 시점의 물가를 100으로 놓고 비교되는 다른 시점의 물가를 지수로 표시한다. 물가지수는 기준 연도의 물가수준을 100으로 하기 때문에 어떤 시점의 물가지수가 105라면 기준시점보다 물가가 5% 오른 것을 뜻한다.[5] 이러한 노력에도 불구하고 통계청이 지역별로 물가통계를 작성하여 기록·공표한 연도는 2003년 이후이기 때문에 2003년 이전의 지역별 물가통계에 대한 통계자료가 매우 희귀하다. 때문에 본 연구에서 제시한 2000년 이전의 자료는 전국의 물가 통계를 주로 사용하였다. 우선 1960년대와 1970년대 우리나라 물가를 보면 〈표 2-7-2〉와 같다. 1970년도를 기준으로 했을 때 1961년도의 도매물가는 35.1이다. 이후에 경제발전과 더불어서 도매 물가는 급속도로 상승하게 되어 1964년에는 62.3%, 1968년에는 85.8%, 1969년에는 91.6%까지 상승하였다. 소비자 물가는 서울소비자 물가를 기준으로 조사한 내용을 보면 도매물가 보다 약간 낮다.

2000년을 기준으로 1990년대와 2000년 초반의 물가상승률을 정리한 내용이 〈표 2-7-3〉이다. 이 표를 보면 우리나라 물가지수는 거의 오름세로 이어가고 있음을 확인할 수 있다. 1992년부터 2006년 약 15년간 생산자 물가는 전년 말과 비교해 보았을 때 2001년을 제외하고서는 계속 상승하고 있다. 소비자 물가는 이 기간 동안 한 번도 떨어져 본적이 없다. 또한 물가의 상승률이 생산자 물가나 소비자 물가나 상관없이 안정적이지 못하고 있다. 생산자 물가는 높게는 9.6%, 적게는 0.6%로 등락이 크게 나타

---

5 한국은행, 경제통계시스템, 통계용어, http://ecos.bok.or.kr/

표 2-7-3 **연도별 물가 상승률(1992-2006)** (2000=100, 상승률%)

구분	생산자물가			소비자물가		
	지수	동월비	전년말비	지수	동월비	전년말비
1992	76.2	2.1	1.6	70.8	6.2	4.5
1993	77.4	1.6	2.0	74.2	4.8	5.8
1994	79.5	2.7	3.9	78.8	6.3	5.6
1995	83.2	4.7	3.7	82.3	4.5	4.8
1996	85.9	3.2	3.7	86.4	4.9	4.9
1997	89.2	3.8	9.6	90.2	4.4	6.6
1998	100.1	12.2	3.6	97.0	7.5	4.0
1999	98.0	△2.1	0.9	97.8	0.8	1.4
2000	100.0	2.0	0.6	100.0	2.3	2.8
2001	99.5	△0.5	△2.5	104.1	4.1	3.2
2002	99.2	△0.3	2.3	106.9	2.7	3.7
2003	101.4	2.2	3.1	110.7	3.6	3.4
2004	107.6	6.1	5.3	114.7	3.6	3.0
2005	109.9	2.2	1.7	117.8	2.7	2.6
2006	112.4	2.3	2.2	102.2	2.2	2.1

출처: 한국은행, 경제통계시스템, 각 연도별.

나고 있다. 소비자 물가도 높게는 6.6%, 낮게는 1.4%로 역시 높낮이가 심하다. 경기가 불안하다는 증거이기도 하다.

상기 내용을 그래프로 나타낸 내용이 [그림 2-7-1]이다. [그림 2-7-1]에서 보면 생산자 물가와 소비자 물가가 거의 같은 맥락에서 가다가 2006년에 소비자 물가가 생산자 물가 밑으로 떨어진 것을 알 수 있다. 생산자 물가와 소비자 물가가 상관관계가 깊기 때문에 같은 선상으로 올라가는 것은 자연스럽다 하겠다. 앞에서도 설명했지만 이 [그림 2-7-2]를 보면 이 시기에 우리나라 물가가 얼마나 가파르게 오르고 있는지를 쉽게 이해할 수 있을 것이다.

1965~2013년도까지 물가를 전년도 기준으로 살펴보면 〈표 2-7-4〉이다. 표에서 보는 바와 같이 우리나라 소비자 물가는 1965년에서 1980년까지는 언제나 두 자리 수의 상승이 있었다. 심지어 1975년은 25.3%, 1980년은 28.7%로 최고의 인플레이션이 나타난 시기였다. 이 시기에는 갑자기 경제개발이 속도를 붙으면서 원자재를 비롯한

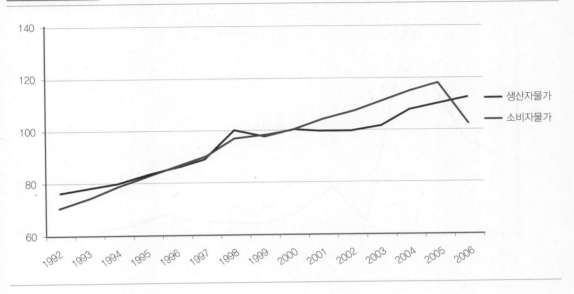

| 그림 2-7-1 | 연도별 물가지수 변화 추이 (1992-2006, 2000년=100) | (단위: %) |

생산자물가
소비자물가

표 2-7-4	연도별 소비자 물가등락률(전년비)											(단위: %)
구분	1965	1970	1975	1980	1985	1990	1995	2000	2005	2010	2011	2012	2013
전국	13.5	16.0	25.3	28.7	2.5	8.6	4.5	2.3	2.8	3.0	4.0	2.2	1.3

출처: 통계청, 국가통계포털, 국내통계, 주제별, 물가 · 가계, 물가, 소비자물가조사(2010=100).
참고: 향후 자료출처 각주에서는 통계청 출처에는 거의가 출처가 국가통계포털이기 때문에 제외할 것임.

임금 등 모든 부문이 상승하였기 때문에 이렇게 높은 물가상승이 일어났다. 그러나 1980년을 고비로 소비자 물가는 급속하게 떨어지고 안정화 단계에 와 있다고 평가받고 있다.

상기의 표를 그래프를 통해서 비교를 한 내용이 [그림 2-7-2]이다. 이 그림을 보면 1965년도부터 1980년도까지 소비자 물가는 거의 45도 상승하고 있다고 해도 과언이 아닐 정도로 상승폭이 높다. 박정희 정부 때 경제개발위주의 정책으로 인플레이션이 크게 증가하면서 물가는 상승일로에 있을 수밖에 없었다. 전두환 정부가 들어서면서 인플레이션과 물가 억제 위주의 정책이 시행되었다. 군부정권 특유의 밀어붙이기식 정책으로 인하여 물가는 일시에 잡혔다. 1980년도부터 1985년도까지 물가는 일직선으로 하강하였다. 1980년도 소비자 물가가 전년 대비 28.7%가 상승했는데 1985년도에는 2.5%로 줄어든 것은 군부 정권이 막무가내식 물가억제 정책이 있었기 때문에

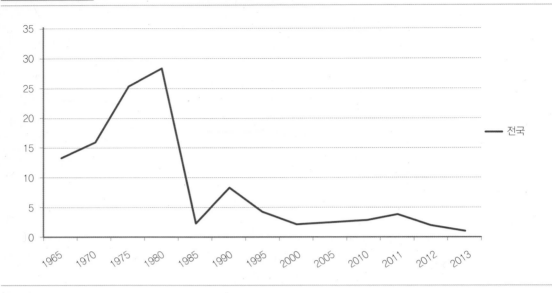

가능하였다. 그러나 이렇게 군부정권이 억지로 물가를 통제함에 따른 후유증들도 만만치 않게 나타났다. 1990년도에는 다시 물가가 8.6%를 상승하게 되고 부동산 가격이 폭등하는 등 물가를 위협하는 요소들이 줄곧 나타났다. 그러다가 2000년대 들어서면서 물가는 매우 안정적으로 유지되고 있다. 2000년에서 2013년 동안 물가는 2011년을 제외하고는 2%대 전후를 유지하고 있다.

지금까지는 물가를 전국 일괄적으로 보았다. 아직까지도 대부분의 주민들은 물가는 중앙정부의 소관으로 인식하고 있다. 즉, 물가는 오를 때도 전국으로 일제히 오르고, 내릴 때도 역시 전국이 일시적으로 같이 내린다는 생각을 가지고 있는 것이다. 물가가 지역별로 차이가 나지는 않을까? 전국의 평균에서 지역별로 편차가 클수록 지역 간에 물가차이는 커진다는 전제하에 다음 〈표 2-7-5〉를 가지고 살펴보고자 한다.

2003년도에 전국 평균 물가상승률은 3.5%였다. 이를 지역적으로 볼 때 가장 높은 지역은 서울이 3.8%이며, 가장 낮은 지역은 경북이 2.6%다. 격차가 1.2%차이다. 2005년을 기준으로 보면 평균물가 상승률은 2.8%인데 가장 높은 지역은 강원이 3.5%, 가장 낮은 지역은 제주와 인천이 2.5%다. 차이가 1%이다. 다시 5년 후인 2010년을 비교해 보면 평균은 3.0%인데 가장 높은 지역은 경남, 제주가 3.4%이며, 가장 낮은 지역은 서울로 2.8%다. 2012년도는 평균물가상승률이 2.2%인데, 가장 높은 지역은 서울이 2.5%이며, 낮은 곳은 제주가 1.2%다. 격차가 1.3%이다. 이를 보면 시간이 갈수록 물가

표 2-7-5 연도별 · 지역별 소비자 물가상승률(2003-2012) (단위: %)

시도별	2003	2004	2005	2006	2007	2008	2009	2010	2011	2012
전국	3.5	3.6	2.8	2.2	2.5	4.7	2.8	3.0	4.0	2.2
서울	3.8	3.9	2.6	2.1	2.6	4.2	2.9	2.8	3.8	2.5
부산	3.6	3.0	2.8	2.2	2.5	4.7	3.0	3.1	4.5	2.4
대구	3.3	2.9	2.6	2.3	2.4	4.8	2.4	2.8	4.2	2.4
인천	3.2	3.5	2.5	2.4	2.3	4.9	2.7	3.2	3.4	2.0
광주	3.3	4.2	3.0	2.2	2.6	4.7	2.5	2.9	4.1	1.7
대전	3.2	3.8	2.9	2.6	2.5	4.7	2.3	3.1	4.5	2.0
울산	3.4	3.8	3.1	2.7	2.8	5.2	2.3	3.2	4.0	2.1
경기	3.4	3.5	2.8	2.4	2.5	4.8	2.9	2.9	3.8	2.1
강원	3.4	3.8	3.5	2.3	2.3	5.3	1.9	3.0	4.3	2.0
충북	3.5	3.3	3.1	2.3	2.7	5.1	2.4	2.9	4.4	2.0
충남	3.7	3.9	3.2	2.6	2.5	4.9	2.7	3.0	4.1	2.4
전북	3.4	3.9	2.8	2.2	2.5	4.9	2.9	3.3	4.4	2.2
전남	3.1	3.5	2.6	2.1	2.5	4.8	2.8	3.3	4.5	2.0
경북	2.6	3.4	3.0	2.3	2.5	5.3	2.4	3.2	4.3	2.0
경남	3.6	3.2	2.6	2.0	2.4	5.1	2.9	3.4	4.2	1.9
제주	3.3	4.0	2.5	1.9	2.1	5.1	1.8	3.4	4.3	1.2

출처: 통계청, 지역통계, e-지방지표, 주제별, 물가 및 주택가격, 물가, 소비자물가 상승률.

상승률 편차는 지역별로 큰 차이가 나지 않는다. 따라서 지역 간에 물가차이는 기준을 어디에 두느냐에 따르지만 관점에 따라서 지역 간 차이가 의미있다고 할 수 있다. 이들 지역 간에 비교하기 위하여 다음 [그림 2-7-3]과 같은 그래프를 작성하였다. 지역 간에 큰 차이가 없음을 알 수 있다. 물가의 상승과 하락의 흐름이 16개 지역이 거의 동시에 움직이고 있음을 알 수 있다.

권역별로 비교한 [그림 2-7-4]를 보아도 지역별로 비교한 내용과 마찬가지로 거의 유사하게 물가상승률과 하락률이 함께 움직이고 있음을 알 수 있다. 2008년이 물가상승이 가장 높았는데 이때는 유가의 인상과 금융위기가 물가상승에 큰 영향을 미쳤다.

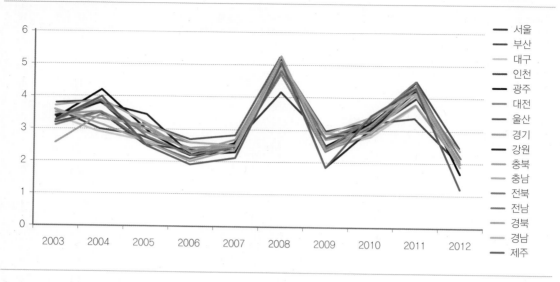

그림 2-7-3 지역별 소비자 물가상승률(2003-2012)　　　　　　　(단위: %)

서울 부산 대구 인천 광주 대전 울산 경기 강원 충북 충남 전북 전남 경북 경남 제주

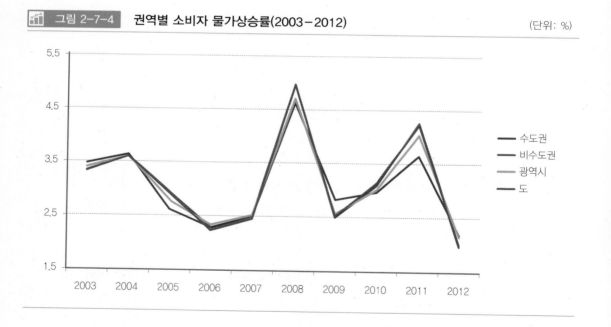

그림 2-7-4 권역별 소비자 물가상승률(2003-2012)　　　　　　　(단위: %)

수도권 비수도권 광역시 도

제3절 | 주택 가격

1. 주택가격 상승률

도시 주택가격관리 지수는 주로 정책집행의 참고자료로 활용하기 위하여 1980년대 중반부터 작성되기 시작하였다.[6] 2004년부터 2012년까지 주택가격의 동향을 지역별로 비교한 내용이 〈표 2-7-6〉이다. 표에 의하면 주택가격은 전국적으로는 2004년

표 2-7-6 **주택가격상승률** (단위: %)

시도별	2004	2005	2006	2007	2008	2009	2010	2011	2012	2013
전국	−2.46	3.78	11.61	5.80	5.83	1.51	1.49	6.08	−1.38	0.30
서울	−1.74	5.62	18.77	9.91	9.55	2.74	−1.14	0.77	−4.78	−1.41
부산	−4.31	−1.32	−0.94	0.41	3.37	4.05	10.66	15.87	−2.35	−0.20
대구	−2.13	7.12	2.25	−1.21	−2.23	−1.14	1.50	8.98	5.01	8.84
인천	−4.81	0.00	11.94	19.29	23.17	0.00	−1.77	−1.52	−4.33	−0.91
광주	1.74	4.22	3.29	0.37	1.34	−0.72	1.82	15.83	2.88	0.90
대전	0.25	1.48	−1.10	−1.35	1.50	4.55	7.76	12.34	−2.82	0.30
울산	1.82	5.37	16.82	6.34	0.62	2.84	3.00	12.47	3.42	0.20
경기	−4.01	5.61	24.52	8.53	5.34	0.19	−2.48	1.57	−4.05	−0.90
강원	2.93	3.09	1.44	−2.01	1.45	0.95	1.88	12.83	2.46	0.10
충북	0.83	5.64	3.26	0.13	1.51	0.99	5.28	13.54	2.98	1.40
충남	−0.94	3.43	0.00	0.57	1.59	0.11	0.56	7.68	4.03	2.58
전북	−0.83	1.96	3.71	0.79	6.83	3.08	6.80	11.73	−0.70	−1.11
전남	−2.97	−0.40	0.00	4.01	10.91	1.39	3.77	8.69	1.11	−1.10
경북	−2.70	3.62	4.89	2.33	−1.19	−0.44	−0.11	6.40	4.05	5.18
경남	−0.14	2.31	0.85	1.12	2.77	2.16	10.69	20.38	−1.19	0.70
제주	−17.5	−4.02	−1.76	−3.25	−0.93	2.46	4.69	5.24	3.63	0.30

출처: 통계청, 지역통계, e-지방지표, 주제별, 물가 및 주택가격, 주택가격, 주택가격상승률.

---

6 박희석, 주택가격지수의 변화와 지역별 특성요인에 관한 연구, 한양대학교 도시대학원, 박사논문, 2011.8. p.34.

도에 −2.46%로 크게 떨어진다. 이 해는 노무현 정부의 강력한 주택가격 억제 정책이 시작되었던 해이기도 하다. 그러나 이듬해인 2005년도에는 역으로 3.78%가 상승되고 2006년에는 11.61%로 폭등하였다. 이후에 2007년 5.8%, 2008년 5.83%로 고공행진을 하다가 2009년에는 1.5%로 내리기 시작하여 1%대를 2010년까지 유지한다. 그러나 2011년도에는 주택가격은 6.08%가 다시 상승하였다. 다시 2012년에는 −1.38%로 내려 왔다가 2013년에는 0.3%로 상승한다. 주택가격 변동이 심하게 요동치고 있음을 알 수 있다.

지역별로 보면 2004년에서부터 2009년까지는 서울의 주택가격이 전국에 절대적인 영향을 미치고 있음을 알 수 있다. 서울이 내리면 다른 지역도 내리고, 오르면 다른 지역도 오르는 현상이다. 그러나 최근에 들어서는 이전처럼 서울의 주택가격 상승이 타 지역의 주택가격을 결정하는 독립변수 역할을 하지 못하고 있다. 2010년, 2011년, 2012년, 2013년에 서울 주택가격은 각각 −1.14%, 0.77%, −4.78%, −1.41%이지만 부산은 10.66%, 15.87%, −2.35%, −0.20%로 전혀 다른 방향으로 움직이거나 덜 영향을 받고 있다. 대구는 이 기간에 1.5%, 8.98%, 5.01%, 8.84%로 서울과는 반대 방향으로 가고 있다. 2010년 이전에는 대구는 주택가격이 떨어진 반면, 서울은 가격이 상승하였고, 반대로 2010년부터 서울은 주택가격이 하락하는 반면, 대구는 가격상승을 이어가고 있다.

울산과 충북은 한 해도 주택가격이 하락 없이 계속 상승하고 있는 지역이다. 충

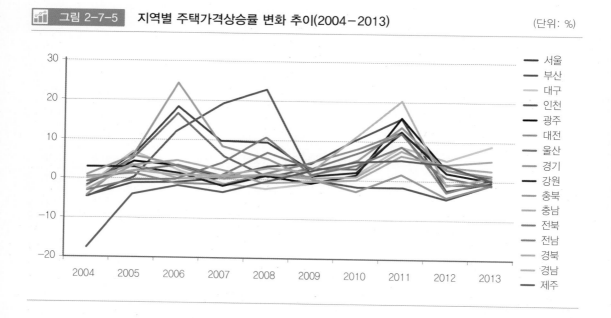

그림 2-7-5 **지역별 주택가격상승률 변화 추이(2004−2013)**　　　　　　(단위: %)

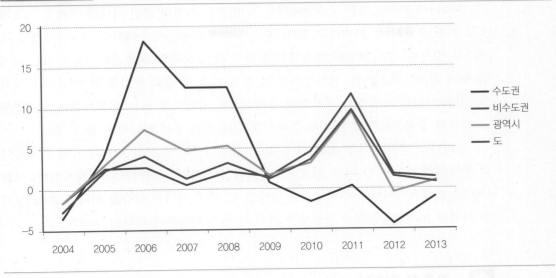

남도 역시 2004년만 빼고는 주택가격이 계속 상승하고 있는 지역이다. 제주는 2004년 부터 2008년까지는 계속 주택가격이 하락하다가 그 이후에는 계속 상승하고 있는 지역으로 분류가 된다. 최근에 중국관광객이 급증하고 전입인구가 늘어나면서 나타나는 현상이라고 할 수 있다. 상기의 내용을 그래프로 표현하면 [그림 2-7-5]이다.

주택가격의 추이를 수도권과 비수도권, 광역시권과 도 권역끼리 비교한 내용이 [그림 2-7-6]이다. 이 그림에 의하면 수도권의 주택가격이 요동을 치고 있다고 할 수 있다. 2004~2007년까지는 급히 상승하다가 이후에는 심한 하락으로 반전되고 있다. 반면 비수도권은 수도권이 상승할 때는 상승은 하지만 상승폭이 매우 적었고, 수도권이 하락할 때는 거꾸로 상승하고 있다. 광역시 권역과 도 권역을 비교해 보면 광역시와 도는 거의 같은 방향으로 가고 있다. 다만 2004~2008년 사이에 상승할 때는 광역시가 상승폭이 컸지만 2009년부터 2010년 사이에 급상승할 때는 거의 비슷하게 상승하고 있으며, 최근에 하락하는 폭도 거의 비슷하다.

우리나라 주택가격의 유형별 차이는 아파트, 단독주택, 연립주택에 있어서 크지 않은 것으로 나타났다. 이는 현재 아파트 중심의 주택정책이 큰 무리 없이 전체적인 주택시장을 컨트롤 할 수 있다는 것을 보여 주고 있다. 그러나 지역을 기준으로 보면, 주택가격은 2000년 이후로 지역에 따라 큰 차이를 나타내고 있는데 이것은 각 지역별로 독립된 하위시장이 존재한다는 것을 보여 준다. 이를 통해 현재 중앙정부 중심의 전체적인 주택정책보다는 각각의 지역별 하위시장에 맞는 주택정책이 필요함을 알 수 있다.

우리나라 주택시장은 국가경제에서 큰 비중을 차지할 뿐만 아니라 주택은 가계에서도 가장 큰 재산을 차지하고 있다. 따라서 주택정책은 정부에서도 주요정책으로 추진하고 있으며, 주택시장의 안정화를 위하여 많은 노력을 하고 있는 실정이다. 하지만 주택시장은 구조변화, 거시경제변수, 정책 변수, 시장의 불안정 등 복합성을 가지고 있다. 이러한 복잡성을 무시하여 주택시장을 단일시장 또는 단순시장으로 규명하고 정부의 정책을 입안하는 것이 주택정책 실패 원인 중에 하나라고 할 수 있다.[7]

우리나라 주택시장은 1980년대 고도 경제성장과 도시화를 이루면서 도시지역의 주택가격은 1986년 이후 월평균 0.31%씩 증가하며 지속적으로 상승하였다. 이후 1997년 외환위기시에는 주택가격은 급락을 한 뒤에 서서히 상승을 하다가 2001년 이후 연평균 10.7%의 급격한 상승세를 보인 뒤 현재 안정화를 이루는 추세다.

2. 건축착공면적

건축착공면적은 지역건설경기와 일반경기를 예측하는데 좋은 지표가 된다고 볼수 있다. 2005년도부터 지역별로 건축착공면적에 대한 내용이 〈표 2-7-7〉이다. 표를 보면, 건축착공면적은 일정하지 않고 매우 변동이 심한 편이다. 2005년도와 2006년의 건축착공면적은 84,187천㎡, 84,870천㎡을 보이다가 2007년에는 96,659천㎡로 전년대비 약 12,000천㎡ 증가하였다. 그러나 다시 이듬해인 2008년에는 75,194천㎡, 2009년에는 71,251천㎡으로 대폭 감소한다. 그러다가 다시 상승을 하기 시작하여 2013년에는 104,297천㎡으로 확대된다.

이를 다시 지역별로 보기 위하여 상기의 표를 점유율로 재작성하였다. 이에 대한 내용이 〈표 2-7-8〉이다. 서울은 2005년도에 14%의 점유율을 보인 이후에 2008년도에만 다시 한 번 14%를 점유했을 뿐 계속 내리막길이라고 할 수 있다. 서울의 건축착공면적의 점유율은 이 기간에 최하는 8%까지 하강했으며, 2013년에는 9%의 점유율을 겨우 유지할 정도로 하락하고 있다. 부산은 3~5%사이를, 대구, 인천은 2~5%, 광주는 2~3%사이에 점유율을 보이고 있다. 그러나 인구수가 적은 울산은 건축착공면적의 점유율은 2~4% 사이다.

경기도는 건축착공면적이 가장 높은 곳이다. 표에서 보는 바와 같이 최고는 33%

---

7 한기호, 지역별 주택가격 변동에 관한 연구, 한양대학교 도시대학원, 박사학위 논문, 2010.8, pp.1-2.

표 2-7-7 **건축착공면적(2005–2013)**　　　　　　　　　　　　　　　　　　(단위: 1000㎡)

시도별	2005	2006	2007	2008	2009	2010	2011	2012	2013
전국	84,187	84,870	96,659	75,194	71,251	83,914	98,850	99,629	104,297
서울	11,819	7,357	10,810	10,236	5,954	9,678	10,248	9,944	9,414
부산	4,273	4,200	3,362	2,113	3,552	2,817	5,174	4,774	4,108
대구	2,265	3,497	3,422	1,990	1,640	1,691	3,082	3,321	5,381
인천	4,512	3,609	4,673	3,689	2,697	4,557	3,042	2,600	3,291
광주	2,760	2,243	2,388	1,472	1,658	1,597	2,440	2,981	2,489
대전	2,382	1,649	1,629	2,147	1,734	1,738	3,849	1,526	1,647
울산	2,398	1,805	3,553	1,972	1,328	1,989	2,794	3,066	2,552
세종	–	–	–	–	–	–	–	1,433	3,370
경기	22,012	26,303	29,867	21,924	23,328	22,225	22,259	24,083	27,278
강원	3,737	3,453	4,766	2,561	2,559	3,288	3,309	3,266	3,423
충북	4,061	4,383	3,551	3,198	3,401	4,206	4,626	4,920	7,140
충남	6,022	6,055	6,885	5,302	5,302	6,323	8,897	7,979	7,897
전북	2,466	3,238	3,430	3,216	3,678	4,787	5,468	5,821	4,370
전남	2,678	3,910	3,688	3,064	3,615	4,787	5,723	4,889	4,432
경북	6,137	6,204	6,143	5,342	4,823	6,926	6,968	7,156	7,827
경남	5,683	6,173	7,608	6,231	4,882	6,111	9,218	9,939	7,779
제주	982	791	883	736	1,099	1,197	1,751	1,930	1,898

출처: 통계청, 지역통계, e-지방지표, 주제별, 물가 및 주택가격, 주택착공면적.

에서 최하는 23%를 차지하고 있다. 서울의 약 3배 이상의 건축착공면적을 보이고 있다. 강원은 건축착공면적이 떨어지는 경향을 보이고 있지만, 다른 지역은 대체로 높거나 현상 유지하는 곳이 많다. 세종시는 2013년도에 건축착공면적이 3%로 높다. 이는 제주, 대전, 광주, 울산보다 높은 수준인데 신도시와 정부청사 신축의 영향 때문이라고 할 수 있다.

　지역별 건축착공면적의 변화추이를 그래프로 나타낸 것이 [그림 2-7-7]이다. 이 그림을 보면, 경기도가 다른 지역의 추종을 불허할 정도로 높은 점유율을 점하고 있다. 때로는 우리나라 건축착공면적의 1/3인 33%를 점유할 정도로 높다. 경기는 2007년도를 최고점으로 한 후에 떨어졌지만 최근에 다시 상승세를 타고 있다. 서울은 굴곡이 매우 심한 형태를 보이고 있다. 나머지 지역의 경우 전체 흐름의 방향은 크게 다

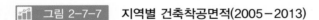 표 2-7-8　건축착공면적 지역별 점유률(2005-2013)　(단위: %)

구분	2005	2006	2007	2008	2009	2010	2011	2012	2013
서울	14	9	11	14	8	12	10	10	9
부산	5	5	3	3	5	3	5	5	4
대구	3	4	4	3	2	2	3	3	5
인천	5	4	5	5	4	5	3	3	3
광주	3	3	2	2	2	2	2	3	2
대전	3	2	2	3	2	2	4	2	2
울산	3	2	4	3	2	2	3	3	2
세종	–	–	–	–	–	–	–	1	3
경기	26	31	31	29	33	26	23	24	26
강원	4	4	5	3	4	4	3	3	3
충북	5	5	4	4	5	5	5	5	7
충남	7	7	7	7	7	8	9	8	8
전북	3	4	4	4	5	6	6	6	4
전남	3	5	4	4	5	6	6	5	4
경북	7	7	6	7	7	8	7	7	8
경남	7	7	8	8	7	7	9	10	7
제주	1	1	1	1	2	1	2	2	2

그림 2-7-7　지역별 건축착공면적(2005-2013)　(단위: km²)

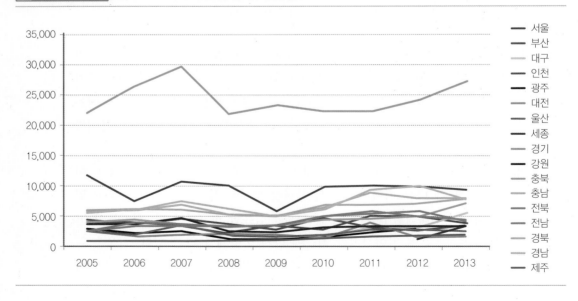

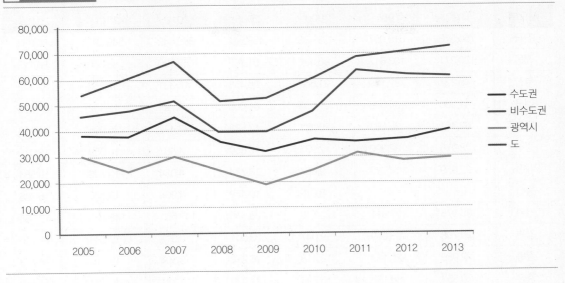

| 📊 그림 2-7-8 | 권역별 건축착공면적 변화추이(2005-2013) | (단위: km²) |

르지 않지만 내부적인 부침은 많은 편이다. 부산이 3~5%, 대구는 2~5%, 인천 3~5%, 대전 2~3%, 광주 2~3%, 울산 2~4% 사이에서 변동되고 있다. 도 지역을 보면, 경기 23~33%, 강원 3~5%, 충북 4~7%, 충남 7~9%, 전북 3~6%, 전남 3~6%, 경북 6~8%, 경남 7~10%, 제주 1~2%, 세종 1~3% 사이에서 변동을 하고 있다.

　권역별로 건축착공면적을 비교한 내용이 [그림 2-7-8]이다. 이 그림을 보면 제일 상위에 도 권역이 점하고 있고, 다음이 비수도권이다. 특히 2010년도 이후의 상황을 보면 도와 비수도권역은 상승세로 가고 있지만 광역시들은 하강 추세에 있다. 수도권이 그래도 현재 높이를 점하는 것은 경기의 점유율이 크기 때문이다. 이를 종합하면, 건축착공면적은 이제 도 권역이나 비수도권을 중심으로 활발하게 이루어지고 있다. 수도권이나 광역시는 하향 추세인데 이는 기존의 건축물이 많거나 아니면 가격 면에서 수요자에게 매력적인 점을 보여주지 못하고 있기 때문이라 사료된다.

3. 주택건설실적

　1990년에서 2012년도까지 지역별 주택건설실적 내용이 〈표 2-7-9〉이다. 주택건설실적을 보면 1990년도가 단연 최고다. 이 해에는 주택을 750,378호를 건설하였는데 이후 20년 동안 이 숫자를 초과한 해는 없다. 그만큼 1990년에는 주택경기가 좋았다

표 2-7-9 **지역별 주택건설실적(1990－2012)** (단위: 호)

시도별	1990	1995	2000	2005	2010	2011	2012
전국	750,378	619,057	433,488	463,641	386,542	549,594	586,884
서울	120,371	103,617	96,936	51,797	69,190	88,060	86,123
부산	49,237	32,190	21,603	25,458	18,331	37,256	32,132
대구	41,566	36,998	21,033	41,600	4,724	12,462	151,035
인천	62,451	36,683	20,471	17,588	37,477	35,905	42,333
광주	28,976	32,390	7,935	16,850	4,487	16,059	13,012
대전	22,959	14,712	9,604	13,724	4,034	19,736	19,584
울산	－	－	8,670	10,479	4,904	13,146	6,708
경기	195,975	127,811	123,578	128,516	143,551	148,191	17,588
강원	20,708	33,659	9,047	23,691	9,312	12,989	12,156
충북	22,989	25,184	12,418	16,252	8,504	18,010	24,773
충남	20,553	36,139	15,294	21,326	15,331	46,794	44,450
전북	22,901	27,598	11,535	21,752	12,299	16,117	24,288
전남	31,841	16,271	15,347	8,369	17,599	15,576	22,222
경북	36,083	31,401	22,996	20,393	13,684	16,936	25,713
경남	67,799	58,338	29,923	42,685	18,234	39,339	44,760
제주	5,969	6,066	7,098	3,161	4,881	13,018	10,256

출처: 국토해양부, 2012.

는 의미가 된다. 이후 계속 내리막길을 타기 시작한다. 2010년에는 386,542호만이 건설되는 최악의 건설경기를 맞이하게 된다. 2010년의 실적은 1990년도의 51.5%에 불과하다. 주택건설은 2010년도를 최저점으로 하여 회복되기 시작하여 최근 2012년도에는 586,884호가 건설되어 회복기에 와 있다. 그렇지만 이는 최고 호황기인 1990년도의 78.2%에 불과하다.

주택건설실적의 20년간 지역별 점유율을 보면 〈표 2-7-10〉과 같다. 표에서 보는 바와 같이 서울은 1990년도 최고 주택경기가 좋을 때는 16.0%였고, 가장 최고치는 2000년에 22.4%이다. 2005년에는 11.2%까지 내려갔다. 최하인 해다. 이후 약간씩 회복하여 2012년도에는 14.7%의 점유율을 보이고 있어 서울의 주택경기가 그렇게 좋지 않다는 것을 알 수 있다.

주택건설실적을 주도하는 지역은 경기도가 가장 선두에 서 있다. 경기도는 1990년 26.1%를 시작으로 20%대를 계속 유지하다가 2010년에는 무려 37.1%, 이듬해인

표 2-7-10 **지역별 주택건설실적의 점유율(1990-2012)** (단위: %)

구분	1990	1995	2000	2005	2010	2011	2012
서울	16.0	16.7	22.4	11.2	17.9	16.0	14.7
부산	6.6	5.2	5.0	5.5	4.7	6.8	5.5
대구	5.5	6.0	4.9	9.0	1.2	2.3	25.7
인천	8.3	5.9	4.7	3.8	9.7	6.5	7.2
광주	3.9	5.2	1.8	3.6	1.2	2.9	2.2
대전	3.1	2.4	2.2	3.0	1.0	3.6	3.3
울산	–	–	2.0	2.3	1.3	2.4	1.1
경기	26.1	20.6	28.5	27.7	37.1	27.0	3.0
강원	2.8	5.4	2.1	5.1	2.4	2.4	2.1
충북	3.1	4.1	2.9	3.5	2.2	3.3	4.2
충남	2.7	5.8	3.5	4.6	4.0	8.5	7.6
전북	3.1	4.5	2.7	4.7	3.2	2.9	4.1
전남	4.2	2.6	3.5	1.8	4.6	2.8	3.8
경북	4.8	5.1	5.3	4.4	3.5	3.1	4.4
경남	9.0	9.4	6.9	9.2	4.7	7.2	7.6
제주	0.8	1.0	1.6	0.7	1.3	2.4	1.7

2011년도에는 27.0%를 점하여 우리나라 주택건설을 주도했다고 할 수 있다. 그러나 경기도는 이처럼 과도한 주택을 양산하게 되어 팔리지 않은 주택이 쌓여갈 수밖에 없었다. 이 증거가 2012년에 경기도의 주택건설 실적이 급락하여 단 3.0%의 점유율 밖에 보이지 않은 것이라고 할 수 있다. 부산은 5~6%선에서 꾸준하게 주택건설이 이루어지고 있지만, 대구는 높낮이가 매우 심하게 나타나고 있다. 대구의 주택건설실적은 1990년도에는 5.5%를 보이다가 2005년도에는 9%까지 도달했다. 그러다가 2010년에는 1.2%를 보이다가 2012년에는 25.7%로 전국 최고의 점유율을 보이고 있다. 이와 같은 급상승은 대구의 주택건설 부진이 오랫동안 지속되었다가 미분양 주택을 소진하면서 한꺼번에 수요가 폭발하였기 때문이다. 나머지 지역은 평균에서 크게 차이가 없게 나타나지만 최근 제주에서 계속해서 주택경기가 상승되고 있는 조짐을 보이고 있다. 제주는 2010년부터 지역규모에 비해 높은 1.3%, 2.4%, 1.7%의 점유율을 보이고 있다.

이를 지역별로 나타낸 내용이 [그림 2-7-9]이다. 이 그림을 보면 그래프가 요동을 치는 것을 알 수 있다. 아무런 규칙성이 없다고 해도 과언이 아니다. 경기도는 2010년

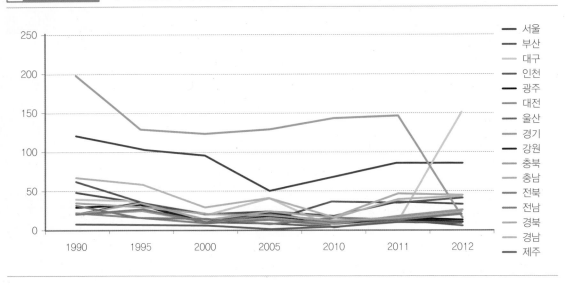

📊 **그림 2-7-9** 주택건설실적의 연도별·지역별 비율(1990-2012)　　　　(단위: 천 호)

도에 최고치를 달리다가 2012년까지는 최하위 실적을 올린다. 서울은 2000년과 2010년도에 높은 주택건설실적을 보이다가 이후에 급락하고 있다. 이렇게 그래프가 요동을 치는 것은 지역마다 주택건설실적이 크게 차이가 나고 있다는 의미다. 대구가 2012년에는 가장 높은 주택건설실적을 보이고 있다.

📊 **그림 2-7-10** 권역별 주택건설실적 변화 추이(1990-2012)　　　　(단위: 천 호)

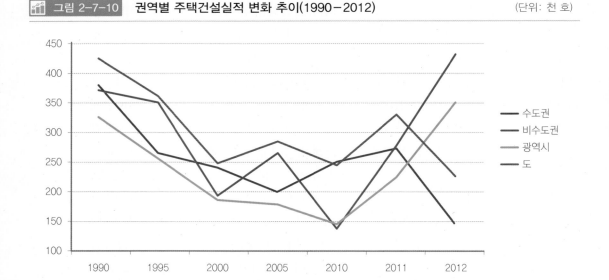

권역별로 비교를 한 내용이 [그림 2-7-10]이다. 그림에서 보는 바와 같이 모든 그래프들이 높낮이가 매우 심하게 변동하고 있다. 수도권은 1990년도부터 2005년까지 계속 떨어지다가 2010년과 2011년도에 회복세를 보이고 있다. 그러다가 다시 2012년에 급감하고 있다. 반면에 비수도권은 수도권과 같이 2010년까지는 내리막길을 걷다가 2011년부터 급하게 상승되고 있다. 수도권 지역의 주택난과 고비용으로 인하여 비수도권으로 주거지가 확산되는 경향을 말해주고 있다.

광역시 권역과 도 권역을 비교하면 광역시들은 계속 내리막을 걷다가 2010년부터는 다시 상승선을 타고 있다. 반면에 도 권역은 2011년에 상승을 하다가 다시 내리막을 걷고 있는 모습을 볼 수 있다. 도 권역의 점유율이 이렇게 요동치는 것도 경기도의 높은 상승과 급락에 의해서 크게 영향을 받고 있기 때문이다.

4. 토지거래실적

토지거래실적도 경기를 예측하는 중요한 지표이다. 2000년 이후 우리나라 지역별 토지거래실적을 나타낸 내용이 〈표 2-7-11〉이다. 2000년도 우리나라 토지거래면적은 2,121.6km²(2121.6백만m²)이다. 토지거래 면적은 2001년에는 전년도 보다 하락하다가 다시 상승하여 2005년에는 3,805.5km²으로 늘어난다. 서울시 면적이 606km², 제주도 면적이 1,848.5km²을 고려할 때 서울 면적의 6배 이상, 제주도 면적의 2배 이상이 거래되는 셈이다. 또한 이 면적은 남한 면적이 9만 9,373km²의 2.61%에 해당하는 면적이 거래된 것이다. 2005년도의 토지거래가 얼마나 활발하게 이루어지고 있는지를 짐작할 수 있다. 이후에 토지거래면적은 2010년부터 1,972.2km²로 감소하기 시작하여 2013년에는 1,816.7km²가 거래되고 있다. 이 면적도 한반도의 1.83%에 해당하는 큰 면적이다.

지역별로 살펴보면, 서울은 2000년에 29.1km²이었는데, 2006년에는 52.8km²까지 상승하다가 계속 내리막길을 걸어 2013년 현재는 16.2km²가 거래되었다. 부산은 최고인 해는 2005년으로서 445km²의 거래가 이루어졌다. 부산도 이후에 계속 감소하기 시작하여 2013년에는 23.5km²가 거래되었다. 대전과 광주는 그렇게 큰 변동이 없었지만 울산은 여전히 토지거래가 활발하게 이루어지고 있는 지역이다. 울산은 2000년에는 29.9km²가 거래되었는데 이후 계속 상승하여 2005년에는 79.8km²가 이루어졌고, 2013년에는 27.9km²가 거래되었다. 도 권역으로 가보면 광역시 권역보다 훨씬 활발하게 토지거래가 이루어지고 있음을 알 수 있다. 경기는 2004년에는 599.1km²의 토지거래가 이루어졌는데 이 면적은 서울의 면적 605.5km²의 98.9%이다. 경기는 2013년 현재도

표 2-7-11 토지거래면적(2000-2013)

구분	2000	2001	2002	2003	2004	2005	2006	2007	2008	2009	2010	2011	2012	2013
전국	2121.6	2106.1	2579.1	2857.0	3382.6	3805.5	3278.6	2565.9	2312.3	2259.5	1972.2	1970.5	1827.7	1826.7
서울	20.9	28.9	43.4	37.0	26.6	29.1	52.8	30.3	21.5	17.8	13.8	12.5	14.9	16.2
부산	34.9	31.2	40.2	47.0	42.5	44.5	39.9	28.6	29.3	19.6	17.6	23.1	22.7	23.5
대구	18.2	17.7	23.7	27.8	29.4	35.6	29.5	25.5	28.8	17.1	18.0	18.7	22.0	19.4
인천	33.5	36.8	56.3	51.0	64.8	44.1	74.5	49.0	35.4	38.4	38.5	26.4	21.1	23.6
광주	11.6	12.0	16.5	16.9	18.2	23.0	21.8	13.4	11.1	14.5	11.5	14.0	13.2	14.4
대전	10.9	14.6	16.1	20.5	17.7	25.7	19.6	13.2	12.8	10.6	13.2	11.9	8.9	10.2
울산	29.9	28.5	49.7	54.7	74.6	79.8	45.0	37.2	31.5	25.7	29.1	26.3	35.1	27.9
세종	0.0	0.0	0.0	0.0	0.0	0.0	0.0	0.0	0.0	0.0	0.0	0.0	9.8	14.6
경기	377.0	329.4	557.8	526.5	599.1	514.8	540.0	376.8	330.1	300.0	238.8	243.6	212.1	217.9
강원	251.1	258.9	282.2	312.8	384.9	517.6	406.7	294.2	255.4	250.3	209.8	220.3	172.1	161.2
충북	126.4	134.2	161.9	165.7	225.9	276.0	217.1	181.7	162.9	209.4	158.9	152.3	145.4	143.2
충남	218.3	327.3	242.8	385.9	557.0	357.5	350.8	205.4	189.8	248.3	206.0	180.3	167.8	172.6
전북	141.0	129.9	152.9	172.3	186.2	239.7	209.7	214.6	204.5	173.6	163.7	165.5	156.7	157.4
전남	261.0	223.1	243.9	268.0	308.0	382.0	329.0	282.1	259.6	261.4	240.7	254.4	237.3	231.4
경북	329.5	295.5	336.4	390.9	429.9	662.8	525.7	452.8	426.7	377.7	344.6	343.3	327.3	328.9
경남	204.7	190.0	239.8	291.0	332.7	473.3	369.3	303.6	268.7	255.1	226.0	235.6	221.1	210.7
제주	52.6	48.2	115.4	89.0	85.1	100.0	47.2	57.3	44.1	40.0	41.7	42.3	40.2	53.7

출처: 국토교통부, 온나라부동산종합포털.

주: 2006년부터 '신탁/신탁해지'를 제외한 토지거래량을 기준으로 작성됨(통계변경, 2012.1.20.).

217.9km²가 거래되고 있어 여전히 토지거래가 활발하게 이루어지고 있는 지역이다. 강원도도 토지거래가 다른 지역에 비해 활발하게 거래되고 있는 지역이다. 2005년도에는 517.6km²가 거래되었고, 2013년도에는 161.2km²가 거래되었다. 2005년도에는 도 권역이 토지거래가 가장 활발하게 이루어졌다. 대표적인 지역만을 말하면, 2005년도에 전남은 382.0km², 경북이 662.8km², 경남이 473.3km²의 거래가 이루어졌다. 2005년도에는 전국의 토지투자 광풍이 세차게 불었다고 해도 과언이 아님을 알 수 있다.

이를 지역별로 그래프를 그리면 [그림 2-7-11]과 같다. 다음의 그림을 보며 일정한 방향이 없다 할 정도로 불규칙함을 알 수 있다. 다만 도 지역이 상위에서 움직이고 있으며, 광역시는 거의가 100.000천㎡(100.0km²)이하에서 거래가 이루어지고 있음을 알 수 있다. 이러한 이유는 광역시는 도 지역보다 면적이 절대 부족할 뿐만 아니라 단위

그림 2-7-11 지역별 토지거래면적(2000-2013)　　　　　　　　　　　(단위: km²)

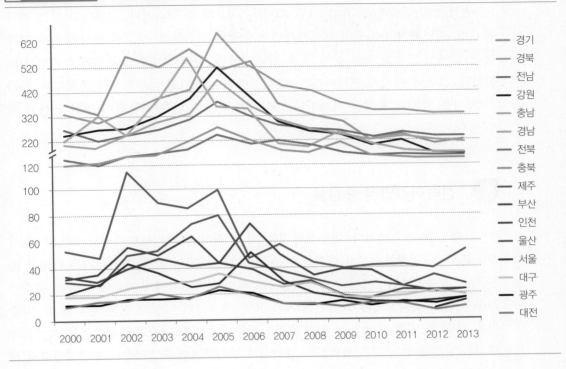

그림 2-7-12 권역별 토지거래면적 변화추이(2000-2013)　　　　　　(단위: km²)

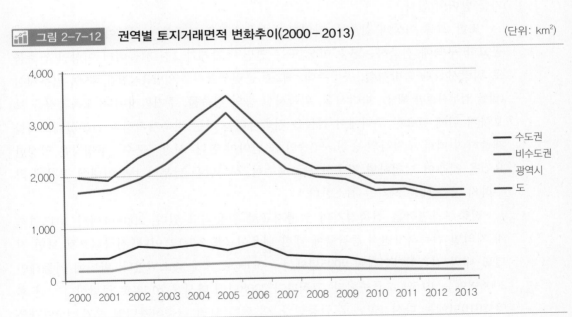

당 가격도 도 지역보다 훨씬 비싸기 때문이라고 생각된다.

　　권역별로 토지거래면적을 그린 그래프가 [그림 2-7-12]이다. 그림에서 보는 바와 같이 도 권역과 비수도권의 토지거래면적이 광역시 권역과 수도권 권역에 비해 크게 높다. 앞에서 기술한 바와 같이 면적, 가격에서 도 권역과 비수도 권역이 유리하기 때문이다. 그러나 이것은 면적이라는 양적인 측면만을 기준으로 작성한 통계이다. 따라서 가격을 가지고 통계를 작성한다면 이와는 반대도 나올 가능성이 또한 높다고 할 수 있다.

5. 건축허가면적 증감률

　　건축물을 건축하거나 대수선하려는 자가 허가권자인 특별자치도지사 또는 시장·군수·구청장으로부터 허가를 받는 것을 건축허가라 한다. 건축허가를 받고자 하는 자는 건축허가신청서에 관계서류를 첨부하여 허가권자에게 제출해야 하며, 층수가 21층 이상의 건축물이나 연면적 합계가 10만 제곱미터 이상인 건축(공장, 창고), 다중이용 건축 중 16층 이상 또는 연면적 3만 제곱미터 이상 다중이용 건축물로 지방건축위원회 심의를 받은 것은 특별시나 광역시에 건축하려면 특별시장이나 광역시장의 허가를 받아야 한다.

　　또한 21층 이상의 건축물, 자연환경이나 수질을 보호하기 위하여 도지사가 지정, 공고한 구역에 건축하는 3층 이상 또는 연면적 합계가 1천 제곱미터 이상인 건축물로 위락시설과 숙박시설, 공동주택, 제2종 근린생활시설(일반음식점만 해당), 업무시설(일반 업무시설만 해당), 숙박시설, 위락시설 등의 건축물, 주거환경이나 교육환경을 보호하기 위해 필요한 구역에서 건물을 건축하려는 자는 건축계획서와 기본설계도서를 제출하여 미리 도지사의 승인(사전승인)을 받아야 한다. 시장·군수·구청장은 일정한 요건을 갖추어 신청하면 건축허가를 해주며, 허가받은 날부터 1년 이내에 공사에 착수하지 않을 때는 허가를 취소한다.[8]

　　건축허가면적은 건축경기의 선행지표로 활용되고 있다. 2005년에서 2013년까지 지역별 건축허가면적 증감률에 대한 내용이 〈표 2-7-12〉이다. 전국적으로 보면 전년도 대비 건축허가면적이 2005년에는 −5.1%로 크게 축소되었다. 반면에 이듬해인 2006년에는 19.5%로 급증한다. 그러다가 2008년에 다시 −20.1%로 급락한다. 2년 후인 2010년에는 다시 19.3%로 급등한다. 이 표를 보면 건축허가면적 증가는 2년간은

---

8 [네이버 지식백과] 건축허가(부동산용어사전, 2011.5.24, 부동산 전문출판 부연사).

상승하면, 다시 2년간은 급락, 다시 2년 후에는 급등이라는 규칙적인 움직임을 보이고 있다. 대전을 보면 이 의미를 명확하게 알 수 있다. 대전은 2009년도 건축허가면적 증가율은 −64.1%로 급락한다. 그러나 2010년에는 17.9%로 증가하고, 2011년에는 우리나라 지역 중 가장 큰 폭인 178.1%가 증가된다. 그러나 다음해인 2012년에는 −65.4%로 급락한다. 이렇게 급락과 급등을 심하게 하는 경우는 경쟁적인 면도 있지만 차년도 건축허가가 까다롭게 변하거나 주차장 면적 등 추가로 요구하는 사항이 많을 경우에 미리 건축허가를 받으려고 노력하기 때문에 이렇게 건축면적 증가율이 큰 변동 폭을 보이는 경우가 많다.

이를 지역으로 보면, 2005년도에 전국 건축허가면적 증가율은 전국 평균은 −5.1%이다. 서울은 −19.3%로 전국 평균보다 더 크게 후퇴하고 있다. 그러나 부산은 13.8%, 대구 52.35%, 전북 26.85%, 경남 33.2%로 전년 대비 크게 증가하고 있다. 이외 지역은

표 2-7-12 **지역별 건축허가면적증가율(2005−2013)**   (단위: %)

시도별	2005	2006	2007	2008	2009	2010	2011	2012	2013
전국	−5.1	19.5	13.3	−20.1	−12.9	19.3	9.9	−0.5	−7.3
서울	−19.3	31.0	38.2	−18.5	−42.2	95.6	4.7	−12.1	4.4
부산	13.8	65.6	−29.7	−45.9	−15.1	50.1	46.5	4.3	−13.6
대구	52.3	−17.4	−22.0	−44.2	−14.3	10.4	37.5	−5.6	40.5
인천	−39.2	11.5	72.9	−32.6	1.0	18.2	8.9	−11.2	−16.6
광주	8.6	42.9	−5.5	−44.0	−2.6	53.7	3.3	14.0	−25.3
대전	−8.5	13.4	31.1	17.8	−64.1	17.9	178.1	−65.4	−10.5
울산	−7.2	66.2	79.6	−36.4	−31.1	3.1	49.3	−20.9	−9.5
세종	−	−	−	−	−	−	−	−	5.3
경기	−12.6	16.2	23.9	−20.7	4.4	3.5	−20.9	15.0	−14.6
강원	5.4	8.0	−7.9	−14.3	4.5	5.9	−7.0	−11.0	−2.2
충북	0.7	−0.5	10.1	−14.7	−2.9	−3.7	9.2	27.9	24.4
충남	−24.2	18.4	15.0	−14.2	−15.6	2.2	35.6	−1.8	−11.4
전북	26.8	13.3	23.7	−17.4	6.5	26.2	9.6	2.0	−25.9
전남	−25.1	73.9	−3.4	−10.6	5.0	39.5	0.6	−4.1	−10.6
경북	3.0	22.7	−0.9	−11.5	−13.7	24.8	9.3	−12.5	7.7
경남	33.2	17.6	−6.9	−6.7	−31.9	12.8	74.0	−6.7	−18.6
제주	−11.8	16.8	−1.0	30.7	−8.2	15.4	46.4	0.1	−9.6

출처: 국토교통부 건축정책관 녹색건축과, 2014.

서울과 함께 마이너스 지역이다. 이 중에 인천은 -39.2%로 건축경기가 크게 후퇴하고 있다.

2006년의 전국 건축허가면적 증가율 평균은 19.5%이다. 서울은 31.0%로 크게 증가하였다. 부산은 연이어 증가를 계속하고 있는데 이 시기에 65.6% 증가율을 보여 73.9%인 전남, 66.2%인 울산에 이어 3위를 차지하고 있다. 대구와 충북은 마이너스 성장을 하고 있다.

2008년에 전국 평균은 -20.1%로 마이너스 성장을 하고 있다. 이 때 서울은 -18.5%였으며, 부산도 -45.9%로 연속 2년 성장에 대한 반발로 마이너스 성장을 하고 있는 것이다. 대구 -44.2%, 광주 -44.0%, 울산 -36.4%로 곤두박질하고 있다. 플러스 성장하는 곳은 대전, 제주뿐이다. 제주는 연속 마이너스만 하다가 2008년에 30.7% 플러스 성장을 하고 있다.

2010년에는 전국 평균이 19.3%였는데 서울은 무려 95.6%가 증가한다. 부산 50.1%, 광주 55.7%, 전남 39.5%로 대표적인 급등지역이다. 2010년에 마이너스 성장하는 곳은 충북이 유일하다.

2013년의 전국 평균은 -7.3%이다. 그럼에도 불구하고 대구는 40.5%로 크게 성장을 하고 있으며, 충북은 24.4%로 건축허가면적 증가율이 높아졌다. 오랜만에 플러스 증가다. 이 시기에 한 자리 숫자이나마 플러스 증가하는 지역은 대구, 충북 이외에 서

그림 2-7-13　지역별 건축허가면적증가율(2005-2013)　　(단위: %)

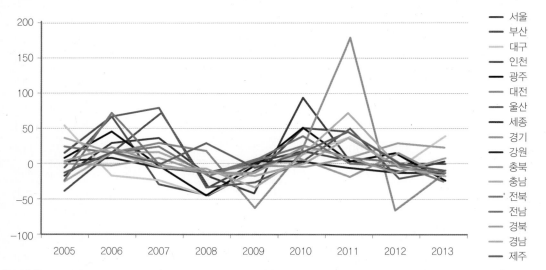

울, 세종, 경북이다. 이 기간에 마이너스 증가하는 지역은 대표적으로 전북 −25.9%, 광주 −25.3%, −경남 18.6%이다.

앞서 내용을 그래프화 한 것이 [그림 2-7-13]이다. 표에서도 알 수 있는 바와 같이 등락과 급증이 매우 심하게 나타나고 있고, 이는 시기와 관계없이 발생하기 때문에 그래프도 이렇게 복잡할 수밖에 없다. 백분율이기 때문에 플러스와 마이너스가 복잡하게 나타나고 있다. 대전이 꼭짓점이 크게 나온 것은 앞에서 본 바와 같이 2011년에 178.1%가 급등하였다가 바로 이듬해인 2012년에 −65.4%로 급락하였기 때문이다.

6. 총 주택 수

1) 1980년도 이전 총 주택 수(1960–1980)

1960년도부터 1980년 까지 지역별 총 주택 수에 대한 내용이 〈표 2-7-13〉이다. 1960년도의 우리나라 지역 총 주택 수는 4,464.6천 호였다. 이 호수는 20년이 지난 1980년도의 조사에 의하면 5,318.9천 호로 854만3천 호가 증가되었다. 증가율로 보면 19.1%다. 지역으로 보면, 1960년도에는 경북이 749.6천 호로 가장 많았고, 그 다음이 611.7천 호인 전남, 경남 490.0천 호, 경기 418.4천 호 순이다. 이 순위는 5년 후인 1965년도에도 크게 바뀌지 않는다. 순서는 경북, 전남,[9] 경남, 경기, 충남, 서울 순이다.

이해를 돕기 위하여 이 표에서 1970년도에서 1980년도까지 각 지역의 주택총수에서 점하는 비율을 찾기 위하여 표를 작성하였다. 그 표가 〈표 2-7-14〉이다.

1970년도의 주택총수를 지역순위로 보면, 전남, 경북, 서울, 경남, 경기 순이다. 전남이 전체의 16%, 경북이 15%, 서울이 13%이다. 5년 후인 1975년에는 서울의 총 주택 점유율 16%로서 비로소 총 주택 수면에서 1위로 올라선다. 다음이 15%인 경북, 13%인 전남, 12%인 경기, 11%인 경남 순이다. 경기도가 상승세를 이어나간다. 1980년에 서울의 총 주택 수 점유율은 18%로 2위인 경북보다 4% 차이를 보이면서 서서히 격차를 높여 나간다. 그 다음은 경기도가 13%로 3위로 올라서며 급신장을 하기 시작한다. 1970년대 이전까지 주택 수에서 가장 많은 수를 점유하고 있던 경북, 경남은 이제 최상위자리를 내주고 물러서는 경향이 뚜렷하게 나타난다.

---

9 전남통계를 찾으려고 했지만 실패했다. 전남에서 나오는 거의 모든 자료를 찾아 보았지만 1965년도 자료는 찾을 수 없었다. 다만 1960년과 1970년 사이에 92천 주택이 늘어났기 때문에 이를 1/2로 나누어서 조정하면 656.7천 호라고 계산하여 순위에 참고하였다.

표 2-7-13 **총 조사 주택총괄(1980년 이전)**[10]   (단위: 천 호)

구분	1960	1965	1970	1975	1980
전국	4,464.6	–	–	4,734.2	5,318.9
서울	232.4	345.7	583.6	744.2	968.1
부산	180.7('63)	169.9	215.2	254.5	342.5
대구[1]	(74.2('62))	(83.4)	(103.8)	(199.0)	1736.6
인천	(53.3)	(60.8)	(73.2)	(92.2)	(139.7)
광주	(32.5('59))	(36.2)	(48.9)	(51.5)	(78.4)
대전	(27.2)	(32.7)	(41.8)	(78.4)	–
울산	(14.1('62))	(15.2)	(26.0)	(27.9)	–
경기	418.4	436.6('67)	449.5	548.7[2]	678.1
강원	254.6	268.3('66)	287.5	284.0	293.5
충북	235.5	262.0	223.3	228.3	233.5
충남	358.5('61)	398.0	431.0	439.6	466.1
전북	416.1	339.7('66)	355.3	364.2	368.1
전남	611.7	–	703.9	600.7	610.1
경북	749.6	667.8('66)	668.2	695.6	749.7
경남	490.0	515.0('71)	497.0	5.4.3	532.0
제주[3]	65.8	–	70.6	70.1	77.1

출처: 통계청 인구주택총조사보고서, 대한주택공사, 주택통계편 1985, 서울통계연보, 부산통계연보, 대구통계연보, 대구시사, 1995, 인천부사, 인천부세일람, 인천시사, 1993, 인천시사, 1970년대편, 1982, 인천통계연보, 대전통계연보, 경기통계연보, 강원통계연보, 강원도사, 현대편, 1995, 통계로 본 충북 50년, 충북통계연보, 통계로 본 충남 100년, 충남통계연보, 통계로 본 전북의 어제와 오늘, 1997, 전라북도지, 1990, 전남통계DB, 제주도지, 하권, 1983.

주: 빈집제외(전북).

1) 대구통계는 1960년 82.7, 1965년 91.8, 1970년 101.4, 1975년 129.4. 1980년 173.6 천호임.

2) 여기에서는 정상가옥을 말함. 이 시기의 경기통계(1976년도)에 따르면 경기도 총 가구수 979,683, 정상주택수 597,719, 불량주택수 76,378, 주택부족률 31.1%로 기록되고 있음.

3) 제주통계연보는 이 통계청 자료와 많은 차이가 있다. 1976년도 통계연보에는 1971년 76,120호, 1975년 81,210호로 되어 있다. 그러나 1981년도 발행한 통계연보에는 1970년 82,992호, 1975년 92,202호, 1980년도 105,523호로 되어 통계청과의 차이 뿐만 아니라 제주도내 통계연보와도 차이가 있다.

---

10 1975년과 1980년 통계는 통계청, 국내통계를 인용했음.

표 2-7-14	총 주택 점유율(1970−1980)		(단위: %)
구분	1970	1975	1980
서울	13	16	18
부산	5	5	6
경기	10	12	13
강원	6	6	6
충북	5	5	4
충남	10	9	9
전북	8	8	7
전남	16	13	11
경북	15	15	14
경남	11	11	10
제주	2	1	1

2) 1980년도 이후 총 주택 수(1980−2010)

1975년도에는 주택 수가 4,734,169호였다. 경제가 활성화 되면서 주택수요가 공급이 따라가지 못할 정도로 급상승하기 시작하였다. 10년 후인 1985년의 총 주택호수를 보면 6,104,210호로 1975년에 비해 28.9%가 증가하였다. 또 다시 10년 후인 1995년에는 50.8%, 또 10년 후인 2005년도에는 35.7%가 증가하였다. 주택 수는 2000년도에 들어서면서 1천 만호 시대가 열렸다. 2000년도에 10,959,342호가 된 것이다. 이 추세는 계속 이어져서 2005년에는 1,249만 호, 2010년에 총 주택 수는 1,388만호가 되었다. 이에 대한 내용이 〈표 2-7-15〉이다.

주택이 어느 지역에 집중되어 있는지, 부족한지에 대해서 알아보기 위하여 점유율을 조사하였다. 이에 대한 내용이 〈표 2-7-16〉이다. 표에서 보는 바와 같이 2010년 현재 우리나라에서 주택점유율이 가장 높은 곳은 경기가 22.1%로 가장 높고 그 다음이 서울로 17.6%이다. 다음이 부산, 경남, 경북, 인천 순이다. 서울은 2000년에 들어오면서 1위를 경기에 넘겨주었다. 경기도는 2000년에 점유율이 18.7%인 반면에 서울은 17.5%의 점유율로서 역전이 된 것이다. 이후 서울과 경기도의 격차는 더욱 벌어진다. 2010년도에는 서울 17.6%로 2000년도와 거의 변화가 없는데 반해, 경기도는 2010년에 22.1%로 2000년에 비해 3.4%가 증가하였다.

각 지역의 특징을 보면 경기도는 계속 상승중인데 이는 경기도로 인구가 집중되고 있기 때문에 수요가 따라가는 현상이라고 할 수 있다. 그러나 충남과 충북은 그

표 2-7-15 **총 조사 주택총괄(1980-2010)**　(단위: 호)

구분	1980	1985	1990	1995	2000	2005	2010
전국	5,318,880	6,104,210	7,160,386	9,204,929	10,959,342	12,494,827	13,883,571
서울	968,133	1,176,162	1,430,981	1,688,111	1,916,537	2,242,149	2,446,508
부산	342,521	427,308	510,124	659,924	805,212	913,487	990,374
대구	(173,637)	245,551	291,594	425,930	530,789	590,734	661,936
인천	–	194,342	309,867	508,799	614,081	687,552	781,115
광주	–	–	161,071	244,060	324,337	366,315	426,391
대전	(78,373)	(106,356)	158,831	270,487	320,723	363,630	404,341
울산	–	–	–	–	229,358	262,561	295,306
경기	678,115	719,233	997,962	1,542,098	2,045,173	2,609,620	3,063,384
강원	293,527	314,862	327,630	368,730	419,294	445,848	484,267
충북	233,484	245,119	268,915	339,194	395,945	424,063	472,717
충남	466,144	500,876	403,306	452,751	536,825	583,548	656,143
전북	368,106	386,246	403,804	473,435	536,492	553,457	588,951
전남	610,074	641,327	523,584	571,019	607,018	617,686	633,934
경북	749,718	576,300	610,260	688,325	774,628	815,173	858,275
경남	531,963	596,373	672,622	861,789	780,603	875,815	968,582
제주	77,095	80,511	89,835	110,277	122,327	143,189	151,347

출처: 통계청, 국내통계, 주택총조사, 통계청, 주택총조사(1970-2010), 대전통계연보 각 연도.

비율이 떨어지고 있는데 이는 수도권 주변인 충청도가 최근 인구가 증가하면서 공급이 수요를 따라가지 못하고 있는 현상이라 생각된다. 반면에 전남은 1975년도에는 12.7%로서 서울, 경북 다음에 큰 점유율을 보이고 있었다. 그러나 2010년 지금은 4.6%로 최 하위권에 와 있다. 전남이 이렇게 점유율이 낮은 것은 광주가 광역시로 분리되어 나갔고, 타 지역으로 전출하는 인구가 전입인구보다 훨씬 많은 결과가 낳은 현상이라고 할 수 있다. 이러한 현상은 전북, 강원도 같은 맥락이라 사료된다.

　　지역별로 비교하기 위하여 [그림 2-7-14]를 작성하였다. 그림에서 확연하게 알 수 있는 것은 서울이 2000년 이전까지는 전국에서 주택수가 가장 많은 지역이었다는 것이다. 그러다가 2000년도부터는 경기도가 서울을 추월하였다. 그 차이는 이제 점점 더 벌어지고 있다. 나머지 지역은 거의 하락하고 있으나 그래도 부산만은 꾸준하게 증가하고 있는 모습이다.

　　[그림 2-7-15]를 통하여 주택 수의 차이를 수도권과 비수도권으로 비교해 보면, 수도권이 더 많게 나타나고 있으나 상승방향은 같은 비율이라고 할 수 있다. 광역시 권

표 2-7-16　지역별 주택점유율 (단위: %)

구분	1975	1980	1985	1990	1995	2000	2005	2010
전국	100.0	100.0	100.0	100.0	100.0	100.0	100.0	100.0
서울	15.7	18.2	19.3	20.0	18.3	17.5	17.9	17.6
부산	5.4	6.4	7.0	7.1	7.2	7.3	7.3	7.1
대구	–	–	4.0	4.1	4.6	4.8	4.7	4.8
인천	–	–	3.2	4.3	5.5	5.6	5.5	5.6
대전	–	–	–	2.2	2.9	2.9	2.9	2.9
광주	–	–	–	2.2	2.7	3.0	2.9	3.1
울산	–	–	–	–	–	2.1	2.1	2.1
경기	11.6	12.7	11.8	13.9	16.8	18.7	20.9	22.1
강원	6.0	5.5	5.2	4.6	4.0	3.8	3.6	3.5
충북	4.8	4.4	4.0	3.8	3.7	3.6	3.4	3.4
충남	9.3	8.8	8.2	5.6	4.9	4.9	4.7	4.7
전북	7.7	6.9	6.3	5.6	5.1	4.9	4.4	4.2
전남	12.7	11.5	10.5	7.3	6.2	5.5	4.9	4.6
경북	14.7	14.1	9.4	8.5	7.5	7.1	6.5	6.2
경남	10.7	10.0	9.8	9.4	9.4	7.1	7.0	7.0
제주	1.5	1.4	1.3	1.3	1.2	1.1	1.1	1.1

그림 2-7-14　지역별 총 조사 주택총괄(1975-2010)　(단위: 천 호)

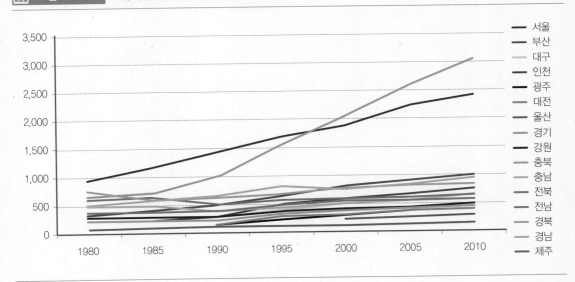

그림 2-7-15 **권역별 총 조사 주택총괄(1975−2010)** (단위: 천 호)

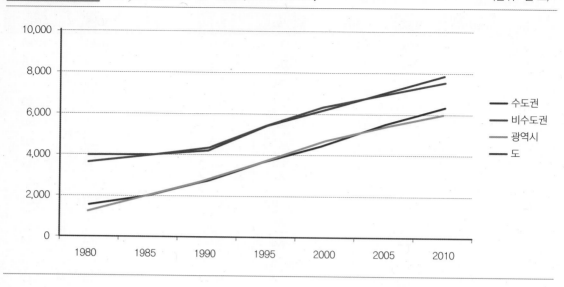

역과 도 권역을 비교했을 때는 도 권역이 규모가 크지만 역시 상승방향은 같다고 할 수 있다. 도 권역과 비수도권의 주택 수가 수도권과 광역시에 비해 많다는 의미다.

08

재정 및 행정서비스

국민경제를 운영하고 있는 주체는 가계와 기업, 정부로 구분할 수 있다. 정부는 가계와 기업으로부터 거두어들인 조세수입을 기반으로 하여 공공재와 공공서비스를 제공하기 위해 지출활동을 하게 되는데 이러한 정부부문의 경제활동을 통틀어서 재정이라 한다. 즉, 재정활동은 정부가 수행하는 경제활동을 총칭하는 개념으로서 화폐단위로 표시될 수 있는 정부의 수입과 지출활동을 의미한다. 구체적으로는 정부가 조세(국세와 지방세)부담금, 기여금의 징수, 보유자산의 매각 및 국·공채발행 등으로 조성한 재원을 바탕으로 국방, 외교, 치안 등 국가의 유지, 경제 성장을 위한 기반조성, 교육 및 사회복지 수요의 충족 등 공공부문의 역할을 수행하기 위한 지출활동을 하게 되는데 이러한 수입과 지출활동을 모두 포괄하는 개념이 재정활동이다.

  재정의 기능은 자원배분(효율성), 소득배분(형평성), 그리고 경제 안정 및 성장(안정적 경제성장) 등 세 가지로 구분한다. 이러한 재정의 기능은 국민경제에서 재정이 수행하는 역할을 보여주고 있을 뿐만 아니라, 재정활동의 총체적 성과를 평가하는 기준이 됨은 물론 개별적인 조세정책과 재정지출의 타당성을 판단하는 준거가 되기도 한다. 따라서 이를 종합하면 재정은 수입과 지출을 총괄하는 개념이기 때문에 수입은 조세와 관련이 있고, 지출은 수입의 결과인 행정서비스라고 할 수 있다. 이 장에서 기술한 재정 및 행정서비스의 변화는 바로 정부의 수입과 지출을 통계적으로 나타내는 것이

표 2-8-1 재정 및 행정서비스부분의 조사 내용

항목	e-지방지표		본 저서의 내용	
	지표	분석기간	지표	분석기간
재정	– 재정자주도 – 재정자립도	2003–2013 2000–2013	– 지방재정의 총체적 추이 – 재정자립도 – 재정자주도 비교	1961–2011 1969–2013 2001–2012
행정서비스	– 일반예산 중 행정비 – 일반예산 중 복지비 – 인구 천 명당 지자체공무원 수 – 자치단체공무원정원 수	2004–2012 2004–2012 2003–2012 2003–2012	– 일반예산중 행정비 – 일반예산중 복지비 – 국가공무원대비지방공무원수 – 지방공무원수 – 인구 천 명당 지방공무원수 – 공무원정원 – 여성 공무원의 현황	2004–2012 2004–2012 1976–2009 1960–2012 2003–2012 2005–2012 1997–2012

라 할 수 있다. 이 부분은 〈표 2-8-1〉과 같이 작성하였다.

　　이 장에서는 e-지방지표 이외의 내용이 많이 첨가되었다. 재정을 이해하기 위하여 중앙재정과 지방재정을 비교하는 내용이 많이 추가되었다. 역시 일반예산 중 행정비와 복지비를 비교하기 위하여 우리나라 지방재정의 추이도 함께 살펴보았다. 지방공무원은 지역주민들에게 행정서비스를 제공하는 주체이다. 지방행정서비스를 제공하는 지방공무원의 정원 변화를 살펴보았다. 지방공무원의 정원을 이해하기 위하여 국가공무원과 대비하여 지방공무원의 수, 1960년 이후의 공무원의 수(현원), 특히 여성공무원의 수도 조사하였다.

제2절 | 중앙재정과 지방재정

　　우리나라 재정체제는 크게 중앙재정과 지방재정으로 구분된다. 중앙재정은 예산, 기금으로 나누며 예산은 일반회계와 특별회계로 나눈다. 지방재정은 일반재정과 교육재정으로 나누며 일반재정은 예산과 기금, 교육재정은 교육비특별회계로 구성이 된다.

　　중앙재정과 지방재정의 관계는 지방자치 및 지방분권의 척도로 널리 활용된다. 즉, 중앙재정이 지방재정보다 높으면 중앙정부가 재정조정예산을 많이 보유하고 있어 결국 중앙정부의 힘이 강할 수밖에 없다. 중앙정부에 비해 지방자치단체의 재정이 많으면 결과는 앞의 내용과 반대가 된다. 그러면 우리나라에서 중앙정부와 지방자치단체 간에 재정이 어떻게 분담이 되어 있는지를 살펴보자.

1. 1960년대 중앙 및 지방재정

　　다음의 〈표 2-8-2〉는 각각 1960년대의 중앙과 지방재정 간의 비교다. 1961년도의 중앙정부의 재정은 519,085백만 원이었다. 그러나 이 예산은 시간이 지나가면서 폭발적으로 늘어났다. 1970년도 중앙재정은 10년 전인 1961년도에 비해 8.58배가 성장한 4,558,056백만 원으로 크게 늘어났다. 지방재정도 역시 마찬가지로 크게 늘어난다. 늘어나는 속도로 보면 지방재정이 초기에는 중앙재정에 비해 약간 적게 늘어났지만

표 2-8-2 　1960년대의 중앙 및 지방재정 추세(1961－1970)　(단위 : 백만 원)

구분		1961	1962	1963	1964	1965	1966	1967	1968	1969	1970
국가(A)	금액	51,985	75,550	60,844	63,151	105,481	153,777	199,018	275,717	376,041	445,856
	지수	100	145	147	122	203	296	383	530	723	858
지방(B)	금액	16,901	13,701	19,358	21,552	28,526	45,000	61,465	76,549	122,293	145,430
	지수	100	85	120	134	177	283	382	476	760	904
A/(A+B)		76.4	84.6	75.9	74.6	78.8	77.4	76.4	78.3	75.5	75.4
B/A		30.9	18.1	31.8	34.1	27.0	29.6	30.9	27.7	32.5	32.6

출처: 내무부, 지방재정연감, 각 연도 및 1983년.

1960년대 후반에는 중앙재정과 마찬가지로 크게 늘어난다. 1961년도에 169.01억 원 규모였던 지방재정이 1970년에는 1,454.3억 원으로 1961년에 비해 9배가 증가하였다. 이렇게 예산이 증가함에도 불구하고 중앙재정은 지방재정에 비해 압도적으로 많았다. 중앙재정은 전체 재정 중 1961년도에는 76.4%, 1962년에는 무려 84.6%까지 상승하였다. 이러한 비율은 약간의 변동만 있을 뿐 대체로 비슷한 양상을 보였다.

　이에 비해 지방재정은 중앙재정에 비해 매우 적었다. 1961년은 지방재정은 중앙 재정의 30.9%에 불과하였다. 1962년도에는 18.1%까지 내려갔다. 이 당시에는 5.16군 사 쿠데타로 인하여 군사정부 시절이기 때문에 여건상 특수성이 있었다. 그러나 그 후 정상적인 민간정부가 들어섰음에도 불구하고 지방재정의 규모는 여전히 중앙정부재 정의 27.7%(1968년도), 32.5%(1969년도), 32.6%(1970년도) 등 30%내외를 겨우 넘나들고 있다.

2.　1970년대 중앙 및 지방재정

　1970년대에 들어와서는 중앙재정과 지방재정은 어떻게 변화하고 있는지를 〈표 2-8-3〉을 통해서 살펴보자. 표에서 보는 바와 같이 1970년대에 들어서도 1960년대 상 황과 크게 달라진 것이 없다. 즉, 재정의 규모는 급속도로 늘어났지만 중앙재정과 지 방재정 간의 격차는 여전하게 높았다. 1971년의 중앙재정이 5,514억 원이었는데 3년 후인 1974년에는 1조원대로 증가했고, 1980년에는 무려 81,744억으로 늘어난다. 역시 지방재정도 급격하게 늘어났다. 1971년도에 1,796억에서 1978년도에는 12,616억으로 드디어 1조대를 진입하게 된다. 그러나 중앙재정과 지방재정 간에 격차는 1960년대와

표 2-8-3

1970년대의 중앙과 지방재정의 추세(1971－1982) (단위: 백만 원)

구분		1971	1972	1973	1974	1975	1976	1977	1978	1979	1980	1981	1982
국가 (A)	금액	551,452	605,315	691,101	1,188,717	1,374,376	2,298,309	2,990,844	4,040,546	5,507,546	6,635,180	8,174,449	9,525,922
	지수	1,061	1,164	1,329	2,287	2,644	4,421	5,753	7,773	10,594	12,763	15,724	18,324
지방 (B)	금액	179,644	215,087	248,898	344,946	516,959	660,817	960,102	1,261,690	1,907,616	2,239,663	2,964,023	3,092,708
	지수	1,116	1,337	1,544	2,144	3,213	4,107	5,967	7,841	11,855	14,540	18,420	19,220
A/(A+B)		75.4	73.8	73.5	77.5	72.7	77.7	75.7	76.2	74.3	74.0	73.4	75.5
B/A		32.6	35.6	36.0	29.0	27.6	28.8	32.1	31.2	34.6	35.2	36.3	32.5

출처: 내무부, 지방재정연감, 각 연도 및 1983년.

마찬가지로 중앙재정은 75%내외에서 고착되었고, 지방재정은 중앙재정의 27%에서 36% 사이에 놓여 있다. 특히, 1974년에서 1976년 사이에 지방재정은 중앙재정의 20% 대에서 벗어나지 못했다. 이 기간은 유신정부가 시작한 시기인 점을 고려하면 상관관계가 있는지 여부를 더 연구할 필요가 있다고 하겠다.

3. 1980년대 중앙 및 지방재정

1980년대의 중앙재정과 지방재정 간의 관계를 나타내는 내용이 〈표 2-8-4〉이다. 이 표에서 보는 바와 같이 중앙재정은 1983년도에는 10조원 단위까지 성장을 한다. 1980년에 비해 중앙재정은 1990년에 가서는 3.42배 증가하였다. 22,6894억의 규모다. 지방재정도 크게 성장하여 1989년도에는 10조대를 돌파하고 1990년의 규모는 1980년도 5.7배나 성장한다. 성장의 비율로 보면 지방재정이 더 높다. 특히, 지방재정의 입장에서 보면 매우 획기적인 변화가 나타났다. 지금까지는 지방재정이 중앙재정의 30%에 머물다가 1989년도부터는 무려 50%대에 전환되었다. 1990년에는 지방재정이 중앙재정의 58.8%까지 신장되었다. 1991년에 지방의회가 부활하면서 지방자치가 다시 실시하게 되는 점을 고려한 정책변화 때문이라고 할 수 있다. 즉, 국가사무의 지방자치 사무화, 지방세율과 세목의 조정, 지방교부금 등 지방재정조정률의 개선 등에 의해서 중앙재정 대비 지방재정 비율이 상향된 것이다.

표 2-8-4 **국가재정과 지방재정의 비교(일반회계)** (단위: 백만 원)

구분 년도별	국가재정(A)		지방재정(B)		B/A(%)
	규모	신장지수	규모	신장지수	
1980	6,635,180	100	2,339,663	100	35.2
1981	8,174,449	123	2,964,023	127	36.3
1982	9,525,992	144	2,376,678	102	35.4
1983	10,753,849	162	4,014,779	172	37.3
1984	11,828,884	178	4,579,459	195	38.7
1985	13,008,894	196	4,953,065	212	38.1
1986	13,800,532	208	5,127,184	219	37.2
1987	15,559,629	234	5,655,882	242	36.3
1988	17,464,429	263	6,973,884	298	39.9
1989	19,228,376	290	10,415,785	445	54.2
1990	22,689,433	342	13,337,655	570	58.8

출처: 내무부, 지방재정연감, 각 연도별, 1986년까지는 세입결산액, 1987년 이후는 예산액임. 신장지수는 1980년도의 수치를 기준치 100으로 한 것임.

4. 1990년대 이후 중앙 및 지방재정

1990년대와 2000년대 중앙과 지방재정은 어떠한 비율로 유지하고 성장하는가? 지금까지는 예산의 총액을 가지고 비교를 했지만 이번은 재원을 가지고 비교를 해보겠다. 왜냐하면 재원의 대부분이 세금이기 때문에 이를 비교해도 재정의 규모를 알 수 있기 때문이다. 이에 대한 내용이 〈표 2-8-5〉이다.

지방재정의 재원인 지방세와 중앙정부의 재원인 국세의 비율은 앞에서 비교한 규모의 비율과 비슷함을 알 수 있다. 1992년 이후 모든 연도의 국세와 지방세의 비율은 2000년도 18.9%를 제외하고는 80% : 20% 내외를 벗어나지 못하고 있다. 이렇게 우리나라 전체 재원 중 중앙정부의 재원이 80%, 지방자치단체 재원의 20%라고 하여 우리

표 2-8-5   **국세와 지방세 비중 추이** (단위: 백만 원)

구 분	1992	1996	2000	2004	2008	2011
국 세	79.6	78.6	81.1	77.5	78.6	79.0
지방세	20.4	21.4	18.9	22.5	21.4	21.0

출처: 국세청, 국세통계연보, 각 연도.

나라 지방자치를 "20%의 지방자치"라고 폄하하기도 한다.

제3절 | 지방 재정

1. 지방 재정자립도

재정자립도는 재정총액에서 자체수입규모 비율을 말한다. 여기서의 자체수입예산은 지방세와 세외수입을 합한 금액을 말한다.

1) 1970년대 지방 재정자립도(1969−1979)

1970년도는 박정희 정부 시대였다. 1972년도는 유신정부가 시작된 해이기도 한다. 즉, 이 기간은 중앙집권이 가장 강한 시대였다. 이 시기에 재정자립도는 전 자치단체의 평균을 보면 1969년에는 42%였다가 1972년도에는 32%까지 내려 왔다. 그러다

표 2-8-6　1970년대 지방자립도(1969−1979)

(단위: %)

| 연도별 | 전체 자치단체 | 도 | 시 | | | | 군 |
			전국시	서울	부산	일반시	
1969	42.2	35.5	66.2	85.5	68.5	44.5	24.0
1970	38.5	21.6	68.3	90.2	63.7	45.3	18.5
1971	37.1	19.1	68.3	89.7	64.3	43.9	19.3
1972	32.1	13.4	68.1	89.4	63.5	38.0	18.0
1973	46.0	23.8	78.5	94.7	80.0	57.6	27.5
1974	47.3	27.0	81.1[2]	93.9	85.9	59.4	26.7
1975	44.2	23.5	77.0	89.5	83.9	55.9	28.1
1976	51.5	28.0	83.1	94.8	93.7	60.6	33.0
1977	57.0	42.1	83.2	97.4	92.1	57.4	35.4
1978	58.2	42.3	85.4	96.2	91.1	64.7	33.2
1979[1]	56.7	34.9	85.5	98.2	84.2	64.3	31.3

출처: 내무부, 지방재정연감, 각 연도.
주1) 1979.1.1. 현재 당초 예산에 의함.
　2) 1974년도 예산에 의함.

가 이후에 계속 상승하여 1973년도에는 46%, 그리고 1976년도에는 51.5%, 1979년도에는 56.7%로 재정자립도가 매우 높아졌다. 이에 대한 내용이 〈표 2-8-6〉이다.

그러나 도에 한정하면 재정자립도는 매우 약하다. 1972년도에는 13.4%까지 추락한 경우도 있다. 1978년도 전후해서는 40%초반을 유지한 적도 있지만 20%, 30%, 40% 등 등락이 매우 심한 편이다. 그러나 서울은 계속 상승하여 1979년도에는 98%를 달성하였다. 부산도 70년대 후반에 들어서서는 90%수준을 유지하였다. 일반시는 1970년대 초·중반에는 재정자립도가 40% 중반이었다. 그러다가 중반부터는 50%를 넘어 1970년대 말에는 60%대에 달했다. 그러나 군의 재정자립도는 매우 열악하다. 1970년대 초반에는 18%내외였다. 이후 향상되었다고 하지만 1979년 전후해서도 30%대를 넘어서지 못하고 있다.

2) 1980년대 지방 재정자립도(1980－1990)

1980년대는 전두환 정부시대이다. 이 시기 역시 강력한 중앙집권시대라고 할 수 있다. 전두환 정부는 헌법을 개정하면서 부칙으로 지방자치실시를 재정자립도를 고려하여 실시하겠다고 규정하였다.[1] 따라서 전두환 정부가 지방자치를 실시하지 않을 명분으로 재정자립도를 조건으로 내걸었다는 점은 지방 재정자립도의 중요성이 지방자치에 있어서는 매우 크다는 것을 나타내 주는 의미라고 생각한다. 1980년대의 재정자립도를 살펴보면 〈표 2-8-7〉과 같다.

재정자립도의 추이를 전국평균으로 보면 초창기부터 중반까지 50%대에서 안정세를 보이다가 1997년 IMF시절의 경기후퇴는 지방재정에도 악영향을 미치게 되어 48%로 하락한다. 그러다가 1년 후부터 회복되면서 1989년과 1990년에는 각각 64.8%와 65%라는 매우 높은 재정자립도를 유지하였다. 지역으로 보면 서울은 대체로 95%이상이며, 계속 상승하고 있다. 부산은 85%이상의 재정자립도를 보이고 있지만 90% 초반이 많으며, 대구는 80% 후반대가 많다. 즉 대구와 부산은 재정자립도의 상태가 좋은 편이라고 할 수 있다.

인천도 대부분이 90%이상의 재정자립도를 보이고 있어서 재정건전성이 높다. 도의 수준에서는 경기도만 60%대를 진입하면서 상승하는 편이고 나머지 도는 모두가 30%이하로 재정자립도 수준이 매우 열악한 것으로 나타났다. 심지어 1990년도 전남 재정자립도는 18.6%로 최악의 상태이며 강원, 충남, 충북, 전북 등은 1989년도를 기준으로 할 때 재정자립도는 20% 초 수준을 유지하고 있을 정도로 열악하다.

---

1 제5공화국헌법(1980년10월27일 개정)의 헌법 부칙 제10조 "이 헌법에 의한 지방의회는 지방자치단체의 재정자립도를 감안하여 순차적으로 구성하되, 그 구성시기는 법률로 정한다".

표 2-8-7 **1980년대의 지역별 지방 재정자립도(1980-1990)** (단위: %)

	1980	1981	1982	1983	1984	1985	1986	1987	1988	1989[1]	1990[1]
전국	54.3	55.5	57.8	59.6	58.1	58.3	55.8	48.1	54.4	64.8	65.0
서울	93.9	95.2	96.0	97.6	97.9	98.5	98.4	97.9	97.9	98.1	98.3
부산[2]	85.4	93.4	90.6	93.1	92.8	92.2	92.3	85.1	81.2	93.4	98.3
대구	-	88.1	84.7	84.8	87.2	89.2	90.4	88.0	85.8	92.8	84.7
인천	-	94.9	89.6	92.5	94.8	92.1	93.2	89.3	90.6	94.8	89.3
광주	-	-	-	-	-	-	-	63.8	58.9	70.4	72.2
대전	-	-	-	-	-	-	-	-	-	80.5	76.0
경기	59.6	56.7	57.0	59.1	58.4	57.8	56.4	61.5	68.1	60.6	66.6
강원	29.4	33.6	34.6	33.7	32.8	32.6	30.6	30.3	35.8	24.3	23.0
충북	30.0	36.2	37.4	37.3	38.3	32.8	33.7	22.4	27.6	24.4	22.0
충남	40.1	45.2	43.1	41.2	42.5	39.7	37.4	24.8	43.0	22.1	25.6
전북	42.3	41.7	40.0	40.1	38.8	30.8	31.1	28.2	37.1	21.6	21.7
전남	37.1	40.4	38.9	37.3	39.4	33.2	32.7	24.6	31.3	17.9	18.6
경북	43.6	34.2	35.9	37.8	37.8	33.2	31.7	29.2	39.5	25.4	27.8
경남	41.6	44.4	47.4	46.5	41.9	42.8	42.8	34.8	50.6	42.8	38.3
제주	46.9	48.3	44.0	41.3	36.6	38.2	38.6	37.8	44.3	28.1	31.8
도	42.3	42.2	42.8	42.9	42.5	39.5	38.7	33.0	44.1	32.1	33.6
시	67.4	62.4	59.1	58.7	60.8	57.5	61.0	54.6	59.3	68.3	69.2
군	32.8	30.8	33.1	32.4	32.0	28.1	27.0	24.8	36.2	27.2	28.5
자치구	-	-	-	-	-	-	-	-	41.7	41.3	46.0

출처: 한국지방재정공제회, 지방재정요람, 1989. 내무부, 지방재정연감, 1990. 서울시통계연보, 부산, 부산광역시예산개요
　　(1989-1999), 일부지역은 해당자치단체 공무원의 도움을 받아 정리.

주1) 일반회계결산기준
　2) 일반회계예산기준, 부산광역시 예산담당관실, 부산광역시예산개요(1989-1999)에 따르면, 부산시 재정자립도는 1985년
　　90.9, 1986년 91.2, 1988년 82.1, 1989년 89.1, 1990년 88.4%로 되어 전국통계와는 일부 상이함.

　　1980년대에 도권역 재정자립도가 최고일 때는 1988년도 44.1%였고, 최하일 때는
1989년에 32.1%였다. 대체로 40% 내외 수준이다. 기초자치단체들은 다른 자치단체보
다 재정자립도가 비교적 높은 편이다. 기초자치단체는 최고가 69.2%, 최하는 54.6%일
정도로 높다. 군은 여전히 30% 초반에서 25%내외이며, 자치구는 40%대에 있다.

3) 1990년대 지방 재정자립도(1991 - 1999)

1991년 4월부터 지방의회가 개원되면서 지방자치가 부활하게 되었다. 우리나라의 지방자치는 1961년 5월 16일 군사 쿠데타가 발생하면서 중단되었기 때문에 약 30년 만에 재탄생한 것이다. 또한 1995년 7월 1일에는 모든 지방자치단체장까지 선출되어 민선자치가 이루어졌기 때문에 이 기간의 의미는 어느 때 보다도 크다. 1990년대는 재정자립도를 지방자치 전후에 걸쳐 볼 수 있는 좋은 시기라는 점도 의의가 높다. 1990년대의 재정자립도에 대한 내용이 〈표 2-8-8〉이다.

1990년 전국 평균 재정자립도는 64.8%이다. 1991년도를 기준으로 보면 전국 평균 재정자립도는 전년도 보다 약간 높은 66.4%였다. 이런 상승세는 1992년과 1993년에 각각 69.6%와 68%라는 높은 수준을 유지하다가 1994년부터는 63%대로 떨어져서 이

표 2-8-8 1990년대 지역별 재정자립도(1991 - 1999)　　　　　　　　　　　　　　　(단위: %)

구분	1991	1992	1993	1994	1995	1996	1997	1998	1999
전국	66.4	69.6	68.0	63.9	63.5	62.2	63.0	63.4	59.6
서울	84.1	84.6	85.8	86.4	98.0	98.5	98.4	98.8	90.2
부산	73.4	72.5	72.7	70.1	84.8	89.6	87.8	88.4	81.8
대구	69.0	75.9	76.9	71.6	90.5	86.3	81.6	81.2	75.5
인천	75.2	79.0	74.7	76.7	92.8	85.9	85.3	83.4	81.3
광주	65.6	66.3	48.5	49.9	68.0	66.0	72.6	73.2	66.9
대전	68.8	74.9	64.1	62.6	83.0	82.8	76.2	84.9	80.4
울산	–	–	–	–	–	–	–	87.4	77.5
경기	71.8	75.6	71.1	67.0	78.7	80.3	82.0	83.9	79.1
강원	35.0	41.3	38.9	32.1	34.0	31.0	32.5	37.1	34.1
충북	33.2	40.5	40.7	37.0	41.1	39.1	41.3	36.9	37.8
충남	32.7	36.6	36.5	30.7	34.0	33.1	33.1	34.3	34.3
전북	35.5	36.6	34.0	30.6	34.7	30.7	31.0	30.3	31.7
전남	28.3	28.8	28.5	23.1	23.4	22.5	22.1	24.8	25.3
경북	36.0	36.5	36.8	33.1	37.2	34.5	34.5	35.4	34.7
경남	49.8	52.2	55.3	48.4	52.2	50.4	50.9	43.5	37.4
제주	42.4	46.6	47.9	42.5	41.5	40.1	38.1	38.3	37.0

출처: 한국지방재정공제회, 지방재정요람. 각 연도, 내무부, 연도별 지방재정연감, 각 연도, 부산, 부산광역시예산개요(1990~1999)에서는 부산재정자립도를 1991년 90.4%, 1992년 87.7%, 1993년 88.0%, 1994년 85.2%로 되어 있어 중앙정부 자료와는 큰 차이가 있음.

수준을 지속하다가 1999년도에는 59.6%로 더욱 떨어진다. 이를 지역별로 보면 서울은 1991년도에 84.1%를 시작으로 계속 상승하여 1995년도부터는 98%대를 유지하면서 실질적으로 완전한 재정자립을 유지하게 되었다. 그러나 서울은 1999년에 90.2%로 급락한다. 1999년도에 재정자립도의 급락세가 모든 자치단체에 동일하게 나타나는 것은 1998년부터 시작된 IMF 영향이라고 볼 수 있다.

서울 다음에 재정자립도가 높은 곳은 1998년 기준으로 보면 부산, 울산, 경기, 인천, 대구 순이다. 수도권인 서울, 인천, 경기 모두가 높은 수준의 재정자립도를 유지하고 있다. 반면에 재정자립도가 가장 낮은 순은 전남, 전북, 충남, 충북, 강원, 제주 순이다. 전남은 24.8%로 재정자립도가 전국에서 유일하게 20%대에 머물고 있는 지역이었다.

자치단체별로 재정자립도가 어떻게 변화되고 있는지를 알아보기 위하여 광역시와 도를 분리하여 살펴보았다. [그림 2-8-1]은 광역시, [그림 2-8-2]는 도 자치단체들의 재정자립도 변화 추이를 보여주는 그림이다. 광역시 자치단체들은 민선자치가 시작되기 전까지, 즉 1991년도에서부터 1994년도까지는 재정자립도가 내려가다가 1995년도에는 일제히 상승하고 있다. 가장 뒤쳐져 있는 광주인 경우에 1993년과 1994년도에 재정자립도가 각각 48%, 49%였다가 다음 해인 1995년부터 68%, 1996년 66%, 1967년 72% 등 계속 상승하고 있다. 그 원인은 중앙과 지방 간의 재정배분의 산식이 다르거나 아니면 추가적 지방재정의 항목이 생겨났기 때문이라 여겨진다.

그림 2-8-1 **광역자치단체별 재정자립도(1991−1999)** (단위: %)

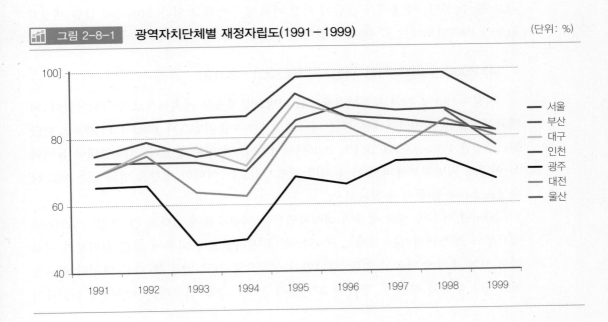

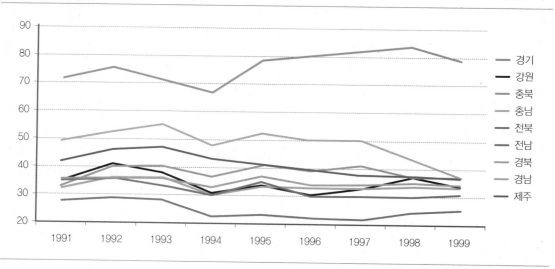

범례: 경기, 강원, 충북, 충남, 전북, 전남, 경북, 경남, 제주

　　　도 단위의 재정자립도를 살펴보면 경기도가 크게 앞서고 있다. 경기도의 재정자립도는 1992년에 최고점에 서 있다가 2년 동안 내리막을 걸었다. 그러다가 1995년도에는 78.7%로 이전 해보다 10% 이상 상승한다. 이후 경기도의 재정자립도는 80% 이상을 계속 유지하다가 1999년도에 79.1%로 약간 내려 왔다. 다른 지역도 비슷한 경로를 가고 있으나 1999년도 지점에서는 일제히 재정자립도가 떨어졌다. IMF의 영향이라고 볼 수 있다. 이 중에서 경남이 가장 빠르게 추락하고 있다. 50%까지 갔던 재정자립도가 1999년도에는 37.4%까지 떨어졌기 때문이다.

4) 2000년 이후 지방 재정자립도(2001–2013)

　　　지방자치단체 간의 재정보전제도인 지방교부세율은 지속적으로 상향되어왔다. 지방교부세율은 1970년대에는 평균 내국세의 11%수준이었으나 1983년 13.27%로 올랐고, 2000년 15%, 2005년 19.1%, 2006년에 19.24%에 이르고 있다. 2000년대에 들어와서 이렇게 지방교부세의 증가가 지방 재정자립도는 어떠한 영향을 받고 있는지를 다음 〈표 2-8-9〉를 통하여 살펴보자.

　　　2000년 이후의 전국 평균의 재정자립도는 하향추세에 있다고 할 수 있다. 2000년에서부터 2005년까지는 대체로 56~57%를 유지하였으나 이후에 점점 떨어지기 시작하여 51% 내외에 머물고 있다. 경남만이 상향으로 가고 있을 뿐 다른 자치단체는 정체이거나 후퇴를 하였다. 경남은 2001년에 39.5%, 2010년부터는 40%대에 진입하여

표 2-8-9 　2000년 이후 시도별 재정자립도 현황 　(단위: %)

구분	2001	2002	2003	2004	2005	2006	2007	2008	2009	2010	2011	2012	2013
평균	57.6	54.8	56.3	57.2	56.2	54.4	53.6	53.9	53.6	52.2	51.9	52.3	51.1
서울	95.6	95.6	95.9	95.5	96.1	94.3	90.5	88.3	92.0	85.8	90.3	90.2	88.8
부산	74.4	69.7	74.9	75.6	73.4	70.2	62.9	60.5	58.3	57.6	56.4	57.4	56.6
대구	75.3	69.2	76.4	73.2	73.9	70.7	63.9	59.5	54.7	56.3	53.5	52.8	51.8
인천	77.7	74.4	74.6	75.9	70	69.2	69.8	71	74.2	70.4	69.3	71	67.3
광주	63.6	61.6	63	59.8	60.6	57.5	54.2	52.6	48.3	47.5	47.5	46.6	45.4
대전	74.9	73.6	73.6	74.4	75	72.8	72.1	66.4	59.3	56.3	57.2	58.3	57.5
울산	76.4	67.1	71.6	69.6	69.9	65.7	68.4	69.9	67.7	57.2	69.1	71.2	70.7
세종	–	–	–	–	–	–	–	–	–	–	–	–	38.8
경기	78	76.5	78	78.8	76.2	75.2	74.9	76.3	75.9	72.7	72.5	72.6	71.6
강원	29.8	28	26.7	28.9	27.5	26.7	28.3	28.2	28.0	27.1	27.5	26.9	26.6
충북	36.5	32.9	31.4	31.3	31.7	31.3	33.3	34.2	33.3	33.7	32.7	34.2	34.2
충남	30.5	28.4	29.8	30.5	32.7	35.3	36.9	37.8	36.6	36.6	35.4	35.5	36.0
전북	27.7	26.3	25.6	25.9	25.1	23.9	23.5	22.6	23.7	24.6	24.5	26	25.7
전남	22	20.8	21	21.1	19.9	20.2	20.1	21.4	19.4	20.6	20.7	21.4	21.7
경북	31.3	30.1	29.2	29.4	29.6	27.8	28.9	28.7	27.7	29.3	28.1	28.3	28.0
경남	39.5	36.3	37.2	38.3	37.5	38.8	39.1	39.4	39.4	42.9	42.6	43.3	41.7
제주	33.6	36.6	37.4	34.7	39.3	33.8	26.3	25.9	25.2	26.1	25.1	28.5	30.6

출처: 통계청, 지역통계, e-지방지표, 주제별, 재정 및 행정서비스, 재정자립도.

2013년에는 41.7%의 재정자립도를 보이고 있다. 전에 비교적 재정자립도가 높았던 광역시들을 비롯한 경기와 제주가 하향곡선을 크게 그리고 있다. 경기와 제주의 재정 자립도를 2001년과 2013년간 비교해 보면, 각각 78.0%에서 71.6%, 33.6%에서 30.6% 로 떨어지고 있다. 광역시의 재정자립도를 2001년과 2013년을 비교해 보면, 서울은 95.6%에서 88.8%, 부산은 74.4%에서 56.6%, 대구는 75.3%에서 51.8%, 인천은 77.7% 에서 67.3%, 대전은 74.9%에서 57.5%, 광주는 63.6%에서 45.4%, 울산은 76.4%에서 70.7%이다. 모든 광역시가 시간이 갈수록 재정자립도가 낮아지고 있는 것이다.

반면에 재정자립도가 낮았던 강원, 충북, 전북 등은 상향적이다. 전남과 경북은 정 체 수준이다. 이렇게 재정자립도가 지방교부세율이 상향으로 인하여 대다수 지방자치 단체가 오히려 떨어지는 현상은 지방교부세가 의존재원으로 분류되었기 때문에 당연 한 결과라고 할 수 있다.

2. 재정자주도

　　재정자주도는 당해 지방자치단체의 전체 예산규모 중 자체수입과 지방교부세 등 자치단체가 재량권을 가지고 사용할 수 있는 예산비율을 말하는 것으로 실질적인 자주재원 능력을 측정할 수 있는 지표이다. 재정자주도는 재원사용면에서 자주권, 자율권을 나타내는 지표인 반면에, 재정자립도는 재원 조달 면에서 자립정도를 나타내주는 지표라고 할 수 있다. 이러한 의의를 지닌 지표이기 때문에 최근에는 지방자치단체의 재정을 측정하는 지표로 재정자립도보다 재정자주도가 빈번하게 사용되고 있다. 이를 식으로 나타내면 다음과 같다.

> 재정자주도 = 자체수입(지방세＋세외수입)＋자주재원(지방교부세＋재정보전금＋조정교부금)/일반회계 예산규모

　　우리나라 지방자치단체들의 재정자주도 통계는 최근에서야 관심을 갖고 있는 지표다. 지역별 재정자주도를 나타내주는 내용이 〈표 2-8-10〉이다. 이 표에 의하면 우리나라 지방자치단체들의 재정자주도는 평균으로 보면 70%대 후반을 넘어서고 있다. 가장 높은 경우는 2005년도로 81.6%이며 가장 적은 해가 2010년으로 75.7%이다.

　　이 기간 동안 지역별로 보면, 서울시는 최하가 90%일 정도로 양호하다. 앞에서 보았듯이 2008년도 서울시의 재정자립도는 88.3%이지만 이 기간에 서울시 재정자주도는 93.6%를 보이고 있다. 그러나 광역시 중 부산과 대구, 대전은 재정자주도가 점점 낮아지는 경향이 있으며, 인천은 변동이 심하고, 울산은 상승세에 있다. 경기도는 2003년도에서부터 2008년까지는 재정자주도가 85%이상이었으나 이후에는 계속 내려가고 있다. 강원도와 전남이 상승하는 편이지만 나머지 지역은 상승과 하락을 반복하고 있다. 전남과 제주는 2001년에 각각 59.3%, 57.6%로 50%대 재정자주도를 보였던 지역이었다. 그러나 2013년 기준으로 보면, 전남은 68.5%, 제주는 70.6%로 크게 높아졌다.

　　이를 지역별로 비교한 내용이 [그림 2-8-3]이다. 그림에서 보는 바와 같이 수도권 자치단체들은 완만하지만 계속 하향세를 유지하고 있다. 광역시도 이러한 경향으로 움직이고 있는데 낙차 폭이 큰 편이다. 반면에 비수도권 자치단체들은 2004년도부터 상승하여 2005년을 정점으로 하여 하향세를 완만하게 긋다가 2010년부터는 약간씩 상승하고 있다. 이러한 형태는 비수도권의 흐름과 매우 유사하다.

표 2-8-10 **2000년 이후 지역별 재정자주도** (단위: %)

구분	2001	2002	2003	2004	2005	2006	2007	2008	2009	2010	2011	2012	2013
전국	75.7	75.1	76.5	77.4	81.6	80.2	79.5	79.5	78.9	75.7	76.7	77.2	76.6
서울	95.6	95.6	95.9	95.5	96.1	95.4	94.4	93.6	93.7	87.2	91.7	91.5	90.1
부산	78.8	75.2	79.4	80.0	81.3	80.7	76.9	75.4	74.0	72.5	74.3	75.7	74.1
대구	77.0	72.8	82.8	80.2	87.3	84.7	80.8	78.4	75.3	73.6	74.1	75.4	75.0
인천	81.6	80.6	80.1	81.1	77.0	76.5	79.7	80.3	82.0	80.1	79.4	80.6	77.3
광주	71.5	71.6	74.0	71.0	77.1	75.1	75.9	74.2	73.6	69.2	69.9	69.9	67.6
대전	79.9	79.8	80.9	80.8	86.6	83.9	83.1	80.1	74.5	71.9	74.9	76.2	75.4
울산	79.2	75.4	79.6	77.8	81.7	82.6	84.6	82.6	80.2	78.8	81.0	80.9	80.0
세종	–	–	–	–	–	–	–	–	–	–	–	–	77.7
경기	84.6	83.8	84.5	85.8	86.1	85.7	85.1	85.2	84.4	81.5	81.8	81.7	81.4
강원	68.4	68.8	68.6	70.1	75.9	75.3	75.8	75.8	75.4	71.7	73.3	74.1	74.1
충북	69.3	69.4	68.5	69.6	78.2	76.4	76.9	76.1	74.6	70.9	71.5	73.6	73.6
충남	62.9	62.9	65.0	66.0	75.2	74.1	73.3	73.5	72.4	71.7	71.1	71.0	71.8
전북	63.4	64.1	64.3	65.1	72.1	70.1	69.8	70.1	71.7	68.9	67.8	69.3	69.1
전남	59.3	59	60.7	62.2	69.6	67.8	67.0	69.5	67.9	64.4	65.2	66.8	68.5
경북	67.5	69	69.0	69.3	77.5	76.2	75.9	75.1	74.6	73.0	73.6	73.1	73.2
경남	65.8	66.1	67.7	68.7	76.1	75.0	74.8	74.5	75.0	73.3	74.2	74.5	73.4
제주	57.6	63.8	64.3	63.5	76.0	72.9	63.7	67.4	65.0	62.1	63.9	68.1	70.6

출처: 통계청, 지역통계, e-지방지표, 주제별, 재정 및 행정서비스, 재정자주도.

권역별로 재정자주도를 비교한 내용이 [그림 2-8-4]이다. 수도권 자치단체의 재정자주도는 계속 하강하는 상태를 유지하고 있다. 특히 2010년도에는 더욱 심하게 떨어지고 있다. 비수도권은 2005년을 정점으로 역시 하강하고 있다. 도 권역과 광역시도 마찬가지로 하강하고 있는 경향이 있으며, 이 중에서도 광역시 권역의 하강 속도가 뚜렷하다. 부동산 경기의 침체로 광역자치단체의 주요 수입원인 취득세·양도세 수입이 저조하기 때문이다.

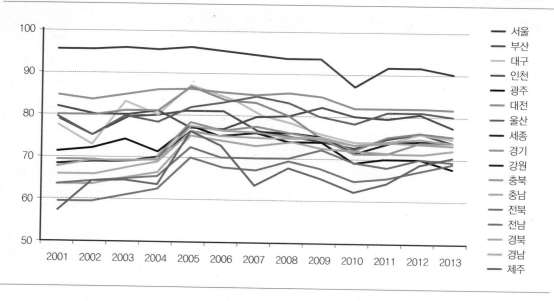

그림 2-8-3 지역별 재정자주도(2001-2013)

(단위: %)

범례: 서울, 부산, 대구, 인천, 광주, 대전, 울산, 세종, 경기, 강원, 충북, 충남, 전북, 전남, 경북, 경남, 제주

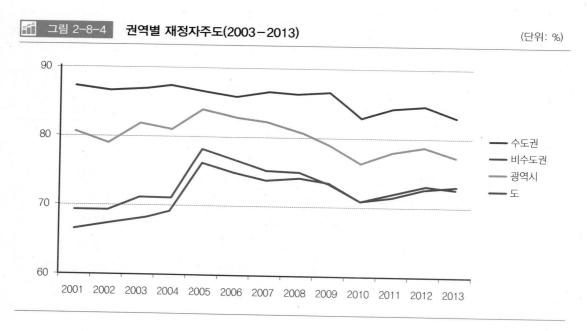

그림 2-8-4 권역별 재정자주도(2003-2013)

(단위: %)

범례: 수도권, 비수도권, 광역시, 도

1. 일반예산 중 행정비 비율

일반행정비는 행정기관의 유지와 운영에 필요한 기본적 경비로 어느 나라, 어느 지역에서나 필수적 경비로 간주하고 있다. 이러한 행정비는 기능별로 분류할 때는 사업, 경찰비, 일반 행정경비, 외부행정 등으로 구성된다. 성질별로 분류할 때는 인건비, 물건비, 경상이전 · 자본지출 · 보전재원 · 정부 내 지출 등으로 이루어진다. 참고로 1963년에서 1992년 기간 동안 일반행정비 지출에 대한 내용이 〈표 2-8-11〉이다.

이 기간 동안 일반행정비 지출액의 규모는 1963년에 비해 12.47배가 증가하였다. 이러한 증가는 동기간 경제성장률 6.4배보다 2배 이상 높은 수준이다. 연평균 증가율을 기간별로 살펴보면 1963~1972년 기간 동안은 10.67%, 1973~1982년 기간 동안은 10.44%, 1983~1992년 기간 동안은 9.34%로 나타나고 있어 그 증가율이 둔화되고 있음을 알 수 있다. 그러나 전체적으로는 증가율 평균이 9.09%로서 경제성장율(6.6%)보다 높은 수준을 보이고 있다.[2]

2000년대 들어와서 우리나라 지방자치단체들이 행정비에 얼마나 지출하고 있는지를 연도별로 나타내주는 내용이 〈표 2-8-12〉이다. 서울이 2004년에 16.08%에서 2008년도에 21%까지 올라갔다가 다시 19%대로 내려 왔다. 그러다가 2011년 현재 21.4%를 차지하고 있다. 이는 다른 자치단체에 비해 가장 높은 비율이다. 특히 2000년대 후반에 20%대에 진입한 자치단체가 서울 이외에는 한 곳도 없다. 이외 모든 자치단체들은 초창기에 높았다가 시일이 지나가면서 점점 떨어지고 있는 점이 특징이다. 강원 같은 경우는 2004년에 20.01%였던 행정비가 2011년에는 7.11%로 거의 3분의 1

표 2-8-11　**일반행정비의 추이**　(단위: 십억, %)

구 분	1963	1972	1982	1992	전기간
규 모	173.22	431.31	874.57	2,160.20	12.47배
연평균 증가율(10년간)		10.67	10.44	9.34	9.09

출처: 내무부, 재정연감, 김정완 박사학위논문, 1991, p.171.

2　김정완, 일반행정비가 재정적자에 미치는 영향에 관한 공공선택론적 분석, 전남대학교 대학원, 박사논문, 1994, p.171.

표 2-8-12 **지역별 일반회계 중 일반행정예산 비중(2004-2012)** (단위: %)

시도별	2004	2005	2006	2007	2008	2009	2010	2011	2012
서울	16.08	15.70	17.44	16.55	21.51	18.10	19.59	21.41	19.47
부산	15.01	14.21	13.19	13.80	11.98	10.59	11.06	12.08	11.37
대구	14.01	14.24	12.85	11.99	11.92	12.71	12.32	11.89	10.29
인천	14.85	13.99	13.20	11.99	13.67	12.89	13.86	12.54	12.35
광주	14.50	13.42	12.79	12.83	12.60	11.66	10.20	11.78	9.50
대전	13.52	13.71	12.37	12.57	12.08	10.04	10.88	13.39	10.60
울산	14.25	13.55	15.03	19.40	15.56	12.05	13.51	15.40	14.89
경기	14.18	14.66	13.96	13.53	14.76	14.08	15.11	15.55	14.46
강원	20.01	21.15	15.87	20.67	7.23	5.94	6.64	7.22	7.44
충북	15.46	18.17	16.46	16.70	8.14	7.72	7.75	8.29	7.66
충남	18.17	18.20	18.26	18.11	8.15	6.54	7.77	8.96	8.41
전북	18.13	16.08	17.58	17.26	9.79	8.06	8.52	6.71	6.82
전남	15.64	16.91	15.83	15.10	7.43	6.14	6.52	5.61	5.93
경북	17.97	17.09	16.77	16.94	9.77	8.07	9.28	9.79	8.88
경남	19.53	18.79	17.47	17.40	8.93	8.06	9.35	9.19	8.52
제주	18.63	19.02	18.36	19.56	10.62	10.64	10.79	11.12	12.15

출처: 행정안전부, 지방재정연감, 각 연도별.

수준으로 하락하였다. 도 단위에서는 경기와 제주를 제외하고는 모두가 행정비를 한 자리 수로 줄여나가고 있다. 반면에 광역자치단체들은 모두가 10%이상의 두 자리 수를 점하고 있다.

지역별 행정비용을 비교하면 다음 [그림 2-8-5]과 같다. 초창기에는 강원이 행정비용이 가장 높은 지역이었다. 그러나 2000년대 후반에 들어서면서 행정비용이 가장 적은 지역 층에 속해 있다. 반면에 초기에는 행정비용이 적었던 서울이 2008년 이후에 가장 많은 행정비용을 지출하는 자치단체가 되었다는 점이 특이하다.

행정비용이 재정적자를 증가시키는데 큰 요인으로 작용하고 있다는 연구결과를 고려할 때 행정비의 축소에 대한 노력은 지속시켜 나가야 할 것이다. 특히, 최근에 국방비와 복지비가 계속 상승하고 있기 때문에 재정수지의 적자는 지속될 것이라는 점을 고려하면 행정비의 축소는 불가피하다 하겠다.[3]

---

3 김정완, 앞의 논문, p.171.

그림 2-8-5 지역별 일반행정예산 비중의 변화 추이(2004-2012)　　　(단위: %)

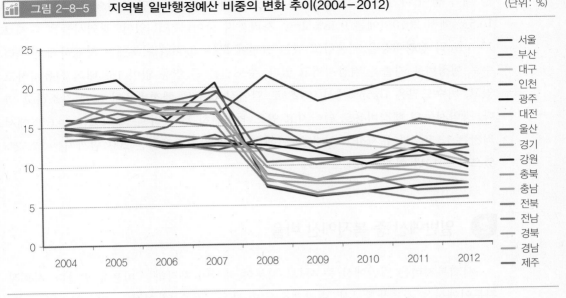

그림 2-8-6　권역별 일반행정예산 비중 변화 추이(2004-2012)　　　(단위: %)

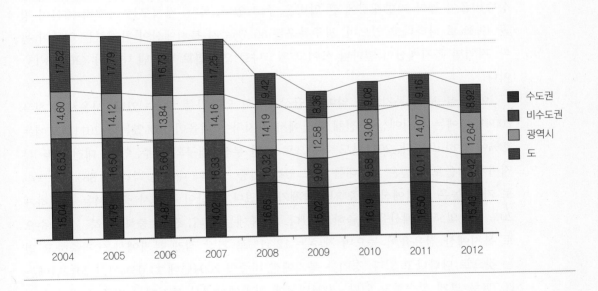

　　권역별 일반행정비 비중을 보면 [그림 2-8-6]과 같다. 그림에서 보면 수도권 지역의 자치단체들은 행정비가 대체로 높아가고 있음을 알 수 있다. 2004년 15.04%에서 2011년도에는 16.50%로 늘어나고 있다. 비수도권 지역의 자치단체들은 행정비용

을 대폭 줄여 나가고 있는 것으로 나타났다. 비수도권 자치단체 중에 도들은 2004년 16.53%에서 2010년에는 9.58%로 한 자리까지 줄여나가고 있다. 광역시들은 대체로 13~14%의 행정비용을 지출하고 있는 반면에 도는 2008년 이후에는 확실하게 한자리 수로 행정비용 지출을 격감시키고 있다. 수도권은 큰 변동 없이 15%내외를 유지하고 있고, 비수도권은 16.53%에서 9.42%로 떨어질 정도로 행정비용이 크게 감소하고 있다. 광역시들의 행정비용도 떨어지고 있으나 여전히 두 자리 수인 최고는 14.65%에서 최저는 12.58%를 유지하고 있다. 반면에 도 단위 자치단체들은 2004년까지는 17.52%였으나 2012년 현재 8.92%로 크게 떨어졌다.

2. 일반예산 중 복지예산 비율

사회복지비는 일반예산 중 사회복지분야 예산이 차지하는 비율을 말한다. 사회복지분야예산은 기초생활보장, 취약계층지원, 보육·가족 및 여성, 노인·청소년, 노동, 보훈, 주택, 사회복지 일반 등 8개 분야를 말한다. 최근에 사회복지비가 급증하고 있는데 2010년 19.9%, 2011년 20.9%, 2012년 21.3%, 2013년 23.1%로 여타의 예산보다도 상승비율이 높아 지방재정에 큰 압박을 주고 있다. 특히, 자치구는 복지비 예산이 평균 49.3%로 나타나고 있으며, 광주북구는 66.3%까지 복지예산이 차지하는 비중이 높다. 지역별 복지예산이 얼마나 쓰이고 있느냐를 연도별로 나타낸 내용이 〈표 2-8-13〉이다.

이 표를 보면 복지비가 얼마나 급상승하고 있는가를 알 수 있다. 서울시의 경우 2004년도에는 복지예산이 전체 예산에서 차지하는 비율이 13%였는데 2011년도에는 29%에 달하고 있다. 2011년도 기준으로 보면 부산, 대구와 광주, 인천, 대전 모두 복지비가 서울보다 높은 30%대를 넘고 있다. 이중 광주와 대구는 각각 36.88%, 35.90%로 가장 높은 복지예산 지출 자치단체가 되었다. 울산이 광역시 중에서는 유일하게 20% 중반의 복지예산을 지출하고 있다. 도 중에는 경기, 전북, 충북, 경북, 경남 순으로 복지예산 점유율이 높으며 제주는 12.41%로 가장 적게 복지예산을 지출하고 있는 것으로 나타나고 있다. 경기는 복지예산 비중이 2004년에 11.03%에서 2012년에는 26.7%로 크게 상승하고 있다. 2004년도에 일반예산에서 복지예산 비중이 최고인 도는 전남이 13.37%이며, 최하는 강원이 10.47%였다. 2012년 현재는 최고는 경기도로 26.07%이며, 최하는 제주로 11.67%이다. 차이가 무려 14.4%이다. 충북과 전북, 경남도 이제 20%대에 진입하는 복지비 고부담지역이 되고 있다.

표 2-8-13 **일반회계 중 복지예산 비중(2004-2012)** (단위: %)

시도별	2004	2005	2006	2007	2008	2009	2010	2011	2012
서울	13.44	15.36	18.60	18.71	22.60	25.28	26.42	29.10	31.65
부산	19.14	21.48	25.60	28.14	30.12	33.90	33.16	33.08	35.11
대구	21.20	23.55	24.92	27.10	28.68	34.37	34.89	35.90	35.37
인천	15.70	16.92	20.36	21.96	23.92	26.84	29.62	30.79	32.16
광주	19.69	23.64	26.96	28.68	32.71	36.97	38.62	36.88	38.24
대전	17.95	20.00	22.31	25.41	29.66	32.94	34.34	34.94	36.53
울산	14.47	14.56	16.75	17.52	18.30	23.18	24.66	24.56	25.16
경기	11.03	12.64	14.70	16.15	18.85	22.15	23.60	24.26	26.07
강원	10.47	11.29	9.08	14.34	16.71	19.07	19.07	19.50	19.49
충북	13.15	15.37	15.49	16.70	19.51	23.06	22.55	22.89	23.28
충남	11.88	12.27	14.22	15.44	17.72	21.12	20.35	20.56	19.82
전북	17.75	15.88	19.35	20.71	21.35	24.31	24.27	23.02	23.12
전남	13.37	13.55	14.95	15.56	17.11	19.06	19.18	18.75	17.57
경북	12.86	12.97	14.21	15.30	17.40	21.35	21.15	20.39	19.92
경남	11.49	12.20	13.35	15.31	17.87	21.65	22.06	21.77	22.36
제주	12.17	13.94	13.46	12.58	12.15	14.07	13.90	12.41	11.67

출처: 행정안전부, 지방재정연감, 각 연도별.

그림 2-8-7 **지역별 복지예산 변동 추이(2004-2012)** (단위: %)

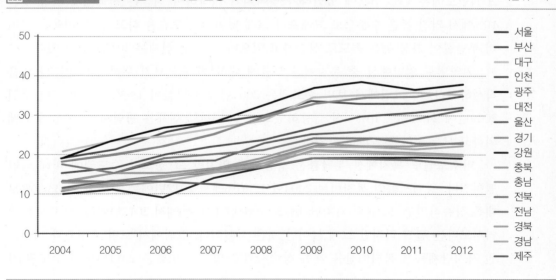

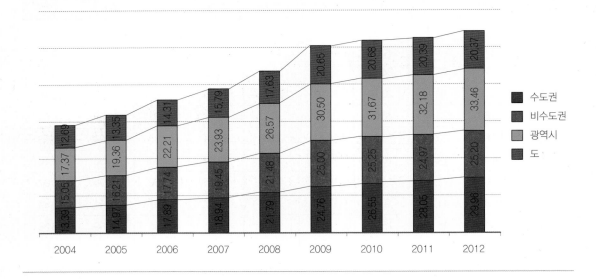

| 그림 2-8-8 | 지역별 복지예산 변동 추이(2004-2012) | (단위: %) |

그래프 범례: 수도권, 비수도권, 광역시, 도

2004: 12.69 / 17.37 / 15.05 / 13.39
2005: 13.35 / 19.36 / 16.21 / 14.97
2006: 14.31 / 22.21 / 17.74 / 17.89
2007: 15.79 / 23.93 / 19.45 / 18.94
2008: 17.63 / 26.57 / 21.48 / 21.79
2009: 20.65 / 30.50 / 25.00 / 24.76
2010: 20.68 / 31.67 / 25.25 / 26.55
2011: 20.39 / 32.18 / 24.97 / 28.05
2012: 20.37 / 33.46 / 25.20 / 29.96

이를 지방자치단체별로 비교해 보면 [그림 2-8-7]과 같다. 가장 높은 곳을 점하고 있는 지역이 광주다. 광주는 2004년에는 대구보다 낮았지만 2006년부터 계속 1위를 차지하고 있다. 대구는 2004년에는 제일 높았지만 현재는 인천이나 부산보다 낮은 위치를 점하고 있으나 여전히 30%대 이상에 머물고 있다. 강원은 2004년부터는 오히려 낮아져서 2006년에는 10%이하였지만 2012년 현재는 20%에 근접하고 있다. 제주는 2004년도에는 13% 전후에 있었다가 낮아지기 시작하여 지금은 전국에서 가장 낮은 10%에서 약간 높은 수준으로 그래프가 크게 낮아지는 모습을 하고 있다. 서울은 복지비 부담률이 가장 높은 속도로 상승하고 있으며, 2012년 현재는 30%를 넘고 있다.

권역별로 일반예산 중 복지예산 부담에 대한 변화를 보기 위하여 [그림 2-8-8]을 작성하였다. 이 그림에서 보면 수도권은 2004년에 부담률이 13.39%였으나 5년 후인 2009년에 24.76%로 10%이상 급등하였으며, 2013년도 현재는 광역시 중 울산시만 제외하고 모두 30%를 돌파하고 있다.

비수도권도 복지예산 부담률은 상승하고 있지만 그 정도가 수도권에 비해 약간 떨어진다. 광역시들의 복지비는 2004년 17.37%에서 2012년에는 거의 배인 33.46%로 대폭 상승하였고, 도 단위 자치단체들도 2004년 12.69%에서 2012년에는 20.37%로 광역시보다는 훨씬 적지만 크게 늘어난 것은 사실이다. 그림에서 보면 수도권과 비수도권 자치단체들이 복지예산을 계속 상승시키고 있는데 비율은 2011년도에 수도권 자치단체가 약 3% 높을 뿐 나머지는 각 연도마다 비슷한 것으로 나타나고 있다. 광역시 권역과 도 권역을 비교해보면 큰 차이가 있다. 광역시권의 복지예산은 2009년부터 30%대에 진입하고 있지만 도 권역은 2009년에야 20%대에 들어와 있고, 2011년도 복지예산의 비율도 광역시가 도보다 10% 넘게 큰 차이가 나고 있다. 따라서 앞으로 복지예산으로 인하여 예산적자 등 압박을 받는 강도는 광역시들이 도보다 훨씬 클 것이라고 예측할 수 있다

제5절 | 공무원 수

1. 국가공무원과 지방공무원 정원 변화

행정의 담당자는 공무원이다. 행정기구의 팽창과 함께 공무원의 수는 계속 증가해 왔다. 이러한 현상은 우리나라뿐만 아니라 세계 각국의 공통적인 현상이다. 우리나라의 경우 1960년에 24만 명이던 공무원이 2015년 현재 1백만 명이 넘었다. 〈표 2-8-14〉에서 보는 바와 같이, 행정부 공무원 수는 1976년부터 1994년 말까지 지속적으로 증가하여 왔다. 1995년은 제1기 민선지방자치가 실시되는 해이다. 외형적으로 볼 때, 기준 연도인 1976년 대비 1994년 말의 국가공무원과 지방공무원은 각각 49.8%, 174% 증가하였다. 그러나 아직은 전체 공무원 가운데 국가공무원이 차지하는 비율은 약 64%로 상당히 높은 비율임을 알 수 있다. 이는 공무원 분류에 의한 차이에 기인한다. 공무원 수에서 가장 큰 비율을 차지하는 교원과 경찰이 국가공무원으로 분류되고 있기 때문이다. 한편, 지방공무원의 증가율은 1991년 지방자치제 실시 이후에 현저하게 증가하고 있음을 알 수 있다. 1994년도 지방공무원의 증가율은 13.44%로서 국가공무원의 증가율 2.6%와 비교된다.[4]

공무원의 증가는 연쇄적으로 중앙행정기관과 자치단체의 기관 수를 늘리게 된다. 〈표 2-8-15〉는 중앙행정기관의 보조기관 변화 추이를 분석한 내용이다. 1977년 중앙부처의 기관 부서를 보면 24실이었는데 1994년에는 43실로 증가된다. 특히 당시에 부처 수를 편법으로 늘리는 방법으로 담당관이 있었는데 1977년도에 288개에서 1994년

---

4 이상호, 지방자치단체 공무원 정원관리에 관한 가치지향적 접근, 영남대학교 대학원, 박사논문, p.25.

표 2-8-14 **공무원 정원 변화 추이**

(단위: 명)

구분	국가공무원		지방공무원	
	인 원	증가율(%)	인 원	증가율(%)
1976년	378,129		118,642	
1979년	413,632	9.4	143,161	20.7
1982년	448,936	8.5	189,091	32.1
1985년	461,945	2.9	198,087	4.8
1988년	492,466	6.6	232,094	17.2
1991년	533,104	12.3	286,697	23.5
1994년	567,435	2.6	325,029	13.4
'76 '94 대비 증가율	188,307	49.8	206,387	174.0

출처: 총무처, 총무처연감, 1995를 참조하여 작성, 이상호, 지방자치단체 공무원 정원관리에 관한 가치 지향적 접근, 영남대학교 대학원, 박사논문, 1995, p.25에서 인용.

표 2-8-15 **중앙행정기관의 보조기관 변천추이**

년도 \ 보조기관	기구변천	실	국	과	차관보(명)	담당관(명)
1977	2원14부4처14청 4외국2위원회	25	177	654	20	288
1979	2원14부4처15청 4외국3위원회	27	195	685	20	341
1982	2원16부4처14청 3외국1위원회	32	161	677	12	480
1985	2원16부4처14청 3외국	34	165	681	12	504
1988	2원16부4처13청 3외국1위원회	35	173	712	14	536
1991	2원16부6처15청 2외국	45	187	852	14	609
1994	2원13부5처15청 2외국	43	158	767(12)	11	611

출처: 총무처, 총무처연보, 각 연도 12월 31일을 기준으로 작성.
주1) ( )안은 외국의 보조기관으로서 본부 숫자에서 제외하였음.
　2) 담당관은 1급~4급, 특정직, 연구직을 합산하였음.

표 2-8-16 **지방자치단체 행정기관 변천추이**

행정기관\년도	보조 · 보좌기관			산하기관	읍	면	동	출장소
	실	국	과					
1977	21	151	1,743	19	122	1,346	–	219
1982	8	115	2,163	–	188	1,245	1,705	215
1985	55	202	2,541	22	191	1,253	1,794	203
1988	32	381	3,870	451	176	1,247	2,059	183
1991	48	507	5,276	475	177	1,258	2,182	162
1994	48	482	5,230	237	178	1,256	2,296	170

출처: 총무처, 총무처연보, 각 연도 12월 31일 기준으로 작성.
주1) 경찰국기구는 제외하였으며, 1988년부터 소방본부기구 포함하였음.
  2) 산하기관은 공무원교육원, 농촌진흥기관, 보건소를 포함. 단, 보건소는 1988년부터 포함하였음.

611개로 2배 이상 늘어났다.

지방자치단체의 부서는 어떻게 증가하고 있는가에 대한 내용이 〈표 2-8-16〉이다. 이 표에 의하면 1977년의 실과 국이 21개와 151개였는데 1994년도는 각각 48개와 482개로 크게 증가하고 있다. 특히 중앙정부의 담당관제도와 같이 지방자치단체도 기구를 늘리는 편법으로 산하기관을 대량으로 신설하였는데 1977년 19개였던 산하기관이 1994년도에는 237개로 크게 증가하였다. 1995년 7월 1일에 우리나라에서 광역자치단체인 시 · 도 지사까지 주민들의 직선에 의하여 선출되는 민선자치가 실시되었다.

그러면 민선지방자치가 실시되는 1995년 이후의 지방공무원 정원은 어떻게 증원되고 있는지를 살펴보자. 이에 대한 내용이 〈표 2-8-17〉이다. 이 표를 보면 1997년에 지방공무원 정원은 2.9%가 감축되기 시작하면서 1998년과 2001년 7월 사이에 지방공

표 2-8-17 **지방공무원 정원 변화**　　　　　　　　　　　　　　　　　　　　　　　　(단위: 명)

구분	1995	1997	98.6~01.7	2001	2002	2003	2004	2005	2007
정원	283,358	291,673	(△56,633)	242,797	248,141	256,581	264,533	274,400	282,476
증감		△2.9%	△19.4%	△11.8%	△2.2%	△3.4%	△3.1%	△3.7%	△2.9%
비고	–	감축전	구조조정	–	참여정부전	–	–	–	총액인건비제도입

출처: 이병기 외 3명(2007), 지방자치단체 공무원 정원산정방법에 대한 소고의 표를 재구성함. 행정안전부, 행정안전 통계연보(2008). 각 자료는 해당연도 이듬해 1월 1일 기준으로 작성된 수치임.

표 2-8-18 현 정부 출범 이후 공무원 정원 비교

(단위: 명)

구분 (정부말기준)	국가직	前정부대비 증감	지방직	前정부대비 증감	행정부계	前정부대비 증감
이명박 정부 ('08.2~'09.6)	606,963	△754	338,435	△9,941	945,398	△10,695
참여정부 ('03.2~'08.2월)	607,717	31,494[1]	348,376	39,683	956,093	71,177[2]
국민정부 ('98~'03.2월)	576,223	14,271	308,693	△48,509	884,916	△34,238
문민정부 ('93~'97년)	561,952	△3,163	357,202	46,245	919,154	47,744
제6공화국 ('88~'92년)	565,115	87,969	306,295	89,844	871,410	177,813
제5공화국 ('81~'87년)	477,146	38,692	216,451	65,885	693,597	104,577

출처: 행정안전부, (2009년도 행정안전위원회)국정감사요구자료, 행정안전위원회(서울: 행정안전부, 2009), p.296.
주1) 철도청 공사화(29,756명, '05.1) 감안 시 61,250명 증가(국가직).
 2) 철도청 공사화(29,765명, '05.1) 감안 시 100,947명 증가(행정부 계), ※ 지방공무원 정원('09년 정원은 '08.12.31기준.
   자치단체장 및 교육자치단체장 제외).

무원 56,633명이 감원되었다. 비율로 보면 19.4%나 되는 큰 감축이다. 이 기간은 김대
중 정부가 IMF를 벗어나기 위하여 대대적인 구조조정을 할 때였다. 물론 일부 공무원
을 공사로 전직시키거나 지방공사를 만들어서 공무원을 흡수하는 형태도 있었지만 순
정원이 줄어든 것도 사실이다.

그러나 이러한 감축도 잠시일 뿐 공무원 정원은 다시 계속 늘어나기 시작하였다.
2001년도에는 11.8%나 크게 증가하였다. 결국 김대중 정부 말에 대대적인 증원을 통
하여 구조 조정으로 감축된 공무원 수를 보충하기 시작하는 것이다. 노무현 정부 또한
공무원 정원을 계속 증가시켰다. 결국 노무현 정부 말기인 2007년 말에는 282,476명
으로 늘어나 1996년 정원으로 환원되었다. 공무원 수는 업무에 관계없이 계속 증가한
다는 파킨슨 법칙이 다시 증명되고 있음을 알 수 있다. 〈표 2-8-18〉은 제5공화국에서
부터 지난 정부인 이명박 정부까지 공무원 정원을 비교한 표이다.

이 표를 보면 공무원의 정원은 지방자치실시와 관계없이 꾸준하게 증가하는 것을
볼 수 있다. 설령 어느 한 기간이나 정부에서 정원이 감축이 되었어도 실제적인 공무
원 수가 줄어드는 경우는 거의 없다. 줄어드는 인원은 민영화나 공사화로 인하여 공무

원들이 전직하는 경우가 대부분이기 때문이다.

2. 지방공무원 정원의 변화

1) 2002년까지의 지방공무원 정원(1960-2002)

지방자치단체의 공무원 수에 대한 통계자료는 2000년 이전 자료는 의외로 찾기가 어려웠다. 그래서 각주에서 밝혔듯이 각 자치단체의 통계에 관련된 자료에서 추정하여 찾았다. 즉, 이 당시까지만 해도 일정범위의 기간을 두고 통계를 조사한 것이 아니라 각 자치단체의 필요에 의해서 조사를 했기 때문에 자료의 규칙성이 매우 불안하다. 통계청이 발표한 e-지표는 2003년도부터 시작이기 때문에 여기에서는 1960년~2002년 사이의 자료를 조사하였다. 이 자료가 〈표 2-8-19〉이다.

표에 따르면, 1960년도에 서울시 공무원은 10,978명으로 유일하게 1만 명을 넘는 자치단체이다. 부산은 1963년도에 부산 직할시로 승격하였는데 이때의 공무원 수가 1,519명이었다. 1960에는 강원 지방공무원이 2,558명으로 지방공무원 2,492명인 경기보다 많았다. 이 시기에 전북은 경기보다 2배나 많은 5,440명으로 전국에서 큰 자치단체에 속할 정도로 공무원 수가 많다. 10년 후인 1970년도의 자료를 보면, 서울은 18,915명으로 10년 전에 비해 거의 90% 증가하였다. 부산도 7년 후인 1970년도 공무원 수는 3,917명으로 2.58배나 증가하였다. 경기도는 1970년에 12,438명으로 서울과 함께 일만 명의 공무원 시대를 열었다. 10년 전에 비해 약 5배가 증가하였다. 놀라운 속도로 증가한 것이다. 전북도 이 기간에는 공무원 수가 9,488명으로 늘어났다. 전남도 1960년도에 5,861명에서 1970년도에는 18,182명, 1975년에는 28,539명으로 크게 늘어났다. 강원의 공무원 정원은 1975년 7,129명, 1985년 11,995명이었다. 이 시기에 부산의 공무원 정원은 각각 6,248명, 10,703명이었다. 강원이 부산보다 공무원 정원이 많았던 것이다. 그러나 1990년부터는 부산과 강원은 서로가 약간씩 정원이 많다가 적다가 하였다. 경남의 공무원 정원은 부산이 분리되어 나간 2년 후인 1965년에는 6,253명으로 축소되었으나 1975년 10,891명, 1990년 21,505명, 2000년 18,391명으로 증원되었다.

1980년에는 서울은 3만 명 시대에, 전남과 경북은 2만 명 시대, 경기, 전북, 경남은 1만 명 시대에 도달하였다. 민선자치를 실시했던 해인 1995년도에는 서울은 54,260명으로 5만 명 선을 넘어섰다. 부산은 1990년에 비해 오히려 공무원 수가 적어진다. 경기는 이 시기에는 45,504명으로 대폭 증원되었다. 경남도 이 시기에 들어서서 21,503

표 2-8-19 2002이전의 지역별 공무원 정원 변화(1960-2002)[5]　　　　　　(단위: 명)

시도별	1960[1]	1965	1970	1975	1980[2]	1985[3]	1990	1995[4]	2000	2001	2002
전국	-	-	-	-	-	-	-	-	242,917	242,797	248,141
서울[5]	10,798	14,827	18,915	25,421	38,858	29,765	48,985	54,260	39,162	45,074	45,552
부산	(1,519)	2,409	3,917	6,248	7,520	10,703	18,968	16,681	14,529	14,487	14,853
대구[6]	(473)	(4,232)	(2,024)	(2,941)	(3,717)	6,160	8,853	11,311	9,685	9,721	9,879
인천[7]	(543)	(928)	(2,003)	(2,934)	(3,596)	-	6,981	11,381	10,298	10,354	10,630
광주	(263)	(458)	(1,099)	(1,280)	(2,009)	(2,641)	5,779	6,602	5,739	5,680	5,795
대전	(378)	(353)	(746)	(893)	(1,442)	(2,474)	5,234	6,313	5,776	5,719	5,861
울산[8]	(325)	(469)	(817)	(936)	(1,321)	(2,115)	(2,884)	(3,259)	4,422	4,419	4,536
경기[9]	2,492	3,579	9,167	12,438	14,726	17,114	29,242	45,504	32,988	33,015	43,026
강원[10]	2,558	4,429	5,974	7129	9,361	11,995	14,107	16,848	14,509	14,232	14,592
충북	2,828	2,112	2,582	3,102	6,969	8,634	9,991	12,646	14,434	10,308	10,600
충남	-	5,407	7,306	7,134	10,707	13,854	13,336	16,410	13,894	13,708	14,067
전북	5,440	9,489	-	12,355	-	-	17,651	14,434	14,274	14,601
전남	5,861	13,589	18,182	28,539	21,701	27,479	26,054	22,748	18,993	18,570	19,051
경북[11]	-	39,925	-	20,317	26,627	23,819	27,855	21,445	21,445	21,133	21,580
경남	-	6,253	9,052	10,891	13,187	17,950	21,505	25,705	18,391	17,879	18,262
제주	608,(62)	922,(66)	1,265	2,469	2,454	3,276	3,802	4,909	4,218	41,47	4,278

출처: 통계청 「한국통계연감」, 서울통계연보, 부산통계연보, 대구시사, 1995, 인천시사, 상권, 1973, 대전통계연보, 울산통계
연보, 경기통계연보, 통계로 본 강원의 발자취(1961~2001), 강원도사, 현대편, 1995, 강원통계연보, 통계로 본 충북 50
년, 충남통계연보, 통계로 본 전북의 어제와 오늘, 전라북도1997, 전남통계연보, 경북통계연보(1960-2002), 제주도지,
제3권, 2006.

주1) 1960년도 자료는 부산은 '63, 광주 '62, 울산 '62, 강원 '62자료를 인용하였음.

　2) 대전 1980년도 자료는 '83년도 자료임.

　3) 서울 1985년 자료는 1988년도 자료임.

　4) 1995년 자료는 충북 '97, 충남 '96, 전북 '96, 전남 '97, 제주 '97자료를 인용하였음, 충남통계 중 1960년도에는 경찰
2,706명, 1965년에는 경찰 3,011명, 1970년은 경찰 2,971명이 포함되었음. 전남통계 중 1960년 경찰공무원 3,702명, 교
육 294명 포함, 1965년 경찰 4,272명, 교육 1,323명포함, 1970년 경찰 5,415명, 교육 563명포함, 1975년 경찰 4,832명,
교육6,025명 포함)되었음.

　5) 서울-경찰공무원제외, 보건소·구의회 포함, 동직원 포함.

　6) 대구통계연보에 의하면 경찰, 교육공무원을 제외하면, 1061년 621, 1965년 1,242, 1970년 2,637, 1975년 2,941, 1980년
5,533명으로 되어 있음.

　　　　5　공무원수는 정원을 중심으로 하되, 경찰 및 교원은 제외하였으나 일정 지역에는 구분을 하지
　　　　　않았기 때문에 통계속에 경찰 또는 교육공무원이 포함될 경우도 있을 수 있음. 특히, 1975년까
　　　　　지 지역공무원통계에는 경찰, 교육공무원이 포함될 가능성이 높음. 제주는 경찰·소방공무원
　　　　　444명을 제외한 것임. 공무원 통계는 광역자치단체내의 공무원(시군 등 포함)은 다 포함되었음.

7) 인천은 1980년도 자료는 '81, 1990년 자료는 '91로 자료를 인용하였음.

8) 울산시와 울산군의 공무원정원을 합침.

9) 경기도공무원 통계는 통계연보에는 나왔지만 현재 기준으로 하여 교원, 경찰은 제외시켰음. 경기도 1965도는 '64년, 1965년은 '64을 활용하였음 .소방공무원은 포함했음. 경기소방공무원은 1975년에는 83명에 불과했으나 1976년부터 578명으로 급증하기 시작함. 여기에는 도청산하 뿐만 아니라 시·군, 읍면동 공무원, 소방공무원 모두 포함되어 있고, 경찰 및 교육공무원은 제외됨. 1979년에는 708명이 되었고 이후 계속 증가하였음.

10) 강원은 1960자료는 '61, 1965자료는 '66, 1970년 자료는 '71를 활용했음.

11) 1965년 공무원 정원은 경찰, 교육공무원을 비롯한 대구시 공무원수까지 포함한 수임. 1975년도 자료는 '76년도 자료를 사용하였음.

※ 여기 통계는 자치단체통계를 중심으로 하되 보충은 한국통계연감 등을 참조하였음. 빈 곳은 해당 자치단체조차도 자료를 찾을 수 없다 하여 그대로 놓아두었음.

명으로 2만 명의 공무원 시대를 맞이하게 된다. 2000년도에 들어서면서 각 지방자치단체들은 공무원 수를 대폭 감축하게 된다. IMF시대에 들어서면서 구조조정을 통한 감축이 모든 부분에서 일어날 때다. 공조직도 예외가 아니었다. 서울은 5만 명대의 공무원 수가 3만9천 명으로 대폭 감원되었다. 부산도 약 2천 명 이상이 감원되었다. 경기는 1만3천 명, 전남은 4천 명, 경남은 7천 명이상 큰 감축이 이루어졌다.

2) 2003년 이후 지방공무원 정원(2003-2012)

2012년 12월 31일 현재 우리나라 공무원 수는 행정부, 입법부, 사법부, 헌법재판소를 포함하면 990,423명이다. 이 중 행정부 공무원이 전체 공무원의 97.5%인 966,125명이다. 이를 다시 국가공무원과 지방공무원으로 나누면 국가공무원은 62.1%인 615,487명, 지방공무원은 35.4%인 350,638명이다. 지방공무원은 이중에 교육공무원 63,003명을 제외하면 287,635명이 된다. 순수한 의미에서 지방자치단체 공무원은 287,635명으로 이들은 시·도 본청에 86,613명이, 시·군·자치구에 201,022명이 근무를 하고 있다.[6]

여기까지 오는 과정에 연도별로 어떻게 변화되었는지를 2003년 이후를 중심으로 살펴보자. 이에 대한 내용이 〈표 2-8-20〉이다. 2003년에서 2012년 동안 지방공무원 수는 31,380명이 증원이 된다. 12.2% 증원된 것이다. 약 10년 동안에 12.2%의 증원은 그렇게 높지는 않은 편이다. 244개 자치단체에 1년에 평균 3,138명이 증원된 정도였기 때문이다. 이 중에 경기도가 이 기간 동안 9,332명이 증원이 된 점을 고려하면 다른 지역은 매우 미미한 증원이 있었을 뿐이다. 2003년에서 2012년까지 약 10년간 각 자치단체정원은 대체로 1-2천 명 선에서 증원될 정도로 정원통제가 매우 심하였다. 2003년에서 2012년간 지역별로 공무원 정원이 증가된 인원을 보면: 서울 790명, 부산

---

6 안전행정부, 안전행정통계연보, 2013년.

표 2-8-20 **2000년대 지역별 지방공무원 정원(2003-2012)** (단위: 명)

구분	2003	2004	2005	2006	2007	2008	2009	2010	2011	2012
전국	256,581	264,533	274,400	279,826	282,476	274,871	277,122	281,173	283,477	287,961
서울	46,726	47,167	47,571	47,937	48,006	46,325	46,342	46,528	46,833	47,526
부산	15,227	15,643	16,276	16,419	16,388	15,914	15,980	16,325	16,362	16,633
대구	10,181	10,464	10,837	10,948	11,047	10,700	10,802	10,999	11,146	11,332
인천	11,183	11,546	12,040	12,610	12,728	12,669	12,968	13,054	13,157	13,379
광주	6,022	6,160	6,347	6,410	6,527	6,438	6,539	6,669	6,721	6,862
대전	6,087	6,267	6,527	6,706	6,828	6,692	6,784	6,838	6,895	6,937
울산	4,776	4,922	5,116	5,197	5,236	5,164	5,152	5,265	5,346	5,505
세종	−	−	−	−	−	−	−	−	−	958
경기	35,885	37,938	40,801	42,401	43,558	42,835	42,909	43,435	44,237	45,218
강원	14,961	15,343	15,875	16,147	16,256	15,719	15,939	16,303	16,359	16,523
충북	10,876	11,307	11,884	12,084	12,177	11,889	12,015	12,119	12,255	12,436
충남	14,572	15,173	15,740	16,154	16,465	16,246	16,488	16,728	16,819	16,310
전북	14,956	15,371	15,742	15,893	15,938	15,414	15,568	16,008	16,035	16,181
전남	19,307	19,535	19,868	20,035	20,076	19,257	19,554	19,911	20,008	20,143
경북	22,064	22,750	23,706	24,108	24,166	23,343	23,524	23,783	24,005	24,484
경남	19,396	20,407	21,261	21,607	21,943	21,287	21,579	22,229	22,286	22,485
제주	4,362	4,540	4,809	5,170	5,137	4,979	4,979	4,979	5,013	5,049

출처: 통계청, 지역통계, e-지방지표, 주제별, 재정 및 행정서비스, 지방공무원 정원.

1,406명, 대구 1,150명, 인천 2,196명, 광주 840명, 대전 850명, 울산 729명, 경기 9,333명, 강원 1,562명, 충북 1,560명, 충남 1,738명, 전북 1,226명, 전남 836명, 경북 2,420명, 경남 3,089명, 제주 687명 등이다.

지역별로 공무원의 집중도를 살펴보기 위하여 지자체별 공무원 정원을 점유율로 작성하였다. 이 내용이 〈표 2-8-21〉이다. 공무원 점유율이 내려가는 지역은 서울, 부산, 대구, 전남, 전북, 경북 등이고 나머지 지역은 정체이거나 상승을 하고 있다. 공무원의 정원은 인구의 축소나 증원에 큰 영향 없이 한번 배정된 정원에서 크게 감축되거나 일시에 크게 증원되는 일이 없다. 공무원 정원은 중앙정부든 지방정부든 매우 보수적으로 운영되고 있기 때문이다.

2003년도에 지방공무원 점유율 순서를 보면, 서울 18.2%, 경기 14.06%, 경북 8.6%, 경남 7.6%, 전남 7.5%, 부산 5.9%, 전북 5.8%, 강원 5.8%, 충남 5.7%, 인천

표 2-8-21 **지자체별 지방공무원의 점유율(2003-2012)** (단위: %)

구분	2003	2004	2005	2006	2007	2008	2009	2010	2011	2012
서울	18.2	17.8	17.3	17.1	17.0	16.9	16.7	16.5	16.5	16.5
부산	5.9	5.9	5.9	5.9	5.8	5.8	5.8	5.8	5.8	5.8
대구	4.0	4.0	3.9	3.9	3.9	3.9	3.9	3.9	3.9	3.9
인천	4.4	4.4	4.4	4.5	4.5	4.6	4.7	4.6	4.6	4.6
광주	2.3	2.3	2.3	2.3	2.3	2.3	2.4	2.4	2.4	2.4
대전	2.4	2.4	2.4	2.4	2.4	2.4	2.4	2.4	2.4	2.4
울산	1.9	1.9	1.9	1.9	1.9	1.9	1.9	1.9	1.9	1.9
세종	–	–	–	–	–	–	–	–	–	0.3
경기	14.0	14.3	14.9	15.2	15.4	15.6	15.5	15.4	15.6	15.7
강원	5.8	5.8	5.8	5.8	5.8	5.7	5.8	5.8	5.8	5.7
충북	4.2	4.3	4.3	4.3	4.3	4.3	4.3	4.3	4.3	4.3
충남	5.7	5.7	5.7	5.8	5.8	5.9	5.9	5.9	5.9	5.7
전북	5.8	5.8	5.7	5.7	5.6	5.6	5.6	5.7	5.7	5.6
전남	7.5	7.4	7.2	7.2	7.1	7.0	7.1	7.1	7.1	7.0
경북	8.6	8.6	8.6	8.6	8.6	8.5	8.5	8.5	8.5	8.5
경남	7.6	7.7	7.7	7.7	7.8	7.7	7.8	7.9	7.9	7.8
제주	1.7	1.7	1.8	1.8	1.8	1.8	1.8	1.8	1.8	1.8

4.46%, 충북 4.2%, 대구 4.0%, 대전 2.4%, 광주 2.3%, 울산 1.9%, 제주 1.7% 순이다. 5년 후인 2008년도의 순서를 보면, 서울, 경기, 경북, 경남, 전남, 충남, 부산, 강원, 전북 순이다. 2012년의 순서를 보자. 서울 16.5%, 경기 15.7%, 경북 8.5%, 경남 7.8%, 전남 7.0%, 부산 5.8%, 충남 5.9%, 강원 5.7%, 전북 5.6%, 인천 4.6%, 충북 4.3%, 대구 3.9%, 대전 2.4%, 광주 2.4%, 울산 1.9%, 제주 1.8%, 세종 0.3% 순이다. 이를 종합해서 보면, 순위가 1위에서 5위인 서울, 경기, 경북, 경남, 전남 순서는 결코 바꾸어지지 않는다는 것이다. 이후에도 약간의 변동이 있을 뿐 순서가 2단계 이상 밀리거나 상승되는 일이 없다. 서울은 경기에 비해 인구를 비롯한 많은 부분이 밀리지만 공무원 점유율은 여전히 1위를 하고 있다. 한번 정해진 정원은 쉽게 변하지 않기 때문에 일어나는 현상이다. 보는 바와 같이 강원과 전북이 인천, 충북, 대구 등 보다 인구는 적지만 공무원 수는 2~3천 명이 많은 것도 이에 대한 좋은 예이다.

〈표 2-8-20〉을 도식화한 내용이 [그림 2-8-9]이다. 서울시는 내려오는 경향인 반면에 경기는 미미하지만 상승선을 유지하고 있다. 나머지 지역은 보이지 않을 정도의 미

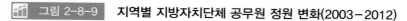
그림 2-8-9　지역별 지방자치단체 공무원 정원 변화(2003-2012)　　　(단위: 천 명)

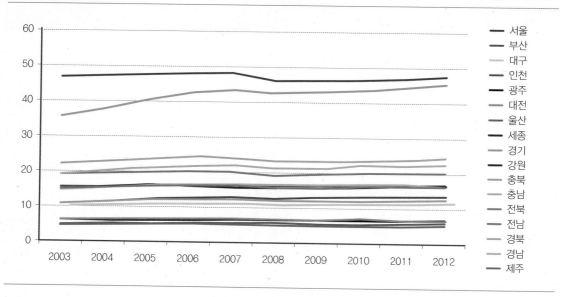

그림 2-8-10　권역별 지방자치 공무원 수의 변화(2003-2012)　　　(단위: 천 명)

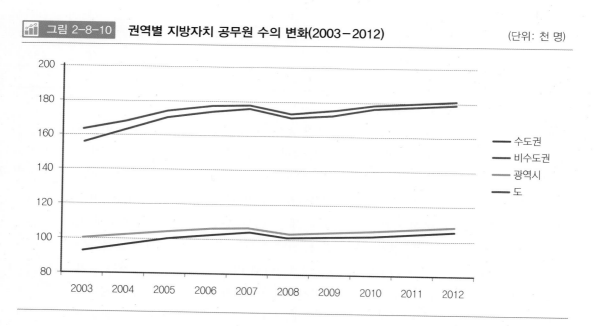

미한 증원이 이루어지고 있다.

이를 권역별로 비교해 보면 수도권과 비수도권, 광역시와 도의 변화 비율은 거의 같이 가고 있음을 [그림 2-8-10]에서 알 수 있다. 이는 아직도 지방정부의 정원은 중앙정부에서 엄격하게 관리를 하고 있기 때문에 각 지방자치단체들이 동일하게 움직일 수밖에 없다는 증거이기도 하다. 그러나 내부적으로 살펴보면 중앙정부가 정원을 철저하게 관리를 하면 할수록 자치단체들은 임시직 또는 계약직 등을 남발하여 공무원의 정원을 편법으로 증원하고 있는 것이 현실이다.

3. 인구 천 명당 공무원 정원

지역별로 공무원 정원을 인구와 비교하여 상대적 비율을 알아보기 위한 것이 인구 천 명당 공무원 정원이다. 이에 대한 내용이 〈표 2-8-22〉이다. 인구대비 공무원 수가 가장 적은 곳은 경기고, 가장 많은 곳은 강원이다. 경기는 인구 천 명당 공무원 수가 3명대에서 벗어나지 못하고 있다. 반면에 강원도는 2003년에 9.80명으로 전국에

표 2-8-22   인구 천 명당 공무원 정원   (단위: 명)

시도별	2003	2004	2005	2006	2007	2008	2009	2010	2011	2012
서울	4.59	4.64	4.68	4.71	4.71	4.54	4.54	4.51	4.57	4.66
부산	4.12	4.27	4.47	4.55	4.57	4.46	4.51	4.58	4.61	4.70
대구	4.02	4.14	4.32	4.39	4.43	4.29	4.34	4.38	4.45	4.52
인천	4.35	4.48	4.63	4.80	4.78	4.70	4.78	4.73	4.70	4.70
광주	4.31	4.40	4.53	4.55	4.62	4.53	4.56	4.58	4.59	4.67
대전	4.25	4.34	4.49	4.57	4.63	4.52	4.57	4.55	4.55	4.55
울산	4.45	4.55	4.70	4.76	4.76	4.64	4.62	4.67	4.71	4.80
세종	–	–	–	–	–	–	–	–	–	8.47
경기	3.52	3.63	3.81	3.89	3.92	3.79	3.74	3.69	3.71	3.74
강원	9.80	10.08	10.49	10.73	10.81	10.42	10.54	10.66	10.65	10.74
충북	7.30	7.59	7.98	8.09	8.08	7.82	7.87	7.82	7.84	7.94
충남	7.62	7.77	8.02	8.18	8.25	8.05	8.09	8.06	8.00	8.04
전북	7.65	8.06	8.35	8.51	8.56	8.31	8.39	8.57	8.56	8.64
전남	9.57	9.84	10.10	10.31	10.40	10.03	10.22	10.38	10.45	10.55
경북	8.11	8.44	8.82	8.97	9.01	8.73	8.81	8.84	8.89	9.07
경남	6.18	6.49	6.73	6.81	6.86	6.60	6.64	6.76	6.74	6.77
제주	7.90	8.17	8.62	9.26	9.19	8.88	8.85	8.72	8.70	8.65

출처: 통계청, 지역통계, e-지방지표, 주제별, 재정 및 행정서비스; 안전행정부, 지방행정조직편람, 지방자치단체 공무원 인사통계, 주민등록인구.
주: 여기에는 국가직 공무원을 포함한 수치임.

서 가장 높았고, 2012년 현재도 10.74명으로 여전히 가장 높다. 2012년 현재 10명이 상인 곳은 전남도 포함된다. 강원과 전남은 인구는 줄어들고 있는데도 불구하고 공무원 수도 다른 지역과 꼭 같이 늘어나고 있다는 의미다. 반면에 가장 적은 곳은 경기다. 경기는 2003년에 3.52명에서 2012년 현재 3.74명으로 여전히 3명대에서 머물고 있다. 2012년 기준으로 볼 때 경기인구는 12,093천 명이고 강원도는 1,539천 명이다. 인구 비율로 보면, 강원 지방공무원 수가 경기보다 3배 정도가 많다는 이야기다. 도 권역은 경기 이외에 최하가 2012년 기준으로 볼 때 경남으로서 6.77명이다.

또 하나 특이한 현상은 광역시는 모두 인구 천 명당 공무원 수가 4명대 수준이다. 4명대를 벗어나는 광역시가 없다. 2003년을 기준으로 할 때 광역시 중 가장 높은 곳은 4.59명인 서울시였고, 가장 낮은 지역은 4.02명인 대구였다. 2012년 현재는 광역시 중 가장 높은 지역은 4.80 명인 울산이며, 가장 낮은 지역은 4.52 명인 대구다. 상기 표를 그래프화 한 것이 [그림 2-8-11]이다.

이 그림을 보면 천 명당 공무원 정원은 크게 4계층으로 나누어 있다. 가장 밑에 있는 층이 경기와 모든 광역시다. 다음 한 곳만 표시되어 있는 곳은 경남이다. 그 다

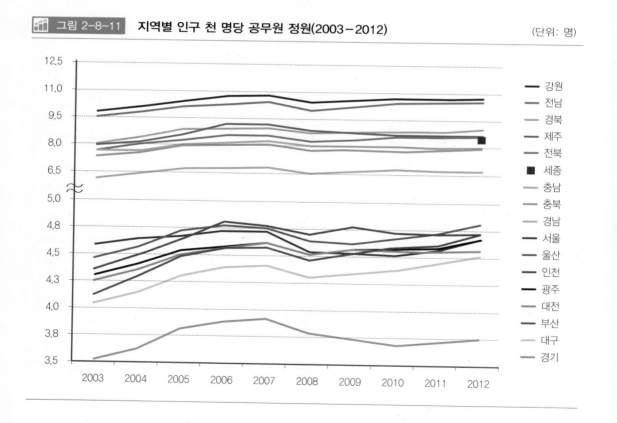

그림 2-8-11 **지역별 인구 천 명당 공무원 정원(2003–2012)**　　　　(단위: 명)

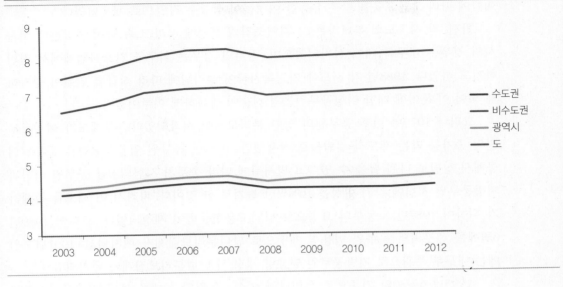

그림 2-8-12 권역별 평균 인구 천 명당 공무원 정원 변화추이(2003-2012) (단위: 명)

음 계층은 강원과 전남을 제외한 도 권역을 말한다. 강원과 전남이 최상위 층에 놓여 있다.

[그림 2-8-12]에서 가장 위 그래프는 도 권역이다. 도는 평균으로 보면 2003년에 7 명대에서 시작하여 2012년에는 8명 선을 넘고 있다. 다음 밑에 있는 권역은 비수도권 으로서 2003년 6명대에서 시작하여 2012년 현재 7명대에 진입하고 있다. 수도권과 광역시권은 2003년에도 평균 4명대였지만 지금도 여전히 4명대에서 벗어나지 못하고 있다.

4. 여성공무원

우리나라 여성공무원의 역사는 부녀행정의 실시와 함께 시작되었다. 여성공무원 이 하위 말단직이나 고용직에서 단순한 보조적 업무를 수행하는 경우는 있지만, 실제 로 부서의 책임을 지는 업무는 미군정시대에 여성들이 조직적이고 체계적인 부녀행정 추진의 필요성을 인식한 후부터라 할 수 있다.

1946년 9월 14일 제107호 부녀국 설치령에 의하여 사상 처음으로 보건후생부내 에 부녀국이 창설되었고, 1947년 10월부터는 전국 시도에 지방부녀행정조직을 설치 하였으며, 이 때 여성부녀국장이 탄생하였다. 특히, 보건후생부의 부녀국장은 여성으로 임명하도록 법령에 규정되었을 뿐만 아니라, 부녀국장에게 직원의 임명권까지 부여함에 따라 고등교육을 받은 유능한 여성들이 상당수 직원으로 채용되었다.[7]

한편, 각 시·도의 부녀과는 그 지역조직의 특성에 따라 소속 국이 달랐는데 서울시의 경우는 내무국 내에 설치되었으며, 경기의 경우는 외무국 간호사업계에서 겸임하기도 하였다. 1988년 각 시도에 가정복지국이 설치됨에 따라 직급별 인원이 증가하게 되어 이 분야에 대한 여성공무원들의 진출이 괄목하게 이루어졌다.

그러나 1970년 이후 공무원의 성별 분리모집이 시작되었다. 이 제도가 여성공무원의 증가를 막는 제도적 걸림돌로 작용했다. 1968년 공무원 임용시험령은 공무원의 공채시 성별로 나눠 뽑을 수 있다고 명시됨에 따라 총무처 시험의 9급 공무원 시험과 지방공무원 시험에 각기 여성을 10%씩만 뽑기로 한 것이다. 따라서 이 제도를 철폐하기 위하여 1987년 노동부의 요청으로 남녀고용평등법이 제정되었다. 드디어 1989년 6월에는 총무처의 공무원 임용령 개정으로 남녀분리모집제가 폐지되고, 1991년 6월에는 내무부 주관으로 지방공무원 임용령 개정 시 남녀분리모집제가 폐지되었다.[8]

1993년 6월30일 기준으로 우리나라 여성공무원의 실태를 보면 지방행정기관에 근무하는 여성공무원의 수는 47,529명으로 전체 지방공무원 265,057명의 18.0%에 달하며, 최일선 기관인 읍면동에는 22.1%가 여성공무원이다. 여성공무원이 최근 증가추세를 보이고 있는 가장 큰 이유는 1991년 남녀분리모집제도를 폐지한 지방공무원임용령 개정으로 여성공무원 점유율이 1989년 12.0%에서 1993년 6월 말 현재 18.0%로 크게 증가하였다.

다음 〈표 2-8-23〉은 1997년부터 2008년까지 지방공무원 중 여성공무원의 증감에

표 2-8-23 지방자치단체 여성공무원 증가 추이(1997-2008)

(단위: 명)

연도별	1997년	1998년	1999년	2000년	2001년	2002년	2003년	2004년	2005년	2006년	2007년	2008년
전체 (증감)	285,899	268,908 (−16,991)	256,426 (−12,482)	248,515 (−7,911)	243,859 (−4,656)	245,031 (+1,172)	248,524 (+3,493)	256,424 (+7,900)	266,176 (+9,752)	272,584 (+6,408)	275,484 (+2,900)	275,231 (−253)
여성 (증감)	59,336	57,933 (−1,403)	55,831 (−2,102)	55,002 (−829)	54,771 (−231)	56,728 (+1,957)	59,748 (+3,020)	64,683 (+4,935)	70,568 (+5,885)	75,608 (+5,040)	78,855 (+3,247)	80,666 (+1,811)
여성 비율 (증감)	20.7	21.5 (+0.8%)	21.8 (+0.3%)	22.1 (+0.3%)	22.5 (+0.4%)	23.2 (+0.7%)	24.0 (+0.8%)	25.2 (+1.2%)	26.5 (+1.3%)	27.7 (+1.2%)	28.6 (+0.9%)	29.3 (+0.7%)

출처: 행정안전부, 2005년 지방자치단체 여성공무원, 2009.6.

---

7 보건사회부, 부녀행정 40년사, 1983, pp.52-53.
8 이은재, 지방자치실시에 따른 여성공무원의 발전방향, 한국지방 행정공제회, 1994, p.106.

대한 내용이다. 여성공무원 수는 IMF 시절 대대적인 구조조정을 할 당시인 1998년 전후로 공무원 정원이 대폭 삭감될 때에 같이 감소되었다. 이 당시에는 특수한 여건으로 인하여 공무원 수가 감소되었지만 2002년부터 공무원 수는 다시 증가하기 시작하였다. 2002년에 여성공무원은 1,957명이 증원되는 것으로 시작하여 2005년도에는 가장 많은 5,885명이 증원되었다. 이로 인하여 지방공무원 중에 여성공무원이 차지하는 비율도 높게 개선이 되었다. 1997년에 지방자치단체에 여성공무원의 점유율이 20.7%에서 시작하여 1999년도에는 21.8% 여전히 낮았다가 이후 지속적으로 늘어나기 시작하여 2008년에는 29.3%가 된다.

앞서 표 내용을 그래프로 그렸다. [그림 2-8-13]이 그 내용이다. 전체 공무원은 1997년도에는 급하게 감축되는 것으로 나타났으나 2002년을 기점으로 다시 완만하게 상승하고 있다. 반면에 여성공무원은 큰 변동은 없지만 상승세를 유지하고 있다.

2005년부터 2012년도까지 지방자치단체의 여성공무원 수 분포 상황을 정리한 내용이 〈표 2-8-24〉이다. 이 표를 보면 2005년도에 70,568명이던 여성공무원 수가 2008년에 80,666명으로 약 1만 명이 증가하였고, 2012년 현재는 87,239명으로 계속 증가하고 있음을 알 수 있다.

2005년의 현황을 보면 가장 많은 여성 지방공무원이 근무하는 자치단체는 서울시로 11,748명이었다. 그 다음이 경기도로 11,544명인데, 이는 서울시 여성공무원 수와 거의 같다. 이어서 경남, 경북, 부산 순으로 여성공무원 수가 많다. 2008년에는 경기가

그림 2-8-13 지방자치단체 공무원 증가 추이(1997−2008) (단위: 천 명)

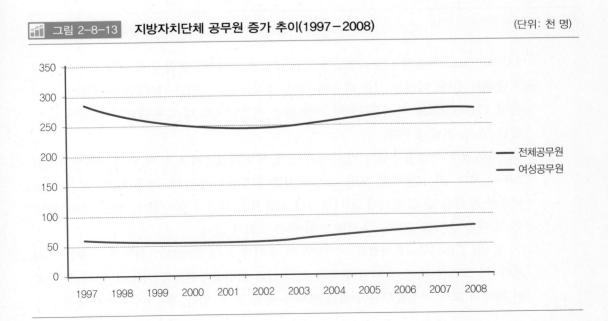

표 2-8-24

구분	2005	2006	2007	2008	2009	2010	2011	2012
계	70,568	75,608	78,855	80,666	82,178	83,282	84,239	87,239
서울	11,748	12,501	13,164	13,638	14,511	14,617	14,769	15,365
부산	4,614	4,876	4,930	4,868	5,010	5,205	5,307	5,561
대구	2,583	2,777	2,870	2,873	2,905	2,947	3,004	3,121
인천	1,662	3,587	3,841	4,326	3,902	3,967	4,133	4,300
광주	1,740	1,742	1,857	1,877	1,935	1,988	2,029	2,145
대전	3,417	1,846	1,933	1,940	1,992	2,024	2,023	2,093
울산	1,475	1,539	1,555	1,582	1,622	1,641	1,660	1,701
세종	–	–	–	–	–	–	–	295
경기	11,544	12,710	13,513	13,780	13,878	14,073	14,548	14,548
강원	3,643	3,903	3,982	4,030	4,052	4,103	4,143	4,231
충북	2,837	3,069	3,208	3,248	3,349	3,341	3,367	3,475
충남	3,926	4,181	4,324	4,489	4,588	4,665	4,660	4,606
전북	4,210	4,420	4,556	4,629	4,718	4,725	4,818	5,012
전남	4,961	5,228	5,383	5,447	5,578	5,610	5,662	5,796
경북	5,218	5,774	5,988	6,044	6,164	6,281	6,344	6,625
경남	5,858	6,197	6,460	6,588	6,700	6,812	6,811	7,045
제주	1,132	1,258	1,291	1,307	1,274	1,283	1,314	1,320

표 2-8-24 지방자치단체 여성공무원 수(2005-2012) (단위: 명)

출처: 안전행정부, 내부자료, 2013.

13,780명으로 서울의 13,638명보다 약간 많으면서 여성공무원 수가 가장 많은 광역자치단체가 된다. 이어서 서울 다음에 경남, 경북, 전남 순이다. 2012년 현재를 보면 서울이 15,365명으로 여성공무원이 가장 많은 자치단체로 다시 올라섰고, 다음이 경기, 경남, 경북, 전남 순이다.

지역별로 여성공무원의 정원이 어떻게 분포되었는지를 알기 위한 내용이 [그림 2-8-14]이다. 이 그림에서 보면 경기와 서울이 월등하게 많다. 서울과 경기도는 거의 비슷한 정원을 갖고 있으나 2011년부터 서울시가 약간씩 많아졌다. 경남, 경북, 전남은 그 다음 순서를 그대로 유지하고 있어 큰 변화가 없다.

[그림 2-8-15]는 권역별로 여성공무원 수의 분포를 알아보기 위하여 작성한 그래프다. 이 그림을 보면, 광역시 권역과 도 권역의 여성공무원수를 비교해 볼 때 도 지역이 광역시 보다 여성공무원이 훨씬 많다는 것을 알 수 있다. 뿐만 아니라 수도권과 비

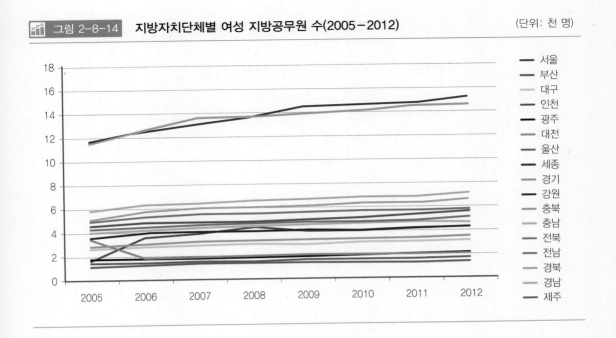

그림 2-8-14　지방자치단체별 여성 지방공무원 수(2005-2012)　(단위: 천 명)

- 서울
- 부산
- 대구
- 인천
- 광주
- 대전
- 울산
- 세종
- 경기
- 강원
- 충북
- 충남
- 전북
- 전남
- 경북
- 경남
- 제주

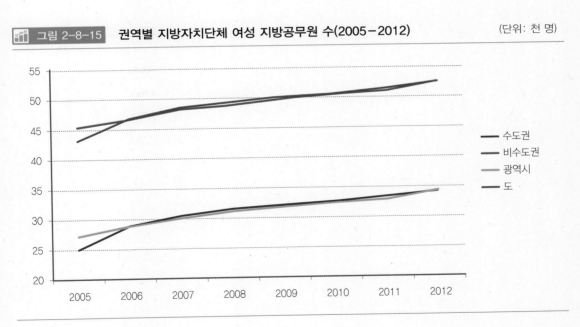

그림 2-8-15　권역별 지방자치단체 여성 지방공무원 수(2005-2012)　(단위: 천 명)

- 수도권
- 비수도권
- 광역시
- 도

수도권의 여성공무원을 비교해 보아도 비수도권의 여성공무원 수가 훨씬 많음을 알
수 있다. 이는 공무원 시험에서 도와 비수도권 광역시의 여성이 남성보다 더 많이 합
격하고 있음을 뜻한다.

09

여가 및 문화

제1절 | 서언

여가란 일하고 남은 시간에서 생리적 필수시간을 제외한 자유 시간을 의미한다. 예를 들면 직업상의 일, 필수적인 가사일, 수업 등과 같은 의무적인 활동 이외에 스포츠, 취미, 휴양 등의 활동에 할애되는 개인이 자기 뜻대로 이용할 수 있는 자유로운 시간을 의미한다. 이 여가를 활용하고 즐기기 위해서는 시설이 우선적으로 필요한데 주민들의 입장에서는 가장 쉽게 접근할 수 있는 것이 체육시설이다. 그래서 최근에 각 지방자치단체들은 체육시설에 대한 관심이 급증하여 양호한 체육시설이 크게 늘어나고 있다.

이렇게 체육시설의 증가 요인은 국민소득의 향상과 여가시간의 확대, 건강에 대한 관심 증대로 국민의 지속적인 체육활동에 대한 욕구를 충족하기 위하여 정부 및 지자체에서 공공체육시설 확충사업에 예산을 적극적으로 투입한 결과이며, 체육활동이 여가생활의 대표적인 활동으로 자리매김하고 있는 결과도 그 주요원인으로 분석되고 있다. 여가 및 문화 통계는 국민여가실태, 여가시장동향, 국내·외 여가관련 정책현안 등에 대한 자료 축적 및 추세 분석을 통하여 정책 수립의 기초 자료로 활용하고 있다. 여가 및 문화통계는 2006년부터 1년 주기로 조사하기 시작하여 2008년까지 하다가 2010년부터 2주년 주기로 조사를 하고 있다. 본서의 조사와 기술 내용은 〈표 2-9-1〉과 같다. 이 장에서는 e-지방지표의 수준에서 분석을 하였다. 자료 부족이 가장 큰 원인이다. 그러나 기술 내용 중에는 이에 대한 보완자료들을 가능한 한 많이 원용하려고 노력하였다.

표 2-9-1   여가 및 문화 지표의 조사 및 기술 내용

항목	e-지방지표		본 저서의 내용	
	지 표	분석기간	지 표	분석기간
문화기반 시설수	- 인구10만 명당 문화기반 시설수	2003-2012	- 연도별 문화기반 시설현황	1992-2012
			- 연도별 10만 명당 문화기반 시설수	2003-2012
			- 1990년대 지역별 문화시설	2003-2012
체육시설수	- 인구 10만 명당 체육기반시설수	2003-2012	- 연도별 체육시설수	1985-2012
			- 연도별 10만 명당 체육시설수	2003-2012
			- 1990년대 지역별 체육시설	2003-2012

제2절 | 문화기반 시설

　문화기반 시설은 공공도서관, 박물관·미술관, 문화회관 등을 합한 시설을 말한다. 우리나라의 문화시설에 대한 관심과 투자는 경제성장이 어느 정도 이루어지는 1980년대부터라고 할 수 있다. 〈표 2-9-2〉는 1992년 내무부가 조사한 지역별 문화시

표 2-9-2　**지역별문화시설현황**　　　　　　　　　　　　　　　　　(단위: 백만 원, %, 개, 명)

구분	문화 시설									
	문화 체육비			문화 시 설 수					시설당 인구수	
				공공문화시설, 극장, 시민홀, 종합문화센터, 특수시설, 화랑, 미술관			극장을 제외한 문화시설수			
금액	금액 (읍제외)	시 예산에 대한 구성비	1인당 문화 체육비	시	시+읍	분포비	시	시+읍	시	시+읍
서울	283,197	4.2	26,052	313	–	24.6	34	–	34,730	–
부산	93,817	4.0	24,336	58	–	4.6	2	–	66,465	–
대구	52,898	4.0	23,657	41	–	3.2	3	–	54,537	–
인천	51,470	3.9	26,206	40	–	3.2	4	–	49,101	–
광주	37,435	4.0	31,749	39	–	3.1	7	–	30,233	–
대전	25,762	2.5	23,611	33	–	2.6	2	–	33,064	–
경기	36,422	1.3	8,143	138	186	14.7	25	47	32,411	27,590
강원	22,184	3.7	28,445	52	72	5.7	13	23	14,998	15,457
충북	13,692	4.0	19,865	38	57	4.5	8	20	18,138	15,466
충남	10,975	3.4	26,924	34	72	5.7	9	27	12,352	12,076
전북	28,728	4.7	26,290	44	55	4.3	13	22	24,835	22,861
전남	22,690	2.9	31,853	38	81	6.4	13	45	18,746	14,592
경북	25,314	4.2	22,589	62	104	8.1	17	48	19,660	15,809
경남	23,120	1.6	10,329	73	97	7.6	13	29	30,662	26,983
제주	6,573	4.8	21,035	20	21	1.7	7	7	15,624	21,661
합계	734,277	–	–	1,023	1,269	100	170	320	–	–

출처: 내무부, 『도시연감』, 1992.

설 현황이다.

　　1992년도의 통계에 따르면 우리나라의 문화시설 수는 시 단위는 총 1,023개소, 시와 읍 단위는 1,269개소다. 극장을 제외한 문화시설은 시 단위가 170개소, 시 · 읍단위가 320개소로 나타나고 있다. 당시에는 극장까지 포함하여 문화시설을 계산하였기 때문에 이를 중심으로 하여 살펴보면 서울시가 313개소로 전체 24.6%를 차지하고 있다. 다음이 경기도로 자치 단체 내 시 단위에 138개소, 시와 읍 단위에 186개소로 14.7%를 차지하고 있다. 그 다음이 비율로 보면 경북, 경남, 전남, 강원 순이다. 시설 당 인구수를 보면, 시 단위에서는 충남, 강원, 제주 순이며 부산이 시설 당 인구가 66,465명으로 가장 열악한 상태이다.

　　문화체육비가 총 예산에 차지하는 비중에 따르면, 상기 순위는 크게 바뀐다. 총 예산 대비 문화체육비에 가장 많은 돈을 쓰는 지역은 제주가 4.8%로 가장 많고 그 다음이 전북이 4.7%로 많다. 총 예산 대비 4.0%이상을 문화체육비로 사용하고 있는 지역은 서울, 부산, 대구, 충북, 전북, 경북, 제주로 되어 있다. 문화체육비를 인구수로 나누면 실제로 투자가 가장 많은 곳을 알 수 있는데 1위가 전남이며 그 다음이 광주로 되어 있다.

　　이후에 문화기반 시설에 대한 투자가 얼마나 늘어났는가를 알기 위하여 조사하였지만 이에 대한 지역별로 나와 있는 자료가 구하기 어려웠다. 그나마 다음의 표를 보고 추정할 뿐이다. 아래 〈표 2-9-3〉은 1998년과 2001년의 문화기반 시설을 비교한 것이다. 1998년도 문화기반 시설은 총 701개소였다가 2001년에 832개소로 늘어난다. 18.7%가 증가한 것이다. 이 중에 공공도서관이 가장 많다. 공공도서관은 1998년도에 370개소에서 2001년도에는 437개소로 늘어나서 18% 성장을 보이고 있다. 그러나 이 〈표 2-9-3〉을 앞의 〈표 2-9-2〉와 비교할 수 없는 것은 문화기반 시설에 대한 정의가 확실하게 정하지 못한 시기의 조사내용과 지금처럼 문화기반 시설의 개념을 공공도서

표 2-9-3　문화기반 시설현황

(단위: 개소)

구분	1998년	2001년
공공도서관	370	437
박물관 · 미술관	247	289
문화회관	84	106
계	701	832

출처: 이흥재, 문화재정운영의 현안과 발전과제(서울: 기획예산처, 2002), p.44.

표 2-9-4 **주요 국가별 박물관수**　　　　　　　　　　　　　　　　　　　　(단위: 명, 개)

국가	연도	인구수	박물관수	1관당인구수	인구10만 명당 박물관수
캐나다	1995	30,563,000	1,352	22,605	4.4
미 국	1996	274,028,000	4,609	59,454	1.7
프랑스	1997	58,683,000	1,300	45,140	2.2
독 일	1997	82,133,000	4,034	20,360	4.9
일 본	1999	126,281,000	2,991	42,220	2.4
폴란드	1999	38,650,000	551	70,145	1.4
한 국	2001.10	47,976,730	222	216,111	0.5

출처: 사단법인 문공회, 『문화관광연감』, 2000, p.985.
　　　김세훈(외저), 문화기반 시설 중장기 확충 및 발전방안 연구, 한국문화정책개발원, 2001편.

관, 박물관, 미술관, 문화회관으로 한정한 조사내용과의 차이 때문이라고 할 수 있다.

　　우리나라 문화기반 시설이 어느 수준에 와있는가를 알아보기 위하여 〈표 2-9-4〉를 작성하였다. 2001년도까지는 선진국에 비해 많이 떨어진 것을 알 수 있다. 우리나라는 10만 명당 0.5개소, 다시 말하면 20만 명당 1개소의 박물관이 있다는 말이다. 〈표 2-9-4〉는 외국의 박물관 수이다. 독일이 인구 10만 명당 박물관 수가 4.9개소로 가장 많았고, 그 다음이 4.4개소인 캐나다이다. 일본도 10만 명당 2.4개소로 우리의 5배에 달하고 있다.

　　문화시설 중에 하나인 공공도서관을 다른 나라와 비교한 내용이 〈표 2-9-5〉이다. 이 표에 의하면 2000년도 한국의 도서관 수는 420개소로 일본의 2,585개소에 비해 절

표 2-9-5 **주요 국가별 공공도서관 비교**　　　　　　　　　　　　　　　(단위: 명, 관, 권)

국가	연도	인구수(A)	도서관수(B)	장서수(C)	1인당장서수 (C/A)	1관당인구수 (A/B)
미국	1996	274,028,000	8,964(1,480)	711,013,000	2.59	26,283
영국	1997	58,649,000	169(5,183)	131,690,000	2.25	10,958
프랑스	1997	58,683,300	1,620(2,577)	89,766,000	1.53	13,982
캐나다	1995	30,563,000	1,045(3,627)	70,077,000	2.29	6,479
일본	1999	126,281,000	2,585	276,573,000	2.19	48,852
한국	2000	47,976,000	420	25,264,000	0.53	114,228

출처: 김세훈(외저), 위의 책 참조.

표 2-9-6　문화기반 시설 현황 (단위: 개소)

구분	2001	2002	2003	2004	2005	2006	2007	2008	2009	2010	2011	2012
전국	887	1037	1,083	1,170	1,298	1,431	1,618	1,741	2,030	1,979	2,072	2,182
서울	140	170	167	185	217	230	221	243	283	278	289	299
부산	37	41	42	43	52	53	55	53	65	66	73	76
대구	22	24	23	27	28	31	40	43	47	53	59	61
인천	21	21	23	23	23	24	41	47	61	66	72	78
광주	24	27	28	30	31	32	32	37	50	41	42	46
대전	25	30	32	35	35	39	42	43	42	48	50	51
울산	8	9	11	13	14	16	17	20	29	26	29	29
경기	116	143	158	174	218	248	275	308	349	360	378	406
강원	69	77	78	79	79	100	133	140	163	156	160	167
충북	46	49	54	57	64	69	83	87	105	101	105	111
충남	68	76	77	81	86	99	113	117	136	129	134	132
전북	57	73	76	81	87	91	92	105	119	109	112	117
전남	62	73	79	84	85	91	122	125	144	142	149	162
경북	84	92	93	109	116	120	153	161	174	167	174	180
경남	74	90	98	101	106	122	129	134	162	147	151	160
제주	34	42	44	48	57	66	70	78	101	90	95	101

출처: 문화체육관광부, 전국 문화기반 시설총람, 각 연도별, 국회 문광위원회 - 자료 2002.12.31; 문화정책개발원(편), 문화기반 시설 중장기확충 및 발전방안 연구, 2001.10.

주: 당해년도 12월31일 기준 작성(2001년만 10월 기준), 2007년전까지 문예회관, 문화의 집 포함, 2007년부터 문예회관, 문화원 포함, 2009년에는 문화의집 포함.

대적으로 부족함을 알 수 있다. 이를 인구당 비교하면 더욱 열악하다. 1인당 장서 수는 0.53권으로 최하이며, 도서관 1개당 인구도 114,228명으로 캐나다의 4,478명에 25분의 1 수준이다.

통계청에서 정식으로 문화기반 시설에 대한 결과를 작성한 통계자료가 〈표 2-9-6〉이다. 이 표에 따르면, 2001년도에 우리나라 문화기반 시설현황을 보면 총 887개소이다. 이 시설은 계속 증가하여 2003년에는 1천 개소를 넘어섰다. 문화기반 시설은 서울과 경기 이외 다른 지역들은 2006년까지는 약간의 증가만 있을 뿐이었다. 그러다가 2007년에 들어서면서 거의 모든 지역의 문화기반 시설이 한 단계 높게 증가하기 시작하였다. 2006년도에 문화기반 시설이 1,431개소에서 2007년에는 1,618개로 187

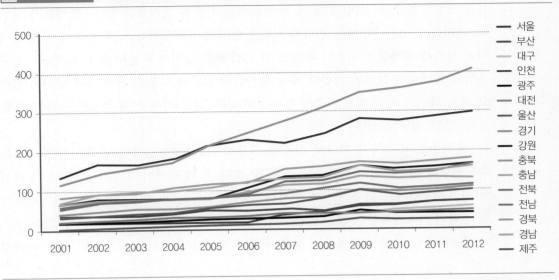

그림 2-9-1	**지역별 문화기반 시설 변화 추이(2001-2012)**

(단위: 개소)

— 서울
— 부산
— 대구
— 인천
— 광주
— 대전
— 울산
— 경기
— 강원
— 충북
— 충남
— 전북
— 전남
— 경북
— 경남
— 제주

개소가 증가하였다. 그리고 2009년에는 2,030개로 드디어 2천 개 시대를 맞이하였다. 2012년 현재 문화 기반 시설 수는 총 2,182개소로 약 10년 동안 약 2.5배로 성장하였다. 수로 보면 경기도가 406개소로 가장 많고, 다음이 299개인 서울, 경북, 경남, 충남 순으로 많다.

그림 2-9-2	**권역별 문화기반 시설 변화 추이(2001-2012)**

(단위: 개소)

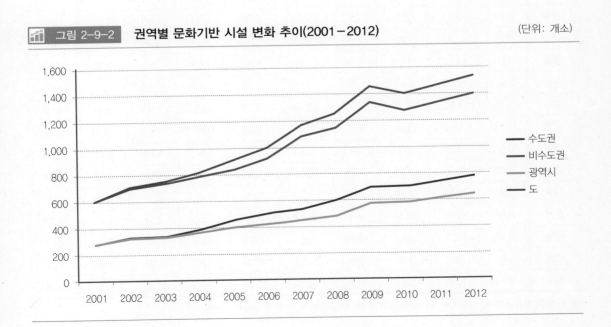

— 수도권
— 비수도권
— 광역시
— 도

지역별로 문화기반 시설이 어떻게 변화되어 왔는지를 비교하기 위하여 [그림 2-9-1]을 작성하였다. 이 그림을 보면, 2001년에는 서울이 경기보다 약 30개 정도가 많았다. 그러다가 2005년부터는 경기가 서울을 앞서기 시작하였다. 이후 간격이 크게 벌어지기 시작하여 지금은 서울이 따라 오지 못할 만큼 경기도가 많아졌다. 경기도는 인구 유입의 확대로 문화기반 시설도 계속 증가하고 있으나 서울은 거의 정체 상태에 있다고 해도 과언이 아닐 정도로 증가 폭이 미미하다. 이 시기에 크게 증가한 지역은 인천, 경기, 강원, 경남 등이다.

권역별로 비교하기 위하여 작성한 내용이 [그림 2-9-2]이다. 문화시설의 증가는 수도권보다 비수도권이 훨씬 많음을 알 수 있다. 앞의 표에서 보았지만 서울은 문화기반 시설은 24.6%로 인구 비율에 비하면 낮은 편이다. 또한 이 그림에서는 광역시보다도 권역의 자치단체들이 훨씬 많은 문화기반 시설을 운영하고 있음을 알 수 있다.

문화 기반 시설 비교에서는 절대 수뿐만 아니라 상대적인 수, 즉 인구 당 문화기

표 2-9-7 인구 십만 명당 문화기반 시설 수

(단위: 개소)

시도별	2003	2004	2005	2006	2007	2008	2009	2010	2011	2012
서울	1.64	1.82	2.12	2.26	2.12	2.38	2.77	2.74	2.82	2.93
부산	1.14	1.17	1.43	1.47	1.53	1.49	1.83	1.82	2.06	2.15
대구	0.91	1.07	1.11	1.24	1.60	1.73	1.89	1.87	2.35	2.43
인천	0.89	0.89	0.88	0.91	1.54	1.75	2.25	2.21	2.57	2.74
광주	2.01	2.21	2.21	2.27	2.33	2.60	2.93	2.89	2.87	3.13
대전	2.23	2.42	2.41	2.66	2.85	2.90	3.37	3.33	3.30	3.35
울산	1.03	1.20	1.29	1.46	1.55	1.80	2.60	2.57	2.55	2.53
세종	–	–	–	–	–	–	–	–	–	5.30
경기	1.55	1.65	2.05	2.27	2.49	2.73	3.05	2.96	3.17	3.36
강원	5.11	5.19	5.22	6.64	8.84	9.28	10.77	10.65	10.41	10.85
충북	3.63	3.83	4.30	4.62	5.58	5.73	6.87	6.78	6.72	7.09
충남	4.03	4.15	4.38	5.01	5.66	5.80	6.67	6.55	6.38	6.51
전북	3.89	4.25	4.46	4.87	4.78	5.66	6.42	6.37	5.98	6.25
전남	3.92	4.18	4.32	4.68	6.17	6.41	7.53	7.51	7.78	8.48
경북	3.42	4.04	4.31	4.46	5.71	6.02	6.52	6.47	6.45	6.67
경남	3.12	3.21	3.35	3.85	4.04	4.15	4.98	4.92	4.56	4.82
제주	7.97	8.64	9.15	11.82	12.52	13.91	17.95	17.68	16.49	17.30

출처: 문화체육관광부, 문화기반 시설총량, 위의 책, 행정안전부, 주민등록인구, 각 연도별.

반 시설이 몇 개가 있는가도 지역별로 비교를 하는데 주요한 지표이다. 이에 대한 내용이 〈표 2-9-7〉이다. 이 표에 따르면 우리나라 문화기반 시설은 2003년에 인구 십만 명당 1.64개소였다가 2005년에 2.12개소로, 2012년에는 2.93개소로 증가하였다. 2003년에 비하면 2012년의 개수는 78.7%가 증가한 것이다. 지역별로 인구 십만 명 당 가장 많은 문화기반 시설이 있는 곳은 제주가 17.30으로 단연 많다. 그 다음으로 강원, 전남, 충북, 경북 순이다. 가장 적은 곳은 부산이며 다음은 울산, 대구 순이다. 제주가 이렇게 많은 것은 최근에 관광객을 겨냥한 각종의 박물관이 급증하기 때문이라고 할 수 있다. 제주의 문화기반 시설은 2003년에 34개소였는데 2012년에는 101개소로 3배 증가하고 있는 원인도 소위 박물관 열풍의 결과라고 할 수 있다. 강원도도 제주와 같은 경향이 있기 때문에 급증한 현상이 나타나고 있다. 강원은 인구 십만 명 당 문화기반 시설 수는 2003년에는 5.11개, 2008년에는 8.84개, 2012년에는 10.85개로 확산일로에 있다.

지역별로 문화기반 시설을 비교하기 위하여 작성한 내용이 [그림 2-9-3]이다. 그림에서 보면 알 수 있듯이 제주가 성장률이 다른 지역에 비해 월등하게 높다. 제주는 2009년 인구10만 명당 18개의 문화기반 시설을 갖고 있었다. 그 다음이 강원인데 지

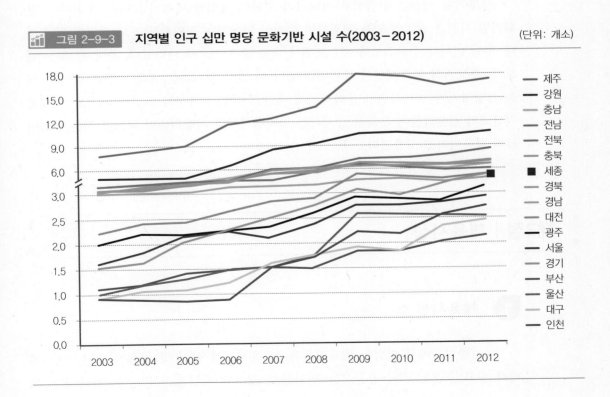

그림 2-9-3 **지역별 인구 십만 명당 문화기반 시설 수(2003-2012)** (단위: 개소)

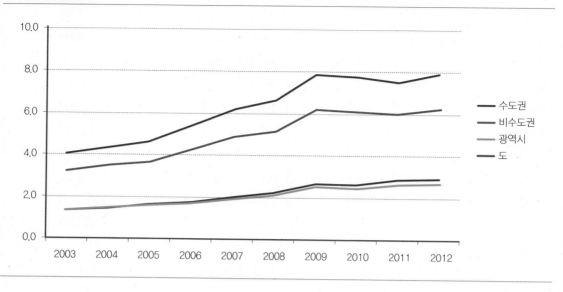

그림 2-9-4 권역별 인구 십만 명당 문화기반 시설 수(2003-2012) (단위: 개소)

금은 성장세가 크게 둔화된 상태이다.

　　문화기반 시설을 권역별로 비교하기 위하여 작성한 내용이 [그림 2-9-4]이다. 문화기반 시설은 질적인 면을 제외하면 수적인 면에서는 광역시보다 도 권역이 훨씬 많다. 뿐만 아니라 수도권보다 비수도권이 더욱 많은 것으로 나타났다. 통상적으로는 대도시, 수도권의 문화시설이 다른 지역보다 더 많을 것이라는 예측이 틀린 것이다. 이는 지방자치가 실시되면서 문화시설에 대한 주민들의 욕구가 그만큼 커지고, 지방자치단체의 선출직들이 문화를 중시하는 자치단체장과 지방의원이 되고자 하는 마음이 크기 때문이라고 사료된다.

제3절 | 체육시설

1. 체육시설 수

　　e-지방지표에서 말하는 체육시설은 〈체육시설의 설치 및 이용에 관한 법률〉에 따라 신고, 등록된 전국 공공시설, 민간시설, 청소년 시설 등을 말한다. 이에 대한 통

계는 체육시설의 현황 및 증감 추이 등을 통해 체육시설의 활성화를 위한 정책수립의 기초자료를 제공하고 국민의 체육활동 성향, 향후 여가활동의 방향 등을 예측할 수 있는 도구로 활용될 수 있도록 하는데 그 목적이 있다. 공공체육시설은 국가나 지방자치단체가 소유 또는 관리하는 체육시설로서 전문체육시설, 생활체육시설을 말한다. 전문체육시설은 국내외 경기대회 개최와 선수훈련 등에 필요한 운동장, 체육관 등의 체육시설을 말하며, 생활체육시설은 국민이 거주지와 가까운 곳에서 쉽게 이용할 수 있는 체육시설을 말한다. 1인당 체육시설 면적 산출방식은 다음과 같다.

> 1인당 체육시설 면적 산출방식: (공공＋민간＋청소년 관련 체육시설)/해당년도 인구수
> (단, 골프장, 스키장, 요트장 등은 제외)

종합적으로 체육시설에 대한 통계가 지역별 또는 연도별로 정리된 통계자료는 구하기가 어렵다. 때문에 본 연구에서는 통계청이 공식적으로 이 분야에 대하여 조사하기 이전인 2000년 이전의 체육시설에 대한 자료는 단편적인 조사 자료에 의존할 수밖에 없었다. 이중에 하나가 다음 〈표 2-9-8〉이다. 이 표에 의하면 1985년도 우리나라 체육시설의 총수는 6,141개소로 이 중에 공공시설은 470개소로 7.65%에 불과하며, 다음이 직장이 2,193개소로 35.7%를 차지하고 있다.

가장 많은 시설이 민간체육시설로서 3,478개소로 전체 56.6%를 차지하고 있다. 그러다가 88서울올림픽이 열리면서 체육시설은 크게 증가하기 시작한다. 88서울올림

표 2-9-8 **설치자별 체육시설 수의 변화** (단위: 개소)

연도 \ 구분	공 공	직 장	민 간	총 계	N(%)
1985년	470	2193	3478	6141	N
	7.65%	35.71%	56.64%	100.00%	ROW(%)
1988년	689	2222	4473	7384	N
	9.33%	30.09%	60.58%	100.00%	ROW(%)
1990년	967	3190	7486	11643	N
	8.30%	27.40%	64.30%	100.00%	ROW(%)
1992년	987	12312	11708	25007	N
	3.95%	49.23%	46.82%	100.00%	ROW(%)

출처: 백남식, 연도별 생활체육 시설의 추이분석에 대한 연구, 명지대학교 대학원 석사논문, 1995.

픽이 끝난 후에 조사한 내용에 따르면, 1990년에 우리나라 전체의 체육시설은 12,643 개소로 5년 전에 비해 89.6%가 증가하였다. 이로부터 2년 후인 1992년에는 25,007개 소로 2년 전에 비해서도 2배 이상 증가하였다. 이렇게 체육시설이 크게 늘어나게 된 원인은 직장 체육시설의 급속한 증가 때문이다. 1985년의 경우에는 민간 체육시설 이 직장 체육시설 보다 20% 이상 많았다. 그러나 1992년에는 직장은 49.23%, 민간은 46.82%로 직장 체육시설이 많아지게 되었다. 기업들이 종업원의 여가활용에 대한 요 구와 관심을 적극적으로 받아들이고 있기 때문이라 사료된다.

2000년대에 들어오면서 우리나라 체육시설은 지역별로 어떠한 변화를 나타내고 있는지에 관한 내용이 〈표 2-9-9〉이다. 여기서는 민간이나 직장 체육시설은 제외하고 공공체육시설만을 통계대상으로 삼고 있다.

2004년도에 전국적으로 공공 체육시설은 6,874개소였다. 이 당시에 가장 많은 공

표 2-9-9 **지역별 공공 체육시설 현황(2004-2012)**   (단위: 개소)

구분	2004	2005	2006	2007	2008	2009	2010	2011	2012
전국	6,874	8,753	9,949	10,946	12,209	13,968	15,145	16,221	17,313
서울	1,281	1,523	1,867	1,997	2,172	2,349	2,583	2,561	2,752
부산	298	335	405	509	539	674	727	823	910
대구	188	199	240	280	290	339	359	360	472
인천	298	339	369	393	447	586	751	778	794
광주	111	182	196	212	239	279	350	372	404
대전	158	179	187	189	274	284	293	338	353
울산	82	122	128	197	209	215	233	255	255
세종	-	-	-	-	-	-	-	-	37
경기	1,183	1,809	2,016	2,140	2,360	2,503	2,624	2,810	2,870
강원	393	584	680	782	846	1,028	1,112	1,331	1,424
충북	274	348	401	424	457	508	556	625	718
충남	325	375	492	515	675	766	799	836	856
전북	394	505	535	584	786	829	871	928	940
전남	509	578	656	719	807	1,032	1,148	1,215	1,287
경북	502	644	710	796	796	1,089	1,159	1,265	1,452
경남	760	883	906	1,006	1,099	1,204	1,290	1,429	1,481
제주	118	148	161	203	213	283	290	295	308

출처: 문화체육관광부 전국 공공체육시설 현황(2010~2013), 2006년 체육백서, 한국의 체육지표 2010에서 참조.

그림 2-9-5　지역별 공공 체육시설 변화추이(2004-2012)　　(단위: 개소)

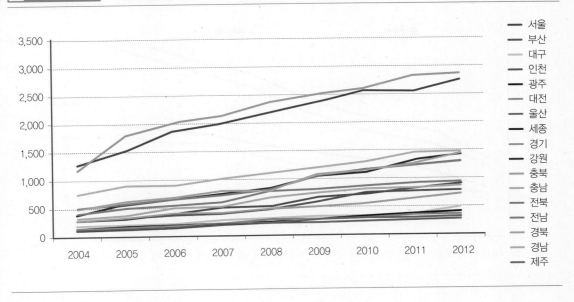

공 체육시설을 보유한 자치단체는 서울, 경기, 경남, 전남, 경북 순이었다. 2012년의 통계를 보면 전체 공공 체육시설은 17,313개소로 2004년에 비해 2.5배가 성장하였다. 지역적으로 보면 2012년도에 공공 체육시설은 경기도가 2,870개소로, 2,752개소를 가지고 있는 서울을 제치고 1위를 차지하고 있다. 그 다음이 경남, 경북, 강원, 전남 순으로 나타나고 있다. 이렇게 공공 체육시설에 대한 투자가 많았던 것은 지방자치실시 후에 체육시설에 대한 자치단체장과 지방의원들의 관심이 증폭되었기 때문이다. 이들은 체육시설은 그 어느 시설보다 주민들이 많이 이용하기 때문에 이에 대한 관심을 더 가질 수밖에 없다.

지역별로 체육시설의 내용을 비교하기 위하여 [그림 2-9-5]를 만들었다. 이 그림을 보면, 2004년도만 서울이 1위였고, 이후로는 경기도가 계속 1위를 유지하고 있음을 알 수 있다. 그 다음으로는 예상과는 달리 강원이다. 울산과 대전은 여전히 크게 변하고 있지 않지만 다른 지역은 공공 체육시설이 크게 증가하고 있다. 강원, 전남, 경남, 경북 등은 아직도 성장세가 강한 편이다.

권역별로 비교하기 위하여 작성한 그래프가 [그림 2-9-6]이다. 이 그래프를 보면 공공 체육시설이 가장 많은 지역은 도와 비수도권 지역임을 알 수 있다. 이 두 지역은 수도권과 광역시에 비해서 수적으로나 성장속도로 보나 더 높다.

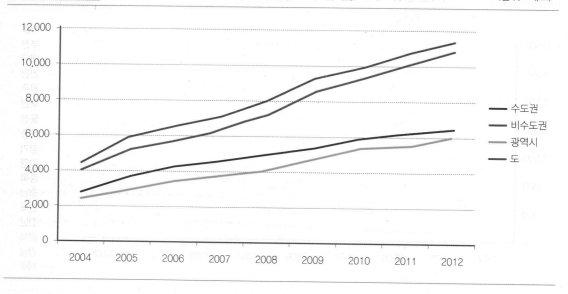

그림 2-9-6 권역별 공공 체육시설 변화추이(2004-2012) (단위: 개소)

범례: 수도권, 비수도권, 광역시, 도

2. 인구 십만 명당 체육시설 수

인구당 체육시설의 현황을 알아보기 위하여 작성한 내용이 〈표 2-9-10〉이다. 이 표에 따르면 인구 십만 명당 체육시설은 2003년에 93.35개소에서 약 10년 후인 2012년에는 112.37개소로 늘어난다. 20.3%가 증가한 것이다. 십만 명당 체육시설 수가 가장 많은 자치단체는 143.56개소인 제주다. 그 다음이 강원, 전북, 경기, 전남 순이다. 가장 적은 곳은 부산, 대구가 차지하고 있다. 이 두 곳은 이 기간에 아시안 게임과 세계 육상 선수경기를 각각 개최하였는데도 불구하고 최하위를 차지한 점은 이례적이라고 할 수 있다.

인구 십만 명당 체육시설은 지역별로 어떻게 비교될 것인가를 알기 위하여 [그림 2-9-7]을 만들었다. 이 그림에서 보는 바와 같이 가장 위를 점하고 있는 지역이 제주다. 제주는 2010년까지 급성장하다가 2011년에 한 풀 꺾이고 있지만 여전히 1위다. 전국적으로는 2003년부터 2006년까지는 하강하다가 2006년부터 크게 상승하는데 2006년부터 2010년도는 민선자치 4기 시기이다.

권역별로 체육시설수를 알아보기 위하여 [그림 2-9-8]을 작성하였다. 이 그림에서 보면 거의 모든 권역이 비슷하게 움직이고 있다. 평균적으로 보면 도 권역이 가장 앞서 있고 광역시 권역이 제일 적은 것을 알 수 있다. 수도권과 비수도권은 수적으로는 거의 비슷하다.

표 2-9-10	인구 십만 명당 체육시설 수									(단위: 개소)
시도별	2003	2004	2005	2006	2007	2008	2009	2010	2011	2012
서울	93.35	90.57	92.17	92.33	95.50	101.67	108.65	110.27	114.32	112.37
부산	72.82	70.51	73.36	73.20	75.32	82.45	88.37	91.51	91.33	91.31
대구	75.55	71.81	72.03	73.79	83.14	91.91	97.20	97.15	98.43	99.38
인천	96.80	90.39	90.94	92.67	93.67	100.57	108.17	112.17	111.59	112.20
광주	82.68	78.08	81.11	83.25	94.59	109.51	112.44	117.14	122.31	112.37
대전	80.99	78.98	78.23	79.94	87.49	98.25	100.39	104.01	103.19	105.08
울산	82.12	76.56	81.37	83.20	92.36	109.85	123.87	128.47	129.90	126.82
세종	–	–	–	–	–	–	–	–	–	113.16
경기	93.50	88.55	90.82	90.38	95.00	106.91	112.05	111.71	113.85	114.58
강원	108.64	103.20	103.76	102.83	110.45	120.98	125.66	129.69	130.11	126.87
충북	85.73	81.87	83.36	86.45	91.86	102.00	108.35	111.58	111.52	108.39
충남	85.53	78.32	83.00	83.72	86.99	97.35	106.84	105.13	105.36	101.10
전북	103.46	98.02	97.70	97.30	97.19	110.68	108.55	110.86	116.38	116.53
전남	87.18	82.17	83.67	84.77	92.65	96.46	102.98	113.37	111.89	114.53
경북	92.62	88.47	90.87	91.72	99.35	106.02	112.96	115.91	115.29	109.92
경남	86.56	81.49	81.79	82.23	87.83	98.53	106.15	105.33	109.74	105.05
제주	118.41	114.34	118.01	126.59	133.93	131.64	136.85	152.12	140.76	143.56

출처: 문화체육관광부 전국체육시설업현황, 행정안전부 주민등록인구, 각 연도별.

그림 2-9-7	지역별 인구 십만 명당 체육시설 수 변화 추이(2003-2012)	(단위: 개소)

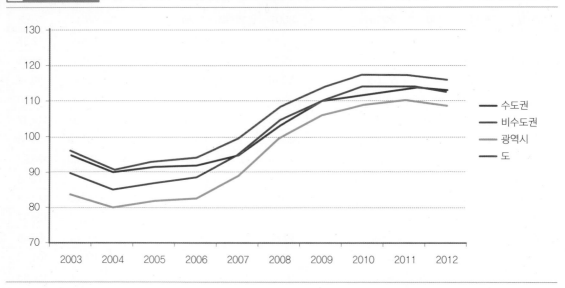

그림 2-9-8 권역별 인구 십만 명당 체육시설 수 변화 추이(2003-2012)　　(단위: 개소)

범례:
- 수도권
- 비수도권
- 광역시
- 도

10

사회보장

사회보장(social security)은 실업, 노령, 질병, 사망 등으로 개인과 그 가족의 소득상실로부터 개인과 가족을 보호하기 위한 공공 프로그램과 국민의 복지증진을 위한 공공서비스, 그리고 경제적 지원 등을 통한 가족생활을 향상시키는 공적 프로그램을 말한다. 우리나라에서는 1960년 제4차 개정헌법에서 처음으로 국가의 사회보장에 관한 노력을 규정하였고, 1963년 11월 5일 법률 제1437호로 전문 7개조의 "사회보장에 관한 법률"을 제정하였다. 그 후 1980년 10월 27일 개정된 헌법에서 "사회보장"이라는 용어와 함께 "사회복지"라는 용어를 최초로 사용하였다. 1995년 12월 30일 '사회보장 기본법'이 법률 제5134호로 공포됨에 따라 "사회보장에 관한 법률"은 폐기되었다.[1]

  e-지방지표는 사회보장을 실현할 수 있는 장소를 중심으로 통계를 작성하고 있다. 이에 대한 내용과 본 저서에서 기술하는 내용이 〈표 2-10-1〉이다. e-지방지표와 다른 것은 시도별 사회복지시설을 첨가했다. 그리고 시도별 노인여가복지 시설 현황을 1948년부터 조사를 하였다. 나머지 부분은 e-지방지표 내용을 분석하였다.

표 2-10-1 사회보장의 기술 내용

항 목	e-지방지표		본 저서의 내용	
	지 표	분석기간	지 표	분석기간
사회복지시설수	- 인구 10만 명당 사회복지시설 수	2003–2011	- 시도별 사회복지시설 수 - 인구 10만 명당 사회복지시설 수	1993–2012 2000–2011
유아보육시설수	- 유아(0세–4세) 천 명당 유아보육시설 수	2003–2011	- 인구 10만 명당 유아보육시설 수	2003–2011
노인여가복지 시설 수	- 노인(60세 이상) 천 명당 노인여가복지시설 수	2003–2012	- 시도별노인여가복지시설 수 - 노인(60세이상) 천 명당 노인여가복지시설 수	1948–2012 2003–2012

---

1 박석돈, 사회보장론(서울: 양서원, 2012), pp.13-15.

제2절 | 사회복지시설

1. 사회복지시설 수

사회복지시설 수가 어떻게 증대되고 있는지를 지역별, 연도별로 나타내주는 내용이 〈표 2-10-2〉이다. 1993년도의 사회복지시설수는 6,044개소였다. 1995년에 10,566개소로 1만을 돌파했고, 2000년에는 21,575개소였다. 2012년도에는 다시 56,000개소로 크게 증가되었다. 사회복지시설수는 1993년과 2012년을 비교하면 9.25배가 증가되었다. 1995년도 제 1기 민선지방자치가 실시되면서 사회복지시설수가 급증하였다고 볼 수 있다. 1993년도에 사회복지시설수는 서울이 1,317개소로 가장 많았고, 다

표 2-10-2 **지역별 사회복지시설 수(1993-2012)** (단위: 개소)

지역별	1993	1994	1995	1996	1997	1998	1999
전국	6,044	8,133	10,566	13,527	16,090	17,113	16,713
서울	1,317	1,808	2,051	2,646	3,155	2,911	2,600
부산	589	775	877	986	1,099	1,435	1,456
대구	298	452	612	732	828	905	789
인천	225	418	534	719	844	966	804
광주	206	234	409	765	849	887	951
대전	203	323	442	448	501	558	509
울산	–	–	–	–	266	380	531
경기	1,075	1,368	1,979	2,845	3,510	3,935	3,914
강원	219	353	398	475	543	539	495
충북	181	243	355	406	492	510	491
충남	365	234	285	366	457	408	394
전북	264	348	450	522	641	665	679
전남	240	437	695	847	971	1,009	1,146
경북	296	350	421	512	638	639	620
경남	452	640	853	1,020	1,017	1,077	1,052
제주	114	150	205	238	279	289	282

구분	2000	2001	2002	2003	2004	2005	2006	2007	2008	2009	2010	2011	2012
전국	21,575	16,053	16,765	17,637	19,253	20,151	27,900	31,325	35,688	39,360	45,786	50,053	56,100
서울	3,690	3,201	3,137	3,294	3,485	3,441	4,653	4,972	5,456	5,822	6,554	7,252	8,017
부산	1,621	1,295	1,240	1,241	1,129	1,210	1,665	1,759	2,141	2,256	2,400	2,510	2,674
대구	1,128	879	925	1,006	1,032	1,002	1,270	1,372	1,476	1,598	1,874	2,065	2,342
인천	1,093	860	717	752	812	837	1,175	1,325	1,491	1,653	2,029	2,312	2,719
광주	930	416	469	423	545	626	1,076	1,202	1,388	1,513	1,715	1,813	1,981
대전	608	579	639	656	670	748	983	1,117	1,275	1,477	1,789	1,940	2,187
울산	628	403	416	424	444	490	584	636	707	785	924	1,026	1,138
경기	4,746	3,650	3,817	3,909	4,779	5,191	6,981	8,153	9,405	10,319	12,054	13,193	14,971
강원	737	613	677	719	775	776	999	1,120	1,257	1,390	1,630	1,744	2,036
충북	635	414	466	603	671	698	1,000	1,085	1,202	1,352	1,551	1,673	1,832
충남	632	511	612	653	683	679	1,131	1,253	1,448	1,617	2,061	2,357	2,584
전북	826	499	576	617	683	763	1,267	1,511	1,738	1,963	2,223	2,427	2,677
전남	1,634	491	589	626	667	722	1,145	1,330	1,531	1,779	1,984	2,077	2,277
경북	1,054	783	887	991	1,034	1,039	1,458	1,644	1,937	2,119	2,559	2,849	3,248
경남	1,256	1,159	1,271	1,369	1,454	1,495	1,992	2,277	2,611	3,018	3,660	4,004	4,450
제주	357	300	327	354	390	434	521	569	625	699	779	811	849

출처: 윤대한, 송종석, 우리나라 지역별 사회복지 현황에 관한 비교연구, 대한건축학회 논문집, 제11호, 1995, p.20.

음이 경기도가 1,075개소였다. 2000년도에는 경기 4,746개소, 서울 3,690개소, 전남 1,634개소, 부산 1,621개소, 대구 1,128개소 순이었다. 2012년 현재 각 지역의 사회복지시설 수를 보면 서울은 8,017개소로 경기도의 14,971개소의 53.6% 수준으로 떨어졌다. 서울에 이어 경남이 4,450개소로 3번째로 많은 사회복지시설을 갖추고 있으며, 다른 지역은 대체로 2천 개의 사회복지시설을 가지고 있다.

지역별로 사회복지시설의 수를 비교하기 위하여 〈표 2-10-3〉과 같이 점유율을 작성하였다. 이 표를 보면, 사회복지시설이 가장 많은 곳은 경기다. 경기도는 2000년도에 전국 사회복지시설 중 22.0%를 차지하고 있다. 이후 계속 증가하여 2012년 현재는 26.7%의 점유율을 보이고 있다. 경기 다음이 서울이다. 서울은 하향 추세가 뚜렷하다. 서울의 사회복지시설 점유율은 2000년에는 17.1%, 그리고 2001년에는 19.9%까지 늘어났다. 그러나 이후에는 계속 떨어지기 시작하여 2012년에는 14.3%로 크게 하락하였다. 다른 지역이 사회복지시설을 더 많이 신설하고 있다는 말이다. 사회복지시설의 수에서 점유율이 상향되는 곳은 대전, 충북, 충남, 전북, 경북, 경남 등이다. 나머지 지

표 2-10-3 2000년 이후 지역별 사회복지시설수의 점유율　　　　　　　　(단위: %)

구분	2000	2001	2002	2003	2004	2005	2006	2007	2008	2009	2010	2011	2012
서울	17.1	19.9	18.7	18.7	18.1	17.1	16.7	15.9	15.3	14.8	14.3	14.5	14.3
부산	7.5	8.1	7.4	7.0	5.9	6.0	6.0	5.6	6.0	5.7	5.2	5.0	4.8
대구	5.2	5.5	5.5	5.7	5.4	5.0	4.6	4.4	4.1	4.1	4.1	4.1	4.2
인천	5.1	5.4	4.3	4.3	4.2	4.2	4.2	4.2	4.2	4.2	4.4	4.6	4.8
광주	4.3	2.6	2.8	2.4	2.8	3.1	3.9	3.8	3.9	3.8	3.7	3.6	3.5
대전	2.8	3.6	3.8	3.7	3.5	3.7	3.5	3.6	3.6	3.8	3.9	3.9	3.9
울산	2.9	2.5	2.5	2.4	2.3	2.4	2.1	2.0	2.0	2.0	2.0	2.0	2.0
경기	22.0	22.7	22.8	22.2	24.8	25.8	25.0	26.0	26.4	26.2	26.3	26.4	26.7
강원	3.4	3.8	4.0	4.1	4.0	3.9	3.6	3.6	3.5	3.5	3.6	3.5	3.6
충북	2.9	2.6	2.8	3.4	3.5	3.5	3.6	3.5	3.4	3.4	3.4	3.3	3.3
충남	2.9	3.2	3.7	3.7	3.5	3.4	4.1	4.0	4.1	4.1	4.5	4.7	4.6
전북	3.8	3.1	3.4	3.5	3.5	3.8	4.5	4.8	4.9	5.0	4.9	4.8	4.8
전남	7.6	3.1	3.5	3.5	3.5	3.6	4.1	4.2	4.3	4.5	4.3	4.1	4.1
경북	4.9	4.9	5.3	5.6	5.4	5.2	5.2	5.2	5.4	5.4	5.6	5.7	5.8
경남	5.8	7.2	7.6	7.8	7.6	7.4	7.1	7.3	7.3	7.7	8.0	8.0	7.9
제주	1.7	1.9	2.0	2.0	2.0	2.2	1.9	1.8	1.8	1.8	1.7	1.6	1.5

역은 하향 추세이다. 점유율이 늘어나는 곳 중에 가장 신장률이 높은 곳은 충남으로 2000년에는 2.9%로 충북과 함께 하위권에 있었으나 계속 상승하여 2012년에는 4.8%로 중상위권에 속하고 있다. 경남도 점유율이 2%나 상향된 곳이다. 반면에 점유율이 가장 크게 떨어진 곳은 전남이다. 전남은 2000년에는 7.6%의 점유율로 경기, 서울 다음이었다. 그러나 이후에 계속 떨어지다가 지금은 약간 상승하였지만 4.1%에 불과하다. 순위도 전북에 밀리는 등 많이 떨어졌다. 이는 다른 지역이 사회복지시설을 크게 늘리고 있다는 증거다.

지역별로 비교하기 위하여 작성한 내용이 [그림 2-10-1]이다. 그림에서 보면 경기도의 증가가 아주 크다는 것을 확연하게 알 수 있다. 거의 모든 지방자치단체의 사회복지시설수가 2005년도까지는 그렇게 크게 성장하지 않았다. 그러다가 2006년부터 경기와 서울의 사회복지시설이 급속하게 증가하기 시작하였다. 특히, 경기도의 사회복지시설 수는 그 증가속도가 매우 빠르다. 이를 좀 더 자세히 보면 전국으로도 2005년도 20,151개소였던 사회복지시설수가 20006년에는 27,900개소로 크게 늘어나고,

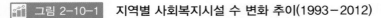

그림 2-10-1 **지역별 사회복지시설 수 변화 추이(1993－2012)** (단위: 천 개소)

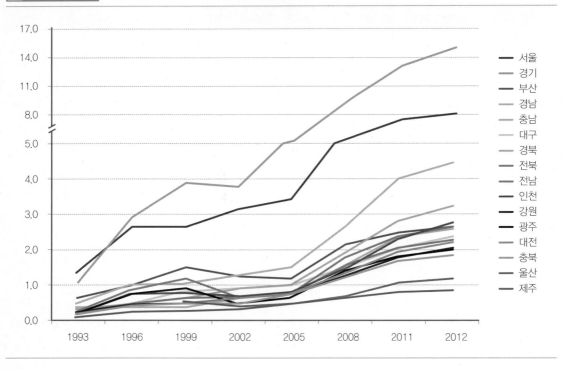

그림 2-10-2 **권역별 사회복지시설 변화 추이(1993－2012)** (단위: 천 개소)

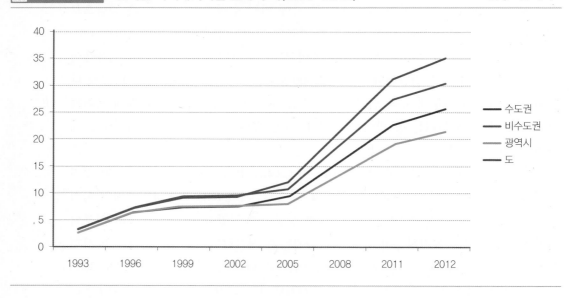

이후 해마다 31,325개소, 35,688개소, 39,360개소, 45,786개소로 늘어났다. 경기의 경우는 2005년도 5,191개소였던 사회복지시설수가 해마다 크게 늘어나 2006년 6,981개소, 연 이어 8,153개소, 9,404개소, 10,319개소, 2010년에는 12,054개소로 5년 전에 비해 배 이상 늘어났다. 1993년부터 2012년까지는 14배정도 증가되었다. 경기도는 시설수뿐만 아니라 증가 속도에서도 전국 최고다.

1993년도에는 제주가 114개소, 강원도 219개소, 충북 181개소로 최하위권에 있었다. 그러나 2012년 현재 제주는 849개소로 7.5배, 강원은 2,036개소로 9.3배, 충북은 1,832개소로 10배 정도가 증가되었다.

권역별로 사회복지시설수를 비교해 보면 [그림 2-10-2]와 같다. 그림에서 보면, 광역시 권역과 도 권역을 비교하면 도 단위 자치단체가 항상 사회복지시설수가 많다. 수도권과 비수도권을 비교해 보면 비수도권의 사회복지시설수가 많다는 것을 알 수 있다. 노인이나 장애인을 비롯한 보호받아야 할 대상이 도시보다 농촌이나 소도시에 많다는 의미가 된다.

2. 인구 십만 명당 사회복지시설 수

사회복지시설수를 수요자 기준으로 살펴보자. 인구 십만 명당 각 자치단체의 사회 복지 시설 수에 대한 연도별 변화 내용이 〈표 2-10-4〉이다. 지역별로 보면 2003년에는 인구 십만 명당 사회 복지 시설 수는 제주가 4.71개소로 가장 많았고, 그 다음이 전북으로 4.14개소였다. 이어서 전남, 충남, 충북, 강원이 많았다. 농촌지역이 많은 자치단체가 사회복지시설수가 많음을 알 수 있다. 사회복지시설수가 가장 많은 경기도는 십만 명당 사회복지시설수가 1.56개소 밖에 되지 않았고, 서울은 1.30개소, 울산은 1.03개소로 최하위다.

2012년 현재는 충북이 21.50개소로 가장 많고, 다음이 전남 18.02개소, 전북 16.06개소, 충남 15.61개소, 제주 14.06개소로 순위가 대폭 바뀌어졌다. 여전히 울산이 5.20개소로 가장 뒤떨어져 있으며 서울은 6.66개소로 최하위권에 있다.

지역별로 사회복지시설수를 인구 십만 명당 기준으로 비교하기 위한 그래프가 [그림 2-10-3]이다. 이 그림을 보면 2005년까지는 모든 자치단체들이 인구 십만 명당 사회복지시설수가 완만하게 성장하다가 2006년부터 급성장하고 있다. 2006년 7월 1일부터 민선자치 4기가 시작되었다. 그러나 이 그래프로 지방자치실시 연륜과 더불어서 사회복지시설수의 성장속도가 비례하고 있는지에 대해서는 증명하기가 어렵다.

시도별	2003	2004	2005	2006	2007	2008	2009	2010	2011
서울	1.30	1.35	1.49	1.52	1.85	3.68	5.05	6.54	6.66
부산	2.19	2.32	2.58	2.96	3.21	4.21	5.11	6.47	5.97
대구	2.57	2.85	2.91	3.37	3.57	4.21	5.26	8.04	9.85
인천	1.56	1.51	1.77	2.17	3.08	4.94	7.12	10.11	10.82
광주	3.01	3.14	3.64	4.05	5.16	6.47	7.60	10.04	9.70
대전	2.79	3.05	3.16	3.34	4.61	6.14	7.41	9.24	9.57
울산	1.03	1.48	1.84	2.65	3.64	3.42	4.22	5.42	5.20
경기	1.56	1.98	2.92	4.07	5.08	6.46	9.19	11.81	11.72
강원	3.08	3.48	6.21	7.90	9.58	11.80	15.20	17.45	19.20
충북	3.29	3.29	4.10	8.03	9.76	14.35	17.15	20.20	21.50
충남	3.50	3.79	4.69	6.53	7.52	9.66	11.14	16.19	15.61
전북	4.14	5.24	6.90	9.63	11.01	13.36	14.29	17.18	16.06
전남	3.57	4.23	5.90	5.87	6.22	10.73	12.75	16.89	18.02
경북	3.16	3.64	4.69	5.84	5.82	8.12	10.41	13.05	13.71
경남	2.77	2.99	3.51	4.25	5.16	6.14	7.32	8.97	9.28
제주	4.71	4.86	6.82	8.24	8.94	9.81	11.37	13.65	14.06

표 2-10-4 **인구 십만 명당 사회복지시설 수 변화 추이(2003-2011)** (단위: 개소)

출처: 통계청, 지역통계, e-지방지표, 주제별, 사회보장, 각 시도통계연보, 행정안전부 주민등록인구.

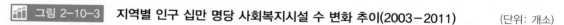

그림 2-10-3 **지역별 인구 십만 명당 사회복지시설 수 변화 추이(2003-2011)** (단위: 개소)

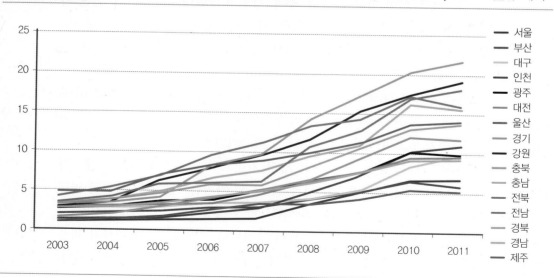

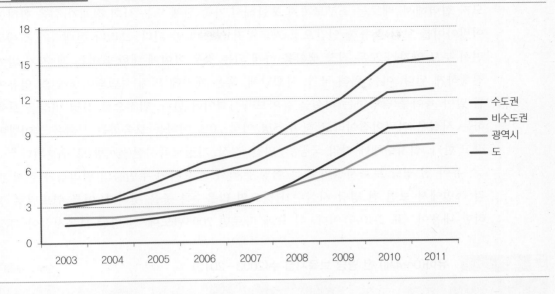

그림 2-10-4 | 권역별 인구 십만 명당 사회복지시설 수 변화 추이(2003-2011)   (단위: 개소)

충북이 최상위에서 크게 늘어나고 있는 모습이 특징적이다. 그러나 모든 자치단체들이 인구 십만 명당 사회복지시설수가 2010년을 정점으로 약간씩 증가 속도가 둔화되고 있음도 유의할 점이다.

권역별로 인구 십만 명당 사회복지시설수가 변하는 내용을 담은 그래프가 [그림 2-10-4]이다. 이 그림에서 보면 십만 명당 사회복지시설 수는 도 권역이 광역시 권역보다 월등하게 많다. 뿐만 아니라 인구당 사회복지시설의 수는 비수도권이 수도권보다 월등히 많다. 사회적 약자가 대도시보다 농어촌, 또는 중소도시에 집중되어 있다는 의미가 된다.

제3절 I 유아보육시설

보육, 즉 육아란 어린아이의 신체적 발육과 지적 교육, 정서의 건전한 발달을 위하여 노력하는 일을 말하며, 어린아이의 심신을 발육시킨다는 특징을 갖는 것이다. 아이의 몸과 마음의 성장을 장애하는 요인을 없애 주고, 순조로운 성장을 촉진하는 일이 육아의 가장 중요한 과제이다. 인간은 생리적으로나 심리적으로 미성숙한 상태로 태어난다. 인간의 성장은 주변 환경과 가족들의 보살핌에 달려 있다. 그러기 때문에 부모가 협력해서, 때로는 조부모까지 포함해서 가족 전체 또는 사회 전체가 힘을 합하여 어린아이를 보다 훌륭한 인간으로 가르치지 않으면 안 된다. 그러나 현대화가 진행되면서 부모 양자가 모두 직장 생활을 하게 되는 경우 아이에 대한 육아는 제3자가 맡아 진행하게 된다. 이를 위해 국가, 사회단체, 혹은 개인에 의해 설립되어 타인의 영유아를 맡아 육아를 담당하는 시설을 유아보육시설이라 한다. 법적으로 21명 이상을 보육하는 시설은 어린이집이라고 하며, 5명 이상 20명 이하를 보육하는 시설은 놀이방이라고 한다. 설치주체에 따라 국공립, 민간, 직장, 가정보육시설(놀이방)로 구분된다.[2]

유아 천 명당 보육시설의 수는 어떻게 될까. 수요자인 주민들의 편리성과 질적 관리 측면에서 보면 천 명당 시설수가 많으면 많을수록 좋을 것이다. 이를 연도별로 정리한 내용이 〈표 2-10-5〉이다. 이 표에 따르면 2003년도에 천 명당 보육시설이 가장

표 2-10-5 유아(0~4세) 천 명당 보육시설 수(2003-2012) (단위: 개소)

시도별	2003	2004	2005	2006	2007	2008	2009	2010	2011	2012
서울	8.76	10.05	11.49	12.41	12.52	12.91	13.37	13.80	14.43	15.67
부산	8.41	9.74	11.22	11.85	12.17	12.79	13.06	13.13	13.22	13.80
대구	7.72	9.17	10.57	11.38	12.00	13.71	14.69	15.05	15.05	15.29
인천	7.45	8.75	10.33	11.06	11.88	13.01	14.06	14.49	14.98	16.09
광주	9.66	11.80	13.85	14.37	14.42	15.47	16.35	16.61	16.63	17.27
대전	9.19	10.80	12.60	14.30	15.83	17.66	19.67	21.03	21.50	22.29
울산	7.76	9.70	10.42	10.54	10.37	10.99	12.00	13.53	14.33	15.46
세종	–	–	–	–	–	–	–	–	–	17.44
경기	9.07	10.76	12.05	13.10	14.36	16.10	17.46	18.25	18.92	20.65
강원	8.78	9.62	10.73	11.74	12.66	13.78	14.66	17.21	18.19	20.08
충북	8.97	10.61	12.03	12.15	12.44	13.45	14.80	15.48	15.45	16.23
충남	9.32	10.14	11.31	12.16	13.79	13.63	15.02	16.73	17.94	20.05
전북	9.64	11.52	14.05	15.18	15.64	18.11	18.92	19.11	19.42	20.11
전남	7.14	8.66	10.41	11.67	12.18	13.06	14.06	14.19	14.38	14.75
경북	7.88	9.59	11.03	12.05	13.30	15.23	16.32	17.67	18.80	19.76
경남	9.07	10.82	12.51	13.48	14.22	16.37	18.36	20.32	21.02	22.16
제주	9.80	11.49	12.89	13.75	14.25	16.33	17.60	18.24	19.14	20.14

출처: 통계청, 지역통계, e-지방지표, 주제별, 사회보장, 각 시도통계연보, 행정안전부 주민등록인구.

2 http://www.7-star.net/bbs/board.php?bo_table=05_9&wr_id=11039

많은 곳이 제주, 광주, 전북, 충남, 대전 순이었다. 이들 지역은 천 명당 보육시설이 9
개소 이상인 곳이다. 제주가 천 명당 9.80개소였다. 가장 적은 곳의 순서는 전남, 인천,
대구, 울산, 경북 순이다. 가장 적은 지역인 전남은 7.1개소에 불과하다. 그러나 2012

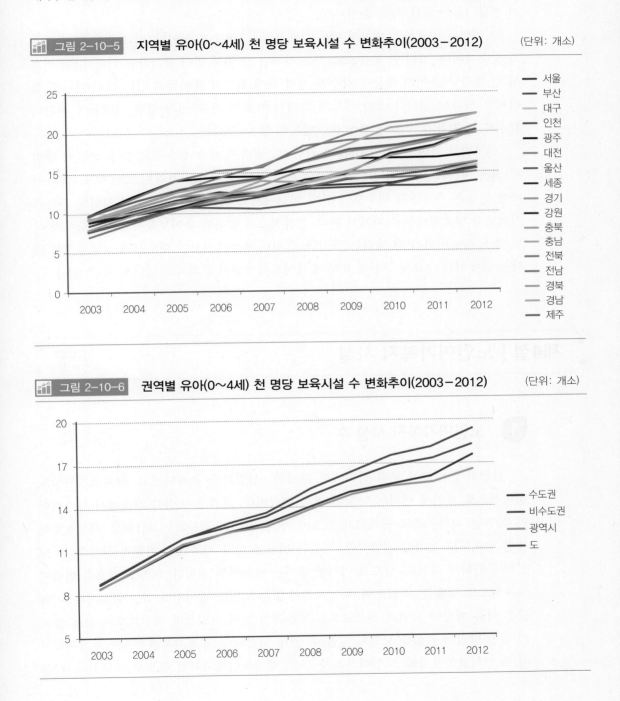

그림 2-10-5 　**지역별 유아(0~4세) 천 명당 보육시설 수 변화추이(2003-2012)**　(단위: 개소)

그림 2-10-6 　**권역별 유아(0~4세) 천 명당 보육시설 수 변화추이(2003-2012)**　(단위: 개소)

년 현재는 그 순서가 많이 바뀌었다. 대전이 유아보육시설이 가장 많은 자치단체가 되었다. 대전은 2003년에 9.19개소였는데 지금은 22.29개소로 2.43배가 증가되었다. 그 다음이 경남, 경기, 제주, 전북 순이다. 2012년 현재 부산이 13.80개소로 가장 적고, 이어 전남, 대구, 울산, 서울 순이다.

지역별로 비교하기 위하여 만든 그래프가 [그림 2-10-5]이다. 이 그림을 보면 전체가 상승세이다. 거의 한 묶음으로 가는 것처럼 큰 편차 없이 증가하고 있다. 다만 이것이 천 명당 기준이기 때문에 갈수록 지역 간에 편차가 줄어들고 있는 것이 아니라 벌어지고 있다는 점이다. 2003년도의 그래프를 보면 큰 차이가 없던 지역들이 시간이 갈수록 그 격차가 더 크게 벌어지고 있음을 알 수 있다.

권역별로 보면 [그림 2-10-6]과 같다. 도 권역은 계속 상승하고 있다. 반면에 광역시 권은 처음에는 도 권역과 같은 수준으로 가다가 점차로 간격이 벌어지고 있다. 이러한 현상은 수도권과 비수도권 간의 비교에서도 나타난다. 비수도권 지역이 수도권 지역보다 양호하다는 이야기가 된다. 결론적으로 말하면 유아보육시설은 대도시가 아닌 중소도시 이하가 더 많다는 것이다. 그러나 중소도시보다 대도시에 가임여성이 많다는 점에서는 수요자 중심에 의하여 유아보육시설이 설치되고 있다고 볼 수 없다.

제4절 | 노인여가복지 시설

1. 노인여가복지 시설 수

산업화와 더불어 우리 사회에도 도시화·산업화가 초래되었고, 경로효친사상도 상대적으로 과거에 비하여 약화된 것이 현실이다. 그리고 노인이 가정에서 보호되어야 한다는 의식구조도 변화되고 있으며, 일부 시설의 전문화·고급화로 시설보호에 대한 선호도도 높아질 전망이다. 이러한 변화에 따라 가족과 동거하지 않게 되는 노인이 증가하게 되었고, 앞으로 이러한 증가는 가속화될 것이다. 또한 노령으로 인하여 독자적으로 생활할 수 없으며, 부양가족이 없는 노인도 많아지고 있는 현실이다. 이와 같은 이유 때문에 노인의 시설보호는 필연적인 것이 되었으며 시설보호의 질을 높이기 위한 방법에 관심을 모으지 않을 수 없게 되었다. 노인복지시설은 노인주거복지시설, 노인의료복지시설, 노인여가복지 시설, 재가노인복지시설 등으로 구분된다. 이중

표 2-10-6	정부수립 후 노인복지시설의 현황(1948-1990)				(단위: 개소, 명)
구분	시설수	수용인원	구분	시설수	수용인원
1950년	11	-	1980년	48	3,158
1955년	22	439	1985년	67	5,059
1960년	29	2,314	1986년	72	5,387
1965년	34	2,567	1987년	76	5,648
1970년	44	2,283	1988년	79	6,124
1975년	45	2,441	1990년	90	6,529

출처: 보건사회부, 보건사회 1983, 보건사회통계연보 1986, 1989, 1990년도 노인복지사업지침, p.71.

에 노인여가복지 시설로는 노인복지회관, 경로당, 노인교실, 노인 휴양소 등이 있다.[3] 노인인구의 증가와 평균수명의 증가로 고령화시대에 요양보호 수요의 증가, 취미 등 여가활동을 통한 삶의 질 향상을 위한 공간 확보의 필요성이 대두되었다. 이에 대한 욕구의 해소를 위해 국가나 사회가 확충한 노인복지시설은 지역사회의 인프라 수준을 평가할 수 있는 지표다.[4]

우리나라 노인복지시설의 현황을 살펴보자. 해방 직후의 시기에는 노인복지시설 상황이 잘 갖추어질 수 있는 환경이 아니었다. 해방이 되자마자 미군정이 들어섰고, 정부 수립 후에는 6.25전쟁 등을 고려하면 노인복지시설은 거의 없거나 있어도 수준 미달이었다. 〈표 2-10-6〉에서 보는 바와 같이 1950년도 노인복지시설은 전국 합하여 도 고작 11곳이었다. 5년이 지나도 겨우 22개소였으며 수용인원도 439명에 불과했다. 이 규모는 1960년대 이후에도 일정기간은 크게 변하지 않았다. 1960년 29개소, 1970년 44개소, 1980년 48개, 1990년도에도 90개소에 불과했다. 수용인원도 1960년 2,314명, 1970년 2,283명, 1980년 3,158명, 1990년에 6,529명을 수용할 정도다. 물론 당시에 한국의 가족문화로 보아 노인들은 되도록 가족들과 함께 동거하는 경향이 강하기 때문에 이에 대한 수요가 심하지 않은 것도 원인이라 할 수 있다. 그럼에도 불구하고 노인복지시설의 증가 속도는 다른 복지 시설에 비해 유독 낮았다.

지역별로 사회복지시설의 분포 상황은 〈표 2-10-7〉과 같다. 1990년도의 노인복지시설을 보면 전체 90개소 중 경기가 13개소로 가장 많고 다음이 전북이 11개소, 전남

---

3 김기태 외, 한국사회복지의 새로운 지평(공동체, 2007), p.524.

4 2008.7.1.부터 노인장기요양보험 제도가 시행됨에 따라 「노인복지법」개정(2007.8.3.공포)으로 2008.4.4.부터 노인주거복지시설에는 "노인공동생활가정"이, 노인의료복지시설에는 "노인요양공동생활가정"이 각각 신설됨.

표 2-10-7 **1990년도 지역별 노인복지시설 수 및 수용인원** (단위: 개소, 명)

구분	시 설 수			수 용 인 원		
	계	양로	요양	계	양로	요양
계	90	72	18	6,529	5,107	1,422
서울	7	5	2	603	418	185
부산	7	5	2	946	836	110
대구	6	4	2	402	302	100
인천	2	1	1	281	122	159
광주	5	4	1	553	446	107
대전	2	2	0	145	145	0
경기	13	12	1	742	681	61
강원	2	2	0	162	162	0
충북	4	2	2	442	90	352
충남	6	5	1	355	173	82
전북	11	10	1	575	525	50
전남	8	5	3	488	338	150
경북	8	7	1	394	394	50
경남	4	4	0	248	248	0
제주	5	4	1	127	127	16

출처: 보건사회부, 보건사회통계연보, 1990.

과 경북이 각각 8개소, 서울과 부산은 각각 7개소이다. 가장 적은 곳은 2개소인 강원, 대전, 인천이며 경남도 4개소로 적은 그룹에 속했다. 이에 비하면, 제주는 5개소로 양호한 편이다.

수용인원을 지역별로 보면, 부산의 경우 복지시설은 7개소밖에 없었지만, 수용 인원은 946명으로 가장 많았다. 그 다음이 경기가 742명이며, 다음은 서울, 전북, 광주 순이었다. 수용인원으로 보면 전체 6,529명 중 양로원이 5,107명으로 78.2%를 차지하고 있다. 요양원은 1,422명으로 21.8%를 차지하였다. 이 중에 강원과 대전, 경남은 양로원이 하나도 없다. 반면에 인천과 충북은 양로원보다 요양원에 수용된 노인이 많다.

노인복지시설 중에 하나인 노인여가복지 시설에 대해서 살펴보자. 노인여가복지 시설에 대해 연도별, 자치단체별로 정리한 내용이 〈표 2-10-8〉이다. 1990년도에 90개소에 불과했던 노인복지시설이 2003년에 노인여가 복지시설만도 47,358개소로 급증한다. 이러한 현상은 계속되어 2005년에 54,781개소, 2011년에는 62,469개소로 크게

표 2-10-8 **노인여가 복지시설 총괄표**

구분	2003	2005	2006	2009	2010	2011
전국	47,358	52,934	54,781	59,422	61,065	62,469
서 울	2,666	2,910	3,036	3,322	3,443	3,495
부 산	1,844	2,010	2,050	2,111	2,165	2,209
대 구	1,118	1,214	1,230	1,341	1,342	1,417
인 천	1,108	1,167	1,233	1,335	1,338	1,373
광 주	890	980	1,031	1,146	1,187	1,233
대 전	646	678	694	752	768	788
울 산	589	650	683	732	744	767
경 기	6,753	7,417	7,611	8,369	8,667	8,945
강 원	2,066	2,296	2,443	2,747	2,821	2,883
충 북	3,370	3,568	3,655	3,842	3,899	3,952
충 남	4,555	5,012	5,213	5,536	5,659	5,793
전 북	4,720	5,332	5,556	6,103	6,248	6,382
전 남	5,926	6,770	7,412	8,086	8,336	8,486
경 북	5,643	6,313	6,504	7,022	7,222	7,372
경 남	5,117	5,582	6,055	6,582	6,825	6,967
제 주	347	362	374	396	401	407

출처: 보건복지가족부, 노인 복지시설 현황(과천: 보건복지가족부, 2012), p.10.

늘어난다.

2003년에 노인여가복지 시설이 가장 많은 자치단체는 경기도로서 6,753개소였다. 이와 비슷한 수준으로 설치되어 있는 곳은 5,926개소인 전남, 5,643개소인 경북, 5,117개소인 경남, 4,720개소인 전북이었다. 이 네 개의 지역을 합하면 21,406개소로 전체의 45.2%에 해당한다. 이 부분에 대해서는 대도시인 부산, 대구, 광주를 제외한 호남과 영남이 절대 다수를 차지하고 있다. 이는 이들 지역이 농촌중심지역이고 타 지역에 비해 노인이 많이 거주하고 있다는 점이 그 원인이라고 할 수 있다.

2011년 현재 노인여가복지 시설수는 62,469개소로 2003년에 비해 15,111개소가 늘어났다. 약 32%가 증가된 것이다. 노인여가시설수가 가장 많은 곳이 경기지역으로 총 8,945개소이며 다음은 전남이 8,486개소, 경북 7,372개소, 경남 6,967개소, 전북 6,382개소이다. 경기가 선두를 차지한 것 이외에 2003년도의 상위 지역인 전남, 경북, 경남, 전북이 순위를 지키고 있다. 이를 비교하기 위하여 작성한 그래프가 [그림 2-10-

그림 2-10-7

지역별 노인여가 복지시설(2003-2011)

(단위: 개소)

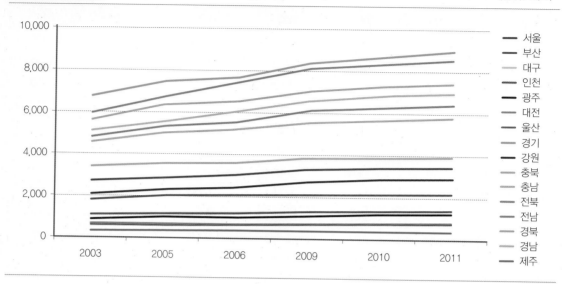

凡例:
- 서울
- 부산
- 대구
- 인천
- 광주
- 대전
- 울산
- 경기
- 강원
- 충북
- 충남
- 전북
- 전남
- 경북
- 경남
- 제주

7]이다. 중소도시와 농촌중심지역인 영남과 호남지역, 그리고 충청지역이 상위권에서 계속 상승하고 있는 반면에 대도시 중심 지역인 서울, 부산, 대구 등은 하위 층에 있으면서 약간 성장 또는 정체 수준에 머물고 있다.

그림 2-10-8

권역별 노인여가 복지시설변화추이(2003-2011)

(단위: 개소)

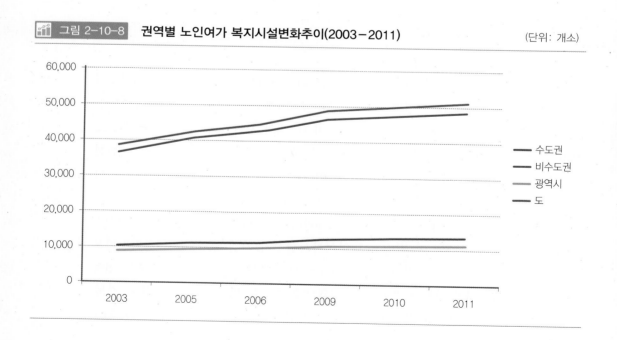

凡例:
- 수도권
- 비수도권
- 광역시
- 도

권역별로 비교하기 위하여 작성한 [그림 2-10-8]에 의하면 도 권역과 비수도권 지역의 노인여가복지 시설의 수가 월등하게 많음을 알 수 있다. 그리고 이 두 지역은 상승세가 계속 높게 이어지고 있는 반면에 광역시와 수도권 지역은 정체되어 있다. 이는 노인인구가 비수도권과 도 권역에 많이 거주하고 있다는 의미이기도 하다.

2. 노인(60세이상) 천 명당 노인여가 복지시설 수

노인여가복지 시설을 인구와 비교하여 노인 천 명당 노인여가복지 시설수에 대한 내용이 〈표 2-10-9〉이다. 이 표를 보면 도시지역은 점점 노인여가복지 시설이 적어지는 반면에 농촌 등 도 단위의 지역은 꾸준하게 늘어나고 있음을 알 수 있다. 서울은

표 2-10-9 **노인(60세이상) 천 명당 노인여가복지 시설수**   (단위: 개소)

시도별	2003	2004	2005	2006	2007	2008	2009	2010	2011	2012
서울	2.54	2.62	2.63	2.61	2.55	2.47	2.44	2.32	2.31	2.25
부산	4.36	4.42	4.37	4.36	4.06	3.92	3.83	3.68	3.60	3.48
대구	4.29	4.23	4.19	4.21	4.15	4.04	3.86	3.87	3.80	3.64
인천	4.69	4.57	4.64	4.39	4.36	4.28	4.09	3.96	3.93	3.75
광주	6.43	6.81	6.92	6.99	6.75	6.69	6.58	6.48	6.39	6.20
대전	4.82	4.73	4.67	4.69	4.52	4.40	4.29	4.16	3.95	3.82
울산	7.53	7.65	7.71	7.59	7.21	7.00	6.73	6.49	6.21	5.81
세종	–	–	–	–	–	–	–	–	–	13.10
경기	7.03	7.01	6.87	6.83	6.58	6.41	6.32	6.14	6.08	5.70
강원	8.82	8.99	9.35	9.53	9.60	9.71	9.74	9.64	9.65	9.34
충북	15.20	15.41	15.51	15.49	15.13	15.05	14.87	14.58	14.61	13.83
충남	13.87	14.26	14.67	14.80	14.62	14.46	14.36	14.17	14.01	13.52
전북	15.16	15.99	16.51	16.85	16.70	16.89	16.84	16.57	16.41	16.10
전남	15.52	16.32	17.67	18.02	18.14	18.35	18.55	18.43	18.35	18.14
경북	12.21	12.87	13.17	13.84	13.34	13.38	13.36	13.24	13.20	12.95
경남	12.48	12.58	13.42	13.60	13.38	13.29	13.30	13.04	12.79	12.43
제주	4.79	4.73	4.74	4.75	4.53	4.46	4.38	4.26	4.25	4.15

출처: 통계청, 지역통계, e-지방지표, 주제별, 사회보장.
주: 노인복지회관, 경로당, 노인교실, 노인휴양소 포함.

2003년에 노인 천 명당 노인여가복지 시설이 2.54개소였다. 그러나 2006년까지는 약간씩 늘다가 이후 계속 줄어들기 시작하여 2012년 현재는 2.25개소로 낮아졌다. 부산도 2003년에 노인 천 명당 4.36개소였으나 2012년은 3.48개소로 낮아졌다. 이러한 현상, 즉 시간이 갈수록 줄어드는 현상은 광역시에는 대구, 인천, 대전, 광주, 울산 등 모두 다 포함된다. 이는 인구증가 비율에 비해 노인여가복지 시설수 신설 비율이 떨어지고 있다는 의미다. 도 단위에서는 경기도가 큰 폭으로 줄어들고 있다. 2003년에는 7.03개소였다 2012년에는 5.70개소로 줄어들었다. 그러나 충남, 전북, 전남, 경북, 강원 등은 계속 확대되어 가는 중이다. 이 중에서도 전남은 2003년에 15.52개소였다가 2012년에는 18.14개소로 전국에서 가장 크게 증가되었다.

이를 지역별로 비교하기 위해 작성한 그래프의 내용이 [그림 2-10-9]이다. 이 그림을 보면 2003~2007년까지는 대체로 모든 지역이 노인여가복지 시설을 확대하는 편이었다. 그러나 최근에는 줄어드는 현상이 일반화되고 있음을 알 수 있다. 심지어 하단층에 가까이 있는 광역시의 노인여가시설은 더욱 더 줄어들고 있다.

이를 또 권역별로 비교하기 위하여 작성한 내용이 [그림 2-10-10]이다. 이 그림에서 보면 알 수 있듯이 도 단위 지역이 광역시보다 노인 천 명당 노인여가복지 시설 수가 월등하게 많다. 도 권역은 2003년에 평균 12개에 근접하기 시작하여 2005년도부터는 12개소를 상회하다가, 2012년에는 2003년 수준으로 회귀하고 있다. 비수도권 지역

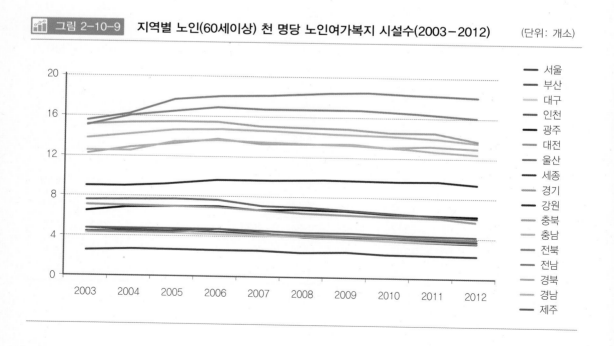

그림 2-10-9 **지역별 노인(60세이상) 천 명당 노인여가복지 시설수(2003-2012)**   (단위: 개소)

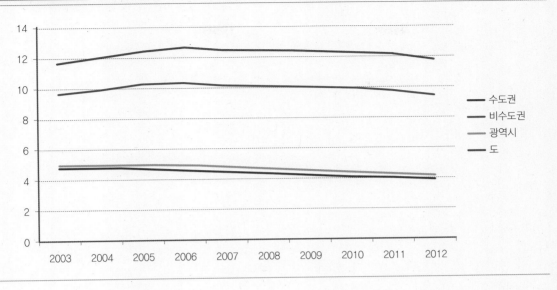

그림 2-10-10 권역별 노인(60세이상) 천 명당 노인여가복지 시설수(2003-2012)   (단위: 개소)

범례:
- 수도권
- 비수도권
- 광역시
- 도

도 수도권 지역의 노인여가복지 시설보다 크게 앞서고 있다. 수도권이나 광역시의 천 명당 노인여가복지 시설은 수도 적지만 성장축도 내리막으로 가고 있다.

11

보건 및 의료

보건 및 의료는 인간의 삶을 유지하는데 가장 기본적인 서비스다. 때문에 보건 및 의료는 계층, 지역, 성별 등에 관계없이 보편적으로 주민들이 서비스를 받을 수 있도록 하여야 한다. 복지국가를 내세우는 국가는 물론이거니와 그렇지 않은 나라도 보건 및 의료에 대한 서비스를 강화하려는 이유도 여기에 있다. 특히, 최근에 사회복지를 강조하고, 이에 대한 예산을 과도하다고 할 정도로 투자하고 있는 우리나라 입장에서 보면 보건 및 의료 부문의 개선은 어느 정책보다 시급하다고 하겠다. 이에 대한 조사 및 저술 내용이 〈표 2-11-1〉이다.

e-지방지표에서 분석기간이 가장 오래된 시기가 2003년이며, 건강에 대한 항목은 2008년부터 시작하고 있다. 그러나 본 저서는 의료기관분포현황은 1960년부터, 의료기관 종사자와 병상 수 등은 1994년과 1985년부터 조사하였고 조사항목도 많이 추가하였다. 그러나 조사자료들이 개념과 범위가 정해지지 않아 자료분석에 많은 애로가 있었다.

표 2-11-1 보건 및 의료부문의 조사 내용

항 목	e-지방지표		본 저서의 내용	
	지 표	분석기간	지 표	분석기간
의료기관	– 인구 천 명당 의료기관 병상수 – 인구 천 명당 의료기관 종사자수	2003–2011 2006–2013	– 시도별 의료기관 분포 현황 – 인구 천 명당 의료기관 종사자수 – 의료기관 병상수 – 인구 천 명당 병상수	1960–2012 1994–2010 1993–2012 1985–2011
요양기관	– 시도별 요양기관 현황	2006–2012	– 전국요양기관 변화 추이 – 시도별 요양기관현황	1980–2011 2006–2012
수술[1]	– 의료기관 수술인원	2006–2011	– 의료기관 수술인원	2006–2011
건강	– 음주율 – 주관적건강인지율 – EQ – 5D지료	2008–2012 2008–2013 2008–2012	– 음주율 – 주관적건강인지율 – EQ – 5D지료	2008–2012 2008–2013 2008–2012

주1) 수술 부분은 2006년 이전 자료를 구하지 못하여 이번 연구에서는 제외했음.

의학이 미발달된 시대에는 진료에 있어서 특별한 설비를 필요로 하지 않았다. 그러나 의료기기의 발전, 외과수술의 진보와 함께 환자를 수용·치료하는 병원이 발달하고, 의학이 전문분화하면서 최근에 의료법은 의료시설을 병원, 진료소, 조산소 등으로 나누고 있다. 병원은 환자 20명이상의 수용시설을 갖춘 것을 말하며 병원의 기능, 취급 환자의 종류, 경영주체, 운영형태 등에 따라서 분류할 수 있다. 진료소는 환자수용시설을 갖추지 않은 것 또는 환자 19명 이하의 수용시설을 갖춘 것을 말하고, 일반진료소, 치과진료소, 야간진료소, 데이케어센터, 검진센터 등 여러 형식, 여러 명칭이 있다. 조산소도 모자건강센터 등의 명칭으로 불리는 수도 있다. 이러한 것을 총칭해서 의료기관(의료시설)으로 부르고 있다.[1]

1. 1994년도 이전 의료기관 수(1960–1993)

의료기관은 앞에서 정의하는 바와 같이 매우 다양하다. 때문에 지역에 따라서 의료기관의 개념이 달라 통계가 타 지역과 구별하기 어려운 경우가 허다하다. 다음의 1994년도 이전 의료기관 수에 대한 통계인 〈표 2-11-2〉도 마찬가지다. 충남이 1960년도에는 의료기관이 582개였고, 1990년에는 1,073개였는데, 1993년에는 오히려 크게 떨어져서 780개가 된다. 의료기관의 범위가 달라졌기 때문이다. 경북도 1960년에는 1,150개였던 의료기관 수가 1990년에는 이보다 훨씬 떨어진 912개로 나타나고 있다. 경남도 마찬가지로 1960년에는 1,150개였는데 1970년에는 470개로 떨어지는 경우 등이 나타났다. 이것은 앞에서 언급한 충남처럼 의료기관에 대한 개념이 시간이 지나가면서 달라졌기 때문이다. 이렇게 개념정의가 달라지면서 자치단체 내에서도 시기마다 다른 개념이 적용되어 전혀 다른 통계치가 나오지만 역시 앞의 통계들처럼 정리한다는 자체에 의미를 두고 이 통계를 작성하였다. 또한 이렇게 크게 수가 줄어든 것은 도내 도시 중에 광역시로 분할된 것도 그 이유 중에 하나다.

지역별로 보면, 서울은 1961년도 기준으로 의료기관은 3,069개였다. 이 수치는

---

1 [네이버 지식백과] 의료기관[medical institution, 醫療機關](간호학대사전, 1996.3.1, 한국사전연구사).

시도별	1960	1965	1970	1975	1980	1985	1990	1991	1992	1993
서울[1]	3,069('61)	3,431	3,815('69)	4,649	4,626('79)	6,284	8,272	8,724	9,109	8,956
부산	(774)	963	1,068	1,113	1,307	1,744	2,281	2,393	2,499	2,592
대구[2]	(537)	(507)	(544)	(559)	(717)	955	1,449	1,553	1,689	1,768
인천[3]	(176)	(264)	(279)	–	(358)	490	798	–	–	1,090
광주	–	–	(255)	–	(310('81))	(430)	685	735	791	837
대전	(121)	(175)	(195)	(243)	(284)	(455)	697	758	840	913
울산	(30('62))	(40)	(49)	(82)	(129)	(202)	(347)	(431)	(414)	(477)
경기	833	979	1,123	1,986	1,191	1,528	2,782	3,102	3,379	3,759
강원[4]	384	427	381	356	353	430	518	549	583	623
충북	315	319	278	303	310	452	500	555	621	661
충남	582	705	710	886	905	1,131	1,073	1,100	1,161	780
전북	146	225	223	292	289	333	469	509	543	565
전남	599('62)	638('67)	658	621	672	880	554	685	750	799
경북	1,150	1,185('66)	1,083	1,250	789('82)	868	912	996	1,673	1,152
경남	710('63[5])	619	470	688	694('79)	–	–	–	–	1,850
제주[6]	50	54	64	96	102	139	243	262	278	249

출처: 보사부, 보건사회 통계연보('93), 보건복지부, 보건복지통계연보, 건강보험심사평가원, 요양기관 현황 및 최근 5년의 변동추세분석, 2004(서울: 건강보험심사평가원, 2005), p.9; 통계청, 한국통계연감; 서울통계연보, 부산통계연보(1963-1994), 대구통계연보('60~'80), 대구직할시정10년('81~'91), 인천개항 100년사, 인천시사, 중권, 1993. 대전통계연보, 대전성장통계, 울산통계연보(1963-1995), 경기도통계연보, 경기도사 1982, 통계로 본 강원의 발자취(1961~2001), 강원통계연보, 통계로 본 충북 50년, 충청북도, 1998.9, 충남통계연보, 통계로 본 전북의 어제와 오늘, 전라북도1997, 통계로 본 충남 100년, 경상남도지, 1977, 제주도지, 제2권, 1993, 서울, 의학과, 부산, 보건과 자료 참조.

주1) 서울시의료기관 통계는 병의원, 치과, 한의원, 의무실, 조산원이 포함.

 2) 이 자료는 대구시통계연보임. 여기에서는 종합병원, 의원, 한의원, 치과의원, 요양병원, 조사원, 부속의원임.

 3) 인천시, 인천시사, 상권, 1973에는 의료기관은 '60년 176, 1965년 264, 1969년 281개로 나타나고 있음. 여기에는 병의원, 치과, 한의원, 조사원, 보건소, 의무실 이외에 요양원도 포함시키고 있음.

 4) 강원도, 보건소, 조산소 포함, 강원통계DB.

 5) 1977년에 발간된 경상남도지에는 검역소도 의료기관에 포함시키고 있음.

 6) 제주도지, 1993의 자료에 의하면 의료시설분포에서 1971부터 1985년 자료에는 보건소는 포함되지 않았음.

1975년 전까지는 크게 변하지 않고 3천 개 내에서 머물렀다. 그러다가 1975년에 4,649개, 1990년 8,272개, 1993년에는 8,956개로 다른 지역에 비해 크게 늘어났다. 부산은

---

2   의료기관통계에는 지역마다 보건소를 포함하는 경우와 그렇지 않은 경우가 있음. 경기도는 1975년부터 보건소를 포함하고 있음.

1965년에 894개였는데, 1990년에는 2,281개로, 1993년에는 2,592개로 큰 폭으로 증가하였다. 경기도는 1960년에는 833개의 의료기관 뿐이었지만, 1993년도에는 3,759개로 서울 다음 수가 많아졌다. 강원은 1960년도에 의료기관이 390개로 지역규모에 비해 많은 편이라고 할 수 있다. 이후 강원은 약간씩 증가하여 1985년에는 539개, 1993년에는 878개로 강원보다 인구가 많은 충남이나 전남보다 많았다. 충남은 1960년에는 의료기관이 582개로 대구보다 많은 편이었다. 그 후로 의료기관 수는 다른 지역에 비해 증가 속도가 빨랐다. 충남의 의료기관 수는 1985년에는 1,131개로 서울, 경기, 부산에 이어 4번째로 많았다. 그러나 그 이후에 대전이 분리되는 등의 변화로 인하여 1993년 현재는 780개의 의료기관이 운영되고 있다. 경북은 1960년도에는 1,150개의 의료기관이 있어 전국에서 서울 다음 많았다. 1975년도에는 1,250개의 의료기관이 있었다. 역시 전국에서 두 번째로 의료기관이 많은 지역이었다. 그러나 이후 대구가 직할시가 되면서 분리되어 의료기관 수는 감소가 되었다. 1993년 현재 경북의 의료기관 수는 1,152개로 서울, 경기, 부산, 대구, 경남 다음으로 순위가 많이 밀려났다. 경남은 1960년에는 의료기관 수가 1,150개로 서울 다음에 많았으나, 그 이후에 부산이 직할시로 분리되면서 의료기관 수는 떨어지기 시작할 수밖에 없었다. 경남의 의료기관 수는 1970년도에는 470개소까지 떨어졌다. 이후 다시 증가하기 시작하여 1993년에는 1,850개까지 증가하였다. 제주는 1960년에 50개의 의료기관이 있었다. 이후 약간씩 증가하여 1993년에는 249개로 늘어났다.

2. 1994년도 이후 의료기관 수(1994-2010)

1994~2010년간 시도별 의료기관 수의 변화에 대한 내용이 〈표 2-11-3〉이다. 이 표에 의하면 1994년 우리나라 전국 의료기관 수는 31,733개소였다. 1999년 의료기관 수는 40,244개소로, 4만 시대를 열었고 2005년 52,999개소로 5만 시대에 돌입한다. 다시 3년 후인 2008년에는 78,461개소로 급증하였으나, 다음 해는 59,218개소, 2010년은 59,703개소로 그 수가 대폭 감소하고 있다. 금융위기의 여파와 의료기관 수가 지나치게 증가하여 이로 인한 과다경쟁으로 경영난에 봉착한 많은 의료기관이 폐업을 하였기 때문이다. 건강보험심사평가원의 통계에 따르면, 폐업하는 병·위원 수는 2006년에 1,901개소, 2007년에 2,147개소, 2008년에 2,218개소, 2013년도 6,416개소로 계속 증가하고 있다.

의료기관 수를 지역별로 보면, 1994년에는 서울이 9,255개소로 가장 많았다. 다음

표 2-11-3 **시도별 의료기관 분포상황**　　　　　　　　　　　　　　　　　(단위: 개소)

구분	1994	1995	1996	1997	1998	1999	2000	2001	2002	2003	2004	2005	2006	2007	2008	2009	2010
전국	31,738	33,377	34,776	36,294	38,038	40,244	42,082	43,688	47,430	49,188	47,378	52,999	54,728	52,321	78,461	59,218	59,703
서울	9,255	9,506	9,540	9,670	9,908	10,323	10,749	11,460	12,072	12,424	12,954	13,370	13,963	14,437	20,084	15,284	15,648
부산	2,679	2,782	2,866	2,982	3,109	3,287	3,439	3,622	3,780	3,865	3,891	4,032	4,145	4,139	5,809	4,325	4,344
대구	1,861	1,987	2,043	2,120	2,170	2,317	2,391	2,485	2,591	2,659	2,711	2,836	2,902	2,905	4,183	3,112	3,003
인천	1,211	1,375	1,469	1,552	1,690	1,805	1,893	2,023	2,105	2,150	2,210	2,369	2,355	2,426	3,578	2,666	2,180
광주	916	937	977	1,000	1,056	1,113	1,191	1,297	1,384	1,420	1,470	1,531	1,558	1,580	2,281	1,729	1,770
대전	1,015	1,087	1,115	1,176	1,231	1,324	1,404	1,504	1,571	1,617	1,687	1,758	1,823	1,814	2,566	1,937	1,960
울산	–	–	–	699	737	768	802	854	902	943	952	1,040	1,067	1,058	1,497	1,178	1,218
경기	4,164	4,608	5,106	5,588	6,012	6,280	6,829	6,409	8,225	8,910	9,025	10,159	10,681	10,525	15,407	11,634	11,992
강원	898	954	1,018	1,072	1,146	1,293	1,272	1,337	1,704	1,416	1,210	1,477	1,498	1,273	2,186	1,581	1,606
충북	968	1,022	1,070	1,127	1,213	1,307	1,356	1,424	1,459	1,496	1,272	1,581	1,538	1,362	2,312	1,710	1,753
충남	1,239	1,307	1,372	1,469	1,536	1,633	1,694	1,788	1,843	1,915	1,595	2,120	2,174	1,777	3,109	2,348	2,422
전북	1,510	1,585	1,655	1,710	1,809	1,903	1,951	2,051	2,008	2,147	1,807	2,264	2,312	1,897	3,240	2,434	2,483
전남	1,402	1,473	1,538	1,607	1,658	1,769	1,810	1,844	1,961	1,985	1,452	2,078	2,137	1,550	2,986	2,236	2,278
경북	1,806	1,840	1,920	1,992	2,098	2,239	2,323	2,448	2,530	2,553	2,080	2,721	2,792	2,205	3,930	2,953	2,941
경남	2,482	2,576	2,712	2,143	2,259	2,446	2,518	2,662	2,775	3,130	2,567	3,068	3,166	2,810	4,441	3,467	3,444
제주	333	338	375	386	406	438	461	480	520	558	495	595	617	563	852	624	662

출처: 보건복지부, 보건의료정책본부 의료지원팀, 2012; 통계청, 국내통계, 기관별, 한국보건사업진흥원, 병원경영실태조사, 보건복지부, 국민보건의료실태.

이 경기도로서 4,164개소였고, 부산은 2,679개소, 경남이 2,482개소 순이다. 가장 적은 순으로 보면 제주가 333개소, 강원 898개소, 광주 916개소, 충북 968개소이다. 10년 후인 2004년에는 역시 서울이 12,954개소로 가장 많았고, 다음이 경기도로 9,025개소, 부산, 대구 순이었다. 대구가 4위로 올라가고 경남이 5위로 내렸다. 2010년 현재 서울, 경기, 부산, 경남, 대구 순이며 다시 경남이 대구를 앞지르고 있다. 적은 순으로 보면 제주, 울산, 강원, 충북, 광주 순이다.

　　의료기관의 집중도를 살펴보기 위하여 의료기관 점유율을 살펴보았다. 이에 대한 내용이 〈표 2-11-4〉이다. 지역별 점유율을 보면, 1994년에 서울이 29.2%로 서울 집중 현상이 뚜렷하다. 이 집중현상은 2010년까지 약간의 변동이 있을 뿐 요지부동이었다. 이 다음이 경기로서 1994년에는 13.1%로 2위를 유지하지만, 서울에 비하면 50%도 되지 않는다. 그러나 경기는 이후 계속 상승하여 2010년 현재 20.1%로 서울과 6%까지

구분	1994	1996	1998	2000	2002	2004	2006	2008	2010
서울	29.2	27.4	26.0	25.5	25.5	27.3	25.5	25.6	26.2
부산	8.4	8.2	8.2	8.2	8.0	8.2	7.6	7.4	7.3
대구	5.9	5.9	5.7	5.7	5.5	5.7	5.3	5.3	5.0
인천	3.8	4.2	4.4	4.5	4.4	4.7	4.3	4.6	3.7
광주	2.9	2.8	2.8	2.8	2.9	3.1	2.8	2.9	3.0
대전	3.2	3.2	3.2	3.3	3.3	3.6	3.3	3.3	3.3
울산	–	–	1.9	1.9	1.9	2.0	1.9	1.9	2.0
경기	13.1	14.7	15.8	16.2	17.3	19.0	19.5	19.6	20.1
강원	2.8	2.9	3.0	3.0	3.6	2.6	2.7	2.8	2.7
충북	3.0	3.1	3.2	3.2	3.1	2.7	2.8	2.9	2.9
충남	3.9	3.9	4.0	4.0	3.9	3.4	4.0	4.0	4.1
전북	4.8	4.8	4.8	4.6	4.2	3.8	4.2	4.1	4.2
전남	4.4	4.4	4.4	4.3	4.1	3.1	3.9	3.8	3.8
경북	5.7	5.5	5.5	5.5	5.3	4.4	5.1	5.0	4.9
경남	7.8	7.8	5.9	6.0	5.9	5.4	5.8	5.7	5.8
제주	1.0	1.1	1.1	1.1	1.1	1.0	1.1	1.1	1.1

좁혔다. 1994년에 경기에 이어 점유율이 높은 지역은 7.8%인 경남이었다. 그러나 경남은 이후 계속 떨어져서 2010년에는 5.8%까지 하락하여 순위도 7.3%인 부산보다 밀려나 있다. 부산도 1994년도 점유율이 8.4%에서 2010년에는 7.3%로 약간 떨어졌다. 2010년도는 1994년도에 비해 의료기관 점유율이 1%이상 낮아진 지역은 서울, 경남, 부산 이외에 없다.

    지역별로 비교를 하기 위하여 작성한 그래프의 내용이 [그림 2-11-1]이다. 서울이 언제나 우위를 지키고 있으며, 성장 속도도 매우 높다. 서울의 환자 흡수력이 매우 강하다는 것을 알 수 있다. 경기는 늘 서울 다음으로 의료기관 수가 많았다. 성장 속도는 서울에 비해 더디지만 계속 성장하고 있음을 알 수 있다. 그 외 지역은 부산이 3위이나, 그 수가 경기와 서울에 비해 훨씬 적으며 또한 성장속도도 매우 더디다. 나머지 지역도 마찬가지로 성장 추세는 크지 않다고 말할 수 있다. 그런데 2008년 이후 모든 자치단체의 의료기관 수 성장세가 급하락 국면을 맞이하게 된다. 전국의 78천 개소의 의료기관이 59천 개소로, 1년 사이 약 2만 개소 정도가 감소한다. 정확한 원인은 좀 더

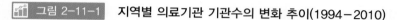

그림 2-11-1 지역별 의료기관 기관수의 변화 추이(1994-2010)　　　　(단위: 개소)

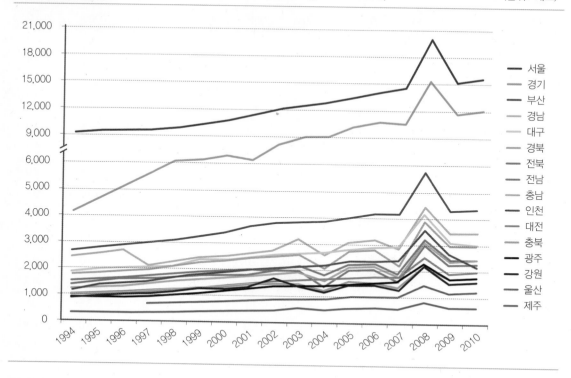

그림 2-11-2 권역별 의료기관 기관수의 변화 추이(1994-2010)　　　　(단위: 개소)

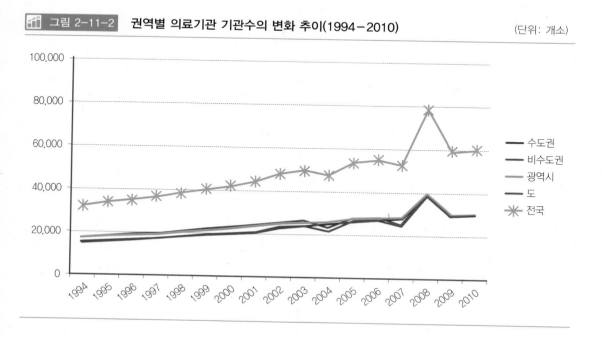

분석이 필요하지만 금융위기의 여파와 과잉신설에 따른 폐업증가가 아닐까 짐작해 본다.

권역별로 보면 [그림 2-11-2]와 같다. 전국을 수도권과 비수도권으로 보아도 거의 같은 수준으로 나타나고 있다. 포개져 있는 길이가 매우 길기 때문이다. 뿐만 아니라 광역시권과 도 권역을 비교해도 거의 같은 수와 높이로 가고 있다. 의료기관이 전국에 골고루 산재해 있다는 의미다. 다만 의료기관의 수와 의료서비스 질이 일치하지 않기 때문에 병상 수나 환자 수는 차이가 있을 것이라 예측된다.

[그림 2-11-3]은 2011년 기준 지역별 병상의 공급 실태를 도식화하여 제시한 그래프다. 2011년을 기준으로 하면, 병원 수는 서울이 많지만 병상 수는 경기가 1만 5천 개 이상 더 많은 것으로 나타났다. 그 다음이 부산인데 부산은 서울이나 경기보다 한 참 적은 병상 수를 보유하고 있지만 그 다음 순위인 경남에 비해 8천 병상 수를 더 보 유하고 있다.

실제 주민들의 의료기관 접근성 용이 여부를 살펴보기 위하여 인구 10만 명당 의료기관 수를 알아보았다. 이에 대한 내용이 [그림 2-11-4]이다. 2011년도를 기준으로 보면 10만 명당 의료기관 수는 서울, 전북, 대구, 전남, 부산, 대전, 충남, 광주 순이다.

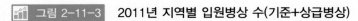

그림 2-11-3 2011년 지역별 입원병상 수(기준+상급병상)

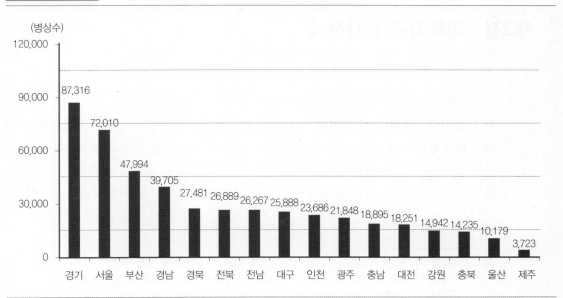

출처: 오영호, 보건의료기관 및 병상의 공급실태.

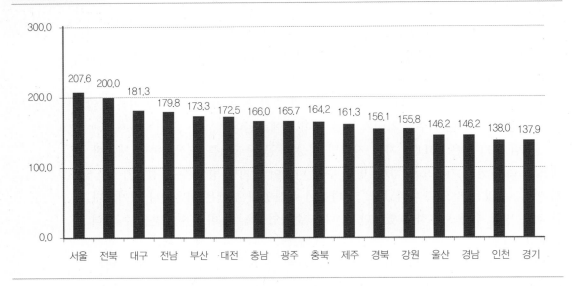

그림 2-11-4 2011년 지역별 인구 10만 명당 보건의료기관 수   (단위: 명)

경기가 가장 적다.[3]

제3절 | 의료기관 종사자 수

　　전국의료기관의 종사자 수에서의 의료종사자 수는 의료기관에 종사하는 전체 직원을 말한다. 「의료법」에 의하여 의료기관을 개설하고자 하는 자는 법 제36조제5호에 의한 의료기관의 종류에 따른 의료인 등의 정원 기준에 관한 사항을 준수하여야 하며, 같은 법 시행규칙 제38조에 의한 의료인 등의 정원 기준을 정하고 있다. 이 기준에 의하면 의료인은 의사, 한의사, 치과의사, 간호사 이외에 약사, 영양사, 의료기사, 의무기

3　그렇다고 경기가 10만 명당 기관수가 적다고 하여 의료기관에 대한 접근이 다른 지역에 비해 어렵다고 단정할 수는 없을 것 같다. 왜냐하면, 서울의 경우 유사의료기관(정형, 성형 등등)이 워낙 밀집되어 있어 인구수 대비 기관수는 높게 나타나지만 오히려 인구 10만 명당 병상 수로 비교해보면 경기도가 서울에 비해 월등히 높을 것으로 예상되기 때문이다(그림 2-11-3). 따라서 "경기는 인구당 기관수가 적다" 수준에서 해석이 옳을 것 같다.

록사, 간호조무사, 의료상담사 등이 포함된다.[4]

1. 1990년도 이전 의료기관 종사자 수(1960–1990)

1960년부터 1990년까지 의료기관 종사자 수에 대한 내용이 〈표 2-11-5〉이다. 1990년 이전의 의료기관 종사자 수에 대한 통계도 앞에서 기술한 의료기관 수와 마찬가지로 개념이 일정치 않고, 통계자체가 없는 경우가 많기 때문에 온전한 통계치가 나오기가 쉽지 않다. 역시 정리하는 그 자체의 의미가 크다고 생각하여 이에 대한 조사를 진행하였다. 서울은 1960년에 6,907명의 의료인이 있었다. 이후 계속 증가하여 1970년에 11,600명, 1985년에 41,385명, 1990년 54,816명으로 1960년에 비해 47,909명이 증가하였고, 7.94배가 증가하였다. 부산은 1,071명에서 1985년도에 1만 명으로, 1990년에는 15,014명으로 비율로 보면 14배가 증가되었다. 울산의 통계치는 울산이 광역시가 되기 이전이다. 울산읍이 울산시로 승격되던 1962년도의 울산 의료기관 종사자 수는 31명이었다. 이후 크게 늘어난 울산시 의료기관 종사자수는 1980년에는 307명이 되었다가 1990년에는 1,612명으로 크게 늘어났다. 1990년의 울산시 의료기관 종사자 수는 광역자치단체인 충북, 전북, 제주보다 많은 수이다. 충남은 1959년에 의료종사자가 528명으로 타 지역에 비해 많은 편이었다. 충남은 1990년에 3,584명의 의료종사자가 있었다. 도 지역들과 비교하면 경기, 경북, 전남 다음 많은 수이다. 경북은 1962년에는 800명의 의료종사자가 있어서 전국에 세 번째로 많았으며, 이 규모는 도 단위에서는 가장 많은 의료종사자였다. 1990년에는 의료종사자가 6,140명으로 대구가 분할되어 나갔지만 도 단위에서는 경기 다음으로 여전히 가장 많은 의료종사자가 있는 지역이었다. 제주는 1961년에 의료종사자가 116명에 불과하였으나 1990년에는 거의 8배인 916명으로 큰 성장을 하였다. 이외 지역은 대체로 7배 정도에서 의료기관 종사자들이 증가되었다. 다만 경기도는 1970년에는 1,589명이었는데 1990년에는 14,666명의 의료기관 종사자로 20년 만에 9.23배가 증가하여 타 지역에 비해 크게 늘어났다.

---

4 의료법시행규칙 제38조(의료인 등의 정원 등 제2항에 의료기관 조사자의 개념에 대하여 규정하고 있음.

표 2-11-5 **1990년도 이전 지역별 의료기관 종사자 수(1960−1990)[5]** (단위: 명)

시도	1960	1965	1970	1975	1980	1985	1990
서울[1]	–	4,358	6,117	8,041	9,229	41,385	54,816
부산	(1,071)	1,776	1,778	2,609	3,483	10,164[2]	15,014
대구[3]	(304)	(812('68))	(830)	(952)	(2,448)	7,035	9,815
인천[4]	(214)	(282)	(609)	–	–	–	5,934
광주	–	–	–	(1,507)	(2,103)	2,460	4,095
대전	(170)	(249)	(344)	(603)	(701)	(1,878)	2,215
울산	(31('62))	(55)	(79)	(198)	(307)	(862)	(1,612)
경기[5]	–	–	1,589	1,986	2,671	6,265	14,666
강원	206	480	560	1,004	1,270	2,015	2,517
충북	432	610('66)	743	803	1,014	1,894	2,938
충남[6]	528('59)	641	964	1,327('76)	1,631	3,849('86)	3,584
전북	204	268	327	399	561	762	1,247
전남[7]	–	869('67)	932	1,200	4,037	5,153	4,034
경북	800('62)	1,522('66)	940	1,616	1,864	2,153	6,140
경남	–	766	660	955	1,563('79)	–	–
제주[8]	101	112	195	273	688	603	916

출처: 보건복지부 보건복지통계연보, 통계청, 한국통계연감, 서울통계연보, 부산통계연보, 대구통계연보, 인천시사, 중권, 1993, 광주시사, 제3권, 1982, 광주통계연보, 대전통계연보, 대전성장통계, 울산통계연보(1966-현재), 통계로 본 강원의 발자취(1961~2001), 강원통계연보, 통계로 본 충북 50년, 1998.9, 통계로 본 충남 100년, 충남통계연보, 통계로 본 전북의 어제와 오늘, 1997, 전남통계연보 DB, 경상남도지, 1977, 제주도지, 하권, 1983, 제주도지, 제2권, 1993, 제주통계연보.

※대전은 간호조무사, 의료기사, 의무기록사, 약사 등 제외, 강원은 개인약국의 약사 제외.

주1) 보건복지부와 통계청자료에는 서울시 의료기관 종사자수는 1960년 6,907명, 1965년 7,566명, 1970년 11,600명, 1978년 12,896명, 1980년 14,260명으로 되어 있음, 지금 자료는 서울시통계연보자료임. 1985년이후 자료는 의료기관 종사자에 의사, 치과의사, 약사, 한의사, 조사원, 간호원, 간호보조원, 의료기사 포함.

2) 부산은 1985년도부터 간호조무사, 의료기사, 의무기록사를 포함하고 있음. 부산시, 통계 DB 참조.

3) 대구통계연보에 의하면, 60년-75년까지는 의사, 치과의사, 한의사, 조산원현황임, 80-90년까지는 의사, 치과의사, 한의사, 조산원, 약사, 간호사, 간호조무사, 의료기사 현황임(의무기록사, 유사의료인 미포함).

4) 의사, 치과의사, 약사, 한의사, 조산원, 간호사 포함.

5) 경기도가 1990년도에 의료기관 종사자 수가 급증한 것은 이전에 포함하지 않았던 간호조무사(4,660명), 의료기사(2,234명), 의무기록사(46명), 약사(152명)이 포함되어 있기 때문임. 경기도통계연보, 1991년도 참조.

6) 1965년 의사 337, 치과의사 71, 한의사 조산원 간호원 233명, 1969년 의사 391, 치과의사 68, 한의사 조산원 간호원 222명이었음(충남통계연보참조).

7) 전남통계에는 간호조무사, 의료기사, 의료기록사뿐만 아니라 유사의료인인, 접골사, 침사, 구사, 안마사, 기타까지 포함됨. 그러나 유사의료인 수는 매우 미미한 편임. 이 통계에서 보면 1978년도에는 이 중 간호조무사만 계산되었다가, 1980년부터 전부 포함하여 계산. 그러다가 1990년부터 간호조무사는 포함시키지 않음.

8) 제주의료인 통계에는 의사, 치과의사, 한의사, 조산사, 간호사, 약사가 포함되었다. 예외로 한지의사가 1982년통계까지 계산이 되었는데 1982년 제주한지의사는 3명이다. 1960년은 의사 32, 치과 5, 한의사 3, 조산원 15, 간호사 11명으로 의료종사원은 66명이며 여기에다 유사의료인 35명이 포함. 1965년에 유사의료인은 11명.

2. 1990년대 이후 의료기관 종사자 수(1993-2012)

1993년부터 2012년 간 지역별 의료기관 종사자에 대한 통계가 〈표 2-11-6〉이다. 1993년 전국의료기관에 근무하는 종사자 수는 240천 명이었다. 이 수는 연도별로 계속 증가하여 2000년도에는 367천 명, 2005년도에는 498천 명으로, 2008년에는 607천 명, 2012년에는 745천 명으로 1993년에서 2012년까지 약 20년간 의료종사자 수는 3.1배로 성장하여 의료산업이 국가산업 중에 고속 성장하는 산업 군으로 등장하고 있다.

지역으로 보면 1993년에는 서울이 76천 명으로 가장 많았다. 이 수는 점유율로 보

표 2-11-6　**지역별 의료기관 종사자 수(1993-2012)**　(단위: 천 명)

시도별	1993	1994	1995	1996	1997	1998	1999	2000	2001	2002	2003	2004	2005	2006	2007	2008	2009	2010	2011	2012
전국	240	259	283	305	316	324	338	367	395	421	443	466	498	532	569	607	639	686	706	745
서울	76	79	86	92	98	94	92	99	105	114	118	125	132	139	147	157	164	176	180	187
부산	22	26	26	27	28	28	29	31	34	36	37	38	40	44	47	49	52	57	59	63
대구	15	16	17	17	18	18	19	21	22	24	25	26	28	30	31	33	35	37	39	41
인천	9	9	11	13	12	13	15	17	17	18	19	21	22	23	24	26	28	31	31	33
광주	7	9	10	10	10	10	11	12	13	15	16	16	16	17	19	21	22	23	26	28
대전	8	9	9	10	10	10	11	13	14	15	14	15	16	17	18	20	23	24	24	26
울산	–	–	–	–	5	6	6	7	7	8	9	9	10	11	12	12	13	14	15	15
경기	28	29	36	40	42	47	51	58	63	69	76	80	88	96	105	111	117	126	131	138
강원	8	10	10	11	12	11	11	12	13	14	14	15	15	16	17	17	18	19	19	20
충북	7	8	8	8	8	9	10	11	12	12	12	13	14	15	15	17	18	19	19	20
충남	9	9	9	11	11	12	12	13	14	15	15	16	18	19	20	22	23	25	25	26
전북	9	11	12	14	14	15	16	16	18	18	19	19	20	22	23	25	27	29	29	31
전남	10	10	11	11	12	13	14	15	16	16	16	18	19	20	22	24	25	26	27	29
경북	12	13	14	15	16	18	20	20	21	22	23	25	26	29	30	32	32	34		
경남	18	20	22	23	18	19	20	22	23	25	26	27	29	32	35	38	40	42	43	46
제주	3	3	3	3	3	3	4	4	4	4	5	5	5	5	6	6	7	7	7	8

출처: 통계청, 국내통계, 기관별, 한국보건사업진흥원, 병원경영실태조사, 보건복지부, 국민보건의료실태.

---

5 의료기관 종사자에 대한 통계는 지역마다 보건소 인력을 포함하는 경우와 그렇지 않은 경우가 있으며, 간호조무사, 의료기사, 의무기록사를 포함하는 곳과 그렇지 않은 곳이 있음. 해당 지역은 이를 주석에 달았음.

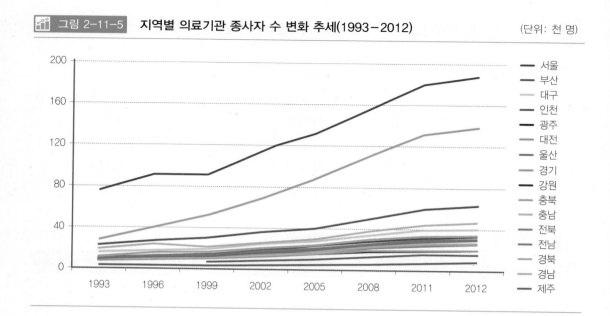

그림 2-11-5 지역별 의료기관 종사자 수 변화 추세(1993-2012)

(단위: 천 명)

범례: 서울, 부산, 대구, 인천, 광주, 대전, 울산, 경기, 강원, 충북, 충남, 전북, 전남, 경북, 경남, 제주

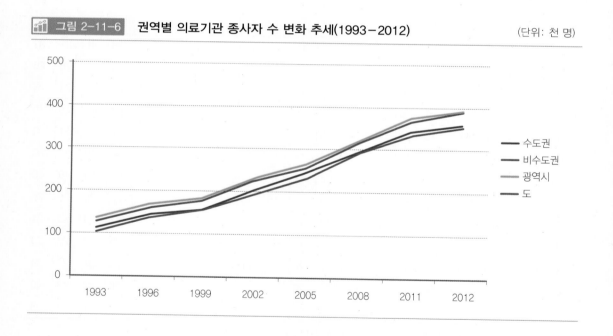

그림 2-11-6 권역별 의료기관 종사자 수 변화 추세(1993-2012)

(단위: 천 명)

범례: 수도권, 비수도권, 광역시, 도

아도 전체의 31.7%에 해당된다. 다음으로 경기, 부산, 경남, 대구, 경북, 전남 순이다. 2000년도에 들어서는 서울이 99천 명으로, 점유율은 27%를 차지하게 된다. 이는 다른 지역의 의료기관 증설로 인해 의료기관 종사자가 크게 늘어났다는 의미가 된다. 그 다

음이 경기, 부산, 경남, 경북, 대구, 인천 순이다. 2012년 현재를 보면 서울은 187천 명으로 1993년에 비해 2.46배가 증가하여 여전히 전국의료종사자 점유율에서 1위를 하고 있으나 점유율은 25.1% 점차로 낮아지고 있다. 2012년에는 서울 다음으로, 부산을 제친 경기가 2위가 되었고, 다음은 부산, 경남, 대구, 경북, 인천 순으로 수도권의 약진이 두드러진다.

의료기관 종사자 수의 지역별 변화의 흐름을 알아보기 위하여 [그림 2-11-5] 그래프를 작성하였다. 이 그림에 의하면 서울과 경기가 계속 급상승하고 있다. 서울은 의료기관 종사자 수에 있어서는 연도가 지나가도 다른 지표와 달리 경기보다 한참 위에 서있는 것을 알 수 있다. 다른 지역 중에 부산이 계속 성장하고 있는 점도 특이한 현상이다. 이외에 경남, 대구, 인천 등이 지속적인 성장세를 유지하고 있다.

권역별로 비교하기 위하여 [그림 2-11-6]을 작성하였다. 이 그림에서 보면 거의 모든 권역이 지속적으로 상승하고 있다. 광역시가 의료기관 종사자 수에서 가장 상위에 있지만 가장 하위에 있는 도 권역과 크게 차이가 없다. 또한 수도권과 비수도권의 의료기관 종사자 수를 비교해도 오히려 비수도권 지역의 의료종사자가 많게 나오고 있다.

3. 인구 천 명당 의료기관 종사자 수

의료기관의 수는 질과 관계없이 양적인 개념이다. 환자대비 의사 수야말로 질적인 의료서비스를 측정하는 중요한 지표라고 할 수 있다. 이에 대한 측정지표가 인구 천 명당 의사 수이다. 지역별로 인구 천 명당 환자 수는 지역 간 의료 질을 비교하는데 의미 있는 지표라고 할 수 있다. 다음 〈표 2-11-7〉이 이를 나타내 준다.

2006년에 인구 천 명당 의료기관 종사자 수를 지역별로 보면 가장 많은 곳은 서울로 2.86명이다. 다음이 2.52명인 광주이며, 다음은 2.45명인 대전, 2.27명인 대구, 2.20명인 부산 순이었다. 최하위 순서는 1.53명인 경북, 1.57명인 경남, 1.62명인 울산, 1.64명인 경기 순이다. 2012년 지역별 인구 천 명당 의료기관 종사자 수를 보면, 서울, 광주, 대전, 대구, 부산 순으로 많다. 최하위 순서는 경북, 인천, 울산, 충북 순이다. 경북은 의료기관 종사자 수를 기준으로 하면 항상 상위권에 있을 뿐만 아니라, 도 단위에서는 경기에 이어 2위 또는 3위를 항상 점하고 있는 지역이다. 그러나 인구 천 명당 기준으로 하면 최하위 순위에 있다. 인구에 비해 의료기관 종사자 수가 적다는 의미가 된다. 서울은 통계가 집계된 처음부터 가장 많았다. 이처럼 서울은 의료시설 수 및 종

표 2-11-7 인구 천 명당 의료기관 종사의사 수 (단위: 명)

구분	2006	2007	2008	2009	2010	2011	2012
서울	2.86	2.92	3.15	3.30	3.40	3.48	3.56
부산	2.20	2.30	2.40	2.46	2.56	2.68	2.77
대구	2.27	2.44	2.58	2.65	2.69	2.73	2.82
인천	1.65	1.69	1.76	1.83	1.81	1.88	1.92
광주	2.52	2.64	2.68	2.71	2.84	2.98	3.01
대전	2.45	2.45	2.63	2.74	2.78	2.84	2.96
울산	1.62	1.70	1.75	1.84	1.84	1.95	1.96
경기	1.64	1.69	1.79	1.85	1.88	1.95	1.99
강원	1.97	2.00	2.08	2.14	2.18	2.17	2.20
충북	1.70	1.73	1.81	1.89	1.91	1.95	1.97
충남	1.74	1.78	1.88	1.93	1.94	1.97	2.03
전북	2.15	2.16	2.29	2.41	2.43	2.45	2.49
전남	1.66	1.74	1.86	1.96	2.00	2.05	2.11
경북	1.53	1.56	1.62	1.69	1.72	1.76	1.80
경남	1.57	1.66	1.76	1.86	1.90	1.95	2.00
제주	1.68	1.70	1.84	1.94	2.00	2.05	2.10

출처: 국민건강보험공단 건강보험정책연구원 통계분석팀, 행정안전부 주민등록인구통계.
주: 인구 천 명당 의료기관 종사의사 수 = 의료기관 종사의사 수(의사+치과의사+한의사)/주민등록인구*1000

사자 수도 타 지역과는 큰 격차가 나기 때문에 환자의 서울 집중은 더욱 심화될 것이라 예상된다.

지역별로 비교하기 위하여 작성한 그래프가 [그림 2-11-7]이다. 그림을 보면 전체 의료기관 종사자 수가 증가하고 있는 것을 알 수 있다. 서울이 통계 집계 처음부터 가장 상위에 위치하고 있으며, 의료기관 종사자 수가 큰 차이로 빠르게 증가하고 있음을 알 수 있다. 이처럼 서울이 홀로 크게 성장하고 있는 모습이, '의료서비스는 서울이 최고'라는 인식을 재확인하게 한다. 광역시인 경우 2006년도에 순서가 광주, 대전, 대구, 부산, 인천, 울산이었는데, 2012년에도 이 순서 그대로 가고 있다.

도는 변동이 약간 심하다. 2006년에는 전북, 강원, 충남, 충북, 제주, 전남, 경기, 경남, 경북이었다. 2012년 현재는 전북, 강원, 전남, 제주, 충남, 경남, 경기, 충북, 경북 순이다. 다음 〈표 2-11-8〉은 2006년도, 2009년도와 2012년도 순위를 비교한 내용이다. 이 표를 보면서 [그림 2-11-7]을 보면 이해가 쉬울 것이다. 충북과 충남이 떨어지

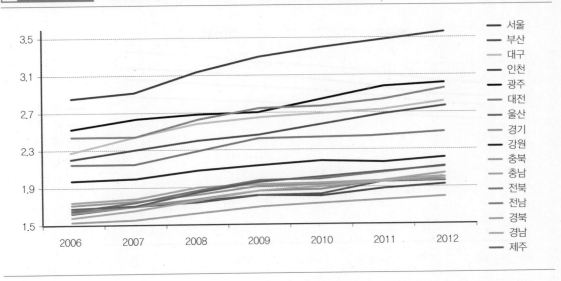

📋 표 2-11-8　인구 천 명당 의료기관 종사자 수 순위

순 위	1	2	3	4	5	6	7	8	9
2006년	전북	강원	충남	충북	제주	전남	경기	경남	경북
2009년	전북	강원	전남	제주	충남	충북	경남	경기	경북
2012년	전북	강원	전남	제주	충남	경남	경기	충북	경북

는 추세이고, 경기와 경북은 하위권에 고정으로 되어 있다. 전남, 제주, 경남은 개선과
정에 있으며, 전북, 강원은 최상위권에 붙박이다.

　　권역별로 인구 천 명당 의료기관 종사자 수를 도식화하면 [그림 2-11-8]과 같다.
광역시와 도를 비교해 보면 큰 차이가 난다. 인구를 기준으로 할 때 광역시의 의료기
관 종사자가 도 권역의 의료기관 종사자 수보다 크게 앞서고 있다. 수도권과 비수도권
간의 차이도 어느 정도 나타나고 있다. 다만 광역시와 도만큼 차이가 나지 않는다. 이
것은 곧 의료기관 종사자는 대도시로 갈수록 많고, 농촌으로 갈수록 인구에 관계없이
적다는 의미다.

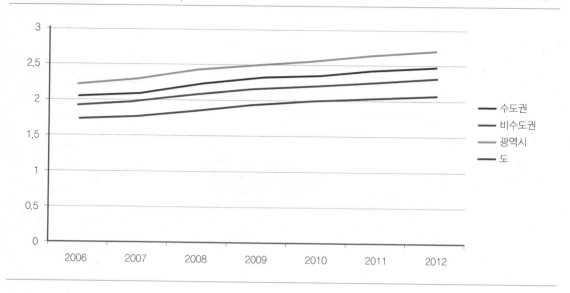

그림 2-11-8 권역별 인구 천 명당 의료기관 종사의사 수(2006−2012) (단위: 명)

수도권
비수도권
광역시
도

제4절 | 의료기관 병상 수

1. 2000년도 이전의 의료기관 병상 수(1985−2000)

　　의료기관의 병상 수는 의료기관의 질을 측정하는 또 다른 지표이다. 병상이 있는 병원은 일정한 기준과 인원을 갖추어야 하는 중·대형 병원이기 때문이다. 이에 대한 내용이 〈표 2-11-9〉이다. 이 표에 의하면 1985년의 전국 의료 병상 수는 86,019개소다. 이 수는 10년 후인 1995년에는 177,351개로 거의 배 이상 늘어난다. 2000년의 병상 수는 250,653개로, 1985년도에 비해 2.91배가 늘어났다. 크게 성장한 모습이다.

　　지역별로 보면, 서울은 1985년도에 28천 여 병상 수에서 1년 후에는 33천여 병상 수로 늘어나고, 1993년에는 41천여 병상 수로 증가된다. 2년 후인 1995년에는 50천 병상으로 늘어나 2000년 현재 54,522개의 병상으로 우리나라 전체 병상 수의 21.8%를 점유하고 있다. 1985년도에 1만 개 이상의 병상 수가 있는 지역은 서울과 부산이었다. 부산은 1985년에 10,425개였다가 1996년에는 2만 개의 병상이 갖추어진다.

표 2-11-9 전국 의료 병상 수 (단위: 개소)

구분	1985	1986	1987	1988	1989	1990	1991	1992	1993	1994	1995	1996	1997	1998	1999	2000
전국	86,019	95,520	96,996	103,049	107,089	114,661	122,693	131,353	140,951	158,164	177,351	193,517	205,224	219,129	232,277	250,653
서울	28,278	33,334	31,059	32,539	34,748	35,321	37,298	39,120	41,562	46,643	50,090	50,682	53,385	53,067	53,897	54,522
부산	10,425	11,323	11,784	12,284	12,294	14,295	15,196	15,954	16,655	18,140	19,922	20,892	20,033	21,697	23,910	25,394
대구	5,580	6,364	6,240	6,296	6,327	6,691	7,112	7,697	8,611	9,428	9,989	10,189	10,842	11,479	12,988	13,768
인천	3,949	4,144	4,679	4,782	4,914	5,181	5,877	6,678	6,865	7,976	9,056	10,094	11,111	11,729	12,876	14,431
광주	–	3,743	3,851	4,420	4,490	4,549	4,764	5,301	5,555	5,541	5,419	6,216	6,728	7,177	7,888	8,618
대전	–	–	–	3,676	3,538	4,029	4,608	4,197	4,944	5,485	6,523	6,995	7,924	8,412	8,372	9,413
울산	–	–	–	–	–	–	–	–	–	–	–	3,656	3,821	4,037	4,588
경기	7,952	8,692	8,467	10,377	11,018	12,349	11,992	13,380	14,382	17,647	21,378	26,608	29,169	35,032	37,996	41,646
강원	3,584	3,649	3,563	4,341	4,498	4,624	4,888	5,157	5,807	6,383	7,612	8,375	8,528	8,768	9,154	9,680
충북	1,513	1,908	2,030	2,064	2,427	3,143	3,703	4,117	4,225	4,280	4,982	5,084	5,197	5,819	6,182	6,522
충남	4,524	4,712	5,816	2,312	2,341	2,499	2,734	3,095	3,230	4,121	5,039	6,450	7,010	7,339	6,937	8,543
전북	3,299	3,198	3,461	3,630	4,005	4,547	4,929	5,615	5,635	6,528	7,760	8,542	8,689	9,724	9,193	11,736
전남	5,568	2,124	2,415	2,491	2,584	3,483	3,201	3,456	3,653	3,632	4,546	4,836	5,423	5,906	7,528	7,706
경북	3,854	4,216	4,586	4,818	4,741	4,896	6,016	6,628	7,561	7,940	8,451	9,387	9,776	10,468	11,939	13,354
경남	6,225	6,801	7,816	7,766	7,906	7,608	8,921	9,321	10,614	12,567	14,718	17,359	15,943	16,955	17,263	18,530
제주	1,268	1,312	1,229	1,253	1,258	1,446	1,454	1,637	1,652	1,853	1,866	1,808	1,810	1,736	2,117	2,202

출처: 안전행정부, 지방행정실 지역발전정책관 지역경제과, 내부자료, 2002.

2000년에 부산의 병상 수는 25,394개이다. 대구는 1985년도에 5,580에서 2000년에는 13,768개 병상으로 늘어난다. 인천이 대구보다 병상 수가 늘어났다. 인천은 1985년에는 3,949개였는데 2000년에는 14,431개로 늘어났다.

도 지역으로 보면, 경기도가 압도적으로 병상 수가 늘어난다. 1985년도에는 7,952 개였던 병상 수가 1988년도에는 1만 대의 병상 수로, 1995년에는 2만 대의 병상, 1998 년에는 3만 대의 병상 수로 늘어났고, 2000년도 현재는 41,646개의 병상이 갖추어진 지역이 되었다. 도 단위에서 2000년도에 1만 개 이상의 병상을 갖추어진 곳은 경기, 전북, 경북, 경남이다. 전남이 1985년도에는 5,568개의 병상이 있었으나 광주가 광역 시로 승격되는 해인 1986년에는 2,124개로 50%이상 줄어들게 된다. 그 당시에 광주가 전남의 중심도시였기 때문에 광주의 분리는 전남에 여러 가지 면에서 큰 영향을 미치 고 있음을 알 수 있다. 그러나 2000년도에 전남은 7,706개의 병상을 갖춘 지역이 되었 다. 경남은 1985년에 6천여 개의 병상에서, 1993년에는 1만 개의 병상으로 늘어났고,

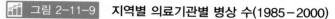
그림 2-11-9 지역별 의료기관별 병상 수(1985-2000)

(단위: 개소)

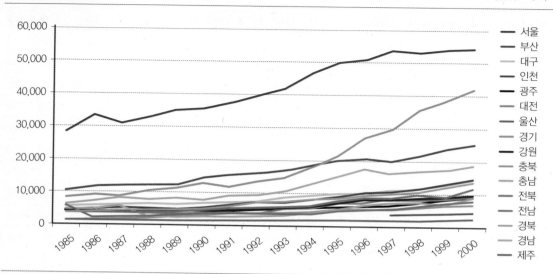

그림 2-11-10 권역별 의료기관별 병상 수(1985-2000)

(단위: 개소)

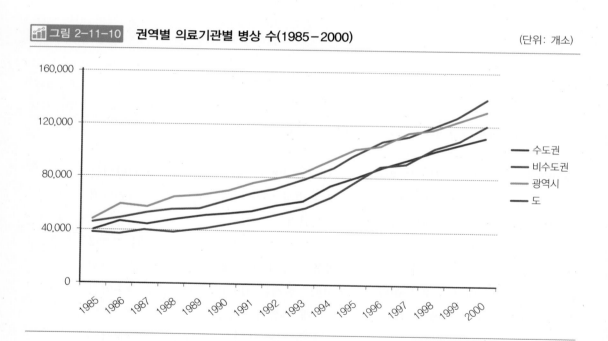

2000년 현재는 18,530개로 15년 동안 약 3배의 병상이 늘어났다.

　의료기관의 병상 수를 지역별로 변화의 양상을 알아보기 위하여 [그림 2-11-9]를 작성하였다. 서울은 지속적으로 상승하고 있으며 특히 1994년 이후에는 증가 속도가 더 빠르다는 것을 알 수 있다. 경기의 약진과 부산, 대구의 약진 및 지속적인 성장도 특이한 사항이다. 울산도 광역시로 승격하면서 병상 수가 상당수 늘어나고 있음을 알 수 있다.

권역별로 병상 수의 변화를 알아보기 위하여 작성한 그래프가 [그림 2-11-10]이다. 전체적으로는 모두가 성장하는 추세를 그대로 유지하고 있다. 도와 광역시와 비교해 보면 도의 성장은 2000년에 와서야 가까워지기 시작하지만 아직도 광역시의 병상 수가 도에 비해 많은 편이다. 수도권과 비수도권을 비교 해보면 성장 속도와 수적인 면에서도 비수도권역이 수도권역에 비해 더 크게, 많고 빠르게 증가하고 있다.

2. 인구 천 명당 의료기관 병상 수(2003-2011)

의료기관 병상 수를 인구와 대비하여 살펴보기 위하여 작성한 내용이 〈표 2-11-10〉이다. 이 표에 의하면 지역주민 천 명당 병상 수는 2003년에는 광주가 8.85개로 가장 많았고, 다음이 전남 8.73개, 강원 8.68개, 전북 8.50개, 경남 8.34개였다. 서울은 제주 다음 적은 5.82개였다. 가장 환자가 많이 방문하는 서울이나 부산 등 대도시는 인구 대비 병상 수도 적지만 주민등록주소지가 다른 지역인 환자들 또한 우수한 의료진에게 진료를 받기 위하여 대도시 소재 병원을 방문하기 때문에 병상 수가 절대 부족할 수밖에 없는 실정이다.

천 명당 병상 수는 계속 늘어나서 2011년 현재는 많이 개선이 되었다. 2011년 현재 광주는 천 명당 병상 수가 17.05개로, 2003년 8.86개 보다 92.5%가 증가되었다. 여전히 천 명당 병상 수에서는 전국에서 1위를 차지하고 있다. 이 다음이 전남, 전북 등 호남권이 인구당 병상 수가 많은 것으로 나타나고 있다. 부산도 많이 개선이 되어 15.63개를 기록하였으며 경남, 경북이 각각 14.92개, 13.77개로 그 뒤를 이었다. 수도권 지역인 서울은 7.78개, 인천은 8.26개, 경기는 8.69개로 제주를 제외하고는 최하위 순위를 차지하고 있다. 결과적으로 이 지역은 환자가 병상 수를 초과하고 있음을 말해 주고 있다. 제주는 2003년 4.67개에서 2011년에 7.03개로 최하위를 면치 못하고 있다.

지역별로 인구 천 명당 병상 수를 비교하기 위하여 작성한 그래프가 [그림 2-11-11]이다. 이 그림에 의하면 전 지역이 상승 추세를 보이고 있으나, 수도권 지역의 상승 폭이 상대적으로 낮음을 알 수 있다. 제주는 인구 규모를 감안하여도 최하위를 유지하고 있어, 국내 최고의 관광지 위상과는 동떨어져 있는 점도 특이하다고 할 수 있다.

표 2-11-10 인구 천 명당 의료기관 병상 수 (단위: 개소)

구분	2003	2004	2005	2006	2007	2008	2009	2010	2011
서울	5.82	6.05	6.20	6.51	6.95	7.13	7.15	7.36	7.78
부산	7.52	7.96	8.91	9.77	11.14	12.00	12.94	14.29	15.63
대구	6.79	7.03	7.63	8.61	9.71	10.49	11.21	11.45	11.91
인천	6.65	6.76	7.08	7.29	8.01	8.69	8.71	8.68	8.26
광주	8.85	9.51	9.46	10.24	11.93	12.95	13.84	15.03	17.05
대전	8.20	9.09	9.58	10.38	11.32	11.76	12.59	13.30	13.82
울산	6.17	6.73	7.46	8.03	9.31	9.39	9.69	10.19	10.56
경기	5.65	6.26	6.43	6.70	7.38	7.78	8.09	8.10	8.69
강원	8.68	9.99	9.49	9.91	10.48	10.92	10.85	11.08	10.87
충북	7.48	8.21	8.53	9.20	9.46	10.19	10.56	10.92	11.85
충남	7.49	7.60	7.71	8.76	9.45	10.23	10.77	11.08	11.07
전북	8.50	8.54	9.66	10.91	11.84	12.70	13.72	14.90	16.03
전남	8.73	9.31	9.99	11.17	12.67	13.68	14.14	15.32	16.39
경북	6.40	7.91	8.84	9.83	10.32	11.70	11.83	12.40	13.77
경남	8.34	9.31	10.83	11.54	12.84	13.88	14.08	14.51	14.92
제주	4.67	4.80	5.28	5.31	6.41	6.66	7.02	7.36	7.03

출처: 통계청, 지역통계, e-지방지표, 주제별, 보건 및 의료, 시도통계연보 각시도, 행정안전부 주민등록인구.

그림 2-11-11 지역별 인구 천 명당 의료기관 병상 수(2003-2011) (단위: 개소)

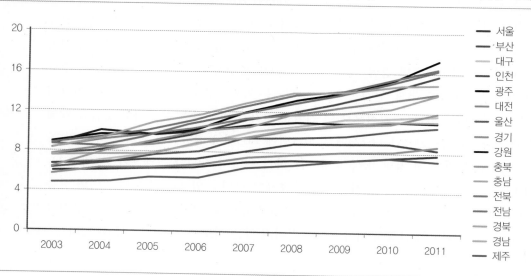

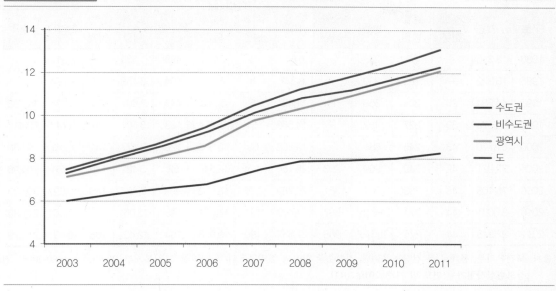

| 📊 그림 2-11-12 | 권역별 인구 천 명당 의료기관 병상 수(2003-2011) | (단위: 개소) |

[그림 2-11-12]는 주민 천 명당 의료기관 병상 수를 권역별로 비교하기 위하여 작성한 그래프다. 이 그래프를 보면 수도권은 거의 정체되어 있다고 할 정도로 병상 수가 늘어나지 않고 있다. 병상 수를 늘리고 있지만 인구가 계속 유입된다는 의미와 함께 병상 수를 확대하기 위한 인프라, 즉 장소와 예산 확보가 어렵기 때문이라고 생각한다. 도 권역과 비수도권은 거의 유사하게 같은 수준으로 병상 수가 크게 늘어나고 있다. 광역시권도 도 권역과 마찬가지로 같은 수준으로 병상 수가 개선되고 있다.

제5절 | 요양기관 수

요양기관은 법령으로 지정된 병원과 약국을 포함한 기관을 말한다. 우리나라 전국 요양기관의 증가 추세는 다음 〈표 2-11-11〉과 같다. 1980년에 13,316개소였던 요양기관이 10년 후인 1990년에는 44,284개소로 급증하였고, 다시 10년 후인 2000년도에는 61,776개소로 크게 증가하였다. 2011년 현재 전국 요양기관 수는 82,948개소로 1980년도 대비 6.23배 증가되었다. 이러한 증가는 1980년대 이후 각종의 복지정책에

표 2-11-11 전국요양기관 현황 (단위: 개소)

구분	계	종합전문	종합병원	병원	요양병원	의원	치과병원	치과의원	조산원	보건기관	한방병원	한의원	약국
1980	13,316	–	82	245	–	6,610	3	2,025	488	1,535	11	2,317	–
1985	18,322	–	183	330	–	8,348	4	2,994	504	3,168	17	2,774	–
1990	44,284	25	205	368	–	11,491	5	5,390	444	3,607	33	3,528	19,188
1995	53,674	39	227	462	–	14,569	14	8,363	183	3,587	70	5,743	20,417
2000	61,776	43	245	681	–	19,688	60	10,592	126	3,427	141	7,243	19,530
2005	72,921	42	249	909	203	25,166	124	12,548	52	3,422	149	9,761	20,296
2006	75,108	43	253	961	361	25,789	136	13,002	51	3,437	145	10,297	20,633
2010	81,681	44	274	1,315	867	27,469	191	14,681	168	12,061	168	12,061	21,096
2011	82,948	44	275	1,375	988	27,837	199	15,058	184	12,401	168	12,401	21,079

출처: 보건복지부, 통계로 본 건강보험30년, 건강수준 향상과 질병구조의 변화(과천: 보건복지부, 2007), p.6(1980-2005), 건강보험심사평가원(연도 말 기준, 2010-2011).

의하여 국민들이 요양기관 이용이 경제적으로나 거리적으로 쉽게 이용할 수 있게 되면서부터라고 할 수 있다. 이 중에 가장 많이 늘어난 기관은 보건기관이다. 보건기관은 1980년 1,535개소에서 2011년에는 12,401개소로 늘어나 약 8배가 증가하였다. 공공보건정책이 크게 확대되었다는 의미와도 같다. 이 기간 동안 보건기관 이외에 크게 늘어난 요양기관을 보면, 치과 7.43배, 병원 5.61배, 의원 4.21배 등이다.

다음 〈표 2-11-12〉는 시도별로 1999년부터 2012년도까지 요양기관의 현황을 나타낸 것이다. 1999년과 2000년도에는 요양기관이 각각 36,987개소, 38,819개소였다. 그러다가 2001년부터 4만 개소 시대가 열렸고, 2004년에는 47,140개소로 증가되었다. 그 뒤 2005년에는 72,108개소로 급등하여 요양기관 7만 개소 시대가 2008년까지 지속하게 된다. 2009년에는 80,270 개소로 증가하여 8만 개소 시대가 개막되었고, 2012년 현재 83,811개소가 운영되고 있다.

지역별로 보면 1999년에는 서울이 10,203개소로 가장 많고, 다음이 경기가 6,155개소, 부산 3,271개소, 대구 2,272개소 순이었다. 주로 대도시가 많은 편으로, 서울과 경기 두 곳을 합하면 16,358개소이며, 이는 전체 36,987개소의 44.2%를 차지한다. 2012년의 현황을 보면 서울(20,969개소), 경기(16,953개소)를 합하면 총 37,922개소로 약 45.2%를 차지하여, 점유율은 1999년도와 비슷한 수준을 유지하고 있다. 가장 적은 곳은 제주, 울산, 강원, 충북 순이다. 울산은 2년 전에야 광역시로 승격되었기 때문에 기반이 잡혀 있지 않아서 비교 자체가 의미가 없는 것으로 판단된다. 따라서 요양기관

표 2-11-12 **시도별 요양기관 현황(1999-2012)** (단위: 개소)

	1999	2000	2001	2002	2003	2004	2005	2006	2007	2008	2009	2010	2011	2012
계	36,987	38,819	40,968	43,432	45,293	47,140	72,921	75,108	76,803	78,461	80,270	81,681	82,948	83,811
서울	10,203	10,577	11,116	11,755	12,310	12,715	18,550	19,155	19,646	20,084	20,560	20,887	20,938	20,969
부산	3,271	3,447	3,584	3,757	3,836	3,896	5,531	5,669	5,768	5,809	5,864	5,943	6,048	6,111
대구	2,272	2,372	2,456	2,553	2,627	2,702	3,932	4,033	4,101	4,183	4,273	4,373	4,463	4,494
인천	1,743	1,831	1,935	2,045	2,110	2,194	3,299	3,369	3,466	3,578	3,643	3,672	3,757	3,835
광주	1,108	1,182	1,286	1,362	1,396	1,460	2,130	2,199	2,247	2,281	2,370	2,430	2,489	2,517
대전	1,312	1,393	1,474	1,546	1,596	1,676	2,399	2,474	2,527	2,566	2,594	2,622	2,662	2,748
울산	740	779	817	867	907	949	1,394	1,417	1,470	1,497	1,547	1,588	1,627	1,637
세종	-	-	-	-	-	-	-	-	-	-	-	-	-	167
경기	6,155	6,574	7,150	7,883	8,519	9,116	13,994	14,630	14,990	15,407	15,904	16,331	16,700	16,953
강원	1,021	1,069	1,111	1,120	1,168	1,216	2,092	2,105	2,136	2,186	2,226	2,248	2,257	2,299
충북	1,061	1,099	1,152	1,200	1,224	1,259	2,169	2,220	2,257	2,312	2,336	2,372	2,434	2,443
충남	1,248	1,320	1,374	1,445	1,505	1,588	2,852	2,955	3,009	3,109	3,191	3,260	3,338	3,231
전북	1,501	1,568	1,652	1,710	1,750	1,796	3,087	3,148	3,194	3,240	3,296	3,362	3,421	3,464
전남	1,247	1,288	1,312	1,398	1,417	1,450	2,857	2,890	2,944	2,986	3,050	3,079	3,148	3,160
경북	1,693	1,789	1,888	1,948	1,987	2,070	3,697	3,791	3,861	3,930	3,993	4,026	4,076	4,107
경남	2,039	2,136	2,240	2,384	2,459	2,562	4,125	4,212	4,332	4,441	4,558	4,611	4,695	4,749
제주	373	395	421	459	482	491	813	841	855	852	865	877	895	927

출처: 건강보험심사평가원, 요양기관 현황 및 최근 5년의 변동추세 분석(1999-2004), 국민건강보험공단, 건강보험통계
(2005-2012).

은 농촌지역이 많은 곳에는 적다는 의미다.

　　지역별로 비교를 하기 위하여 작성한 그래프가 [그림 2-11-13]이다. 그림에서 보면, 서울과 경기가 다른 지역에 비해 월등하게 많다. 두 지역의 성장세는 기울기가 거의 유사하게 올라가고 있으며 특히 2005년을 기준으로 크게 상승하고 있다. 다른 지역은 거의 같은 수준으로 성장하되 증가 폭이 그렇게 크지 않다. 그러나 이것은 절대수를 가지고 비교를 했을 때이고 비율로 보면 다른 지역의 증가 폭도 매우 높다 하겠다. 예를 들어 서울인 경우 2000년에 10,203개소였지만 10년 후인 2011년에는 20,938개소로서 약 2배 정도 성장한 것이다. 그러나 경북인 경우 2000년에는 1,789개소였는데 2010년에는 4,026개소였다. 비율로 따지면 2.25배 성장한 것이다. 따라서 서울과 경기보다 다른 지역의 증가 속도가 빠르게 변하고 있다.

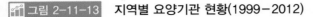
그림 2-11-13　지역별 요양기관 현황(1999-2012)　　　　　　　　　(단위: 개소)

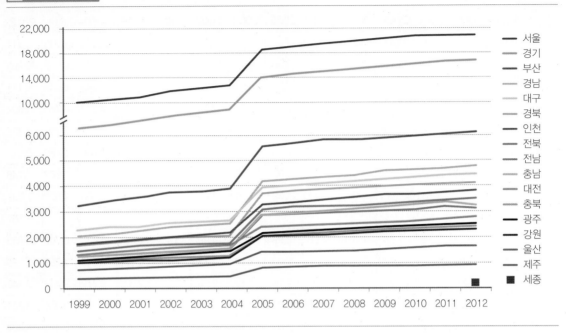

그림 2-11-14　권역별 요양기관 현황 변화추이(1999-2012)　　　　　　(단위: 개소)

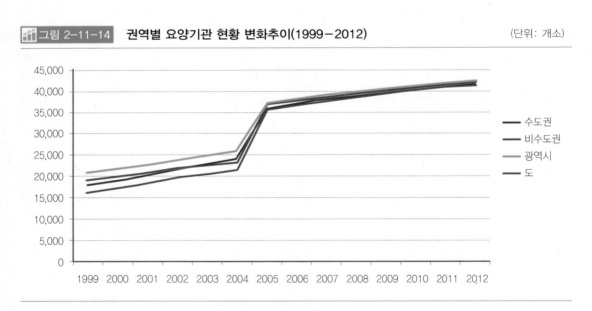

　　　　권역별로 보면 [그림 2-11-14]와 같다. 광역시와 도지역과 비교하면 아직도 광역시가 최상위를 차지하고, 도는 최하위 수준에 있다. 하지만 초창기에는 광역시가 많았

지만 갈수록 격차가 좁혀져 지금은 거의 같은 수의 요양기관을 가지고 있다. 수도권과 비수도권의 수도 거의 일치할 만큼 차이가 없다. 보편적인 복지 정책에 의하여 요양기관의 전국화가 이루어지고 있다.

제6절 | 건강

1. 음주율

음주율은 두 가지 방법으로 측정한다.

첫째는 15세이상 중 사람들의 연간 주류소비량을 말한다. 최근 OECD가 발표한 자료에 의하면 우리나라 15세이상 1인당 연간 주류소비량은 순수 알코올 9.1리터로 OECD 평균(9.0리터)과 비슷한 수준으로 나타났다. 이는 2007년에 9.3리터에서 2012년에는 9.1리터로 떨어진 것으로 나타났다. 세계에서 가장 음주율이 높은 나라는 에스토니아로 12.3리터이다. 반면에 음주율이 가장 적은 나라는 터키로서 1.6리터이다.

둘째는 15세이상 인구 중 1달에 한번 이상 음주 경험하는 사람들의 비율을 말한다. e-지방지표는 이 두 번째 방법으로 음주율을 측정하고 있다. 본 저서도 역시 마찬가지다.

우리나라 음주율은 지역별로 어떻게 변화하고 있을까에 대한 내용이 〈표 2-11-13〉이다. 표를 보면 우리나라 15세이상 주민들은 적어도 50%이상은 음주를 하고 있는 것으로 나타나고 있다. 더욱 특이한 것은 음주율이 계속 늘어나고 있다는 점이다. 이중에는 60%이상의 음주율을 보이고 있는 지역도 여러 곳이다. 이들 지역을 보면, 2008년도에는 없었지만, 2010년에는 서울, 부산, 강원, 경남이, 2011년에는 서울, 부산, 인천, 강원, 제주가, 2012년에는 서울, 부산, 대구, 울산, 강원, 경남으로 점점 늘어가고 있다.

2008년도에 음주율 지역 순위는 울산, 강원, 부산, 서울, 경기였다. 가장 음주율이 낮은 지역은 전북, 전남, 제주 순이었다. 2012년의 순서를 보면, 부산, 경남, 대구, 강원, 서울, 경기, 충북, 인천 순이다. 역으로 낮은 지역 순으로 보면, 전북, 전남, 충남 순이다.

표 2-11-13 **지역별 음주율(2008-2012)** (단위: %)

시도별	2008	2009	2010	2011	2012
서울	57.7	58.0	60.4	62.2	60.3
부산	58.5	60.2	61.3	62.3	63.0
대구	55.6	58.1	56.5	59.8	60.8
인천	55.1	56.7	59.0	60.5	59.6
광주	51.2	55.4	59.2	59.2	59.4
대전	53.1	53.4	53.4	58.7	59.5
울산	59.8	59.0	59.4	58.7	60.5
세종	-	-	-	-	61.9
경기	55.9	57.4	57.7	59.7	59.8
강원	58.9	58.9	60.7	60.0	60.7
충북	53.6	54.9	56.1	58.3	59.9
충남	51.3	53.7	53.2	57.3	55.4
전북	50.1	48.8	51.2	52.9	51.6
전남	50.3	53.4	52.2	54.3	54.3
경북	53.0	54.8	56.6	57.5	56.7
경남	54.5	57.8	61.6	59.7	61.2
제주	51.7	54.7	58.4	62.9	58.1

출처: 통계청, 국내통계, e-지방지표, 주제별, 보건 및 의료, 보건복지부, 지역사회건강조사.
주: 최근 1년 동안 한 달에 1회 이상 음주한 사람의 분율, 표준화값 사용.

지역별로 음주율을 그래프로 나타낸 내용이 [그림 2-11-15]이다. 가장 높은 부분을 지속적으로 유지하는 곳이 부산이며, 가장 낮은 곳은 전북이다. 이 사이에서 나머지 지역들이 높낮이를 계속하고 있다. 공통적인 것은 음주율이 지역마다 일정하지 않고 시간에 따라서 높낮이가 매우 심하다는 점이다. 때문에 그래프가 심하게 불규칙적으로 나타나고 있다.

권역별로 음주율을 비교한 그래프가 [그림 2-11-16]이다. 이 그림을 보면 수도권과 광역시가 비수도권과 도와 비교할 때 2%이상 높게 나타나고 있다. 대체로 농촌의 음주율이 높을 것이라는 선입견이 틀렸음을 말해 주고 있다. 다른 권역은 2011년에 최고점으로 다다랐다가 2012년에 내려오고 있는데, 광역시 권역만 계속 상승하고 있는 점도 특이하다.

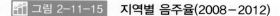
그림 2-11-15 　지역별 음주율(2008-2012)　　　　　　　　　　　　　　　　(단위: %)

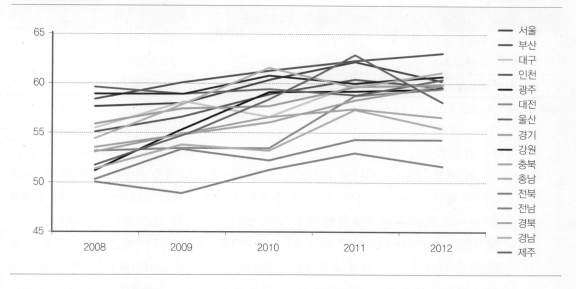

그림 2-11-16 　권역별 평균 음주율 변화추이(2008-2012)　　　　　　　　　(단위: %)

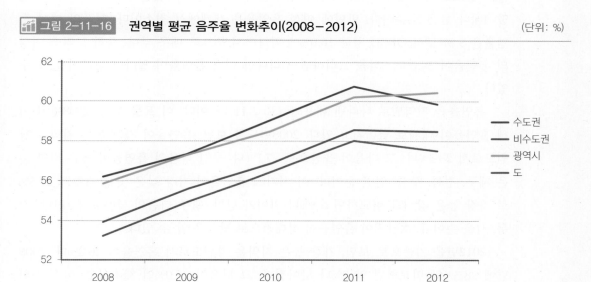

2. 흡연율

흡연율은 15세이상 인구 중 매일 담배를 피우는 인구의 백분율을 말한다. 최근에 보건복지부는 OECD 건강 지표를 공개하였다. 이 중에 흡연율에 대한 내용이 〈표

📊 표 2-11-14 OECD 건강지표 중 한국의 흡연율   (단위: %)

지표명	한국	OECD평균	최대		최소	
흡연인구 비율(15세이상 인구, %)	21.6	20.3	38.9	그리스('10)	11.8	멕시코
남성흡연인구 비율(15세이상 남성, %)	37.6	24.9	43.7	그리스('10)	12.8	스웨덴
여성흡연인구 비율(15세이상 여성, %)	5.8	16.0	34.0	그리스('10)	5.8	한국

출처: 보건복지부, 보도자료, 2014.7.3.

2-11-14〉이다.

이 표를 보면, 우리나라 15세이상 인구 중 매일 담배를 피우는 비율은 21.6%로 OECD 평균 20.3%보다 1.3%가 높다. 흡연율의 최대 국가인 그리스가 38.9%의 흡연율을 보이고 있는 점과 비교하면 매우 낮은 편이지만, 가장 적은 흡연율을 보이고 있는 멕시코의 11.8%와 비교하면 거의 2배가 높기 때문에 낮다고는 할 수 없다. 성별로 보면 크게 차이가 난다. 남성 흡연율은 37.6%로서 43.7%인 그리스와 6%차이 밖에 나지 않을 정도로 매우 높은 편이다. 남성 흡연율이 가장 낮은 스웨덴의 12.8%와 비교하면 약 3배나 높은 수준이다. 반면에 여성 흡연율은 세계에서 최소이다. 한국의 여성 흡연율은 5.8%로서 OECD 평균 16.0%에 약 1/3 수준으로 매우 낮다. 특히 그리스 여성의 흡연율이 34.0%인 점을 고려하면 우리나라 여성 흡연율이 얼마나 낮은지를 알 수 있다.

흡연율을 지역별로 나타낸 내용이 〈표 2-11-15〉이다. 이 표를 보면, 2008년에 비해 흡연율이 대체로 떨어지고 있다. 2008년도를 보면, 흡연율이 가장 높은 지역은 강원도로서 28.3%다. 그 다음이 울산으로 27.7%다. 울산 다음의 흡연율이 높은 지역 순은 제주, 경북, 부산, 인천 순이다. 이 시기에 흡연율이 가장 낮은 곳은 광주가 21.5%로 가장 높은 강원과 비교하면 6.8%나 차이가 난다. 광주 다음의 낮은 곳은 전남, 전북, 서울 순이다. 호남권이 흡연율이 상대적으로 낮음을 알 수 있다.

2012년을 기준으로 보면, 가장 높은 지역은 강원도로서 흡연율이 26.2%다. 2008년에 28.3%와 비교하면 약 2%나 낮아졌다. 그 다음이 26.0%인 제주이고, 이후 순위는 충북, 인천, 경북 순이다. 2012년에 흡연율이 가장 낮은 지역은 서울이다. 이후 순위는 전북, 전남, 울산, 광주 순이다. 역시 호남권의 흡연율은 상대적으로 낮다. 울산은 2008년도에 27.7%로서 2위였는데, 2012년에는 23.3%로 무려 4.4%가 낮아졌다. 울산이 흡연율 줄이기 운동에서 큰 성과를 거뒀다고 할 수 있다.[6]

---

6 이뉴스투데이, "울산시민건강수준 청신호", 2014.04.09.
　　조사결과를 살펴보면 울산시의 현재 흡연율(평생 5갑 이상 흡연한 사람의 분율)은 23.1%로,

표 2-11-15 **지역별 흡연율(2008-2012)** (단위: %)

시도별	2008	2009	2010	2011	2012
서울	24.5	24.7	23.7	23.0	23.0
부산	26.9	27.4	25.5	25.2	24.5
대구	25.5	26.0	25.0	25.0	25.2
인천	26.3	26.7	26.9	26.0	25.8
광주	21.5	22.5	22.7	23.2	23.6
대전	25.8	25.7	24.5	22.2	23.9
울산	27.7	27.5	25.3	24.6	23.3
세종	-	-	-	-	27.2
경기	25.5	26.3	24.9	24.7	24.5
강원	28.3	28.4	27.9	26.2	26.2
충북	24.5	26.7	25.3	25.9	25.8
충남	25.5	27.4	25.1	26.0	24.2
전북	23.6	22.5	23.1	22.5	23.1
전남	22.4	24.6	23.5	22.9	23.3
경북	27.1	27.1	26.9	26.0	25.3
경남	25.8	26.7	25.7	24.8	24.0
제주	27.2	28.3	27.3	27.7	26.0

출처: 통계청, 국내통계, e-지방지표, 주제별, 보건 및 의료, 보건복지부, 지역사회건강조사.
주: 평생 5갑 이상 흡연한 사람 중 현재 흡연하는 사람, 표준화값 사용.

지역별로 흡연율을 그래프화한 내용이 [그림 2-11-17]이다. 그림을 보면, 전 지역이 오른쪽으로 하향하고 있다. 흡연율이 감소되고 있는 것이다. 울산이 급격하게 내려오고 있다. 2011년에는 제주가 최고의 흡연율을 보이고 있는 반면에 대전과 전북이 최하위를 점하다가 제주는 다시 내려오고, 대전과 전북은 다시 약간씩 올라가는 것을 볼 수 있다. 흡연율도 음주율과 마찬가지로 연도별로 심한 불규칙성을 보이고 있다.

전국 23.7%(중앙값) 대비 0.6%가 낮아 전국 최저수준(울주군 20.6%, 북구 21.3%, 남구 23%가 낮게 조사됐고, 중구 25.3%, 동구 25.5%)이다. 남성의 흡연율도 44.2%로, 전국(중앙값) 44.9%보다 0.7% 낮은 것으로 나타났다. 울산의 흡연율은 건강조사를 처음 실시한 2008년에는 27.7%였으나, 울산시가 흡연율을 낮추기 위해 금연사업을 시장공약사업 및 지역보건 중점시책으로 선정하고 금연클리닉 운영, 어린이 금연교육 등 다양한 금연시책을 꾸준히 시행한 결과 현재 23.1%로 전국 최저 수준을 기록했다. 이에 따라 시는 지속해서 다양한 금연사업을 추진할 계획이다. http://www.enewstoday.co.kr/news/articleView.html?idxno=325076

그림 2-11-17 지역별 흡연율(2008-2012)   (단위: %)

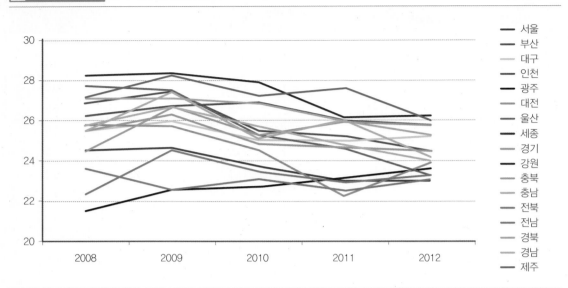

그림 2-11-18 권역별 평균 흡연율 변화추이(2008-2012)   (단위: %)

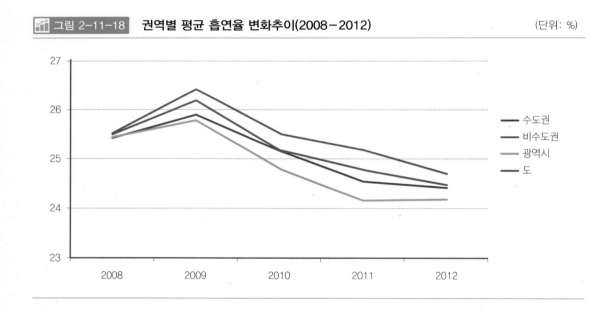

　　권역별로 구분하여 작성한 그래프가 [그림 2-11-18]이다. 수도권과 비수도권, 광역시와 도 권역 모두가 2008년에는 25.5% 전후에 있다. 거의가 흡연율이 비슷하였다. 그러나 시간이 지나면서 네 권역은 차이가 나기 시작한다. 도 권역의 흡연율이 광

역시에 비해 확실하게 높아졌다. 이에 비해 광역시는 급경사로 흡연율이 하락하고 있다. 수도권과 비수도권을 비교해 보면, 2008년에는 큰 차이가 없었으나 2009년에는 비수도권이 수도권 지역에 비해 흡연율이 높아졌다가 이후에 다시 비슷하게 내려와서 2012년에는 거의 차이가 없어졌다.

3. 주관적 건강수준 인지율

주관적 건강수준 인지율이란 자기 스스로 자신의 건강상태를 "매우 좋음" 또는 "좋음"에 응답한 사람의 분율을 말한다. 이에 대한 내용이 〈표 2-11-16〉이다. 이 표를 보면, 주관적 건강인지수준이 하향으로 가는 편이다. 즉, 자신의 건강이 나빠졌다고 응답하는 비율이 시간이 갈수록 많아지고 있다는 의미다.

표 2-11-16 **지역별 주관적 건강수준 인지율(2008-2013)**   (단위: %)

시도별	2008	2009	2010	2011	2012	2013
서울	50.9	49.5	49.4	46.1	46.1	45.9
부산	48.3	48.5	48.6	46.5	45.0	44.7
대구	46.4	43.8	44.4	43.9	45.4	44.9
인천	49.8	42.1	43.7	45.3	43.3	43.6
광주	48.3	50.2	49.1	43.7	42.0	44.1
대전	51.3	51.2	54.3	59.0	49.9	51.5
울산	43.3	45.9	46.2	48.9	46.5	46.0
세종	-	-	-	-	44.4	45.5
경기	48.4	45.8	46.9	45.2	45.4	44.8
강원	47.0	44.4	46.9	50.6	46.7	50.0
충북	53.6	51.9	54.9	50.5	47.1	46.8
충남	50.4	48.6	53.4	48.1	46.5	45.9
전북	57.6	53.6	52.7	50.2	49.5	46.7
전남	53.5	51.2	52.4	54.2	50.6	50.3
경북	45.7	44.9	43.7	41.4	41.9	43.8
경남	53.7	48.0	44.5	41.8	41.9	42.3
제주	52.4	53.8	54.9	46.4	41.5	43.7

출처: 통계청, 국내통계, e-지방지표, 주제별, 보건 및 의료 보건복지부, 지역사회건강조사.

그림 2-11-19 지역별 주관적 건강수준 인지율(2008-2013)　　　　　　　(단위: %)

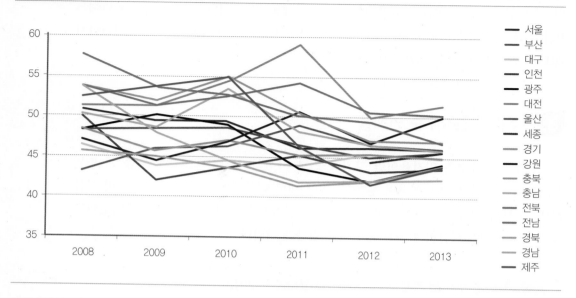

2008년과 2013년을 비교해서 내려온 지역을 살펴보자. 서울은 2008년에는 50.9%에서 45.9%로 5%가 내려 왔다. 광주는 48.3%에서 44.1%로, 충북은 53.6%에서 46.8%로 나빠졌다. 전북과 경남, 제주는 각각 57.6%에서 46.7%, 53.7%에서 42.3%로, 52.4%에서 43.7%로 거의 10%이상 나빠진 지역이다. 반면 적지만 상승된 지역도 있다. 울산은 43.3%에서 46.0%로, 강원은 47.0%에서 50.0%로 약간씩 상승하였다. 대전은 큰 변동이 없는데 2011년에 59.0%를 기록하여 조사한 기간인 2008년에서부터 2013년 사이에 최고점수를 받았다. 반면에 2011년에 경북은 41.4%로 이 기간중 최하위다.

지역별로 비교하기 위한 그래프가 [그림 2-11-19]이다. 이 그림을 보면 전 지역이 주관적 건강수준 인지율은 내려가는 편이다. 지역주민들이 자신의 건강에 대하여 비관적인 면이 긍정적인 면보다 더욱 많아지고 있는 것이다. 2008년에는 전북이 거의 60%에 가깝게 있었으나 계속 하락하여 2013년에는 50% 이하에서 위치하고 있다. 2011년에 대전이 확연하게 상승되어 있는 점이 눈에 띄나 2012년에는 급락한다. 2012년 이후에는 이전보다 지역 간에 편차가 점차로 적어지고 있다.

권역별로 비교하기 위한 그래프가 [그림 2-11-20]이다. 이 그림을 보면 가장 낮은 선이 수도권이다. 수도권은 2008년도에는 50%에 가까이 있었으나 급락하여 현재는 약 45%선상에 있다. 비수도권의 경우 2008년에는 50% 너머에서 시작하였으나 현재는 46%선상에 위치해 있다. 광역시 권역과 도 권역을 비교하면 도 권역이 2008년에는

그림 2-11-20 권역별 평균 주관적 건강수준 인지율 변화추이(2008-2013) (단위: %)

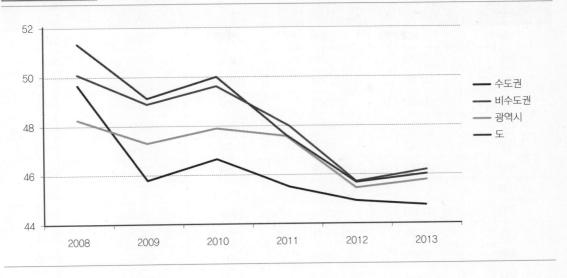

광역시 권역보다 주관적 건강수준 인지율이 훨씬 긍정적이었으나 급락하여 현재는 거의 같은 위치인 46% 선상에 있다.

4. EQ-5D

보건 의료 분야에서는 삶의 질을 건강과 관련한 문제를 다루는 관점에서 각 개인이 주관적으로 평가한 건강상태를 정의하면, 건강 관련 삶의 질(health related quality of life; HRQoL)이라고 한다. 삶의 질의 내용으로는 각 개인의 필요(need), 욕망(wants), 바람(desires)을 충족할 수 있는 필수적인 자원을 소유하고, 개인이 발전할 수 있는 활동에 참가하며, 스스로 행동하고, 자신을 타인과 비교하여 만족하는 것이라 하겠다. 이러한 삶의 질과 관련한 것이 2005년 국민건강·영양조사에서 조사된 EQ-5D(European Quality of Life-5 Dimensions)이다. EQ-5D는 건강수명을 계산하기 위해 사용되는 대표적인 건강관련 삶의 질 측정 도구다. EQ-5D는 삶의 질(HRQol) 상태를 기술하고 가치화하기 위해 개발한 도구로 운동능력(Mobility), 자기관리(Self-care), 일상 활동(Usual activity), 통증/불편함(Pain/Disability), 그리고 불안과 우울(Anxiety and Depression) 등 5개 항목에 대해서 현 상태를 '지장이 없음', '다소 지장이 있음', '할 수 없음'의 3개 수준 중 하나로 평가하도록 되어 있다. EQ-5D 상태에 해당하는 값을 적

표 2-11-17　EQ-5D 지표 (단위: %)

시도별	2008	2009	2010	2011	2012
서울	0.967	0.964	0.959	0.943	0.951
부산	0.962	0.960	0.958	0.947	0.957
대구	0.962	0.961	0.956	0.954	0.949
인천	0.963	0.952	0.957	0.946	0.950
광주	0.952	0.957	0.964	0.954	0.957
대전	0.967	0.960	0.969	0.964	0.966
울산	0.962	0.969	0.964	0.964	0.962
세종	-	-	-	-	0.932
경기	0.963	0.963	0.958	0.950	0.957
강원	0.935	0.941	0.939	0.943	0.946
충북	0.946	0.955	0.951	0.947	0.948
충남	0.943	0.942	0.947	0.932	0.939
전북	0.949	0.950	0.944	0.943	0.938
전남	0.935	0.941	0.939	0.936	0.935
경북	0.943	0.945	0.944	0.940	0.949
경남	0.956	0.954	0.949	0.945	0.949
제주	0.957	0.937	0.947	0.943	0.943

출처: 통계청, 국내통계, e-지방지표, 주제별, 보건 및 의료, 보건복지부, 지역사회건강조사.
주: 삶의 질의 5가지 차원의 기술체계를 종합한 지표로 각 시군구 보건소 단위로 생산된 통계자료임, 표준화값 사용.

용하여 삶의 질 가중치를 구할 수 있는데 이를 EQ-5D index라고 한다.[7] EQ-5D 효용 값(utility index)은 자가 작성 문항에서 얻어지는 건강상태를 자체 점수 환산 체계를 이용하여 하나의 가중지표 값으로 표현된다.

　〈표 2-11-17〉이 2008년부터 2012년 동안 지역별로 측정한 EQ-5D 지표 내용이다. EQ-5D 지표의 최고 점수가 1.0이다. 현재 2009년에서 2012년까지 우리나라 지역주민들이 EQ-5D 지표는 0.90 이상인 점을 고려하면 양호한 것으로 판단된다. 2008년도에는 EQ-5D 지표가 0.95이상인 지역은 서울, 부산, 대구, 인천, 광주, 대전, 울산, 경기, 경남, 제주 등 10곳이었다. 그러나 2012년에 EQ-5D 지표가 0.95 이상인 지역은 서울, 부산, 인천, 광주, 대전, 울산, 경기 등 7곳에 불과하다. 특히 도 권역이 광역시 권역보

<hr>

7　최충현, 건강관련 삶의 질(EQ-5D)에 대한 회귀모형- 국민건강영양조사 제4기 2차년도(2008)를 중심으로, 연세대학교 보건대학원 역학건강증진학과, 석사논문, 2010, pp.1-5.

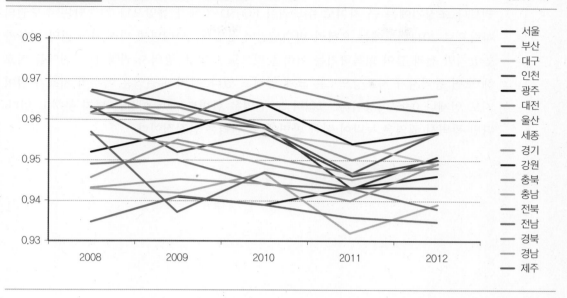

그림 2-11-21 지역별 EQ-5D 지표(2008-2013)   (단위: %)

— 서울
— 부산
— 대구
— 인천
— 광주
— 대전
— 울산
— 세종
— 경기
— 강원
— 충북
— 충남
— 전북
— 전남
— 경북
— 경남
— 제주

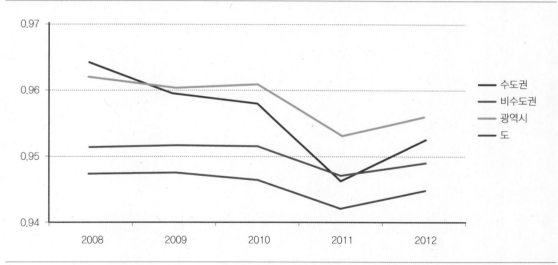

그림 2-11-22 권역별 평균 EQ-5D 지표 변화추이(2008-2012)   (단위: %)

— 수도권
— 비수도권
— 광역시
— 도

다 EQ-5D 지표가 낮은 것으로 나타나고 있다.

이에 대한 비교를 하기 위하여 작성한 그래프가 [그림 2-11-21]이다. 매우 불규칙적임을 알 수 있다. 그러나 대체로 좌에서 우로 내리막으로 가고 있음을 알 수 있다.

권역별로 비교하기 위하여 작성한 그래프가 [그림 2-11-22]이다. 수도권이 비수도권보다 초창기에는 큰 차이로 수도권이 EQ-5D 지표가 높았으나 계속되는 수도권의 하락으로 2011년도에는 오히려 비수도권이 높았다. 2012년에 다시 수도권의 지표가 높았지만 전과 같이 회복하기는 어려울 것으로 보인다. 광역시 권역과 도 권역을 비교해 보면 광역시가 지표상으로는 크게 앞서고 있다. 광역시 권역은 아무리 지표가 떨어져도 언제나 0.95 이상이다. 그러나 도 권역은 한번도 0.95 이상을 넘지 못하고 있다. 다만 광역시 권역은 등락이 심한 반면에 도 권역은 안정적이다.

12

공공안전

우리는 현재 위험사회에 살고 있다. 위험은 어디에나 존재하며 위험에서 자유롭다고 할 인간 활동은 없다. 위험은 전통적으로 자연현상, 즉 태풍, 홍수, 지진 등에 의해 발생되는 재해와 화재, 환경오염사고, 폭발, 교통사고 등 인간의 부주의, 무관심, 갈등 그리고 사후관리의 불충분 등에 의해 발생되는 인위적 요인에 의한 것으로 구분된다. 이 장에서 논의되는 안전의 대상이 이중에 인위적 요인에 의하여 발생되는 사고이다. 인간들의 갈등과 폭력에 의한 범죄, 자동차의 급증과 교통문화의 불일치로 연일 늘어나는 교통사고, 인간의 부주의로 인한 갖가지 화재 등이 우리 사회의 안전을 위협하고 있다.

범죄, 교통사고, 화재는 인간이 가장 귀중한 생명과 재산을 인위적으로 앗아가는 요인이기에 국가나 지방자치단체가 그 어느 재난보다 철저하게 관리할 의무가 있는 대상이다. 본 장에서는 이러한 의미를 지닌 공공안전에 대한 통계를 다음과 같은 항목을 가지고 조사하고 기술하였다. e-지방지표 내용이 매우 단순하기 때문에 이에 대한 많은 자료를 보충하였다. 우선 범죄항목에서는 1994년에서 2012년간 전국범죄발생추이와 1960년에서 2005년간 지역별 범죄발생건수를 추가하였다. 그리고 인구 천 명당 범죄발생건수도 e-지방지표에서는 분석기간이 2004년에서 2012년이지만 본 연구에서는 1992년에서 2012년을 분석기간으로 하였다. 교통사고 항목에서도 본 연구에서는 교통사고 발생건수를 1970년에서 2010년 사이를 분석하여 첨가하였다. 화재 발생건수에서도 e-지방지표가 2000년을 분석기간의 시작점으로 하였지만 본 연구에서는 1960년부터 2013년까지로 하였다. 이에 대한 내용이 〈표 2-12-1〉이다.

표 2-12-1 공공안전 조사와 기술 내용

항 목	e-지방지표		본 저서의 내용	
	지 표	분석기간	지 표	분석기간
범 죄	– 인구 천 명당 범죄발생건수	2004–2012	– 전국범죄발생 추이 – 지역별 범죄발생건수 – 인구 천 명당 범죄발생건수	1994–2012 1960–2005 1992–2012
교통사고	– 자동차 천 대당 교통사고 발생건수	2003–2012	– 교통사고 발생건수 – 자동차 천 대당 교통사고 발생건수	1970–2010 2003–2012
화 재	– 화재 발생건수	2000–2013	– 화재 발생건수	1960–2013

어느 국가나 사회가 범죄에 노출되어 있기는 마찬가지다. 그러나 범죄의 다양성 만큼 정도와 빈도도 문제가 된다. 최근에 우리나라도 주민들이 선진국과 마찬가지로 주거환경의 결정요인으로 범죄발생지역, 즉 우범지역 여부를 크게 고려한다. 따라서 자치단체들도 지금까지 범죄의 예방과 조치를 국가경찰의 전담 영역으로 여겨 등한시 했던 과거와는 달리 적극적으로 범죄예방과 그 사후조치에 인력과 예산을 집중시키기 시작하고 있다.

1. 전국 범죄발생 추이

현재 우리나라의 범죄 추이와 대상에 대한 내용이 〈표 2-12-2〉이다. 이 표에 의하면 우리나라 범죄발생 수는 1994년부터 2009년까지는 증가하다가 2011년과 2012년 부터는 감소하는 것으로 나타나고 있다. 1994년에 범죄건수는 1,309,326건이었다가 2009년에는 2,020,209건으로 15년 사이에 55%가 증가하였다. 이러한 범죄의 증가는 양적인 면보다 질적인 면, 즉 범죄대상이 매우 광범위하고 잔악해졌다는 점이다. 그 중에 하나가 안전에 가장 취약한 어린이와 청소년을 범죄대상으로 한 범죄발생건수가 늘어나고 있다는 점이다.

〈표 2-12-2〉에서 알 수 있듯이 1994년에 어린이와 청소년 대상범죄(20세 이하 인구) 발생건수는 45,302건으로 전체 범죄의 3.5%에 해당한다. 이후 청소년에 대한 범죄는 계속 증가하다가 2005년과 2006년에 약간 감소할 뿐 계속 증가하고 있다. 2012년에 총 범죄건수 1,793,400건 중에 청소년 대상 범죄는 101,251건으로 5.6%로 크게 증가하고 있어 이에 대한 국가나 자치단체의 관심이 어느 때보다 중요하다 하겠다. 특히 이 범죄 대상 중 성별로 보면 15세 이하 여성에 대한 범죄건수가 커지고 있다는 점도 매우 심각한 문제이다. 1994년에 15세 이하에 대한 범죄건수는 2,821건이었는데 2012년에는 8,224건으로 근 3배 가까이 급증하고 있다. 남성보다 여성이, 그 중에 15세 이하 여자 어린이는 공공안전에 더욱 취약하다는 점이 심각한 사회문제로 대두되고 있다.

연도별로 범죄발생건수가 어떻게 변화되고 있는지를 살펴보기 위하여 다음과 같은 [그림 2-12-1]을 작성하였다. 이 그림을 보면 범죄발생건수가 계속 증가만 하는 것

표 2-12-2 **연도별 범죄증가 추이(1994-2012)** (단위: 건)

구분	전국총범죄 발생현황	15-20세 대상 발생현황			남자			여자		
		계	15세이하	20세이하	계	15세이하	20세이하	계	15세이하	20세이하
1994	1,309,326	45,302	9,228	36,074	34,004	6,407	27,597	11,298	2,821	8,477
1995	1,329,694	45,813	10,767	35,046	34,737	7,863	26,874	11,076	2,904	8,172
1996	1,419,811	42,905	9,608	33,297	31,611	6,683	24,928	11,294	2,925	8,369
1997	1,536,652	40,861	8,601	32,260	30,318	6,103	24,215	10,543	2,498	8,045
1998	1,712,233	34,272	6,324	27,948	24,585	4,293	20,292	9,687	2,031	7,656
1999	1,654,064	34,940	5,685	29,255	24,032	3,647	20,385	10,908	2,038	8,870
2000	1,739,558	39,835	6,557	33,278	27,375	4,170	23,205	12,460	2,387	10,073
2001	1,860,687	37,273	5,816	31,457	23,794	3,528	20,266	13,479	2,288	11,191
2002	1,833,271	30,871	5,220	25,651	19,669	3,189	16,480	11,202	2,031	9,171
2003	1,894,762	28,824	5,192	23,632	18,186	3,172	15,014	10,638	2,020	8,618
2004	1,968,183	42,591	7,762	34,829	25,572	4,436	21,136	17,019	3,326	13,693
2005	1,733,122	37,591	7,270	30,321	22,828	4,401	18,427	14,763	2,869	11,894
2006	1,719,075	45,391	9,623	35,768	27,853	5,513	22,340	17,538	4,110	13,428
2007	1,836,496	54,651	12,692	41,959	34,423	7,382	27,041	20,228	5,310	14,918
2008	2,063,737	61,099	14,419	46,680	38,587	8,514	30,073	22,512	5,905	16,607
2009	2,020,209	69,503	15,272	54,231	44,690	9,451	35,239	24,813	5,821	18,992
2010	1,784,953	64,180	14,258	49,922	39,864	8,308	31,556	24,316	5,950	18,366
2011	1,752,598	59,650	13,600	46,050	36,946	8,354	28,592	22,704	5,246	17,458
2012	1,793,400	101,251	24,348	76,903	65,015	16,124	48,891	36,236	8,224	28,012

출처: 경찰청, 범죄통계, 각 연도; 내부 자료, 2013.

이 아니라는 점이다. 정권마다 가장 빈도가 높은 정책 구호는 "범죄와의 전쟁"이라고 할 수 있을 정도로 범죄의 발생건수를 줄이기 위한 노력을 경주해 왔다. 그럼에도 불구하고 다음과 같이 범죄발생건수는 증가와 감소를 반복하고 있다. 2008년과 2009년을 정점으로 우리나라 범죄발생건수는 일단은 감소되고 있는 편이다.

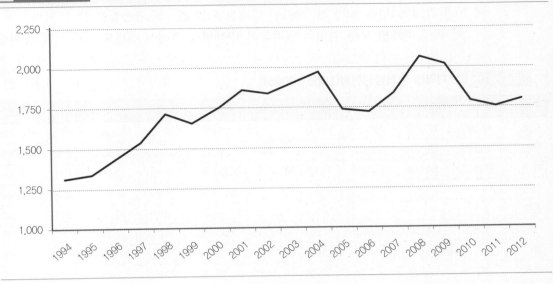

| 📊 그림 2-12-1 | 연도별 전국 총 범죄발생건수 추이(1994-2012) | (단위: 천 건) |

2. 범죄발생건수

　　지역별로 범죄발생현황을 각 지방자치단체가 발행하는 자료를 중심으로 살펴 본 통계자료가 〈표 2-12-3〉이다. 이 표에 따르면 1960년도 가장 범죄가 많이 발생하는 곳은 역시 서울이다. 서울은 173천 건으로 부산에 비해 70천 건이 많고 나머지 지역과는 비교도 되지 않을 정도로 많았다. 이렇게 서울과 부산이 다른 지역과 비교할 수 없을 정도로 많은 것은 인구가 많고, 3차 산업이 발달하여 범죄적 요소가 많은 점이 큰 원인이라고 할 수 있다. 이후 서울은 범죄발생 수가 계속 증가하다가 1975년도에는 오히려 1970년에 비해 거의 절반인 110천 건으로 급락한다. 그러나 이후 다시 증가하기 시작하여 1990년에는 309천 건으로 증가하고 2005년까지 309천 건대를 유지하고 있다. 부산은 1965년 129천 건에서 1970년에 29천 건으로 대폭 줄어들지만, 다시 상승을 하기 시작하여 1990년에는 111천 건으로 10만 건대를 넘어서서 2005년도에도 그 비슷한 건이 발생하고 있다. 대구와 인천도 부산과 비슷한 방향으로 범죄발생이 일어나고 있다. 광주는 대전에 비해 약간 많은 수준을 계속 유지하고 있다. 울산도 1985년도까지는 범죄발생건수가 대전보다 낮았으나, 1990년부터는 대전과 비슷해졌다.

　　경기도는 1960년도에는 20천 건으로 전북과 경북보다 적은 지역이었다. 그러다가 5년 후인 1965년도에는 117천 건으로 5.9배 증가하였다. 이후 다시 급락하기 시작하는데 1975년도에는 39천 건까지 낮아진다. 그러다가 다시 증가하기 시작하여 1990년에 16만 건, 1995년에 20만 건, 2005년 현재는 34만 건으로 급등함을 알 수 있다.[1]

이 표에 따르면 모든 지역의 범죄들이 1975년을 기해서 전년도 보다 크게 줄어드

표 2-12-3 **지역별 범죄발생현황(1960-2005)[2]**

(단위: 건)

구분	1960	1965	1970	1975	1980	1985	1990	1995	2000	2005
서울	172,867	227,658	210,135	110,291	172,500	239,470	309,165	353,994	370,838	350,502
부산	102,269('63)	129,458	29,201	46,514	64,401	85,784	111,023	112,600	127,990	110,285
대구	(15,677)	(54,473)	(85,921)	(17,143)	(18,540('81))	42,261('86)	62,850	73,413	96,512	92,719
인천	–	–	–	–	–	28,162('86)	51,985	62,319	104,484	99,682
광주	–	–	–	–	–	23,391	33,674	43,276	58,274	62,440
대전	(5,676)	(24,254)	(29,687)	(12,357)	(17,276)	(19,528)	28,613	32,084	46,011	51,152
울산	–	(8,806('68))	(5,299)	(3,075)	10,784	(14,944)	(30,386)	(31,642)	40,170	36,525
경기	19,758	116,620	77,912	39,322	74,029	85,209	168,069	204,439	281,651	342,107
강원	18,568('61)	36,753('66)	17,372	23,608	17,372	27,073	40,433	51,702	72,025	61,157
충북	4,269	21,090	20,333	14,318	21,862	24,409	35,385	41,958	59,485	56,552
충남	13,943	68,973	71,231	31,600	54,754	51,840	64,195	79,116	116,488	126,078
전북	33,286	42,088	29,631	20,317	36,845	30,366	40,078	46,672	68,967	59,479
전남	–	–	90,333('71)	33,286	54,214	60,405	75,997	92,385	128,678	131,911
경북	27,676	122,628('71)	42,508('71)	41,384	42,235('79)	41,508	60,758	70,211	102,96	91,934
경남	–	65,439	27,414	31,601	48,974('79)	–	107,412	115,677	121,806	106,207
제주	1,616	5,897	5,472	5,130	7,882	10,799	14,757	18,268	21,867	25,284

출처: 통계청, 맞춤통계, 인기통계, 경찰청범죄통계; 경찰청, 범죄통계 각 연도, 서울통계연보, 부산직할시 경찰통계연보 1982, 대구통계연보, 광주통계연보, 대전통계연보, 울산통계연보(1971-2005), 경기도통계연보, 강원도사, 현대편, 1995, 통계로 본 충북 50년, 충북지방경찰청, 경찰통계자료, 충청북도지, 상권, 충북통계연보, 충남통계연보, 1992, 통계로 본 전북의 어제와 오늘, 전라북도1997, 전북지방경찰청, 경찰통계자료, 전남통계DB, 경상북도사(중권) 1983, 제주통계연보.

---

1 경기도 통계 중에 범죄발생건수에 대한 통계는 종잡을 수가 없어서 경기도의 여러 자료를 종합하여 비교해도 크게 차이가 없었다. 경기도가 1961년부터 통계연보를 계속 발행하고 있는데 여기에 따르면, 범죄발생건수는 1960년 19,758건, 1961년 35,454건, 1962년 64,095건, 1963년 68,813건, 1964년 100,750건, 1965년 116,620건으로 나와 있으며, 이후의 자료들도 모두 경기도 발행 통계연보에 의한 것임. 경기도 범죄발생건수가 1990년 이전까지 이렇게 심한 등락을 한 이유는 당시에 경찰국이 도지사 산하에 편입되어 있기 때문에 도지사의 성향에 따라서 범죄의 건수가 변질될 가능성이 있을 수 있음을 짐작해 본다. 이 자료는 http://stat.gg.go.kr/relsite/relsite01_01.jsp에서 자세하게 볼 수 있음.

2 주: ( )은 직할시 또는 광역시로 승격되기 전의 기록이라는 의미임. 이는 지방경찰청 또는 경

는 특이한 현상을 볼 수 있다. 이러한 이유는 1972년도에 유신정권이 시작되면서 사회질서에 대한 대대적인 쇄신 운동을 펴면서 상징적으로 범죄소탕에 대한 강력한 의지가 범죄발생을 감축하는 효과가 나타난 것이 아닌가 하고 예측해 본다. 1990년에 들어서면서 10만 건 이상의 범죄가 발생하는 지역은 서울, 부산, 경기, 경남 지역이었다. 2005년도에는 30만 건 이상이 서울과 경기 두 지역이고, 10만 건 이상의 지역은 부산, 충남, 전남, 경북 지역이다. 거의 10만 건에 가까운 9만 건이 해마다 발생하는 지역은 대구, 인천, 경북 등이다.

3. 인구 천 명당 범죄발생건수

범죄의 발생 총수는 범죄의 추이를 보는 경우도 있지만 지역별로 범죄의 발생 빈도를 인구 대비로 살펴보는 것도 의미가 있다. 지역의 범죄 정도를 파악하기 위하여 통계상 인구 천 명당 범죄발생건수 지표를 사용하고 있다. 이에 대한 내용이 〈표 2-12-4〉이다.

우선 1천 명당 범죄발생 수를 전국적으로 살펴보면, 1998년도부터 2004년까지가 범죄발생건수가 가장 높았다. 2003년에는 44.5건까지 증가하였다. 이후에 약간씩 감소하여 2012년에는 35.3건으로 감소되었다. 1992년도의 인구 천 명당 범죄건수는 평균이 29.2건으로 평균이상인 지역은 부산, 대구, 충남, 전남, 제주 정도였다. 2000년에는 평균이상의 범죄가 많이 발생하는 지역은 강원, 전남, 제주였다. 2005년도에 평균이상의 범죄발생건수보다 많이 범죄가 일어나는 곳은 대구, 인천, 광주, 강원, 충북, 충남, 제주였다. 2012년 현재 우범지역을 범죄발생 평균보다 앞서는 지역으로 한다면, 부산, 대구, 광주, 강원, 제주라고 할 수 있다.

1992년의 지역별 주민 천 명당 범죄발생건수 현황을 보면, 충남이 39.7명으로 가장 많고 다음이 전남으로서 36.7건이다. 그 다음이 제주, 부산, 대구가 각각 31.6, 31.1,

---

찰서가 인근 다른 지역도 같이 관할을 할 경우가 많기 때문에 해당 기관의 기록이 정확하지 않을 수 있음. 그러나 본 기록은 해당 경찰자료가 아니고 해당 자치단체의 기록이기 때문에 정확성은 높다고 사료됨, 또 다른 (연도 표시)는 해당 자치단체가 그 기간의 통계를 정식통계로 사용하고 있기 때문에 이를 표시한 것임.
소년범죄는 제외, 부산은 부산직할시 승격연도가 1963년도이고 1960년도의 기록이 부산직할시 최초의 자료임. 대구도 직할시 승격연도가 1981년도이기 때문에 1980년도의 기록이 대구직할시 최초 범죄기록임. 울산도 역시 1997년도가 광역시 승격연도이기 때문에 2000년의 기록이 울산광역시 최초 범죄기록임.

표 2-12-4 **지역별 인구 천 명당 범죄발생건수(1992-2012)** (단위: 건)

구분	1992	1993	1994	1995	1996	1997	1998	1999	2000	2001	2002	2003	2004	2005	2006	2007	2008	2009	2010	2011	2012
평균	29.2	31.2	30.9	31.2	33.9	37.3	40.9	38.9	44.8	43.0	42.0	44.5	42.0	36.4	35.3	37.6	40.5	39.5	36.1	34.4	35.3
서울	28.8	31.7	32.4	33.6	33.5	33.8	36.6	34.1	42.7	40.0	36.8	37.6	38.6	34.5	34.1	34.9	38.5	39.7	33.8	35.0	35.2
부산	31.1	30.7	28.4	29.0	30.5	30.6	35.7	34.8	38.6	35.1	32.3	36.5	38.6	30.3	33.5	37.9	46.1	48.0	35.7	35.6	37.2
대구	31.0	33.2	31.4	29.6	31.0	33.4	39.0	37.1	42.9	40.8	41.7	40.3	45.9	36.9	35.9	38.0	42.8	39.2	38.4	38.4	39.1
인천	28.6	29.6	30.1	26.5	29.9	33.7	39.7	36.5	43.0	39.4	42.2	41.5	40.0	38.3	39.4	37.3	39.6	38.3	30.8	29.6	31.6
광주	–	–	–	–	–	–	–	–	–	–	–	–	48.2	44.8	40.5	42.3	43.4	43.0	42.6	43.5	45.8
대전	–	–	–	–	–	–	–	–	–	–	–	–	40.9	35.2	31.5	34.7	35.9	36.7	32.6	31.3	29.6
울산	–	–	–	–	–	–	–	–	–	37.7	36.8	48.0	45.1	33.6	35.1	40.1	40.1	41.1	36.7	32.5	32.6
경기	25.4	27.0	27.0	26.3	27.0	30.1	30.8	30.5	33.0	33.6	36.2	34.3	36.0	32.0	31.4	33.7	42.9	38.8	30.4	31.0	32.0
강원	28.6	30.4	31.0	33.8	36.6	37.4	38.9	37.4	47.3	44.1	40.5	44.6	45.0	40.4	38.6	41.5	39.9	39.2	37.5	35.8	38.4
충북	26.5	27.5	28.3	29.2	33.2	34.3	34.9	34.1	39.5	44.7	43.0	43.5	43.0	38.0	35.2	40.4	41.6	38.6	35.1	30.9	32.2
충남	39.7	44.7	42.5	42.7	46.8	57.0	61.0	60.0	63.3	64.1	61.5	70.3	40.4	38.2	34.6	36.5	36.5	36.3	34.2	30.0	31.5
전북	20.0	23.2	23.6	23.3	26.9	29.5	33.3	30.8	38.2	38.9	40.6	33.6	34.6	31.6	31.1	30.5	32.8	33.9	33.0	31.3	33.2
전남	36.7	39.7	41.3	42.3	48.2	52.6	60.3	58.0	66.6	66.3	66.4	71.4	37.8	35.2	33.6	36.7	37.8	37.1	37.2	33.3	33.1
경북	23.0	25.2	26.3	25.3	27.5	28.1	33.4	34.8	41.3	36.8	34.2	37.0	43.5	34.2	33.7	36.5	39.6	39.1	36.8	33.5	34.5
경남	28.6	28.6	27.6	29.3	32.3	43.9	52.2	34.1	40.7	40.2	37.7	40.7	40.4	33.6	32.8	39.0	41.9	40.5	39.0	36.4	33.8
제주	31.6	33.7	32.3	35.2	37.5	39.2	37.6	43.2	45.0	39.7	37.4	43.3	53.4	45.4	44.0	41.3	48.4	42.8	44.4	42.9	45.0

출처: 통계청, 맞춤통계, 인기통계, 경찰청범죄통계, 경찰청, 범죄통계, 행정안전부 주민등록인구.
주: 경찰청 본청 및 해양경찰 건수는 제외임.

31.0건으로 순위를 이어가고 있다. 서울은 28.8건으로 중간 수준에 있다. 가장 범죄건수가 적게 발생하는 지역은 전북으로 20.0건이며 다음이 경북, 경기 순이다. 충남은 범죄발생건수에서 계속 1위를 차지하여 2000년에서 2003년까지는 61건에서 70건까지 올라간다. 이와 비슷한 지역이 전남지역이다. 전남도 이 기간에 66건에서 71건까지 증가한다. 이후 이 두 지역의 범죄발생건수는 계속 줄어들기 시작하여 2012년에는 충남이 31.5건, 전남이 인구 천 명당 33.1건으로 범죄발생건수 빈도로 보면 범죄 발생 하위 지역이 되었다. 2012년에 이 두 지역보다 범죄발생건수가 적은 곳은 대전이 29.6건이기 때문에 전남과 충남이 얼마나 범죄 수가 줄었는지를 알 수 있다. 반면에 제주 지역은 계속 상승하고 있는 대표적인 지역이다. 제주지역은 1992년에는 범죄건수가 31.6명으로 상위권에 들기는 했지만 그렇게 나쁜 편은 아니었다. 그러나 이후 계속 증가하여 2000년에는 45.0건, 2005년에는 45.4건, 2012년에는 45.0건으로 범죄발생건수

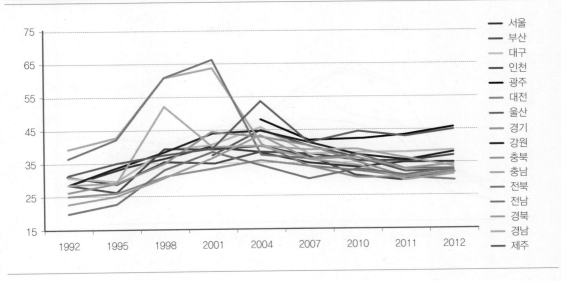

| 그림 2-12-2 | 지역별 인구 천 명당 범죄발생건수(1992-2012) | (단위: 건) |

범례: 서울, 부산, 대구, 인천, 광주, 대전, 울산, 경기, 강원, 충북, 충남, 전북, 전남, 경북, 경남, 제주

가 광주와 함께 최고 많은 지역으로 고착되어 가고 있는 실정이다. 제주는 외국인 관광객 등 국내외 관광객이 급증하면서 범죄건수가 늘어나고 있는 것이다.

　지역별로 범죄발생건수를 비교하기 위하여 작성한 그래프가 [그림 2-12-2]이다. 이 그림을 보면 충남과 전남은 1995년부터 2001년까지 급증하다가 이후로는 계속 격감하기 시작한다. 지금 서울은 범죄발생건수가 천 명당 35건으로 치안적으로 보면 중간 수준을 유지하고 있다. 제주는 2001년부터 광주와 1위를 주고받는 수준을 지금도 계속 유지하고 있다. 관광지의 특성상 다양한 집단과 인원이 오면서 발생하는 크고 작은 범죄들이 지속적으로 발생하고 있는 것이다. 광주도 범죄의 증가가 지속적으로 상승하여 제주와 같은 선을 유지하고 있다.

　권역별로 비교하기 위하여 작성한 그래프가 [그림 2-12-3]이다. 도 권역의 범죄발생건수는 2001년을 정점으로 계속 떨어지고 있다. 광역시 권역은 2004년까지는 도 권역보다 낮은 범죄발생 지역이었으나 2004년부터는 도 권역과 광역시 권역이 구별이 안 될 정도로 같은 건의 범죄발생을 보이고 있어 범죄의 전국 균등화 현상이 나타나고 있다. 수도권과 비수도권을 비교해 보면, 비수도권의 범죄수가 수도권보다 계속 상승하고 있음을 알 수 있다. 수도권은 권역으로 보면 항상 최하위 층에 머물고 있는 반면에 비수도권은 큰 차이로 최상위에 있다. 이 그래프를 보면 도시일수록, 수도권일수록 범죄 통제가 잘 되고 있다고 할 수 있다.

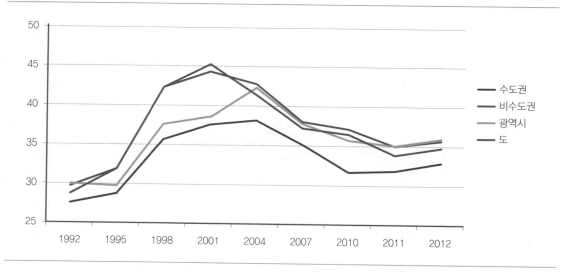

| 그림 2-12-3 | 권역별 인구 천 명당 범죄발생건수(1992-2012) | (단위: 건) |

범례:
- 수도권
- 비수도권
- 광역시
- 도

제3절 | 교통사고 발생건수

1. 교통사고 발생건수 (1960-1975)

우리나라는 OECD 국가 중 교통사고가 가장 많이 발생하는 나라라는 오명에서 지금까지도 벗어나지 못하고 있다. 교통사고의 발생 추이를 살펴보자. 통계청의 자료는 1977년 자료부터 도로교통 안전관리공단의 자료를 인용하여 작성하고 있다. 따라서 본 저서의 1960년도에서 1975년까지 자료는 각 지역의 기록물을 통하여 다음과 같이 작성하였다. 이 당시에 대구, 인천, 대전, 광주, 울산은 광역시가 아니기 때문에 교통사고 발생건수에 대한 통계자료를 작성하지 않았었다. 기초자치단체인 시 단위로서 별도의 교통사고 자료를 작성한 곳은 대구와 대전 정도였다. 이에 대한 내용이 〈표 2-12-5〉이다.

1960년을 기준으로 할 때 교통사고가 가장 많은 곳은 서울로서 2,396건이었다. 서울 다음 자동차 사고가 많은 곳이 부산, 경기, 경북 순이었다. 10년이 지난 1970년에는 서울은 1960년에 비해 10배 정도가 많은 25,155건이었다. 서울 다음에는 경북이

구분	1960	1965	1970	1975
서울[1]	2,396	2,154	15,963	25,155
부산	1,546('63)	2,008	3,455	7,265
대구	(515('61))	(241)	(1,864)	(2,939)
인천	-	-	-	-
대전	-	(96)	(576)	(905)
광주	-	-	-	-
울산	-	(90('66))	236	235
경기	1,010('59)	-	4,564	6,056
강원	333	607	1,472	1,705
충북	157	156	724	1,351
충남	341	420	1,827	1,820('74)
전북	311	350	1,168	1,545
전남[2]	377('59)	1,322('68)	-	2,646
경북	781('59)	1081(,66)	12,194	20,402
경남	708('59)	424	1,459	1,757
제주	69('59)	85	286	638

출처: 경찰청, 경찰통계연보, 서울통계연보, 부산직할시 경찰통계연보 1982, 부산시통계연보, 대구시 대구통계연보, 광주통계연보, 대전통계연보, 울산통계연보(1971-1976), 경기도통계연보, 강원도사, 현대편, 1995, 강원통계연보, 충청북도지, 상권, 1992, 통계로 본 충북 50년, 1998.9, 충북지방경찰청, 통계자료, 충남통계연보, 통계로 본 충남 100년, 충남통계연보, 통계로 본 전북의 어제와 오늘, 1997, 전북지방경찰청, 통계자료, 전남통계연보, 경상북도사(중권), 1983, 경북통계연보(1966), 제주통계연보.

주1) 현재 통계는 서울통계연보내용임. 경찰통계에 의하면, 서울교통사고수는 1960년 1,803임.

  2) 전남 교통사고 발생건수를 보면 1968년도까지 계산되다가 1998년도까지 통계에서 제외하다가 다시 시작하고 있음. 전남통계 DB 참조.

12,194건으로 부산, 경기를 제치고 2위를 점하였다. 1975년도에는 역시 서울이 가장 높았으며, 다음이 경북이 20천 건으로 다른 지역에 비해 단연 높았다. 경기나 부산에 비해 경북이 교통사고가 이렇게 많이 발생하는 이유에 대해서는 매우 궁금한 사항이다. 그 외 지역은 부산이 7천 건, 경기가 6천 건으로 높았을 뿐 나머지 지역은 3천 건 미만으로 낮은 상태였다.

2. 1970년대 후반에서 1980년대의 교통사고발생건수(1977-1989)

1970년대와 1980년대의 교통사고 발생건수를 지역별로 정리한 내용이 〈표 2-12-6〉이다. 이 표를 보면 1977년도의 교통사고 발생건수는 78,863건이었다. 2년 후인 1979년에는 10만 건대로 진입하여 계속 증가하다가 1988년을 기점으로 20만 건대에 진입하게 된다. 1977년에서부터 1989년까지 교통사고의 증가율은 3.24배로 크게 증가한다. 특히 1988년도에는 88서울 올림픽 개최시기라는 점을 고려하면 이 시기에 교통사고가 급증하였다는 것은 납득하기가 쉽지 않다.

지역적으로 보면, 1977년 당시 서울의 교통사고 발생건수는 28,200건으로 전체에서 차지하는 비율이 35.6%이다. 서울의 교통사고 발생건수는 계속 증가하여 1983년에는 51,831건으로 증가했다가 다시 감소하기 시작했다. 그러나 1988년도에 56,008건, 1989년에 63,835건으로 다시 증가하기 시작한다. 1977년도에 교통사고 발생 빈도가 서울 다음으로 높은 곳은 부산으로 10,633건이었고, 그 다음이 대구와 경북, 경기

표 2-12-6 지역별 교통사고 발생건수(1977-1989)

(단위: 건)

	1977	1978	1979	1980	1981	1982	1983	1984	1985	1986	1987	1988	1989
전국	78,863	94,316	113,927	120,182	123,373	141,128	170,026	134,335	146,836	153,777	175,661	225,062	255,787
서울	28,200	30,576	36,472	37,657	41,040	44,261	51,831	39,700	42,828	41,884	49,413	56,008	63,835
부산	10,633	12,022	15,362	15,144	14,249	18,617	22,675	15,599	16,097	16,261	19,240	22,387	23,551
대구	5,435	6,413	9,315	11,036	10,666	12,666	13,756	8,835	9,945	9,547	11,287	13,182	14,487
인천	2,787	3,519	4,361	5,975	5,883	5,953	7,651	4,975	5,582	6,329	6,828	9,156	10,526
광주	1,726	1,846	2,286	2,392	2,702	3,260	3,753	2,720	3,761	3,364	3,543	4,579	5,161
대전	1,705	1,971	2,512	2,928	2,885	3,251	4,394	3,342	3,042	4,468	4,899	5,935	6,399
경기	4,454	5,523	7,548	8,847	9,237	11,704	16,131	16,231	18,640	21,622	26,702	33,290	37,688
강원	2,181	2,815	3,453	3,616	4,046	4,719	5,119	4,180	4,320	3,611	3,137	7,978	9,060
충북	2,710	3,120	3,398	3,879	4,256	4,964	6,155	4,952	5,441	5,940	6,428	8,256	9,565
충남	2,456	2,852	3,232	3,322	3,240	4,157	5,453	4,564	5,459	5,329	6,064	9,547	10,402
전북	2,071	2,823	3,489	3,674	3,537	3,958	4,922	4,671	5,150	5,123	5,385	6,734	8,409
전남	2,430	3,461	3,612	3,615	3,698	4,196	5,267	4,985	5,121	6,797	7,695	8,933	9,705
경북	5,011	8,181	9,261	8,328	8,265	8,595	9,861	8,589	9,735	11,313	11,519	16,271	19,020
경남	2,584	3,412	4,115	5,059	4,909	5,956	6,815	7,894	8,077	8,398	8,573	16,370	19,443
제주	896	1,122	1,199	1,280	1,093	1,190	1,513	1,337	1,566	1,615	1,909	2,753	3,393

출처: 통계청, 국가통계포털, 국내통계, 기관별통계, 경찰청, 교통사고발생상황, 도로교통안전관리공단 교통사고통계, 각 연도.

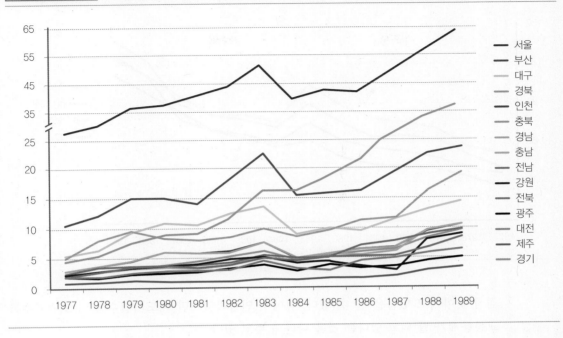

순이었다. 경기도는 이후 교통사고 발생건수가 계속 증가하여 1989년도에는 37,688 건으로 서울 다음으로 많다. 강원, 충북, 전남은 1977년도에는 교통사고 건수가 2천 건대였으나 1989년에는 9천 건대를 기록하고 있다. 전북도 비슷한 수준이다. 다만 충남은 1977년에 2,456건의 교통사고 건수가 1989년에는 10,402건으로 크게 증가하고 있다.

교통사고 발생건수의 변화를 지역별로 비교하기 위하여 작성한 그래프가 [그림 2-12-4]이다. 이 그림을 보면, 서울은 계속 증가하다가 1983년부터 약간 감소하다가 1986년부터 다시 급증하고 있다. 부산은 1984년까지 경기도보다 교통사고 건수가 많 았으나 이 후로는 증가 속도도 주춤한 편이다. 경기도는 1984년도부터 급증하고 있어 향후 그 속도가 크게 증가할 잠재력을 보이고 있다. 경북과 대구, 경남 등 영남권 지역 의 교통사고 건수가 언제나 상위권을 형성하고 있는 점도 특징 중에 하나다.

권역별로 비교하기 위하여 작성한 그래프인 [그림 2-12-5]를 보면, 1983년까지는 도 권역과 광역시 권역이 거의 같지만 이후에 도는 계속 상승하고 반면에 광역시는 증가 속도가 도보다 훨씬 적어 도 권역과 광역시 권역 간에 사고빈도의 차이가 크게 나고 있다. 수도권과 비수도권 간의 비교에서는 거의 같이 움직이고 있으나 수도권이

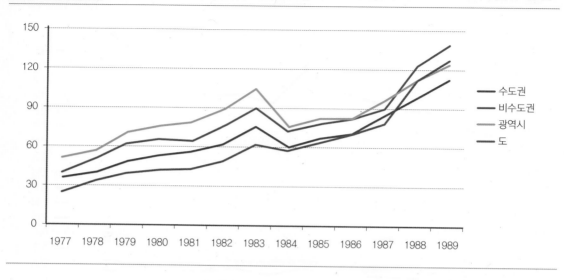

| 그림 2-12-5 | 권역별 교통사고 발생건수 변화추이(1977-1989) | (단위: 천 건) |

점점 낮아지고 있음을 알 수 있다. 앞에서 언급하였지만 대도시일수록, 수도권일수록 교통통제가 잘 되고 있다는 것을 나타내 주고 있다.

3. 1990년대 교통사고 발생건수

1990년대의 교통사고 발생건수를 나타내는 내용이 〈표 2-12-7〉이다. 1990년도에도 교통사고 발생건수는 255,303건이다. 그러다가 1995년도에 약간 감소하였다가 이후 다시 증가한다. 1998년도에는 239,721건으로 1990년대 중 가장 적은 건수였다가 1999년에는 이 기간 중에 가장 많은 발생건수인 275,938건이 발생한다.

지역적으로 살펴보면, 서울이 1996년까지 1위를 기록하다가 이후에는 경기와 거의 비슷한 발생건수를 나타내고 있다. 서울은 1990년에는 58,231건으로 1위를 차지하였다. 그 다음이 경기, 부산, 경북, 경남, 대구 순으로 나타났다. 1999년도는 서울이 50,047건으로 경기의 50,083건과 거의 동일하게 교통사고가 발생하고 있다. 이 기간에 서울, 경기 다음 발생건수가 많은 지역은 경북으로서 21,213건이다. 경북 다음은 인천으로 1999년도 교통사고 건수는 15,912건으로 경북보다 훨씬 적다. 나머지 다른 지역은 시간이 갈수록 교통사고 발생건수가 감소하고 있는 방향으로 가고 있다. 다음으로는 대구, 부산, 전북 순이다. 교통사고가 가장 적은 곳은 제주를 제외하고는 광주,

표 2-12-7 **1990년대 지역별 교통사고 발생건수(1990-1999)** (단위: 건)

	1990	1991	1992	1993	1994	1995	1996	1997	1998	1999
전국	255,303	265,964	257,194	260,921	266,107	248,865	265,052	246,452	239,721	275,938
서울	58,231	56,528	51,333	49,422	46,479	42,100	46,031	40,863	42,055	50,047
부산	21,995	23,025	21,840	19,583	18,940	16,408	15,428	13,365	13,627	14,391
대구	15,489	16,471	16,601	16,147	15,317	14,347	14,958	14,195	14,288	15,211
인천	11,352	12,030	12,638	12,319	12,966	12,244	14,728	14,005	13,499	15,912
광주	5,301	5,331	5,117	5,552	5,222	5,076	5,262	5,037	5,286	6,444
대전	5,558	3,959	6,468	6,359	5,294	5,309	6,120	5,823	5,945	7,298
울산	–	–	–	–	–	–	–	–	–	5,083
경기	38,057	40,097	38,965	41,588	41,785	39,459	43,482	41,163	41,638	50,083
강원	9,698	10,577	10,627	11,532	13,088	12,462	12,679	12,499	11,263	13,324
충북	9,644	10,684	10,509	10,758	11,884	11,374	11,975	11,215	9,837	11,278
충남	11,439	15,050	12,272	13,197	13,866	13,482	14,681	14,492	12,544	13,958
전북	9,023	9,699	9,173	9,850	10,319	9,969	11,071	11,554	11,980	13,611
전남	10,205	10,675	10,409	10,672	12,464	12,003	12,726	11,651	10,626	11,995
경북	20,242	21,535	20,971	22,252	24,651	21,923	22,267	20,518	19,066	21,213
경남	19,756	21,043	20,467	21,241	22,287	20,958	22,171	19,757	18,933	15,622
제주	3,431	3,356	3,123	3,048	3,465	3,213	3,251	3,146	2,856	2,857

출처: 통계청, 국가통계포털, 국내통계, 기관별통계, 경찰청, 교통사고발생상황, 도로교통안전관리공단 교통사고통계(경찰청).

대전이 1만 건 이하의 유일한 지역이다.

광주는 1990년도에는 5,301건으로 제주를 제외하고는 전국에서 가장 교통사고가 적은 곳이었다. 광주는 1998년도까지 교통사고 건수가 5,500건 이하였을 정도로 교통사고가 적은 지역이다. 인접지역인 전남도 교통사고가 적은 곳이다. 전남은 1990년도에 10,205건의 교통사고로 9개도에서 4위였다. 그러나 1999년에 교통사고 건수는 11,995건으로 도 단위에서는 제주 다음 적은 건수다. 전남은 1994년도에 12,464건이 최고 건수일뿐 10년간 거의 11천 건 이하다.

[그림 2-12-6]은 지역별 교통사고 추이를 살펴보기 위하여 작성한 그래프이다. 이 그림에서 보면 서울은 계속 1위를 점하지만 교통사고 건수가 급감하기 시작하여 1997년에는 경기와 같은 건수를 점하게 된다. 그러다가 다시 상승은 하고 있지만 교통사고를 줄이려는 정책이나 노력은 크게 성공했다고 평가할 수 있다. 다른 지역은 대체로

그림 2-12-6 **지역별 1990년대의 교통사고 발생건수 변화 추이(1990-1999)** (단위: 천 건)

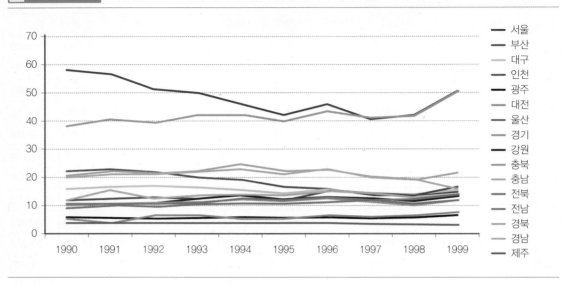

비슷한 방향으로 가고 있으나 경북이 교통사고 발생건수에서 상위를 유지하고 있는 점이 특징이라고 할 수 있다. 경기도 빠른 속도로 교통사고 발생건수가 증가하고 있어 또 다른 감소 정책이 없을 시에는 향후 교통사고발생 1위 지역이 될 것으로 예상된다.

[그림 2-12-7]은 권역별로 교통사고 발생건수를 비교하기 위하여 작성한 그래프

그림 2-12-7 **권역별 1990년대의 교통사고 발생건수 변화 추이(1990-1999)** (단위: 천 건)

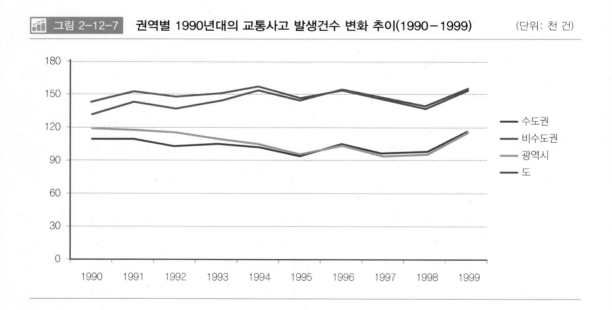

이다. 이 그래프에 의하면, 광역시는 계속 하위권에 있다. 반면에 도 단위 지역의 교통 사고 발생건수는 최상위권에서 벗어나지 못하고 있다. 수도권과 비수도권도 마찬가지 다. 수도권은 비수도권에 비해 한참 밑에 있다. 이러한 원인은 경북, 대구, 경남, 부산 등 영남권의 교통사고가 최상위 다발지역에 속한 영향이라고 볼 수 있다.

4. 2000년 이후 교통사고 발생건수

2000년 이후 교통사고 발생건수에 대한 통계가 〈표 2-12-8〉이다. 2000년도에도 교통사고 발생건수는 1999년보다 크게 증가한 290,481건이다. 이 해를 정점으로 하 여 우리나라 교통사고 발생건수는 급감하게 된다. 2001년에 26만 건에서 2002년 23만 건이 되고, 2007년도에는 21만 건으로 최저점을 기록한다. 자동차 등록대수가 급증하

표 2-12-8 지역별 2000년대 교통사고 발생건수(2000-2010) (단위: 건)

구분	2000	2001	2002	2003	2004	2005	2006	2007	2008	2009	2010
전국	290,481	260,579	231,026	240,832	220,755	214,171	213,745	211,662	215,822	231,990	226,878
서울	53,569	45,255	39,412	40,279	38,714	38,528	38,237	39,360	41,643	44,320	41,662
부산	14,893	14,107	12,879	12,944	11,615	11,810	12,779	10,091	12,040	14,082	13,847
대구	15,562	14,022	12,309	12,807	11,275	12,035	12,878	13,339	13,553	14,412	14,600
인천	17,633	16,028	14,111	13,304	11,940	11,535	10,699	10,255	10,373	11,009	10,305
광주	7,853	7,953	7,608	8,756	8,223	7,775	8,001	7,881	8,231	9,222	8,894
대전	7,728	6,837	6,321	6,702	5,694	5,342	5,421	5,366	5,484	6,004	5,870
울산	5,115	5,148	4,793	4,909	4,510	4,312	4,499	4,639	5,140	5,254	5,067
경기	53,172	46,562	41,023	46,542	43,820	42,095	40,696	40,235	38,998	43,405	43,963
강원	13,179	13,087	10,909	11,559	9,630	8,367	8,362	8,659	8,556	9,503	9,026
충북	11,850	10,073	8,831	8,639	7,760	7,455	7,695	7,784	8,137	8,582	8,571
충남	13,830	11,609	9,647	9,506	8,960	8,378	8,167	8,320	8,254	8,792	9,282
전북	14,526	12,392	10,409	10,962	9,550	9,687	9,340	9,650	9,494	10,620	10,453
전남	13,017	12,410	11,150	11,919	10,923	10,373	10,545	10,435	10,369	11,253	10,949
경북	21,948	20,122	18,287	18,408	16,804	16,332	16,296	15,807	15,071	16,784	16,498
경남	16,218	14,971	13,484	14,143	13,095	12,868	12,911	13,044	13,687	15,118	14,274
제주	3,048	3,318	3,323	3,609	3,301	3,166	3,276	3,136	3,182	3,630	3,617

출처: 통계청 국가통계포털, 도로교통안전관리공단 교통사고통계(경찰청).

는 것과 비교하면 교통사고 발생건수의 급감은 이에 대한 정책이 매우 효율적으로 이루어지고 있다는 의미다. 그러나 이러한 급감에도 불구하고 아직도 교통사고 발생건수는 우리나라가 OECD에서 단연 1위라는 오명에서 벗어나지 못하고 있다. 2002년에 우리나라는 교통사고 발생으로 인한 사망자는 7,090명으로 자동차 1만 대당 교통사고 사망자 수는 4.5명으로 OECD 가입국 29개 국가 중에 최고 높다. 자동차 사고율도 선진국에 비해 3~6배가 된다.[3]

지역적으로 보면, 서울과 경기도가 비슷한 수준으로 수위를 점하고 있으며, 다음이 경북, 경남, 대구, 부산 순으로 여전히 영남이 교통사고 다발 지역이다. 2008년만 제외하고는 2002년도부터는 서울이 경기도보다 교통사고 발생건수가 적어지기 시작하여 교통사고 발생건수 최고의 지역이라는 오명을 벗어나게 되었다. 2010년의 통계를 보면 아직도 영남지역이 교통사고 다발 지역에 대한 오명이 지속되고 있다. 서울, 경기 다음에는 경북, 대구, 경남, 부산 순으로 교통사고 발생이 많이 나고 있다. 교통사고 건수가 적은 순은 제주를 제외하고는 울산, 대전, 충북, 광주 순이다. 그러나 제주만은 다른 지역이 자동차 사고 건수가 크게 감소하고 있음에도 불구하고 계속 증가하고 있다.

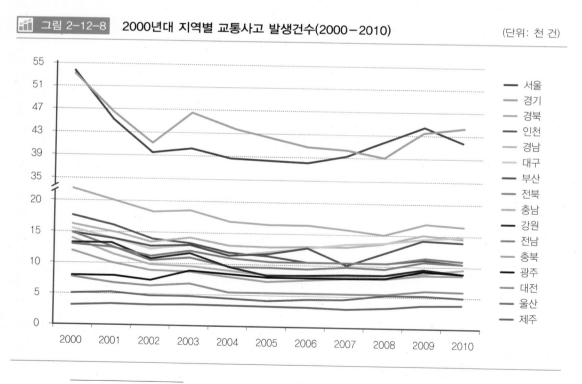

그림 2-12-8 **2000년대 지역별 교통사고 발생건수(2000－2010)** (단위: 천 건)

---

3 김종민, 김만배, 교통행정론(서울: 보성각, 2004), p.442.

이와 같은 내용은 [그림 2-12-8]에서도 확인할 수 있다. 경기는 2000년에는 교통사고 발생건수가 5만 건 이상이었다가 2002년에 거의 4만 건으로 크게 감소된다. 그러다가 2003년에 약간 상승을 하지만 이후로 계속 감소하여 2008년에는 4만 건 이하로 내려오기도 한다. 이후에 약간 늘어나서 다시 4만 건 이상의 교통사고가 발생하고 있지만 2000년에 비해서는 많이 감소되었다. 서울은 경기와 같이 교통사고 발생건수가 많이 나는 지역이다. 서울은 2003년에서 2007년 사이에는 경기도보다 자동차 사고건수가 많이 줄어들었다가 2009년에 경기도보다 약간 상승하였다. 이후 다시 경기보다 떨어지고 있다. 나머지 지역은 전체가 감소하는 방향으로 가고 있다. 다만 제일 밑에 있는 제주는 교통사고 발생건수가 확실히 계속 상승하고 있다.

[그림 2-12-9]는 권역별로 교통사고 발생건수를 비교하기 위하여 작성한 그래프다. 이 그래프를 보면, 1990년대의 그래프와 비슷하다. 다만 다행인 것은 2000년대는 1990년대와는 반대로 전반적으로 교통사고 발생건수가 떨어지고 있다는 점이다. 광역시 권역은 더욱 떨어지고 있고 수도권도 마찬가지로 비수도권 지역보다 훨씬 크게 떨어지고 있음을 알 수 있다.

그림 2-12-9 **2000년대 권역별 교통사고 발생건수(2000-2010)** (단위: 천 건)

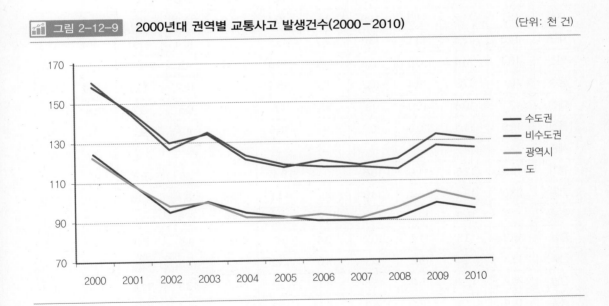

5. 자동차 천 대당 교통사고 발생건수

〈표 2-12-9〉와 같이 실제로 자동차 천 대당 교통사고 발생건수를 비교해 보면 교통사고 다발지역의 또 다른 면을 알 수 있다. 즉, 자동차 보유대수가 많기 때문에 교통사고 발생건수도 많거나, 아니면 지역의 교통문화 때문에 다른 지역에 비해 교통사고 발생건수가 적거나 등에 관한 해석은 이 통계를 가지고 판단하는 것이 적절하다고 하겠다. 교통사고 발생건수를 추이별로 보면, 2003년에 자동차 천 대당 16.4건이었던 교통사고 발생건수가 이후에 계속 줄어들어 2012년에는 10.8건으로 34.1%를 줄이는 큰 감소가 일어났다. OECD산하 IRTAD(International Road Traffic Accident Database)에 의하면 2011년 우리나라 자동차 1만 대당 교통사고 발생건수가 101.2건으로 OECD 회

표 2-12-9 지역별 자동차 천 대당 교통사고 발생건수(2003-2012)

(단위: 건)

구분	2003	2004	2005	2006	2007	2008	2009	2010	2011	2012	2013
평균	16.4	14.3	13.2	12.8	12.1	12.0	12.4	11.7	11.0	10.8	9.8
서울	13.4	12.8	12.6	12.1	12.0	12.2	12.8	12.0	11.6	11.6	11.1
부산	12.7	11.2	11.2	11.9	9.1	10.4	11.3	10.8	10.7	11.3	9.4
대구	14.8	12.5	13.1	13.8	13.7	13.5	13.8	13.4	13.0	12.4	11.3
인천	16.4	14.4	13.6	12.3	11.1	10.8	10.9	9.8	9.1	8.3	7.0
광주	19.6	17.8	16.4	16.3	15.4	15.5	16.6	15.2	13.9	13.9	12.8
대전	13.1	10.8	10.0	9.9	9.5	9.6	10.1	9.5	9.7	8.8	8.5
울산	12.9	11.3	10.3	10.3	10.1	10.6	10.6	9.9	9.1	9.0	8.8
세종	–	–	–	–	–	–	–	–	–	3.8	6.8
경기	13.9	12.5	11.5	10.6	10.1	9.4	9.9	9.6	9.3	9.3	8.7
강원	23.0	18.4	15.4	14.8	14.7	14.1	14.8	13.7	13.5	12.8	11.9
충북	17.3	15.0	13.6	13.3	12.8	12.9	12.8	12.2	11.9	11.6	11.1
충남	15.2	13.5	11.7	10.7	10.4	9.9	9.8	9.8	8.9	8.5	7.8
전북	18.3	15.4	15.3	14.1	14.0	13.2	14.0	13.4	12.5	11.9	10.8
전남	20.2	17.7	15.9	15.5	14.5	13.7	14.0	13.3	11.6	11.6	10.8
경북	19.9	17.4	16.0	15.3	14.1	13.2	13.7	13.0	11.6	11.6	10.9
경남	14.2	12.6	11.5	10.9	10.2	10.2	10.5	9.3	8.5	8.6	8.1
제주	16.9	14.9	13.4	13.3	12.3	12.4	13.4	12.8	11.8	11.4	11.1

출처: 교통사고 발생건수-도로교통공단, 자동차 등록대수-시도통계연보(2003~2004년), 국토해양부(2005~2007년).

원국 중 유일하게 100건 이상 발생하여 OECD 회원국 평균인 54.7건의 1.9배이다. 이 시기에 자동차 1만 대당 사망자수는 OECD 회원국 평균이 1.21명인데 반해 우리나라는 2.9명으로 터키 다음으로 많다.

2003년을 기준으로 볼 때 평균 16.4건보다 많은 지역은 인천, 광주, 강원, 충북, 전북, 전남, 경북, 제주이다. 2012년 현황을 보면 평균이 10.8건인데 이보다 교통사고발생건수가 많은 지역은 서울, 부산, 대구, 광주, 강원, 충북, 전북, 전남, 경북, 제주로 나타나고 있다.

지역을 보면, 2003년에 서울의 교통사고 발생건수는 자동차 천 대당 13.4건으로 이 통계에 의하면 서울의 교통사고 발생건수 순위는 부산, 대전 다음 최하위다. 5년 후인 2008년도의 자동차 천 대당 교통사고 발생건수는 지역별로 보면, 전국 평균 발생건수가 12.0건인데 평균이상 교통사고가 발생하는 지역은 서울, 대구, 광주, 충북, 전북, 전남, 경북, 제주 등이다. 이 중에 자동차 천 대당 교통사고 건수가 가장 높은 지역은 광주로 15.5건이며, 다음이 전남 13.7, 대구 13.5, 전북과 경북이 13.2건이다. 호남권과 대구·경북권역이 최고의 교통사고 다발지역이 되었다. 그러나 영남권 중 부산, 울산, 경남은 우리나라 자동차 천 대당 교통사고 건수의 평균 이하 지역이다.

반면에 자동차 천 대당 교통사고가 가장 적게 발생한 지역은 경기 9.4건, 대전 9.6건, 충남 9.9건 등이다. 2010년 현재를 보면, 자동차 천 대당 교통사고 발생건수는 많이 줄어들었지만 순위는 광주 13.9건으로 12.8건인 강원도를 제치고 1위가 되었다. 강원 다음이 대구, 전북이며 서울, 충북, 전남은 11.6건으로 동률이다. 강원은 자동차 천 대당 교통사고 발생건수가 매우 높은 지역이다. 강원은 2003년에는 23.0건으로 전국에서 가장 높았다. 이후 약간씩 감소되었지만 이 기간 동안 한 번도 평균이하에 속한 적이 없다. 2012년도에도 자동차 천 대당 전국 자동차 사고발생 평균 건수는 10.8건이지만 강원은 12.8건으로 전국에서 광주 다음에 높다.

2000년대에 들어서서는 교통안전에 대한 정책이나 교육 등에 힘입어 교통사고 발생건수가 급속하게 줄어들고 있음을 [그림 2-12-10]을 통하여 알 수 있다. 2003년도에는 교통사고 최다 발생지역인 강원은 23.0건이고, 최소지역인 부산이 10.3건이었다. 최고인 강원과 최저인 부산 지역 간에 차이가 두 배가 넘는 12.7건이다. 그런데 2012년에는 최다 지역인 광주와 최소 지역인 인천 간에 차이가 5.6건에 불과하다. 뿐만 아니라 2012년도의 그래프를 보면 알 수 있듯이 거의 모든 지역이 11건 내외에 있기 때문에 큰 차이가 없다.

권역으로 비교하기 위한 그래프가 [그림 2-12-11]이다. 이 그림에서 알 수 있듯이 모든 권역이 다 급속하게 하강 추세에 있다. 뿐만 아니라 큰 차이 없이 11건 내외에

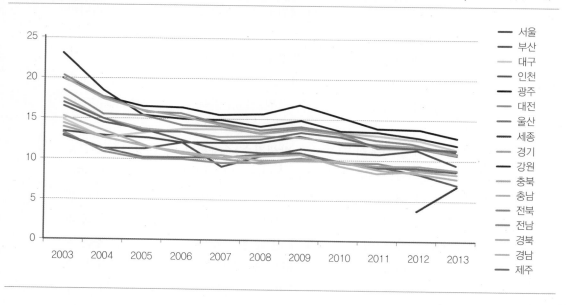

그림 2-12-10 지역별 자동차 천 대당 교통사고 발생건수 변화 추이(2003-2012) (단위: 건)

범례: 서울, 부산, 대구, 인천, 광주, 대전, 울산, 세종, 경기, 강원, 충북, 충남, 전북, 전남, 경북, 경남, 제주

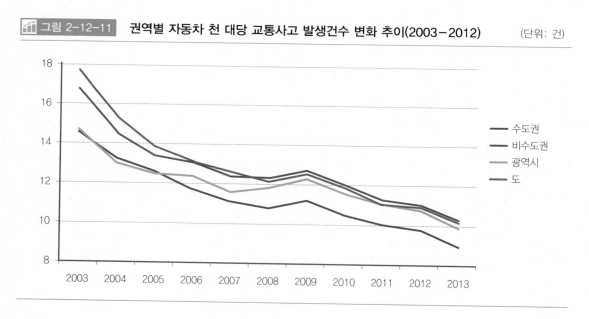

그림 2-12-11 권역별 자동차 천 대당 교통사고 발생건수 변화 추이(2003-2012) (단위: 건)

범례: 수도권, 비수도권, 광역시, 도

몰려 있다. 교통사고의 격감이 전국에서 동시에 일어나고 있음을 보여 주고 있다.

〈표 2-12-10〉은 1970년부터 2001년간 약 30년 동안 인구, 자동차, 면허, 도로 등과 연계하여 전국의 자동차 사고 발생건수와 이로 인한 사망자 수 및 부상자 수를 정리

표 2-12-10 **교통사고 발생건수(1970-2002)** (단위: 건)

구분 연도	발생건수					사망자					부상자				
	(건)	인구 10만 명당	자동차 1만 대당	면허 1만 명당	도로 1km 당	(명)	인구 10만 명당	자동차 1만 대당	면허 1만 명당	도로 1km 당	(명)	인구 10만 명당	자동차 1만 대당	면허 1만 명당	도로 1km 당
계	5,639,475	-	-	-	-	253,322	-	-	-	-	7,142,496	-	-	-	-
1970	37,243	116	2,903	923	0.9	3,069	9.5	239.2	76.1	0.08	42,830	133	3,338	1,062	1.1
1971	47,060	143	3,351	907	1.2	3,420	10.4	243.5	65.9	0.08	52,976	161	3,772	1,021	1.3
1972	43,751	131	3,004	723	1.0	3,077	9.2	211.3	50.8	0.07	47,539	142	3,264	785	1.1
1973	43,488	128	2,631	634	1.0	3,049	8.9	184.4	44.4	0.07	48,370	142	2,926	705	1.1
1974	42,476	122	2,393	597	1.0	3,115	9.0	175.5	43.8	0.07	48,074	139	2,708	676	1.1
1975	58,323	165	3,011	792	1.3	3,800	10.8	196.2	51.6	0.08	61,092	173	3,154	829	1.4
1976	70,241	196	3,208	881	1.5	3,860	10.8	176.3	48.4	0.08	65,647	183	2,998	823	1.4
1977	78,863	217	2,864	900	1.7	4,097	11.3	148.8	46.8	0.09	77,126	212	2,801	881	1.7
1978	94,316	255	2,453	824	2.1	5,114	13.8	133.0	44.7	0.11	91,464	247	2,379	799	2.0
1979	113,927	304	2,304	755	2.5	6,006	16.0	121.5	39.8	0.13	105,945	282	2,143	702	2.3
1980	120,182	315	2,277	646	2.6	5,608	14.7	106.3	30.1	0.12	111,641	293	2,115	600	2.4
1981	123,373	319	2,158	560	2.5	5,804	15.0	101.5	26.3	0.12	115,289	298	2,016	523	2.3
1982	141,218	359	2,183	547	2.6	6,110	15.5	94.4	23.7	0.11	130,605	332	2,019	506	2.4
1983	170,026	426	2,165	569	3.1	6,834	17.1	87.0	22.9	0.13	152,572	382	1,943	510	2.8
1984	134,335	332	1,417	385	2.6	7,468	18.5	78.7	21.4	0.15	170,377	422	1,797	489	3.3
1985	146,836	360	1,319	359	2.8	7,522	18.4	67.6	18.4	0.14	184,420	452	1,656	451	3.5
1986	153,777	373	1,174	331	2.9	7,702	18.7	58.8	16.6	0.14	193,734	470	1,480	416	3.6
1987	175,661	422	1,090	333	3.2	7,206	17.3	44.7	13.7	0.13	222,701	535	1,382	423	4.1
1988	225,062	535	1,106	363	4.0	11,563	27.5	56.8	18.7	0.21	287,739	685	1,414	465	5.2
1989	255,787	603	962	356	4.5	12,603	29.7	47.4	17.5	0.22	325,896	768	1,225	453	5.8
1990	255,303	596	752	299	4.5	12,325	28.8	36.3	14.4	0.22	324,229	756	955	379	5.7
1991	265,964	614	626	270	4.6	13,429	31.0	31.6	13.6	0.23	331,610	766	781	337	5.7
1992	257,194	578	492	221	4.4	11,640	26.2	22.3	10.0	0.20	325,943	732	623	281	5.5
1993	260,921	580	416	196	4.3	10,402	23.1	16.6	7.8	0.17	337,679	750	538	254	5.5
1994	266,107	586	359	179	3.6	10,087	22.2	13.6	6.8	0.14	350,892	773	474	236	4.8
1995	248,865	543	294	152	3.4	10,323	22.5	12.2	6.3	0.14	331,747	723	392	202	4.5
1996	265,052	573	277	150	3.2	12,653	27.3	13.2	7.1	0.15	355,962	769	373	201	4.3
1997	246,452	528	237	133	2.9	11,603	24.9	11.1	6.3	0.14	343,159	735	330	185	4.0
1998	239,721	510	229	123	2.8	9,057	19.3	8.7	4.6	0.10	340,564	725	325	174	3.9
1999	275,938	583	247	158	3.2	9,353	19.8	8.4	5.4	0.11	402,967	851	361	231	4.6
2000	290,481	609	209	155	3.3	10,236	21.4	7.4	5.5	0.12	426,984	895	307	228	4.8
2001	260,579	543	178	131	2.9	8,097	16.9	5.5	4.1	0.09	386,539	805	265	194	4.2
2002	230,953	476	148	109	2.4	7,090	14.6	4.5	3.3	0.07	348,184	718	222	164	3.6
연평균 증가율	5.9					2.7					6.8				

출처: 도로교통안전관리공단, 창립 50주년 기념 도로관리 교통안전관리공단 연감, 2004, pp.83-84.

주: 1.자동차 1만 대당 2000년도부터 이륜차를 포함.

그림 2-12-12 교통관련지표별 교통사고의 변화추이(1970-2012)

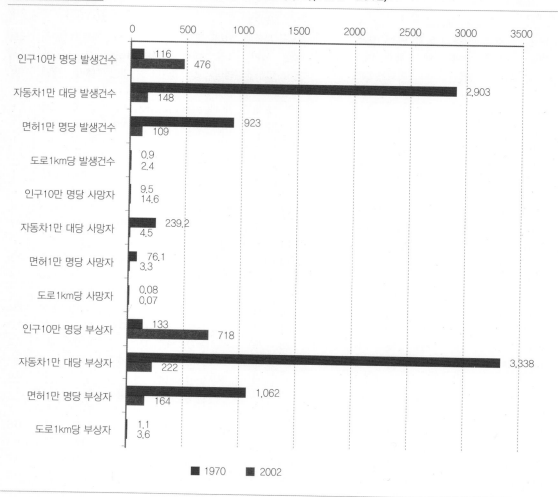

인구10만 명당 발생건수 116 476
자동차1만 대당 발생건수 148 2,903
면허1만 명당 발생건수 923 109
도로1km당 발생건수 0.9 2.4
인구10만 명당 사망자 9.5 14.6
자동차1만 대당 사망자 239.2 4.5
면허1만 명당 사망자 76.1 3.3
도로1km당 사망자 0.08 0.07
인구10만 명당 부상자 133 718
자동차1만 대당 부상자 222 3,338
면허1만 명당 부상자 1,062 164
도로1km당 부상자 1.1 3.6

■ 1970 ■ 2002

한 표로서 앞서 내용을 이해하는데 도움이 될 것이다.

　　[그림 2-12-12]는 앞서 표의 내용을 이해하기 쉽게 하기 위하여 작성된 그래프이다. 비교기간은 1970년과 32년이 지난 2002년을 기준으로 우리나라 교통사고 관련 사항을 비교하였다. 이를 중요한 내용만 정리하면 다음과 같다. 인구 10만 명당 자동차사고 발생건수는 1970년도가 116건, 2002년도가 476건으로 4.1배 증가하였다. 반면에 자동차 1만 대당 발생건수는 19.6배가 줄어들었다. 인구 10만 명당 사망자를 비교해 보면, 1970년에는 9.5명이었으나 2002년에는 14.6명으로 사망자 수가 53.6%가 증가하였다. 인구 10만 명당 부상자는 1970년에는 단 133명이었지만 2002년에는 718명으

로 대폭 증가 되었다. 반면에 자동차 1만 대당 부상자 수는 1970년에는 3,338명이었으나 2002년에는 222명으로 대폭 줄어들었다.

제4절 | 화재 발생건수

소방청 화재통계연보에 의하면 화재란 사람의 의도에 반하거나 고의에 의해 발생하는 연소 현상으로서 소화시설 등을 사용하여 소화할 필요가 있는 것으로 정의하고 있다. 화재는 생명과 재산에 치명적인 손실을 가져 온다. 화재가 얼마나 많은 인명과 재산에 대한 피해를 가져오는지에 대한 통계 하나를 살펴보자. 〈표 2-12-11〉은 2004년도부터 2012년도까지 소방 방재청이 집계한 소방발생건수에 따른 인명과 재산에 대한 피해를 나타낸 내용이다.

이 표에 의하면 2003년도 우리나라 화재 발생 총 건수는 32,737건이다. 이 화재로 인하여 인명피해는 2,304명이며 이중 484명이 사망하였다. 또한 이 화재들로 인한 재산손실액은 1,466억이다. 이 기간 동안 화재 발생건수가 가장 많은 때가 2008년으로서 49,631건이 발생하였다. 이 화재들로 인하여 인명피해는 2,716명이 발생하였고, 이중 468명이 사망하였다. 재산피해도 383,141백만 원이다. 화재가 많을수록 사망자수가 늘고, 재산손실도 늘어나는 비례적인 관계가 있다. 2012년 현재는 화재 발생건수는 43,249건이며 이중 인명손실은 2,223건으로 사망은 267명이다. 인명피해건수는 약간 줄어들었고, 사망자수는 대폭 감소되었다. 이 화재로 인한 총 재산 손실은 2,895억 원으로 집계되었다.[4] 이렇게 화재는 재산뿐만 아니라 많은 인명까지 손상하게 하는 무

표 2-12-11 **연도별 화재발생 현황**
(단위 : 건, 명, 백만 원)

		2004	2005	2006	2007	2008	2009	2010	2011	2012
발생건수		32,737	32,340	31,778	47,882	49,631	47,318	41,863	43,875	43,249
인명피해	소계	2,304	2,342	2,180	2,459	2,716	2,441	1,892	1,862	2,223
	사망	484	505	446	424	468	409	304	263	267
	부상	1,820	1,837	1,734	2,035	2,248	2,032	1,588	1,599	1,956
재산피해		146,634	171,374	150,792	248,432	383,141	251,853	266,776	256,548	289,526

출처: 소방방재청, 「화재통계연보」, 각 연도별.

---

4 소방방재청, 소방통계연보, 2013.

서운 재난 중에 하나이다.

1. 1980년 이전의 화재 발생건수(1960–1980)

다음 〈표 2-12-12〉는 1960년도부터 1980년까지 화재 발생건에 대한 내용이다. 이 표에 의하면 1960년도에 전국 화재건수가 1,946건이었는데 서울이 419건으로 가장 많고, 다음이 경남, 경기, 대구 순으로 화재 발생건수가 많았다. 1965년도의 전국 화재

표 2-12-12 1985년 이전 지역별 화재 발생건수(1960–1980)[5] (단위: 건)

구분	1960	1965	1970	1975	1980
서울	419	1,125	1,912	1,949	2,344
부산	(235)	222	558	486	651
대구	(308('61))	(129)	(227)	(180)	(342)
인천	–	(23)	–	–	(188)
광주	–	–	–	–	–
대전	(24)	–	(94)	–	(121)
울산	–	(78('67))	(63)	(35)	(57)
경기	336	287	364	351	580
강원	111	220	255	149	118
충북	89	133	161	133	87
충남	101	255	288	203	265
전북	116	140	199	100	168
전남	143	163	263	237	324
경북	244	342	561	343	551
경남	358	186	346	217	274
제주	29	68	72	62	76

출처: 내무부, 화재 통계연보, 통계청 한국통계연감, 서울통계연보, 부산통계연보, 대구통계연보, 인천시사, 중권, 1993, 대전통계연보, 대전성장통계, 울산 통계연보(1971-1981), 강원통계연보, 통계로 본 강원의 발자취(1961~2001), 통계로 본 충북 50년, 통계로 본 충남 100년, 충남통계연보, 통계로 본 전북의 어제와 오늘, 전남통계DB, 경상북도 통계연보.

---

5 처음에는 각 지방자치단체의 통계연보, 각종 통계자료에 의하여 통계표를 작성하였으나 이후 내무부, '89년도 화재통계연보서 발행한 1953년도에서 1989년도까지 통계자료를 발견하여 이를 기준으로 작성하였다. 자료가 없는 연도는 부산 일부 연도, 대구, 인천, 대전, 울산은 해당 자치단체의 통계자료를 인용하였음.

발생건수는 3,141건으로 5년 전에 비해 61.4%가 증가되었다. 이때도 역시 서울이 화재 건수가 1,125건으로 단연 많았다. 1970년도에는 4,969건으로 화재 건수는 계속 해마다 증가하다가 1975년도에는 4,259건으로 오랜만에 화재건수가 감소되었다. 그러나 1980년도에는 5,439건으로 1975년에 비해 27.7%가 증가되었다.

지역적으로 보면, 1960년에는 서울이 419건의 화재가 발생하여 최다 화재발생지역이 되었다. 다음이 358건의 경남, 336건의 경기, 244건의 경북 순이다. 1970년도의 화재 발생건수를 보면, 서울, 부산, 경북, 경기, 경남 충남 순이다. 이 시기에는 서울은 1,912건으로 다른 지역과는 비교가 되지 않을 정도로 화재가 자주 발생하였다. 1980년도에는 역시 서울이 2,344건으로 단연 1위를 차지하였다. 이어서 부산 , 경기, 경북, 전남, 경남 순이다. 상기 표를 광역자치단체인 시·도만을 추려서 정리한 내용이 〈표 2-12-13〉이다.

표 2-12-13 1980년 이전의 화재 발생건수(1960-1980) (단위: 건)

구분	1960	1965	1970	1975	1980
전국	1,946	3,141	4,969	4,259	5,439
서울	419	1,125	1,912	1,949	2,344
부산	(235)	222	558	486	651
대구	(308('61))	(129)	(227)	(180)	419('81)
인천	–	(23)	–	–	(188)
광주	–	–	–	–	(129('81))
대전	(24)	(98)	(94)	(77)	(121)
울산	–	(78('67))	(63)	(36)	(57)
경기	336	287	364	351	580
강원	111	220	255	149	118
충북	89	159	201	133	87
충남	101	255	288	203	265
전북	116	140	199	100	168
전남	143	163	263	237	324
경북	244	342	561	343	551
경남	358	186	346	217	274
제주	29	68	72	62	76

출처: 소방재청, 소방연감, 각 연도, 부산통계연보(1963-1981), 울산통계연보(1971-1981), 강원통계연보, 충북통계연보, 전남통계연보, 각 연도.

이를 화재 발생 점유율에 따라 정리한 내용이 〈표 2-12-14〉이다. 이 표를 보면 서울이 단연 독보적이라고 할 수 있다. 1960년도 화재발생 점유율 순서는 서울, 경남, 경기, 경북 순으로 모두 10%이상이다. 1위인 서울과 2위인 경남과의 차이는 3%정도이다. 그러나 이후에는 1위 서울과 2위 지역의 차이는 크게 벌어졌다. 1970년에는 서울은 38.5%를 점유하고 있으나 2위는 부산으로 11.4%에 불과하다. 3배 이상의 차이가 나고 있다. 서울은 1975년도에는 우리나라 지역 화재 발생건수의 45.8%나 점하였다. 우리나라 화재의 2건 중 하나는 서울에서 발생한다는 의미다. 1980년에는 서울이 43.1%, 2위는 부산으로서 12.0%이다. 두 자리의 점유율을 가진 지역은 서울과 부산이며, 이 두 지역을 합하면 55.1%로 반 이상 차지하고 있다.

이외의 지역은 거의 모두가 점유율이 떨어지고 있다. 이렇게 점유율이 떨어지는 이유는 절대 수가 떨어졌기 때문일 수도 있지만, 다른 한편으로는 서울과 부산이 다른 지역에 비해 화재가 워낙 많이 발생하기 때문이기도 하다. 경남이 1960년도의 18.4%에서 1965년에 5.9%로 급락한 것은 1965년도에 직할시로 승격한 부산이 경남과 분리하여 통계를 작성하였기 때문이다.

표 2-12-14 1980년도 이전의 화재발생 수의 점유율(1960-1980)　　　(단위: %)

구분	1960	1965	1970	1975	1980
서울	21.5	35.8	38.5	45.8	43.1
부산	0.0	7.1	11.4	11.4	12.0
경기	17.3	9.1	7.3	8.2	10.7
강원	5.7	7.0	5.1	3.5	2.2
충북	4.6	4.2	3.2	3.1	1.6
충남	5.2	8.1	5.8	4.8	4.9
전북	6.0	4.5	4.0	2.3	3.1
전남	7.3	5.2	5.3	5.6	6.0
경북	12.5	10.9	11.3	8.1	10.1
경남	18.4	5.9	7.0	5.1	5.0
제주	1.5	2.2	1.4	1.5	1.4

2. 1980–1990년대 화재 발생건수

1980년대와 1990년대의 화재 발생건수에 대해 정리한 내용이 〈표 2-12-15〉이다. 이 표를 보면 화재 발생건수가 평균으로 보면, 1985년도 626건이었는데 10년 후인 1995년도에는 1,738건으로 2.78배가 증가된다. 이 후에도 1997년만 약간 감소했을 뿐 화재 발생건수는 계속 증가하여 2012년에는 2,116건으로 증가한다. 평균을 기준으로 하였을 때 평균보다 화재건수가 많은 지역을 보면 다음과 같다. 1985년은 서울, 부산, 경기 순이며, 1995년에 평균인 1,738건보다 더 많이 발생하는 지역은 서울, 인천, 경기, 경남이다. 1999년은 평균 발생건수 2,116건보다 많이 발생하는 지역은 서울, 부산, 경기, 경남이다. 이를 보면 이 기간 동안 화재 다발지역은 수도권 지역과 경남 지역이라고 할 수 있다.

1985년도 화재 발생건수를 지역적으로 보면, 서울이 3,201건으로 가장 많다. 다음

표 2-12-15 1990년대 지역별 화재 발생건수(1985–1999)

(단위: 건)

구분	1985	1990	1991	1992	1993	1994	1995	1996	1997	1998	1999
평균	626	950	1,099	1,164	1,250	1,470	1,738	1,911	1,842	2,042	2,116
서울	3,201	5,093	5,648	5,198	5,639	6,120	7,153	6,843	6,795	7,511	6,917
부산	784	1,165	1,174	1,174	1,316	1,515	1,680	1,767	1,861	2,058	2,547
대구	472	631	661	767	693	806	878	936	829	930	930
인천	382	703	917	953	1,053	1,293	1,930	2,146	2,048	1,828	1,869
광주	–	489	564	555	546	618	706	737	705	793	796
대전	–	328	409	484	535	555	664	703	697	748	892
울산	–	–	–	–	–	–	–	–	267	832	860
경기	841	1,757	2,277	2,770	3,160	4,066	4,787	6,135	6,710	6,972	7,318
강원	186	381	442	528	568	644	815	786	811	967	1,250
충북	169	404	463	525	599	735	840	966	1,011	1,069	1,203
충남	304	408	473	622	740	687	805	892	976	1,154	1,406
전북	248	452	496	535	386	557	632	566	595	830	883
전남	568	451	635	710	674	970	1,213	1,490	1,535	1,636	1,466
경북	384	756	834	1,022	1,118	1,368	1,377	1,305	1,298	1,572	1,816
경남	455	1,017	1,277	1,368	1,447	1,806	2,244	3,030	2,973	3,373	3,265
제주	143	214	217	247	273	303	347	363	361	391	438

출처: 소방방재청, 화재정보자료관.

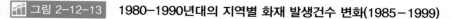

그림 2-12-13 **1980-1990년대의 지역별 화재 발생건수 변화(1985-1999)**   (단위: 건)

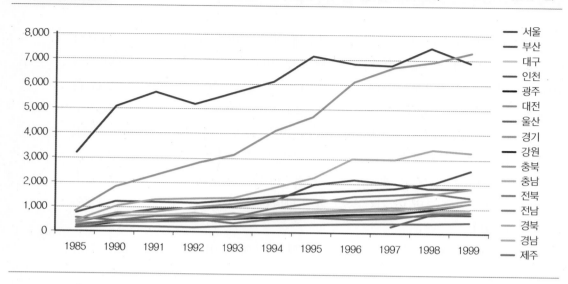

그림 2-12-14 **1980-1990년대의 권역별 화재 발생건수 변화(1985-1999)**   (단위: 건)

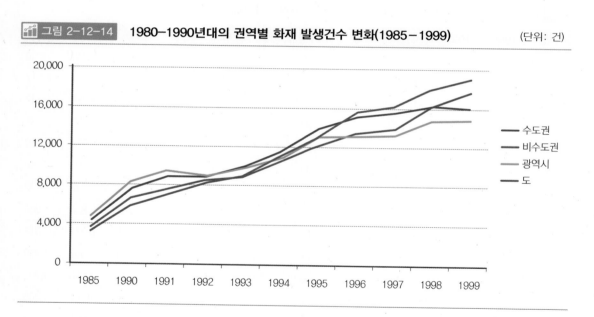

이 841건으로 경기이며, 부산이 784건으로 그 다음이다. 이어서 전남, 대구, 경남, 인천 순으로 내려간다. 화재 발생이 가장 적은 지역은 제주, 충북, 강원, 전북, 경북 순이다. 이 순서는 1999년의 통계를 보면 약간 달라진다. 서울은 6,917로 7,318건인 경기에 이어 2위가 되었고, 다음은 경남이 3,265건으로 크게 증가되었다. 이 후로는 부산,

인천, 경북, 전남 순이다. 적은 지역은 제주, 광주, 대전, 대구 순이다.

지역별로 화재발생 변화 추이를 알아보기 위하여 작성한 그래프가 [그림 2-12-13] 이다. 그림을 보면 서울은 1991년, 1995년, 1998년에 그 이전의 해보다 화재가 많이 나서 정점을 이루고 있다. 경기도는 계속 상승하여 1999년도에는 서울을 추월하였다. 1995년 이후에는 경남이 갑자기 화재 다발지역으로 나타나서 계속 그 증가세를 유지하고 있다. 부산도 역시 상위 화재 다발 지역으로 나타나고 있다.

[그림 2-12-14]는 권역별로 비교하기 위한 것이다. 도 단위는 계속 증가세를 강하게 유지하고 있다. 반면에 광역시 권역은 아주 약한 상승세를 유지하고 있고 건수 면에도 도 권역과 큰 차이가 있을 정도로 화재 발생건수가 적은 편이다. 대도시가 농촌이나 중소도시보다 화재통제가 잘 되고 있다는 의미로 해석할 수 있다.

3. 2000년대 이후의 화재 발생건수

〈표 2-12-16〉은 2000년대 이후의 화재 발생건수를 정리한 표이다. 이 표에 의하면 2000년대는 화재 발생건수가 서서히 줄어가는 시대라고 할 수 있다. 2006년과 2007년 간에 화재 발생건수를 계산하는 방법이 달라졌기 때문에 직접적으로 비교할 수는 없지만 대체로 감소하고 있는 모습을 하고 있다고 추산이 된다. 2000년도에 평균 화재 발생건수인 2,178건보다 화재가 많이 발생하는 지역을 보면 서울, 부산, 경기, 경남 등 네 지역이다. 2005년도를 보면 평균 발생건수 2,021건 이상 화재가 발생하는 지역은 서울, 경기, 경남 세 곳으로 줄어든다. 2013년도에는 평균이상 화재가 발생하는 지역은 서울, 경기, 충남, 경북, 경남으로 늘어난다.

이를 점유율로 보면 다음 〈표 2-12-17〉과 같다. 2000년대 들어서면서 서울은 화재 발생건수가 상대적으로 다른 지역에 비해 많이 떨어지고 있음을 알 수 있다. 서울은 2000년 20.3%에서 2013년 현재에는 13.8%까지 크게 떨어졌다. 2011년에는 12.6%까지 떨어졌던 적도 있다. 광역시들은 이렇게 서울과 같이 화재발생 점유율이 떨어지고 있는데 유독 대구만이 상승하고 있다. 대구는 2000년에는 화재발생 점유율이 2.6%였는데, 2007년에는 5.0%까지 올라갔다. 2013년 현재는 3.8%로 내려 왔지만 2000년에 비해서는 많이 상승한 편이다.

도 권역으로 보면, 경기가 단연 수위를 달리고 있다. 경기도는 2000년부터 22.1%로 전국에서 서울을 제치고 1위를 점하고 있으며, 이 순위는 2013년도까지 떨어지지 않고 있다. 경기도는 2006년도에는 24.2%까지 상승하였다가 약간 주춤했지만 아직도

표 2-12-16 지역별 화재 발생건수(2000-2013)[6]

(단위: 건)

구분	2000	2001	2002	2003	2004	2005	2006	2007	2008	2009	2010	2011	2012	2013
전국	34,844	36,169	32,966	31,372	32,737	32,340	31,778	47,882	49,631	47,318	41,863	43,875	43,250	40,932
서울	7,058	7,379	6,017	5,503	5,421	4,996	4,907	6,698	6,731	6,318	5,321	5,526	5,724	5,646
부산	2,190	2,123	2,057	1,979	1,945	1,917	1,757	2,787	3,072	2,941	2,403	2,485	2,315	2,323
대구	920	914	977	1,004	979	1,033	973	2,371	2,479	2,282	1,923	1,990	1,757	1,538
인천	1,681	1,637	1,679	1,576	1,582	1,565	1,612	2,157	2,139	1,905	1,746	1,851	1,608	1,575
광주	726	836	777	881	888	766	792	1,386	1,711	1,540	1,273	1,225	1,106	1,110
대전	1,060	1,067	978	859	909	890	880	1,510	1,550	1,397	1,438	1,352	1,388	1,265
울산	1,160	1,340	1,083	926	1,097	1,086	971	1,469	1,495	1,331	1,196	1,285	1,080	1,192
세종	-	-	-	-	-	-	-	-	-	-	-	-	66	194
경기	7,709	7,726	7,037	6,627	7,068	7,755	7,681	10,784	10,920	10,479	9,321	10,019	10,159	9,049
강원	1,313	1,315	1,455	1,498	1,673	1,554	1,534	2,457	2,556	2,760	2,430	2,399	2,403	2,097
충북	1,222	1,250	1,097	1,136	1,190	1,167	1,226	1,474	1,518	1,443	1,351	1,376	1,377	1,345
충남	1,457	1,502	1,333	1,324	1,390	1,376	1,357	2,698	2,899	2,927	2,994	3,089	3,220	2,657
전북	967	1,580	1,493	1,593	1,622	1,498	1,508	1,855	1,916	1,650	1,660	1,562	1,537	1,569
전남	1,528	1,562	1,391	1,284	1,343	1,340	1,393	2,337	2,457	2,291	1,822	2,053	2,425	2,480
경북	1,990	1,943	1,873	1,750	1,962	1,901	1,909	2,986	3,144	3,280	2,957	3,231	2,843	2,737
경남	3,414	3,495	3,276	2,917	3,100	2,918	2,707	4,238	4,389	3,968	3,341	3,641	3,551	3,416
제주	449	500	443	515	568	578	571	675	655	806	687	791	691	739

출처: 통계청, 국내통계, 기관별 통계, 소방방재청, 화재발생총괄표, 소방방재청, 화재정보자료관.

23%내외를 유지하고 있다. 경기도 이외의 지역 중에는 강원, 충남, 전북, 전남, 경북, 제주 지역이 화재 발생건수 점유율이 상승하는 지역이다. 충남은 2000년에 4.2%였는데 2010년에는 7.2%까지 상승할 정도로 화재발생이 크게 증가하고 있는 지역이 되었다. 한편, 충북, 경남의 점유율은 낮아지고 있다. 2000년에는 9.8%의 점유율을 보이고 있지만 2010년에는 8.0%까지 떨어질 정도로 많이 안정화되고 있는 지역이다. 제주는 인구가 전국 1.1%인 점을 고려하면, 대부분 1.5%의 화재발생 점유율을 보이고 있어 발생건이 적은 편은 아니다.

지역 간 비교를 위하여 작성한 그래프가 [그림 2-12-15]이다. 각 지역이 2006년도

---

6 2007년 이전에는 화재로 인하여 피해가 발생하지 않은 경우 화재건수에 포함시키지 않았지만 2007년부터는 모든 화재는 화재 발생건수에 포함시키고 있다. 이로 인하여 2006년도 통계연보에 화재 발생건수가 31,778건이 2007년에는 47,882건으로 늘어난다.

	2000	2001	2002	2003	2004	2005	2006	2007	2008	2009	2010	2011	2012	2013
서울	20.3	20.4	18.3	17.5	16.6	15.4	15.4	14.0	13.6	13.4	12.7	12.6	13.2	13.8
부산	6.3	5.9	6.2	6.3	5.9	5.9	5.5	5.8	6.2	6.2	5.7	5.7	5.4	5.7
대구	2.6	2.5	3.0	3.2	3.0	3.2	3.1	5.0	5.0	4.8	4.6	4.5	4.1	3.8
인천	4.8	4.5	5.1	5.0	4.8	4.8	5.1	4.5	4.3	4.0	4.2	4.2	3.7	3.8
광주	2.1	2.3	2.4	2.8	2.7	2.4	2.5	2.9	3.4	3.3	3.0	2.8	2.6	2.7
대전	3.0	3.0	3.0	2.7	2.8	2.8	2.8	3.2	3.1	3.0	3.4	3.1	3.2	3.1
울산	3.3	3.7	3.3	3.0	3.4	3.4	3.1	3.1	3.0	2.8	2.9	2.9	2.5	2.9
세종	–	–	–	–	–	–	–	–	–	–	–	–	0.2	0.5
경기	22.1	21.4	21.3	21.1	21.6	24.0	24.2	22.5	22.0	22.1	22.3	22.8	23.5	22.1
강원	3.8	3.6	4.4	4.8	5.1	4.8	4.8	5.1	5.2	5.8	5.8	5.5	5.6	5.1
충북	3.5	3.5	3.3	3.6	3.6	3.6	3.9	3.1	3.1	3.0	3.2	3.1	3.2	3.3
충남	4.2	4.2	4.0	4.2	4.2	4.3	4.3	5.6	5.8	6.2	7.2	7.0	7.4	6.5
전북	2.8	4.4	4.5	5.1	5.0	4.6	4.7	3.9	3.9	3.5	4.0	3.6	3.6	3.8
전남	4.4	4.3	4.2	4.1	4.1	4.1	4.4	4.9	5.0	4.8	4.4	4.7	5.6	6.1
경북	5.7	5.4	5.7	5.6	6.0	5.9	6.0	6.2	6.3	6.9	7.1	7.4	6.6	6.7
경남	9.8	9.7	9.9	9.3	9.5	9.0	8.5	8.9	8.8	8.4	8.0	8.3	8.2	8.3
제주	1.3	1.4	1.3	1.6	1.7	1.8	1.8	1.4	1.3	1.7	1.6	1.8	1.6	1.8
세종	0.0	0.0	0.0	0.0	0.0	0.0	0.0	0.0	0.0	0.0	0.0	0.0	0.2	0.5

까지는 화재 발생건수가 크게 변동이 없이 흘러간다. 그러다가 2007년도에 급등하지만 앞에서 기술한 바와 같이 화재 발생건수에 이전과 달리 피해가 발생하지 않은 화재 건수도 포함시켰기 때문에 2007년부터 모든 지역의 화재 발생건수가 급등한 것이다. 서울은 계속 내려가는 추세를 유지하고 있고 경기도는 변동 폭이 매우 크다. 경남이 2000년대에 들어서면서 상승 곡선을 긋고 있을 뿐 다른 지역은 점점 떨어지는 경향을 보이고 있다. 이는 정부나 주민들이 화재에 대한 경각심을 이전보다 더 강하게 갖고 있기 때문이라 사료된다.

권역별 화재 발생건수의 흐름을 보면 [그림 2-12-16]과 같다. 화재 발생건수는 광역시는 거의 증가하지 않고 약간씩 감소해 가고 있다. 아직도 도 권역과 비수도권의 화재 발생건수는 광역시 권역과 수도권에 비해 매우 높은 상태임을 알 수 있다.

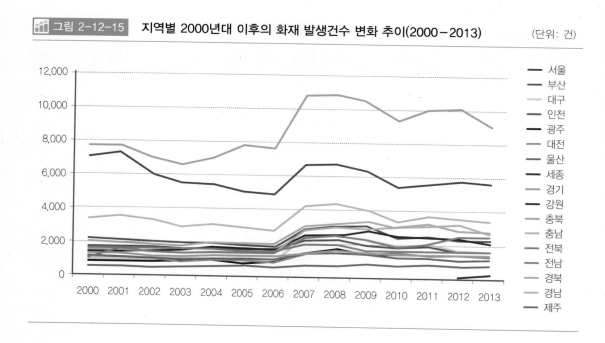

📊 그림 2-12-15 지역별 2000년대 이후의 화재 발생건수 변화 추이(2000-2013)　(단위: 건)

범례: 서울, 부산, 대구, 인천, 광주, 대전, 울산, 세종, 경기, 강원, 충북, 충남, 전북, 전남, 경북, 경남, 제주

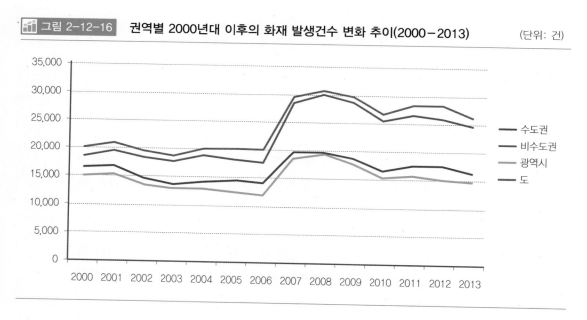

📊 그림 2-12-16 권역별 2000년대 이후의 화재 발생건수 변화 추이(2000-2013)　(단위: 건)

범례: 수도권, 비수도권, 광역시, 도

13

가족과 청소년

일반적으로 가족이란, 혼인, 혈연, 입양으로 맺어진 사람들의 집단(가정)이나 그 구성원을 말한다. 과거에는 가족의 특징으로 공동거주와 경제적 협동, 출산이 강조되었다. 또한 가족 자체가 문화와 민족에 따라 크게 다르기 때문에 가족의 기능을 한마디로 정리하기는 어렵지만, 주요 기능은 사회구성원을 사회의 생산적인 일원이 되도록 양육·교육·사회화하며, 노약자를 보호하는 것이다. 가족 안에서 이러한 기능이 잘 이루어지는 가족을 건강한 가족 혹은 기능적인 가족이라고 말할 수 있다. 이러한 가족은 가족성원 개개인이 성숙한 인간으로 성장할 수 있는 토양이 된다.

그러나 최근에 사회의 가장 기본적 집단인 가족의 토양이 무너지고 있다. 이렇게 가족의 토양이 무너지면서 가족이 해체되거나 재구성되는 것과 관련된 문제들이 사회의 큰 문제로 제기되고 있다. 이 중에서 자살, 이혼, 청소년 범죄가 바로 가족이 해체되고 재구성되는 과정에서 발생하는 사회문제 중에 하나다.[1] 제13장에서는 청소년과 가족이 연계된 주제인 자살, 이혼, 청소년 범죄에 대하여 다음과 같은 조사와 분석을 통하여 기술을 하였다. 이에 대한 자료가 부족하여 대체로 e-지방지표의 통계자료를 활용하여 분석하였다. 다만 자살률에서 인구 십만 명당 노인 자살률과 이혼율에서 총 이혼건수를 분석 항목으로 추가하였다. 이에 대한 내용이 〈표 2-13-1〉이다.

표 2-13-1 가족과 청소년의 조사 및 저술 내용

항 목	e-지방지표		본 저서의 내용	
	지 표	분석기간	지 표	분석기간
자살률	– 인구 10만 명당 자살률	2005–2012	– 인구 10만 명당 자살률	2005–2012
			– 인구 10만 명당 노인자살률	2000–2012
이혼율	– 인구 1천 명당 이혼률(조이혼율)	2004–2013	– 총 이혼건수	1990–2012
			– 인구 1천 명당 이혼율(조이혼율)	2004–2012
소년 범죄	– 소년 1천 명당 소년범죄건수	2003–2011	– 소년 1천 명당 소년범죄발생건수	2003–2011

1 권중돈 외, 사회학개론(서울: 학지사), 2011, pp.329-330.

1. 자살률 추이

자살(Intentional self-harm)이란 고의적 자해라고도 하며, 어떠한 수단과 방법으로 행위자가 자신의 죽음을 초래할 의도를 가지고 스스로 목숨을 끊는 행위를 말한다. 자살률에 대한 통계는 1982년에 보건사회부에서 『1980년 사망원인통계연보』를 발간하면서 최초로 작성되기 시작하였다. 2007년부터는 『2005년 사망원인통계연보: 시도편』도 발간이 되었다. 사망통계는 2011년부터 사망원인보완조사(구 영아모성사망조사)를 보건복지부에서 통계청으로 이관하여 실시하고 있다. 특정원인에 의한 사망률은 특정 사망원인에 의한 연간 사망자 수를 해당 연도의 연앙인구로 나눈 수치를 100,000분비로 나타낸 것으로 어떤 사망원인에 의한 사망이 얼마나 발생하는가를 표시하는 지표이다. 따라서 자살률의 산식은 다음과 같다.

$$자살률 = (자살자 수/연앙인구^2) \times 100,000$$

우리나라는 최근 OECD국가 중 자살률이 가장 높은 나라로 주목을 받고 있다. 〈표 2-13-2〉에서 보는 바와 같이 우리나라 자살률이 얼마나 급증하고 있는지 알 수 있다. 여기에 이 분야의 전문가의 글을 보면 우리나라 자살률의 심각성을 알 수 있다.

"자살을 통해서 세상을 등지는 사람이 하루 평균 43명이 넘는다. 2011년만도 생을 마감한 사람이 1만 5,906명에 달했다. 인구 10만 명당 자살사망자는 31.7명으로 OECD국가 중 가장 높다. 더욱 심각한 것은 2000년 이후에 자살률이 지속적으로 증가하고 있다는 점이다. 2000년만 해도 자살자 수는 6,444명에 불과했다. 자살률이 13.6명(인구 10만 명당 자살자 수) 이다. 그러던 것이 지난 2006년 1만 명(자살률 21.8명)을 넘어선 뒤 2009년 1만 5,413명(31명), 2010년 1만 5,566명(31.2명), 2011년 1만 5,906명(31.7명)으로 급증하였다. 2011년의 자살률은 2001년에 비해 119.9%가 증가하였다.

---

2 출생률과 사망률을 산출할 때 보통 그 해의 중간인 7월 1일을 기준으로 하는데, 이것을(인구) 연앙인구라고 한다

연 도	2001	2002	2003	2004	2005	2006	2007	2008	2009	2010	2011
발생인원	8,059	8,111	10,869	11,894	13,268	12,736	13,036	13,791	17,581	15,566	15,906

출처: 국회법제사법위원회, 2010, 검찰 통계시스템상 자살 통계는 분기보고 통계.

자살률 증가로 주요 사망원인 순서도 바뀌었다. 2001년까지 자살은 한국인의 사망원인 중 8~10위에 지나지 않았으나 2011년에는 4위로 부상하였다. 10대부터 30대까지의 사망원인은 자살이 1위이다. 40대, 50대는 암 다음 자살이 사망의 원인 2위다. 특히 20대는 자살이 차지하는 비중이 무려 47.2%가 되어 사망자 2명 중 1명은 자살 사망자인 것이다. 그러나 인구 10만 명당 자살률은 연령이 높아질수록 증가했다. 2011년 20대 자살률은 24.3명이었으나 30대는 30.5명, 40대 34명, 50대 41.2명이다. 60대는 50.1명으로 20대의 배 이상 높다. 또 70대는 84.4명, 80대 이상은 116.9명으로 20대보다 5배 이상 높았다. 우리 사회가 변화의 속도가 빠르고 경쟁이 치열한 데 반하여 여기에 적응하지 못한 사람을 위한 사회적 체계가 취약해 자살자가 증가하고 있다. 노인 자살자가 1만 5천 명 중 5천 명이 되는 것도 , 전 세계에서 유례가 없을 정도로 빠른 고령화에 비해 노후 준비가 제대로 안됐기 때문이다."[3]

최근에 보건복지부가 OECD가 발표한 「OECD HEALTH DATA 2014」에 의하면 우리나라 자살률은 여전히 세계 수위로 나타났다.[4] 우리나라 자살률과 타 국가의 자살률을 비교한 내용이 [그림 2-13-1]이다. 이 발표에 의하면 우리나라 자살에 의한 사망률은 인구 10만 명당 29.1명으로 OECD 평균(12.1명)에 비해 17.0명이나 많다. 전년('11년, 33.3명)에 비해서는 감소하였다고는 하나 그래프에서 보는 바와 같이 2008년 이후에는 다른 국가들이 추종을 불허할 정도로 너무 높다고 할 수 있다. 처음부터 우리나라가 인구당 자살률이 높은 국가였던 것은 아니었다. 자살률은 2000년도만 해도 일본을 비롯하여, 스페인, 에스토니아, 헝가리 등이 우리나라보다 앞섰다. 이들 국가들

---

3 한숭동의 교육혁명 블로그. 출처: http://blog.naver.com/edu9119/20188302480

4 보건사회부, 「OECD HEALTH DATA 2014」주요지표, 2014.7.3. 보도자료,
「OECD Health Data」는 34개 회원국의 건강상태, 보건의료자원, 보건의료비용 등 보건의료 전반의 통계 수치를 담은 데이터베이스로, OECD 회원국의 전반적인 보건 수준 현황을 동일한 기준에서 비교할 수 있어 보건의료 정책수립의 기초자료로 많이 활용되는 자료다. 우리나라는 '96.12월 OECD 가입 이후 매년 보건통계를 제출하고 있음(한국보건사회연구원, 연세대학교, 통계청, 질병관리본부 등 다양한 기관·전문가 참여). 이 자료는 2012년의 자료를 받아 작성한 것임.

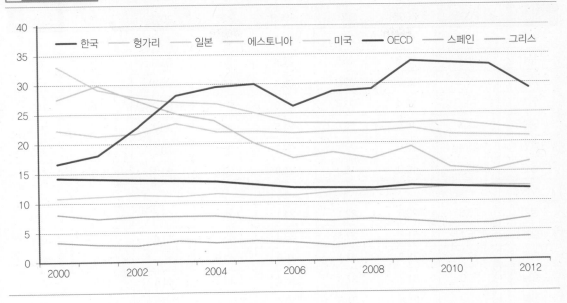

은 2003년을 전후로 하여 우리나라보다 자살률이 낮아졌다. 다시 말하면, 우리나라 자살률이 2001년을 시작으로 다른 나라와 비교할 수 없을 정도로 급등했다는 것이다. 우리나라 자살률은 이러한 속도로 상승하였기 때문에 다른 나라보다 비교도 할 수 없을 정도로 높은 것이다. 우리나라 자살률은 2006년에 약간 낮아졌다 2009년에 다시 급등하여 2011년에 최고 수위에 있다가 2012년은 그나마 약간 낮아졌다. OECD 회원국 중 자살률이 가장 낮은 국가는 터키로 1.7명인 점을 고려하면 우리나라 자살률이 너무나 높다.

2. 자살률(인구 10만 명당 자살자 수)

〈표 2-13-3〉는 십만 명당 자살자 수를 나타내는 자살률을 지역별로 나타낸 내용이다. 지역을 보면, 2005년에 자살률이 가장 많은 지역은 충남이 35.9명으로 가장 높고, 강원은 35.1명으로 그 다음이다. 이후의 순서로 보면 충북, 경북, 경남 순이다. 반면에 자살률이 가장 적은 지역은 광주가 19.1명이며, 다음이 서울 19.8명, 울산 20.1명, 대구 22.3명이다. 충남과 강원도는 자살률이 다른 지역에 비해 계속 높다. 충남

---

5   보건복지부, 앞의 보도자료, 2014.

표 2-13-3 **지역별 인구 십만 명당 자살률(2005－2012)** (단위: 명)

	2005	2006	2007	2008	2009	2010	2011	2012
서울	19.8	17.1	20.1	21.6	26.1	26.2	26.9	23.8
부산	26.6	22.3	25.5	27.4	32.1	32.9	31.9	30.0
대구	22.3	20.3	22.8	25.4	29.3	29.7	29.6	24.2
인천	24.5	22.4	23.4	27.0	31.2	32.2	32.8	31.2
광주	19.1	16.5	22.6	21.5	28.4	30.7	26.5	25.4
대전	25.4	22.0	24.1	22.7	31.1	29.2	29.7	25.3
울산	20.1	16.0	18.9	21.9	24.8	24.4	25.6	23.2
세종	－	－	－	－	－	－	－	41.6
경기	23.8	20.5	22.1	24.1	28.9	29.5	30.5	27.0
강원	35.1	31.6	37.4	38.4	43.6	44.4	45.2	38.3
충북	32.7	28.2	31.1	33.6	42.0	35.9	38.9	36.6
충남	35.9	31.7	37.0	35.4	45.8	44.6	44.9	37.2
전북	25.9	25.4	31.8	30.4	35.7	33.2	37.3	29.2
전남	24.1	22.5	25.0	26.8	31.3	33.9	33.9	31.3
경북	28.0	26.3	29.9	28.8	34.3	35.4	35.1	32.5
경남	27.5	25.6	29.1	28.9	31.5	32.0	32.2	26.9
제주	26.8	20.4	24.9	28.9	32.6	31.4	31.0	31.5

출처: 통계청, 지역통계, e-지방지표, 주제별, 가족과 청소년.
주: 자살률=(자살자수/ 연앙인구)*100,000 인구 십만 명당 자살률은 5세이상의 인구를 사용하여 작성된 통계이며 과거 시
계열 조정(미신고된 자살건수 조정등)을 하기 전 수치임.

은 연도별로 보면, 2009년에는 45.8명까지 상승했으며, 2012년에는 37.2명으로 이 해에 가장 높은 강원도 다음에 높다. 강원은 2009년부터 3년간 43.6명, 44.4명, 45.2명 등 계속 1위자리를 점하는 높은 비율을 보이고 있다. 강원은 자살률이 이렇게 계속 높아지자 자살예방의 달, 조례 제정을 통하여 자살예방을 위해 노력하고 있다.[6] 강원은

---

6 강원도, "9월 30일 도내 일제 자살예방 거리캠페인 전개", 2011년 9월 30일
강원도는 자살예방의 달(9월)을 맞이하여 9월30일(금) 도내 전 시·군에서 일제히 일반주민을 대상으로 자살예방 거리캠페인을 전개한다. 이번 행사에는 18시·군 보건소 및 정신보건센터(광역형1, 표준형6, 기본형12)에서 총 270명이 참가하며, 각 지역별로 사람들이 많이 모이는 시내중심가, 시장 또는 행사·축제장 등에서 홍보부스를 설치하여 자살 또는 우울증, 스트레스 등 정신건강 상담과 자살사고 척도검사를 실시하며 생명존중서약서 받기, 홍보물배부 등을 통하여 생명존중 사회 분위기를 조성하고, 자살위기 상담전화(국번없이 1577-0199)도 널리 홍보할 계획이다. 한편 강원도에서는 강원도의 자살률이 전국 평균치보다 높은 원인을

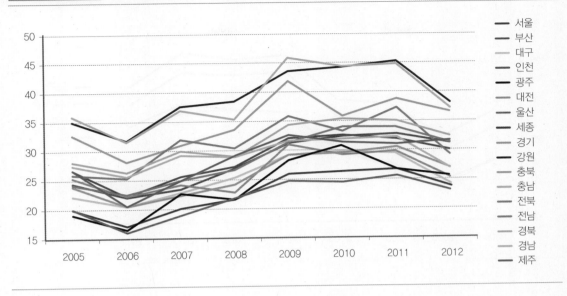

그림 2-13-2 지역별 인구 십만 명당 자살률(2005-2012)

(단위: 명)

범례: 서울, 부산, 대구, 인천, 광주, 대전, 울산, 세종, 경기, 강원, 충북, 충남, 전북, 전남, 경북, 경남, 제주

2012년도에도 38.3명으로 역시 수위를 차지하고 있다. 2012년에 자살률이 가장 저조한 지역은 울산 23.2명, 서울 23.8명, 대구 24.2명, 대전 25.3명, 광주 25.4명 순이다. 이들 지역은 2005년도부터 자살률이 계속 낮은 지역으로도 나타났다.

지역 간의 자살률 경향을 살피기 위하여 작성한 그래프가 [그림 2-13-2]이다. 그림에서 보는 바와 같이 전체적으로 보면 자살률은 2006년도에는 낮았다가 2009년에 최고점을 돌파하였고 2010년에는 감소하다 다시 올라간 뒤 내려가는, 매우 불규칙한 움직임을 보이고 있다. 충남과 강원이 가장 높은 층을 유지하고 있으며 다음이 충북이 그 흐름을 따라가고 있다. 울산과 서울은 거의 변동이 없이 2009년부터 가장 낮은 수준을 유지하고 있다.

권역별로 자살률을 비교하기 위하여 작성한 [그림 2-13-3]을 보면, 자살률은 도 권역이 가장 많은 것으로 나타나고 있다. 앞에서 알 수 있었던 바와 같이 자살률이 가장 높은 지역이 강원, 충남, 충북 등 중부권 도 권역이기 때문에 높을 수밖에 없다. 반면에 광역시 권역은 서울이나 울산, 대구, 대전 지역들이 자살률이 가장 낮은 지역에 속하기 때문에 광역시가 자살률이 낮게 나올 수밖에 없다. 대도시보다 농촌이나 소도시

분석하여, 자살예방 프로그램을 개발 보급하고, 자살 시도자에 대한 사례관리, 지속적인 모니터링 및 교육·홍보 등 예방사업을 강화해 나가는 한편,『자살예방 및 생명존중문화 조성 조례』를 제정하여 보다 체계적인 자살예방 사업을 통해 자살률 감소에 주력해 나갈 계획이다.

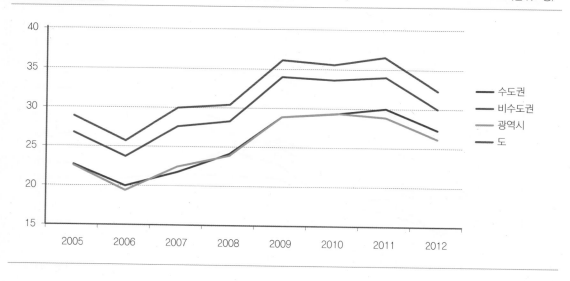

그림 2-13-3 권역별 인구 십만 명당 자살률(2005~2012)　　　　(단위: 명)

수도권
비수도권
광역시
도

중심으로 가족해체에 대한 부작용이 더 심각하다는 것을 의미한다.

　　이의 내용을 더욱 구체적으로 정리한 내용이 〈표 2-13-4〉이다. 이 표는 2000년과 10년 후인 2011년에 지역별 자살률을 비교한 내용이다. 2011년의 남자 자살률을 보면, 가장 높은 지역이 52.8명인 강원이다. 이어서 충남이 52.5명, 충북이 50.5명, 전북 49.3명 순이다. 대체로 중부권역이 자살률이 다른 지역보다 높은 것으로 나타나고 있다. 최저 자살률 지역은 35.5명인 서울이며, 이어서 광주 36명, 대구 36.1명, 울산 36.6명 순이다. 우리나라의 2011년 현재 광역시·도별 자살률은 강원도(남자)가 52.8명으로 가장 높으며, 이어서 충남(남자) 49.3명, 경북(남자) 43.3명 등의 순으로 나타났다. 반면에 서울(여자)의 경우 14.8명으로 가장 낮게 나타났다. 강원(남자)의 자살률이 서울(여자)의 자살률 약 4배가 되며, 여성의 경우에도 자살률이 24.4명으로 전국에서 가장 높은 지역으로 나타났다. 이어서 전북(남자) 25.6명, 강원(남자) 21.5명, 서울(남자) 20.7명 등의 순으로 자살률이 많이 증가한 것으로 나타났다. 최근에 자살률이 높아지면서 노인 자살률에 대한 관심이 크게 증가하고 있다. 왜냐하면 다음 표에서 보는 바와 같이 노인 자살률이 심각한 수준으로 증가하고 있기 때문이다.

　　〈표 2-13-5〉에서 보면 2006년도의 자살률이 21.8명, 즉 인구 10만 명당 21.8명이 자살을 한다는 지표다. 이에 반하여 65세 이상 노인은 전체 자살자 수의 30%를 차지한다. 또한 노인 자살률은 10만 명당 72.0명으로 전체 자살률과 비교하면 3배 이상 많다. 이렇듯 노인 자살률은 감소함이 없이 계속 상승하여 2010년에는 무려 81.9명으로

표 2-13-4 **2000년과 2011년의 광역시·도별 자살지수 및 자살률 비교**

광역시·도	자살지수			자살률		
	2011년(A)	2000년(B)	A−B	2011년(C)	2000년(D)	C−D
서울(남)	1,872	657	1,215	35.5	14.8	20.7
부산(남)	757	325	432	39.4	20.3	19.1
대구(남)	468	215	253	36.1	20.8	15.3
인천(남)	603	236	367	43.1	25.4	17.7
광주(남)	254	98	156	36	17.4	18.6
대전(남)	293	121	172	39.7	22.2	17.5
울산(남)	197	79	118	36.6	20.3	16.3
경기(남)	2,422	799	1,623	41.5	22.1	19.4
강원(남)	464	228	236	52.8	31.3	21.5
충북(남)	433	173	260	50.5	24.8	25.7
충남(남)	640	307	333	52.5	34.3	18.2
전북(남)	522	216	306	49.3	23.7	25.6
전남(남)	438	232	206	39.3	22.7	16.6
경북(남)	653	405	248	43.3	30.5	12.8
경남(남)	737	334	403	42.5	25	17.5
제주(남)	113	56	57	38.1	24.4	13.7
서울(여)	850	262	588	14.8	5.3	9.5
부산(여)	366	156	210	19.1	8.4	10.7
대구(여)	267	94	173	20.2	7.8	12.4
인천(여)	300	114	186	20.2	10.1	10.1
광주(여)	130	53	77	16.9	8.3	8.6
대전(여)	152	60	92	19	9.7	9.3
울산(여)	91	45	46	16.4	10.2	6.2
경기(여)	1,158	345	813	18.4	8.5	9.9
강원(여)	223	71	152	24.4	8.5	15.9
충북(여)	168	93	75	18.6	12.1	6.5
충남(여)	291	126	165	22	12.7	9.3
전북(여)	172	98	74	15.4	9.7	5.7
전남(여)	207	98	109	16.9	9.5	7.4
경북(여)	285	164	121	17.5	11.3	6.2
경남(여)	317	154	163	17.7	9.5	8.2
제주(여)	63	30	33	21.3	11.8	9.5

출처: 통계청, 국내통계, 주제, 보건·사회·복지, 사망원인.

표 2-13-5 **연도별 자살지수 및 자살률 변화 추이** (단위: 명, %)

연령별	2006		2007		2008		2009		2010	
	자살수	자살률	자살수	자살률	자살수	자살률	자살수	자살률	자살수	자살률
전체	10,653	21.8	12,174	24.8	12,858	26.0	15,413	31.0	15,566	31.2
65세이상(노인)	3,197	72.0	3,541	75.2	3,561	71.7	4,071	78.8	4,378	81.9
노인/전체(%)	30.0		29.1		27.7		26.4		28.1	

출처: 통계청, 국내통계, 주제, 보건 · 사회 · 복지, 사망원인.

그림 2-13-4 **연도별 자살지수 및 십만 명당 자살률 변화 추이(2006-2010)**

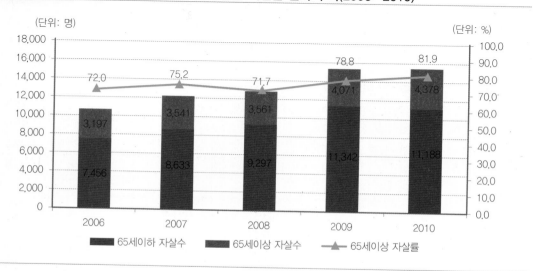

높아진다. 심각한 수준이라 하지 않을 수 없다.

[그림 2-13-4]로 보면 노인 자살률이 얼마나 심각한지를 쉽게 알 수 있을 것이다. 이 그림을 보면, 65세 이상의 노인 자살률은 2008년에 한번 내려갔을 뿐 꾸준히 상승하고 있다.

3. 노인 자살률(인구 10만 명당 노인 자살수)(2000-2012)

노인 자살률이 급증하면서 이에 대한 정책적 관심이 늘어날 수밖에 없다. 노인 자살률이 다른 연령에 비해 현저하게 높은 것은 세계에서 유래를 찾아 볼 수 없다. 최단기 내 고령화 사회의 진입으로 노년에 대한 정신적, 금전적 대비를 하지 못한 노인들

구분	2000	2001	2002	2003	2004	2005	2006	2007	2008	2009	2010	2011	2012
서울	25.4	29.0	48.1	60.6	68.8	64.2	54.4	58.4	57.5	63.3	65.1	64.4	54.1
부산	40.0	50.5	49.1	64.6	88.1	83.2	67.9	65.6	64.9	66.3	74.5	67.1	57.5
대구	30.4	32.0	42.7	61.0	62.0	65.5	61.8	52.0	60.9	67.8	69.2	67.9	51.1
인천	59.6	62.0	79.7	103.4	83.6	107.4	78.1	76.0	82.2	90.1	86.9	82.1	92.4
광주	22.5	11.4	27.7	41.3	57.6	53.6	38.0	62.8	56.0	57.7	71.9	65.1	56.0
대전	50.2	51.3	66.6	84.9	72.6	97.5	81.7	94.7	64.3	78.8	90.7	75.9	76.7
울산	36.7	48.4	47.8	110.3	99.1	92.7	62.1	84.6	76.4	67.0	64.3	61.6	65.6
경기	44.5	63.2	77.2	96.1	92.8	96.9	84.8	83.0	78.8	85.7	91.1	90.5	79.6
강원	50.4	56.2	62.5	111.8	111.7	107.1	102.3	100.5	107.7	101.6	117.9	106.5	91.6
충북	34.7	50.2	53.5	74.4	91.3	85.1	94.0	90.6	87.7	117.2	91.8	99.8	105.2
충남	39.1	43.1	45.2	65.3	85.8	103.7	88.9	109.5	97.0	124.4	123.2	127.1	96.8
전북	27.8	34.2	59.6	66.5	69.3	72.3	66.6	82.5	78.7	91.3	82.9	83.9	62.6
전남	16.5	13.5	32.0	40.8	48.9	46.5	42.7	50.5	48.3	53.1	60.9	69.4	59.0
경북	38.7	33.9	52.5	63.2	76.7	73.4	74.0	70.0	62.5	73.9	81.4	71.6	71.0
경남	38.3	50.1	68.7	73.3	87.1	83.5	90.1	91.8	82.9	75.8	81.4	71.1	60.6
제주	18.9	40.5	29.9	46.7	52.0	58.7	43.7	53.1	52.4	50.4	53.1	76.7	61.2

출처: 통계청, 국내통계, 주제별, 보건·사회·복지, 사망원인통계.

이 많게 됨으로서 나타난 현상이다. 노인들의 자살률을 2000년부터 2012년까지 변화를 정리한 내용이 〈표 2-13-6〉이다. 이 표에 의하면 2000년도에 지역적으로 보면, 인천의 노인 자살률이 59.6명으로 1위를 차지하고 있다. 다음은 강원, 대전, 충남, 부산 순위로 노인 자살률이 높다. 이 시기에 자살률이 가장 적은 순으로 보면, 전남, 광주, 서울, 전북 순으로 나타나고 있다. 2005년은 노인 자살률이 크게 증가하는 기간이다. 인천이 107.4명으로 1위를 차지하고 있음과 동시에 1백명 단위로 진입하게 된다. 2위는 강원도로 107.1명, 이다음은 충남, 대전, 울산으로 나타나고 있다. 2010년에는 충남이 123.2명으로 단연 1위이며, 그 다음이 강원, 대전, 인천으로 되어 있다. 즉, 노인 자살률은 급증하고 있고 지역적으로 보면 충남, 강원이 항상 상위권을 놓치지 않고 있다. 제주는 2000년도에는 전국에서 10만 명당 노인 자살이 가장 적은 18.9명이다. 그러나 이 후에는 등락이 어느 지역보다 심하게 나타나고 있다. 2001년에는 40.5명으로 급등하였다가 다시 29.9명으로 내려왔다. 그러나 2004년 이후에는 2006년만 제외하고는 계속 50명 이상이다. 2011년에는 76.7명으로 전국 6위까지 올랐다. 2012년 다시

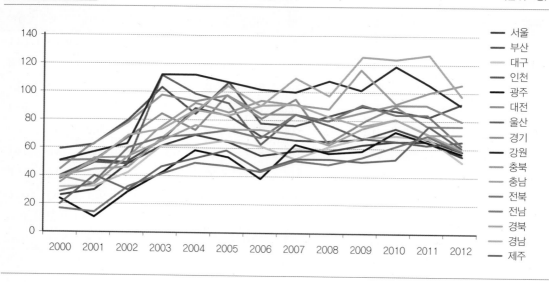

그림 2-13-5 지역별 노인 자살률 변화 추이(2000−2012)   (단위: 명)

범례: 서울, 부산, 대구, 인천, 광주, 대전, 울산, 경기, 강원, 충북, 충남, 전북, 전남, 경북, 경남, 제주

61.2명으로 내려 왔지만 이제는 중위권에 서 있다고 할 정도로 증가하고 있다.

지역별로 비교하기 위하여 작성된 [그림 2-13-5]는 추상화같이 혼돈된 그래프 모습을 보여 주고 있다. 노인 자살률의 상승과 감소가 각 지역별로 일정하지도 않을 뿐만 아니라 주기도 일정하지 않다는 점이다. 다만 강원과 충남이 언제나 상위에 있으며, 충북도 상기 두 지방의 자살률보다는 밑이지만 자주 최상위 그룹에 진입하는 모습을 보여 주고 있다. 때문에 중부지역이 노인 자살률이 높은 지역이라는 이미지가 고착될 가능성을 배제하지 못한다. 반면에 제주, 전북, 전남은 다른 지역에 비해 노인자살률이 최하위 지역의 이미지가 형성되고 있다.

제3절 | 이혼율

1. 전국(2004년 이후) 이혼율 추이

이혼이란 법률상 부부가 그들의 혼인관계를 해소하는 하나의 사건으로 정의된다. 그러나 이혼은 궁극적으로는 가족의 해체를 의미하기 때문에 이혼 당사자뿐만 아니라

표 2-13-7   총 이혼건수 및 조이혼율[7]   (단위 : 천건, %, 건)

구분	2004	2005	2006	2007	2008	2009	2010	2011	2012
총 이혼건수(천건)	138.9	128	124.5	124.1	116.5	124	116.9	114.3	114.3
증감건수(천건)	−27.7	−10.9	−3.5	−0.5	−7.5	7.5	−7.1	−2.6	0
증감률(%)	−16.6	−7.8	−2.7	−0.4	−6.1	6.4	−5.8	−2.2	0
조이혼율	2.9	2.6	2.5	2.5	2.4	2.5	2.3	2.3	2.3

출처: 통계청, 「이혼통계」, 2012년.

그림 2-13-6   총 이혼건수 및 조이혼율 추이

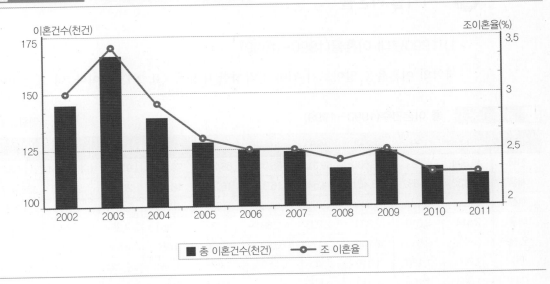

가족구성원을 비롯한 사회에 많은 영향을 미친다. 그래서 Bohanan은 이혼을 정서적, 법적, 경제적, 공동부모역할, 공동체, 정신적 차원 등 여섯 가지 차원에서의 이혼을 분석할 정도로 이혼이 주는 영향은 지대하다 하겠다.

우리나라 이혼의 현황은 〈표 2-13-7〉과 같다. 2004년에 이혼건수는 13만 8,900건이었는데 이후 이혼건수는 계속 하락하여 2012년에는 114,300건으로 줄어든다. 2004

---

7 이혼율에 대한 산식은 두 가지로 나눈다.

일반이혼율: 1년 동안에 발생한 총 이혼건수를 해당연도의 15세이상 인구로 나눈 수치를 1,000분비로 나타낸 것 일반이혼율＝연간 이혼건수÷당해연도의 15세이상 인구×1000

조이혼율: 1년간 발생한 총 이혼건수를 당해연도의 연앙인구(7월 1일 기준)로 나눈 수치를 1,000분비로 나타낸 것 조이혼율＝연간 이혼건수÷총인구(연앙인구)×1000

년에 이혼감소율이 16.6%로 가장 컸다. 이후에도 이혼율은 등락을 거듭한다. 2008년에 이혼율은 7,500건이나 감소되었고 조이혼율도 2.4%로 감소되었다. 2009년에는 이혼건수가 역으로 7,500건이 증가하였고, 조이혼율도 2.5%로 증가되었다. 이후에 다시 이혼건수는 줄어들기 시작하여 2012년에는 이혼건수는 전년도에 대비하여 증감된 것은 없지만 조이혼율은 2.3%로 2004년 이후 최하다.

앞의 표를 중심으로 작성한 우리나라 총 이혼건수와 조이혼율 추이가 [그림 2-13-6]이다. 2003년에 최고조에 달했다. 이후에 계속 내리막길을 가고 있음을 알 수 있다.

2. 지역별 이혼율

1) 1990년대 이혼율(1990-1999)

지역의 이혼율을 알아보기 위하여 작성한 내용이 〈표 2-13-8〉이다. 이 표는 1990

표 2-13-8 총 이혼건수(1990-1999) (단위: 건)

시도별	1990	1991	1992	1993	1994	1995	1996	1997	1998	1999
전국	45,694	49,205	53,539	59,313	65,015	68,279	79,895	91,160	116,294	117,449
서울	12,432	12,937	13,461	14,548	16,324	16,296	18,464	20,391	26,090	25,917
부산	5,286	5,147	5,640	5,875	6,084	6,235	6,957	8,211	9,895	9,666
대구	2,514	2,610	2,834	2,933	2,881	3,237	3,851	4,354	5,484	5,711
인천	2,253	2,535	2,949	3,177	3,803	4,108	4,982	6,056	7,918	7,928
광주	1,006	1,136	1,319	1,465	1,593	1,675	1,941	2,221	3,112	2,974
대전	1,064	1,159	1,412	1,550	1,750	1,961	2,280	2,451	3,409	3,474
울산	–	–	–	–	–	–	–	1,910	2,536	2,552
세종	–	–	–	–	–	–	–	–	–	–
경기	6,454	7,365	8,196	9,523	10,794	12,098	14,867	17,963	23,358	23,820
강원	1,472	1,561	1,664	1,833	2,035	2,170	2,467	2,731	3,743	3,920
충북	1,086	1,168	1,314	1,552	1,667	1,870	2,126	2,442	3,331	3,384
충남	1,333	1,432	1,475	1,844	1,869	2,035	2,522	2,924	3,747	4,119
전북	1,452	1,587	1,827	1,958	2,347	2,527	2,933	3,270	4,145	4,239
전남	1,492	1,736	1,816	2,025	2,237	2,383	2,832	3,292	4,272	4,310
경북	2,359	2,489	2,666	3,196	3,045	2,947	3,683	4,203	5,344	5,510
경남	3,800	4,077	4,343	5,042	5,435	5,476	6,545	5,421	6,856	6,813
제주	461	531	591	699	814	791	939	1,117	1,401	1,473

출처: 통계청, 국내통계, 주제별, 인구 · 가구, 인구동향조사, 이혼.

년부터 1999년도 간에 지역별 총 이혼건수다. 〈표 2-13-8〉에서 보면 1999년까지 이혼 건수는 계속 증가하고 있다. 1990년도 이혼건수가 가장 많은 지역의 순서로는 서울, 경기, 부산, 경남, 경북 순이다. 1995년도에는 이혼건수가 68,279건으로 나타났는데 1990년도에 비해 49.4%가 증가하였다. 이혼건수의 순서도 서울, 경기, 부산, 경남, 인천, 경북 순으로 이전에 비해 경북보다 인천이 앞서고 있다. 1998년도에는 이혼건수가 116,294건으로 10만 건을 넘어 선다. 1999년의 현황을 보면, 이혼건수가 많은 지역 순으로 보면 서울, 경기, 부산, 인천, 경남, 대구 순이다. 인천이 수도권으로서 인구가 집중되면서 이혼건수도 많아졌다.

2) 2000년대 이혼율(2000-2012)

이혼건수의 증가는 2003년을 기점으로 내리막길을 걷게 된다. 2003년에 이혼건수는 166,617건으로 역대 최고 건수를 기록하였다. 이후부터는 계속 떨어져서 2005년에

표 2-13-9 **총 이혼건수(2000-2012)** (단위: 건)

시도별	2000	2001	2002	2003	2004	2005	2006	2007	2008	2009	2010	2011	2012
전국	119,455	134,608	144,910	166,617	138,932	128,035	124,524	124,072	116,535	123,999	116,858	114,284	114,316
서울	25,477	28,962	29,351	32,499	26,994	25,300	24,354	24,615	23,319	23,920	21,768	20,617	20,177
부산	10,129	10,489	12,065	14,120	11,334	9,905	8,953	8,677	7,908	8,550	7,645	7,514	7,501
대구	5,370	6,248	7,329	8,581	6,635	5,916	5,490	5,330	5,005	5,361	5,107	4,658	4,947
인천	7,905	9,378	9,840	11,512	9,546	8,646	8,132	7,854	7,414	7,880	7,354	6,840	7,306
광주	3,052	3,534	3,732	4,336	3,558	3,127	2,974	2,925	2,836	3,076	3,002	2,857	2,923
대전	3,653	4,058	4,336	4,923	3,942	3,328	3,287	3,449	3,236	3,433	3,189	3,067	2,938
울산	2,620	2,983	3,348	3,942	3,024	2,780	2,825	2,581	2,295	2,591	2,597	2,380	2,590
세종	–	–	–	–	–	–	–	–	–	–	–	–	222
경기	24,888	28,823	31,288	36,625	31,608	30,358	30,003	29,964	28,379	29,807	27,810	28,444	28,452
강원	3,941	4,488	4,632	5,152	4,322	4,105	3,985	3,818	3,394	3,742	3,579	3,562	3,550
충북	3,348	3,928	4,259	4,632	3,839	3,469	3,438	3,558	3,354	3,738	3,554	3,675	3,424
충남	4,272	4,685	5,074	5,720	5,148	4,594	4,647	4,703	4,472	5,178	4,756	4,819	4,686
전북	4,200	4,550	5,179	6,295	5,086	4,471	4,448	4,417	3,784	4,285	3,910	4,176	3,856
전남	4,467	4,793	5,296	6,078	4,915	4,394	4,423	4,240	4,021	4,290	4,326	4,138	4,011
경북	5,476	6,248	6,683	7,768	6,376	5,828	5,604	5,571	5,287	5,523	5,476	5,322	5,562
경남	7,242	7,966	8,737	10,314	8,547	7,844	7,603	7,493	6,981	7,476	7,503	7,207	7,427
제주	1,763	1,721	1,962	2,177	1,777	1,663	1,613	1,561	1,238	1,469	1,466	1,395	1,426

출처: 통계청, 국내통계, 주제별, 인구 · 가구, 인구동향조사, 이혼.

는 128,035건, 2008년에는 116,535건으로 떨어진 후에 계속 이혼건수는 해마다 11만 건에서 유지되고 있다.

2000년 이후의 지역별 이혼건수에 대한 설명을 백분율, 즉 이혼건수의 지역별 점유율인 〈표 2-13-9〉를 중심으로 설명하면 다음과 같이 요약할 수 있다. 서울은 1990년에는 27%로 전국에서 단연 1위를 점하였고, 10년 후인 2000년에도 21.3%로 역시 1위를 차지하였다. 서울의 이혼건수는 2002년에 경기에 1위를 넘겨주는 등 계속 하락하여 2010년에는 18.6%까지 하락하였다. 부산도 이혼건수에 대해서는 하락의 경향이 강한 지역이다. 1990년에는 11.6%의 점유율을 보였고, 2000년에는 8.5%로 하락하다가 2010년에는 6.5%까지 떨어졌다.

가장 큰 변화를 보이는 지역은 역시 경기다. 경기도는 1990년에는 이혼건수 점유율이 14.2%였지만 10년 후인 2000년에는 20.8%로 20%대를 넘어서기 시작하였고, 다시 10년 후인 2010년에는 23.6%로, 2012년에는 24.9%로 부산보다 약 4배나 높다. 이외에 약간씩 상승하는 지역은 인천, 충북, 충남, 경남이며, 나머지 지역은 하락하는 지

표 2-13-10 이혼건수의 지역별 점유율(2000-2012)   (단위: %)

구분	2000	2001	2002	2003	2004	2005	2006	2007	2008	2009	2010	2011	2012
서울	21.3	21.5	20.3	19.5	19.4	19.8	19.6	19.8	20.0	19.3	18.6	18.0	17.7
부산	8.5	7.8	8.3	8.5	8.2	7.7	7.2	7.0	6.8	6.9	6.5	6.6	6.6
대구	4.5	4.6	5.1	5.2	4.8	4.6	4.4	4.3	4.3	4.3	4.4	4.1	4.3
인천	6.6	7.0	6.8	6.9	6.9	6.8	6.5	6.3	6.4	6.4	6.3	6.0	6.4
광주	2.6	2.6	2.6	2.6	2.6	2.4	2.4	2.4	2.4	2.5	2.6	2.5	2.6
대전	3.1	3.0	3.0	3.0	2.8	2.6	2.6	2.8	2.8	2.8	2.7	2.7	2.6
울산	2.2	2.2	2.3	2.4	2.2	2.2	2.3	2.1	2.0	2.1	2.2	2.1	2.3
세종	–	–	–	–	–	–	–	–	–	–	–	–	0.2
경기	20.8	21.4	21.6	22.0	22.8	23.7	24.1	24.2	24.4	24.0	23.8	24.9	24.9
강원	3.3	3.3	3.2	3.1	3.1	3.2	3.2	3.1	2.9	3.0	3.1	3.1	3.1
충북	2.8	2.9	2.9	2.8	2.8	2.7	2.8	2.9	2.9	3.0	3.0	3.2	3.0
충남	3.6	3.5	3.5	3.4	3.7	3.6	3.7	3.8	3.8	4.2	4.1	4.2	4.1
전북	3.5	3.4	3.6	3.8	3.7	3.5	3.6	3.6	3.2	3.5	3.3	3.7	3.4
전남	3.7	3.6	3.7	3.6	3.5	3.4	3.6	3.4	3.5	3.5	3.7	3.6	3.5
경북	4.6	4.6	4.6	4.7	4.6	4.6	4.5	4.5	4.5	4.5	4.7	4.7	4.9
경남	6.1	5.9	6.0	6.2	6.2	6.1	6.1	6.0	6.0	6.0	6.4	6.3	6.5
제주	1.5	1.3	1.4	1.3	1.3	1.3	1.3	1.3	1.1	1.2	1.3	1.2	1.2

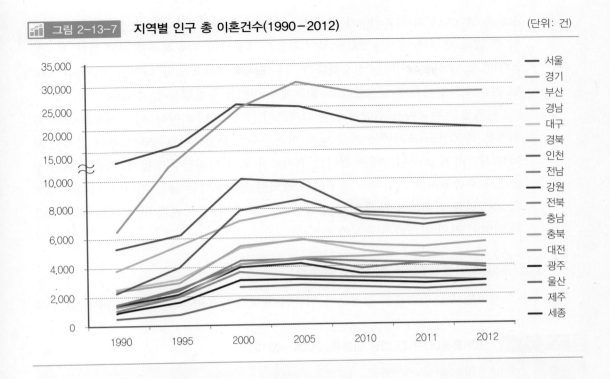

그림 2-13-7 지역별 인구 총 이혼건수(1990~2012) (단위: 건)

범례: 서울, 경기, 부산, 경남, 대구, 경북, 인천, 전남, 강원, 전북, 충남, 충북, 대전, 광주, 울산, 제주, 세종

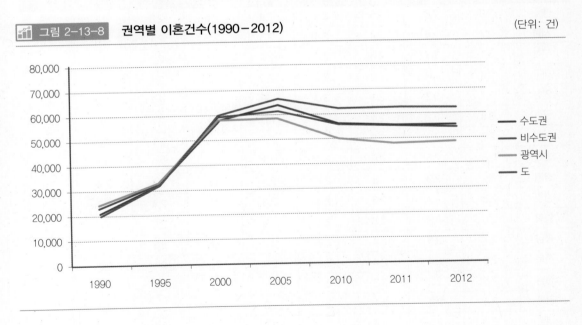

그림 2-13-8 권역별 이혼건수(1990~2012) (단위: 건)

범례: 수도권, 비수도권, 광역시, 도

역들이다.

　다음의 [그림 2-13-7]은 지역별로 이혼건수를 비교한 그래프다. 이 그래프를 보면

서울은 2000년부터 이혼건수가 정체되다가 2005년부터 크게 내리막 길을 걷고 있음을 알 수 있다. 반면에 경기는 2002년부터 서울을 추월하여 혼자 독주를 하고 있다. 부산도 2000년과 2005년 사이에는 상승하다가 이후에는 하락하고 있다. 나머지 지역들은 2007년 전후로 하향하거나 상승한다고 해도 매우 미미한 수준임을 알 수 있다.

권역별로 비교하기 위하여 만든 그래프가 [그림 2-13-8]이다. 이 그래프를 보면 도 권역은 1990년도 초기에는 가장 낮은 이혼건수를 보였으나 1995년도부터 강세를 보이기 시작하여 2005년도에는 광역시 권역보다 훨씬 이혼건수가 많다. 지금은 약간 상승세가 주춤했지만 그럼에도 불구하고 광역시 권역보다는 높은 편이다. 광역시 권역은 2007년을 전후하여 크게 하락 현상을 보이고 있다. 수도권과 비수도권의 움직임은 두 권역이 거의 일치하게 움직이고 있다.

3) 조이혼율(인구 천 명당 이혼율)

지역별로 조이혼율을 알아보기 위하여 작성한 내용이 〈표 2-13-11〉이다. 앞의 그

표 2-13-11　**조이혼율(인구 천 명당 이혼율, 2004-2012)**　(단위: %)

구분	2004	2005	2006	2007	2008	2009	2010	2011	2012
평 균	2.9	2.6	2.5	2.5	2.4	2.5	2.3	2.3	2.3
서울	2.7	2.5	2.4	2.4	2.3	2.3	2.1	2.0	2.0
부산	3.1	2.7	2.5	2.4	2.2	2.4	2.2	2.1	2.1
대구	2.6	2.3	2.2	2.1	2.0	2.2	2.1	1.9	2.0
인천	3.7	3.3	3.1	3.0	2.8	2.9	2.7	2.5	2.6
광주	2.5	2.2	2.1	2.1	2.0	2.2	2.1	2.0	2.0
대전	2.7	2.3	2.3	2.3	2.2	2.3	2.1	2.0	1.9
울산	2.8	2.6	2.6	2.4	2.1	2.3	2.3	2.1	2.3
경기	3.1	2.9	2.8	2.7	2.5	2.6	2.4	2.4	2.4
강원	2.8	2.7	2.6	2.5	2.3	2.5	2.4	2.3	2.3
충북	2.6	2.3	2.3	2.4	2.2	2.5	2.3	2.4	2.2
충남	2.7	2.3	2.4	2.4	2.2	2.6	2.3	2.3	2.3
전북	2.6	2.4	2.4	2.4	2.0	2.3	2.1	2.2	2.1
전남	2.5	2.2	2.3	2.2	2.1	2.2	2.3	2.2	2.1
경북	2.4	2.2	2.1	2.1	2.0	2.1	2.1	2.0	2.1
경남	2.7	2.5	2.4	2.4	2.2	2.3	2.3	2.2	2.3
제주	3.2	3.0	2.9	2.8	2.2	2.6	2.6	2.5	2.5

출처: 통계청, 지역통계, e-지방지표, 주제별, 가족과 청소년, 인구 천 명당 이혼율.

림에서 보았듯이 조이혼율은 2004년도 2.9% 이후에 계속 떨어져서 2010년 이후에는 3년 동안 2.3%로 안정적으로 유지하고 있다. 평균을 중심으로 지역별로 비교를 하면, 2004년도 평균 2.9%보다 조이혼율이 높은 곳은 부산, 인천, 경기, 제주였다. 2008년 후의 기준으로 보면 평균 2.4%보다 높은 곳은 인천, 경기 정도였고 이 지역의 비율도

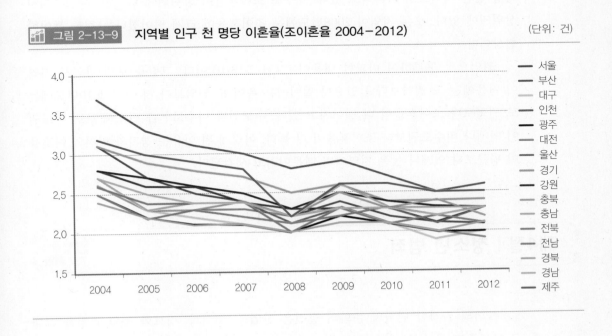

그림 2-13-9 지역별 인구 천 명당 이혼율(조이혼율 2004-2012) (단위: 건)

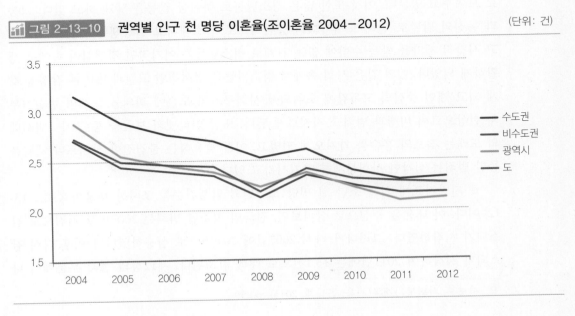

그림 2-13-10 권역별 인구 천 명당 이혼율(조이혼율 2004-2012) (단위: 건)

평균과 큰 차이가 없다. 2013년도의 조이혼율, 즉 인구 천 명당 이혼율 평균은 2.3%인데 이를 기준으로 하여 높은 곳은 인천, 경기, 제주 등이다. 서울, 대구, 대전, 광주, 전북, 전남, 경북 지역은 한 번도 인구 천 명당 이혼율의 평균을 넘지 않았다.

조이혼율은 2004년 이후로는 모든 지역에서 하강하는 추세다. 인천이 조이혼율이 가장 높은 지역으로 기록되고 있다. 제주도 조이혼율이 상위권에 있으며 부산도 역시 상위권에 있다. 모든 지역이 2008년도에는 조이혼율이 크게 떨어졌다는 점도 특이한 현상이다.

권역으로 구분하여 비교한 내용이 [그림 2-13-10]이다. 그림을 보면 광역시 지역이 처음에는 도 권역보다 높았으나 떨어지는 폭이 도 권역보다 더 커서 2010년도에는 도 권역보다 조이혼율이 더 떨어지고 있다. 수도권과 비수도권을 비교해 보면 수도권이 언제나 비수도권보다 조이혼율이 더 높다. 이렇게 된 이유는 경기와 인천의 이혼율이 평균보다 언제나 높은 지역이기 때문이라고 생각된다.

제4절 | 청소년 범죄

사회의 급격한 변화와 문화의 발전은 산업화, 도시화, 정보화 등의 과정을 그대로 보여주고 있는데, 이것 또한 많은 청소년들로 하여금 갈등을 낳게 하고 있다. 교통과 통신의 발달로 인해 도시사회는 공간적으로 협소해지고 일상생활 또한 획일적이고 시간적 제약을 받을 수밖에 없는 관계로 청소년들은 이기적인 경쟁심리 속에서 생활하게 되었다. 이와 같은 사회 속에서 청소년들은 정서적인 고갈과 메마른 감정을 갖게 되고 개인 중심의 고독감에 도취되어 사회구조의 모순에 회의를 느끼며 현실거부의 현상으로써 비행과 범죄를 저지르게 된다. 또한 인터넷의 보급을 통한 사이버시대의 도래는 정보의 홍수를 가져오게 되었고, 이를 악용하는 불건전한 사이트나 채팅을 통한 범죄는 심각한 사회문제를 야기시키고 있다.[8]

e-지방지표에 의해 소년 천 명당 소년범죄 발생건수를 조사한 내용이 〈표 2-13-12〉이다. 이 내용을 중심으로 살펴보면, 전국의 청소년 범죄는 2003년을 기점으로 감소되기 시작하였다. 그러다가 다시 2007년에 20.8건으로 상승하였다가 이후 다시 감소되기 시작하여 2011년에는 13.1건으로 대폭 감소된다. 제12장의 범죄 부분에서 나

---

8 서보준, 사회복지개론(서울: 공동체, 2013), p.259.

타난 2013년 우리나라 인구 천 명당 범죄 발생건수 44.5건에 비하면 적은 편이지만 그래도 광주와 같이 소년 천 명당 소년범죄건수가 24.4건은 일반 범죄건수 평균에 54.8%이기 때문에 심각하다고 하지 않을 수 없다. 2003년에 소년범죄 발생건수의 순위를 보면 광주, 제주, 강원, 충북, 서울 순으로 비수도권이 상위권을 형성하고 있다. 그러다가 2007년에는 순위가 다시 바뀐다. 서울이 27.0건으로 1위가 되고 그 다음이 인천, 강원, 광주와 제주 순으로 된다. 수도권이 청소년 범죄의 다발지역이 되어 가고 있음을 알 수 있다. 2011년 현재를 보면, 소년 천 명당 소년범죄 건수는 인천, 부산, 광주, 강원 순으로 되어 있다. 광역시들이 청소년 범죄 우범지역이 되고 있음을 알 수 있다.

　　지역 간의 차별성을 알아보기 위하여 만든 그래프가 [그림 2-13-11]이다. 그래프 모양이 어느 일정한 방향으로 흐르지 않고 혼돈상태임을 알 수 있다. 청소년 범죄 발

표 2-13-12　지역별 소년 천 명당 소년범죄 발생건수(2003-2011)　　(단위: 건)

구분	2003	2004	2005	2006	2007	2008	2009	2010	2011
전국	19.9	16.8	16.0	16.9	20.8	18.2	16.7	14.9	13.1
서울	20.9	19.4	20.4	22.4	27.0	20.2	19.1	15.1	13.8
부산	17.2	14.7	13.1	14.4	20.7	22.8	24.7	18.5	16.3
대구	19.5	16.8	16.1	15.9	21.6	18.3	16.0	26.8	14.9
인천	18.5	16.3	17.1	22.1	26.9	20.3	17.3	15.3	17.3
광주	24.4	16.3	19.9	16.7	22.3	20.1	19.6	17.4	15.9
대전	19.1	16.3	14.7	15.1	21.2	19.1	14.5	12.4	10.4
울산	19.1	15.6	14.6	15.2	17.8	18.4	15.4	14.7	13.8
경기	14.6	13.0	13.0	14.1	18.1	16.1	17.5	12.8	11.6
강원	22.8	21.7	18.6	21.0	24.7	19.7	18.4	16.2	15.4
충북	21.5	17.4	16.6	17.3	19.5	15.5	15.3	12.7	12.7
충남	19.8	16.5	14.8	16.3	18.1	14.7	12.1	11.7	9.4
전북	17.2	15.2	13.9	13.6	17.3	15.4	14.9	11.8	11.8
전남	20.1	15.4	16.0	17.0	20.2	19.2	17.0	13.4	11.8
경북	19.8	16.8	15.4	14.5	17.8	15.1	13.2	10.6	10.6
경남	18.9	14.4	12.1	15.0	17.8	15.2	14.4	11.8	11.1
제주	24.3	22.2	19.2	19.7	22.3	21.6	18.3	17.8	13.4

출처: 통계청, 지역통계, e-지방지표, 주제별, 가족과 청소년, 소년 천 명당 소년범죄 발생건수; 각 시도 통계연보, 행정안전부 주민등록인구.
주: 소년범죄 기준연령은 2007년까지는 만12세 이상 만20세 미만, 2008년부터는 만10세 이상 만19세 미만임(소년법상 연령변경은 2008.6.22.부터 시행).

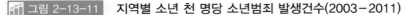

그림 2-13-11 지역별 소년 천 명당 소년범죄 발생건수(2003−2011)　　　(단위: 건)

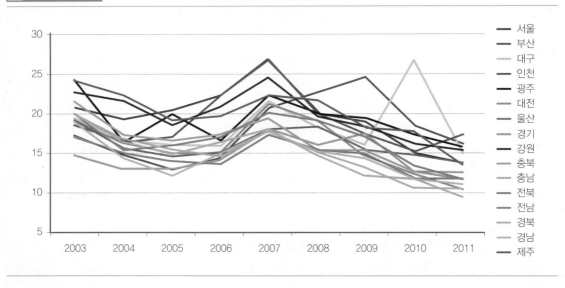

그림 2-13-12 권역별 소년 천 명당 소년범죄 발생건수(2003−2011)　　　(단위: 건)

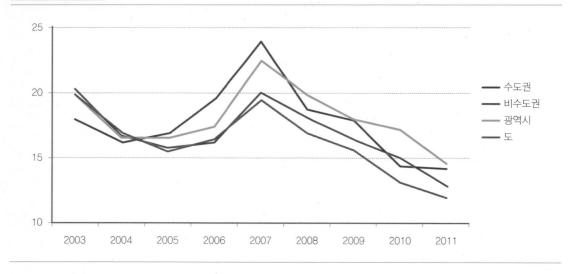

생활률이 안정화되지 못하고 있음을 말한다. 그럼에도 불구하고 인천, 강원, 부산 지역의 그래프가 뚜렷하게 보이고 있다. 서울은 평균 발생 수보다 약간 높을 뿐 청소년 범죄의 발생률에 대한 편차가 심하지 않은 것을 보면 청소년 범죄에 대한 관리가 어느 정도 잘 이루어지고 있다고 할 수 있다.

권역별로 보면 [그림 2-13-12]와 같이 거의 같은 방향으로 가고 있다. 2006년까지 범죄건수가 내려오다가 2007년에 모든 권역이 최고점을 이루고 있다. 그러나 2007년 이후에는 청소년 천 명당 범죄발생건수는 급하강하고 있다. 권역마다 청소년 범죄에 대한 나름대로의 대책이 성공적으로 이루어지고 있다는 의미다.

14

교육여건

EDUCATION

한국에서 교육을 빼놓고서는 논의할 것이 하나도 없다고 할 정도로 교육은 모든 분야에 있어서의 충분조건이다. 지방자치에 있어서도 마찬가지다. 최근 지역주민 및 지방자치단체의 교육발전에 대한 관심은 점점 더 고조되고 있다. 이는 지역발전 동인으로서의 교육력 제고에 대한 관심이 증대하고 있기 때문이다. 지역발전을 위해 교육발전이 중요하다는 것은 새삼스러운 사실이 아니다. 교육부분은 이제 지방자치사업의 핵심에 해당하는 사업 중에 하나가 되었다. 광역·기초를 막론하고 당해 교육발전을 위한 교육여건개선에 투자를 확대하고 있다. 지방자치단체들이 투자 확대 개선을 위한 교육여건개선 노력은 경쟁적으로 치열하게 이루어지고 있다.[1]

　　교육여건에 따라서 인구유입[2]과 주택가격[3]까지 바로 영향을 미치기 때문에 교육여건 개선은 지방자치단체의 중요한 사업으로 인식된다. 학교 기숙사에 투자하고, 우수학생에 대한 지원을 강화하며, 심지어 학생 수의 격감에 따라 학생을 유인하기 위하여 주택까지 제공하는 경우도 허다하다. e-지방지표도 이러한 여건을 감안하여 지방자치단체내의 교육여건에 대한 통계를 작성하기 시작한 것이다. e-지방지표에는 중학교와 고등학교에 대한 자료는 없지만 지방자치단체에서의 고등학교와 중학교는 초등학교나 유치원, 심지어 대학보다도 더 중요한 교육여건으로 삼기 때문에 여기서 조사를 추가하였다.

　　본 연구는 중학교와 고등학교도 유치원, 초등학교처럼 학교 수, 학생 수, 교원 수로 조사하였다. e-지방지표는 분석기간이 대체로 2000년 이후이며, 이중에 대학이나 교원에 대한 사항은 2003년 이후를 분석기간으로 삼고 있다. 그러나 본 저서는 학교에 대한 사항은 대체로 1965년부터 분석기간이 시작되었다. 이에 대한 내용이 〈표 2-14-1〉이다.

　　과거의 통계를 통해서 우리나라 교육여건이 얼마나 개선되었는지를 알아보기 위하여 일제 강점기와 해방이후의 교육여건에 대한 통계부터 살펴보았다. 일제 강점기

1　김병주, 한국지방자치단체의 교육발전계획수립 사례, 민족문화총서(제49집), 영남대학교 민족문화연구소, 2011, p.598.

2　윤수찬, 지역의 교육여건과 거주지 만족도의 관계에 대한 연구, 고려대학교, 정책대학원, 2006.6, pp.20-31.

3　고영종, 인구구조 변화가 교육여건에 미치는 영향에 관한 연구, 서울대학교 행정대학원, 2005.2. pp.87-91.

| | 표 2-14-1 | 교육부분의 분석 및 연구 내용 |

항목	e-지방지표		본 저서의 내용	
	지 표	분석 기간	지 표	분석기간
유치원	– 유치원 수 – 유치원 원아 수 – 유치원 교원 수	2000–2013 2000–2013 2000–2013	– 유치원 수 – 유치원 원아 수 – 유치원 교원 수	1965–2013 1965–2012 1965–2012
초등학교	– 초등학교 수 – 초등학교 학생 수 – 초등학교 교원 수	2000–2013 2000–2013 2000–2013	– 초등학교 수 – 초등학교 학생 수 – 초등학교 교원 수	1965–2012 1965–2012 1965–2012
중학교	분석에서 제외 (지표없음)	–	– 중학교 수 – 중학교 학생 수 – 중학교 교원 수	1965–2012 1965–2012 1965–2012
고등학교	분석에서 제외 (지표없음)	–	– 고등학교 수 – 고등학교 학생 수 – 고등학교 교원 수	1965–2012 1965–2012 1965–2012
대학[1]	– 전문대학 및 대학교 수 – 대학교 재학생 수 – 대학교 졸업 후 정규직 취업률	2003–2013 2000–2013 2004–2009	– 전문대학 및 대학교 수 – 대학교 재학생 수 – 대학교 졸업 후 정규직 취업률	2003–2013 2000–2013 2004–2009
교원대 학생	– 교원1인당 학생 수	2003–2013	– 교원1인당 학생 수	2003–2013
사설학원	– 천 명당 사설학원 수	2003–2012	– 천 명당 사설학원 수	2003–2012

주1) 대학은 본서의 분량관계로 2003년 이전조사를 활용하지 못했음.

에도 일본은 한국인의 배움에 대한 끈질긴 역사적 맥을 끊을 수 없었다. 때문에 학교의 개설과 운영은 막을 방법이 없었다. 일제 강점기가 가장 고조에 오르고 있던 일제 강점시작 18년째인 1928년의 우리나라 학교 현황에 대한 내용이 〈표 2-14-2〉이다. 이 표에 의하면 우리나라 전국 학교 수는 총 1,336개교다. 이 중에 전남이 가장 많은 177개교였고, 다음으로는 156개교의 경남, 145개교의 경기, 123개교의 경북, 112개교의 전북 순이다. 영남과 호남의 학교 수를 합하면 568개교로, 전체 학교의 42.5%를 차지하고 있다. 반면에 현재 북한지역은 학교가 적은 편이다. 황해가 105개교로 가장 많았고, 평북 88개교, 평남 85개교 등 남한 지역에 비해 훨씬 적은 학교가 운영되고 있었다.

1928년 이 당시 교원 수를 살펴보면, 총 8,124명의 교원이 재직 중이었다. 이 중 조선인 교사는 5,805명으로 71.5%를 차지하고 있고, 일본인 교사는 2,319명으로 28.5%를 차지하고 있다. 조선인 교사의 비율이 상당히 높다. 특히 서울이 속했던 경기는 학교 수가 다른 지역에 비해 적음에도 불구하고 교원 수는 전국에서 가장 많아 717

표 2-14-2　1928년 학교통계　(단위: 개소, 명)

구분	학교수	교원		계	학생수		계
		조선인	일본인		남	여	
경기	145	717	324	1,041	45,206	9,770	54,976
충북	62	232	116	348	15,599	2,144	17,743
충남	105	479	190	669	28,697	4,457	33,154
전북	112	402	164	566	26,745	3,497	30,242
전남	177	632	262	894	39,755	5,516	45,271
경북	123	587	230	817	35,914	6,766	42,680
경남	156	667	261	928	40,684	7,637	48,321
황해	105	414	154	568	25,252	4,871	30,123
평남	85	362	143	505	24,770	4,687	29,457
평북	88	456	150	606	28,671	3,399	32,070
강원	77	287	126	413	18,384	3,231	21,615
함남	63	355	106	461	22,477	4,236	26,713
함북	38	215	93	308	14,063	2,954	17,017
계	1,336	5,805	2,319	8,124	366,217	63,165	429,382

출처: 신인간사, 조선의 학교통계, 1928, p.48.

명, 즉 전체 교사의 12.8%를 차지하였다. 이 중에 일본인 교사는 324명으로 전체 경기지역 교사 수인 1,041명의 31.4%를 차지하고 있어, 전국 평균보다 높았다.

　당시 전국의 학생 수는 429,382명이다. 지역별로 학생 수를 보면, 경기지역이 54,976명으로 가장 많았고, 다음으로 경남 48,321명, 전남 45,271명, 경북 42,680명, 경남 40,684순이다. 역시 영남과 호남지역이 학생 수가 많았다. 남학생과 여학생의 비율을 보면 남학생 366,217명, 여학생 63,165명으로, 85.3%대 14.7% 수준으로 남학생이 절대적으로 많았다.

제2절 ┃ 유치원

1. 유치원 수

전국의 유치원 수가 지역별로, 그리고 1965년도에서 2012년까지 연도별로 어떻게 변화되었는지에 대한 내용이 〈표 2-14-3〉이다. 유치원 수는 1965년도는 423개소에 불과하였다. 20년 후인 1985년에 6,242개소로 14.8배나 증가하였다. 유치원 수는 1997년에 9,005개소로 최고점에 다다랐다가 이후 약간씩 감소와 증가를 반복하다 현재는 감소 추세를 보이고 있다. 우리나라에 2012년 현재 유치원 수는 8,538개소가 있다.

1965년도의 유치원 수를 지역별로 보면, 서울이 102개소로 가장 많고, 다음이 경북 64개소, 경기 52개소, 충남 39개소, 부산 37개소 순이다. 이 수는 1990년 서울이

표 2-14-3 유치원 수(1965-2012) (단위: 개소)

지역별	1965	1970	1975	1980	1985	1990	1995	1996	1997	1998	1999
전국	423	484	611	901	6,242	8,354	8,960	8,939	9,005	8,973	8,790
서울	102	127	188	271	919	1,398	1,370	1,322	1,306	1,251	1,237
부산	37	38	54	67	177	281	416	401	402	410	406
대구	–	–	–	–	133	164	212	227	234	256	260
인천	–	–	–	–	100	206	317	326	327	325	323
광주	–	–	–	–	–	172	195	197	204	210	209
대전	–	–	–	–	–	120	183	188	202	199	208
울산	–	–	–	–	–	–	–	–	–	183	181
경기	52	75	76	119	821	1,166	1,417	1,482	1,558	1,600	1,599
강원	29	37	40	41	347	426	459	446	451	443	440
충북	11	10	14	30	288	375	393	391	386	386	370
충남	39	37	40	64	653	625	628	622	619	617	593
전북	13	14	18	32	494	600	597	599	588	582	557
전남	35	38	40	52	802	870	835	807	792	779	751
경북	64	62	83	134	645	818	819	817	824	808	781
경남	35	39	49	76	760	1,011	994	991	991	806	761
제주	6	7	9	15	103	122	125	123	121	118	114

지역별	2000	2001	2002	2003	2004	2005	2006	2007	2008	2009	2010	2011	2012
전국	8,494	8,407	8,343	8,292	8,246	8,275	8,290	8,294	8,344	8,373	8,388	8,424	8,538
서울	1,160	1,093	1,031	976	949	923	908	890	883	873	866	857	866
부산	413	408	395	397	390	381	375	380	377	379	373	365	369
대구	262	261	262	268	273	276	281	286	295	303	310	322	343
인천	324	317	312	310	311	313	318	334	356	370	380	381	389
광주	215	223	227	230	241	235	235	237	234	246	248	258	278
대전	213	216	215	211	209	214	224	232	237	237	237	239	252
울산	183	179	180	183	180	181	175	180	184	182	181	185	186
경기	1,604	1,631	1,668	1,698	1,699	1,761	1,800	1,835	1,883	1,912	1,950	1,986	2,034
강원	429	425	428	427	424	416	413	415	410	404	397	393	379
충북	360	355	349	341	343	347	345	346	348	347	346	344	344
충남	561	560	556	547	543	546	541	520	526	530	531	532	534
전북	530	524	523	516	522	520	516	514	512	512	512	516	523
전남	694	679	668	663	642	633	622	609	597	582	567	553	551
경북	745	735	722	721	718	723	730	715	706	697	693	696	701
경남	686	687	694	690	687	691	696	690	686	689	688	688	679
제주	115	114	113	114	115	115	111	111	110	110	109	109	110

출처: 한국교육개발원, 교육통계서비스, 교육통계, 테마통계, 시계열 통계, 유치원, http://kess.kedi.re.kr/index

1,398개소로 증가하여 여전히 전국 1위였고, 경기는 1,166개소로 증가하여 전국 2위로 올라왔다. 다음으로 경남 1,011개소, 전남 870개소, 경북 818개소로 순위가 많이 변화되었다. 2000년에 들어와서는 경기가 1,604개로 서울을 제치고 1위를 차지한다. 이어서 서울 1,160개소, 경북 745개소, 전남 694개소, 경남 686개소 순이다. 2012년 현재 유치원 학교 현황을 보면 경기가 유일하게 2,000개소 시대를 개막하여 현재 2,034개다. 다음이 서울 866개소, 경북 701개소, 경남 679개소, 전남 551개소 순이다.

　　지역별로 유치원 수를 비교하기 위하여 작성한 그래프가 [그림 2-14-1]이다. 이 그래프에 의하면 1980년을 기점으로 유치원 수가 크게 증가하다가 2000년에 들어서면서 경기를 제외하고 성장세가 주춤하거나 심지어 감소하는 경우가 나타나는 지역이 보인다. 경기도는 1980년 이후 한 번도 증가세가 꺾이지 않고 급증하고 있다. 서울은 1990년을 기점으로 감축되고 있다. 서울은 1990년에 최고점에 있다가 이후에는 크게 감소하고 있음을 알 수 있다. 나머지 지역들도 대체로 1995년을 기점으로 줄어들거나 정체되어 있는 상태에서 벗어나지 못하고 있다. 권역별로 도 권역과 광역시 권역의 유

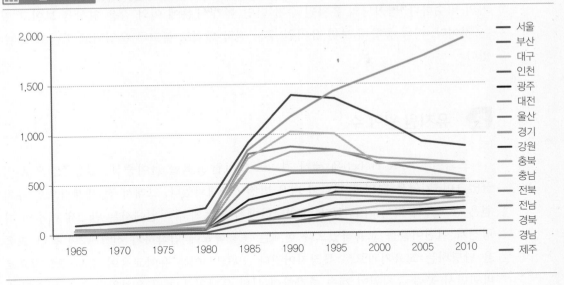

그림 2-14-1 **지역별 유치원 수(1965-2010)**   (단위: 개소)

치원 수를 비교해 보면 1980년에는 거의 유사하다. 이후에는 도 권역과 광역시 권역 모두 성장하지만 그 속도와 수가 도 단위지역 유치원 수가 크게 늘어난다. 경기도의 영향도 있었지만 앞에서 보는 바와 같이 영남과 호남지역이 이전부터 유치원 수가 많았던 것도 도 권역의 유치원 수의 증가에 기여했다.

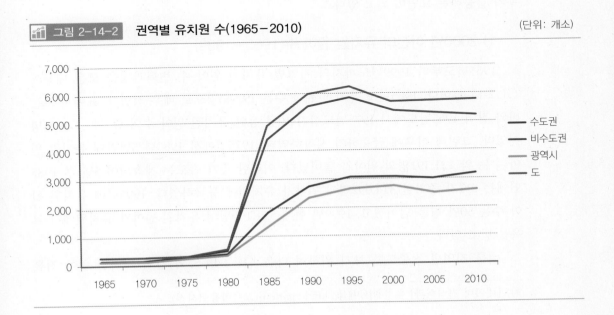

그림 2-14-2 **권역별 유치원 수(1965-2010)**   (단위: 개소)

수도권과 비수도권을 비교해 보면 도 권역과 광역시 권역과는 달리 성장 내용이 거의 비슷하다. 경기도의 유치원 수가 단연 높기 때문에 이와 같은 양상을 보이고 있는 것이다. 이를 종합해 보면 유치원 수는 전국 단위로 골고루 운영되고 있다고 할 수 있다.

2. 유치원 원아 수

프뢰벨(F. W. A. Fröbel)은 세계 최초로 유치원 교육을 놀이중심 · 활동중심으로 이끌었으며, 지금은 그러한 개념이 더욱 발전 · 확대되었다. 그래서 전 세계적으로 유치원은 공교육화 되어 가고 있다. 우리나라에서 최초의 유치원에서는 만 2세 이후의 학령전기 어린이들을 교육하였으나 현재는 초등학교에 입학하기 전 1~2년 동안 교육을 담당하는 교육기관으로 특징지어진다. 1983년 이후 유아교육이 정부 주도형으로 바뀌면서 공립 유치원이 계속 증가하여 사립 유치원과 공립 유치원의 수는 비슷하다. 그러나 유치원 수에 비하여 학급 수와 원아 수는 사립유치원이 더 많다. 2000년 이후 유치원은 맞벌이 가정의 증가로 인한 사회적 요구에 따라 반일제 교육 프로그램을 원칙으로 하면서, 시간 연장제, 종일제 등으로 각 유치원의 사정에 따라 다양하게 운영되고 있다. 2010년 유아교육법의 개정으로 초등학교 취학직전 1년의 유아교육은 무상으로 하되, 대통령령으로 정하는 바에 따라 순차적으로 실시하고 있다. 유치원 원아 수가 급증하는 요인이 되고 있다.[4]

1) 2000년 이전의 유치원 원아 수(1965-1999)

1965년도부터 1999년도까지의 지역별 유치원 원아 수 변화과정을 모은 내용이 〈표 2-14-4〉이다. 1965년도 유치원 원아 수는 19,566명으로 매우 적었다. 표에서 보는 바와 같이 1965년도에서 1975년도까지 10년 동안 유치원 원아 수의 증가는 12,466명이었다. 그런데 이후에 급증하기 시작하였다. 1975년에서 1980년 5년간에 유치원 원아 수는 약 121,791명의 원아가 늘어났다. 이러한 증가 속도는 계속되어 5년 후 1985년에는 2배가 증가한 314,692명의 원아가 유치원에 등록하였다. 1995년에 유치원 원아 수는 50만 명을 넘어섰고, 1999년 현재 534,166명의 유치원 원아가 유치원에서 교육을 받고 있다.

이를 지역별 집중도를 보기 위하여 다음 〈표 2-14-5〉와 같이 지역별 원아 점유

---

4 [네이버 지식백과] 유치원[幼稚園, kindergarten](교육학용어사전).

표 2-14-4　지역별 유치원 원아 수(1965-1999)　　　　　　(단위: 명)

구분	1965	1970	1975	1980	1985	1990	1995	1996	1997	1998	1999
전국	19,566	22,271	32,032	153,823	314,692	414,532	529,265	551,770	568,096	533,912	534,166
서울	5,741	7,371	11,526	28,159	58,677	94,005	104,810	103,307	104,590	94,506	92,681
부산	1,741	1,861	3,484	7,563	15,144	26,539	41,367	41,051	41,829	38,756	39,807
대구	–	–	–	–	12,461	16,508	24,772	27,045	27,313	25,796	25,762
인천	–	–	–	–	8,172	17,373	28,520	29,930	30,270	27,171	25,563
광주	–	–	–	–	–	10,132	13,233	13,890	14,337	13,158	13,433
대전	–	–	–	–	–	8,648	16,750	18,658	19,739	18,118	18,467
울산	–	–	–	–	–	–	–	–	–	17,306	18,530
경기	2,045	2,663	3,033	20,752	39,276	64,626	98,220	110,831	117,035	110,223	112,073
강원	1,177	1,437	1,770	11,315	15,665	15,877	19,057	18,324	18,400	17,381	17,216
충북	476	440	645	4,555	13,673	16,458	18,641	18,978	19,322	19,388	19,254
충남	1,448	1,286	1,554	12,830	28,476	20,773	21,635	21,683	21,949	21,550	21,741
전북	476	681	783	8,816	20,941	18,998	21,113	22,010	21,497	20,957	20,881
전남	1,242	1,479	1,678	14,464	33,233	25,369	25,075	25,427	26,105	25,176	24,705
경북	3,120	2,952	4,796	23,539	27,457	29,668	34,259	36,287	38,171	36,228	36,231
경남	1,769	1,735	2,325	19,259	36,511	43,938	55,438	58,138	61,431	42,169	41,979
제주	331	366	438	2,571	5,006	5,620	6,375	6,211	6,108	6,029	5,843

출처: 한국교육개발원, 교육통계서비스, 교육통계, 테마통계, 시계열 통계, 유치원.

율을 작성하였다. 서울은 1965년에서 1975년, 10년간은 유치원 원아 점유율은 최고 36%까지 갈 정도로 절대적이었다. 그러나 서울은 1990년에 22%의 점유율만 보였을 뿐 이후에는 18% 전후에 머물렀다. 다른 지역의 유치원 원아 수가 크게 증가한 것이다. 부산도 초기에는 10%까지 점유율을 보였으나 이후 등락을 거듭하다가 1999년에는 7.5%로 낮아졌다.

　가장 급증하는 지역이 경기도다. 경기도는 초반에는 10.5%에서 출발하였으나 1996년에는 20.1%로 증가하면서 서울을 제치고 1위의 점유율을 보였다. 강원, 충남, 전남, 경북, 경남, 제주 지역들의 점유율이 떨어지는 지역인 반면에 광역시들이 약간이나마 상승하고 있다. 강원은 1965년에 6.0%, 1980년 7.4%로 증가하였으나 1999년에는 3.2%로 1965년에 비해 반 토막이 났다. 이와 비슷한 경우가 충남이다. 충남은 1965년에 7.4%였고 1985년에는 9.0%까지 증가하였다. 그러나 1999년의 유치원 원아 수 점유율은 4.1%로 크게 하락했다. 경북은 더욱 심하다. 경북은 1965년에는 15.9%로

표 2-14-5 **2000년 이전 지역별 유치원 원아 수 점유율(1965-1999)** (단위: %)

구분	1965	1970	1975	1980	1985	1990	1995	1996	1997	1998	1999
서울	29.3	33.1	36.0	18.3	18.6	22.7	19.8	18.7	18.4	17.7	17.4
부산	8.9	8.4	10.9	4.9	4.8	6.4	7.8	7.4	7.4	7.3	7.5
대구	–	–	–	–	4.0	4.0	4.7	4.9	4.8	4.8	4.8
인천	–	–	–	–	2.6	4.2	5.4	5.4	5.3	5.1	4.8
광주	–	–	–	–	–	2.4	2.5	2.5	2.5	2.5	2.5
대전	–	–	–	–	–	2.1	3.2	3.4	3.5	3.4	3.5
울산	–	–	–	–	–	–	–	–	–	3.2	3.5
경기	10.5	12.0	9.5	13.5	12.5	15.6	18.6	20.1	20.6	20.6	21.0
강원	6.0	6.5	5.5	7.4	5.0	3.8	3.6	3.3	3.2	3.3	3.2
충북	2.4	2.0	2.0	3.0	4.3	4.0	3.5	3.4	3.4	3.6	3.6
충남	7.4	5.8	4.9	8.3	9.0	5.0	4.1	3.9	3.9	4.0	4.1
전북	2.4	3.1	2.4	5.7	6.7	4.6	4.0	4.0	3.8	3.9	3.9
전남	6.3	6.6	5.2	9.4	10.6	6.1	4.7	4.6	4.6	4.7	4.6
경북	15.9	13.3	15.0	15.3	8.7	7.2	6.5	6.6	6.7	6.8	6.8
경남	9.0	7.8	7.3	12.5	11.6	10.6	10.5	10.5	10.8	7.9	7.9
제주	1.7	1.6	1.4	1.7	1.6	1.4	1.2	1.1	1.1	1.1	1.1

전국에서 서울 다음 점유율이 높았다. 그러나 1985년도에는 8.7%로 낮아졌다. 1981년도에 대구가 직할시로 분리되었기 때문이다. 이후에도 계속 떨어져서 1999년에는 6.8%로 울산이 빠져 나간 경남보다 낮은 점유율을 보이고 있다.

2) 2000년대의 유치원 원아 수(2000-2013)

2000년부터 2013년 사이에 지역별 유치원 원아 수에 대한 통계가 〈표 2-14-6〉이다. 전국적으로 보면 2000년부터 2010년까지는 전국 유치원 원아 수는 53만에서 54만 명 사이였다. 그러나 2011년부터 원아 수가 증가하기 시작하여 2012년에는 61만, 2013년 현재는 65만 8천 명으로 증가하고 있다. 2010년 유아교육법 개정으로 인하여 유치원 원아에 대한 지원을 강화하기 시작하면서 원아 수가 늘어나기 시작하였다. 2013년 부터는 방과 후 과정에까지 지원이 강화되면서 원아 수는 크게 늘어나고 있다.

지역별로 보면, 경기를 제외한 거의 모든 지역이 2010년도까지는 원아 수가 하락하다가 2011년부터 늘어나는 경향이다. 경기도는 1999년에 12만7천 명의 원아 수가

표 2-14-6 지역별 유치원 원아 수(2000-2013) (단위: 명)

시도별	2000	2001	2002	2003	2004	2005	2006	2007	2008	2009	2010	2011	2012	2013
전국	545,263	545,142	550,256	546,531	541,713	541,603	545,812	541,550	537,822	537,361	538,587	564,834	613,749	658,188
서울	94,690	94,051	93,015	89,232	87,468	85,302	85,764	82,461	82,144	79,704	78,789	81,237	87,997	92,400
부산	40,694	40,442	40,163	39,803	39,336	38,514	38,345	37,921	36,833	36,652	36,433	38,310	41,246	44,217
대구	27,490	27,575	28,300	29,212	28,604	28,261	28,488	27,908	27,329	27,570	27,178	28,669	31,657	34,550
인천	26,811	26,962	27,455	27,274	26,656	26,136	28,337	29,950	31,368	31,858	32,521	34,592	38,162	41,594
광주	14,472	15,140	14,936	14,794	15,643	15,977	16,354	17,300	17,091	17,193	17,165	18,549	20,445	22,676
대전	19,733	20,081	20,203	20,609	19,551	20,099	21,346	21,270	21,491	20,899	20,323	20,874	23,179	25,263
울산	19,601	18,983	18,774	18,445	17,936	17,718	16,605	16,702	16,245	15,978	15,421	16,225	17,649	19,032
세종	–	–	–	–	–	–	–	–	–	–	–	–	–	1,305
경기	113,474	115,805	121,007	123,587	125,828	129,531	133,034	135,245	136,558	137,566	141,626	150,966	166,705	182,231
강원	17,045	16,465	16,657	16,276	15,921	15,595	15,275	14,904	14,422	14,343	14,137	14,226	15,158	16,007
충북	18,450	18,183	17,626	17,140	16,915	16,298	16,250	15,997	15,359	15,263	14,924	15,317	16,792	17,446
충남	21,440	21,227	21,050	20,714	20,302	20,821	21,141	21,028	21,498	22,098	22,693	24,095	25,767	26,411
전북	21,416	21,047	21,054	21,513	21,448	20,558	19,743	19,320	18,834	19,130	19,677	21,057	22,250	23,266
전남	24,704	24,156	23,173	22,205	21,438	21,078	20,111	19,325	18,593	18,099	17,736	17,854	18,519	18,895
경북	36,841	35,768	36,197	35,801	35,283	35,562	35,079	32,761	31,883	31,747	31,263	32,719	35,433	37,230
경남	42,499	43,226	44,788	43,956	43,844	44,447	44,268	44,188	43,158	44,273	43,958	45,297	47,731	50,370
제주	5,903	6,031	5,858	5,970	5,540	5,706	5,672	5,270	5,016	4,988	4,743	4,847	5,059	5,295

출처: 한국교육개발원, 교육통계서비스, 교육통계, 테마통계, 시계열 통계, 유치원.

2002년에는 12만 명, 2006년에는 13만 명, 2010년은 14만 명이었다가 2012년에는 16만 명으로 급증하고, 2013년에는 원아가 18만2천 명이 되었다. 2000년에 경기도만 10만 명대의 원아가 있을 뿐 나머지 지역은 모두 그 이하이다. 서울은 9만 명대, 부산과 경남이 4만 명대, 경북이 3만 명대, 대구, 인천, 충남, 전북, 전남이 2만 명대의 원아가 있었다. 2013년 현재를 보면, 경기도는 18만 명으로 2000년도보다 약 7만 명의 원아가 증가되었다. 2013년을 2000년과 비교해 보면, 서울은 9만 명대 그대로이다. 인천이 2만 명대에서 4만 명대로 크게 증가하였다. 광역시는 비교적 증가 폭이 큰 편이다. 경남은 5만 명대로 증가되었지만, 부산은 마찬가지로 4만 명대다. 2013년도의 원아 수가 2000년에 비해 떨어지는 지역은 강원, 충북, 전남, 제주 등이다. 지역별로 원아의 집중도를 살펴보기 위하여 유치원 원아 지역별 점유율을 작성하였다. 〈표 2-14-7〉이 이 점유율 내용이다. 이 표를 보면, 특징이 광역시에서는 서울과 부산을 제외하고는

표 2-14-7 유치원 원아 수 지역별 점유율 (단위: %)

구분	2000	2001	2002	2003	2004	2005	2006	2007	2008	2009	2010	2011	2012	2013
서울	17.4	17.3	16.9	16.3	16.1	15.7	15.7	15.2	15.3	14.8	14.6	14.4	14.3	14.0
부산	7.5	7.4	7.3	7.3	7.3	7.1	7.0	7.0	6.8	6.8	6.8	6.8	6.7	6.7
대구	5.0	5.1	5.1	5.3	5.3	5.2	5.2	5.2	5.1	5.1	5.0	5.1	5.2	5.2
인천	4.9	4.9	5.0	5.0	4.9	4.8	5.2	5.5	5.8	5.9	6.0	6.1	6.2	6.3
광주	2.7	2.8	2.7	2.7	2.9	2.9	3.0	3.2	3.2	3.2	3.2	3.3	3.3	3.4
대전	3.6	3.7	3.7	3.8	3.6	3.7	3.9	3.9	4.0	3.9	3.8	3.7	3.8	3.8
울산	3.6	3.5	3.4	3.4	3.3	3.3	3.0	3.1	3.0	3.0	2.9	2.9	2.9	2.9
세종	–	–	–	–	–	–	–	–	–	–	–	–	–	0.2
경기	20.8	21.2	22.0	22.6	23.2	23.9	24.4	25.0	25.4	25.6	26.3	26.7	27.2	27.7
강원	3.1	3.0	3.0	3.0	2.9	2.9	2.8	2.8	2.7	2.7	2.6	2.5	2.5	2.4
충북	3.4	3.3	3.2	3.1	3.1	3.0	3.0	3.0	2.9	2.8	2.8	2.7	2.7	2.7
충남	3.9	3.9	3.8	3.8	3.7	3.8	3.9	3.9	4.0	4.1	4.2	4.3	4.2	4.0
전북	3.9	3.9	3.8	3.9	4.0	3.8	3.6	3.6	3.5	3.6	3.7	3.7	3.6	3.5
전남	4.5	4.4	4.2	4.1	4.0	3.9	3.7	3.6	3.5	3.4	3.3	3.2	3.0	2.9
경북	6.8	6.6	6.6	6.6	6.5	6.6	6.4	6.0	5.9	5.9	5.8	5.8	5.8	5.7
경남	7.8	7.9	8.1	8.0	8.1	8.2	8.1	8.2	8.0	8.2	8.2	8.0	7.8	7.7
제주	1.1	1.1	1.1	1.1	1.0	1.1	1.0	1.0	0.9	0.9	0.9	0.9	0.8	0.8

모두 점유율이 상승되었고, 도 권역에서는 경기도만 빼고 나머지 도는 전부 점유율이 하락하고 있다는 점이다. 서울은 2000년에 17.4%의 유치원 원아 점유율을 보였으나 2013년에는 3.4%가 떨어진 14.0%가 되었다. 서울의 3.4% 하락은 다른 어느 지역보다 높은 하락 비율이다. 광역시 중에는 인천이 2000년 4.8%에서 2013년 6.3%로 점유율이 상승하였고, 이 상승비율이 다른 광역시에 비해 가장 높은 비율이다.

경기는 2000년부터 우리나라 지역 중에는 원아 점유율이 가장 높은 20.8%를 차지하고 있었다. 이후 계속 점유율이 증가하여 2013년에는 27.7%까지 상승하였다. 나머지 도는 모두 하락하고 있는데 특히, 전남이 2000년에 4.5%에서 2013년 현재 2.9%로 가장 많이 떨어졌다. 강원도 3.1%에서 2.4%로 비교적 크게 떨어진 편이다.

3) 1965년에서 2013년 지역별 유치원 원아 변화 추이

지역 간 원아수의 추이를 비교하기 위하여 작성한 내용이 [그림 2-14-3]이다. 이 그림을 보면, 1965년에서 1975년도까지는 서울만 확연하게 높은 점유율을 나타내는 것으로 나타나고 있으나 절대 원아 수가 적기 때문에 큰 차이같이 보이지 않고 있다. 그러나 1980년대 들어서면서 지역 간에 격차가 크게 나타나기 시작한다. 1995년은 서울의 유치원 원아 수가 최고점에 도달한 시기다. 그러나 1995년 이후는 경기도

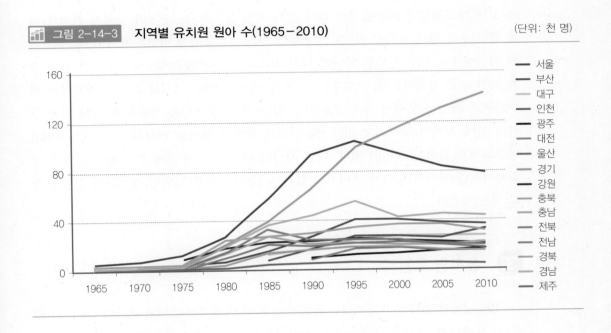

그림 2-14-3 지역별 유치원 원아 수(1965–2010)　　　　(단위: 천 명)

서울 / 부산 / 대구 / 인천 / 광주 / 대전 / 울산 / 경기 / 강원 / 충북 / 충남 / 전북 / 전남 / 경북 / 경남 / 제주

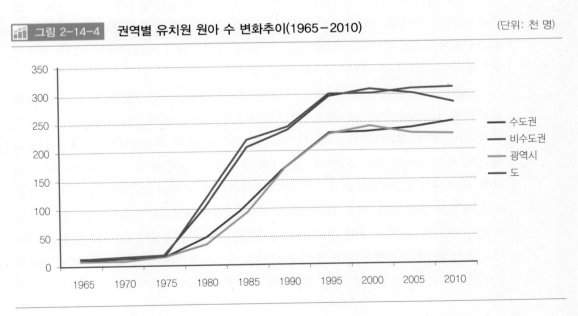

그림 2-14-4 권역별 유치원 원아 수 변화추이(1965–2010)　　　　(단위: 천 명)

수도권 / 비수도권 / 광역시 / 도

만이 독주하고 있다고 해도 과언이 아닐 정도로 경기도의 상승세가 크다. 1995년도에는 서울과 경기 다음에는 경남이 다른 지역에 비해 상위에 있음이 뚜렷하게 나타나고 있지만 다시 하락하여 부산과 마주치고 있다. 제주는 항상 최하위에 있을 뿐만 아니라 1995년 이후에는 원아 수가 계속 떨어지거나 정체되어 있다.

권역별로 원아수를 비교하기 위하여 작성한 그래프가 [그림 2-14-4]이다. 권역별로 보면 수도권보다 비수도권의 원아 수가 훨씬 많으며, 도 권역이 광역시 권역에 비해 원아 수가 절대 많음을 알 수 있다. 수도권과 비수도권을 비교하면, 1975년에는 거의 비슷했으나 이후에 점점 차이가 나기 시작하여 1995년쯤에는 비수도권은 원아 수가 30만 명을 상회하는데, 수도권은 25만 명 이하에 있다. 그러나 2005년 이후에는 비수도권은 급격하게 원아 수가 떨어지고 있는 반면, 수도권은 상승세에 있어 결국 두 권역 간에 차이가 좁혀지고 있다. 도 권역과 광역시 권역을 비교해 보면 수도권역과 비수도권과 같이 움직이고 있다. 다만 차이가 나는 것은 후반에 오면서 도는 계속 상승세이지만 광역시는 크게 떨어지고 있다는 점이다. 모든 지역이 경기도의 영향을 받고 있는 것이다.

3. 유치원 교원 수

1965년에서 2012년 간 우리나라 유치원 교원 수 변화 추이에 대한 내용이 〈표 2-14-8〉이다. 우리나라 유치원 교원 수는 1965년에 1,402명이었는데 1990년에는 18,511명으로 크게 늘어난다. 5년 후인 1995년에는 25,576명으로 급증하였고, 2003년도에는 30,290명으로 3만 명대로 진입하였고, 이 추세는 계속되어 2012년에는 42,235명으로 4만 명대의 유치원 교사들이 근무를 하고 있다.

1965년도의 유치원 교원 수를 보면, 서울은 355명으로 가장 많고 다음이 경북 213명, 경기 155명, 부산 127명 순이다. 부산이 유치원 수는 적은데 교원 수는 많은 것은 유치원 학생 수가 많다는 의미다. 서울의 유치원 교원 수는 1980년도에 1천 명대에 진입하고 1985년에는 2,807명으로 3천 명 시대를 눈앞에 둔다. 이러한 가속도는 이후 1995년에 5,389명으로 최고점으로 올라갔다가 서서히 감소되어 2000년도에는 4,933명으로 급감했다. 이후 다시 상승하기 시작하여 2012년 현재는 6,213명으로 늘어났다. 경기도 유치원 교원 수의 약진은 앞의 유치원 수의 급증과 비례관계다. 1965년도에 155명에 불과했던 교원 수가 1985년도에 1천 명 시대를 열었고 이후 급증하여 2000년도에는 5,353명으로 크게 증가하였고 2012년에는 10,552명으로 우리나라에서

표 2-14-8	유치원 교원 수(1965-2012)									(단위: 명)

지역별	1965	1970	1975	1980	1985	1990	1995	1996	1997	1998	1999
전국	1,402	1,660	2,153	3,339	9,281	18,511	25,576	26,621	27,586	26,721	26,164
서울	355	448	691	1,073	2,807	4,751	5,389	5,379	5,279	4,915	4,536
부산	127	142	216	270	575	1,139	2,174	2,204	2,360	2,229	2,161
대구	–	–	–	–	554	696	934	1,017	1,055	1,069	1,073
인천	–	–	–	–	321	585	1,058	1,129	1,206	1,149	1,098
광주	–	–	–	–	–	532	745	741	777	684	712
대전	–	–	–	–	–	382	885	943	980	881	870
울산	–	–	–	–	–	–	–	–	–	810	870
경기	155	240	238	392	1,169	2,379	4,067	4,584	5,020	5,109	4,902
강원	96	120	133	136	426	756	939	938	952	895	892
충북	32	33	42	71	164	520	869	892	922	928	898
충남	119	110	120	205	497	649	1,110	1,091	1,130	1,114	1,177
전북	49	52	62	118	371	1,009	1,278	1,311	1,304	1,268	1,275
전남	119	132	138	207	719	1,375	1,408	1,409	1,414	1,374	1,361
경북	213	219	287	529	598	1,410	1,758	1,857	1,889	1,910	1,917
경남	118	135	186	277	972	2,093	2,680	2,852	3,036	2,123	2,167
제주	19	29	40	61	108	235	282	274	262	263	255

지역별	2000	2001	2002	2003	2004	2005	2006	2007	2008	2009	2010	2011	2012
전국	28,012	28,975	29,673	30,290	30,206	31,033	32,096	33,504	34,601	35,415	36,461	38,662	42,235
서울	4,933	5,017	5,090	5,092	4,972	5,033	5,153	5,177	5,219	5,293	5,404	5,755	6,213
부산	2,391	2,471	2,519	2,575	2,522	2,507	2,480	2,554	2,544	2,558	2,642	2,744	2,862
대구	1,164	1,204	1,249	1,319	1,451	1,426	1,500	1,587	1,683	1,786	1,878	2,052	2,260
인천	1,201	1,196	1,264	1,292	1,314	1,369	1,435	1,565	1,716	1,819	1,942	2,088	2,312
광주	758	840	857	870	906	976	992	1,091	1,086	1,145	1,180	1,292	1,478
대전	966	1,046	1,067	1,099	1,063	1,087	1,137	1,212	1,292	1,305	1,330	1,405	1,594
울산	955	973	985	963	909	920	897	925	952	958	950	985	1,049
경기	5,353	5,713	5,901	6,221	6,372	6,753	7,246	7,849	8,392	8,598	8,952	9,704	10,552
강원	910	893	925	935	952	973	983	1,005	1,019	1,017	1,013	1,063	1,161
충북	924	952	949	956	940	955	984	1,007	1,034	1,028	1,061	1,073	1,168
충남	1,198	1,206	1,218	1,237	1,231	1,256	1,356	1,409	1,477	1,518	1,594	1,689	1,873
전북	1,353	1,404	1,418	1,428	1,422	1,397	1,454	1,507	1,518	1,575	1,658	1,748	1,857
전남	1,361	1,380	1,367	1,369	1,344	1,361	1,368	1,403	1,411	1,408	1,428	1,425	1,504
경북	2,016	2,032	2,057	2,100	2,022	2,119	2,150	2,148	2,202	2,236	2,241	2,343	2,550
경남	2,268	2,382	2,546	2,560	2,510	2,601	2,656	2,750	2,746	2,857	2,881	2,975	3,446
제주	261	266	261	274	276	300	305	315	310	314	307	321	356

출처: 한국교육개발원, 교육통계서비스, 교육통계, 테마통계, 시계열 통계, 유치원.

유일하게 1만 명 이상의 유치원 교사를 보유하고 있는 지역이다. 인구가 급감하는 지역이지만 유치원 교원 수의 감소는 거의 없다. 전남은 인구 유출이 가장 심한 지역인데도 불구하고 1965년도 119명을 시작으로 2000년 1,361명, 2012년 현재 1,504명으로 감소 없이 성장하고 있다. 2013년도 유치원 교원 수 순위를 보면, 경기, 서울, 경남, 부산, 경북, 인천, 대구, 충남, 전북 순이다.

1965년에 유치원 교원 수가 비슷했던 충남(119명), 전남(119명), 경남(118명)을 비교해 보자. 1985년에는 충남은 497명, 전남 719명, 경남은 972명이었다. 2005년에는 충남은 1,256명, 전남은 1,361명, 경남은 2,601명으로 경남의 유치원 교원 수가 2천 명대를 넘어서고 있다. 2012년 현재 충남은 1,873명, 전남은 1,504명, 경남은 3,446명으로 전남이 뒤처지고, 경남은 3천 명 대를 넘어서고 있다. 이를 비율로 보면, 1965년에서부터 2012년 동안 유치원 교원 수는 충남은 15.74배, 전남은 12.63배, 경남은 29.20배로 경남이 단연 크게 증가하고 있다.

유치원 교원 수를 지역별로 비교한 그래프가 [그림 2-14-5]이다. 이 그래프도 앞의 유치원 수의 변화와 마찬가지로 거의 같은 내용을 보여 주고 있다. 1980년을 기점으로 상승하다가 경기도를 제외하고는 완만한 증가를 보이고 있다. 다만 교원 수는 연도마다 감소와 증가가 약간씩 있었던 유치원 수와는 달리 전 지역이 거의 감소 없이 증원되었다. 서울은 유치원 수가 크게 감소되었지만 2012년부터는 오히려 교원 수는 상승하려 하고 있다.

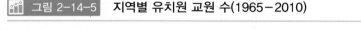

그림 2-14-5　지역별 유치원 교원 수(1965-2010)　　　　　(단위: 명)

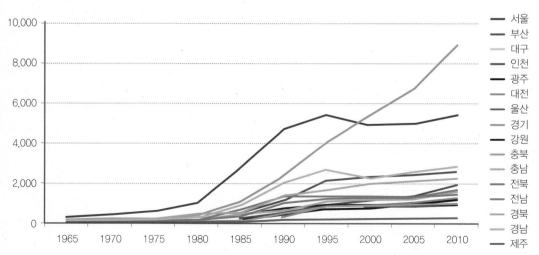

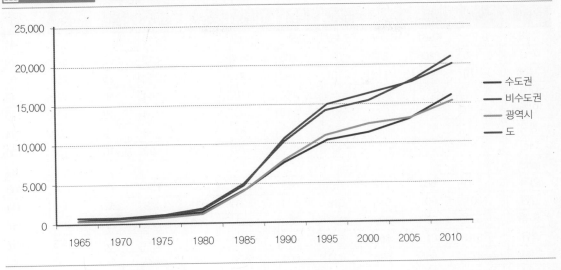

그림 2-14-6　권역별 유치원 교원 수(1965-2010)　(단위: 명)

권역별로 비교를 위하여 작성한 내용이 [그림 2-14-6]이다. 권역별로 보면 유치원
교원 수는 모든 지역이 비슷한 기울기로 증가하고 있다. 도 권역과 비수도권이 거의
비슷하고 광역시 권역과 수도권의 유치원 교원 수도, 도 권역과 비수도권에 비해 점유
율은 낮지만 비슷하게 성장하고 있음을 알 수 있다.

제3절 | 초등학교

1. 학교 수

1965~2012년까지 약 50년 가까이 우리나라 초등학교 수의 지역별, 연대별로 변화
된 모습을 담은 내용이 〈표 2-14-9〉이다. 표에서 보면 1965년에 초등학교 수는 5,124
개교였다. 그러다가 1980년에 6,487개교로 늘어났다. 1990년에는 6,335개교로 약간씩
떨어지다가, 2000년도에는 5,267개교로 크게 떨어졌다. 그러나 이후 약간씩 증가하여
2012년 현재는 5,895개교가 설립되어 운영되고 있다.

1965년의 초등학교 수를 지역별로 보면, 경북이 868개로 가장 많았고, 그 다음

표 2-14-9 초등학교 수(1965-2012) (단위: 개소)

지역별	1965	1970	1975	1980	1985	1990	1995	1996	1997	1998	1999
전국	5,125	5,961	6,367	6,487	6,519	6,335	5,772	5,732	5,721	5,688	5,544
서울	160	206	252	291	405	463	512	519	523	527	529
부산	79	99	112	137	193	221	245	250	257	259	265
대구	–	–	–	–	111	118	161	164	167	172	178
인천	–	–	–	–	72	103	163	164	166	171	170
광주	–	–	–	–	–	83	89	93	97	103	104
대전	–	–	–	–	–	79	96	99	102	103	106
울산	–	–	–	–	–	–	–	–	–	81	83
경기	570	663	712	731	685	684	733	756	777	801	808
강원	501	607	635	618	534	499	431	428	427	422	399
충북	323	372	393	397	368	337	283	279	274	272	257
충남	510	615	653	659	661	565	480	476	476	473	457
전북	471	553	595	603	604	555	482	479	473	462	442
전남	766	931	990	1,008	982	821	657	626	599	576	559
경북	868	971	1,034	1,034	926	890	669	642	634	608	565
경남	783	836	879	895	865	802	662	651	643	552	516
제주	94	108	112	114	113	115	109	106	106	106	106

지역별	2000	2001	2002	2003	2004	2005	2006	2007	2008	2009	2010	2011	2012
전국	5,267	5,322	5,384	5,463	5,541	5,646	5,733	5,756	5,813	5,829	5,854	5,882	5,895
서울	532	536	542	550	554	563	568	572	578	586	587	591	594
부산	267	269	273	279	283	285	292	293	293	297	298	297	299
대구	178	184	186	193	198	201	204	205	211	215	214	216	217
인천	174	180	185	190	197	206	210	216	224	224	226	232	236
광주	109	115	117	121	123	128	134	136	139	145	145	147	148
대전	110	113	115	117	120	124	129	136	137	138	138	141	143
울산	85	86	92	94	100	105	108	114	116	116	118	119	119
경기	835	864	901	936	967	1,011	1,050	1,068	1,094	1,114	1,145	1,159	1,176
강원	367	365	365	366	366	366	365	363	361	353	353	353	352
충북	247	246	243	245	248	252	253	254	256	258	259	260	259
충남	432	433	431	431	436	442	440	429	430	432	430	430	427
전북	422	419	421	416	415	420	423	420	420	417	413	414	413
전남	462	457	456	460	457	455	456	453	453	437	433	429	427
경북	492	495	493	493	497	502	503	500	497	496	494	491	484
경남	449	455	460	468	476	482	493	491	498	495	495	495	491
제주	106	105	104	104	104	104	105	106	106	106	106	108	110

출처: 한국교육개발원, 교육통계, 테마통계, 시계열 통계, 초등학교.

이 783개인 경남, 766개인 전남 순이다. 호남과 영남 지역의 초등학교 수가 절대적으로 많다. 서울은 160개로 79개인 부산, 94개인 제주 다음 최하위권이었다. 1990년도에는 전국 초등학교 수는 6,335개였다. 이 시기에 지역별로 보면, 여전히 경북, 전남, 경남, 경기 순으로 1965년도의 서열이 거의 그대로 유지되고 있다. 1980년에는 경북은 1,034개교, 전남 1,008개교, 경남 895개교, 경기 731개교이며, 이후 순서는 충남, 강원, 전북, 충북, 서울, 부산, 제주였다. 경북과 전남이 1,000개 교 이상이다. 그러나 1990년에 들어서면서 1,000개 이상의 초등학교 수가 있는 지역은 사라진다. 1990년도의 현황을 보면, 경북 890개교, 전남 821개교, 경남 802개교, 경기 684개교로 순서가 이어지며, 이후 순서는 충남, 전북, 강원, 서울, 충북, 부산, 대구, 제주, 인천, 광주, 대전 순이다. 그러나 이 순서도 오래가지 않았다.

1995년 경기가 733개교로 1위가 되고, 계속 하위에 있었던 서울이 2000년에는 532개교로 2위가 되었다. 서울 다음이 경북으로서 492개교이다. 2000년도에 경기는 835개교로 초등학교 수가 가장 많은 지역이 되었고, 다음이 서울로 532개교이며, 이어서 경북, 전남, 경남, 충남, 전북 순이다. 영남과 호남이 주도하던 시대가 막이 내리고 수도권이 주도하는 시대가 시작된 것이다.

2000년도에는 1995년도에 제주보다 초등학교 수가 적었던 인천, 광주, 대전이 각각 174개교, 109개교, 110개교로 106개교인 제주보다 다 앞섰다. 2012년 현재를 보면, 초등학교 수의 순서를 보면 여전히 경기도가 1순위를 지키고 있으며, 서울, 경남, 경북, 전남, 충남, 전북 순위로 2000년도의 순위가 그대로 유지되고 있다. 인구 유출이 가장 심한 지역 중에 하나인 전남, 전북, 경북이 초등학교 순위에서는 계속 상위권을 유지하는 이유는 초등학교에 대한 주민들의 오랜 애착, 초등학교 학생들의 통학의 편리성과 지역의 상징성 등을 고려하여 폐교시키기가 쉽지 않기 때문이다.

초등학교 수를 지역별로 비교하여 작성한 내용이 [그림 2-14-7]이다. 이 그림을 보면 대체로 1985년도까지는 거의 모든 지역이 상승하다가 이후에 약간씩 감소되기 시작하다가 2000년도에 들어서면서 거의 정체상태에 있다. 그러나 경기도와 서울은 예외이다. 경기는 거의 감소되는 해가 없이 초등학교 수가 계속 증가하고 있다. 특히 1995년 이후에는 더 급증하고 있다. 서울도 완만하지만 계속 증가하고 있음을 알 수 있다.

권역별로 구분하여 작성한 그래프가 [그림 2-14-8]이다. 이 그림을 보면 도 권역과 비수도권 지역 초등학교 수의 변화와 광역시와 수도권 초등학교 수의 변화가 뚜렷하게 차이가 있다. 도 권역과 비수도권 지역은 1985년까지는 성장세를 유지한다. 그러나 이후에 내리막길을 걷다가 2000년부터는 내리막은 멈추고 거의 현 상태를 유지하고

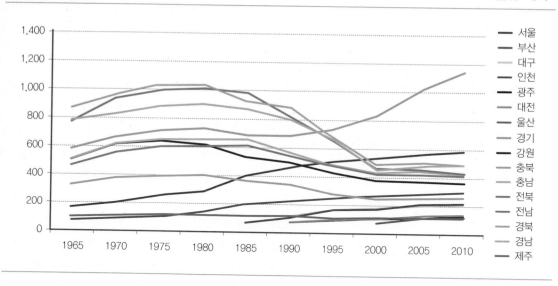

그림 2-14-7   지역별 초등학교 수(1965-2010)   (단위: 개소)

	서울
	부산
	대구
	인천
	광주
	대전
	울산
	경기
	강원
	충북
	충남
	전북
	전남
	경북
	경남
	제주

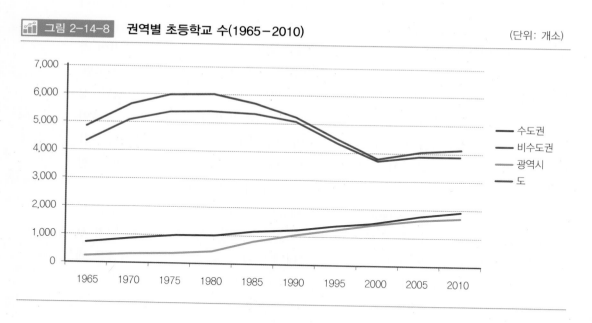

그림 2-14-8   권역별 초등학교 수(1965-2010)   (단위: 개소)

수도권
비수도권
광역시
도

있다. 1985년도부터 도 권역의 초등학교 수가 감소되는 것은 1980년대에 관할 구역 내 대도시들이 광역시로 승격되어 분할되었던 것에서 원인을 찾을 수 있다. 광역과 수도권 지역은 거의 같은 내용으로 상승하고 있으며 1980년 이후 한 번도 감소없이 증가하고 있는 점이 특징이다.

2. 학생 수

　초등학교 학생 수의 변화 추이를 정리한 내용이 〈표 2-14-10〉이다. 1965년 우리나라 초등학교 학생 수는 494만 명이었다. 이후 계속 증가하여 1970년대에 500만 명 시대로 진입하였다. 그러나 1980년대는 다시 4백만 시대로 떨어지고, 1990년대는 3백만 시대까지 떨어진다. 그러다가 2000년도에는 4,019,194명으로 4백만 시대가 다시 왔고 이는 2005년까지 가다 2006년에는 3,925,043명으로 이후에는 3백만 명대로 떨어졌다. 2012년 현재는 2,951,995명으로 2백만 대까지 급락하고 있다.

　지역별로 보면 1965년도에 초등학교 학생 수가 많은 지역별로 나열하면 경북, 전남, 경남, 서울, 충남, 경기, 전북, 강원, 충북, 부산, 제주 순이다. 1990년을 기준으로 보면 순서는 서울, 경기, 부산, 경남, 경북, 전남, 대구, 전북, 인천, 강원, 충북, 대구, 인천, 제주 순이다. 2000년도에는 경기도의 초등학교 학생 수가 889,034명으로 759,443명인 서울보다 1위를 차지하게 된다. 이 다음의 순위는 부산이 급증하여 3위, 나머지는 경남, 인천, 경북, 대구, 전남, 전북 순이다. 2012년 현재는 경기, 서울, 경남, 부산, 인천, 대구, 경북 순으로 학생 수가 많다.

　지역 간의 초등학교 학생 수를 비교하기 위하여 작성한 그래프가 [그림 2-14-9]이다. 이 그림을 개괄하면 경기를 포함하여 모든 초등학교 학생 수가 급감하고 있음을 알 수 있다. 서울은 1980년도에 초등학교 학생 수가 116만 8천 명으로 역사상 가장 많은 해이다. 물론 다른 지역이 서울처럼 1백만 이상의 초등학교 학생 수가 있는 곳이 없음은 물론이다.

　경기도는 그림에서 보는 바와 같이 계속 상승하다가 2005년 이후에는 감소하기 시작하고 있다. 서울은 이후 약간씩 줄어들다가 다시 1990년도에 1백만 명대에 복귀한다. 그러나 이후에 급감하기 시작하여 2000년도에는 75만 명대로, 2012년 현재는 50만 명대로 내려와서, 가장 최고점인 1980년도와 1990년도에 비하면 반토막 났다. 이에 비해 경기도는 한 번도 꺾어지지 않고 증가한다. 1965년도의 50만 명대를 시작으로 1980년에 60만 명 시대, 1995년은 70만 명 시대, 1998년에는 80만 명 시대를 맞이한다. 그러나 경기도도 2005년도를 정점으로 이후에는 감소를 시작하여 2012년 현재 77만 명대로 하락하고 있다. 다른 지역은 1970년도까지는 상승세를 유지하였고 이후 하락하기 시작하다가 1990년대부터는 하락이 멈추고 약간씩 증가 또는 정체되고 있다. 이렇게 초등학교 학생 수의 감소는 앞으로 중학교는 물론 대학교 정원에까지 영향을 미쳐서 각 대학들이 긴장을 하고 있을 정도다.

　권역별로 비교한 내용이 [그림 2-14-10]이다. 1990년도까지는 광역시와 도를 비교

| 표 2-14-10 | 초등학교 학생 수(1965-2012) | | | | | | | | | | (단위: 명) |

지역별	1965	1970	1975	1980	1985	1990	1995	1996	1997	1998	1999
전국	4,941,345	5,749,301	5,599,074	5,658,002	4,856,752	4,868,520	3,905,163	3,800,540	3,783,986	3,834,561	3,935,537
서울	564,779	770,167	908,474	1,168,724	1,090,330	1,141,839	831,282	778,709	756,542	748,978	753,606
부산	238,335	287,059	324,476	446,162	419,589	457,057	325,888	309,109	297,996	294,215	294,705
대구	–	–	–	–	227,318	255,071	212,643	207,631	206,127	208,328	212,182
인천	–	–	–	–	155,498	208,236	221,583	220,231	223,032	230,617	240,782
광주	–	–	–	–	–	134,493	114,785	112,154	113,152	117,129	121,810
대전	–	–	–	–	–	120,318	117,274	116,434	116,815	118,666	122,977
울산	–	–	–	–	–	–	–	–	–	100,160	103,341
경기	511,992	605,549	593,407	658,198	521,713	656,022	713,971	740,664	766,565	806,471	849,914
강원	320,498	370,844	338,128	292,446	228,238	188,114	128,143	122,046	119,516	119,423	121,717
충북	272,271	310,348	281,703	222,453	173,048	153,273	122,589	118,893	118,224	119,409	121,976
충남	512,856	573,393	516,747	458,937	383,679	216,850	149,779	143,464	143,776	145,598	149,178
전북	434,499	494,405	458,598	388,516	301,214	240,029	165,449	158,097	154,872	153,952	156,139
전남	690,442	820,675	767,573	701,320	493,432	290,117	177,393	166,519	161,608	159,106	162,154
경북	772,964	852,796	792,963	734,789	373,028	317,812	223,716	215,305	214,473	214,107	217,581
경남	574,636	599,864	544,825	510,296	428,224	433,256	357,900	349,842	349,997	255,967	262,965
제주	48,073	64,201	72,180	76,161	61,441	56,033	42,768	41,442	41,291	42,435	44,510

지역별	2000	2001	2002	2003	2004	2005	2006	2007	2008	2009	2010	2011	2012
전국	4,019,991	4,089,429	4,138,366	4,175,626	4,116,195	4,022,801	3,925,043	3,829,998	3,672,207	3,474,395	3,299,094	3,132,477	2,951,995
서울	759,443	762,967	759,229	759,010	736,710	711,136	689,169	665,227	633,486	598,514	566,149	535,948	502,000
부산	294,929	293,685	291,342	288,174	277,769	265,083	252,856	242,193	227,494	210,826	197,397	184,983	172,069
대구	216,465	220,063	221,083	223,849	220,612	213,212	205,658	199,471	189,585	178,029	167,548	157,693	146,899
인천	245,716	250,264	250,477	247,046	238,650	230,067	222,154	214,671	205,781	193,210	183,261	173,598	164,928
광주	126,820	131,416	135,584	138,644	138,670	136,309	134,192	132,619	127,758	121,590	115,827	109,760	102,912
대전	125,748	128,927	130,998	132,735	131,906	129,952	127,601	125,583	120,881	114,621	109,013	103,852	98,665
울산	106,554	108,886	110,777	111,909	110,133	107,058	103,265	99,281	94,111	87,693	81,678	76,596	71,544
경기	889,034	924,142	956,758	983,887	986,056	979,630	966,347	951,908	920,586	880,141	848,135	814,927	775,163
강원	122,613	123,102	124,112	124,305	122,661	120,102	117,025	114,973	110,747	105,480	99,797	94,442	88,865
충북	124,176	126,177	128,201	129,175	128,904	126,588	122,986	120,998	116,711	110,757	105,026	99,902	94,507
충남	151,526	153,728	155,257	156,793	156,721	156,088	154,598	153,984	150,382	143,961	138,404	132,962	127,260
전북	159,683	161,425	162,816	162,998	160,778	157,804	154,099	149,721	143,293	135,336	126,869	119,592	112,640
전남	163,677	164,231	164,722	164,606	161,187	156,686	152,538	148,376	141,424	132,503	123,912	115,550	107,133
경북	217,710	217,985	217,903	216,719	212,588	206,141	201,415	196,170	187,309	175,577	164,230	155,146	144,918
경남	269,119	273,581	278,337	283,632	280,491	275,274	270,349	264,776	254,368	240,129	227,813	215,383	202,320
제주	46,778	48,850	50,770	52,144	52,359	51,671	50,791	50,047	48,291	46,028	44,035	42,143	40,172

출처: 한국교육개발원, 교육통계, 테마통계, 시계열 통계, 초등학교.

그림 2-14-9　지역별 초등학교 학생 수(1965-2010)　　(단위: 천 명)

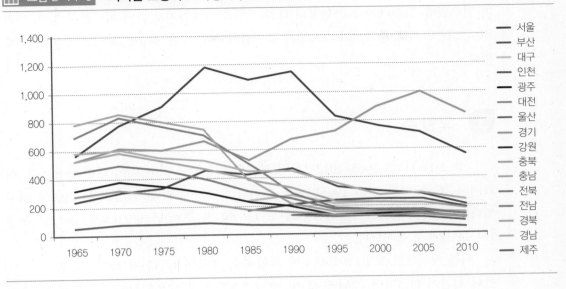

- 서울
- 부산
- 대구
- 인천
- 광주
- 대전
- 울산
- 경기
- 강원
- 충북
- 충남
- 전북
- 전남
- 경북
- 경남
- 제주

하면 초창기에는 도 권역의 초등학교 학생 수가 훨씬 많았다. 이는 당시에는 부산 이외의 도시, 즉 대구, 인천, 대전, 광주 등이 광역시로 승격되기 이전이어서 각 도에 소속되어 있기 때문에 도 권역의 초등학교 학생 수가 많을 수밖에 없다. 도의 초등학교 학생 수는 1970년도까지는 증가하지만 이후에 도시로의 인구유출, 관할 내의 도시가

그림 2-14-10　권역별 초등학교 학생 수(1965-2010)　　(단위: 천 명)

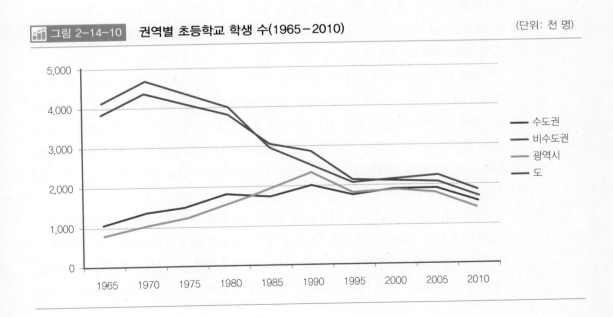

- 수도권
- 비수도권
- 광역시
- 도

광역시로의 승격 등으로 초등학교 학생 수도 급감하기 시작하다가 1995년도에 감소가 멈추었다. 그러다가 2005년부터 다른 지역과 마찬가지로 다시 하락하고 있다. 도와 비수도권, 그리고 광역시와 수도권은 움직임이 거의 같은 경향을 보이고 있음을 알 수 있다.

3. 교원 수

〈표 2-14-11〉은 1965~2012년까지 전국의 초등학교 교원 수에 대한 내용이다. 이 표에서 볼 수 있는 것은 1965년도에 우리나라 초등학교 전 교원 수는 79,164 명이었다. 이 수는 계속 늘어나서 1990년도 136,800명, 2000년 140,000명, 2012년 현재 181,435명으로 늘어났다.

이를 지역별로 보면, 1965년도에 교원 수는 경북이 12,474명으로 가장 많고 그 다음이 전남이 11,371명, 경남 9,424명, 충남 8,509명, 경기 8,123명, 전북 7,451명 순이고 다음이 서울로 7,133명이다. 이후 10년 후인 1985년도의 초등학교 교원 수를 보면, 서울이 21,629명으로 1위로, 10년 전보다 2.9배나 급등한다. 서울 다음이 전남으로서 17,703명이며, 다음은 경기 12,995명, 경남 12,738명, 경북 12,345명, 충남 10,824명 순이다. 서울과 경기지역은 강세지역인 반면에, 경북과 전남은 이전보다 감소되기 시작하였고, 경남은 약간 상승하는 선에 있었다. 2000년도에 들어서는 서울의 초등교원 수는 25,265명으로 경기의 26,515명에 1위 자리를 내 주었다. 그 이전에 상위권이었던 전남, 경북, 경남, 충남 등은 감소하여 전부 1만 명대 미만으로 내리막길을 걸었다. 10년 후인 2010년에는 경기가 42,104명으로 10년 전에 비해 58.8%가 증원이 되었다.

서울은 1990년대 말에 약간의 감소를 보이다가 2000년부터 줄곧 상승하였다. 서울의 초등학교 교원 수가 2000년도에는 25,265명이었는데 2010년에는 29,335명으로 증원되었다. 2000년대에는 거의 모든 지역의 초등학교 교원 수가 늘어난다. 학급당 학생 수와 학교 수는 줄어드는 반면에 교원 수는 늘어나는 현상이 가속화 된 때는 2000년대라고 할 수 있다. 지역 간 비교를 위하여 그래프를 작성한 내용이 [그림 2-14-11]이다.

전체의 맥락은 1975년도까지는 교원 수가 상승하다가 1985년도부터 약간씩 감소하여 1990년대는 계속 내리막길을 걷고 있다. 그러다가 2000년대 들어서면서 교원 수는 적게나마 증원되는 경향이 뚜렷하게 나타난다. 이 중에서 경기는 예외이다. 경기도는 계속 증가되었고, 특히 1985년부터는 인천이 분할되어 나갔음에도 불구하고 급증

| 표 2-14-11 | 초등학교 교원 수(1965–2012) | | | | | | | | | (단위: 명) |

지역별	1965	1970	1975	1980	1985	1990	1995	1996	1997	1998	1999
전국	79,164	101,095	108,126	119,064	126,785	136,800	138,369	137,912	138,670	140,121	137,577
서울	7,133	10,552	12,373	17,903	21,629	25,382	25,710	25,287	25,306	25,454	24,299
부산	3,174	4,120	4,574	7,420	8,593	10,426	10,377	10,167	10,064	10,070	9,785
대구	–	–	–	–	4,586	5,692	6,458	6,478	6,578	6,602	6,264
인천	–	–	–	–	3,109	4,524	6,525	6,576	6,678	6,834	6,886
광주	–	–	–	–	–	3,217	3,611	3,540	3,570	3,625	3,664
대전	–	–	–	–	–	2,937	3,537	3,603	3,672	3,775	3,672
울산	–	–	–	–	–	–	–	–	–	3,144	3,226
경기	8,123	10,432	11,423	13,192	12,995	16,722	21,211	22,245	23,142	24,131	25,291
강원	5,678	7,100	7,510	7,514	7,759	7,371	6,193	6,063	6,118	6,001	5,696
충북	4,893	6,043	6,255	6,237	5,440	5,353	5,158	5,123	5,095	5,166	4,914
충남	8,509	10,328	10,756	10,821	10,824	7,939	7,090	7,022	7,055	7,078	6,971
전북	7,451	9,434	10,002	9,825	9,286	8,404	7,349	7,306	7,227	7,218	6,780
전남	11,377	14,877	15,786	16,140	15,703	11,649	9,533	9,098	8,811	8,733	8,386
경북	12,474	15,430	16,055	16,669	12,345	12,027	10,412	10,186	10,132	10,074	9,744
경남	9,424	11,533	12,005	11,775	12,738	13,370	13,427	13,422	13,418	10,408	10,198
제주	928	1,246	1,387	1,568	1,778	1,787	1,778	1,796	1,804	1,808	1,801

지역별	2000	2001	2002	2003	2004	2005	2006	2007	2008	2009	2010	2011	2012
전국	140,000	142,715	147,497	154,075	157,407	160,143	163,645	167,182	172,190	175,068	176,754	180,623	181,435
서울	25,265	25,547	25,939	26,417	26,586	26,758	27,219	27,646	28,391	29,004	29,335	29,639	29,762
부산	9,779	10,119	10,394	10,914	10,953	11,015	10,999	11,049	11,089	11,126	10,960	10,821	10,709
대구	6,530	6,784	6,991	7,538	7,777	7,850	8,194	8,321	8,476	8,666	8,709	8,844	8,860
인천	7,159	7,286	7,625	8,317	8,574	8,741	8,935	9,164	9,516	9,626	9,519	9,649	9,633
광주	3,830	3,924	4,073	4,644	4,784	4,765	5,103	5,232	5,306	5,442	5,579	5,851	6,001
대전	3,900	4,253	4,345	4,656	4,763	4,835	5,095	5,144	5,432	5,545	5,552	5,742	5,889
울산	3,337	3,367	3,525	3,710	3,774	3,895	4,013	4,145	4,196	4,185	4,194	4,342	4,316
경기	26,515	27,152	29,472	30,973	32,411	33,908	34,829	36,298	37,693	38,954	40,449	41,619	42,104
강원	5,702	5,712	5,644	5,765	5,810	5,819	5,958	6,154	6,401	6,492	6,528	6,629	6,683
충북	4,894	4,960	5,048	5,258	5,396	5,508	5,507	5,664	5,864	5,943	5,920	6,296	6,384
충남	6,890	6,904	7,001	7,592	7,689	7,830	7,899	7,961	8,270	8,416	8,471	8,774	8,877
전북	6,852	7,024	7,130	7,260	7,364	7,446	7,600	7,718	7,866	7,839	7,922	8,053	8,040
전남	8,095	8,090	8,129	8,188	8,172	8,196	8,214	8,389	8,627	8,580	8,284	8,269	8,179
경북	9,514	9,561	9,641	9,745	9,803	9,852	9,859	9,989	10,210	10,263	10,352	10,482	10,190
경남	9,888	10,137	10,549	11,050	11,417	11,539	11,980	12,001	12,488	12,607	12,610	13,167	13,286
제주	1,850	1,895	1,991	2,048	2,134	2,186	2,241	2,307	2,365	2,380	2,370	2,446	2,522

출처: 한국교육개발원, 교육통계, 테마통계, 시계열 통계, 초등학교.

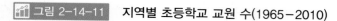

그림 2-14-11 **지역별 초등학교 교원 수(1965-2010)** (단위: 천 명)

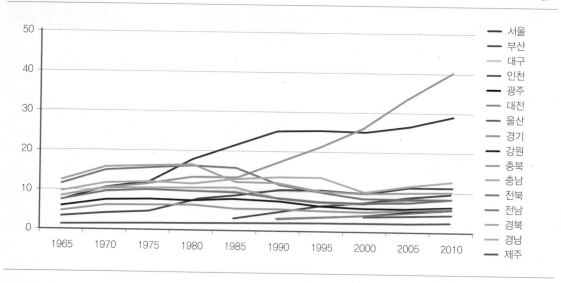

그림 2-14-12 **권역별 초등학교 교원 수(1965-2010)** (단위: 천 명)

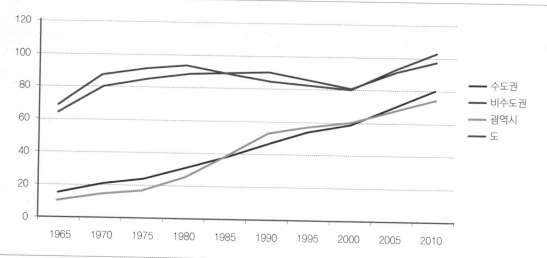

하고 있다. 권역으로 비교를 해 보면 다음 [그림 2-14-12]와 같다. 학교 및 학생 수는 줄어들고 있지만 교원 수는 어느 권역에서도 줄어들고 있지 않다. 다만 도 권역과 비수도권이 2000년도 이전 약 5년 정도 완만하게 축소되었을 뿐이다. 수도권과 광역시의 교원 수가 도 권역과 비수도권의 교원 수와 점점 같아져 가고 있을 정도로 수도권

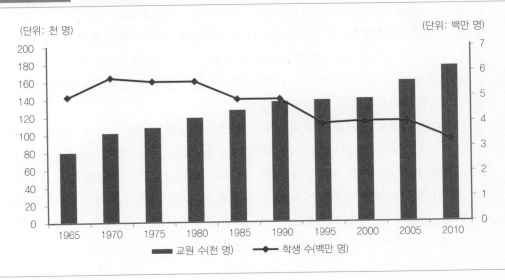

그림 2-14-13 전국 초등학교 학생 수와 교원 수(1965−2010)

(단위: 천 명) (단위: 백만 명)

■ 교원 수(천 명) ◆ 학생 수(백만 명)

과 광역시의 교원 수가 증가하고 있다.

[그림 2-14-13]은 학생 수와 교원 수를 연대별로 비교한 내용이다. 학생 수는 1980년을 기점으로 줄어들기 시작하여 2005년 이후에는 더욱 급감한다. 그러나 교원 수는 한 번도 줄어들지 않고 있음을 알 수 있다. 이렇게 불일치 현상이 멀지 않은 장래에 교원수급정책에 큰 과제로 남아 있을 가능성이 높다.

제4절 | 중학교

1. 학교 수

우리나라 중학교 학생 수 변화를 지역별로 나타낸 내용이 〈표 2-14-12〉이다. 1965년도에 우리나라 중학교 수는 1,208개, 1980년에는 2,121개로 5년 사이에 75.6%가 증가하였다. 이후 중학교 수는 2007년에 3,032개로 증가되면서 중학교 3천 개 시대가 시작된다. 2012년 현재 우리나라 중학교 수는 3,162개이다. 지역별로 살펴보면 1965년도의 중학교 수는 경북이 193개교, 경남이 166개교, 경기 146개교, 전남 127개교, 충남 124개교, 서울 113개교 순이었다. 1990년도의 현황을 보면 서울이 327개교로 1위를 차지하게 된다. 다음이 경북, 경남, 경기, 전남 순으로 많다. 15년이 지났지만 순위는 서울만 바뀌고 그 순서 그대로이다. 10년 후인 2000년에는 지난 10년 전에 4위였던 경기도가 378개교로 1위를 차지했고 다음 순위는 서울, 경북, 전남, 경남, 충남으로 이어졌다. 다시 10년 후인 2010년에는 경기, 서울, 경북, 경남, 전남, 전북, 충남 순으로 이어진다. 10년 전과 큰 차이가 없다.

이를 지역별로 비교하기 위하여 [그림 2-14-14]를 작성하였다. 그림에서 보는 바와 같이 1965년부터 1985년도까지 중학교의 수는 계속 증가하였다. 그 이후는 거의 정체 수준이다. 예외적으로 서울은 완만한 상승을, 경기도는 급한 상승을 보이고 있다.

이를 권역별로 비교하기 위하여 작성한 내용이 [그림 2-14-15]이다. 그림에서 보면 도 권역과 비수도권의 중학교수는 계속 증가하여 광역시 권역과 수도권에 비해서도 훨씬 상위에 있다. 이는 경기가 도 권역에 포함되어 있기 때문이며 비수도권의 강

표 2-14-12 중학교 수(1965-2012)

(단위: 개소)

지역별	1965	1970	1975	1980	1985	1990	1995	1996	1997	1998	1999
전국	1,208	1,608	1,967	2,121	2,371	2,474	2,683	2,705	2,720	2,736	2,741
서울	113	156	180	201	285	327	352	355	352	353	353
부산	49	68	75	89	120	131	149	150	154	154	158
대구	–	–	–	–	67	74	98	98	100	103	105
인천	–	–	–	–	45	55	87	90	90	90	93
광주	–	–	–	–	–	52	65	66	68	69	69
대전	–	–	–	–	–	47	63	65	65	67	68
울산	–	–	–	–	–	–	–	–	–	41	41
경기	146	197	230	259	254	271	329	341	350	361	369
강원	86	123	143	150	159	162	161	160	159	159	159
충북	66	87	102	105	108	109	114	116	116	116	115
충남	124	162	197	212	224	181	185	185	185	186	186
전북	109	133	171	184	193	191	195	196	197	198	197
전남	127	193	276	288	312	265	263	263	260	258	256
경북	193	245	312	338	287	290	290	288	289	286	281
경남	166	211	246	259	278	280	292	292	295	254	250
제주	29	33	35	36	39	39	40	40	40	41	41

지역별	2000	2001	2002	2003	2004	2005	2006	2007	2008	2009	2010	2011	2012
전국	2,731	2,770	2,809	2,850	2,888	2,935	2,999	3,032	3,077	3,106	3,130	3,042	3,162
서울	353	354	357	358	362	363	367	368	369	374	376	377	379
부산	157	158	161	165	165	166	168	170	170	172	171	171	170
대구	106	108	109	111	115	118	120	120	122	123	123	12	123
인천	94	98	102	103	107	114	117	119	123	126	128	131	133
광주	70	71	70	71	75	75	79	81	81	84	85	86	86
대전	70	72	73	73	74	76	84	85	86	86	86	87	88
울산	41	42	43	46	49	51	52	56	60	61	61	61	61
경기	378	395	423	434	449	472	503	516	545	557	574	586	594
강원	160	160	159	159	160	161	161	164	164	164	163	163	163
충북	115	116	116	121	122	123	123	127	128	131	132	131	130
충남	186	185	186	189	190	187	188	188	191	192	190	192	193
전북	192	194	195	196	197	201	204	203	204	204	206	208	208
전남	254	256	253	252	250	248	249	250	250	247	247	246	246
경북	275	277	276	281	282	283	284	281	281	278	278	279	279
경남	239	243	244	249	249	255	258	262	261	265	268	269	266
제주	41	41	42	42	42	42	42	42	42	42	42	43	43

출처: 한국교육개발원, 교육통계, 테마통계, 시계열 통계, 중학교.

📊 그림 2-14-14 **지역별 중학교 수(1965-2010)**   (단위: 개소)

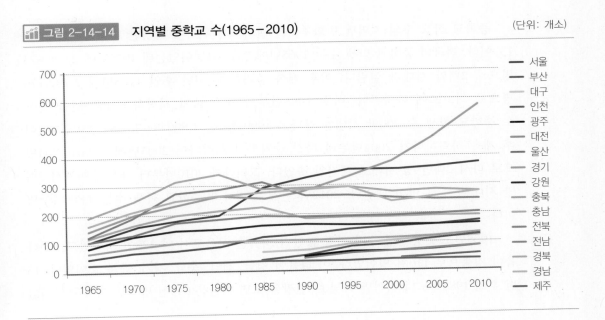

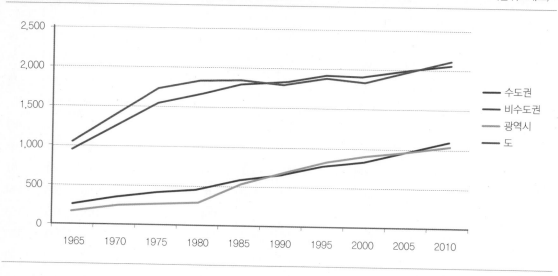

세는 서울이 증가세가 떨어지고 인천의 증가세도 높지 않은 반면에 기존의 도 권역의
중학교들이 학생 수에 관계없이 폐교되는 경우가 거의 없기 때문이라 사료된다.

2. 학생 수

　중학교 학생 수의 지역별 변화추이를 살펴보기 위하여 작성한 내용이 〈표 2-14-
13〉이다. 전국의 중학교 학생 수는 1965년에 751,341명이었는데 1975년에 2,026,823
명으로 2백만 시대가 열린다. 이후 계속 증가하여 10년 후인 1985년에 2,782,173
명으로 최고조에 다다른다. 이후 1985년부터 계속 줄기 시작하여 1998년을 끝으
로 중학교 학생 수 200만 시대는 끝나고 1999년에는 1,896,966명으로 떨어진다. 이
후 계속 하락하다가 2004년부터 다시 증가하기 시작하여 2005년에는 2,010,704명
으로 다시 2백만 명 시대로 재진입 하였다. 그러다가 2010년부터 다시 떨어져서 2백
만 시대는 다시 막이 내린다. 2012년 현재 우리나라 중학교 학생 수는 1,809,494명
이다.

　1965년도에 중학생 수가 가장 많았던 지역은 서울로서 약 128천 명이었고, 그 다
음이 경북으로 116천 명이었다. 이 다음이 경남, 전남, 충남, 경기, 충북 순이었다. 15
년 후인 1980년도의 지역별 학생 수 현황을 보면 서울은 645천 명으로 대폭 증가되었

표 2-14-13 중학교 학생 수(1965-1999)   (단위: 명)

지역별	1965	1970	1975	1980	1985	1990	1995	1996	1997	1998	1999
전국	751,341	1,318,808	2,026,823	2,471,997	2,782,173	2,275,751	2,481,848	2,379,983	2,180,283	2,011,468	1,896,956
서울	127,844	265,437	385,450	469,410	645,367	558,327	566,645	526,294	469,834	424,208	390,220
부산	54,930	100,290	132,273	175,467	233,938	208,676	231,590	215,504	191,491	171,241	158,297
대구	–	–	–	–	130,782	123,620	144,147	137,877	124,630	113,767	106,595
인천	–	–	–	–	78,147	81,354	122,875	121,492	114,164	109,156	105,634
광주	–	–	–	–	–	64,566	80,540	77,560	70,848	64,827	60,140
대전	–	–	–	–	–	57,343	73,711	72,336	67,495	63,077	60,832
울산	–	–	–	–	–	–	–	–	–	47,811	45,365
경기	68,181	131,255	216,661	262,927	247,646	239,680	358,131	368,913	358,877	352,873	349,750
강원	35,105	66,469	97,158	123,735	128,608	94,954	87,090	82,157	73,919	67,336	62,844
충북	34,266	55,241	93,150	108,214	99,296	78,070	79,202	76,288	70,556	65,464	62,116
충남	70,687	113,640	187,188	223,922	220,118	120,295	103,578	98,189	89,171	81,327	76,085
전북	63,369	91,461	145,582	183,082	182,620	129,202	116,522	110,085	99,359	89,189	82,150
전남	81,511	144,861	230,066	312,870	320,536	144,714	125,843	116,976	104,778	92,512	84,268
경북	115,589	187,484	298,410	344,379	216,281	155,390	144,506	137,553	124,313	112,688	105,317
경남	89,455	144,592	214,336	234,865	241,090	191,087	218,592	211,348	195,831	133,420	126,069
제주	10,404	18,078	26,549	33,126	37,744	28,473	28,876	27,411	25,017	22,572	21,274

지역별	2000	2001	2002	2003	2004	2005	2006	2007	2008	2009	2010	2011	2012
전국	1,860,539	1,831,152	1,841,030	1,854,641	1,933,543	2,010,704	2,075,311	2,063,109	2,038,611	2,006,972	1,974,798	1,910,572	1,849,094
서울	375,605	364,688	361,244	359,457	370,551	379,188	384,977	375,937	365,579	355,838	345,413	330,219	315,241
부산	150,783	144,935	143,244	141,010	144,092	146,491	148,618	144,991	139,913	134,976	129,285	121,918	114,936
대구	105,198	103,813	105,561	106,094	110,385	112,661	115,325	113,962	112,708	110,449	108,082	102,493	98,316
인천	105,546	106,012	107,810	109,493	114,670	119,834	123,135	121,864	118,916	115,198	112,142	107,234	103,593
광주	58,783	58,350	59,823	61,201	64,660	67,938	70,639	71,033	71,092	70,471	70,352	68,761	66,937
대전	60,020	59,423	59,748	60,236	63,037	65,474	67,542	67,626	67,431	66,925	65,904	63,791	61,598
울산	45,333	45,515	47,075	48,238	51,200	53,448	55,657	55,201	54,737	53,625	52,213	49,934	47,785
경기	359,220	367,867	384,591	402,500	433,314	463,457	487,357	489,548	488,203	484,656	482,170	472,878	463,600
강원	61,002	59,026	57,806	56,816	57,523	58,972	60,318	59,834	59,168	58,605	58,408	57,321	56,162
충북	60,603	58,828	57,591	57,150	58,853	61,447	63,839	64,291	64,261	63,516	63,120	61,590	59,452
충남	73,993	71,934	70,521	69,328	71,099	74,102	77,201	78,026	78,437	78,369	78,580	77,771	76,604
전북	78,855	75,524	74,163	72,900	74,161	75,975	78,238	78,859	78,526	77,765	76,583	74,593	72,040
전남	79,535	74,918	72,478	70,707	71,739	74,105	76,075	76,005	75,460	75,119	74,251	71,837	69,647
경북	102,583	99,548	98,199	96,960	98,613	100,807	102,754	101,636	100,182	98,685	97,491	93,999	91,614
경남	122,943	120,808	120,998	121,832	127,439	132,949	138,384	138,629	138,290	137,403	135,600	131,677	127,510
제주	20,537	19,963	20,178	20,719	22,207	23,856	25,252	25,667	25,708	25,372	25,204	24,556	24,059

출처: 한국교육개발원, 교육통계, 테마통계, 시계열 통계, 중학교.

다. 그 다음의 순서는 경북, 전남, 경남, 경기, 충북 순이었다.

1990년도에는 서울은 10년 전보다 약간 감소한 558천 명이지만 여전히 1위였고 이어서 경기가 2위로, 부산이 3위로 도약했고, 다음은 경남, 경북, 전남 순이다. 전남도 1985년을 전후에서 학생 수가 급격하게 줄어들어 1985년의 학생 수 32만에서 5년 후인 1990년에는 14만 명으로 반 이상 감소된다. 2004년에는 경기가 35만 9천 명으로 37만 5천 명인 서울에 이어 2위였는데 이후는 계속 경기가 1위, 서울이 2위가 고착된다. 이 다음의 순서는 부산, 경남, 인천, 대구, 경북, 전남, 충남 순으로 이어지고 있다. 2012년 현재를 보면 경기는 중학교 학생수가 463천 명으로 가장 많고, 그 다음이 서울, 경남, 부산, 인천, 경북, 대구 순이다. 광역시의 중학교 학생 수가 증가하고 도 단위의 지역 중학교 수가 두드러지게 떨어지고 있다.

지역별로 중학교 학생 수를 비교하기 위하여 [그림 2-14-16]을 작성하였다. 서울은 2000년도까지는 중학생 수가 가장 많은 지역이었지만 2001년 이후로는 경기도가 줄곧 수위를 차지하고 있다. 다른 지역도 대체로 1980년도까지는 학생 수가 증가하다가 1990년까지는 다시 학생 수가 감소되고 그 후로는 약보합세를 보이고 있다.

[그림 2-14-17]은 권역별로 중학생수 변화를 보기 위한 것이다. 1980년을 기점으로 하여 도와 비수도권 중학생 수는 최정점에 다다르지만 이후 급속하게 감소되고 있다. 2000년부터는 약간 상승세를 보이고 있다. 이 추세는 비수도권도 마찬가지다. 수도권의 중학생 수는 약간의 차이는 있지만 계속 상승하고 있다. 광역도 마찬가지다.

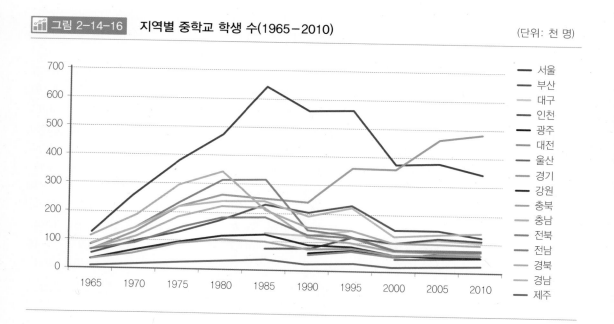

그림 2-14-16 지역별 중학교 학생 수(1965-2010)
(단위: 천 명)

그림 2-14-17 **권역별 중학교 학생 수(1965-2010)** (단위: 천 명)

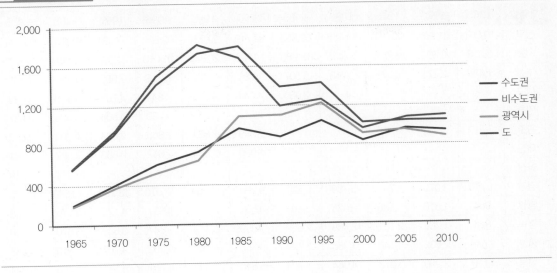

광역시의 학생 수가 계속하여 늘어나는 것은 교육을 위하여 중학교부터 부모들이 자신의 거주지와는 달리 광역시나 수도권에 있는 학교에 진학시키는 경우도 한 원인이라고 생각된다.

3. 교원 수

1965년도부터 2012년도까지 우리나라 중학교 교원 수의 변화를 연대별, 지역별로 알아보기 위하여 작성한 표가 〈표 2-14-14〉이다. 1965년도 당시 우리나라 중학교 교원 수는 19,067명이었다. 교원 수는 급속하게 증가하는데 1990년도에는 89,719명으로 1965년에 비해 4.7배나 증원되었다. 10년 후인 2000년도에는 92,589명으로서 교원 수는 증가했지만, 10년 전에 비해 3.1%정도밖에 증가하지 않았다. 2012년 현재 중학교 교원 수는 111,004명으로 2000년에 비해 19.8%가 증원되어 다시 증가 속도가 늘어나고 있다.

지역별로 보면 1965년도에 교원 수가 가장 많은 곳은 서울로서 3,258명이었으며 다음이 경북으로 3,055명이었다. 이어서 경남, 전남, 경기, 전북, 충남, 부산 순이다. 1990년을 보면 서울이 19,223명으로 가장 많았고, 다음이 경기도가 9,209명으로 2위가 된다. 다음의 순서로는 경남, 전남, 부산, 경북, 전북, 충남 순이다. 2000년도는 10년

표 2-14-14 **중학교 교원 수(1965 - 1999)** (단위: 명)

지역별	1965	1970	1975	1980	1985	1990	1995	1996	1997	1998	1999
전국	19,067	31,207	46,917	54,858	69,553	89,719	99,931	99,928	97,931	96,016	93,244
서울	3,258	6,502	8,751	10,435	15,080	19,223	20,845	21,010	21,002	20,497	19,672
부산	1,424	2,271	3,078	3,768	5,507	7,285	8,229	8,213	7,908	7,758	7,465
대구	–	–	–	–	2,985	4,044	4,849	4,841	4,793	4,718	4,683
인천	–	–	–	–	1,769	2,818	4,254	4,480	4,508	4,428	4,537
광주	–	–	–	–	–	2,249	2,883	2,866	2,804	2,803	2,693
대전	–	–	–	–	–	1,990	2,534	2,612	2,663	2,657	2,651
울산	–	–	–	–	–	–	–	–	–	1,911	1,868
경기	1,756	3,075	4,741	5,789	6,221	9,209	12,544	12,970	13,132	13,380	13,725
강원	964	1,616	2,436	2,926	3,599	4,590	4,455	4,331	4,175	3,970	3,763
충북	814	1,262	2,131	2,468	2,659	3,359	3,719	3,747	3,649	3,570	3,340
충남	1,546	2,632	4,145	4,966	5,727	5,353	5,149	5,002	4,767	4,610	4,388
전북	1,591	2,060	3,373	4,064	4,724	5,640	5,899	5,751	5,576	5,475	5,224
전남	1,976	3,224	5,676	6,840	8,076	7,644	6,892	6,553	6,211	5,945	5,588
경북	3,055	4,795	6,803	7,540	5,830	7,079	7,303	7,234	6,811	6,550	6,126
경남	2,357	3,282	5,106	5,294	6,367	8,000	9,047	8,965	8,620	6,461	6,294
제주	326	488	677	768	1,009	1,236	1,329	1,353	1,312	1,283	1,227

지역별	2000	2001	2002	2003	2004	2005	2006	2007	2008	2009	2010	2011	2012
전국	92,589	93,385	95,283	99,717	101,719	103,835	106,919	107,986	108,700	109,075	108,781	110,658	111,004
서울	19,357	19,397	19,468	19,395	19,413	19,406	19,288	19,220	19,038	18,946	18,618	18,652	18,442
부산	7,394	7,372	7,350	7,431	7,453	7,528	7,562	7,534	7,423	7,350	7,160	7,105	6,954
대구	4,716	4,722	4,817	5,172	5,269	5,242	5,471	5,431	5,449	5,438	5,405	5,506	5,558
인천	4,600	4,631	4,786	4,951	5,120	5,190	5,390	5,404	5,404	5,369	5,375	5,522	5,645
광주	2,622	2,626	2,740	2,897	2,976	2,981	3,205	3,237	3,251	3,262	3,321	3,537	3,660
대전	2,775	2,841	2,939	3,100	3,117	3,138	3,318	3,317	3,377	3,392	3,438	3,548	3,582
울산	1,895	1,914	2,011	2,210	2,249	2,299	2,448	2,514	2,587	2,630	2,662	2,740	2,792
경기	14,595	15,339	16,461	18,580	19,807	21,178	22,509	23,414	24,243	24,839	25,468	26,346	26,817
강원	3,622	3,601	3,573	3,598	3,658	3,709	3,744	3,804	3,849	3,853	3,846	3,734	3,734
충북	3,181	3,202	3,200	3,490	3,537	3,587	3,612	3,660	3,644	3,592	3,592	3,754	3,749
충남	4,212	4,231	4,278	4,485	4,518	4,564	4,714	4,813	4,762	4,825	4,732	4,770	4,838
전북	4,906	4,877	4,789	4,863	4,871	4,859	4,886	4,854	4,869	4,852	4,770	4,930	4,810
전남	5,460	5,372	5,336	5,429	5,403	5,522	5,596	5,473	5,357	5,254	5,026	4,980	4,983
경북	5,837	5,830	5,892	6,410	6,436	6,483	6,551	6,552	6,558	6,579	6,483	6,558	6,460
경남	6,227	6,271	6,464	6,501	6,661	6,895	7,330	7,467	7,555	7,572	7,569	7,631	7,602
제주	1,190	1,159	1,179	1,205	1,231	1,254	1,295	1,292	1,334	1,322	1,316	1,345	1,378

출처: 한국교육개발원, 교육통계, 테마통계, 시계열 통계, 중학교.

전 순서에서 서울, 경기는 그대로이다. 다음의 순서는 부산, 경남, 경북, 전남, 전북, 대구 순이다. 부산이 3위로 부상하였다. 2012년 현재를 보면 경기도가 26,817명으로 1위를 차지하고 다음이 서울로서 18,442명으로 약간씩 내려가고 있다. 다음으로 경남이 부산을 제쳤으며, 이후 순서는 부산, 경북, 인천, 대구, 전남, 충남, 전북 순으로 나타나고 있다.

이를 지역별로 비교하기 위하여 작성한 그래프가 [그림 2-14-18]이다. 이 그림을 보면 서울은 처음부터 상승을 지속적으로 했는데 1980년대에 제일 크게 상승한다. 그러다가 1995년을 정점으로 하여 하향 곡선을 그리고 있다. 경기는 1985년까지 완만하게 상승하다가 1985년을 기점으로 급상승하고 다시 2000년도에 들어서서는 이보다 더 크게 재상승하는 모습이다. 이외 지역은 1980년도까지 상승하다 1985까지는 완만한 하강, 그리고 다시 1995년까지 완만하게나마 재상승을 하게 되고, 2000년 이후에는 다시 완만하게 하강 또는 정체 수준에 있다.

권역별로 비교하기 위하여 작성한 그래프가 [그림 2-14-19]이다. 그림을 보면 도 단위의 중학교 교원 수는 지속적으로 상승하다가 1995년도부터 2000년도까지 감소된다. 그러다가 2000년 이후에는 계속 증가되고 있다. 광역시 권역은 1980년까지는

그림 2-14-18　**지역별 중학교 교원 수(1965−2010)**　(단위: 명)

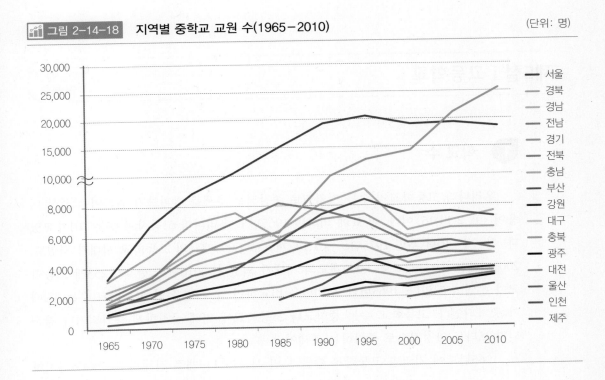

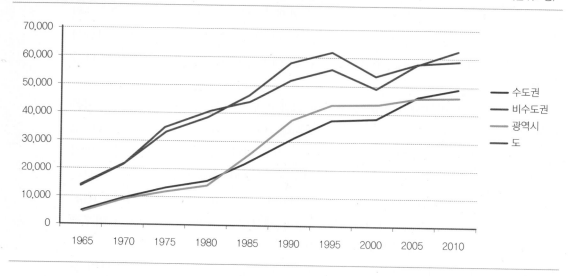

그림 2-14-19 권역별 중학교 교원 수(1965-2010)　　　　　　　　(단위: 명)

- 수도권
- 비수도권
- 광역시
- 도

거의 평행으로 가다가 1980년 이후는 급격하게 상승하기 시작하여 지금도 그 분위기를 유지하고 있다.

제5절 | 고등학교

1. 학교 수

　　우리나라 고등학교의 수를 지역별로 증감되는 추세를 살펴보기 위하여 작성한 내용이 〈표 2-14-15〉이다. 이 표에 의하면 1965년도 우리나라 고등학교 수는 701개교였다. 이 수는 10년 후인 1975년도에 1,152개교로 1,000개교의 고등학교 시대가 되었고, 2003년에는 2,031개교로 2,000개교의 시대가 되었다. 2010년도 현재 2,253개 고등학교가 운영되고 있다. 1965년과 2010년을 비교하면 약 45년 동안 고등학교 수는 3.2배가 증가되었다. 고등학교 수는 중학교나 초등학교에 비해 급격하게 증가되거나 감소되기 보다는 안정적으로 증가하는 추세이다.

　　1965년도에 지역별 고등학교 수를 보면 서울이 114개로 전체의 16.2%를 차지하

표 2-14-15 고등학교 수(1965-1999) (단위: 개소)

구분	1965	1970	1975	1980	1985	1990	1995	1996	1997	1998	1999
전국	701	889	1,152	1,353	1,602	1,683	1,830	1,856	1,892	1,921	1,943
서울	114	127	148	164	212	239	273	274	274	278	278
부산	42	48	59	73	87	102	116	119	122	124	127
대구	–	–	–	–	57	56	68	68	72	72	74
인천	–	–	–	–	38	44	66	73	77	80	81
광주	–	–	–	–	–	53	53	55	56	56	58
대전	–	–	–	–	–	40	46	46	48	50	51
울산	–	–	–	–	–	–	–	–	–	30	33
경기	89	111	162	195	188	203	241	248	267	275	284
강원	46	68	82	94	106	111	112	113	113	112	112
충북	36	43	52	62	70	67	73	74	74	76	76
충남	66	73	101	123	143	101	104	104	106	106	106
전북	61	77	90	103	126	125	125	125	125	125	127
전남	60	92	125	145	183	143	147	147	146	148	149
경북	98	127	181	228	203	202	198	199	199	200	198
경남	71	101	130	141	163	170	180	183	185	161	160
제주	18	22	22	25	26	27	28	28	28	28	29

구분	2000	2001	2002	2003	2004	2005	2006	2007	2008	2009	2010
전국	1,957	1,969	1,995	2,031	2,080	2,095	2,144	2,159	2,190	2,225	2,253
서울	279	278	282	284	289	292	295	297	302	308	311
부산	127	127	130	133	135	135	137	137	140	142	142
대구	75	76	77	82	85	85	86	87	89	91	91
인천	82	85	89	90	98	100	105	105	109	111	114
광주	58	58	58	60	60	61	61	61	62	65	65
대전	51	51	51	53	56	56	59	60	60	61	61
울산	34	34	36	37	41	41	45	45	48	49	51
경기	295	303	311	318	329	338	358	367	380	397	409
강원	111	112	112	112	112	114	115	115	114	114	117
충북	76	76	76	79	79	79	79	82	82	82	83
충남	106	106	106	109	110	110	112	113	116	117	117
전북	128	127	129	130	130	131	131	131	130	130	132
전남	148	148	149	150	150	149	151	152	153	154	154
경북	198	198	197	197	202	200	199	197	194	193	193
경남	160	161	163	168	174	174	181	180	181	181	183
제주	29	29	29	29	30	30	30	30	30	30	30

출처: 한국교육개발원, 교육통계, 테마통계, 시계열 통계, 고등학교.

주: 일반계고, 전문계고 합.

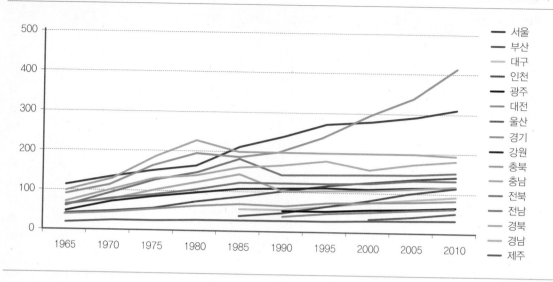

여 가장 많은 고등학교가 있었다. 다음은 경북 98개교, 경기 89개교, 경남 71개교, 충남 66개교 순이었다. 1980년도의 현황을 보면 경북이 228개교로 1위다. 학교 수에서 1980년대에 서울이나 경기보다 고등학교 수가 많은 지역은 경북이다. 다음이 경기도가 서울보다 많은 195개교였고, 이어서 서울 164개교, 전남 145개교, 경남 141개교, 충남 123개교, 전북 103개교, 강원 94개교, 부산 73개 순이다. 1990년도에는 서울이 239개교로 다시 1위를 차지하였고, 다음이 경기, 경북, 경남, 전남, 전북, 강원, 부산, 충남 순이다. 경북은 56개의 고등학교가 있는 대구가 1981년에 직할시로 분리되어 경기도에 순위가 밀렸다.

　　2000년의 현황을 보면 경기도가 295개교로 다시 1위를 차지하고 있고, 다음이 서울로서 279개교가 있다. 이어서 경북 198개교, 경남 160개교, 전남 148개교, 강원 111개교, 충남 106개교 순이다. 10년 후인 2010년 현재의 현황을 보면 전국 고등학교 총수는 2,253개이다. 이 중에 경기도가 409개교로 가장 많고, 다음이 서울로 311개교이다. 다음이 경북, 경남, 전남, 부산, 전북, 강원, 인천, 대구, 충북 순이다. 경북과 전남이 대구와 광주가 광역시로 분할되어 나갔는데도 불구하고 고등학교 수는 최상위 수준을 유지하고 있음이 특이한 현상이다.

　　지역별 고등학교 수가 연대별로 어떻게 증감되고 있는지는 [그림 2-14-20]이다. 그림의 특징은 거의 모든 지역이 1980년도까지는 성장을 하고 있으며 이후에는 각 지역마다 성장과 감소 등 다양하게 움직이고 있다. 계속 고등학교 수가 증가하는 광역시

그림 2-14-21 | 권역별 고등학교 수(1965–2010)　(단위: 개소)

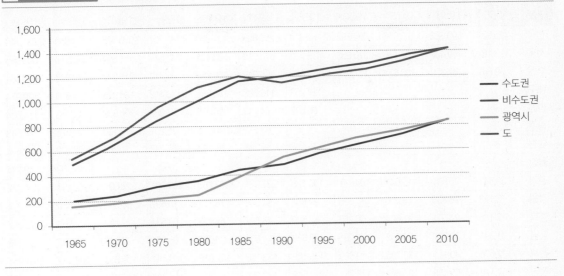

와 도 지역에서 전남의 증가는 의미가 있다. 전남은 2005년도에 한 개의 고등학교만 전년도에 비해 줄었을 뿐 1965년도부터 2010년 약 45년 동안 고등학교 수가 계속 증가한 도이다.

　　권역별로 비교한 그래프가 [그림 2-14-21]이다. 이 그래프를 보면 도와 비수도권 지역은 광역시와 수도권 지역보다 고등학교 수가 크게 앞지르고 있다. 광역시와 수도권 지역의 그래프도 거의 일치를 이루고 있다. 이를 보면 아직도 도 권역의 고등학교가 결코 적지 않다. 수년전부터 인구의 격감으로 인하여 학생 수 부족으로 초등학교와 중학교는 폐교하는 사례는 많지만, 아직까지는 고등학교가 학생 부족으로 폐교하는 경우는 매우 드문 것도 도 권역과 비수도권 지역의 고등학교가 그래프만큼 유지하는 원인이라고 할 수 있다.

2. 학생 수

　　전국 고등학교 학생 수가 지역별로 어떻게 증감되는지를 알기 위하여 작성한 표가 〈표 2-14-16〉이다. 이 표에 의하면 전국 고등학교 학생 수는 2010년 현재 1,962,366명이다. 표에서 보는 바와 같이 고등학교 학생 수는 연도별로 증감을 계속 하고 있다. 1965년도에는 426,531명이었다. 10년 후인 1975년도에 1,123,017명으로 고등학교 학

표 2-14-16 **고등학교 학생 수(1965-1999)** (단위: 명)

구분	1965	1970	1975	1980	1985	1990	1995	1996	1997	1998	1999
전국	426,531	590,382	1,123,017	1,696,792	2,152,874	2,283,806	2,157,880	2,243,307	2,336,725	2,326,880	2,251,140
서울	123,167	169,432	282,126	370,653	478,433	570,516	533,421	543,575	551,894	532,570	503,096
부산	39,641	57,829	100,674	137,919	179,052	205,548	200,288	209,414	217,247	210,928	198,384
대구	–	–	–	–	124,253	116,888	124,685	130,412	136,973	135,816	129,974
인천	–	–	–	–	60,897	74,149	89,025	97,084	106,808	112,468	114,024
광주	–	–	–	–	–	93,511	70,993	75,201	78,190	77,976	75,348
대전	–	–	–	–	–	59,268	65,114	67,447	71,384	73,279	71,694
울산	–	–	–	–	–	–	–	–	–	49,202	49,724
경기	33,543	46,501	115,041†	194,747	196,128	232,931	263,865	294,591	328,091	345,193	351,722
강원	15,138	26,408	48,906	73,385	92,581	92,548	78,771	79,697	80,594	79,559	76,224
충북	16,146	21,001	41,605	66,258	80,589	74,697	68,413	69,637	72,202	72,763	70,997
충남	31,391	38,831	86,002	150,291	179,533	111,604	96,099	96,081	97,446	96,303	93,093
전북	32,676	40,111	73,395	113,689	145,188	133,158	109,815	108,741	109,833	107,449	101,951
전남	39,172	55,438	107,897	175,381	232,648	140,350	114,817	117,763	117,786	114,603	108,602
경북	58,784	80,461	156,350	241,806	170,538	165,363	137,821	139,314	142,886	140,621	133,713
경남	31,180	46,301	96,111	148,399	182,855	182,129	178,397	187,551	197,715	150,863	146,611
제주	5,693	8,069	14,910	24,264	30,179	31,146	26,356	26,799	27,676	27,287	25,983

구분	2000	2001	2002	2003	2004	2005	2006	2007	2008	2009	2010
전국	2,071,468	1,911,173	1,795,509	1,766,529	1,746,560	1,762,896	1,775,857	1,841,374	1,906,978	1,965,792	1,962,356
서울	453,068	410,341	378,168	366,556	356,157	353,023	349,154	355,193	361,942	368,075	362,466
부산	177,255	159,488	146,617	140,932	137,315	136,641	134,807	137,276	139,134	140,623	136,665
대구	118,167	107,827	101,125	100,375	99,865	101,793	102,098	105,396	107,627	110,245	109,300
인천	108,187	103,690	99,275	99,033	98,410	99,762	101,888	106,501	111,480	114,382	113,247
광주	68,727	62,735	58,443	57,508	56,967	58,055	58,984	61,746	64,359	67,089	67,750
대전	66,432	61,636	58,804	57,989	57,617	58,205	58,618	60,828	63,038	64,931	64,794
울산	47,065	44,808	42,700	42,836	43,116	44,864	45,843	48,604	50,725	52,664	52,424
경기	341,998	334,121	329,606	340,105	352,116	369,764	385,461	411,732	436,635	456,897	461,461
강원	69,185	63,029	58,679	56,692	55,002	54,352	53,749	54,504	55,496	56,683	56,711
충북	65,887	61,119	58,025	56,694	55,247	54,497	54,438	56,073	58,398	60,598	60,897
충남	84,959	77,687	72,464	70,439	68,677	68,059	67,466	69,373	72,153	75,306	76,857
전북	91,601	82,314	75,869	72,920	70,726	70,130	69,640	70,584	72,218	74,716	75,708
전남	97,935	86,517	77,697	72,897	68,908	67,310	66,384	67,989	70,264	72,268	72,493
경북	120,557	108,766	100,360	97,636	95,119	94,250	93,657	95,208	96,807	98,328	97,767
경남	136,580	125,590	117,448	114,502	112,438	113,156	114,155	119,431	124,398	129,551	130,009
제주	23,865	21,505	20,229	19,415	18,880	19,035	19,515	20,936	22,304	23,436	23,807

출처: 한국교육개발원, 교육통계, 테마통계, 시계열 통계, 고등학교.
주: 일반계고, 전문계고 합.

생 수가 1백만 명 시대에 돌입하였다. 다시 10년 후인 1985년에는 2,152,874명으로 2백만 명 시대가 열렸다. 고등학교 학생 수가 10년 사이에 근 1백만 명이 늘어난 것이다. 이후에는 성장속도가 낮아졌다. 10년 후인 1995년에 고등학교 학생 수는 2,157,880명으로 1985년도에 비해 5천 명 정도만 늘어났을 뿐이다. 고등학교 학생 수는 2000년에 2,071,468명을 끝으로 2백만 시대의 막을 내리고 계속 하락하다가 2007년부터 증가 추세에 있다.

지역적으로 보면, 1965년도에 서울의 고등학교 학생 수는 123,167명으로 전국 고등학교 학생 수의 28.9%를 차지하였다. 다음이 경북 58,784명으로 2위이며, 이어 부산, 전남, 경기, 충남, 경남 순이다. 1990년의 현황을 보면, 서울은 570,516명으로 여전히 전국에서 1위이나, 전국의 점유율은 25%로 점차로 낮아지고 있다. 서울 다음은 경기도가 232,931명으로 2위로 크게 성장을 하고 있다. 다음은 부산 205,548명으로 3위이며, 그 다음은 경남 182,129명, 경북 165,363명, 전남 140,350명, 전북 133,158명, 대구 116,888명, 충남 111,604명, 광주 93,511명, 강원 92,548명, 충북 74,697명, 인천 17,149명 순이다. 아직도 고등학교 학생 수는 영남과 호남이 강세를 보이고 있음을 알 수 있다.

2000년에 들어와서는 서울은 453,068명으로 여전히 1위이나 점유율은 21.9%로 낮아지고 있다. 서울 다음 고등학교 학생 수가 많은 지역은 경기, 부산, 경남, 경북, 대구, 인천, 전남, 전북, 충남, 강원, 광주, 대전, 충북 순이다. 경기도와 인천의 고등학교 학생 수가 급증하고 있다. 2010년 현재의 현황은 경기도가 461,146명으로 서울을 제치고 1위를 차지한다. 경기도가 서울보다 고등학교 학생 수가 많아지기 시작한 해는 2005년부터이다. 이때는 서울은 학생 수가 감소하는 추세인 반면에 경기도는 계속 증가하고 있었다. 2010년도 학생 수의 순위는 경기에 이어 서울, 부산, 경남, 인천, 대구, 경북, 충남, 전북, 전남, 광주, 대전, 충북 순으로 이어지고 있다. 광역시 권이 강세다. 인구 수가 전남보다 많이 적은 전북이 고등학교 학생 수에서는 전남보다 3,200여명이나 많은 점도 특징적이다.

지역 간에 연도별로 어떻게 변화하는가를 알기 위하여 작성한 그래프가 [그림 2-14-22]이다. 이 그림에서 보면 전국의 고등학교 학생 수는 1980년과 1985년에 최고 정점이었으며 이후로 거의 성장이 없다가 2005년 이후에는 계속 감소되거나 정체되어 있는 실정이다. 서울은 1990년도가 고등학교 학생 수가 정점이었으며 이후로 계속 하락하여 2005년에는 경기에 1위 자리를 넘겨준다. 경기는 꾸준하게 45도 각도로 상승하고 있다. 부산과 인천도 계속 상승세를 보이다가 서서히 감소하고, 늦게 출발한 울산이 상승세로 가고 있다.

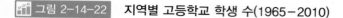

그림 2-14-22 　지역별 고등학교 학생 수(1965-2010)　　　(단위: 천 명)

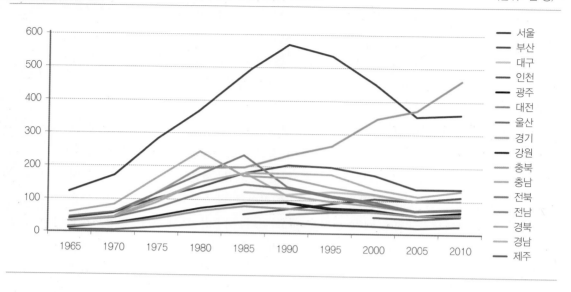

凡例: 서울 / 부산 / 대구 / 인천 / 광주 / 대전 / 울산 / 경기 / 강원 / 충북 / 충남 / 전북 / 전남 / 경북 / 경남 / 제주

그림 2-14-23 　권역별 고등학교 학생 수(1965-2010)　　　(단위: 천 명)

凡例: 수도권 / 비수도권 / 광역시 / 도

　　　1990년 초까지 고등학교 수에서 계속 상위권을 점했던 지역 중에 전남, 경북, 경남을 보면, 전남은 2000년에 10만 명 미만으로, 경북은 2003년에 10만 명 미만으로 고등학생 수가 떨어졌다. 그러나 경남은 2010년 현재 고등학교 학생 수가 130,009명으로 여전히 상위권을 유지하고 있다.

[그림 2-14-23]은 권역별로 비교하기 위하여 만든 그래프다. 이 그림을 보면, 도는 1985년까지는 급성장을 하지만 이후에는 감소추세를 보이기 시작하다가 2005년에 다시 성장세로 돌아서고 있다. 그러나 도 단위는 경기도를 제외하고는 계속 하락세이다. 광역은 1990년에 들어와서 도 지역의 고등학교 학생 수와 거의 비슷하게 성장을 하였고, 약세를 보이다가 다시 성장의 추세로 가고 있다. 수도권의 고등학교 학생 수가 아직은 비수도권 학생 수보다 적은 편이지만 그래도 많이 좁혀져 있다. 이 그림을 보면 고등학교 학생 수는 대도시권 편중으로 가고 있음을 알 수 있다.

3. 교원 수

고등학교 교원 수의 지역별 변화 추이를 나타낸 표가 〈표 2-14-17〉이다. 이 표를 보면 1965년도 우리나라 고등학교 교원 수는 14,108명이었다. 고등학교 교사 수는 급증

표 2-14-17 고등학교 교원 수(1965-1999)

(단위: 명)

구분	1965	1970	1975	1980	1985	1990	1995	1996	1997	1998	1999
전국	14,108	19,854	35,755	50,948	69,456	92,683	99,067	101,591	104,404	105,945	105,304
서울	3,705	5,460	8,790	11,179	14,772	19,831	21,248	21,361	21,392	21,262	20,604
부산	1,178	1,692	3,039	4,061	5,557	7,699	8,256	8,431	8,537	8,593	8,542
대구	–	–	–	–	3,741	4,393	5,085	5,171	5,321	5,393	5,474
인천	–	–	–	–	1,935	2,772	3,668	4,112	4,518	4,847	4,949
광주	–	–	–	–	–	3,727	3,479	3,554	3,657	3,701	3,595
대전	–	–	–	–	–	2,374	2,811	2,874	3,009	3,100	3,149
울산	–	–	–	–	–	–	–	–	–	2,088	2,151
경기	1,093	1,696	3,770	5,848	6,420	9,650	11,733	12,764	13,965	14,715	15,393
강원	588	1,048	1,760	2,336	3,350	4,435	4,640	4,690	4,731	4,725	4,546
충북	626	770	1,335	2,030	2,667	3,322	3,464	3,541	3,618	3,691	3,609
충남	969	1,403	2,698	4,373	5,741	4,939	5,110	5,156	5,219	5,249	5,135
전북	1,073	1,409	2,297	3,496	4,735	5,833	5,874	5,812	5,845	5,911	5,814
전남	1,412	1,960	3,568	5,302	7,930	6,578	6,396	6,460	6,498	6,483	6,333
경북	2,038	2,568	4,948	7,104	5,666	7,530	7,201	7,242	7,364	7,295	7,127
경남	1,230	1,512	3,048	4,477	6,012	8,189	8,659	8,943	9,215	7,384	7,414
제주	196	336	502	742	1,020	1,411	1,443	1,480	1,515	1,508	1,469

구분	2000	2001	2002	2003	2004	2005	2006	2007	2008	2009	2010
전국	104,351	104,314	114,304	115,829	116,111	116,411	117,933	120,211	122,906	125,074	126,423
서울	19,857	19,480	21,098	21,665	21,953	22,114	22,130	22,155	22,315	22,603	22,827
부산	8,443	8,473	9,031	8,987	8,972	8,882	8,897	8,929	8,977	9,001	8,922
대구	5,598	5,567	6,126	6,215	6,193	6,223	6,326	6,467	6,526	6,629	6,686
인천	5,112	5,189	5,985	6,310	6,245	6,259	6,534	6,807	7,086	7,230	7,402
광주	3,506	3,431	3,552	3,642	3,628	3,659	3,720	3,779	3,831	3,877	3,931
대전	3,231	3,282	3,484	3,575	3,611	3,639	3,685	3,816	3,899	3,966	3,985
울산	2,190	2,238	2,601	2,658	2,710	2,731	2,792	2,871	2,944	3,025	3,129
경기	16,058	16,810	20,755	21,564	22,138	22,780	23,706	24,922	26,348	27,598	28,341
강원	4,392	4,336	4,508	4,486	4,430	4,420	4,405	4,350	4,346	4,381	4,378
충북	3,479	3,448	3,618	3,571	3,572	3,531	3,486	3,579	3,671	3,691	3,719
충남	4,932	4,903	5,064	5,058	5,076	4,965	4,972	5,031	5,138	5,146	5,219
전북	5,680	5,669	5,745	5,672	5,620	5,603	5,573	5,560	5,590	5,574	5,567
전남	6,124	5,961	6,063	5,879	5,720	5,606	5,556	5,583	5,590	5,612	5,486
경북	6,867	6,665	7,064	7,073	6,906	6,771	6,705	6,776	6,820	6,876	6,930
경남	7,493	7,470	8,149	8,059	7,940	7,857	8,072	8,177	8,391	8,413	8,451
제주	1,389	1,392	1,461	1,415	1,397	1,371	1,374	1,409	1,434	1,452	1,450

출처: 한국교육개발원, 교육통계, 테마통계, 시계열 통계, 고등학교.
주: 일반계고, 전문계고 합.

하여 1980년도에는 50,948명으로, 1996년도에는 101,591명으로 10만 교사 시대를 열었다. 이후에 계속 증가하다가 2000년도와 2001년도에는 약간 감소하였지만 2002년부터 다시 증가하기 시작하였다. 2010년도는 현재 126,423명이 교사가 재직하고 있다.

지역적으로 보면 1965년도에는 서울이 3,705명, 그 다음이 경북 2,038명, 전남 1,412명, 경남 1,230명, 부산 1,178명 순이다. 1990년의 현황을 보면 서울이 19,801명으로 5.3배나 증가하여 역시 가장 많았으며 경기가 9,650명으로 2위를 차지하였다. 이 다음이 경남, 부산, 경북, 전남 순이었다. 2000년도 들어와서는 여전히 서울이 19,857명으로 1위를 유지하였고, 다음은 경기, 부산, 경남, 경북 등 10년 전 순위를 그대로 유지하고 있다. 2010년 현재는 경기가 28,341명으로 22,827명인 서울 보다 크게 앞섰고, 다음이 부산, 경남, 인천, 경북, 전북, 전남 순이다. 전북이 여타 통계에서 전남보다 많은 경우가 드문데 고등학교 학생과 교원 수면에서는 약간 앞서고 있다. 그러나 2010년도 현재 고등학교 수는 전북이 132개, 전남이 154개로 전남이 22개가 많다.

지역을 연도별로 비교하기 위하여 작성한 그래프가 [그림 2-14-24]이다. 이 그림을 보면 서울과 경기를 제외하고는 약간 상승 분위기를 유지하고 있으나 그 폭은 미미하다. 반면에 경기와 서울은 상승 폭이 매우 높다. 1990년도까지 서울의 고등학교

| 그림 2-14-24 | **지역별 고등학교 교원 수(1965-2010)** | (단위: 명) |

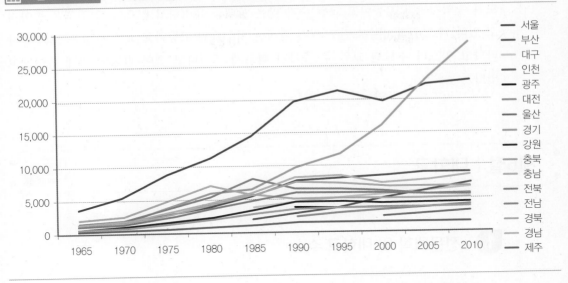

교원 수는 크게 성장하였음은 앞의 표에서 알 수 있었다. 경기는 1985년부터 크게 증가하기 시작하여 1995년부터는 거의 수직으로 상승하고 있다. 광역시는 모두가 상승을 하고 있다. 특히, 울산은 이 중에서도 가장 많이 증가되고 있는 지역이다. 도 지역 중에는 충남과 경남, 제주가 적은 수준이지만 항상 상승세에 있다.

| 그림 2-14-25 | **권역별 고등학교 교원 수(1965-2010)** | (단위: 명) |

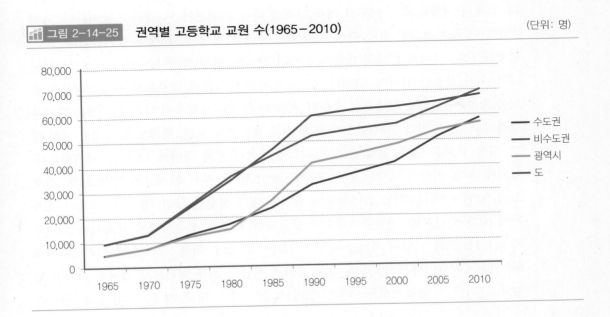

권역별로 비교한 그래프가 [그림 2-14-25]이다. 모든 권역이 상승세이다. 아직은 도가 광역시보다 고등학교 교원 수가 많은 상태를 유지하고 있으나 그 간격은 좁아지고 있다. 수도권과 비수도권도 역시 아직은 비수도권 고등학교 교원이 많은 것으로 나타나고 있으나 수도권 교원 수 증가가 빠르게 일어나고 있어 간격이 크게 좁아지고 있다.

제6절 | 대학교

1. 전문대학 및 대학교 수

전문대학과 대학교(이하는 "대학")는 지역발전에 크게 기여하는 것으로 나타났다. 대학은 문화를 생산하고 전달해 주는 기관으로, 굴뚝 없는 고부가가치를 생산하는 조직으로서, 수많은 학생과 교수 등 고급인력을 생산하고 활용하는 역할을 하기 때문에 대학과 지역발전에 대한 긴밀성은 재언을 요하지 않을 정도로 중요하다. 2000년 이후에 지역별 대학의 수는 어떻게 변동이 되어 왔는지에 대한 내용이 〈표 2-14-18〉이다.

2003년에 우리나라 대학의 수는 357개였고 2년 후인 2005년에는 360개로 증가된다. 그러나 대학의 수는 이후로 계속 감소를 하여 2008년에 344개까지 줄어든다. 다시 2009년에 증가하지만 결국 다시 하락하여 2013년 현재는 340개로 줄어들었다. 2003년부터 10년 사이에 17개의 대학이 감소된 것이다. 항상 늘어나는 것으로 생각되었던 대학 수가 감소한 것이다. 그러나 중·고등학교 학생들의 급감으로 대학지원자가 줄어들고, 이어 신입생 부족으로 홍역을 치르기 시작한 대학들이 나타나는 것은 당연한 결과라고 할 수 있다. 2003년도의 대학 수를 지역별로 보면, 경기도가 61개로 가장 많고, 다음이 서울 52개, 경북 38개 등 이 세 지역이 전체 대학의 42.3%를 차지하였다. 이외에 20개 이상의 대학이 있는 지역은 충남 24개, 부산과 전남은 각각 23개, 전북 21개, 강원 20개 등이다. 2013년도의 지역별 대학 현황을 보면, 경기는 1개소가 증가하여 62가 되었지만, 서울은 4개소가 감소되어 48개, 경북은 3개가 감소되어 35개소가 되었다. 20개 이상의 지역은 부산이 22개이고 충남, 전북, 경남 등은 각각 20개 대학이 있는 지역이다. 10년 전에 비해 강원과 전남이 20개 미만으로 떨어진 지역이 되었다. 그러나 이 와중에서도 대학이 늘어난 곳도 있다. 대구, 광주, 울산, 경남 등이 각

표 2-14-18 **전문대학 및 대학교 수** (단위: 개소)

시도별	2003	2004	2005	2006	2007	2008	2009	2010	2011	2012	2013
전국	357	358	360	352	348	344	345	345	349	343	340
서울	52	52	52	51	50	49	49	49	49	48	48
부산	23	23	23	22	22	22	22	22	22	22	22
대구	10	10	11	11	11	11	11	11	11	11	11
인천	10	10	10	9	9	9	9	8	8	7	7
광주	16	16	16	16	16	16	16	16	17	17	17
대전	15	15	15	15	15	15	14	14	15	15	15
울산	3	3	3	3	3	3	4	4	4	4	4
세종	–	–	–	–	–	–	–	–	–	–	2
경기	61	63	64	63	61	62	62	62	63	62	62
강원	20	20	20	19	18	18	18	18	19	19	18
충북	16	16	16	15	15	15	16	16	16	16	16
충남	24	24	23	23	23	23	23	23	23	23	20
전북	21	21	21	21	21	20	20	20	20	20	20
전남	23	22	22	21	21	21	21	21	21	19	19
경북	38	38	38	38	38	36	36	36	36	36	35
경남	19	19	20	19	19	19	19	20	20	20	20
제주	6	6	6	6	6	5	5	5	5	4	4

출처: 한국교육개발원, 교육통계, 테마통계, 시계열 통계, 전문대학.
주: 전문대, 산업대, 교육대, 일반대학의 합, 폐교, 분교(일반대학 11개교) 및 캠퍼스는 제외됨.

각 1개씩 증가하였다.

지역별 대학의 수를 그래프로 표시한 내용이 [그림 2-14-26]이다. 그림을 보면 경기, 서울, 경북 이 3개 지역이 대학수를 이끌고 있다는 것을 확연하게 알 수 있다. 나머지 지역들은 많다고 해도 25개 미만에서 증감을 계속하고 있고, 차츰 하향으로 지향하고 있음을 알 수 있다.

권역별로 대학의 수를 나타낸 그래프가 [그림 2-14-27]이다. 이 그림에서 보면 분류는 네 개이지만 실제로 두 개의 선으로 거의 합쳐 있다. 비수도권과 도 권역이 합쳐져서 상위에 있고, 반면에 수도권과 광역시가 합쳐져서 밑에 형성되어 있다. 비수도권과 도 권역의 대학 수는 2003년에는 대략 230~240개 사이에 있다가 2013년에는 220개 전후에 있는 모양이다. 이 두 지역은 2008년에 내려 왔다가 다시 약간 상승하였지

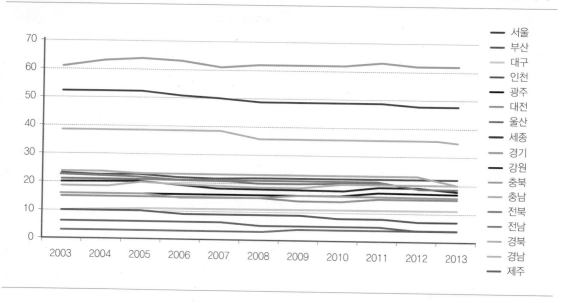

그림 2-14-26 지역별 전문대학 및 대학교 수(2003−2013) (단위: 개소)

범례:
- 서울
- 부산
- 대구
- 인천
- 광주
- 대전
- 울산
- 세종
- 경기
- 강원
- 충북
- 충남
- 전북
- 전남
- 경북
- 경남
- 제주

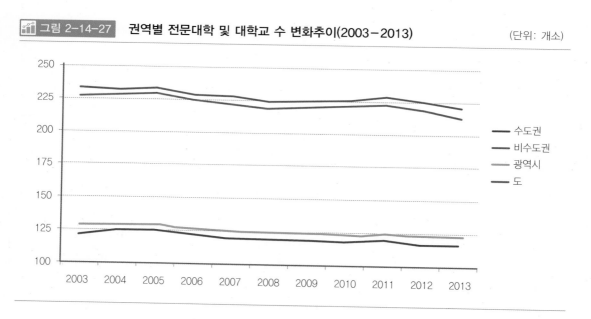

그림 2-14-27 권역별 전문대학 및 대학교 수 변화추이(2003−2013) (단위: 개소)

범례:
- 수도권
- 비수도권
- 광역시
- 도

만 2013년 현재는 하향 추세이다. 반면에 수도권과 광역시 권역은 2003년에는 130개 전후 대학이 있었지만, 2013년에도 역시 이 수준에서 크게 벗어나지 못하고 있다. 다시 말해서, 수도권과 광역시 권역의 대학 수는 거의 변동이 없이 유지되고 있음을 알 수 있다.

대학교 재학생 수

　　대학생 수는 지역별로 어떻게 구성되어 있으며, 그 증감률은 어떻게 되는 것인가에 대한 내용이 〈표 2-14-19〉이다. 대학생 수는 2000년도에 1,157천 명이었다가, 2002년에는 120만 명, 2007년에는 130만 명대, 2011년에는 140만 명대, 그리고 2013년 현재는 1,505천 명으로 150만 명대에 진입해있다. 2000년에서 2013년 사이에 약 30% 정도 증가되었다. 2013년도 현재 지역별로 대학생 수가 가장 많은 곳은 서울로서 30만 명대를 유지하고 있다. 그 다음이 경기로서 13만 명에서 17만 명으로 증가되었다.

표 2-14-19 　대학교 재학생수 　　　　　　　　　　　　　　　　　　　　(단위: 천 명)

연도	2000	2001	2002	2003	2004	2005	2006	2007	2008	2009	2010	2011	2012	2013
전국	1,157	1,199	1,216	1,254	1,268	1,264	1,291	1,318	1,330	1,359	1,392	1,437	1,484	1,505
서울	306	319	317	325	328	320	324	326	314	319	333	340	361	364
부산	110	114	117	121	122	121	125	129	133	139	142	146	149	150
대구	41	42	40	42	42	42	43	43	44	44	44	44	44	48
인천	23	23	24	24	25	26	27	27	28	30	32	35	34	35
광주	49	50	50	50	52	54	55	57	58	58	59	60	62	63
대전	56	57	57	59	60	59	60	61	61	63	66	73	79	82
울산	12	12	12	12	12	12	12	13	13	14	15	16	16	17
세종	–	–	–	–	–	–	–	–	–	–	–	–	–	14
경기	133	136	138	142	141	150	154	157	172	175	172	177	173	176
강원	52	54	56	57	58	57	59	62	63	67	69	72	73	74
충북	50	51	53	54	54	54	57	59	59	59	62	65	68	72
충남	81	88	95	103	108	109	112	116	118	121	124	127	133	119
전북	67	69	68	67	66	65	65	65	64	65	67	68	70	67
전남	31	33	34	35	35	34	34	34	34	33	33	34	35	36
경북	92	95	100	103	104	103	103	104	104	107	110	113	118	118
경남	44	45	45	48	48	48	51	54	54	53	54	57	59	61
제주	10	11	11	11	11	11	11	10	11	10	10	10	11	11

출처: 한국교육개발원, 교육통계, 테마통계, 시계열 통계, 대학.

표 2-14-20 **지역별 대학생 점유율**
(단위: %)

구분	2000	2001	2002	2003	2004	2005	2006	2007	2008	2009	2010	2011	2012	2013
서울	26.4	26.6	26.1	25.9	25.9	25.3	25.1	24.7	23.6	23.5	23.9	23.7	24.3	24.2
부산	9.5	9.5	9.6	9.6	9.6	9.6	9.7	9.8	10.0	10.2	10.2	10.2	10.0	10.0
대구	3.5	3.5	3.3	3.3	3.3	3.3	3.3	3.3	3.3	3.2	3.2	3.1	3.0	3.2
인천	2.0	1.9	2.0	1.9	2.0	2.1	2.1	2.0	2.1	2.2	2.3	2.4	2.3	2.3
광주	4.2	4.2	4.1	4.0	4.1	4.3	4.3	4.3	4.4	4.3	4.2	4.2	4.2	4.2
대전	4.8	4.8	4.7	4.7	4.7	4.7	4.6	4.6	4.6	4.6	4.7	5.1	5.3	5.4
울산	1.0	1.0	1.0	1.0	0.9	0.9	0.9	1.0	1.0	1.0	1.1	1.1	1.1	1.1
세종	0.0	0.0	0.0	0.0	0.0	0.0	0.0	0.0	0.0	0.0	0.0	0.0	0.0	0.9
경기	11.5	11.3	11.3	11.3	11.1	11.9	11.9	11.9	12.9	12.9	12.4	12.3	11.7	11.7
강원	4.5	4.5	4.6	4.5	4.6	4.5	4.6	4.7	4.7	4.9	5.0	5.0	4.9	4.9
충북	4.3	4.3	4.4	4.3	4.3	4.3	4.4	4.5	4.4	4.3	4.5	4.5	4.6	4.8
충남	7.0	7.3	7.8	8.2	8.5	8.6	8.7	8.8	8.9	8.9	8.9	8.8	9.0	7.9
전북	5.8	5.8	5.6	5.3	5.2	5.1	5.0	4.9	4.8	4.8	4.8	4.7	4.7	4.5
전남	2.7	2.8	2.8	2.8	2.8	2.7	2.6	2.6	2.6	2.4	2.4	2.4	2.4	2.4
경북	8.0	7.9	8.2	8.2	8.2	8.1	8.0	7.9	7.8	7.9	7.9	7.9	8.0	7.8
경남	3.8	3.8	3.7	3.8	3.8	3.8	4.0	4.1	4.1	3.9	3.9	4.0	4.0	4.1
제주	0.9	0.9	0.9	0.9	0.9	0.9	0.9	0.8	0.8	0.7	0.7	0.7	0.7	0.7

2013년도 현재 10만 명 이상의 대학생이 있는 지역은 서울, 경기 이외에 부산, 충남, 경북 등이다.

대학생 수와 대학교의 수는 비례가 되는 것일까? 즉 대학교의 수가 많으면 대학생 수도 많을 것인가를 알아보기 위하여 대학생 점유율을 작성하였다. 이 내용이 〈표 2-14-20〉이다. 이 표를 보면, 대학교의 수와 학생 수는 크게 차이가 난다. 학교는 경기가 서울에 비해 10여개가 항상 많았지만 학생 수는 서울이 언제나 배 이상이다. 서울은 2000년에는 26.4%의 학생 점유율을 보였고, 이 후에 약간씩 떨어졌지만 2013년 현재도 24.2%를 유지하고 있다. 반면에 경기는 2000년도에도 점유율이 11.5%였고, 2008년에 12.9%까지 상승하였지만, 2013년 현재는 11.7%로 2000년도와 크게 다르지 않다. 2000년과 2013년도의 점유율을 비교할 때 증가한 지역은 부산, 대전, 울산, 강원, 충북, 충남, 경남 정도이다. 나머지 지역은 대학생 점유율이 떨어지고 있다. 2013년 대학생 점유율은 부산이 10.0%로 11.7%인 경기와 별 차이가 없다. 2013년 현재 충

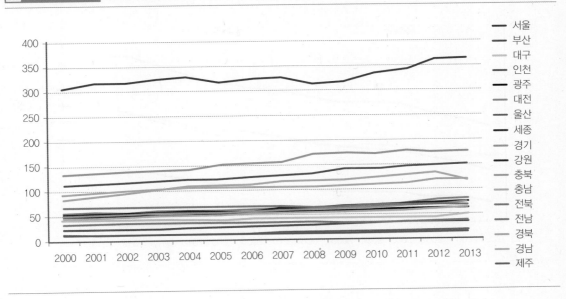

그림 2-14-28 지역별 대학교 재학생 수(2000-2013)   (단위: 천 명)

서울
부산
대구
인천
광주
대전
울산
세종
경기
강원
충북
충남
전북
전남
경북
경남
제주

남이 서울, 경기, 부산 다음 점유율이 높다. 경북도 충남 다음이다. 최근에 충남은 수도권 인근이라는 장점으로 인하여 천안 등지에 서울지역의 대학 분교나 신규대학의 설립 등 어느 지역보다 대학 수가 증가하고 있는 지역이다.

　　지역별로 대학생 수를 그래프화한 내용이 [그림 2-14-28]이다. 이 그림을 보면, 서울이 대학생 수가 타 지역과 비교할 수 없을 만큼 많다는 것을 알 수 있다. 서울은 30만 명 초반에 시작하여 현재 36만 명 선을 유지하고 있다. 서울의 대학생 수는 2위인 경기에 비해서는 거의 2.5배 정도 이상을 유지하고 있으며, 2013년도 현재는 약 2.1배의 차이를 유지하고 있다. 경기 다음에 부산이 대학생 수가 많은데 부산은 대학생 수가 계속 증가하는 방향으로 진행되고 있다. 충남은 2000년도에는 대학생 수가 경북보다 적었지만 2003년 이후 경북을 추월하여 2012년에는 1% 차이가 나고 있고, 2013년에는 다시 거의 같아지고 있다. 이는 최근에 많은 대학 또는 분교들이 천안을 중심으로 이전하거나 신설하면서 나타난 현상이라고 할 수 있다.

　　권역별로 대학생 수를 비교한 내용이 [그림 2-14-29]이다. 이 그림을 보면, 비수도권이 수도권보다 대학생 수가 훨씬 많음을 알 수 있다. 비수도권은 2000년에 약 70만 명의 대학생이 있었다. 그런데 2013년 현재는 90만 명을 상회하고 있다. 크게 증가하고 있음을 알 수 있다. 반면에 수도권은 2000년도에 40만 명 후반에서 2013년에는 50만 명 후반에 있다. 비수도권이 수도권보다 대학생 수가 약 30만 명 이상이 많다는 의

그림 2-14-29 **권역별 대학교 재학생 수 변화추이(2000-2013)**   (단위: 천 명)

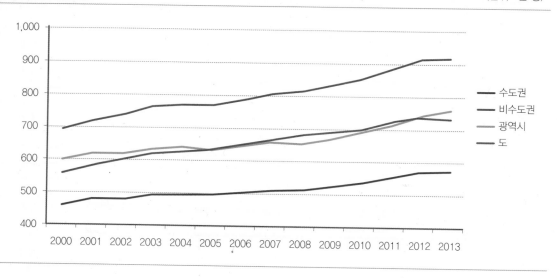

미다. 이렇게 큰 차이가 난 것은 대학의 신설을 수도권에 불허하였고, 서울 소재의 대학들이 일부 대학이나 분교를 비수도권 지역에 설치하여 본교보다 더 많은 학생들을 선발하고 있기 때문이다. 광역시와 도 권역은 거의 일치하고 있다. 변화의 속도와 크기가 거의 같음을 알 수 있다.

3. 대학생 취업률

지역에 있는 대학생들이 졸업 후에 정규직에 취업할 확률, 즉 취업률에 대한 내용이 〈표 2-14-22〉이다. 표를 보면 전국 대학교 졸업생 취업률은 2004년에 44%를 시작으로 약간씩 증가하여 2006년과 2007년에는 48%로 올라갔다가 2009년에는 금융위기의 여파로 39%로 크게 추락한다.

2004년도의 현황을 보면 취업률이 가장 높은 곳은 53%인 충남과 인천지역이며 다음이 서울, 경기가 각각 49%, 대구, 인천이 각각 48%를 기록하고 있다. 최하위의 취업률을 보이는 곳은 제주, 전북, 광주, 전남 등이 30%대를 유지하고 있다. 이러한 경향은 시간이 지나도 크게 변동이 되지 않고 있다. 2009년은 금융위기로 인하여 취업환경이 최악이었던 해다. 평균 취업률이 39%이다. 이때의 취업현황을 보면, 울산이 52%로 가장 높고, 다음이 인천 49%, 서울 44%, 부산 43%, 대구 42% 순이다. 최하위 순으로 하

표 2-14-21	대학교 졸업 후 정규직 취업률					(단위: %)
지역별	2004	2005	2006	2007	2008	2009
전국	44	45	48	48	47	39
서울	49	51	53	53	52	44
부산	47	48	51	51	50	43
대구	48	46	49	48	45	42
인천	53	55	57	58	54	49
광주	35	38	41	40	49	38
대전	43	42	44	43	44	33
울산	48	47	70	73	62	52
경기	49	54	54	50	48	40
강원	41	46	47	49	49	37
충북	45	47	47	47	44	35
충남	53	50	50	48	47	37
전북	35	38	41	42	42	35
전남	36	40	39	45	44	41
경북	45	44	46	47	46	37
경남	43	48	47	45	46	38
제주	31	30	33	33	35	26

출처: 한국교육개발원, 교육통계, 테마통계, 시계열 통계, 대학, 취업통계.
주: 일반 대학교를 말함.

그림 2-14-30	지역별 대학교 졸업 후 정규직 취업률(2004-2009)	(단위: %)

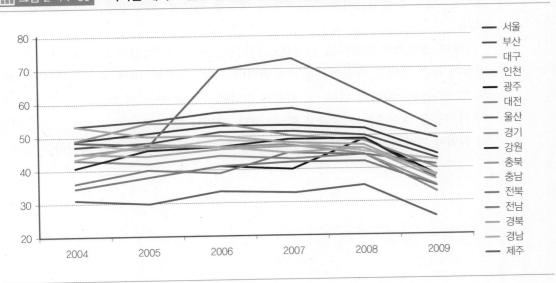

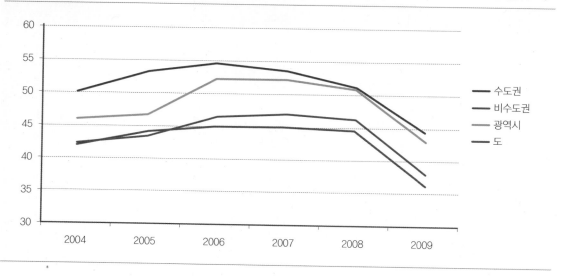

그림 2-14-31 권역별 대학교 졸업 후 정규직 취업률(2004-2009)

(단위: %)

- 수도권
- 비수도권
- 광역시
- 도

면 제주 26%, 대전 33%, 전북 35%, 충북 35%, 경북 37%, 충남 37%, 대전 38%이다.

이를 그래프로 나타내 보면, [그림 2-14-30]이다. 이 그림에서 보면, 울산이 대학 졸업생 취업률이 대체로 높은 것으로 나타나고 있다. 울산은 2006년에 무려 70%, 2007년에는 73%까지 취업률이 높았다. 이후 2008년 금융위기를 맞이하면서 전체적으로 취업률이 크게 떨어졌지만 울산은 그래도 최상위를 유지하고 있다. 제주는 언제나 최하위에 있다. 인천의 대학졸업자도 취업률이 울산 다음으로 좋게 나오고 있다. 제조업체나 공업단지의 소재여부가 대학생 취업에 크게 영향을 미치고 있는 것이다.

대학 졸업생의 취업률을 권역별로 나타낸 그래프가 [그림 2-14-31]이다. 가장 취업률이 높은 지역은 아직까지는 수도권이라고 할 수 있다. 이에 따라서 광역시 권역도 도 권역보다 상위에 있다. 도 권역의 취업률이 가장 낮은 것으로 나타나 지방대학의 어려움을 보여주는 지표라고 할 수 있다. 그러나 대학 졸업자의 취업은 2008년부터 권역에 관계없이 다 내려오고 있다. 특히 2009년에는 더욱 심하게 하강하고 있다.

제7절 | 교원 1인당 학생 수

교원 1인당 학생 수는 교육의 질을 측정하는 지표로 자주 활용이 된다. 즉, 교원 1인당 학생 수가 적을수록 질 좋은 교육을 할 수 있는 여건이 마련된다는 것이다. 교원 1인당 학생 수는 교원 수에서 학생 수로 나눈 것을 말한다. 여기서 교원 수는 유치원, 초등, 중등, 고등, 전문대, 대학교의 교원을 합한 것을 말한다. 전문대, 대학교 교원 수에는 2012년까지는 총(학)장 및 교수, 부교수, 조교수, 전임강사로 구성되었다. 2013년부터 전임강사 폐지에 따라 총(학)장 및 교수, 부교수, 조교수의 합을 말한다. 여기에는 전임이나 조교는 제외된다. 학생 수는 유치원, 초등, 중등, 고등, 전문대, 대학교의 학생 수를 합한 것이며, 여기에는 재적생이 아니라 현재 학교에 다니고 있는 재학생

표 2-14-22 교원 1인당 학생 수   (단위: 명)

시도별	2003	2004	2005	2006	2007	2008	2009	2010	2011	2012	2013
서울	22.57	22.10	21.67	21.16	20.77	20.01	19.34	18.64	17.91	17.27	16.63
부산	22.23	21.70	21.16	20.69	20.29	19.78	19.31	18.89	18.25	17.63	17.12
대구	23.80	23.28	22.90	21.93	21.46	20.81	20.15	19.57	18.53	17.70	16.89
인천	23.76	23.14	22.64	21.90	21.19	20.25	19.81	19.01	17.91	17.22	16.53
광주	24.04	23.54	23.43	22.62	22.35	21.95	21.35	20.72	19.40	18.25	17.62
대전	23.88	23.63	23.24	22.26	21.92	20.99	20.35	19.94	18.65	17.93	17.54
울산	23.18	22.99	22.45	21.68	20.85	20.00	19.25	18.34	17.07	16.39	15.65
세종	–	–	–	–	–	–	–	–	–	–	18.74
경기	25.40	24.92	24.10	23.50	22.61	21.57	20.69	19.95	18.94	18.10	17.64
강원	18.47	18.06	17.77	17.32	16.99	16.49	16.24	16.13	15.84	15.40	14.91
충북	21.36	20.99	20.44	20.39	20.12	19.55	19.16	18.65	17.66	16.94	16.61
충남	19.81	19.79	19.62	19.49	19.40	19.02	18.63	18.48	18.01	17.38	16.59
전북	18.82	18.57	18.32	18.08	17.87	17.38	17.11	16.74	16.07	15.66	15.21
전남	17.28	17.11	16.86	16.58	16.42	15.97	15.66	15.70	15.11	14.49	13.99
경북	20.18	20.02	19.56	19.44	19.14	18.45	17.94	17.49	16.72	16.45	15.90
경남	21.11	20.80	20.49	19.72	19.55	18.85	18.48	18.03	17.06	16.26	15.68
제주	21.08	20.70	20.39	20.03	19.79	19.20	18.79	18.56	18.12	17.40	16.60

출처: 통계청, 지역통계, e-지방지표, 주제별, 교육여건, 대학교 졸업후 정규취업률.

에 한정한다. 우리나라 교원 1인당 학생 수를 2003년부터 2013년 동안 조사한 내용이 〈표 2-14-22〉이다.

2000년도를 기준으로 보면, 교원 1인당 학생 수가 가장 많은 순서는 경기, 광주, 대전, 인천, 대구, 인천, 울산, 서울, 부산, 충북, 경남, 제주, 경북 순이다. 경기는 교원 1인당 학생수가 25.4명으로 가장 많다. 이 수는 교원 1인당 학생 수가 가장 적은 전남의 17.28명보다 약 8명이 많은 것으로 큰 차이가 난다. 학생 수가 적은 순위는 전남, 강원, 충남, 경북 순이다. 전부 20명 이하다. 이후로 교원 1인당 학생 수는 급격하게 적어지기 시작한다. 교육여건을 개선하기 위한 교사 충원을 더 한 원인도 있지만 유치원, 초등학교 학생 수가 계속 적어지는 것도 교원 1인당 학생 수를 적게 하는 원인이 되었다. 이러한 영향을 받아 2010년에는 광주를 제외한 전 지역이 교원 1인당 학생 수가 20명 미만으로 줄어들었다. 2000년에 가장 많았던 경기도 2010년에는 19.95명으로 감소되었다. 2013년에는 전남은 13.99명으로 가장 적은 지역이 되었다. 이어 강원은 14.91명, 전북이 15.21명, 경남 15.68명, 경북이 16.68명으로 적은 지역의 순위를 이어가고 있다. 이 기간에 교원 1인당 학생 수가 많은 지역의 순위는 경기도가 17.64명으로 2000년도와 마찬가지로 교원 1인당 학생 수가 가장 많은 지역이다. 그러나 2000년도 25.40명과 비교하면 거의 8명이 감소된 것이다. 경기도에 이어 광주, 대전, 인천, 대구 순으로 교원 1인당 학생 수가 많은 지역이 되었다.

 그림 2-14-32   **지역별 교원1인당 학생 수(2003-2013)**   (단위: 명)

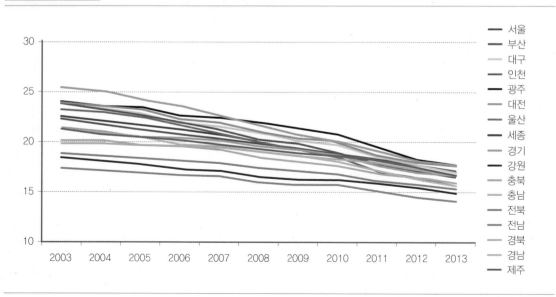

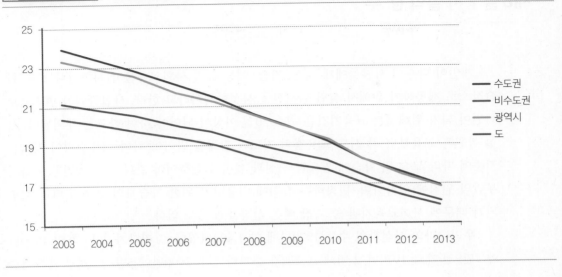

그림 2-14-33 **권역별 평균 교원1인당 학생 수 변화추이(2003-2013)**   (단위: 명)

교원 1인당 학생 수를 비교하기 위하여 그래프를 작성하였는데 이 내용이 [그림 2-14-32]이다. 이 그림을 보면, 전 지역이 크게 감소되고 있다. 2000년도에는 경기도가 눈에 보일 정도로 가장 윗 자리에 있었지만 2013년도에는 다른 지역, 특히 광역시 권역과 거의 동일 선상에 있음을 알 수 있다. 2013년도에는 전남의 그래프가 가장 낮게 있는 점이 눈에 띈다.

권역별로 비교하기 위하여 작성한 그림이 [그림 2-14-33]이다. 이 그림을 보면 수도권과 광역시 권역이 거의 동일한 경향으로 움직이고 있다. 마찬가지로 도 권역과 비수도권도 거의 같은 방향으로 움직이고 있다. 이렇게 수도권과 광역시가 동일한 선상에서 움직이는 것은 수도권인 경기와 광역시 권역이 교원 1인당 학생 수가 거의 같기 때문이다. 마찬가지로 도 권역과 비수도권은 학생 수가 적은 방향에서 같은 군을 이루고 있기 때문에 두 집단이 한 방향으로 움직이고 있다고 할 수 있다.

개인이 다수의 사람들에게 지식, 기술, 예능 등의 사회교육을 실시하거나 또는 학습장소로 제공하기 위해서 설립된 시설을 사설학원이라고 한다. 사설학원이 법적으로 학원이 되기 위해서는 교육기간은 최소 30일 이상이 되어야 하며 학교는 제외된다. 사설 학원은 교육부와 각 시도 교육청의 지도와 감독을 받아야 하며 대통령령이 정하는 기준에 따라 교습 및 학습에 필요한 시설과 설비를 갖추어야 한다. 사설학원은 학습자 부담의 원칙에 입각하며, 변화하는 사회에 적응하기 위한 학습자의 요구에 따라 설립되기 때문에 사회교육기관 중 가장 빠른 성장을 보이고 있다.

우리나라의 사설학원 수는 1970년에 약 1,400개였다. 그러다가 20년 후인 1990년에 2만9천 개로 1970년에 비해 20.7배가 증가하였다. 2000년에 5만8천 개로 계속적으

표 2-14-23 천 명당 사설 학원 수

(단위: 개소)

시도별	2003	2004	2005	2006	2007	2008	2009	2010	2011	2012
서울	1.10	1.12	1.14	1.16	1.13	1.18	1.18	1.28	1.31	1.34
부산	1.45	1.32	1.28	1.30	1.33	1.33	1.34	1.36	1.42	1.37
대구	1.21	1.15	1.16	1.22	1.17	1.19	1.38	1.56	1.49	1.41
인천	1.15	1.07	1.03	1.01	1.01	1.07	1.05	1.06	1.01	1.17
광주	2.01	1.79	1.90	1.88	1.71	1.94	1.54	1.70	1.56	1.39
대전	1.38	1.21	1.33	1.35	1.44	1.44	1.49	1.48	1.43	1.42
울산	2.16	2.14	2.13	2.21	2.13	2.24	2.38	2.31	2.23	2.21
경기	1.36	1.32	1.36	1.42	1.40	1.47	1.54	1.54	1.56	1.53
강원	1.41	1.32	1.41	1.47	1.54	1.54	1.58	1.61	1.61	1.52
충북	1.27	1.23	1.38	1.44	1.47	1.50	1.57	1.61	1.56	1.53
충남	1.33	1.21	1.23	1.28	1.33	1.40	1.42	1.48	1.40	1.39
전북	1.52	1.65	1.66	1.65	1.75	1.79	1.88	2.06	2.11	2.14
전남	1.18	1.23	1.28	1.31	1.37	1.42	1.48	1.51	1.51	1.49
경북	1.09	1.08	1.15	1.23	1.25	1.24	1.29	1.33	1.38	1.37
경남	1.80	1.58	1.60	1.68	1.83	1.88	1.86	1.91	1.80	1.78
제주	1.38	1.39	1.50	1.61	1.66	1.67	1.66	1.74	1.66	1.68

출처: 통계청, 지역통계, e-지방지표, 주제별, 교육여건, 천 명당 사설학원 수.

로 증가하는 추세를 보여 왔고, 2008년 기준으로 총 7만 개 정도의 학원이 등록되어 있다. 분야별로 입시 보습학원의 비율은 47%, 예체능 분야 학원의 비율은 33.6%, 외국어 등 국제실무분야 학원의 비율은 10.6%이다.[5]

이러한 사설학원 수를 지역별로 인구 천 명당 기준으로 사설학원 수를 비교하였다. 이 내용이 〈표 2-14-23〉이다. 2003년에 천 명당 사설학원 수를 순위로 보면, 울산, 광주, 경남, 전북, 부산 순이다. 이 중에 울산과 광주는 인구 천 명당 사설학원 수가 2개 이상이다. 서울은 예상 밖으로 천 명당 1.1개로 전국에서 최하위다. 서울은 이 수준을 계속 유지하다가 2012년에 1.34개로 증가한다. 그러나 이 규모도 2012년 순위로 보면 1.17개인 인천 다음 최하위다.

2012년 기준으로 보면, 지역 순위는 울산, 전북, 경남, 제주, 경기, 충북 순이다. 울산과 전북만이 인구 천 명당 2개 이상의 사설학원이 있는 지역이다. 2003년에 비해 10년이 지난 2012년에 사설학원 수가 감소된 지역은 부산, 광주, 경남 등이다. 특히 광주는 2003년에 2.01개로 울산 다음으로 사설학원이 많은 지역이었다. 그러나 2012년에는 1.3개로 인천, 서울 다음 하위 순위로 전락했다.

지역별로 비교하기 위하여 그래프를 작성한 내용이 [그림 2-14-34]이다. 이 그림에서 가장 상위에 있는 지역은 울산이다. 울산은 다른 지역과는 확연하게 다르게 처음

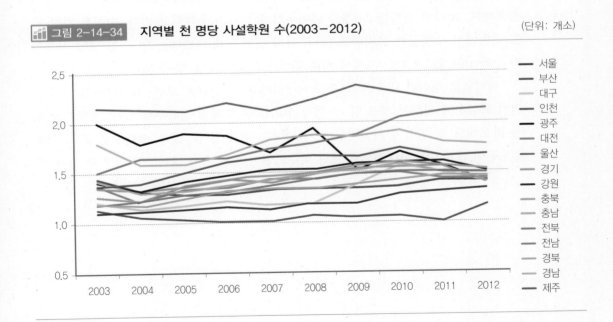

그림 2-14-34 **지역별 천 명당 사설학원 수(2003-2012)**   (단위: 개소)

5 [네이버 지식백과] 사설학원[私設學院](교육학용어사전).

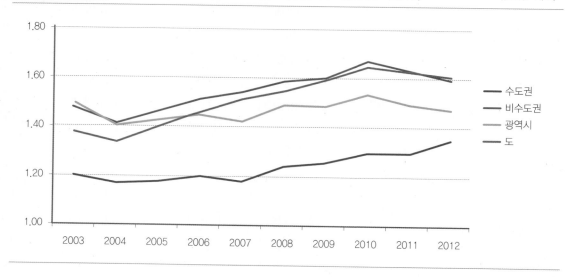

그림 2-14-35 권역별 평균 천 명당 사설학원 수 변화추이(2003-2012) (단위: 개소)

부터 1위자리를 차지하였고 끝까지 1위를 지키고 있음을 알 수 있다. 인구 천 명당 울산의 사설학원 수는 2009년에는 다른 지역과 가장 차이가 많이 나는 해였다. 이후 계속 감소되어 전북과 비슷한 수준으로 떨어지고 있다. 전북은 2003년에는 1.5개에서 출발하여, 2012년 현재는 2.0개를 넘어서서 울산과 비슷해지고 있다. 인천은 가장 낮은 위치에서 오랫동안 유지하고 있다. 특히 인천은 2011년에는 인구 천 명당 사설학원 수가 1.01개로서 다른 지역에 비해 뚜렷하게 적은 것을 알 수 있다.

권역별로 정리한 내용이 [그림 2-14-35]이다. 이 그림을 보면, 사설학원 수가 수도권이 확실하게 적다는 것을 알 수 있다. 비수도권은 제일 상층부에 있다. 광역시와 도를 비교해도 도 권역이 사설학원 수가 많다는 것을 알 수 있다. 절대수로 보면, 물론 수도권이 많겠지만 상대적으로 보면 비수도권이 학원 수가 많다고 정리할 수 있다.

15

국제화 및 정보화

국제화는 외국과의 교류에서부터 시작된다. 외국과의 교류는 인적 교류와 같이 직접적인 교류와 서적, 영화 등을 통한 간접적 교류가 있다. 해외를 직접 가고, 그리고 외국인이 한국을 방문하고 거주하면서 서로 교류를 하는 것은 직접 교류라고 할 수 있다. 직접 교류의 지표는 출입국자 현황과 체류 외국인 현황이 활용된다.

현재 우리나라의 출입국자는 급성장하고 있다. 2013년 국내 출입국자 수가 전년에 비해 9.2% 늘어난 총 5,496만 명으로 사상 최대치를 기록했다. 2014년도는 국내 출입국자가 사상 처음으로 6,000만 명을 돌파할 것으로 전망됐다. 2014년 1월 14일 법무부에 따르면 2013년 내국인 출입국자가 30,349,466명, 외국인 출입국자는 24,613,821명으로 집계됐다. 이 중 내국인 출국자는 15,153,341명으로 2012년에 비해 8.1% 늘어난 데 비해 외국인 입국자는 1,220,417명으로 9.6% 증가해 외국인 입국자 수 증가율이 높았다.[1] 1960년도에 출입국자가 33,984명에 비하면 이제 한국은 국제화된 사회에 살고 있다고 해도 과언이 아니다. 따라서 외국인에 대한 정책은 더 이상 중앙정부의 몫으로만 돌릴 수 없게 되었다. 외국인 관광객뿐만 아니라 외국인 노동자, 다문화 가정, 외국인 투자 및 사업가 등이 지방자치단체에 직접적인 영향을 주는 부문이 많아졌기 때문이다. 이 또한 지역통계에 있어서 외국인 통계가 필요한 이유가 된다.

체류외국인의 수도 증가하여 2013년 외국인 체류자는 150만 명을 넘었고, 이중 통계대상인 91일 이상 체류자는 1,219,000명이다. 외국인에 대한 통계는 지방자치단체에의 거주외국인에 대한 성별, 국적 등 기본현황을 파악, 지역사회 정착지원 시책에 기초 자료로 활용하고 거주외국인에 대한 지방자치단체 및 지역주민의 인식 제고를 통해 다문화 지역사회 커뮤니티 조성에 기여할 목적으로 시행하고 있다. 대상은 거주외국인(90일 이상 지자체 관내에 거주하고 있는 외국인), 한국 국적을 취득한 외국인, 국제결혼 가정의 자녀가 대상이며 2007년부터 정부 정식통계로 지정되었다.

국제화의 간접적 교류 수단으로서 현재 중심적 수단으로 되어 있는 것이 인터넷 이용이다. 인터넷은 언제(anytime), 어디서든(anywhere), 누구와도(anyone) 교류할 수 있어 간접적으로 국제화를 촉진시키는데 큰 역할을 하고 있기 때문에 정부 통계지표로 지정하고 있다. 본 부문의 조사와 저술 내용은 다음 〈표 2-15-1〉과 같다. 이 부분은 자료가 일천하여 본 저서도 일부를 제외하고는 e-지방지표를 분석하여 작성하였다.

---

1 출입국 · 외국인정책본부, 보도자료, 2014.1.14.

표 2-15-1 국제화부문의 조사와 저술 내용

항 목	e-지방지표		본 저서의 내용	
	지 표	분석기간	지 표	분석기간
인구 천 명당 외국인 수	– 인구 천 명당 외국인 수 변화	2003–2012	– 외국인 수 변화	1992–2012
외국인 수	– 외국인 수 변화	2003–2012	– 인구 천 명당 외국인 수 변화	2003–2012
인터넷 이용률	– 인터넷 이용률	2003–2012	– 인터넷 이용률	2003–2013

제2절 | 외국인 수

1. 1990년대의 외국인 수

다음의 〈표 2-15-2〉는 우리나라 외국인 거주 수를 지역별, 연도별로 정리한 자료이다. 이 자료에서 볼 수 있는 바와 같이 1992년도에 외국인 수는 65,673명에 불과하였다. 이 당시의 우리나라 인구가 약 4,396만 명인 점을 고려하면, 우리나라 인구에서 외국인이 차지하는 비율은 제로에 가까울 정도로 적은 수이다. 이후 외국인 수는 약간씩 늘어난다. 그렇지만 그 증가 수는 통계적 의미가 될 만큼 크지 않았다. 1995년에 123,881명으로 10만 명대의 외국인 시대가 되었고, 1997년에는 201,186명으로 외국인 20만 명 시대가 되었다. 2년에 약 8만 명이 더 늘어난 것이다. 그러나 1990년대 말까지는 외국인이 더 이상 늘어나지 않았다. 오히려 1998년에는 182,788명으로 줄어들기까지 한다. 1999년에도 외국인 수는 206,895명으로 겨우 20만 명을 유지하고 있었다.

지역별로 보자. 1992년에는 서울이 34,632명으로 타 지역의 추월을 불허할 정도로 외국인 거주자가 많았다. 이 당시 1만 명 이상의 외국인이 거주하는 곳은 서울 이외는 없었다. 1992년 두 번째로 외국인이 많이 거주하는 곳이 경기도였는데 이때의 외국인 수가 6,535명에 불과하였다. 서울은 1995년에 4만 5천 명의 외국인이 거주하였고 1999년도에도 역시 서울이 57,189명의 외국인이 거주하여 최다 외국인 거주지로 또 한 번 확인되었다. 부산은 1992년에 4,889명의 외국인이 거주하였다. 이후에 약간씩 증가하여 1996년에 11,793명으로 1만 명의 외국인이 거주하게 되었다. 1992년에서 4년 동안 약 6천 명의 외국인이 늘어났을 뿐이다. 이후 매우 적은 수의 외국인이 늘어나서 1999년에 14,184명의 외국인이 거주하고 있었다. 대구가 1992년에 2,114명의 외국인이 거주하였는데 1999년에 11,493명의 외국인이 증가하여 광역시에서 외국인 증가율이 가장 높다. 외국인이 인천과 부산에서와 비슷하게 매우 적으나마 증가하고 있다. 대전, 광주, 울산은 1999년에도 각각 4천 명, 3천 명, 2천 명의 외국인이 살고 있을 뿐이다.

도 단위로 가면, 경기도의 약진이 눈에 띄었다. 1992년에 경기도에 6,535명의 외국인이 살고 있어, 서울보다는 약 2만 8천 명의 적은 외국인이 살고 있었지만 전국에서는 2위였다. 그러나 증가 속도는 여타 지역에 비해 훨씬 빨랐다. 1993년에는 1만 명대, 1995년 2만 명대, 1996년 3만 명대, 1997년에 4만 명대로 진입할 정도로 빠른 속도로 외국인 수가 증가하였다. 1999년에 경기도에 외국인 거주자가 47,966명으로 서울과 약 1만 명 차이로 좁혔다.

표 2-15-2 외국인 수(1992-1999) (단위: 명)

지역별	1992	1993	1994	1995	1996	1997	1998	1999
전국	65,673	76,374	95,778	123,881	167,664	201,186	182,788	206,895
서울	34,632	35,965	39,246	45,072	51,776	52,923	50,990	57,189
부산	4,889	5,623	6,732	9,092	11,793	13,802	13,736	14,184
대구	2,114	3,187	4,276	7,388	10,615	13,582	11,205	11,493
인천	4,750	5,924	7,500	9,059	12,529	15,293	13,205	15,165
광주	994	1,011	1,339	1,501	2,066	2,615	2,568	3,034
대전	1,778	2,148	2,555	3,351	4,124	4,797	4,271	4,741
울산	–	–	–	–	–	3,418	2,819	2,944
경기	6,535	10,422	16,439	22,044	35,144	44,122	39,685	47,966
강원	976	1,170	1,413	1,512	2,666	3,201	2,816	3,064
충북	1,134	1,341	2,194	2,845	3,509	4,672	4,895	5,417
충남	1,372	1,578	2,535	2,985	4,631	6,097	5,880	6,913
전북	1,502	1,684	2,045	3,049	4,803	5,773	5,311	6,024
전남	750	804	1,032	1,244	2,162	2,894	2,965	3,163
경북	1,166	1,486	2,597	5,544	8,720	12,502	10,516	11,752
경남	2,643	3,596	5,331	8,637	12,412	14,721	11,219	13,097
제주	438	435	544	558	714	774	707	749

출처: 법무부, 출입국외국인정책본부 이민정보과 통계청, 국내통계, 기관별, 법무부, 체류외국인통계.

도 지역에서는 경기이외에 외국인 수가 급증하는 지역은 경북과 경남이다. 1992
년에 경남은 2,643명의 외국인이 거주하였다. 1996년에는 12,412명으로 1만 명의 외
국인이 거주하기 시작하여 1999년에는 13,097명의 외국인이 거주하고 있다. 서울, 경
기, 인천, 부산 다음의 순위다. 경북은 1992년에는 고작 1,166명의 외국인이 있었을 뿐
이다. 그러다가 1997년에 1만 명을 넘어섰고 1999년에는 11,752명의 외국인이 거주하
고 있다. 1999년에 도 권역 중 1만 이상의 외국인이 거주하는 지역은 경기, 경남, 경북
뿐이었다. 충북과 충남도 외국인 수가 급증하는 지역이다. 충북은 1992년에는 1,134
명의 외국인이 거주했는데, 1999년에는 5,417명으로 4.8배가 늘어났다. 충남도 역시
1992년에 1,372명에서 1999년에는 6,913명으로 5배 이상 늘어났다. 1992년에 1천 명
미만의 외국인이 거주하는 지역은 강원, 전남, 제주였다. 1999년에 이들 지역에 외국
인이 거주하는 인원을 보면, 강원 3,064명, 전남 3,163명, 울산 2,944명, 제주 749명이
다. 1999년도에 외국인이 1만 명 이상 거주하는 지역은 서울, 경기 외에 인천, 부산,

표 2-15-3 지역별 외국인 수의 점유율 (단위: %)

지역별	1992	1993	1994	1995	1996	1997	1998	1999
전국	100.0	100.0	100.0	100.0	100.0	100.0	100.0	100.0
서울	52.7	47.1	41.0	36.4	30.9	26.3	27.9	27.6
부산	7.4	7.4	7.0	7.3	7.0	6.9	7.5	6.9
대구	3.2	4.2	4.5	6.0	6.3	6.8	6.1	5.6
인천	7.2	7.8	7.8	7.3	7.5	7.6	7.2	7.3
광주	1.5	1.3	1.4	1.2	1.2	1.3	1.4	1.5
대전	2.7	2.8	2.7	2.7	2.5	2.4	2.3	2.3
울산	–	–	–	–	–	1.7	1.5	1.4
경기	10.0	13.6	17.2	17.8	21.0	21.9	21.7	23.2
강원	1.5	1.5	1.5	1.2	1.6	1.6	1.5	1.5
충북	1.7	1.8	2.3	2.3	2.1	2.3	2.7	2.6
충남	2.1	2.1	2.6	2.4	2.8	3.0	3.2	3.3
전북	2.3	2.2	2.1	2.5	2.9	2.9	2.9	2.9
전남	1.1	1.1	1.1	1.0	1.3	1.4	1.6	1.5
경북	1.8	1.9	2.7	4.5	5.2	6.2	5.8	5.7
경남	4.0	4.7	5.6	7.0	7.4	7.3	6.1	6.3
제주	0.7	0.6	0.6	0.5	0.4	0.4	0.4	0.4

경남, 경북, 대구 지역이다.

〈표 2-15-3〉은 앞서 표를 지역별로 점유율을 가지고 연도별로 작성하였다. 이 표에 의하면, 1992년에는 서울에 거주하는 외국인 수가 전체의 절반이 넘는 52.7%나 되었다. 다음으로 경기가 10%, 인천이 7.4% 순이었다. 그러나 이후 서울은 계속 점유율이 떨어진다. 다른 지역에도 외국인이 많이 유입되었기 때문이다. 1996년에는 서울은 30.9%로 하락하고, 경기가 21.0%로 크게 증대되었다. 이외 다른 지역은 10% 미만이다. 1999년에 점유율을 보면, 서울이 27.6%로 떨어졌고, 경기는 계속 상승하여 23.2%를 차지하고 있다. 다음이 7.3%인 인천, 6.9%인 부산이다. 서울, 경기, 인천을 합하면 58.1%가 된다. 외국인 집중 현상이 수도권에 이미 고착되어 있다고 볼 수 있다.

도 지역으로 가면, 경기는 1992년에 10.0%에서 1996년에 21.0%로 진입하였고 1999년에 23.2%로 서울과는 점유율 면에서 5%이하로 간격이 많이 좁혀졌다. 강원은 점유율이 1999년까지 1.5%로 거의 변동이 없다. 도 지역은 제주를 빼고는 점유율이 모두 상승하고 있다. 이 중에 경북과 경남이 1992년에는 각각 1.8%, 4.0%였는데, 1999년에는 각각 5.7%와 6.3%로 크게 상승하고 있다. 특히, 경북의 상승률이 높다. 제주는 1992년에 0.7%에서 1999년에는 0.5% 오히려 감소되고 있다.

2. 2000년대의 외국인 수

외국인 거주자는 2000년 중반에 들어서면서 크게 증가하기 시작하였다. 2000년대의 외국인 거주자 현황이 〈표 2-15-4〉이다. 2000년에 우리나라 외국인 거주자는 총 244,172명이었다. 2002년 월드컵을 기점으로 외국인 거주자가 크게 늘어나기 시작하였다. 2002년에 287,923명이었던 외국인이 2003년에는 437,014명으로 전년도 대비 1.5배가 늘어난 것이다. 이후에도 급증하여 2006년에는 60만 시대, 2007년에는 70만 명대, 2008년 80만 명, 2010년에 90만 대가 되는 등 1년에 거의 10만 명의 외국인 거주자가 증가할 정도로 폭증하고 있다.

지역별로 살펴보면, 2000년에는 서울과 경기가 6만 명대의 외국인이 거주하였고 이 외에는 2만 명 미만이다. 인천이 16,552명으로 경기에 이어 3위의 외국인 거주지가 되었다. 이어서 경북, 부산, 경남, 대구 등 광역시를 중심으로 외국인 거주자가 집중되었다. 2006년에는 외국인 거주자가 632,490명으로 급증한다. 이 중에 경기가 200,789명으로 지역 최초로 20만 명의 외국인이 거주하는 지역이 되었다. 서울은 175,036명으로 경기도보다 25,000명 정도 적다. 다른 지역도 이전에 비해 많은 외국인이 거주하

표 2-15-4 외국인 수(2000-2012) (단위: 명)

지역별	2000	2001	2002	2003	2004	2005	2006	2007	2008	2009	2010	2011	2012
전국	244,172	267,630	287,923	437,014	469,183	485,477	632,490	765,429	854,007	870,636	918,917	982,461	932,983
서울	61,920	67,908	73,228	102,882	114,685	129,660	175,036	229,072	255,207	255,749	262,902	279,220	247,108
부산	15,886	15,497	17,244	19,823	17,808	19,547	23,397	27,662	31,499	31,310	32,471	35,116	35,049
대구	13,959	14,478	14,844	15,267	15,026	14,530	17,104	19,409	19,877	19,406	20,401	22,014	21,922
인천	16,552	16,959	18,113	31,084	31,898	31,683	39,463	45,464	48,521	47,852	49,992	50,217	47,305
광주	3,303	3,595	4,073	4,921	5,743	6,361	8,155	10,016	11,923	12,188	13,360	14,106	14,492
대전	4,904	5,645	5,271	6,482	7,279	7,897	9,803	12,177	14,056	14,485	14,876	15,047	14,571
울산	3,936	4,760	5,240	6,059	6,505	7,457	10,494	12,804	14,472	14,961	16,043	18,421	19,247
세종	–	–	–	–	–	–	–	–	–	–	–	–	2,271
경기	60,670	67,540	72,574	154,787	165,922	155,942	200,798	234,030	256,827	266,808	285,262	302,447	288,251
강원	4,354	4,497	4,945	6,297	7,265	7,989	10,252	11,994	12,892	12,672	13,737	13,332	12,901
충북	7,209	7,998	8,730	10,923	11,665	12,871	17,326	20,731	22,700	22,648	24,453	25,730	24,830
충남	8,630	9,951	10,836	17,329	19,147	19,849	26,411	30,553	35,254	37,667	42,753	48,091	46,230
전북	7,245	7,469	7,726	8,437	8,932	10,165	13,475	16,151	18,749	19,919	20,152	21,851	22,030
전남	4,015	4,744	5,417	6,692	7,819	9,260	11,903	15,126	19,690	21,149	21,970	23,797	23,602
경북	16,373	17,893	19,146	21,291	22,696	23,409	29,721	33,721	35,731	35,350	36,895	39,984	40,067
경남	14,261	17,621	19,057	23,173	24,920	26,679	35,953	42,389	51,707	53,222	57,718	65,960	64,371
제주	955	1,075	1,479	1,567	1,873	2,178	3,199	4,130	4,902	5,250	5,932	7,128	8,736

출처: 법무부, 출입국외국인정책본부 이민정보과; 통계청, 국내통계,기관별, 법무부, 체류외국인통계.

게 되었는데 역시 인천이 3위로 39,463명, 이어서 경남이 35,953명, 경북이 29,721명 순이다. 이외에 제주를 제외하고는 나머지 지역은 1만 명 이상의 외국인이 거주하였다.

2012년에 들어와서는 외국인 거주자가 932,983명이 되었다. 역시 경기가 288,251명으로 1위지역이 되었고, 이어서 서울에 247,108명, 경남에 6만4천 명의 외국인이 거주하고 있다. 이제는 인천, 충남, 경북도 4만 명 이상의 외국인이 거주하는 지역이 되었다. 가장 적은 제주는 8,736명의 외국인이 거주하고 있다.

2000년대의 외국인 거주자가 어느 지역에 집중되고 있는지를 살펴보기 위하여 점유율을 계산하였다. 〈표 2-15-5〉가 그 내용이다. 표에서 보면, 2000년대 들어와서도 서울의 점유율은 거의 25%이상을 계속 유지하고 있다. 경기도는 30%초반을 지속시키고 있다. 인천은 6% 전후를 달리고 있다. 이 세 지역만을 합한 결과를 2012년도를 기준으로 보면, 62.5%로 수도권 점유율은 더욱 강화되고 있다. 그러나 이 중에 인천

표 2-15-5 **지역별 외국인 수의 점유율** (단위: 명)

지역별	2000	2001	2002	2003	2004	2005	2006	2007	2008	2009	2010	2011	2012
전국	100.0	100.0	100.0	100.0	100.0	100.0	100.0	100.0	100.0	100.0	100.0	100.0	100.0
서울	25.4	25.4	25.4	23.5	24.4	26.7	27.7	29.9	29.9	29.4	28.6	28.4	26.5
부산	6.5	5.8	6.0	4.5	3.8	4.0	3.7	3.6	3.7	3.6	3.5	3.6	3.8
대구	5.7	5.4	5.2	3.5	3.2	3.0	2.7	2.5	2.3	2.2	2.2	2.2	2.3
인천	6.8	6.3	6.3	7.1	6.8	6.5	6.2	5.9	5.7	5.5	5.4	5.1	5.1
광주	1.4	1.3	1.4	1.1	1.2	1.3	1.3	1.3	1.4	1.4	1.5	1.4	1.6
대전	2.0	2.1	1.8	1.5	1.6	1.6	1.5	1.6	1.6	1.7	1.6	1.5	1.6
울산	1.6	1.8	1.8	1.4	1.4	1.5	1.7	1.7	1.7	1.7	1.7	1.9	2.1
세종	–	–	–	–	–	–	–	–	–	–	–	–	0.2
경기	24.8	25.2	25.2	35.4	35.4	32.1	31.7	30.6	30.1	30.6	31.0	30.8	30.9
강원	1.8	1.7	1.7	1.4	1.5	1.6	1.6	1.6	1.5	1.5	1.5	1.4	1.4
충북	3.0	3.0	3.0	2.5	2.5	2.7	2.7	2.7	2.7	2.6	2.7	2.6	2.7
충남	3.5	3.7	3.8	4.0	4.1	4.1	4.2	4.0	4.1	4.3	4.7	4.9	5.0
전북	3.0	2.8	2.7	1.9	1.9	2.1	2.1	2.1	2.2	2.3	2.2	2.2	2.4
전남	1.6	1.8	1.9	1.5	1.7	1.9	1.9	2.0	2.3	2.4	2.4	2.4	2.5
경북	6.7	6.7	6.6	4.9	4.8	4.8	4.7	4.4	4.2	4.1	4.0	4.1	4.3
경남	5.8	6.6	6.6	5.3	5.3	5.5	5.7	5.5	6.1	6.1	6.3	6.7	6.9
제주	0.4	0.4	0.5	0.4	0.4	0.4	0.5	0.5	0.6	0.6	0.6	0.7	0.9

은 점유율이 하락 중이다. 인천은 2000년에 외국인 거주자 점유율이 6.8%에서 2012년에는 5.1%로 수도권 지역 중 유일하게 점유율이 떨어지는 지역이다. 광역시 중에 점유율이 가장 크게 떨어지는 지역은 부산과 대구다. 2000년에 외국인 거주 점유율은 부산과 대구는 각각 6.5%와 5.7%였다. 그러나 2012년에 이 두 지역의 점유율은 각각 3.8%와 2.3%로 거의 반 토막이 났다. 울산은 약간이나마 상승 중에 있다.

도 지역으로 오면, 경기도가 가장 높을 뿐만 아니라 상승률도 가장 높다. 경기는 2000년에 24.8%에서 2003년과 2004년에는 35%로 급상승한다. 서울을 제쳤음은 당연하다. 이후에 약간씩 점유율이 내렸지만 2012년 현재까지도 30%를 유지하면서 서울과 약 4%이상 차이를 두고 있다. 점유율이 하락하는 도는 강원, 전북, 경북이다. 이 중에서는 경북이 20000년에 6.7%에서 2012년에 4.3%로 가장 많이 떨어지고 있다. 강원은 2000년에 1.8%에서 2012년에 1.4% 줄어들었다. 이 1.4%는 0.9%인 제주, 0.2%인

세종에 이어 거꾸로 3위다. 충남이 선전하고 있다. 충남은 1992년도에 2.1%로 시작하여 1999년도에 3.3%, 2005년 4.1%, 2012년에는 5.0%로서 도 단위로는 경기, 경남 다음 높다. 경남도 비수도권에서는 줄곧 상위를 차지하고 있는데 2012년에는 6.9%가 된다. 제주는 2000년에 0.4%에 불과하였지만 현재는 0.9%로 상승세이다.

3. 1990년대와 2000년대의 외국인 수 비교

1992년에서부터 2012년 현재까지 외국인 수를 지역별로 비교하기 위하여 작성한 [그림 2-15-1]을 보면, 1992년에는 서울 이외는 큰 차이가 없었다. 그러다가 1995년이 되면서 경기도가 타지역과 확연하게 구별할 수 있을 만큼 급증하기 시작하더니 2003년을 기점으로 경기가 서울보다 점유율이 상승하였다. 경기는 2011년을 기점으로 증가 수가 떨어지기 시작하고 있다. 서울은 처음에는 독보적으로 움직이다가 2003년에 경기보다 외국인 거주자가 적어지면서 계속 2위 자리를 지키고 있다. 2012년에는 25만 명보다 적은 수로 떨어진다. 경남이 2007년부터 상승하기 시작하여 현재 3위 자리를 계속 유지하고 있다. 이외에 인천, 충남의 증가도 눈에 띈다.

그림 2-15-1 **지역별 외국인 수(1992-2012)** (단위: 천 명)

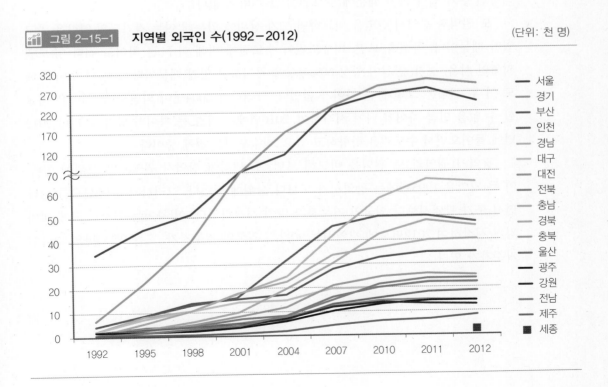

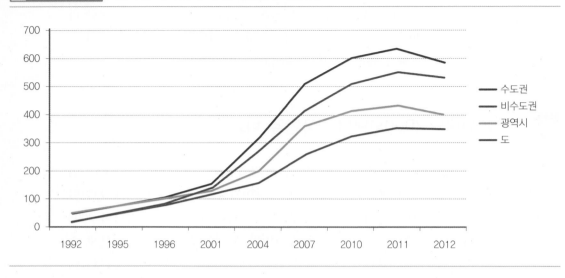

권역별로 보면, [그림 2-15-2]와 같이 수도권과 비수도권 지역을 비교해 보면 큰 차이로 수도권에 외국인 수가 많다. 앞에서 여러 차례 기술한 바와 같이 서울, 경기의 외국인 수가 워낙 많기 때문에 수도권이 클 수밖에 없다.

도 권역과 광역시 권역을 비교하면 도가 상위에 있는데 이는 경기도의 영향을 받고 있기 때문이다. 곡선을 보면, 비수도권이 수도권에 비해 아주 큰 차이로 적다. 수도권 지역인 서울, 경기, 인천이 항상 60%이상을 차지하고 있기 때문이다. 2000년 초반만 해도 이 두 권역은 그렇게 큰 차이가 없었다. 그러다가 2004년이 되면서 두 권역은 비교할 수 없을 만큼 차이가 나기 시작하여, 2010년에는 가장 큰 차이가 났다. 그러나 2012년에 들어오면서 수도권은 하향하고 있고, 비수도권은 정체 중이다.

광역시 권역과 도 권역을 비교해 보면, 도 권역이 광역시 권역보다 상위에 있다. 이 두 지역은 1995년에는 광역시가 도보다 상위에 있었다. 그러다가 2000년도를 지나면서 도가 광역시보다 외국인 거주자가 많기 시작하였다. 이 차이는 점차로 크게 벌어지기 시작하여 2012년도에 광역시는 40만의 외국인 거주자가, 도는 약 53만의 외국인 거주자가 있다.

제3절 | 인구 천 명당 외국인 수

〈표 2-15-6〉은 인구 천 명당 지역별 거주 외국인 수에 대한 내용이다. 이 표에서 보면 알 수 있듯이 전국적으로 외국인 거주자가 증가 일로에 있다. 외국인 거주자는 2003년에 인구 천 명당 6.8명이었는데, 2006년에는 10.0명으로 늘어났고, 2012년 현재 15.0으로 2003년에 비해 2.5배 정도 증가되었다.

이를 지역으로 살펴보면, 2003년에는 경기도가 15.17명으로 1위였고, 그 다음이 인천 12.09명, 서울 10.11명으로 1, 2, 3위가 전부 수도권이다. 그 다음 순서로 충남, 경북, 경남 순이다. 5년 후인 2008년 현황을 보면, 서울이 25.02명으로 22.74명인 경기

표 2-15-6 지역별 인구 천 명당 외국인 수(2003-2012)   (단위: 명)

구분	2003	2004	2005	2006	2007	2008	2009	2010	2011	2012
전국	6.8	7.3	7.7	10.0	11.9	13.3	13.5	14.2	15.3	15.0
서울	10.11	11.27	12.75	17.19	22.47	25.02	25.05	25.49	27.24	24.24
부산	5.37	4.86	5.37	6.48	7.71	8.84	8.84	9.10	9.89	9.91
대구	6.04	5.95	5.79	6.85	7.78	7.97	7.79	8.12	8.78	8.75
인천	12.09	12.37	12.18	15.04	17.06	18.02	17.65	18.12	17.93	16.63
광주	3.53	4.10	4.54	5.79	7.09	8.38	8.50	9.18	9.64	9.86
대전	4.53	5.04	5.43	6.69	8.25	9.49	9.76	9.89	9.93	9.56
울산	5.65	6.02	6.86	9.61	11.64	13.01	13.42	14.24	16.22	16.78
경기	15.17	15.86	14.58	18.41	21.07	22.74	23.28	24.20	25.34	23.84
강원	4.12	4.78	5.28	6.81	7.98	8.55	8.38	8.98	8.68	8.38
충북	7.33	7.83	8.65	11.59	13.76	14.94	14.83	15.78	16.46	15.86
충남	9.06	9.80	10.11	13.38	15.31	17.47	18.49	20.60	22.89	22.74
전북	4.32	4.68	5.39	7.21	8.67	10.10	10.74	10.78	11.66	11.76
전남	3.32	3.94	4.71	6.13	7.84	10.26	11.06	11.45	12.43	12.36
경북	7.83	8.42	8.71	11.05	12.58	13.36	13.24	13.72	14.81	14.85
경남	7.38	7.93	8.44	11.33	13.26	16.03	16.38	17.54	19.93	19.39
제주	2.84	3.37	3.91	5.73	7.38	8.74	9.33	10.38	12.37	14.97

출처: 행정안전부 외국인 수 연말기준, 2007년까지는 각 시도, 2008년 이후는 법무부 출입국외국인정책본부, 통계청, 지역통계, e-지방지표, 주제별, 국제화 및 정보화, 천 명당 외국인수.

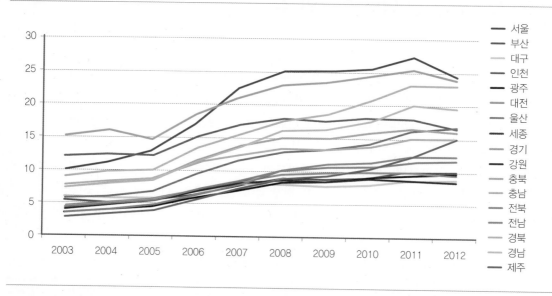

를 제치고 1위를 차지하고 이후에 계속 1위를 유지하고 있다. 경기 다음으로는 인천, 충남, 경남, 경북 순이다. 역시 수도권이 외국인의 거주지로 아직도 각광을 받고 있다. 수도권 이외에는 충남이 상위권에 있다. 2012년 현재는 여전히 서울이 24.24명으로 1위를 유지하고 있으며, 그 다음이 경기도로 23.84명이다. 이후 순서는 충남이 22.74명, 경남 19.39명, 울산 16.78명, 인천 16.63명 순이다. 3위였던 인천이 울산 다음으로 밀렸다. 이제 외국인 거주지는 수도권 독점이 무너지고 전국에 거쳐서 외국인이 거주하는 시대가 왔다.

　　[그림 2-15-3]은 지역별로 인구 천 명당 외국인 거주에 대한 그래프다. 이 그림을 보면 서울이 2006년까지 외국인이 급증하여 이 시기부터 전국에서 인구 천 명당 외국인이 가장 많이 거주하는 지역으로 올라선다. 경기도는 서울보다는 떨어지지만 아직도 상위권에 있다. 또한 대구가 광역시임에도 매우 저조한 상태이며, 도 단위로는 강원이 저조하다. 제주는 초창기에는 가장 적은 지역이었으나 국제자유도시로 출범한 해인 2006년부터 외국인이 증가되기 시작하면서 2012년 지금은 14.97명으로 8위에 올라섰다. 도 단위에서는 인구 천 명당 외국인 수가 많은 곳은 경기, 충남, 경남 순이다.

　　[그림 2-15-4]는 권역별로 인구 천 명당 외국인 수 변화를 연도별로 분석하기 위하여 작성한 그래프다. 이 그림을 보면, 도 권역과 비수도권이 천 명당 외국인 수가 월등하게 많은 것으로 나타나고 있다. 특히, 수도권과 비수도권의 비교는 그 간격이 매우

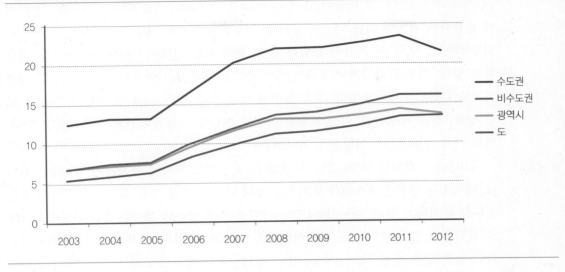

그림 2-15-4 권역별 인구 천 명당 외국인 수(2003~2012)   (단위: 명)

범례:
— 수도권
— 비수도권
— 광역시
— 도

넓음을 알 수 있다. 이는 외국인 근로자 채용에 대하여 지역 균형 발전 차원에서 수도권보다 비수도권에 채용을 용이하게 하는 정책적 배려 때문이라고 사료된다. 절대 수로는 서울과 경기, 인천 등 수도권 지역에 60%이상 거주하지만 인구 천 명당 기준인 인구비례로 보았을 때는 도와 비수도권 지역에 외국인 거주자가 훨씬 많은 것으로 나타나고 있다.

제4절 | 인터넷 이용률

　지역별로 인터넷 사용을 연도별로 조사한 내용이 〈표 2-15-7〉이다. 최근에는 인터넷이 전 분야에 관련이 있다고 할 정도로 보편화되어 있다. 이에 대한 조사가 인터넷 중독 실태조사, 모바일인터넷이용실태조사, 국제통계연감, 인터넷이용실태조사, e-지방지표, 정보화통계조사, 청소년종합실태조사, 정보격차지수 및 실태조사 등 무려 139개의 항목으로 주로 미래부가 담당을 하여 조사하고 있다. 본 조사는 e-지방지표에 의하여 분석하였다.

　표를 보면 2003년에 이미 우리나라는 전국 어느 지역이라도 인터넷 사용이 최하

50%이상임을 알 수 있다. 이 당시에 가장 활발하게 인터넷을 사용하는 곳이 울산이 74.6%로 가장 높다. 그 다음이 대전 71.8%, 경기 69.6%, 서울 69.1% 순서다. 가장 적게 활용하는 지역이 전남 53.3%, 강원 55.7%, 충남 56.0%, 제주 59.6% 순이다. 5년 후인 2008년을 보자. 이 기간의 현황을 보면, 전국 모든 지역이 60%이상 인터넷을 이용하고 있다. 가장 활발하게 이용하는 지역 순으로 하면 울산이 83.6%로 5년 전과 마찬가지로 1위를 차지하고 있다. 그 다음의 순서는 경기, 인천, 서울 순이며, 적은 곳을 보면 경북, 전남, 충남으로 이들 지역은 아직도 인터넷 이용률이 60%대에 머물고 있다. 지역 간에 정보격차가 심함을 알 수 있다.

2013년도 현재를 보면, 전남이 68.2%로 유일하게 인터넷 이용률이 60%대인 곳이다. 나머지는 대부분 80%대를 유지하고 있다. 89%로 가장 높은 울산은 이전부터 줄곧 선두를 유지하고 있다. 대구가 84.7%로 2위를 하고 있는데 대구는 2003년도에 63.6%로 하위권에 있었는데 큰 도약을 하였다고 평가할 수 있다. 대구 다음에 인터넷 이용률이 높은 곳은 부산, 경기, 서울, 인천, 경남, 제주, 충북 순으로 이들 지역의 인터넷

표 2-15-7 지역별 인터넷 이용률(2003-2013)

(단위: %)

지역별	2003	2004	2005	2006	2007	2008	2009	2010	2011	2012	2013
서울	69.1	73.6	76.1	77.2	79.5	80.1	80.6	80.9	81.1	81.5	83.2
부산	64.0	69.7	70.8	72.8	73.6	74.2	75.0	75.8	75.9	76.3	84.3
대구	63.6	68.8	70.4	72.1	73.5	74.1	74.7	75.9	76.0	76.5	84.7
인천	69.9	73.2	75.9	78.7	79.0	80.7	81.3	81.7	81.8	82.2	82.1
광주	71.1	75.8	77.9	78.1	78.7	79.6	80.2	81.0	81.0	81.4	83.0
대전	71.8	72.5	75.3	75.6	76.1	77.3	78.8	80.4	80.9	81.4	87.9
울산	74.6	79.1	81.8	82.0	82.9	83.6	84.0	85.0	85.0	85.7	89.5
경기	69.6	75.5	77.8	78.8	80.5	82.0	82.6	82.9	82.9	83.1	84.3
강원	55.7	63.5	65.9	67.0	68.7	70.2	70.7	71.2	71.2	72.1	75.8
충북	61.5	66.4	69.1	70.0	70.4	71.1	71.4	72.1	72.1	72.7	80.7
충남	56.0	57.9	63.1	64.0	66.9	67.7	68.4	69.7	69.8	71.7	80.3
전북	59.5	65.2	67.6	67.8	69.3	70.7	70.9	72.2	72.7	73.7	73.5
전남	53.3	58.7	63.0	63.5	65.3	66.5	66.6	67.8	67.9	68.5	68.2
경북	60.0	59.4	63.6	64.7	65.9	66.4	67.3	68.4	68.5	69.0	76.6
경남	62.1	68.4	70.7	70.9	71.2	72.0	72.2	72.5	72.6	73.2	81.9
제주	59.6	66.9	67.8	68.8	70.3	71.2	72.2	73.6	73.9	74.5	80.8

출처: 통계청, 지역통계, e-지방지표, 주제별, 국제화 및 정보화.

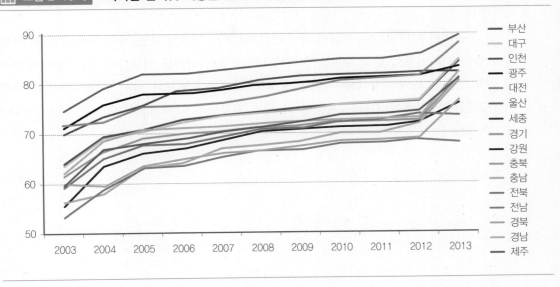

그림 2-15-5 지역별 인터넷 이용률 변화 추이(2003−2012) (단위: %)

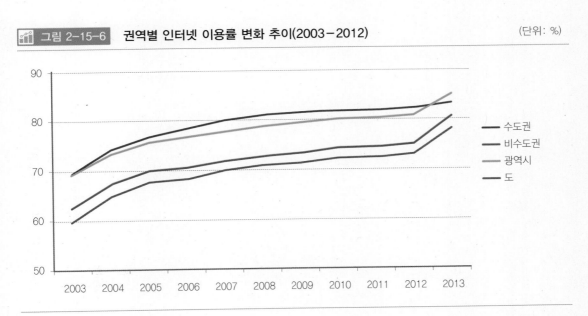

그림 2-15-6 권역별 인터넷 이용률 변화 추이(2003−2012) (단위: %)

사용률은 모두 80%이상이다.

지역별로 인터넷 사용률을 비교하기 위하여 작성한 [그림 2-15-5]를 보면 일단 방향은 완만하게 계속 상승되고 있다. 어느 시기도 이전보다 떨어졌던 때는 없는 그래프임을 알 수 있다. 그리고 지역 간에 편차도 그렇게 심하지 않다. 이것을 보면 각 자치단체와 정부가 인터넷 이용률을 높이기 위한 다각적인 노력을 기울이고 있다고 할 수 있다.

　권역별로 비교하기 위하여 작성한 [그림 2-15-6]에서 보면, 광역시에 비해 도 권역이 인터넷 이용이 낮고 수도권에 비해 비수도권의 인터넷 이용률이 낮은 것은 당연하다 하겠다. 도와 비수도권 지역은 광역시 권과 수도권보다 인구 구성이 노인과 여성 등 인터넷 이용에 취약한 계층이 더 많기 때문이라고 여겨진다. 정보격차(the divide)의 현장을 보고 있는 듯 하다.

16

환 경

제1절 | 서언

　　경제나 사회가 지속적으로 유지되기 위해서는 이를 떠받들고 있는 자연환경과 자연생태계가 온전하게 유지되어야 함은 두말할 필요가 없다. 자연환경이 우리 인간의 모든 활동을 지탱해주는 능력, 즉 환경의 수용능력에 한계가 있으므로 자연환경을 이용하는 우리의 모든 활동은 이 수용능력의 범위 안에서 이루어지도록 통제되어야 한다. 단순히 환경의 수용능력을 심각하게 의식만 해서는 소용이 없고 이 수용능력의 상태가 항상 점검되어야 한다. 바로 환경관련 통계가 이 수용능력의 상태를 사회에 알려주는 역할을 해주고 있다.

　　환경통계란 환경상태와 이와 연계된 인간 활동이나 자연재난, 환경 변화를 방어하는 인간 활동 등 환경상태 변화의 원인과 결과에 해당하는 인구, 사회, 경제활동을 포함한 통계를 말한다. 환경통계의 자료원은 다양한 자료수집기관에 걸쳐서 수집·집계되고 있으며 수집과 집계에도 다양한 방법이 적용되고 있다. 현재 우리나라 환경통계는 승인통계 11종, 기타 행정보고통계 16종으로 구성되어 있으며 그 외 각 부처에서 작성하고 있는 각종 통계연보 속에 환경관련 통계가 포함되어 있다. 환경통계는 주로 환경부에서 조사가 실시되어 공표되는 자료로 그 결과를『환경통계연감』,『환경백서』,『공장폐수의 발생과 처리』,『전국폐기물발생 및 처리현황』,『오수·분뇨 및 축산폐수의 처리』,『상수도통계』,『하수도통계』등에 수록하고 있다. 현재 환경부에서 발간하는 환경통계연감에서는 통계의 작성범위를 국민경제활동, 환경상태, 환경관리로 크게 분류하여 환경에 영향을 미치는 국민의 사회경제적 활동과 분야별 환경상태 그리고 환경악화에 대한 대응논란에 관련 통계를 포괄적으로 수록하고 있다. 상기와 같은 지

항 목	e-지방지표		본 저서의 내용	
	지 표	분석기간	지 표	분석기간
도시공원면적	– 인구 천 명당 공원 면적	2003–2012	– 인구 천 명당 공원면적 변화	2003–2012
면적	– 면적의 변화	2000–2012	– 시도별 면적 변화	2000–2012
기온	– 기온의 변화	2000–2013	– 지역별 기온의 변화	2000–2013
강수량	– 강수량의 변화	2000–2013	– 지역별 강우량 변화	2000–2013
폐수배출업소	– 폐수배출업소의 증감	2000–2011	– 지역별 폐수 배출업소 변화	2000–2011

표 2-16-1 　환경부분의 조사와 저술 내용

표는 나라 지표에 활용하나 e-지방지표에서는 환경에 대해서는 다음 5개의 지표만을 사용하고 있다. 본 연구에서도 이에 관한 자료가 일천하고 수집하는데 여러 가지 문제점이 있어서 e-지방지표를 그대로 사용하면서 분석하였다.

제2절 | 공원 면적

공원의 개념은 공공의 소유이며, 공공이 사용하는 녹지공간이다. 공원은 보편적으로 공공이 소유하고 사용하는 일정구획의 녹지공간으로 숲, 물, 녹지 등의 자연요소들이 인위적으로 배치되어 있고 사람들이 이곳에서 자연을 쉽게 접하고 레크리에이션 및 휴식 등 다양한 활동 등을 할 수 있는 공간으로 정의하고 있다.

도시공원의 개념은 "국토의 계획 및 이용에 관한 법률" 제2조 제6호에 의하여 "공원으로서 도시지역 안에서 도시자연경관의 보호와 시민의 건강·휴양 및 정서생활의 향상에 기여하기 위하여 도시 관리계획으로 결정된 곳"을 말하고 있다. 도시공원은 국토의 계획 및 이용에 관한 법률에 따라 기반시설로 포함되어 있어 이용자 중심의 공간으로 국·도립 공원 및 군립공원 등의 일반 자연공원과는 다르다. 도시공원은 도시 안에서 녹지를 제공함으로써 도시의 산소 제공 및 바람의 흐름에 영향을 주어 생태적 기능을 할 뿐만 아니라 이용자들에게 운동, 휴식 등을 할 수 있는 여가공간을 제공하며, 시각적으로 개방감과 녹음을 제공함으로써 도시경관을 향상시키는 경관적 기능을 하고 있어 오늘날 도시공원의 중요성이 계속적으로 높아가고 있다. 도시공원은 법률에 의거 그 기능과 주제에 따라서 크게 생활권 공원과 주제공원으로 나누고 있다. 생활권 공원은 소공원, 어린이공원, 근린공원을 말하며, 주제공원은 역사공원, 문화공원, 수변공원, 묘지공원, 체육공원 등으로 나눈다.[1]

다음 〈표 2-16-2〉는 전국 각 시도 공원의 현황에 대한 내용이다. 지역별 통계가 부재이기 때문에 부분적으로 나와 있는 통계자료를 원용하였다. 이 표에 의하면 1971년도 우리나라 도시공원율은 6.8㎡/1인이다. 공원율로 보면 서울은 6㎡/1인으로 평균 공원율보다 낮다. 가장 공원율이 높은 곳은 경주로서 67.88㎡/1인이다. 이 다음이 군산, 대전, 원주 순으로 나타났다.[2]

---

1 박미영, 도시공원의 이용실태 및 운영관리방안, 광주발전연구원, 2009. pp.6-7.
2 한국도시행정협회, 도시문제, 1972. pp.16-31. 1인당 도시공원 면적은 도시공원면적을 행정구

표 2-16-2 전국 각 시도 공원 현황(1992년도)

구분	도시공원면적 (km²)	공원율 (m²/1000명)	공원율 (m²/1인)	구분	도시공원면적 (km²)	공원율 (m²/1000명)	공원율 (m²/1인)
평균	–	6,835	6.8	광주	0.13	256	0.2
서울	29.48	6,171	6.0	목표	0.05	297	0.3
부산	2.77	1,630	1.6	여수	0.62	5,850	5.8
인천	0.19	336	0.3	순천	0.03	400	0.4
수원	1.24	7,701	7.7	대구	0.26	247	0.2
의정부	0.01	80	–	포항	–	–	–
춘천	–	–	–	김천	0.63	11,020	11.0
강릉				경주	5,980.00	67,830	67.9
원주	0.02	18,600	18.6	안동	–	–	–
속초	–	–		마산			
청주	0.01	75	–	진주	0.20	1,750	1.7
충주	1.00	12,100	12.0	충무	0.01	249	0.2
대전	10.21	27,940	27.9	진해	0.09	1,096	1.0
천안	0.02	207	0.2	삼천포	0.03	463	0.4
전주	3,769.00	15,480	15.4	울산	0.13	918	0.9
군산	2.99	29,900	29.9	제주	0.20	2,130	2.1
이리	–	–	–		79,539.00	6,835	–

출처: 내무부, 도시생활환경수준측정 및 시설기준설정에 관한 연구, 1992, pp.63-64.

2003년부터 2012년도까지 우리나라 지역별 도시공원 조성 면적을 조사한 내용이 〈표 2-16-3〉이다. 이 표를 보면 우리나라 도시공원의 특징은 2003년부터 어느 시기까지 도시공원 면적이 늘어나다가 2009년 전후에 급격하게 감소된다는 점이다. 예를 들면, 서울인 경우에 2003년에는 10.26천㎡였으나 이후 약간씩 면적이 확대되어 2008년에는 23.14천㎡까지 늘어났다. 그러나 2009년에 14.30천㎡까지 급감하였다. 현재 서울시의 도시공원 면적은 14.07천㎡이다.

2003년을 기준으로 보면, 충북이 가장 많은 49.28천㎡이다. 이 다음이 경남 41.00천㎡이다. 이어 울산, 전남, 제주, 충남 순이다. 5년 후인 2008년에는 충북이 48.81천㎡으로 여전히 수위를 점하고 있다. 충북은 2003년부터 도시공원 면적이 계속 확대되어 2007년에는 63.37천㎡까지 늘어났다. 이어 경남, 울산, 전남 순으로 도시공원면

역상 시부인구(도시계획구역내 인구)로 나누어 산출한다.

표 2-16-3 인구 천 명당 도시공원 조성 면적: 평균 (단위: 천㎡)

구분	2003	2004	2005	2006	2007	2008	2009	2010	2011	2012
서울	10.26	10.21	10.24	11.48	14.47	23.14	14.30	14.40	13.96	14.07
부산	14.64	14.87	15.06	15.31	15.56	16.13	16.26	16.17	16.50	16.66
대구	22.70	30.13	30.48	30.80	34.16	34.21	34.41	34.09	9.79	9.80
인천	20.91	34.34	22.70	23.46	23.25	32.46	22.40	26.32	21.54	24.51
광주	12.01	12.60	12.60	12.61	32.46	13.22	13.26	13.09	13.03	13.37
대전	29.57	34.46	34.38	34.52	34.74	34.88	16.07	15.92	16.07	16.24
울산	35.38	39.52	57.56	39.31	40.00	39.84	40.16	37.51	37.18	31.32
세종	–	–	–	–	–	–	–	–	–	182.71
경기	17.57	17.39	16.57	16.74	16.97	16.02	15.92	15.83	15.95	14.70
강원	27.74	28.04	28.39	28.60	29.21	27.42	27.71	26.39	26.05	26.22
충북	49.28	50.37	63.97	63.73	63.37	48.81	34.13	32.53	31.77	32.06
충남	29.42	29.28	29.28	29.42	30.03	27.43	28.87	27.94	26.85	25.92
전북	22.38	25.56	25.86	26.33	26.50	26.96	27.15	26.98	27.17	27.24
전남	33.97	35.03	35.27	35.72	37.09	38.46	35.84	36.39	36.61	37.12
경북	28.83	25.84	26.19	26.34	26.78	27.33	25.76	26.09	26.28	26.82
경남	41.00	41.61	41.92	42.16	41.88	42.56	41.06	29.95	28.05	27.80
제주	30.86	30.78	30.83	31.07	31.03	31.22	31.28	26.27	26.04	25.71

출처: 통계청 ,지역통계, e-지방지표, 주제별, 환경, 천 명당 공원면적, 국토해양부 건설교통통계연보.

적이 넓다. 그러나 충북도 2009년 후로는 도시공원 면적이 다시 하락하기 시작하여 2012년 현재에는 32.06천㎡로 전남보다 적은 면적의 도시공원을 갖고 있다. 2012년에는 세종시가 182.71천㎡으로 다른 지역에 비해 훨씬 넓다. 그러나 2012년은 세종시가 군에서 광역으로 승격된 직후이기 때문에 다른 지역과 비교하는 것은 무리다. 2012년에는 전남이 37.12천㎡으로 가장 넓은 도시공원을 가지고 있다. 이 다음이 충북 32.06천㎡, 울산 31.32천㎡ 순이다. 2012년에 들어오면서 도시공원 면적이 모든 지역에서 대폭 줄었다. 이는 택지를 비롯한 공장 등 개발면적이 확대되고 있다는 증거이기도 하다.

도시공원 면적의 지역별 비교를 위하여 작성한 그래프가 [그림 2-16-1]이다. 이 그림을 보면 충북이 2003년부터 다른 지역과 확연하게 구분되게 많은 도시공원 면적이 있었다. 이후 다시 도시공원 면적은 급증하여 2005년에서 2007년까지는 60천㎡ 이상을 유지하여 다른 지역과 큰 격차를 벌렸다. 그러나 2009년부터는 다시 급감하여 이제는 2005년도의 절반인 겨우 30천㎡ 근처에 있다. 울산도 도시공원 면적이 최상위에

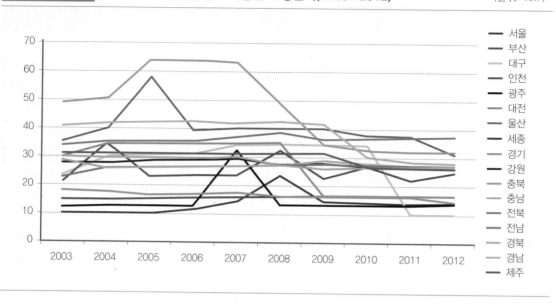

그림 2-16-1 지역별 인구 천 명당 도시공원 조성면적(2003-2012)

(단위: km²)

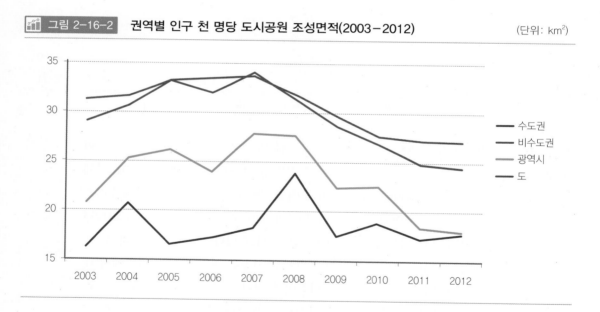

그림 2-16-2 권역별 인구 천 명당 도시공원 조성면적(2003-2012)

(단위: km²)

있는 지역이다. 울산은 충북보다는 적은 면적이지만 2005년만 급증하였을 뿐 비교적
안정된 면적을 유지하고 있다. 나머지 지역은 변동 폭이 매우 커서 규칙성을 찾기 어
렵다.

도시공원 면적을 권역별로 비교하기 위하여 작성한 그래프가 [그림 2-16-2]이다. 수도권과 비수도권의 도시공원 면적은 격차가 매우 심하게 나타나고 있다. 비수도권은 2003년에 약 370천㎡였으며, 이후 계속 증가하여 2007년에는 450천㎡까지 확대되었다. 그러나 그 후 비수도권의 도시공원 면적도 개발의 붐에 따라서 점점 축소되기 시작하여 2012년에는 300천㎡ 약간 위에 있다. 반면 수도권은 2003년에 50천㎡였다. 이후 수도권의 공원 면적은 거의 변동 없이 그대로 유지되고 있다. 2013년도 현재는 수도권과 비수도권과는 큰 차이를 보이고 있는 것이다.

도 권역과 광역시 권역을 비교해 보면, 역시 차이가 크다는 것을 알 수 있다. 도는 2003년에 280천㎡에서 시작을 하고 있지만 광역시는 도 권역의 50%인 140천㎡에서 시작하고 있다. 이후에 약간씩 간격을 좁히고 있지만 2013년 현재 도는 250천㎡, 광역시는 170천㎡으로 여전히 간격이 크다.

제3절 ┃ 면적

국토 면적의 증감은 변화가 클 수 없다. 국토의 확장은 다른 나라와의 충돌이 예견되는 매우 복잡한 상황을 불러 오기 때문에 국토의 전체 면적은 쉽게 변하지 않는다. 다만 국토 내의 각 지방자치단체 간 면적이 변하는 경우가 종종 있다. 지방자치법이 허용하는 폐·치·분·합 때문이다. 지방자치단체 간에는 자치단체가 폐지되는 경우, 다른 자치단체와 구역을 서로 바꾸는 경우, 울산 등 광역시와 같이 자치단체의 비대로 상위 자치단체로 승격하거나 나누는 경우, 반대로 마산, 창원, 진해와 같이 합하는 경우 등 행정구역의 조정으로 인하여 지방자치단체 면적에 변동을 가져 온다.

다음 〈표 2-16-4〉는 우리나라 지역별 면적 변화에 대한 내용이다. 전국의 면적은 2000년에 99,460㎢이었던 면적이 2001년부터 약간씩 늘어난다. 이렇게 면적이 약간씩 늘어나 2010년에는 100,032㎢까지 늘어났다. 그러나 2012년에는 약간 줄어들어 99,723㎢이 되었다. 2000년의 면적과 비교하면 0.3%인 263㎢가 늘어났다. 자치단체 면적의 증감 원인은 앞에서 기술한 바와 같이 행정구역 변동에 의해서와 재측량에 의한 면적 기록의 수정, 매립 등에 의해서 발생할 수 있다. 지역으로 보면, 지자체의 면적 변화는 조사기간인 2000년에서 2012년까지 12년 동안 면적이 전혀 변동이 안되는 곳도 있는데 이곳이 서울, 대전, 광주, 울산, 충북, 전북, 경남, 제주 등이다. 늘어난 지

표 2-16-4 지역별 면적 변화 (단위: ㎢)

지역별	2000	2001	2002	2003	2004	2005	2006	2007	2008	2009	2010	2011	2012
전국	99,460	99,539	99,586	99,601	99,617	99,644	99,677	99,719	99,828	99,896	100,032	100,148	99,723
서울	605	606	606	605	605	605	605	605	605	605	605	605	605
부산	760	762	763	763	763	764	765	766	766	766	767	768	770
대구	886	886	886	886	886	884	884	884	884	884	884	884	884
인천	965	980	986	987	993	994	1,002	1,007	1,010	1,027	1,029	1,032	1,041
광주	501	501	501	501	501	501	501	501	501	501	501	501	501
대전	540	540	540	540	540	540	540	540	540	540	540	540	540
울산	1,056	1,056	1,056	1,057	1,057	1,057	1,057	1,057	1,058	1,058	1,059	1,060	1,060
경기	10,135	10,137	10,127	10,131	10,132	10,131	10,132	10,132	10,134	10,136	10,167	10,171	10,172
강원	16,572	16,613	16,613	16,613	16,612	16,613	16,613	16,613	16,614	16,613	16,693	16,787	16,790
충북	7,432	7,432	7,432	7,432	7,432	7,431	7,432	7,432	7,433	7,433	7,433	7,433	7,406
충남	8,586	8,597	8,598	8,598	8,598	8,601	8,600	8,600	8,601	8,629	8,630	8,630	8,204
전북	8,050	8,051	8,051	8,051	8,053	8,055	8,055	8,063	8,061	8,061	8,067	8,067	8,067
전남	11,987	11,990	12,037	12,046	12,052	12,073	12,095	12,121	12,213	12,233	12,247	12,257	12,270
경북	19,024	19,024	19,025	19,025	19,026	19,026	19,026	19,026	19,028	19,029	19,028	19,030	19,029
경남	10,515	10,517	10,518	10,518	10,519	10,521	10,522	10,524	10,531	10,532	10,533	10,534	10,535
제주	1,846	1,847	1,847	1,848	1,848	1,848	1,848	1,848	1,849	1,849	1,849	1,849	1,849

출처: 통계청, 지역통계, e-지방지표, 주제별, 환경, 면적.

역은 부산, 인천, 경기, 강원, 전남 등이다. 반면에 면적이 줄어드는 곳도 있다. 대구, 충남이다. 대구는 2000년에 886㎢였는데 2012년에는 884㎢로 2㎢가 감소되었다. 충남은 2000년에 8,586㎢였던 면적이 2012년에 8,204㎢로 약 382㎢가 줄어들었다. 충남 지역 내의 군을 중심으로 세종시가 신설되었기 때문에 충남의 면적은 감소될 수밖에 없다.

지역별로 비교하기 위하여 작성된 [그림 2-16-3]에서 보면 거의 일직선으로 가고 있음을 알 수 있다. 행정구역의 조정이 매우 어렵기 때문에 변동을 불러 오기가 쉽지 않다. 다만 우리나라 경우에는 시의 인구 100만 이상이 되어 가면 지역정치인과 주민들이 광역시로 승격하기 위하여 노력을 하는 경우가 있고, 이를 성공시킨 경우에는 해당 자치단체의 면적이 변동을 가져 온다. 또한 최근에는 행정구역 변경에 대한 논의가 활발하게 이루어지고 있기 때문에 향후 자치단체의 면적 변동은 탄력적일 것으로 예측된다.

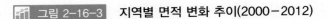

그림 2-16-3 지역별 면적 변화 추이(2000-2012) (단위: km²)

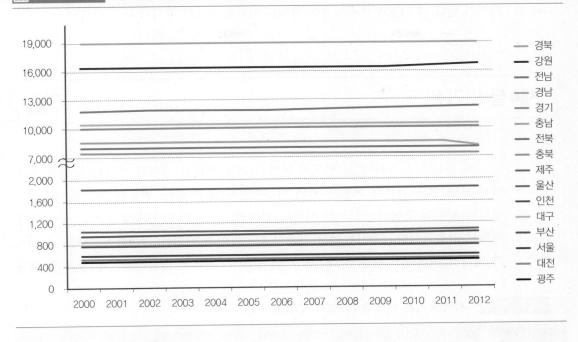

그림 2-16-4 권역별 면적 변화 추이(2000-2012) (단위: km²)

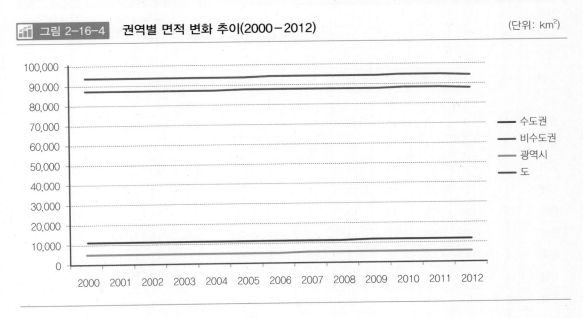

　권역별로 구분하기 위한 [그림 2-16-4]를 보아도 큰 변동이 없이 그대로 가고 있음을 알 수 있다. 다만 도와 비수도권 지역의 면적이 광역시와 수도권 면적보다도 훨씬

넓다는 점이 큰 차이가 난다. 도와 광역시와의 도시공원 면적 차이는 거의 10배 가깝게 차이가 난다. 수도권과 비수도권의 차이도 약 9배 정도의 차이가 나고 있다.

제4절 | 기온

〈표 2-16-5〉는 지역별로 연도에 따라서 기온 변화를 정리한 내용이다. 다음의 표에서 보면 평균 기온의 변동은 거의 이루어지지 않고 있다. 변동이 있다고 해도 1도 정도의 차이일 뿐이다. 어느 한 지역도 연도별로 2도 이상 편차를 보이는 곳이 없을 정도로 안정적이다. 그러나 전체 기온이 1도 차이의 변화는 기후학적으로는 큰 의미가 있다고 해석하기 때문에 관심을 가질 만하다. 기후의 변화문제는 이렇게 연 평균

표 2-16-5 **지역별 기온 변화 추이(2000−2012)** (단위: ℃)

구분	2000	2001	2002	2003	2004	2005	2006	2007	2008	2009	2010	2011	2012
서울	13	13	13	13	13	12	13	13	13	13	12	12	12
부산	15	15	15	14	15	14	15	15	15	15	15	15	15
대구	14	15	14	14	15	14	15	15	15	15	14	14	14
인천	13	13	13	13	13	12	13	13	13	13	12	12	12
광주	14	14	14	14	14	14	14	15	15	15	14	14	14
대전	12	13	13	13	14	12	13	13	13	13	13	13	13
울산	14	15	14	14	15	14	15	15	14	14	14	14	14
경기	12	12	12	12	13	12	13	13	13	13	12	12	12
강원	11	11	12	11	12	11	12	12	11	12	11	11	11
충북	12	13	13	13	13	13	13	14	13	13	13	13	13
충남	11	12	12	12	13	12	12	12	12	12	12	12	12
전북	14	14	14	13	14	13	14	14	14	14	13	13	13
전남	14	14	14	14	14	14	14	15	14	14	14	13	13
경북	15	15	14	14	15	14	14	15	14	15	15	14	14
경남	13	13	13	13	14	13	14	14	14	14	13	13	13
제주	16	16	16	16	16	16	16	17	16	16	16	16	16

출처: 통계청, 지역통계, e-지방지표, 주제별, 환경, 기온.

 **그림 2-16-5** **지역별 기온변화의 추이(2000-2012)**   (단위: ℃)

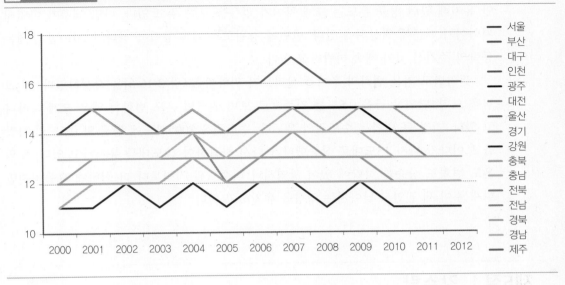

 **그림 2-16-6** **권역별 기온변화의 추이(2000-2012)**   (단위: ℃)

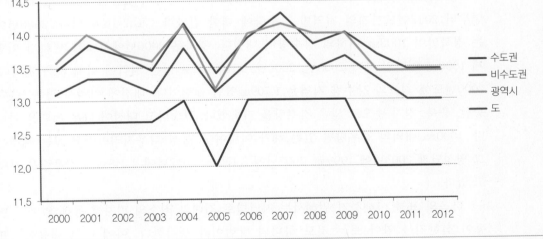

기온의 상승보다 계절이나 월별 온도 차이가 심한 현상이 자주 오기 때문에 이에 대한 우려와 관심이 더 강한 편이다. 즉, 지역의 온도는 거시적으로는 크게 변동이 없지만 미시적 변화는 매우 혼란스럽게 나타나기 때문에 미시적인 부분이 온도 분야에서는 관심대상이라 할 수 있다.

지역별로 비교하기 위하여 작성한 [그림 2-16-5]를 보면 각 자치단체별로 오랫동안 유지해 왔던 평균 온도는 크게 차이가 없음을 보여 주고 있다. 다만 제주가 아열대 지역이기 때문에 최상위에 있다. 반면에 강원도는 계속 등락을 하다가 2010년 후에는 등락의 주기선 없이 계속 하락하고 있다.

권역별로 기온 변화의 추이를 살펴보기 위하여 [그림 2-16-6]을 작성하였다. 이 그림을 보면, 단위 눈금을 0.5도를 기준으로 보면 권역별 온도 변화는 매우 크게 나타나고 있다. 가장 큰 변화는 수도권의 온도다. 수도권은 2005년도에 평균 약 0.5도의 하락을 보이다가 다시 13도대로 상승했다가 다시 하락하여 12도대를 유지하고 있다. 도의 온도 변화도 상승과 하락에 있어 광역시나 비수도권 지역보다 더 심하게 요동치지만 현재는 이 세 권역도 낮아지는 경향을 유지하고 있다.

제5절 | 강수량

강수량의 변화는 다른 환경 지표보다 매우 크게 변동이 있음을 알 수 있다. 2000년부터 2012년도까지의 지역별 강수량에 대한 결과가 〈표 2-16-6〉이다. 2000년에는 경북만이 1000㎜ 이하의 강수량이 내렸다. 경북은 2000년에서 2012년까지 이렇게 1000㎜ 미만일 때가 2008년, 2009년, 2010년으로 다른 지역에 비해 많은 편이다. 2000년도에 최고의 강수량 지역은 1,709㎜였던 대전이다. 대전에 이어서 전북, 광주, 충남, 충북, 경기 순으로 많은 강수량을 기록했다. 그렇다고 대전이 다우 지역은 아니다. 1000㎜ 내외의 강우량만 있는 해가 여럿이다. 통상 다우지역이라고 하는 제주는 그 명성답게 2003년에 1999㎜, 2007년에 2,140㎜, 2012년에 2,248㎜의 강우량을 보이고 있다.

다음의 표를 이해하기 위해서는 지역별로 최대와 최소의 편차를 통해 얼마나 변동이 심한지를 알아 보는 것도 하나의 방법이라 생각한다. 이에 대한 내용이 〈표 2-16-7〉이다. 다음의 〈표 2-16-7〉을 보면 지역 내의 강우량 편차가 심하다는 것을 알 수 있다. 최고 편차가 심한 지역은 제주도로 1,375㎜가 차이가 난다. 최고 적은 곳은 광주로서 735㎜이다. 계절에 따라서 강우량의 차이가 있어서 편차는 당연하다고 생각할 수 있다. 그러나 연도를 비교해 보면 최저와 최고는 해마다 일정하게 나타나는 것이 아니었다. 각 지역이 최고와 최저의 강수량이 나타나는 해가 다르다는 점이 강우

표 2-16-6　지역별강수량(2000-2012)　　　　　　　　　　　　　　(단위: mm)

지역별	2000	2001	2002	2003	2004	2005	2006	2007	2008	2009	2010	2011	2012
서울	1,187	1,386	1,388	2,012	1,499	1,358	1,682	1,212	1,356	1,564	2,044	2,039	1,646
부산	1,249	1,171	2,085	2,328	1,387	1,384	1,528	1,277	1,168	1,773	1,442	1,479	1,983
대구	1,087	878	1,291	1,750	1,222	834	1,132	974	761	833	1,205	1,430	1,190
인천	1,159	1,145	1,034	1,702	1,308	1,156	1,300	1,120	1,137	1,382	1,778	1,726	1,415
광주	1,511	1,130	1,459	1,994	1,742	1,290	1,520	1,621	1,007	1,488	1,573	1,300	1,627
대전	1,708	829	1,379	1,749	1,497	1,656	1,195	1,751	1,038	1,090	1,420	1,943	1,410
울산	1,027	869	1,560	1,864	1,250	1,136	1,394	1,136	1,112	1,133	1,162	1,233	1,458
경기	1,329	1,067	1,232	1,515	1,217	1,428	1,363	1,325	1,343	1,541	1,471	1,976	1,748
강원	1,155	1,108	1,178	1,866	1,404	1,334	1,659	1,375	1,439	1,447	1,581	2,029	1,324
충북	1,358	784	1,282	1,582	1,506	1,427	1,081	1,535	892	1,020	1,422	1,806	1,388
충남	1,425	987	1,388	1,433	1,341	1,334	1,139	1,471	910	1,074	2,142	1,704	1,643
전북	1,637	1,019	1,130	1,860	1,458	1,390	1,188	1,472	1,000	1,164	1,462	1,622	1,360
전남	1,177	946	1,162	1,686	1,483	1,003	1,288	1,351	961	1,088	1,336	982	1,578
경북	913	1,121	1,185	2,098	1,403	1,180	1,333	1,241	885	886	927	1,090	1,334
경남	1,547	1,216	1,817	2,151	1,575	1,114	1,674	1,701	886	1,609	1,896	2,026	1,753
제주	1,189	1,389	1,704	1,999	1,334	873	1,527	2,140	1,309	1,305	1,585	1,479	2,248

출처: 통계청, 지역통계, e-지방지표, 주제별, 환경, 강수량.

량의 불규칙성을 말해 준다 하겠다. 2006년과 2007년에는 모든 지역이 최고나 최저가 없는 해이지만 나머지 연도는 최고와 최저의 강우량이 어느 하나에는 속해 있음을 알 수 있다.

지역별 강우량의 흐름을 파악하기 위하여 작성한 내용이 [그림 2-16-7]이다. 흐름이 매우 불규칙적임을 알 수 있다. 뿐만 아니라 지역 간의 최고와 최저의 차이도 크게 차이가 날 뿐만 아니라 최고와 최저가 발생하는 연도도 차이가 있기 때문에 이렇게 불규칙하게 나타날 수밖에 없다.

지역별 변동은 불규칙성이 매우 심하지만 권역별로 비교했을 때는 [그림 2-16-8]과 같이 매우 규칙성이 강함을 알 수 있다. 권역 모두가 거의 같은 방향으로 가고 있다. 다만 2009년 후에 수도권 강우량이 비수도권 강우량보다 더 높게 나타나고 있는 점이 특징이다.

표 2-16-7　지역내 강수량 최고와 최저 차이　(단위: mm)

구분	2000	2001	2002	2003	2004	2005	2006	2007	2008	2009	2010	2011	2012	최고·최저 차이
서울	1,187	–	–	–	–	–	–	–	–	–	2,044	–	–	857
부산	–	–	–	2,328	–	–	–	–	1,168	–	–	–	–	1,160
대구	–	–	–	–	–	–	–	–	761	–	–	1,430	–	669
인천	–	–	1,034	–	–	–	–	–	–	–	1,778	–	–	744
광주	–	–	–	–	1,742	–	–	–	1,007	–	–	–	–	735
대전	–	829	–	–	–	–	–	–	–	–	–	1,943	–	1,114
울산	–	869	–	1,864	–	–	–	–	–	–	–	–	–	995
경기	–	1,067	–	–	–	–	–	–	–	–	–	1,976	–	909
강원	–	1,108	–	–	–	–	–	–	–	–	2,029	–	–	921
충북	–	784	–	–	–	–	–	–	–	–	–	1,806	–	1,022
충남	–	–	–	–	–	–	–	–	910	–	2,142	–	–	1,232
전북	–	–	–	1,860	–	–	–	–	1,000	–	–	–	–	860
전남	–	946	–	1,686	–	–	–	–	–	–	–	–	–	740
경북	–	–	–	2,098	–	–	–	–	885	–	–	–	–	1,213
경남	–	–	–	2,151	–	1,114	–	–	–	–	–	–	–	1,037
제주	–	–	–	–	–	873	–	–	–	–	–	–	2,248	1,375

그림 2-16-7　지역별 강수량 변화 추이(2000－2012)　(단위: mm)

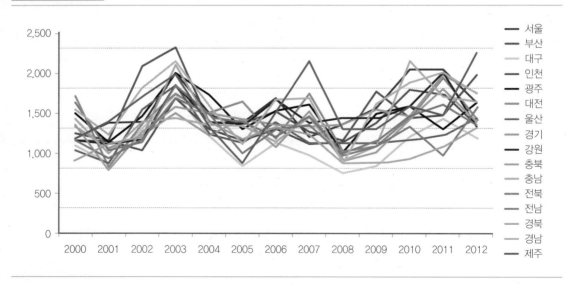

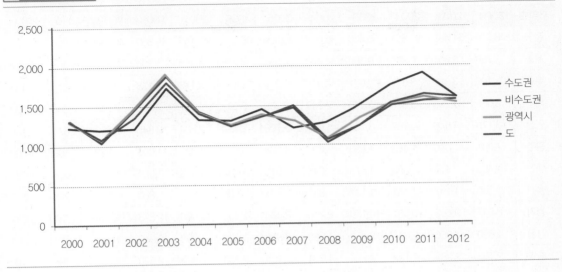

그림 2-16-8 권역별 강수량 변화 추이(2000-2012)　　　　　　　(단위: mm)

凡例:
- 수도권
- 비수도권
- 광역시
- 도

제6절 | 폐수배출업소

　　환경오염 배출업소 조사는 대기 및 폐수배출시설과 지정폐기물 배출량 및 처리양의 실태를 파악하여 적절한 환경보전대책을 수립·시행하는데 기초자료로 활용하기 위해 환경부에서 매년 작성하는 일반보고통계이다. 폐수배출업소 수를 지역별로 정리한 내용이 〈표 2-16-8〉이다. 이 표를 보면 폐수배출업소의 수는 2000년부터 상승하다가 2003년을 정점으로 하여 약간의 변동은 있지만 감소하는 방향으로 가고 있다. 2003년에는 55,405개소가 폐수배출업소였지만 이듬해인 2004년에는 39,012개소로 급감하였다가 이후에 다시 약간씩이나마 증가하여 2011년에는 49,201개소로 늘어난다. 결국 2000년에 48,876개소였던 것이 경기 활성화에도 불구하고 11년 후에도 거의 비슷한 수준인 49,201개소로 되어 있는 것은 강력한 폐수배출억제에 대한 정책이 일정한 효과를 보고 있다고 할 수 있다.

　　지역별로 보면, 2000년에는 폐수배출업소가 많은 순은 경기, 서울, 경남, 경북, 인천, 부산, 대구 순이다. 2011년 현재는 그 순서가 경기, 경남, 서울, 경북, 인천, 충남, 충북 순으로 순위가 약간씩 바뀌었다. 경남이 서울보다 앞서고, 충남과 충북이 6, 7위

표 2-16-8　폐수배출업소 (단위: 개소)

지역별	2000	2001	2002	2003	2004	2005	2006	2007	2008	2009	2010	2011
전국	48,876	51,469	53,851	55,405	39,012	40,409	45,163	47,155	46,860	46,980	48,266	49,201
서울	7,756	8,601	9,355	9,369	4,366	4,564	4,318	4,458	4,305	4,110	4,068	3,884
부산	3,109	3,327	3,617	3,671	2,048	2,237	2,081	2,172	2,178	2,247	2,210	2,183
대구	3,065	3,250	3,394	3,446	2,249	2,269	2,242	2,217	2,260	2,240	2,286	2,297
인천	3,179	3,046	3,107	3,182	1,901	1,708	2,714	2,894	2,845	2,692	2,870	3,139
광주	1,291	1,346	1,488	1,498	1,037	1,008	1,044	1,082	1,095	1,090	1,106	1,103
대전	1,455	1,477	1,568	1,573	1,018	1,018	1,035	1,040	1,054	1,061	1,056	1,034
울산	1,165	1,197	1,141	1,147	831	891	896	933	880	947	922	929
경기	8,842	9,652	10,051	10,156	8,230	8,480	12,352	13,089	12,873	13,140	13,731	13,939
강원	1,650	1,956	2,042	2,161	1,818	2,005	1,829	1,902	2,019	1,928	1,961	2,054
충북	2,182	1,983	2,102	2,274	1,800	2,104	2,202	2,369	2,370	2,280	2,380	2,518
충남	2,416	2,475	2,555	2,718	2,433	2,491	2,567	2,751	2,792	2,819	2,914	2,941
전북	2,498	2,735	2,888	3,040	2,221	2,056	2,172	2,258	2,238	2,247	2,241	2,456
전남	2,385	2,216	2,239	2,424	1,897	2,097	2,092	2,146	2,147	2,168	2,235	2,377
경북	3,680	3,607	3,751	4,003	3,117	3,290	3,466	3,611	3,529	3,622	3,846	3,690
경남	3,917	4,005	3,890	4,053	3,584	3,719	3,687	3,670	3,739	3,858	3,891	4,094
제주	286	596	663	690	462	472	466	563	536	531	549	563

출처: 통계청, 지역통계, e-지방지표, 주제별, 환경, 폐수배출업소.

로 올라 섰다. 2000년부터 2011년간에 폐수배출업소가 늘어난 지역은 경기, 충남, 경북, 경남이다. 그러나 늘어난 수는 경기도 이외는 매우 미미하다. 이 기간에 늘어난 수를 보면, 경기 5,097개소, 충남 525개소, 경북 10개소, 경남 87개소이다.

지역별로 비교하기 위하여 작성한 [그림 2-16-9]를 보면 서울과 경기 이외 다른 지역은 4,000개소 이하의 폐수배출사업소가 있으며 이 수는 변동이 약간 심한 편이다. 특히, 2004년에 대폭 감소되었다가 이후에는 아주 미미하게 상승하고 있음을 알 수 있다. 그러나 경기도는 매우 강하게 상승하고 있다. 2000년에 8,842개소였던 폐수배출업소가 2011년에는 13,939개소로 대폭 증가되었다. 서울이 2000년에 7,756개소에서 2011년에 3,884개소로 대폭 줄어든 것과는 매우 대조적이다. 사실 전체 폐수배출업체 수가 지금도 적게나마 증가하는 것은 경기도 내의 폐수배출업소 수가 계속 급증하는데 기인한 바가 크다.

권역별로 비교하기 위하여 작성된 [그림 2-16-10]을 보면 도는 다른 지역과 마찬

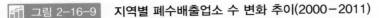

| 그림 2-16-9 | 지역별 폐수배출업소 수 변화 추이(2000-2011) | (단위: 개소) |

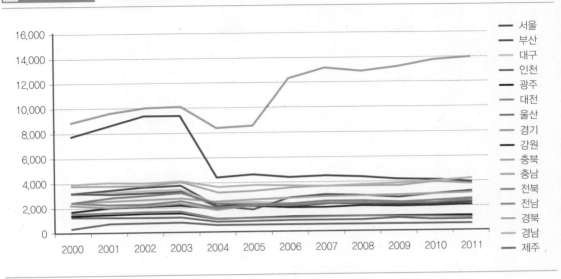

| 그림 2-16-10 | 권역별 폐수배출업소 수 변화 추이(2000-2011) | (단위: 개소) |

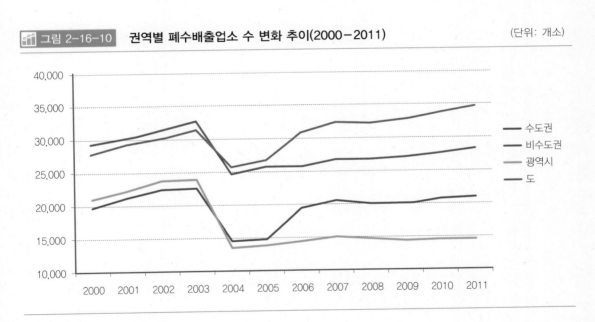

가지로 2004년과 2005년간에는 폐수배출업소 수가 대폭 줄어들었다. 그러나 이후에
는 다른 지역과는 달리 계속 상승하고 있음을 알 수 있다. 도 지역이 계속 상승하는 요
인은 경기도의 폐수배출업소가 해마다 크게 증가하고 있기 때문이다. 수도권이 높은
이유도 역시 경기도의 높은 점유율 때문이라고 할 수 있다.

참고문헌

1. 국내

□ **저서**

권중돈 외(2011). 사회학개론.

권태환 · 김두섭 공편(2006). 한국인구의 성장과 다양성. 한양대학교 인구및고령사회
　　연구소.

김기태 외(2007). 한국사회복지의 새로운 지평.

김낙연 편(2006). 한국의 장기통계: 국민계정 1911-2010.

김두섭 · 박상태 · 은기수 공편(2002). 한국의 인구 1. 통계청.

＿＿＿＿＿＿＿＿＿＿ 공편(2002). 한국의 인구 2. 통계청.

김은희(2012). 산업분석을 위한 이론과 사례.

김종민 · 김만배(2004). 교통행정론.

김주원(2004). 우리나라 도로포장의 역사(1). 도로 6(2).

＿＿＿＿(2004). 우리나라 도로포장의 역사(2). 도로 6(3).

김태수 외(2003). 복지행정론.

김호정(2003). 사회과학 통계분석.

박석돈(2012). 사회보장론.

방하남 외(2007). 고용의 질. 한국노동연구원.

서보준(2013). 사회복지개론.

손정목(2005).한국도시 60년의 이야기 1.

시로타 마코도 저. 김성재 역(2013). 빅데이터의 충격.

신인간사(1928). 조선의 학교통계.

에릭 시겔, 고한석 옮김(2014). 빅데이터의 다음 단계는 예측분석이다.

이희연(2003). 인구학.

□ 논문

고영종(2005). 인구구조 변화가 교육여건에 미치는 영향에 관한 연구. 서울대학교 행정대학원 석사학위 논문.

김강수 · 정경옥(2004). 인구주택총조사 자료를 이용한 대도시 통근 · 통학 특성분석. 교통개발연구원.

김병주(2011). 한국지방자치단체의 교육발전계획수립 사례. 민족문화총서 제49집.

김세훈 외(2001). 문화기반시설 중장기 확충 및 발전방안 연구. 한국문화정책개발원.

김을식 외(2010). 지역고용통계의 현황 및 개선방안. 경기개발연구원.

김재철(1999). 우리나라산업입지 변화요인 분석: 구조적 접근. 한국경제지리학회지 2(1).

김정완(1994). 일반행정비가 재정적자에 미치는 영향에 관한 공공선택론적 분석. 전남대학교 대학원 박사학위 논문.

나재천(1989). 농촌인구 이동과 농가 노동력의 구조 변화. 한남대학교 지역개발대학원 석사학위논문.

박 현(2002). 공공투자사업예산관리의 효율화 방안(Ⅱ): 국도 건설비관리의 합리화 방안. 한국개발연구원 공공투자관리센터.

박희석(2011). 주택가격지수의 변화와 지역별 특성요인에 관한 연구. 한양대학교 도시대학원 박사학위 논문.

배기준(2013). 최근실물경제와 고용지표 간의 연계변화. 노동리뷰 통권제102호.

백남식(1995). 연도별 생활체육 시설의 추이분석에 대한 연구. 명지대학교 대학원 석사학위 논문.

손정목(1989). 일제강점기 도로와 자동차에 관한 연구. 도시행정연구 4.

양영철(2013). 지방자치실시 전제의 오류. 사회과학연구 4(2).

오영호(2012). 보건의료기관 및 병상의 공급실태. 보건 · 복지 issue & focus 제129호.

와인근(1980). 신흥공업국의 농가 조정: 한국경제개발 과정에 있어서의 농가의 혁명. 한국농촌경제연구원.

유우익, 국토개발에 있어서의 농촌개발의 의의, 1984.

윤수찬(2007). 지역의 교육여건과 거주지 만족도의 관계에 대한 연구. 고려대학교, 정책대학원 석사학위 논문.

이귀연(1989). 우리나라 자동차의 발달과 확산에 관한 지리적 고찰. 이화여자대학교 석사학위 논문.

이뉴스투데이(2014.04.09). 울산시민건강수준 청신호.

이상호(1995). 지방자치단체 공무원 정원관리에 관한 가치지향적 접근, 영남대학교 대학원 박사학위 논문.

이석환(2014). 한국 지방자치단체 출산장려정책의 효과 평가. 한국지방자치학회보 26(1).

이영기(1990). 현단계 농가 구조 변화의 동향과 그 성격. 농가정책연구 17(1).

이은재(1994). 지방자치실시에 따른 여성공무원의 발전방안. 행정연구 18.

조남훈(2008). 새로운 정부출범에 따른 고령사회 정책 신규과제 발굴. 한국보건사회연구원.

조명덕(2010). 저출산·고령사회의 원인과 경제적 효과분석. 사회보장연구 26(1).

조선토목사업지 p.71 및 진과반팔, 운반구의 통계적 고찰. pp.815-824.

조양환(1984). 우리나라 인구고령화와 정년제도에 관한 연구. 경희대학교 행정대학원 석사학위 논문.

최충현(2010). 건강관련 삶의 질(EQ-5D)에 대한 회귀모형- 국민건강영양조사 제4기 2차년도(2008)를 중심으로. 연세대학교 보건대학원 역학건강증진학과 석사학위 논문.

최형철(2011). 지역소득통계의 생산 및 분배계정을 통한 지역소득격차 분석. 부경대학교 경영대학원 경제학과 석사학위 논문.

한국의 경제뉴스통신사(2014.7.10).

한기호(2010). 지역별 주택가격 변동에 관한 연구. 한양대학교 도시대학원 박사학위 논문.

한수철(2008). 국가통계의 현황과 발전방향 - 지역통계를 중심으로. 고려대학교 대학원 경제통계학과 석사학위 논문.

2. 중앙공공기관 및 산하 연구기관 간행물

□ 연감류

건설교통부(2001). 도로업무편람.

건설교통부. 건설교통통계연보(1995년-1999년).

경제기획원. 한국통계연감(1980년-1986년).

경찰청(치안본부). 경찰범죄통계(1960-2012).

교통산업연구원(2013). 2014년 한국자동차연감.

국민건강보험공단(2005-2012). 건강보험통계.

국세청(1992, 1996, 2000, 2004, 2008, 2011). 국세통계연보.

국토개발연구원(1982). 제2차 국토종합계획 자료.

내무부(1980). 주민소득연보.

내무부. 센서스 보고서(1960-1985).

내무부. 지방재정연감(1979-1990).

내무부(1992). 도시연감.

내무부. 소방재청, 화재통계연보(화재통계연감)(1960년-2013년).

농림부. 농림통계연보(1960년-1985년).

농수산부. 농수산 통계연보(1974년-1985년).

대한주택공사(1985). 주택통계편.

도로교통안전관리공단(2004). 창립 50주년기념 도로교통안전관리공단 연감 1954-2004.

도로교통안전관리공단(1990-2010). 교통사고통계.

문화체육관광부(2001-2012). 전국 문화기반시설총람.

보건사회부(1986, 1989, 1990, 1993) 보건사회통계연보.

사단법인 문공회(2000). 문화관광연감.

상공부. 상공통계연보(1968년-1974년).

안전행정부(2012). 주민등록인구 자료.

안전행정부(2013). 안전행정통계연보.

안전행정부(2003-2012). 지방행정조직편람.

안행부(1954-2013). 재정통계연감.

총무처(1977, 1979, 1982, 1985, 1988, 1991, 1994). 총무처연보.

총무처(1995). 총무처연감.

통계청(1997-2013). 인구동태통계연보(총괄, 출생, 사망편).

통계청(1970-2010). 인구주택총조사.

통계청(2001). 장래인구추계.

통계청(2010). 농림어업총조사보고서: 농가.

통계청. 한국통계연감(1991년-2013년).

통계청(2012). 이혼통계.

한국고용정보원, 워크넷 통계연보(2006년-2011년).

한국무역협회, 관세청. 무역통계(1972년-2013년).

한국보건사업진흥원(2013). 병원경영실태조사.

한국은행(1995, 2000, 2005 -2012), 지역통계연보.

한국은행, 경제통계연보(1960년-2013년).

한국은행(1972). 국민소득연보.

한국전력공사(1985, 1989, 1995, 2000, 2008). 한국전력통계.

한국지방재정공제회(1989). 지방재정요람.

행정안전부(2004-2012). 지방재정연감.

□ **보고서**

건강보험심사평가원(2005). 요양기관 현황 및 최근 5년의 변동추세분석. 2004.

국민건강보험공단, 건강보험심사평가원(2007). 통계로 본 건강보험 30년.

국토연구원(2008). 상전벽해 국토60년사.

국토해양부, 국토행양통계연보(2005~2008년).

국토해양부(2008). 2008년도 국토의 계획 및 이용에 관한 연차보고서.

국토해양부 보도자료(2012.5).

내무부 통계국(1995). 전국 간이총인구조사보고서.

내무부(1992). 도시생활환경수준측정 및 시설기준설정에 관한 연구.

문화정책개발원(2001). 문화기반시설 중장기확충 및 발전방안 연구.

법무부 출입국외국인정책본부 이민정보과 자료(1992-2012).

보건복지가족부(2012). 노인 복지시설 현황.

보건복지부 'OECD Health Data 2014' 주요지표 분석, 보도자료(2014.7).

보건복지부. 국민보건의료실태(2000, 2006, 2011).

보건복지부 보건의료정책본부 의료지원팀 자료(2012).

보건복지부 보도자료(2014.7).

보건사회부(1983). 부녀행정 40년사.

보건사회부(1983). 보건사회.

수산업협동조합중앙회(2012). 세계주요수산통계.

수협중앙회, 수산경제연구원. 연령별 어업종사자(1972-2002) 자료.

유의동 외(2010). 2010 한국의 체육지표. 국민체육진흥공단 체육과학연구원.

안전행정부(2013). '지자체 여성공무원 수' 내부자료.

안전행정부 지방행정실 지역발전정책관 지역경제과 내부자료(2002).

이흥재(2002). 문화재정운용의 현안과제와 발전방안. 한국문화정책개발원.

출입국 · 외국인정책본부 보도자료(2014.1).

통계청(2014). '국가통계의 개방과 공유, 어떻게 활용한 것인가?'. 제2회 국가통계 개방 · 이용 확산대회 자료(2014.9.3).

통계청(2013). 제1차국가통계발전(2013-2017)기본계획.

통계청(2013). 2012년도 통계 인력 및 예산조사 결과보고서.

한국개발연구원(1991). 재정통계자료집.

한국은행(1990). 알기쉬운 경제지표해설.

해양수산부(1995), 어업총조사보고.

행정안전부(2009). 2005년 지방자치단체 여성공무원.

행정안전부(2008). 행정안전 통계연보.

행정안전부. '2009년도 행정안전위원회' 국정감사요구자료(2009).

환경부(1996-2012). 상수도통계.

환경부(1985-2011) 환경통계연감.

환경부 상하수도정책관실 수도정책과 내부자료.

황기형 외(2005). 어업인력 변화 분석 및 전망연구: 어가인구를 중심으로. 한국해양수산개발원.

황병희(2013). 전세의 종언? -주택시장 전망을 통해 본 주택임대차시장의 패러다임 변화. 한국신용평가.

□ **홈페이지**

통계청: http://kosis.kr/

공공데이터포럼: www.data.go.kr

지역통계: http://kostat.go.kr/region

한국통계진흥원 : http://stat.or.kr

한국조사연구학회: http://www.kasr.ogr

각 지방자치단체 홈페이지

3. 지역별 통계 자료

□ 서울

서울통계연보(1961-2013).

서울시(1995, 1970, 2014). 서울: 통계로 본 서울의 변화.

서울시(1998). 1996년 기준 도표로 본 서울시 주요행정통계.

서울시(1994). 도표로 본 서울시 주요행정통계.

서울시사편찬위원회(1993). 서울시 6백년사 제5권, 제6권.

□ 부산

부산통계연보(1962-2013).

부산광역시(2014). 부산광역시20년사.

부산직할시(1991). 부산시사 제2권.

부산광역시차량등록사업소. 차량등록자료.

부산(1989-1999). 부산광역시예산개요.

부산시 보건과 내부자료.

부산직할시 경찰통계연보.

□ 대구

대구시 통계연보(1961-2013).

건설부(1980). 대구도시기본계획 1980.

대구시 통계연보('80 이전).

대구시(1995). 대구시사.

대구직할시정10년('81~'91).

□ 인천

인천시통계연보(1961-2013).

인천시사(1973). 상권.

인천시사(1993). 하권.

인천시사편찬위원회(1993). 인천시사 중권.

인천광역시사편찬위원회(2002). 인천광역시사 제2권.

인천통계사무소(2006). 통계로 본 인천의 사회경제상.

인천통계사무소(2007). 통계로 본 인천의 어제와 오늘.

인천직할시(1982). 인천시사 70년대편.

경인문화사, 인천부사(1999).

인천직할시(1983), 인천개항 100년사.

□ 광주

광주시통계연보(1961-2013).

광주광역시사편찬위원회(1993). 광주광역시사 제3권, 제4권.

광주통계사무소, 통계로 본 광주 · 전남 1994.

광주시사편찬위원회,(1982) 광주시사 제3권.

박미영(2009). 도시공원의 이용실태 및 운영관리방안. 광주발전연구원.

□ 대전

대전통계연보(1962-2013).

대전직할시사편찬위원회(1992). 대전시사 제2권.

대전광역시(1993). 대전광역시사 제4권.

대전광역시(2002). 대전 100년사.

□ 울산

울산통계연보(1964-2013).

울산시편찬위원회(1987). 울산시사.

울산광역시편찬위원회(2002). 울산광역시사 현대편.

울산광역시사편찬위원회(2002). 울산광역시사 제3권, 4권.

□ 경기도

경기통계연보(1961-2013).

경기도사 편찬위원회(1982). 경기도사.

경기도사 편찬위원회(1992). 경기도사(현대편) 제9권.

경기개발연구원(1995). 경기도 사회지표의 개발 및 활용.

경기개발연구원(2006). 통계로 본 최근의 경기도.

경기개발연구원(2010). 지역소득통계로 본 경기도 경제.

□ 강원

강원통계연보(1961-2013).
강원도(1995). 강원도사 현대편.
강원도(2003). 통계로 본 강원도의 발자취(1961-2001).
강원도사편찬위원회(2010). 강원도사 자연·인문환경.

□ 충청북도

충북통계연보(1961-2013).
충청북도(1998). 통계로 본 충북 50년.
충청북도(1998). 농가 기본통계.
충청북도지편찬위원회(1992). 충청북도지 상권.
충북지방경찰청(1992년), 경찰통계자료.

□ 충청남도

충남통계연보(1961-2013).
충청남도(1996). 통계로 본 충남 100년.
충청남도, 충청남도 개도 100년사 1896~1996. 상.
수산업 협동조합 충청남도지부.「조선총독부총계연보」.

□ 전라북도

전라북도(1997). 통계로 본 전북의 어제와 오늘.
전라북도지편찬위원회(1990). 전라북도지.
전북지방경찰청(1992-1995). 경찰통계자료.

□ 전라남도

전남통계연보(1961-2013).
전라남도지편찬위원회(1993). 전라남도지 제2권.
전라남도(1987). 전남도정 40년.

□ 경상북도

경북통계연보(1961-2013).
경상북도(1972). 경북발전 27년사.

경상북도(1996). 경상북도개도100주년기념.

경상북도사편찬위원회(1983). 경상북도사 중권, 하권.

□ **경상남도**

경남통계연보(1961-2013).

경상남도(1978). 경상남도지.

경상남도사편찬위원회(1988). 경상남도사 중권.

경남도정백년사편찬위원회(1996). 경남도정백년사(1896-1996).

경상남도. 경남농림통계연보(1962~1986).

□ **제주도**

제주도(1983). 제주도지 하권.

제주도지편찬위원회(1993). 제주도지 제2권.

제주도지편찬위원회(2006). 제주도지 제4권.

제주통계연보(1961-2013).

4. 국 외

Bowman. Ann O'M, and Kearney, Richard C, (2011), State and Local Government.

Chopra, Aneesh, (2014), Innovative State.

Siegel, Jacob S, (2002), Applied Demography Applications to Business, Government, Law and Public Policy.

Springer, (2014), Human Suffering and Quality of Life Conceptualizing Stories and Statistics.

The Council of State Governments, (1992), The Book of the States.

World Bank, (2014), A Measured Approach to Ending Poverty and Boosting Shared Prosperity Concepts, Data, and the Twin Goals.

찾아보기

| 저자 약력 |

- 제주대학교 행정학과 졸업(행정학사), 서울대학교 행정대학원 졸업(행정학석사), 건국대학교 박사과정 졸업(행정학박사)
- 서울행정학회장, 한국지방자치학회장, 한국행정학회 연구위원장
- 대통령(노무현정부)소속 정부혁신지방분권위원회 위원, 동위원회 지방자치경찰특별위원회 위원장, 대통령실 정책자문위원회 위원, 무임소장관 정책자문위원회 위원, 대통령(박근혜정부)소속 지방자치발전위원회위원, 동위원회 자치경찰 T/F 위원장
- 임피제신부 기념사업회 공동대표, 석주명기념사업회 공동대표, 김만덕 기념사업회 기획위원장
- 박사학위 논문 "내생적 지역개발에 관한 연구", "노무현정부에서의 자치경찰 도입실패에 관한 연구" 등 다수
- 저서: 주민투표론(2007, 대한민국학술원 우수도서 선정), 자치경찰론(2008, 문광부 우수도서 선정, 한국지방자치학회 우수 저작상 수상), 제주특별자치도의 이해(공저) 등 다수

통계로 본 한국지방자치단체 60년 변천사

초판인쇄	2015년 4월 13일
초판발행	2015년 4월 17일
지은이	양영철
펴낸이	안종만
편 집	김선민 · 배근하
기획/마케팅	조성호
표지디자인	홍실비아
제 작	우인도 · 고철민
펴낸곳	㈜ **박영사**
	서울특별시 종로구 새문안로3길 36, 1601
	등록 1959. 3. 11. 제300-1959-1호(倫)
전 화	02)733-6771
f a x	02)736-4818
e-mail	pys@pybook.co.kr
homepage	www.pybook.co.kr
ISBN	979-11-303-0199-0 93350

copyright©양영철, 2015, Printed in Korea

정 가   49,000 원